Réflexions
sur la question gay

Du même auteur

Entretiens avec Georges Dumézil, Gallimard, « Folio essais », 1987.

De près et de loin, entretiens avec Claude Lévi-Strauss, Odile Jacob, 1988 ; nouv. éd., Seuil, « Points Odile Jacob », 1990.

Michel Foucault (1926-1984), Flammarion, 1989 ; 2e éd., Flammarion, « Champs », 1991 ; 3e éd. entièrement revue et augmentée, Flammarion, coll. « Champs », 2011.

Ce que l'image nous dit, entretiens avec Ernst Gombrich, Adam Biro, 1991 ; nouv. éd., Diderot, « Latitudes », 1998 ; nouv. éd., Cartouche, 2009.

Faut-il brûler Dumézil ? Mythologie, science et politique, Flammarion, 1992.

Michel Foucault et ses contemporains, Fayard, 1994.

Les Études gays et lesbiennes (dir.), Actes du colloque des 23 et 27 juin 1997, Éditions du Centre Georges-Pompidou, 1998.

Papiers d'identité, Fayard, 2000.

Une morale du minoritaire. Variations sur un thème de Jean Genet, Fayard, 2001.

Dictionnaire des cultures gays et lesbiennes, sous la direction de Didier Eribon, Larousse, 2003.

Hérésies. Essais sur la théorie de la sexualité, Fayard, 2003.

Sur cet instant fragile. Carnets, janvier-août 2004, Fayard, 2004.

Échapper à la psychanalyse, Léo Scheer, 2005.

D'une révolution conservatrice et de ses effets sur la gauche française, Léo Scheer, 2007.

Contre l'égalité et autres chroniques, Cartouche, 2008.

Retour à Reims, Fayard, 2009 ; « Champs », 2010.

De la subversion. Droit, norme et politique, Cartouche, 2010.

Retours sur Retour à Reims, Cartouche, 2011.

Didier Eribon

Réflexions
sur la question gay

Nouvelle édition revue et corrigée

Champs essais

Première édition © Fayard, 1999
© Flammarion, 2012, pour la présente édition revue et corrigée
ISBN : 978-2-0812-3162-7

Pour G., bien sûr

Parce que ce qui a été (l'histoire) s'inscrit dans les choses et dans les corps, chaque jour que dure un pouvoir voit s'accroître la part d'irréversible avec laquelle doivent compter ceux qui veulent le renverser.

Pierre BOURDIEU
Le mort saisit le vif.

AVANT-PROPOS
À LA NOUVELLE ÉDITION (2012)

Il n'est pas facile de présenter à un public nouveau un livre qui a déjà une « carrière » assez longue derrière lui. J'ai commencé de l'écrire en 1995 et je l'ai terminé et publié en 1999. Je me souviens de l'énergie – je devrais dire de l'enthousiasme – qui m'animait alors, lisant le jour, rédigeant la nuit... J'éprouvais le sentiment très fort de participer à un mouvement international de renouvellement de la pensée, ancré dans des mobilisations politiques qui visaient à poser – ou plutôt à poser une fois de plus mais en des termes réinventés – les questions qui ont trait au genre et à la sexualité, afin de contester les normes qui gouvernent ces domaines et de lutter contre la violence que cette normativité emporte avec elle.

J'espère que la ferveur, la fièvre, qui en imprégnaient les pages ne se sont pas estompées avec le temps, et que les lecteurs d'aujourd'hui les ressentiront eux aussi, comme si l'ouvrage venait de voir le jour. Je n'ai d'ailleurs apporté, pour cette édition de poche, que des modifications le plus souvent mineures – quoique assez nombreuses – en dehors de quelques coupes et ajouts, dans la mesure où je reste persuadé que ces « réflexions » développées il y a une quinzaine d'années conservent, dans un contexte qui a beaucoup changé, l'essentiel de leur pertinence et de leur validité.

Si je devais en résumer les enjeux, je pourrais avancer que mon projet était, dans ce qui allait constituer le premier volet d'une série d'ouvrages à venir après celui-ci, d'essayer d'analyser la force des verdicts sociaux – en l'occurrence tels qu'ils sont rendus à l'avance par les normes qui régissent l'ordre du genre et de la sexualité – dans la constitution des existences et des subjectivités, et de décrire par quels mécanismes cette force opère, et comment, et jusqu'à quel point, on peut imaginer en gripper les rouages. D'où l'importance que j'accorde au phénomène de l'injure, de la profération injurieuse ; et, plus généralement, à la logique des catégorisations stigmatisantes et infériorisantes. La puissance de l'injure lui vient du fait qu'elle est soutenue par tout l'ordre social – ici par tout l'ordre sexuel – et qu'elle a pour fonction et pour effet d'assigner des places dans une structure hiérarchiquement organisée. D'où aussi l'idée que les pratiques et les mobilisations qui entendent lutter contre ce pouvoir de la norme passent nécessairement par la mise en place de contre-discours et de contre-conduites, qui ne peuvent jamais se situer totalement en dehors de ce à quoi ils s'opposent et tentent de résister.

Ces contre-discours et ces contre-conduites, d'ailleurs, ne naissent jamais de rien : ils s'inscrivent dans une histoire, dans des livres et des idées, dans des styles de vie et des modes d'existence, etc. Disons dans une culture ou une contre-culture. C'est pourquoi les vies minoritaires, les vies dissidentes, lorsqu'elles transforment le présent, lorsqu'elles regardent vers le futur, se réfèrent nécessairement à un passé, plus ou moins proche, qui fournit des modèles et des représentations, des mots et des affects et confère à la capacité d'action et à la volonté d'autonomie les points d'appui dont elles ont besoin pour se développer. On se reconnaît des prédécesseurs et on s'inspire de leur exemple. En se donnant ainsi le moyen d'établir un cadre de compréhension pour son expérience personnelle, en dotant son existence d'une signification qui s'ancre dans ce que d'autres ont réussi à installer avant soi, on parvient, autant que faire se peut, à fabriquer ou au moins bricoler sa propre existence.

🖉 Je n'ignore pas que Joan Scott, dans un article célèbre, a précisément mis en question cette « évidence de l'expérience » qui conduit très souvent à se reconnaître dans tel ou tel aspect d'un passé dont nous ne connaissons pas les configurations culturelles d'ensemble. Les mêmes mots, les mêmes gestes, les mêmes caractéristiques peuvent avoir des significations différentes dans des contextes différents et ne peuvent donc être compris que si on les réinscrit dans leurs « sites » historiques. « Ce ne sont pas les individus qui ont des expériences, écrit-elle, mais des sujets qui sont produits par ces expériences [1]. »

Un « sujet » est donc toujours produit par l'ordre social qui organise les « expériences » des individus à un moment donné de l'histoire. C'est pourquoi la tentation de se retrouver soi-même dans les faits et gestes du passé risque d'occulter la réalité des systèmes complexes qui régissaient les expériences de cette époque. Ils éveillent aujourd'hui en nous un sentiment de familiarité, alors même qu'il faudrait interroger les mécanismes sociaux, idéologiques, sexuels qui leur donnaient leurs significations et produisaient les « sujets » qui les agissaient. Un « sujet » est toujours produit dans et par la « subordination » à un ordre, à des règles, des normes, des lois... C'est vrai pour tous les « sujets ». Être « sujet » et être subordonné à un système de contraintes sont une seule et même chose [2]. Mais ce l'est encore plus pour les « sujets » auxquels une place « inférioriée » est assignée par l'ordre social et sexuel, comme c'est le cas pour les gays et les lesbiennes notamment [3]. En lisant, par exemple, les textes de Proust, il nous faudrait nous demander : que nous apprend cette description de l'homosexualité sur la société de l'époque, sur la manière dont étaient façonnées les catégories du « genre » et de la « sexualité », sur les relations entre personnes du même sexe, sur la manière dont elles étaient perçues et vécues différemment selon les milieux sociaux, etc. ? Et sur l'imbrication de chacun de ces niveaux dans des réalités plus globales ? Bref, il conviendrait de nous interroger sur cette question essentielle : se reconnaître spontanément dans ces catégories, n'est-ce pas les ratifier dans leur « évidence », et donc les figer et les réifier, au moment où il faudrait les soumettre à la critique ? N'est-ce pas les naturaliser alors qu'il faudrait les historiciser ?

🖉 Mais dès lors qu'il s'agit de réfléchir sur les processus de l'« assujettissement », par quoi j'entends la production des « sujets », ne peut-on justement prendre pour point de départ de l'analyse ce sentiment d'évidence qui tendrait à prouver que, quelles qu'aient été les transformations historiques au cours du siècle, les systèmes de l'ordre sexuel ont maintenu une certaine permanence à travers les décennies ? C'est la question que pose Pierre Bourdieu, à propos des femmes, dans *La Domination masculine* : comment les structures de la domination se reproduisent-elles, quasi intactes, à travers les époques en dépit de tous les changements qui ont bouleversé les rapports entre les sexes [4] ? Ne peut-on poser une question analogue pour l'homosexualité ? Certes, la situation a considérablement évolué depuis le temps de Proust, si tant est qu'on puisse même parler d'une seule et unique situation pour telle ou telle époque. De magnifiques travaux ont étudié les modes d'existence différenciés de l'« homosexualité » à tel ou tel moment du XIXe ou du

XXᵉ siècle, dans tel pays ou dans telle ville, et montré ce que chacun d'eux a de singulier, d'incomparable. Il se dégage de toutes ces contributions à la connaissance du passé que la notion d'« homosexualité » est plus récente qu'on ne croit, et que, même pour les périodes les plus proches de nous, elle est trop large, trop massive, trop normative pour rendre compte des expériences multiples, hétérogènes… Les figures de l'« homosexualité » sont toujours spécifiques à des situations culturelles données, les identités sont plurielles, instables, impossibles à ranger dans des définitions simples et univoques. Tout cela est incontestable. Et je n'entends nullement, cela va de soi, contester la valeur et l'importance de ces recherches historiques, sociologiques ou théoriques. Mais il n'en reste pas moins qu'il existe un type particulier de violence sociale qui s'exerce sur ceux qui aiment le même sexe qu'eux ou, plus généralement, qui contreviennent aux normes du genre et de la sexualité, et que les schèmes de perception, les structures mentales qui sous-tendent cette violence, sans doute largement fondée sur la vision androcentrique du monde, sont à peu près les mêmes partout, en tout cas dans le monde occidental, et l'ont été au moins au cours du siècle et demi qui vient de s'écouler. D'où le sentiment de proximité que les gays peuvent éprouver quand ils lisent des ouvrages qui restituent des expériences gays d'un autre pays ou d'une autre époque. Il faut alors s'interroger sur la perpétuation de cette violence, sur ses effets et, aussi, bien sûr, sur les résistances qui, inlassablement, lui sont opposées. L'histoire de la domination et l'histoire des luttes qui y résistent sont donc marquées par une certaine – et inévitable – continuité, ne serait-elle que subjective. Il s'agit de comprendre comment les structures de pouvoir inscrites à la fois dans le monde social et dans les modes de perception du monde – ici le monde de l'ordre sexuel – se reproduisent et se perpétuent dans des situations historiques différentes, et à travers les transformations mêmes qui ont affecté les sociétés et les modes de vie.

🖉 C'est à une double tâche que j'ai voulu m'atteler ici. D'abord, étudier ce que sont les processus d'« assujettissement » des gays aujourd'hui et en quoi, à bien des égards et malgré toutes les évolutions, ils ne sont pas si éloignés de ce qu'ils étaient il y a un siècle (ce qui ne m'amène aucunement à vouloir restaurer une conception essentialiste de l'identité comme on me l'a parfois, et fort sottement, reproché, mais à prendre la question de la sexualité comme opérateur d'une analyse des structures de la domination, et donc comme point d'ancrage d'une analyse générale du fonctionnement de l'ordre social, comme d'autres ont pu le faire avec l'analyse du système scolaire). J'ai donc recouru aussi bien aux travaux de sciences sociales (les plus récents mais aussi ceux d'il y a dix ou vingt ans) qu'aux écrits littéraires contemporains ou classiques, et notamment ceux de Proust. J'ai d'ailleurs choisi d'utiliser principalement l'œuvre de ce dernier, d'une part pour éviter de multiplier les références et permettre au lecteur d'accéder facilement aux textes, mais surtout parce qu'elle m'a semblé, contrairement à ce qu'on pense souvent, d'une étonnante modernité sur la question gay.

Je suis parti du problème de l'injure, si important dans les vies gays, aujourd'hui comme hier. Et j'ai essayé de reconstituer la manière dont les gays sont « assujettis » par l'ordre sexuel ; la manière aussi dont ils ont, différemment à chaque époque, résisté à la domination en produisant des modes de vie, des espaces de liberté, un « monde gay ». Je me suis donc intéressé à ces processus de « subjectivation » ou de « resubjectivation », par quoi j'entends la possibilité de recréer son identité personnelle à partir de l'identité assignée. Ce qui signifie, par conséquent, que l'acte par lequel on réinvente son identité est toujours dépendant de l'identité telle qu'elle est imposée par l'ordre sexuel. On ne crée rien à partir de rien, et surtout pas des subjectivités. Il s'agit toujours d'une réappropriation, ou, pour employer l'expression de Judith Butler, d'une « resignification [5] ». Mais cette « resignification » est l'acte de liberté par excellence, et d'ailleurs le seul possible, parce qu'il ouvre les portes de l'imprévisible, de l'inédit.

🖊 Dans la deuxième partie du livre, intitulée « Spectres de Wilde », j'ai essayé d'examiner comment, à l'échelle de l'histoire cette fois, s'est inventée une parole « gay » au cours du vaste processus d'émergence d'un discours littéraire et intellectuel qui s'est efforcé de conférer une légitimité à ce qui était interdit. Du « code homosexuel » dans les écrits des hellénistes d'Oxford, au milieu du XIXe siècle, jusqu'au *Corydon* de Gide en 1924, en passant par certains textes d'Oscar Wilde, tout un ensemble de discours a essayé de donner aux amours du même sexe un droit d'accès à l'expression publique. Cette volonté de parler a toujours pris la forme de ce que Foucault appelle un « discours en retour » : elle s'est chaque fois formulée en réaction « stratégique » à des valeurs, des normes, des représentations qui la condamnaient par avance bien sûr, mais plus fondamentalement la travaillaient de l'intérieur. La répression de l'homosexualité a historiquement nourri la détermination de l'exprimer. Mais, à l'inverse, cette expression s'est souvent coulée dans les modes de pensée qui l'insultaient. C'est cette imbrication de la parole gay et du discours homophobe que j'ai tenté d'étudier ici (et l'on comprendra que si mon livre porte principalement sur l'« homosexualité » masculine, ce n'est pas que je me désintéresse de l'« homosexualité » féminine, loin s'en faut, mais c'est que les processus de socialisation et de subjectivation autant que l'histoire culturelle et subculturelle des uns et des autres ne sont pas exactement analogues, et que la « question lesbienne » relèverait donc d'un autre volume, qui exigerait autant de recherches que celui-ci).

Si la culture gay d'aujourd'hui est encore hantée, à bien des égards, par les spectres de Wilde et de Gide, si ce qu'elle invente est rattaché par d'innombrables fils à une histoire plus ou moins souterraine, si les gays écrivent toujours leurs biographies en relisant les biographies de ceux qui les ont précédés, comme l'a si bien montré Neil Bartlett [6], il faut assurément passer cet héritage au crible du regard critique. Hériter, dit Jacques Derrida, c'est choisir [7]. Il s'agit de faire le départ entre ce qu'il est possible de garder et ce qu'il faut assurément rejeter. Après tout, si importante qu'ait été la figure de Wilde, rien n'est plus détestable que son élitisme, son esthétisme aristocratique. Mais comment ne pas conserver son éloge du *self-fashioning* : l'idée qu'on peut se créer soi-même et faire de sa vie une œuvre d'art ?

🖉 L'évocation de ce thème fait surgir immédiatement le nom de Foucault. Dans toute une série de textes, il a proposé de nombreuses remarques sur la question gay. Il insiste par exemple sur l'idée d'une fabrication de soi-même qui passerait par l'invention de nouveaux modes de relations entre les individus et par le développement de ce qu'il appelait une « culture gay ». Il m'a semblé qu'il ne faisait souvent que reproduire, sous un habillage moderne, des discours qui l'avaient précédé, ceux que je viens de mentionner et dont il est si important de faire la critique si on veut se les approprier. J'ai donc essayé d'entrer dans l'argumentation – pas toujours cohérente –

de Foucault et d'en souligner à la fois les promesses et les limites.

Mais le nom de Foucault est désormais associé, pour le domaine qui nous occupe ici, à la dissolution radicale de la notion d'homosexualité telle qu'il l'a entreprise dans *La Volonté de savoir*, le premier volume de son *Histoire de la sexualité*[8]. Il y décrit l'invention par le discours psychiatrique, vers la fin du XIXe siècle, du « personnage » de l'« homosexuel ». Avant cette date, dit-il, il n'y avait que des « actes » condamnables ; après, on a accolé à ceux qui les pratiquaient une « psychologie », des sentiments, une enfance… Foucault est donc devenu le puissant antidote à John Boswell et à sa conception « essentialiste » de l'histoire homosexuelle ; ses analyses sont devenues la bible des historiens « constructionnistes », c'est-à-dire la source d'inspiration de presque tout ce qui s'écrit aujourd'hui aux États-Unis et un peu partout dans le monde. L'idée s'est largement imposée qu'il n'y a pas de réalité invariante de l'homosexualité et que l'amour grec n'est pas la préfiguration de l'homosexualité contemporaine. La cause est entendue. Pourtant, il est bien évident également que les hellénistes d'Oxford, au milieu de XIXe siècle, se pensaient eux-mêmes comme des « personnages » différents des autres, et qu'ils avaient cette impression d'être à part depuis leur enfance. Et ils l'écrivirent bien avant que le discours psychiatrique ne s'empare de l'« inversion sexuelle » et ne vienne épingler les actes entre personnes du même sexe sur un grand tableau nosologique des perversions et des « identités ».

Mais il y a une autre difficulté qui, à ma connaissance, n'a jamais été soulevée : c'est que Foucault lui-même a donné dans l'*Histoire de la folie*, quinze ans avant *La Volonté de savoir*, une autre date pour l'invention du « personnage » de l'« homosexuel » : le XVIIe siècle[9]. Il décrit dans cet ouvrage un processus d'invention de l'« homosexualité » qui est quasiment l'inverse : c'est parce que les objets dont elle va s'emparer, l'« homosexuel » aussi bien que le « fou », ont déjà été constitués (notamment par une transformation profonde de la « sensibilité » dont l'internement des insensés et des libertins est le symptôme le plus visible) que la psychiatrie peut apparaître et se développer au XIXᵉ siècle.

Opposer ces deux livres de Foucault et leurs thématiques contradictoires ne relève pas du seul souci de l'exactitude et de la précision dans le commentaire de l'œuvre et de son évolution. Bien des enjeux politiques et culturels se dessinent ici. Dans l'*Histoire de la folie*, Foucault propose une analyse en termes d'interdiction et de répression : il se donne donc pour projet de faire entendre la parole de ceux qui ont été réduits au silence. Dans *La Volonté de savoir*, il décrit la « prise de parole » comme un des éléments constitutifs d'un dispositif de pouvoir qui incite les individus à parler. On pourrait imaginer que les perspectives politiques qui découlent de ces deux types d'analyse seront loin d'être identiques. Pourtant, j'ai l'impression que, dans les interviews des années quatre-vingt, Foucault s'est efforcé d'intégrer ces deux problématiques et de les dépasser dans l'idée d'une « esthétique de l'existence », créatrice de nouvelles subjectivités.

Il y a donc une parenté étonnante entre Foucault et Wilde, dans la manière dont ils se sont efforcés d'inventer des gestes de résistance, un écart par rapport aux normes instituées. Foucault s'inscrit dans une histoire de la prise de parole homosexuelle, et dans la lignée des auteurs qui, depuis la fin du XIXᵉ siècle, ont essayé de faire exister des espaces, pratiques aussi bien que littéraires ou théoriques, de résistance à l'assujettissement et de reformulation de soi-même.

Par conséquent, les trois parties distinctes de ce livre s'articulent autour d'une même idée : j'ai essayé de restituer, dans l'expérience vécue, dans l'histoire de la littérature et de la pensée, dans la vie aussi bien que dans l'œuvre de Michel Foucault, le mouvement qui mène de l'assujettissement à la réinvention de soi. C'est-à-dire de la subjectivité produite par l'ordre social à la subjectivité « choisie ». Choisie, c'est-à-dire inlassablement façonnée par la mobilisation collective et l'action politique. Façonnée également par la nécessaire réflexion critique qui, à l'intérieur même de ces mouvements, permet de s'interroger sur les formes de domination et d'infériorisation qui n'ont pas été prises en considération, sur les voix « absentes », celles qui n'ont pas été entendues ou n'ont pas été écoutées… Car le travail d'émancipation ne peut se concevoir que comme une tâche toujours à recommencer : à proprement parler, interminable.

Première partie

UN MONDE D'INJURES

> Son aventure, c'est d'avoir été nommé.
> Jean-Paul SARTRE
> *Saint Genet, comédien et martyr*

1
LE CHOC DE L'INJURE

Au commencement, il y a l'injure. Celle que tout gay peut entendre à un moment ou à un autre de sa vie, et qui est le signe de sa vulnérabilité psychologique et sociale.

« Sale pédé », « sale gouine », ne sont pas de simples mots lancés au passage. Ce sont des agressions verbales qui marquent la conscience. Ce sont des traumatismes plus ou moins violemment ressentis sur l'instant mais qui s'inscrivent dans la mémoire et dans le corps (car la timidité, la gêne, la crainte, l'incertitude de soi, la honte... sont des attitudes corporelles produites par l'hostilité du monde extérieur). Et l'une des conséquences de l'injure est de façonner le rapport aux autres et au monde. Et donc de façonner la personnalité, la subjectivité, l'être même d'un individu.

✎ Le livret écrit par Sara Miles pour le disque de Bob Ostertag, *All the Rage*, décrit très bien ce que peut ressentir un gay lorsqu'il est la cible de l'injure :

> La première fois que quelqu'un a dit « pédé » et que j'ai compris que c'était moi, [...] le monde s'est brutalement révélé avec ce simple mot jaillissant comme une explosion hors de la phrase, quelque chose que je n'aurais pas dû faire, quelque chose que j'aurais pas dû être, « pédé » [10].

L'injure me fait savoir que je suis quelqu'un qui n'est pas comme les autres, pas dans la norme. Quelqu'un qui est *queer* : étrange, bizarre, malade... Anormal.

Ainsi, comme le dit le vers de Jean Genet, « un mot vertigineux, venu du fond du monde, abolit le bel ordre [11] ».

🖉 L'insulte est un verdict. C'est une sentence quasi définitive, une condamnation à perpétuité, et avec laquelle il va falloir vivre. Un gay apprend sa différence sous la brûlure de l'injure et de ses effets, dont le principal est assurément la prise de conscience de cette dissymétrie fondamentale qu'instaure l'acte de langage : je découvre que je suis quelqu'un dont on peut dire ceci ou cela, quelqu'un à qui on peut dire ceci ou cela, quelqu'un qui est l'objet des regards, des discours, et qui est stigmatisé par ces regards et ces discours. La « nomination » produit une prise de conscience de soi-même comme un « autre » que les autres transforment en « objet ». Sartre le dit en une belle formule à propos de Genet, épinglé comme « voleur » par le regard d'autrui : « Tout se passe comme si la page d'un livre devenait consciente et se sentait *lue à haute voix* sans pouvoir *se lire* [12]. » L'injure est donc à la fois arraisonnement et dépossession. Ma conscience est « investie par autrui [13] » et je suis désarmé face à cette agression. Comme dit encore Sartre, toujours à propos de Genet : « Un phare éblouissant le transperçait de ses feux. » Seul, impuissant, il ne pouvait que se débattre « dans cette colonne de lumière » qu'est le regard de l'autre, et son pouvoir de nommer [14].

🖉 L'injure n'est pas seulement une parole qui décrit. Elle ne se contente pas de m'annoncer ce que je suis. Si quelqu'un me traite de « sale pédé » (ou « sale nègre » ou « sale youpin »), ou même, tout simplement de « pédé » (« nègre » ou « youpin »), il ne cherche pas à me communiquer une information sur moi-même. Celui qui lance l'injure me fait savoir qu'il a prise sur moi, que je suis en son pouvoir. Et ce pouvoir est d'abord celui de me blesser. De marquer tout mon être de cette blessure en inscrivant la honte ou la peur au plus profond de mon esprit et de mon corps.

Qui mieux que Marcel Jouhandeau aura su restituer ce qu'est ce choc provoqué par l'injure, l'événement dramatique qu'il représente, et ce qu'il produit sur l'être injurié ? L'insulte est « perpétuelle », écrit-il dans son extraordinaire traité *De l'abjection*, en 1939 : elle imprime au « fer rouge » sur notre épaule des vocables infamants, désormais « accolés à notre nom » :

> C'est une révélation que d'être insulté, méprisé publiquement. On fait la connaissance de certains mots qui n'étaient jusqu'alors que des accessoires de tragédie et dont on se voit tout d'un coup affublé, accablé. On n'est peut-être plus celui qu'on croyait. On n'est plus celui que l'on savait, mais celui que les autres croient connaître, reconnaître pour tel ou tel, si quelqu'un a pu penser cela de moi, c'est qu'il y a quelque vérité là-dessous. On essaie d'abord de prétendre que ce n'est pas vrai, que ce n'est qu'un masque, une robe de théâtre qu'on vient de jeter sur vous par dérision et on veut les arracher, mais non : ils adhèrent tellement qu'ils sont déjà votre visage et votre chair et c'est soi-même qu'on déchire, en voulant s'en dépouiller [15].

On pourrait donc analyser le mot d'injure comme un « énoncé performatif », selon la définition qu'en a donnée J.L. Austin. En effet, dans un ouvrage célèbre, le philosophe anglais distingue les énoncés constatifs et les énoncés performatifs [16]. Les premiers décrivent une situation et peuvent être vrais ou faux. Les seconds produisent une action et ne sont donc ni vrais ni faux. Par exemple : « Je déclare la séance ouverte. » En fait, Austin définit deux types différents d'énoncés « performatifs » [17]. Dans le premier type, la phrase constitue en elle-même l'action qu'elle énonce. Dire : « Je baptise ce bateau le *Queen Elizabeth* », ou bien répondre, au cours de la cérémonie de mariage, « Oui » (sous-entendu : « oui, je prends cette femme comme épouse légitime » ou « je prends cet homme comme époux légitime »), sont des énoncés de ce genre [18]. Dans le deuxième type, l'action performative n'est pas produite par l'énoncé en tant que tel. Elle tient plutôt aux conséquences directes ou indirectes qu'entraîne le fait de dire quelque chose (la crainte, les sentiments, les pensées provoquées par une phrase comme « je t'avertis que »). On pourrait, en première analyse, ranger l'injure dans cette seconde catégorie. L'injure est un acte de langage – ou une série répétée d'actes de langage – par lequel une place particulière est assignée dans le monde à celui qui en est le destinataire. Cette assignation détermine un point de vue sur le monde, une perception particulière. L'injure imprime une marque profonde et durable dans la conscience d'un individu parce qu'elle lui dit : « On t'assimile à ceci », « On te réduit à cela ». Et donc je suis ou je deviens ce « ceci » ou ce « cela ». D'autant que l'insulte est partout chez elle dans le langage. Les linguistes nous l'ont montré, en élargissant la notion de « performatif » pour y inclure les allusions, les insinuations, l'ironie, les métaphores, et ainsi de suite. Et comme Austin lui-même en était venu, à la fin de son livre, à effacer la distinction entre énoncés constatifs et énoncés performatifs, on pourrait dire qu'innombrables sont les propos de la vie quotidienne qui peuvent s'apparenter à des actes de langage injurieux.

En tout cas, l'injure agit comme un énoncé performatif : elle a pour fonction d'instituer et de perpétuer la coupure entre les « normaux » et ceux que Goffman appelle les « stigmatisés [19] », et de faire entrer cette coupure dans la tête des individus. L'injure me dit ce que je suis dans la mesure même où elle me fait être ce que je suis.

2
LA FUITE VERS LA VILLE

Toutes les enquêtes menées auprès des gays et des lesbiennes attestent que l'expérience de l'insulte (sans même parler de l'agression physique) est l'un des traits les plus communs de leur existence. À des degrés divers, bien sûr, selon les pays et, au sein d'un même pays, selon le lieu où ils vivent et le milieu social dans lequel ils évoluent. Mais c'est une réalité vécue par presque tous. Ce qui signifie que même ceux qui se sentent aujourd'hui les plus libres, dans les grandes villes des pays occidentaux, doivent savoir négocier à chaque instant leur rapport avec le monde alentour : savoir où il est possible de donner la main à son partenaire, où il est possible de laisser transparaître de l'affection pour l'autre du même sexe, et où il vaut mieux éviter de le faire. Ce savoir pratique, si intériorisé qu'il affleure rarement à la conscience, n'a nullement besoin d'être explicité pour agir et commander les conduites adaptées. Les erreurs d'appréciation peuvent avoir des conséquences très douloureuses. L'expérience de l'agression physique ou la perception de sa menace obsédante sont si présentes dans la vie des gays qu'on les retrouve dans presque tous les récits autobiographiques et dans de nombreux romans dont les personnages sont des hommes gays [20]. Parfois, aucun geste n'est nécessaire : l'allure générale, la démarche ou les vêtements suffisent à déclencher la haine. Pour les gays les plus affirmés autant que pour ceux qui le sont moins ou ne le sont pas du tout, pour ceux qui « s'affichent » comme pour ceux qui font preuve de « discrétion », la possibilité d'être l'objet de l'agression verbale ou physique reste omniprésente et, en tout cas, elle a été souvent déterminante dans la manière dont ils ont construit leur identité personnelle, en développant notamment une capacité à percevoir le danger ou en apprenant à contrôler très strictement leurs gestes et leurs paroles.

On a parlé récemment de « harcèlement moral » pour décrire ce que subissent certains salariés sur leur lieu de travail. Les conséquences psychologiques en sont considérables. On peut se demander si les vies gays ne sont pas soumises à une sorte de « harcèlement moral » permanent, direct ou indirect, mais en tout cas présent dans toutes les situations de l'existence : un harcèlement social. Et, par conséquent, si la personnalité qui se construit, l'identité qui se façonne dans de telles conditions ne sont pas déterminées par les conséquences psychologiques de cette position sociale de « harcelés » dans la vie quotidienne (par l'injure, la moquerie, l'agression, l'hostilité ambiante…). On conçoit que l'un des principes structurants des subjectivités gays et lesbiennes consiste à chercher les moyens de fuir l'injure et la violence, que cela passe par la dissimulation de soi-même ou par l'émigration vers des lieux plus cléments.

🖉 C'est pourquoi les vies gays regardent vers la ville et ses réseaux de sociabilité. Nombreux sont ceux qui cherchent à quitter les endroits où ils sont nés et où ils ont passé leur enfance pour venir s'installer dans des villes plus accueillantes. Marie-Ange Schiltz écrit, en commentant le résultat d'études récentes, que, « mis en perspective avec les enquêtes menées en population générale, il apparaît que le départ du foyer familial et l'accès à l'indépendance économique sont précipités parmi les jeunes homosexuels [21] ».

Ce mouvement de fuite conduit assurément gays et lesbiennes, parmi d'autres dissidents de l'ordre social, vers la grande ville. Celle-ci a toujours été leur refuge.

À la fin des années soixante, un activiste gay décrivait San Francisco comme un « camp de réfugiés », vers lequel sont venus de toute la nation des gens qui voulaient échapper à l'impossibilité pour eux de vivre leur vie dans l'atmosphère hostile, voire haineuse, des petites villes [22]. Et il est vrai qu'à lire les ouvrages d'Allan Bérubé ou de John D'Emilio, on voit très clairement que l'histoire de la constitution des « enclaves » gays dans les grandes villes est étroitement liée à celle de la discrimination et de l'homophobie. Allan Bérubé montre que, pendant la Seconde Guerre mondiale, les soldats qui étaient chassés de l'armée américaine en raison de leur orientation sexuelle restaient souvent sur le lieu de leur démobilisation (San Francisco pour la marine, par exemple). Il n'était guère possible de retourner dans sa petite ville après avoir été exclu des forces armées. Pour d'autres, le simple fait d'avoir pu nouer des relations avec d'autres gays, pendant la période passée sous l'uniforme, les conduisait à la décision de ne pas rentrer dans leur commune d'origine où les attendait la fatalité d'un mariage hétérosexuel [23]. De son côté, John D'Emilio rappelle que sous le maccarthysme, au début des années cinquante, ce ne sont pas seulement les communistes qui furent pourchassés, mais aussi les homosexuels, et que bon nombre de ces derniers furent alors radiés de la fonction publique, exclus de leurs métiers... Que pouvait faire une personne ainsi marquée au sceau de « l'infamie » si ce n'est chercher refuge dans une grande ville où gays et lesbiennes avaient quelques chances de pouvoir se prémunir d'un environnement hostile, malgré les difficultés extrêmes pour organiser un « milieu » gay ou lesbien à cette époque et la répression inlassable et implacable qui frappait les bars et autres lieux de sociabilité [24] ?

Mais bien avant cela, dès le début du siècle, et même dès la fin du XIXe siècle, la réputation de certaines villes, comme New York, Paris ou Berlin, attirait des vagues de « réfugiés » venus de tout le pays et souvent de l'étranger, renforçant donc ce qui les avait incités à venir : l'existence d'un « monde gay » auquel ils s'agrégeaient et auquel ils apportaient l'enthousiasme des nouveaux arrivants [25].

Cela explique pourquoi s'est développée dans la culture gay, dans l'imaginaire collectif de l'homosexualité, dès la fin du XIXe siècle (et sans doute bien avant), une véritable mythologie de la ville et de la capitale : Paris, Londres, Berlin, Amsterdam, New York, San Francisco ont été les symboles merveilleux d'une certaine liberté et ont fait rêver tous ceux qui lisaient livres et journaux (même quand l'image donnée par ces sources d'informations était péjorative, voire insultante), ou entendaient les récits rapportés par les plus chanceux, ceux qui avaient pu accomplir un voyage vers la capitale ou la métropole (George Chauncey cite des témoignages de gays qui se sont décidés à quitter la petite ville où ils habitaient après qu'un ami leur avait raconté un séjour à New York [26]).

Cette mythologie de la ville – et donc de la migration vers la ville – a longtemps coexisté avec une mythologie plus générale du voyage et de l'exil, non plus vers la capitale, mais vers d'autres pays, d'autres continents. Il y a eu – et sans doute y a-t-il encore – une fantasmagorie de l'« ailleurs » chez les homosexuels et autres « déviants », un « ailleurs » qui offrirait la possibilité de réaliser des aspirations que tant de raisons semblaient rendre impossibles, impensables, dans leur propre pays [27]. Et l'on pourrait évoquer, entre autres exemples, l'attraction exercée par l'Italie à la fin du XIXe siècle ou au début du XXe (von Platen) ou par l'Allemagne dans les années vingt (Isherwood, Auden, Spender...), le séjour dans les colonies ou les pays lointains (Gide au Maghreb, Forster en Égypte et en Inde), ou encore l'expatriation professionnelle (Dumézil en Turquie, Foucault en Suède) [28].

🖉 Mais la force d'attraction – réelle et imaginaire – exercée par la ville reste le phénomène qui concerne le plus grand nombre. Aujourd'hui encore, la migration des gays et des lesbiennes vers les capitales et les grandes villes est permanente. L'homosexualité a partie liée avec la ville. Comme l'écrit le sociologue danois Henning Bech, « la ville est le monde social propre à l'homosexuel, son espace vital. Il ne sert à rien d'objecter que de nombreux homosexuels ont vécu à la campagne. Dans la mesure où ils veulent être homosexuels, la grande majorité d'entre eux doit aller à la ville, d'une manière ou d'une autre [29]... » Cela ne signifie évidemment pas qu'il ne saurait y avoir de vie gay dans les petites villes ou même à la campagne. Au contraire : là comme ailleurs, il existe (et il a existé depuis fort longtemps) des lieux de rencontre, des cercles d'amitiés qui se réunissent régulièrement, organisent des soirées. Ces formes de sociabilité et de « subcultures » urbaines ou semi-rurales sont peu connues, et ont été fort peu étudiées par les historiens ou les sociologues, sans doute parce que les documents sont assez rares et difficilement accessibles (ce sont souvent des journaux intimes ou des correspondances personnelles), mais aussi parce que l'« invisibilité » de ces modes de vie clandestins a été beaucoup mieux protégée, pour des raisons évidentes, que dans les plus grandes villes : il n'est pas facile de savoir dans quel bar, dans quel restaurant les gays avaient coutume de se réunir, encore moins dans quels appartements privés, dans quelles maisons à l'abri des regards. Sans doute une exploration systématique des rapports de police et des archives judiciaires (qui ne sont pas toujours aisément consultables) permettrait-elle de découvrir des vies gays moins connues que celles qui ont été étudiées récemment par les historiens de la culture urbaine.

C'est néanmoins la grande ville qui a donné aux modes de vie gays la possibilité de se développer pleinement. La ville est un monde d'étrangers. Ce qui permet de préserver l'anonymat et donc la liberté, contrairement aux contraintes étouffantes des réseaux d'interconnaissance qui caractérisent la vie dans les petites villes ou les villages, où chacun est connu et donc reconnu de tous et doit cacher ce qu'il est d'autant plus qu'il s'écarte de la norme. Comme l'écrivait déjà Magnus Hirschfeld dans son livre sur « les homosexuels à Berlin », publié en 1904 et traduit en français en 1908, la ville est un « désert d'hommes » où l'individu « échappe au contrôle de l'entourage mieux que dans quelque coin de province où tout, sens et esprit, se rétrécit aux limites d'un étroit horizon. Là, on peut savoir – et on sait consciencieusement – quand, où, avec qui le prochain a bu ou mangé, a été à la promenade ou au lit... tandis qu'ici, les gens qui habitent une rue ne savent même pas bien qui loge sur la cour et, à plus forte raison, ce que font les locataires [30] ».

Mais la ville est aussi un monde social, un monde de socialisation possible, et elle permet de surmonter la solitude tout autant qu'elle protège l'anonymat. Un gay qui décide d'aller vivre dans une grande ville vient s'y agréger à ceux qui ont suivi ce parcours avant lui et font exister un monde qui l'attire et dont, souvent, il a rêvé depuis longtemps avant de pouvoir y accéder. C'est pourquoi il y a une sorte d'exaltation, mêlée d'appréhension bien sûr, dans les premiers temps de la découverte de toutes les possibilités qu'offre la ville [31]. Magnus Hirschfeld donne une magnifique description de la culture gay et lesbienne du début du XXᵉ siècle à Berlin, avec ses cabarets, ses restaurants, ses tavernes et ses cafés, ses bals, sa vie nocturne, tout ce qui constitue ce qu'on appellerait aujourd'hui la « subculture » homosexuelle [32]. Une « culture » dont le livre de Chauncey sur New York a magistralement restitué la richesse, les évolutions, les aléas aussi, en montrant quelle était son étendue et sa vigueur dès la fin du XIXᵉ siècle, malgré la surveillance, le contrôle et souvent la répression dont elle faisait l'objet [33]. C'est la ville telle que l'ont vécue, aimée, rêvée, fantasmée des millions d'homosexuels des deux sexes, au fil des décennies, la ville dont « la trame d'homosexualité, comme disait encore Hirschfeld, altère par son action spécifique chacune des nuances du tableau et influe si essentiellement sur la physionomie même de l'ensemble [34] ».

Il est d'ailleurs possible que l'interaction entre la culture gay, la culture lesbienne et la ville en général ait été beaucoup plus forte dans les premières années du XXᵉ siècle et dans les années vingt et trente qu'elle ne le sera dans les années quarante et cinquante. Chauncey le montre pour New York : de grands bals travestis attiraient des foules de spectateurs hétérosexuels et les journaux, et notamment la presse populaire, leur consacraient des articles accompagnés de photos. En outre, les lieux de rencontre ou de sociabilité (bars, saloons, restaurants) étaient rarement exclusivement gays. La frontière entre le monde gay et la ville hétérosexuelle était donc, dans une certaine mesure et à certains égards, moins marquée qu'elle ne le deviendra après la Seconde Guerre mondiale, même si, bien sûr, les descentes de police, les arrestations, les tracasseries en tout genre maintenaient une pression sur cette subculture qui était tout à la fois semi-clandestine et semi-ouverte sur l'extérieur. Les fluctuations de cette « ouverture » sur l'extérieur peuvent être considérées comme l'un des aspects les plus frappants du niveau de conscience – et de conscience de soi – de ceux qui participaient à ce monde gay et comme un signe éloquent de leur capacité d'affirmer leurs identités et leurs modes de vie, mais aussi de résister aux forces hostiles quand il s'agissait de les défendre : on passait en effet des audaces les plus surprenantes au repli sur soi presque total et à la quasi-fermeture, de l'intérieur, des portes de cette ville dans la ville. Il y avait donc un jeu permanent entre la peur et la témérité, le secret et la visibilité, le silence et la publicité [35].

On voit que l'existence d'un « monde gay » n'a pas surgi soudainement avec les émeutes de Stonewall en 1969, déclenchées par une descente de police dans un bar de New York et dont la célébration, dès l'année suivante, allait devenir le point de naissance du mouvement contemporain de la Gay Pride. C'est au contraire parce que cette subculture existait déjà depuis fort longtemps – avec également un ensemble de discours, de mouvements organisés, de publications plus ou moins durables – que de telles émeutes, ainsi que ce qui s'en est suivi, ont été possibles. Il est vrai que, dans presque tous les pays occidentaux, les années cinquante et soixante (et d'abord les années quarante et la période de la guerre) avaient renvoyé la subculture homosexuelle à une clandestinité plus rigoureuse que dans les années vingt et trente. La répression était devenue plus intense que dans les années d'avant guerre (en France, en 1960, le Parlement votait un amendement pour définir l'homosexualité comme un « fléau social » à côté de l'alcoolisme et de la prostitution). Il convient cependant de ne pas trop durcir l'opposition : après tout – et George Chauncey le montrera sans doute dans le deuxième volume de son *Gay New York*, qui portera sur les années 1940-1975 – l'idée d'une invisibilité de la culture gay, d'un retour au « placard » pendant cette période doit être relativisée, dans la mesure où l'on peut trouver bien des traces, et bien des preuves, de son existence et de sa présence publique (dans les journaux, le cinéma, la littérature, etc.).

Par conséquent, ce qui a surgi au début des années soixante-dix et s'est épanoui dans les années quatre-vingt et quatre-vingt-dix s'inscrit dans le temps long de la culture urbaine et dans l'héritage de ces modes de vie qui faisaient déjà la réputation des villes à la « Belle Époque » et dans les « années folles », ou dans les années ultérieures (Paris, dans les années cinquante et soixante, avec ses lieux de rencontre, ses bars et boîtes célèbres, dont on trouve, pour ne donner qu'un exemple, une évocation dans le roman de James Baldwin, *Giovanni's Room*). Et il est assez frappant de constater que l'on assiste aujourd'hui à une ouverture de plus en plus grande et de plus en plus marquée de ce monde vers l'extérieur, ne serait-ce que par l'effet de sa très grande visibilité : nul n'ignore désormais qu'il existe des cafés et des bars gays, des quartiers gays, et, par conséquent, non seulement cette subculture est au contact permanent de la ville dans son ensemble, mais la ville se définit aussi par le fait qu'elle contient cette culture gay comme l'une de ses caractéristiques essentielles. Car si certains bars sont exclusivement gays – pas toujours néanmoins –, les cafés et les restaurants sont ouverts à tous, et les quartiers, cela va de soi, ne sont pas des territoires réservés mais des lieux dans lesquels la visibilité gay s'affirme dans la relation et l'interaction avec d'autres populations, « communautaires » ou non (le quartier gay voisinant à Paris avec le quartier juif historique [36]), mais aussi avec la ville en général, ses habitants, ses visiteurs, ses touristes... Les contours de ces « enclaves » gays dans les grandes villes sont d'ailleurs assez flous et changent au gré des ouvertures et fermetures de bars, cafés ou restaurants ; les commerces gays y restent minoritaires et, bien sûr, la rue est ouverte à tous. C'est donc le mélange qui y prévaut.

Aussi, loin de se laisser ranger sous les vocables hostiles du « communautarisme » ou du « séparatisme » (et il n'est pas inutile de rappeler que tant de sottises, tant d'absurdités, même, ont été écrites à ce sujet, à longueur de livres ou d'articles, au cours des années quatre-vingt-dix en France où, réactivant le vieux thème de l'ennemi intérieur ou du ver dans le fruit, on alla jusqu'à comparer cette menace homosexuelle contre la « cohésion nationale » et contre la bonne santé de la société à la dérive terroriste de l'islamisme radical), des phénomènes tels que les défilés de la Gay Pride ou le développement de quartiers homosexuels dans les grandes villes d'Europe marquent l'ouverture des portes que le « monde gay » avait été plus ou moins contraint de fermer sur lui-même pendant de longues périodes. Ce qui semble frapper de stupeur les observateurs indignés par l'apparition d'un quartier gay (et là encore, combien d'articles ont été consacrés à dénoncer ce « repli sur soi », cette « ghettoïsation sectaire », ce « refus du monde commun », ce « rejet des autres », etc., *ad nauseam*), c'est le simple fait que cette large visibilité homosexuelle place toute une culture gay en interaction directe et permanente avec la ville, comme cela avait été souvent le cas – et d'une certaine manière, toujours le cas – auparavant, mais à un degré moindre : lorsque, par exemple, les participants aux soirées costumées se frayaient un chemin, vêtus de robes ou de tenues extravagantes, vers l'entrée des salles de bal, sous les bravos admiratifs ou les huées scandalisées des rangées de badauds venus assister à l'événement...

3
L'AMITIÉ COMME MODE DE VIE

La ville est avant tout une manière d'échapper autant que possible à l'horizon de l'injure en tant qu'il signifie l'impossibilité de vivre son homosexualité sans avoir à la dissimuler en permanence. Lorsque Erving Goffman étudie les « procédés stratégiques » utilisés par ceux qu'il appelle les « stigmatisés », c'est la fuite vers la ville qu'il évoque à propos des homosexuels. Mais il souligne aussi qu'il ne s'agit pas seulement d'aller vivre « ailleurs », à la recherche d'un certain anonymat. Il s'agit d'une véritable coupure dans la biographie des individus [37]. Ce n'est pas seulement un parcours géographique, ou un moyen d'accéder à des partenaires potentiels. C'est aussi la possibilité de redéfinir sa propre subjectivité, de réinventer son identité personnelle. Eve Kosofsky Sedgwick évoque, elle aussi, d'une phrase fort suggestive, ce trajet psychologique autant que géographique qui mène de la province à la grande ville, lorsqu'elle parle du « récit fondateur plus que balzacien de l'identité moderne de nombreux gays américains et européens », une histoire qui se déroule le long d'une ligne qui va de l'enfance et de l'adolescence isolées en province ou dans un environnement hostile jusqu'à la liberté offerte par les vies métropolitaines [38]. La petite ville, c'est l'endroit où il est difficile d'échapper au seul miroir disponible, celui qui est tendu par la vie familiale – mais aussi par l'école –, d'échapper aux « interpellations » multiples qui enjoignent – tacitement ou bruyamment – aux individus de se conformer aux modèles affectifs, culturels, sociaux de l'hétérosexualité et à ce qu'Adrienne Rich a appelé « l'hétérosexualité obligatoire [39] ». C'est dans le degré d'acceptation ou de refus de cette « interpellation » généralisée, et dans l'évolution (souvent difficile, douloureuse), au fil des années, de ce rapport de soumission ou de révolte – ou les deux à la fois – que se constitue en effet l'identité personnelle. Quelle que soit l'option choisie – ou subie – l'identité doit se construire pas à pas et reste nécessairement conflictuelle : dans un cas, il y aura conflit entre la soumission à l'ordre hétérosexuel et les pulsions intérieures qui orientent vers des relations avec des personnes du même sexe, dans l'autre, il y aura conflit entre le refus de se soumettre et les rappels à l'ordre hétéronormatif que lancent en permanence toutes les instances de la société, et qui vont de la violence ordinaire sécrétée par les situations les plus banales de la vie familiale, scolaire ou professionnelle jusqu'à la brutalité traumatisante des injures et des agressions [40].

🖉 C'est pourquoi la sociabilité gay – ou lesbienne – se fonde d'abord et avant tout sur une pratique et sur une « politique » de l'amitié : il faut chercher à nouer des contacts, rencontrer des gens qui vont devenir des amis et constituer peu à peu un cercle de relations choisies. Comme l'écrit Henning Bech : « Être avec d'autres homosexuels permet de se voir soi-même en eux. Cela permet de partager et d'interpréter sa propre expérience [...]. Les réseaux d'amis sont, avec les associations ou les pubs et les bars, l'une des institutions les plus importantes de la vie homosexuelle. C'est seulement dans ce cadre qu'il est possible de développer une identité plus concrète et plus positive en tant qu'homosexuel [41]. » L'on comprend dès lors l'importance décisive de ces lieux dont on sait qu'ils ont pour principale fonction de rendre possibles les rencontres (et par conséquent la nécessité des guides spécialisés, ou de tout autre vecteur d'information, qui en indiquent pour les nouveaux « arrivants » l'existence et l'emplacement).

Le grand sociologue et grand théoricien de la sexualité qu'est Marcel Proust oppose, au début de *Sodome et Gomorrhe*, les homosexuels « solitaires » qui tiennent « leur vice pour plus exceptionnel qu'il n'est » et qui sont « allés vivre seuls du jour qu'ils l'ont découvert, après l'avoir porté longtemps sans le connaître », à ceux qui se sont constitués des cercles d'amitié, dont les réunions dans les cafés ressemblent fort à celles de « groupements professionnels » ou de cénacles politiques. Mais il ajoute aussitôt : « Il est bien rare qu'un jour ou l'autre, ce ne soit pas dans de telles organisations que les solitaires viennent se fondre, quelquefois par simple lassitude, par commodité (comme finissent ceux qui en ont été le plus adversaires par faire poser chez eux le téléphone…) [42]. » Cette photographie littéraire peut paraître quelque peu jaunie et témoigner d'une époque lointaine. Mais si l'on excepte la discrétion que devaient s'imposer – plus ou moins, il est vrai – les « organisations » d'amis dans les salles des cafés, et si on laisse de côté le vocabulaire utilisé par Proust et son point de vue d'entomologiste (proche parfois d'un regard de tératologiste), on peut se demander si la structure des itinéraires individuels et des modes de vie collectifs, tels qu'il les décrit, est au fond si différente de ce que nous connaissons dans notre propre monde – et ceci quelle que soit la diversité des situations et des comportements d'aujourd'hui comme de ceux d'hier [43].

Car aujourd'hui comme hier, le cercle d'amis constitue l'un des foyers centraux autour desquels s'articulent les vies gays, et l'assise d'un parcours psychologique (et souvent géographique) qui conduit d'une solitude plus ou moins marquée à une socialisation plus ou moins forte dans et par les lieux de rencontre (que ce soit les bars et les parcs, ou, aujourd'hui, Internet, ses sites spécialisés et ses réseaux sociaux…). Les modes de vie gays se fondent largement sur les cercles concentriques des amitiés ou sur la tentative toujours recommencée de créer de tels cercles et de nouer de telles amitiés. Le livre de George Chauncey le montre à merveille : alors que, dès le début du XXe siècle, les autorités politiques et les gardiens de l'ordre social et moral ont décrit le développement urbain comme un facteur de « désorganisation » des liens sociaux traditionnels et donc de « déstructuration » psychologique des individus, il a au contraire représenté pour les gays – et représente de plus en plus – le lieu d'une réorganisation sociale, d'une création de nouveaux liens sociaux et de nouvelles formes de sociabilité, et donc d'une restructuration psychologique autour de ces liens [44]. La participation à une même sexualité stigmatisée ainsi que la marginalisation et l'exclusion qu'elle implique sont au fondement de la constitution d'un monde spécifique, inscrit autant dans la topographie des villes que dans la personnalité des individus qui viennent s'y agréger en le faisant exister et en le perpétuant au fil des générations. Il serait donc préférable de ne pas décrire, comme le faisait encore Michaël Pollack, le monde gay comme l'agrégation contrainte d'« un groupe de destin » (qu'il désignait ainsi « faute de mieux », précisait-il, mais, bizarrement, sans s'interroger sur ce qui aurait pu constituer une définition plus adéquate), mais plutôt comme le processus d'une invention choisie, individuelle et collective, de soi-même.

🖋 Il est impossible de parler de la « culture gay », ou de la « communauté », du « ghetto », etc. (notions qui ont été définies pour d'autres catégories – ethniques, religieuses – et sont, la plupart du temps, transposées sans précaution ni méthode aux gays et aux lesbiennes) sans les rattacher aux processus de la migration et aux effets de liberté qu'ils instaurent, et donc à toute l'histoire du départ vers la ville et à la construction d'un « monde gay » que cette histoire a produite [45]. La ville, comme l'écrivait le sociologue Robert Park en 1916, fait coexister « une mosaïque de petits mondes sociaux [46] ». Et cet emboîtement de mondes sociaux offre aux individus la possibilité d'appartenir à plusieurs univers à la fois et d'avoir par conséquent plusieurs identités sociales, souvent nettement séparées les unes des autres : familiale, professionnelle, ethnique ou religieuse, et sexuelle... Par conséquent, un gay peut participer au « monde gay » sans perdre sa place dans le monde hétérosexuel : il aura alors deux (ou plusieurs) identités – et deux (ou plusieurs) « cultures » – l'une attachée à son insertion sociale ou professionnelle (ou à son origine ethnique) et une autre liée au temps des loisirs, une identité pour le jour et une autre pour la nuit et les week-ends (ce qui a souvent engendré la tension inhérente aux difficultés de la « double vie », mais a aussi permis à de nombreux homosexuels de résister à l'oppression et à la marginalisation) [47].

La visibilité gay, aujourd'hui, ne signifie donc pas qu'un certain nombre de personnes auraient décidé au cours des dernières années de se définir par leur sexualité, mais qu'un nombre de plus en plus important d'individus gays ont cessé de dissimuler la partie « nocturne » de leur vie. Ce n'est pas parce que les gays auraient soudainement décidé de quitter leurs identités sociales et psychiques jusque-là bien homogènes et sans clivages pour adhérer uniquement à leur identité sexuelle, c'est parce qu'un grand nombre d'entre eux a cessé de cacher cette identité sexuelle qui les définit autant que leur identité professionnelle, ou ethnique, ou religieuse, qu'est apparu au grand jour ce « monde gay » auquel ils participaient de manière – plus ou moins – clandestine ou de manière – plus ou moins – visible. Les bars ouverts sur la rue, avec terrasses bondées et vitres arborant le drapeau arc-en-ciel, ont remplacé les bars cachés dans les petites rues et dont les lourdes portes étaient munies d'un judas qui permettait à l'établissement de se protéger contre les agressions ou les invasions indésirables. C'est donc toute l'histoire de cette sociabilité et de ce « monde » que les gays ont construits au cours d'un siècle ou d'un siècle et demi qu'il faut prendre en considération aujourd'hui si l'on veut analyser ce qu'est la « communauté » gay (terme dont l'inadéquation saute aux yeux, sauf quand cette idée sert de point d'appui pour la mobilisation ou de point de repère pour la socialisation). Car cette sociabilité, dont il est certes nécessaire mais également trop facile aujourd'hui de dénoncer les défauts, d'ailleurs moins nouveaux qu'on ne croit – effets, plus ou moins réels, d'uniformisation ou envahissement, indéniable, par la commercialisation –, a d'abord représenté, et conserve au plus haut point, une valeur émancipatrice, par la possibilité qu'elle offre aux jeunes gays et aux jeunes lesbiennes d'accélérer le processus d'acceptation de soi, et à tous les autres d'évoluer dans des espaces qui ne se caractérisent pas par une hostilité fondamentale et omniprésente à leur égard [48].

L'effet de liberté instauré par la visibilité homosexuelle s'étend probablement jusqu'à ceux qui ne participent pas à cette « subculture », soit parce qu'ils ne le peuvent pas (ils n'habitent pas dans une grande ville), soit parce qu'ils ne le veulent pas (ils choisissent de se tenir à l'écart du « milieu » gay). Il ne fait aucun doute que la vie des gays et des lesbiennes dans leur ensemble a évolué, au cours des quarante dernières années, de manière globale mais différenciée selon leur degré de proximité ou d'éloignement avec les lieux de la vie subculturelle, du fait de la visibilité d'un certain nombre d'entre eux[49]. Car l'important n'est pas tellement que l'on dise ou montre son homosexualité : c'est que l'homosexualité soit dicible et montrable (même si c'est ailleurs et par d'autres). Un gay – ou un couple gay – n'a pas besoin d'appartenir au « milieu gay » pour profiter des conquêtes obtenues par la visibilité et l'affirmation homosexuelles : il est en effet possible, pour un nombre sans cesse croissant d'entre eux, de vivre plus sereinement, de ne plus dissimuler totalement ce qu'ils sont ou d'organiser leurs vies en fonction des transformations du droit obtenues par les luttes...

Si, comme y insiste toute l'œuvre de Foucault, du premier Foucault en tout cas, une société ou une époque se définissent par ce qui y est dicible et visible, et donc par ce qui y est pensable, on peut affirmer que la visibilité gay et lesbienne a eu pour effet de transformer la société dans son ensemble puisqu'elle a profondément modifié ce qui peut s'y dire, s'y voir et donc s'y penser. La mobilisation homosexuelle, la sortie au grand jour et l'intensification de la vie « subculturelle » représentent assurément (avec tout ce qui s'en est suivi et tout ce qui a essaimé à partir de là) une des plus intenses mises en question de l'ordre institué, sexuel et donc social, mais aussi « épistémologique », du monde contemporain.

4
SEXUALITÉ ET PROFESSIONS

🖉 Les vies gays sont souvent des vies différées ; elles commencent lorsqu'un individu se réinvente lui-même, en sortant de son silence, de sa clandestinité honteuse, ou en tout cas en s'aménageant des espaces où il lui est possible d'être ce qu'il est et veut être. Lorsqu'il choisit au lieu de subir, et par exemple, lorsqu'il se compose une autre famille – constituée de ses amis, de ses amants, de ses anciens amants devenus ses amis et des amis de ses anciens amants – et reconstruit ainsi son identité après avoir quitté le champ clos et étouffant de sa famille d'origine et de ses injonctions tacites ou explicites à l'hétérosexualité. Une telle fuite ne signifie pas nécessairement, cela va de soi, la rupture totale avec sa famille, mais plutôt la nécessité de s'en tenir éloigné et de la tenir à distance. Avant cela, les vies gays ne sont que des vies vécues par procuration, des vies imaginées, ou des vies attendues, espérées autant que redoutées.

Et ce sont assurément toutes ces blessures ressenties au cours de ce qu'Eve Kosofsky Sedgwick a magnifiquement décrit comme « l'exil babylonien des enfances "anormales" [50] » qui viendront nourrir les énergies par lesquelles les gays se créent ou se recréent des personnalités. Les énergies par lesquelles se créent et se recréent également la « culture » ou la « communauté » gays. Cette énergie créatrice est d'abord une énergie qui s'est créée elle-même dans et par la fuite. C'est le souvenir mais aussi la permanence, la persistance des sentiments éprouvés dans l'enfance, dans l'adolescence, et par lesquels l'identité personnelle de nombre de jeunes gays a été profondément structurée, qui produisent cette capacité et cette volonté de se transformer soi-même et l'énergie nécessaire pour y parvenir. Eve Kosofsky Sedgwick insiste à juste titre sur cette « source presque inépuisable d'énergie transformatrice » qu'est le sentiment de la honte qui étreint tant de jeunes garçons et de jeunes filles quand il prennent conscience que leurs désirs et leurs aspirations n'entrent pas dans ce qui est défini et désigné comme la normalité [51]. Nombreux sont les auteurs qui l'ont souligné. C'est, par exemple, un thème très présent – et même essentiel – dans l'œuvre de Jean Genet : dans *Miracle de la rose*, dans *Notre-Dame des Fleurs*... Et cela constitue l'axe central du livre de Jouhandeau, *De l'abjection* [52].

Comment pourrait-on faire sentir l'intensité de cette honte à ceux qui ne l'ont jamais vécue ? Et la force des motivations engendrées par la volonté d'en sortir ? Mais l'on peut mentionner bien d'autres sentiments ou comportements produits par la « dissonance » sexuelle ou affective au sein de la famille et qui jouent par la suite un rôle considérable comme « source d'énergie » dans la reformulation de soi-même. Par exemple, le sentiment diffus d'être différent ou marginalisé, d'être « à part », l'adhésion à des modèles littéraires ou artistiques plutôt qu'à des modèles familiaux ou sociaux, parce que ce sont les seules échappatoires disponibles. L'enfant gay – il faut bien parler ici d'« enfance gay » –, ou l'adolescent gay s'est d'abord refermé sur lui-même et a organisé sa propre psychologie et son rapport aux autres autour de son secret, de son silence. C'est de cette vie intérieure qu'il tire sa capacité transformatrice. C'est peut-être ce qui explique le rapport si particulier, et si souvent décrit, des jeunes gays – et des parias en général – au monde des livres et de la culture. Dans une première esquisse de *Sodome et Gomorrhe*, Proust évoque comme une figure paradigmatique ce « jeune garçon dont ses frères et ses amis se moquaient » et qui « se promenait pendant des heures seul sur la plage, s'asseyait sur les rochers et interrogeait la mer bleue d'un œil mélancolique, déjà inquiet et insistant, se demandant si dans ce paysage de mer et de ciel d'un léger azur, le même qui brillait déjà aux jours de Marathon et de Salamine, il n'allait pas voir s'avancer sur une barque rapide et l'enlever avec lui, l'Antinoüs dont il rêvait tout le jour, et la nuit à la fenêtre de la petite villa où le passant attardé l'apercevait au clair de lune, regardant la nuit et rentrant vite quand on l'avait aperçu. Trop pur encore pour croire qu'un désir pareil au sien pût exister ailleurs que dans les livres [53]. »

Mais de quels livres pouvait-il bien s'agir ? Et comment les découvre-t-on ? Par quel hasard ? Ou poussé par quelle nécessité ? Ou alors, comment s'arrange-t-on avec ceux dont on dispose ? Proust donne une description du mécanisme qui non seulement instaure un rapport particulier des jeunes gays à la lecture, mais les conduit aussi à s'identifier aux personnages féminins : c'était le seul moyen pour eux, dit-il, de vivre, par procuration, une émotion avec un homme : « Par une transposition inconsciente, ils rapportent si bien à leur désir bizarre tout ce qui dans la littérature, dans l'art, dans la vie a depuis tant de siècles élargi comme un fleuve la notion de l'amour, tant leur amour est si naturel qu'ils oublient finalement que l'objet ne l'est pas. Et sans songer que seul un homme-femme comme eux pourrait partager leur passion, ils attendent avec la foi d'une héroïne de Walter Scott la venue de Rob Roy et d'Ivanhoé [54]. »

D'où l'importance, peut-être, pour les gays, de la culture, au sens large, et le goût tant de fois évoqué pour les « divas », les « stars » du cinéma, la presse, la littérature, les livres, les arts comme modèles identificatoires ou iconiques [55].

🖉 C'est jusqu'au choix des professions qui peut être interprété dans les termes de cette fuite face à « l'interpellation hétérosexuelle » dont j'ai parlé plus haut, et comme un élément fondamental de la construction de soi et de l'identité personnelle. Un certain nombre de travaux, et notamment un article de Marie-Ange Schiltz, ont fait l'hypothèse d'une mobilité sociale ascendante spécifique aux homosexuels (masculins, en tout cas). Il semble en effet que le déplacement vers la ville soit également lié (statistiquement) à une volonté des jeunes issus des milieux populaires d'échapper aux métiers manuels pour s'orienter vers des professions où il est possible d'imaginer qu'on bénéficiera d'une plus grande tolérance, ou, en tout cas, qu'il sera plus facile de vivre sa sexualité. Et, plus généralement, à une orientation vers les métiers « artistiques » ou les pôles les plus « artistiques » des métiers. Ce qui permettrait de comprendre, par exemple, comme le suggérait Michaël Pollack, l'orientation vers des emplois comme celui de coiffeur, qui se situeraient au pôle le plus « artistique » des métiers manuels [56]. En tout cas, l'émigration vers la ville semble se traduire aussi par des trajectoires scolaires ou sociales ascendantes (statistiquement parlant, bien sûr). Certes, puisque les recherches de Marie-Ange Schiltz (comme celles qu'elle a menées précédemment avec Michaël Pollack) s'appuient sur le dépouillement de réponses à des questionnaires publiés dans la presse gay, il s'agit d'un échantillon spontané, ce qui ne peut manquer d'introduire des biais importants (puisqu'il faut plus ou moins s'identifier soi-même comme gay pour faire la démarche d'acheter un journal gay et sans doute plus encore pour répondre à un questionnaire). Ce qui expliquerait, dans les réponses, la surreprésentation d'hommes habitant les grandes villes et appartenant à des milieux plutôt favorisés. On conçoit, en effet, qu'il soit plus difficile, pour des homosexuels des milieux populaires, des petites villes ou des régions rurales, de se déclarer comme tels et donc d'être pris en compte dans les études sociologiques. Mais, souligne encore M.-A. Schiltz, l'écart est si grand entre les réponses volontaires de cet échantillon gay et les réponses obtenues par d'autres méthodes lors d'enquêtes auprès de la « population générale » que l'on peut imaginer que ce biais n'explique pas à lui seul le phénomène.

Comment, dès lors, rendre compte de ce qu'indiquent de telles données statistiques ? Que nous enseignent-elles ? Quelles significations s'en dégage-t-il ? Il existe sans doute une sorte de solidarité intergénérationnelle (même si elle n'est pas vécue ou pensée explicitement comme telle) entre des gays plus âgés qui aident des gays plus jeunes à échapper à leur milieu social ou familial en leur donnant la chance ou l'impulsion de départ (ce qui nourrit le vieux mythe de la franc-maçonnerie – « ils s'aident entre eux » –, mais montre surtout que la chaîne invisible et présente de la solidarité gay résulte avant tout de l'agrégation de milliers de gestes individuels) [57]. Cette réalité indéniable (mais dont les effets ne peuvent s'exercer qu'avec ou après l'entrée dans le « monde gay » et sont, de surcroît, nécessairement circonscrits au périmètre des possibles sociaux pour les individus concernés) ne saurait à elle seule expliquer le phénomène mis en évidence par les enquêtes sociologiques qui conduisent peut-être à une interrogation sur la prescience de soi comme « déviant » avant même l'entrée dans la sexualité, puisqu'on est bien obligé de penser que la tendance observée à une réussite scolaire plus élevée que dans les échantillons « généraux », le choix de certains types de profession (« artistiques », non manuelles), ou, à l'intérieur des carrières et des métiers, cet écart qui pousse tant de gays à choisir d'être, par exemple, journalistes dans le domaine culturel plutôt qu'économique ou avocats spécialisés dans le droit d'auteur plutôt que dans le droit des affaires, c'est-à-dire, antérieurement à tous ces devenirs, la façon dont on se projette dans l'avenir, peuvent se jouer très tôt, et souvent même dès le plus jeune âge. On pourrait évoquer, entre autres données possibles, le goût pour la lecture (activité plus « féminine »), qui passe par le goût de la solitude et de l'« intérieur » (et un certain privilège accordé à l'intériorité et aussi à la psychologisation) par rapport à celui des activités menées en groupe à l'extérieur : par exemple, rester à la maison pour lire plutôt qu'aller jouer au football avec les garçons du quartier, quand lire est considéré dans l'idéologie masculiniste des milieux populaires comme une activité de « gonzesse » ou de « pédé »[58]), etc.

Une anthropologie de l'homosexualité devrait, par conséquent, se préoccuper de ce type de témoignages, que l'on rencontre si souvent dans les récits autobiographiques (même s'ils ne sont pas thématisés comme tels), et ne pas se contenter de calculer des écarts de trajectoires et de revenus rapportés à des moyennes statistiques. Peut-être faudrait-il, par exemple, comparer les trajectoires scolaires, sociales, professionnelles à l'intérieur d'une même famille, entre un gay ou une lesbienne et ses frères et sœurs hétérosexuels. Pour repérer comment la « déviance » sexuelle peut conduire à une déviation de la trajectoire scolaire et sociale, et comment le sentiment plus ou moins précoce de la « différence » peut entraîner ou nécessiter un processus plus général de différenciation de soi d'avec les autres[59]. Une question cruciale se pose en effet, et que les enquêtes aussi bien quantitatives que qualitatives laissent toujours de côté (il est vrai que ce n'est pas leur objet) : qu'est-ce qu'une trajectoire sociale, et notamment, qu'est-ce qu'une trajectoire sociale ascendante, ou, plus exactement, qu'est-ce que cela signifie concrètement de parler de trajectoire ascendante pour tel ou tel individu ? À quel moment cela se joue-t-il, à quel âge, quels en sont les signes, quels en sont les facteurs ? Il ne s'agit pas ici d'essayer d'établir brutalement une causalité (le fait d'être gay – avant de l'être – engendrant la volonté de réussite scolaire) ; mais plutôt de s'interroger sur le rapport entre les dispositions attachées à un type de sexualité et celles qui orientent vers des conduites scolaires et professionnelles que l'on pourra interpréter en termes d'ascension sociale. À s'interroger aussi, et surtout, sur la genèse de ce rapport entre des dispositions socialement reliées, les secondes étant un moyen d'exprimer et même, plus profondément encore, de vivre les premières.

Proust évoquait déjà, à sa manière – biologisante – ce lien qui lui semblait si évident et pourtant si mystérieux entre une orientation sexuelle et des dispositions artistiques : « Je songeai avec curiosité à ce qui unit chez un même homme une tare physique et un don spirituel. M. de Charlus n'était pas très différent de son frère, le duc de Guermantes... Mais il avait suffi que *la nature déséquilibrât suffisamment en lui le système nerveux* pour qu'au lieu d'une femme, comme eût fait son frère le duc, il préférât un berger de Virgile ou un élève de Platon, et aussitôt des qualités inconnues au duc de Guermantes et *souvent liées à ce déséquilibre*, avaient fait de M. de Charlus un pianiste délicieux, un peintre amateur qui n'était pas sans goût, un éloquent discoureur [60]. » Laissons de côté l'explication proustienne par un « déséquilibre du système nerveux », et le rapport entre un tel déséquilibre et le tempérament artistique, qu'il devait sans doute à sa lecture des psychiatres : n'est-ce pas précisément la thèse présentée par Max Nordau dans son livre intitulé *Dégénérescence*, dont plusieurs pages sont consacrées à Oscar Wilde, ou par Cesare Lombroso dans *L'Homme de génie* ? Il n'en reste pas moins que se trouve posée, en termes fort clairs, la question d'un rapport entre des dispositions qui n'ont aucun lien évident entre elles et que l'on trouve pourtant associées l'une à l'autre d'une manière suffisamment fréquente pour être significative.

Cette imbrication entre le sentiment d'être « différent » et le regard tourné vers la vie « artiste » se donne à lire, en effet, dans de nombreuses autobiographies. Par exemple, dans celle de Guy Hocquenghem, qui écrivait, en 1988 : « Les années d'enfance sont vagues, inspiration d'un désir de se différencier, aspiration frénétique vers d'autres atmosphères, qui gonflent la poitrine de regrets inassouvis. Quelque chose entre la promesse d'être un génie, de faire la révolution, d'être un saint ou un grand artiste, ou encore de se suicider aux premières marques de l'adultéité[61]. »

On songe au problème soulevé par Bourdieu dans *La Distinction*, quand il se demande pourquoi la fréquentation des musées est aussi étroitement corrélée à la longueur des études, alors même que ces études ne font quasiment aucune place à l'éducation artistique. On sait que le sociologue s'efforce de trouver des réponses en étudiant la genèse commune du rapport heureux et durable au système scolaire et de l'amour de l'art, en réinscrivant les singularités dans les régularités et en montrant comment la place des sujets individuels dans l'ordre social détermine, et jusqu'au plus profond de leur personnalité, l'acquisition concomitante des dispositions scolaires et esthétiques. C'est une question du même genre qu'il convient ici de poser : comment se produit cette corrélation, que Proust attribue à une anomalie de la nature, entre des dispositions sexuelles et des dispositions intellectuelles ou artistiques ? Il faut sans doute invoquer tout le processus de formation des subjectivités gays (par quoi il faut assurément entendre autant l'inconscient que la conscience), c'est-à-dire les effets qu'exercent, sur ceux qui contreviennent à la norme, la force de l'ordre sexuel et la place qu'ils occupent dans cet ordre, pour rendre compte de ces écarts et de ces différenciations individuelles (mais analogues les unes aux autres) qui suscitaient la « curiosité » de Proust. Comme si l'assujettissement faisait naître, dans son processus même, la volonté, déjà là avant toute décision consciente, d'y résister, d'y échapper. « L'aspiration frénétique » et artiste à s'inventer soi-même [62].

5

FAMILLE ET « MÉLANCOLIE »

Si les réseaux d'amitié sont très importants pour les jeunes gays qui arrivent à la ville, ils le sont tout autant pour les gays plus âgés, notamment lorsqu'ils cessent de participer à la vie des bars ou des lieux de drague. Le thème classique de la « solitude » de l'homosexuel vieillissant n'est pas seulement le produit d'une représentation homophobe : il a longtemps correspondu à la réalité vécue de nombre d'individus. La « culture gay » permet de créer des liens d'amitié durables. Les amis sont donc pour les gays ce qu'on pourrait appeler une « famille de substitution », si une telle expression n'avait l'inconvénient de reconnaître ce qui doit précisément être mis en question : la légitimité et l'évidence « naturelle » du mode de vie hétérosexuel. Mais il est indéniable que la quasi-nécessité de rompre avec le milieu familial (ou plus exactement avec l'insertion harmonieuse dans la famille) oblige les individus à ce véritable travail de création d'amitié et leur donne la disponibilité autant que l'énergie pour s'y consacrer. Les amis rencontrés dans les lieux gays remplacent les relations familiales plus ou moins laissées de côté ainsi que les relations sur le lieu de travail si difficiles à établir et à entretenir pour un gay ou une lesbienne, surtout lorsqu'ils s'efforcent de cacher ce qu'ils sont.

Elle est loin d'être une tâche aisée, cette entreprise qui conduit à substituer aux liens familiaux des relations construites, choisies, voulues et donc plus intenses (« mes amis biologiques » va jusqu'à dire Mathieu Lindon, en une éloquente formule de *Ce qu'aimer veut dire*, lorsqu'il distingue précisément le monde d'amitié dans lequel il installe sa vie au sortir de l'adolescence et son milieu familial qu'il doit mettre à – une certaine – distance pour pouvoir « s'en sortir », c'est-à-dire échapper à l'état de détresse qui a marqué sa jeunesse et réussir à vivre son homosexualité [63]). Elle suppose que soit poursuivi en même temps un travail de deuil, souvent long et douloureux, et qui, comme tout travail de deuil, Jacques Derrida l'a fort justement remarqué, n'est jamais terminé [64]. Il faut non seulement renoncer – plus ou moins – à la vie dans le cercle familial, mais aussi accepter, intégrer comme constitutif de son propre « moi » ce renoncement auquel on est plus ou moins contraint. Ce qui explique peut-être, *a contrario*, pourquoi est si puissante la volonté d'un certain nombre de gays et de lesbiennes d'être reconnus comme des couples ou des familles légitimes par leurs proches (et notamment par leurs propres familles), mais également par la société (et donc par le droit). Il ne s'agit pas seulement d'adopter des « modèles » hétérosexuels, comme on l'entend dire parfois (« singer les hétéros », déplorent les gays qui tiennent à rester en dehors de tout cadre institutionnel reconnu – aspiration évidemment illusoire – et considèrent, de façon d'ailleurs très normative, que c'est ainsi que tout gay ou toute lesbienne devrait vivre et vouloir vivre), mais, plus fondamentalement, de retrouver un ancrage familial perdu et peut-être de rétablir par ce moyen des liens avec la famille que l'on a quittée, ou même de se réinsérer dans la vie « normale » en se réinscrivant dans la succession des générations. Il n'est pas rare de voir des parents, des familles qui avaient beaucoup de mal à accepter l'homosexualité de leurs enfants et qui, tout en la connaissant, évitaient d'en parler avec eux – par l'effet d'un accord tacite pour garder le silence et ne pas nommer ce qui constitue un foyer de malaise et de souffrance et le constituerait encore plus si c'était énoncé explicitement –, s'installer tout naturellement, si l'on ose dire, dans le rôle de grands-parents avec les enfants de leurs enfants, et en venir alors à considérer comme tout à fait secondaire, et sans même qu'il soit besoin de formaliser ce changement par une discussion, ce qui avait jusqu'alors été la cause d'un certain éloignement ou en tout cas d'une relation problématique. Certes, cette rupture (plus ou moins forte, plus ou moins totale) avec la famille ou la mise à distance de celle-ci sont parfois vécues comme une véritable libération au moment où elles se produisent, et, la plupart du temps (mais pas toujours), les individus, loin d'en souffrir (en dehors peut-être de certaines situations particulières comme la maladie ou, plus simplement, lorsqu'ils se retrouvent seuls, les jours de fête comme le soir de Noël), y voient la condition même de leur réalisation personnelle en tant que gays ou lesbiennes. Mais avec le temps qui passe, et notamment quand se termine la période la plus intense de la vie sexuelle (et donc des modes de vie qui y sont liés), cet éloignement devient, pour nombre d'entre eux, de plus en plus difficile à vivre. Sans doute certains hétérosexuels éprouvent-ils des sentiments analogues lorsqu'ils ont rompu avec leur milieu familial pour des raisons qui peuvent ressortir à l'ascension sociale, à la divergence des opinions politiques ou encore au fait de vivre en concubinage dans des milieux qui n'acceptent pas ce mode de vie, ou d'avoir pour partenaire une personne appartenant à une catégorie stigmatisée (noire, maghrébine, juive…). Mais une telle expérience semble être quasi consubstantielle à l'homosexualité.

Le jour vient où l'on essaie de renouer des liens. Et cela peut être le début d'un long processus de réconciliation et de réintégration qui durera toute la vie. Les tentatives de rapprochement passent par des concessions de part et d'autre, par exemple le maintien du non-dit sur l'homosexualité, même si les parents « savent » mais font comme s'ils ne savaient pas. Parfois, les situations sont rendues plus explicites, par exemple lorsqu'un(e) homosexuel(le) fait admettre peu à peu à ses parents la réalité de sa relation avec un compagnon ou une compagne qui finit par être reçu(e) dans la famille.

🖉 Il y a assurément une « mélancolie » spécifiquement homosexuelle (« mélancolie » devant ici s'entendre au sens d'un travail de deuil jamais terminé et impossible à accomplir qui marque, selon Freud, le processus de formation du « moi » au travers des identifications refusées [65]). Judith Butler a évoqué cette idée d'une « mélancolie » spécifique, propre à certains gays et lesbiennes, en évoquant l'impossible travail de deuil de l'objet hétérosexuel rejeté et donc intégré dans le processus de formation du « moi » comme possibilité refusée [66]. Je crois nécessaire de déplacer ses analyses vers la question sociologique plus générale – et moins dépendante des schèmes théoriques de la psychanalyse dans lesquels sa démarche reste inscrite, et dont il me paraît toujours indispensable et urgent de se défaire – du rapport des individus à la structure familiale et à l'insertion sociale [67].

La « mélancolie » procéderait du deuil impossible à accomplir ou à terminer de ce que l'homosexualité fait perdre aux gays et aux lesbiennes, à savoir les modes de vie hétérosexuels, à la fois refusés et rejetés (ou qu'on est contraint de rejeter parce qu'on est rejeté par eux), mais dont le modèle d'intégration sociale continue de hanter l'inconscient et les aspirations de certains de ceux qui ont dévié de la norme sociale parce qu'ils ont dévié de la norme sexuelle. Bergson dit que la vie d'un individu est hantée par les choix qu'il n'a pas faits. Ici, les vies homosexuelles sont sans doute hantées par les modes de vie et de relations aux autres dont ils ont voulu, ou dont ils ont dû s'écarter ou se priver du fait de leur sexualité. Cette « mélancolie » est liée à la perte ou à la difficulté des liens familiaux (avec les parents, les frères et sœurs, le cercle familial), mais aussi au rêve (parfois inavoué) d'une vie de famille pour eux-mêmes, à laquelle certains ne parviennent jamais à renoncer, s'efforçant de la créer autant que faire se peut, au fil des années, s'installant en couples durables et élevant des enfants (qui peuvent être issus d'une vie hétérosexuelle antérieure, d'une adoption ou, pour les femmes, de la procréation médicalement assistée, ou encore, plus simplement, de l'intervention plus « naturelle » d'un ami).

Car la « mélancolie » est – ou en tout cas était – également liée pour un certain nombre de gays et de lesbiennes à l'idée qu'ils ne pourront pas avoir d'enfants (ce qui est d'ailleurs souvent présenté, dans les réponses aux questionnaires proposés par les enquêtes sociologiques, comme un obstacle à l'acceptation de soi-même comme gay ou comme lesbienne : l'idée de devoir admettre que l'on est gay ou lesbienne « pour toujours » étant perçue comme synonyme de l'obligation, qui semble insupportable à certains d'entre eux, de renoncer à avoir des enfants). On peut se demander si ce n'est pas en ce point sensible que réside l'un des plus profonds facteurs de « souffrance » psychologique chez les homosexuels des deux sexes. À moins que ce ne soit une manière d'exprimer une souffrance diffuse et difficile à exprimer autrement qu'en faisant référence à des situations conventionnelles et donc plus aisément localisables. Pierre Bourdieu et les sociologues qui ont travaillé avec lui ont mis en évidence, dans *La Misère du monde*, à quel point la « souffrance » n'est pas seulement liée à des « conditions » économiques mais aussi à ce qu'ils appellent des « positions » dans l'espace spécifique dans lequel on vit[68]. Pour faire comprendre ce qu'il appelle « misère de position », Bourdieu évoque la nouvelle de Patrick Süskind, *La Contrebasse*, qui « fournit une image particulièrement réussie de l'expérience douloureuse que peuvent avoir du monde social tous ceux qui, comme le contrebassiste au sein de l'orchestre, occupent position inférieure et obscure à l'intérieur d'un univers prestigieux et privilégié[69] ». Et l'homosexualité, bien que, assez bizarrement, elle ne soit pas évoquée dans ce volume, est assurément l'une de ces « positions » sociales qui engendrent une forme de « souffrance » psychologique particulière. Il est d'ailleurs symptomatique que l'un des problèmes rencontrés par les sociologues au cours de cette vaste enquête, qui s'apparente à un travail de psychanalyse sociale, relève précisément de la difficulté à faire passer cette « misère » de position et cette « souffrance » du silence à la parole, mais aussi de la difficulté à saisir, dans cette parole même, ce qui est réellement dit à travers des propos qui tendent à brouiller les pistes et à dire beaucoup de choses pour éviter de dire l'essentiel. On comprend donc pourquoi les revendications récentes du mouvement gay et lesbien ont été portées sur la scène publique avec tant de véhémence. Ce n'est pas seulement parce qu'elles expriment le désir légitime de mettre un terme aux discriminations. Ni parce que ces revendications se heurtent à des discours d'hostilité si violents, si haineux, si méprisants et si stupides que cela ne peut manquer de susciter, en retour, des réactions de saine colère et d'indispensable révolte. C'est aussi parce qu'elles remuent chez nombre d'individus les fibres les plus profondes de la conscience et de l'inconscient, marqués par ces blessures de l'enfance et de l'adolescence dont j'ai parlé plus haut, et qu'elles sont investies de toute la passion engendrée par cette « mélancolie » à laquelle il s'agit précisément d'essayer d'échapper [70].

On peut d'ailleurs penser que la « mélancolie » est à ce point constitutive de la formation du « moi » homosexuel qu'elle est présente même chez ceux qui ne sont pas disposés à reconnaître que le modèle familial leur manque et qui, loin d'en faire un idéal à accomplir, auraient plutôt tendance à en faire un repoussoir. L'agressivité qui caractérise bien souvent les discours de rejet radical du modèle familial montre que le rapport à la famille n'est jamais simple, en tout cas rarement neutre. Si le deuil n'est pas « terminé » quand il est reconnu comme tel, à l'inverse, il n'est pas surmonté du seul fait d'être refusé ou dénié. Car c'est de toute façon dans ce « deuil » que s'est constituée la personnalité. Le gay ou la lesbienne les plus hostiles aux modèles familiaux se sont définis précisément par le rejet d'une identification à des modèles dont il y a fort à parier, étant donné leur omniprésence sociale, qu'ils doivent façonner la manière même dont on s'acharne ou se plaît à se définit contre eux. Judith Butler a certainement raison d'écrire, bien que ce soit dans un autre contexte, que « ce qui est rejeté, et donc perdu, est conservé comme une identification rejetée [71] ».

🖉 C'est pourquoi il me semble que l'on devrait se garder d'opposer les gays attachés à un mode de vie qui se veut hors de toute reconnaissance institutionnelle et même juridique, et, pour nombre d'entre eux, à une sexualité libre et ouverte sur la multiplicité des partenaires, à ceux qui préfèrent vivre en couple et qui aspirent à un enregistrement par le droit de leurs unions. Cette opposition, acceptée par de nombreux gays des deux « camps », est l'un des pièges les plus pernicieux tendus par le discours homophobe dans sa version libérale, qui se sert du fait que certains ne veulent pas entendre parler de mariage pour en refuser le droit à ceux qui souhaitent pouvoir y accéder. Non seulement l'opposition n'est jamais aussi nette, mais on peut même avancer qu'elle se dissout dès lors qu'on y regarde de plus près. D'abord, la revendication du mariage « gay » n'exprime pas simplement l'aspiration, qui serait le signe d'une abdication devant les modes de vie hétérosexuels, de certains homosexuels à entrer dans l'institution matrimoniale ; elle apporterait aussi, si elle se réalisait, un profond bouleversement dans l'institution elle-même, qui ne pourrait plus être identique à ce qu'elle était auparavant, et ce d'autant plus que si les gays peuvent aujourd'hui revendiquer le droit d'y accéder, c'est parce qu'elle n'est déjà plus ce qu'elle était. C'est la désacralisation du mariage qui rend possible la revendication même qu'on doive l'ouvrir aux couples du même sexe [72].

Mais on peut faire valoir également que ce qui semble correspondre à deux modes de vie opposés et irréductibles l'un à l'autre (la liberté sexuelle d'un côté, le mariage de l'autre) peut ne représenter que des étapes différentes dans la vie des individus, ceux qui participent au premier pendant une période plus ou moins longue se muant avec l'âge en adeptes du second, tel le baron de Charlus que « la monotonie des plaisirs qu'offre son vice » avait fini par lasser et qui « après s'être fatigué des inconnus qu'il rencontrait, était passé au pôle opposé, à ce qu'il avait cru qu'il détesterait toujours, à l'imitation d'un "ménage" ou d'une "paternité" » dans sa relation avec son jeune protégé Morel [73]. Ou, au contraire, des personnes installées en couple assez jeunes découvrant, après une rupture, les délices du multipartenariat. Sans même évoquer le cas de ceux qui vivent en couple durable et ne se sentent nullement tenus pour autant à renoncer aux rencontres multiples.

🖉 Il conviendrait d'ailleurs d'ajouter que l'histoire de l'homosexualité n'est guère dissociable d'une histoire du mariage, dans la mesure où être gay (et cela vaut aussi, quoique de manière différente, pour les lesbiennes) a souvent consisté, aussi bien au XXe siècle qu'au XIXe, dans le fait d'être marié à une personne de l'autre sexe et à mener une vie – secrète ou non – homosexuelle en dehors et à côté de ce cadre conjugal hétérosexuel. On trouve même toute une tradition littéraire qui s'est attachée à explorer ce thème du mariage des homosexuels (et des formes de parenté qui s'ensuivent) : il suffit de relire Proust, bien sûr, pour s'en convaincre, dans l'œuvre duquel mariage et placard font assurément bon ménage (les invertis d'*À la recherche du temps perdu* sont tous mariés, ou l'ont été, comme c'est le cas de Charlus, ou se destinent à l'être, et le roman insiste même à plusieurs reprises sur le fait qu'ils font les meilleurs maris), mais aussi Gide (dont *L'Immoraliste* est consacré à cette question : un homme peut-il rester marié dès lors qu'il a découvert que des désirs d'une autre nature l'étreignaient, et qui reviendra sur ce qu'a été sa vie de couple avec sa femme dans *Et Nunc Manet in Te*), ou bien Marguerite Yourcenar (dont le premier roman, *Alexis ou le Traité du vain combat*, peut se lire comme une réécriture du livre de Gide, en mettant en scène un personnage masculin qui quitte sa femme pour pouvoir vivre librement sa vie homosexuelle), ou encore Marcel Jouhandeau (qui revient sans cesse sur les difficultés de son existence matrimoniale dans ses *Journaliers* ou dans ses textes littéraires, à commencer par celui dans lequel il aborde explicitement ce problème : *Monsieur Godeau marié*), et tant d'autres auteurs, dont la liste serait interminable [74]…

6
LA VILLE ET LE DISCOURS CONSERVATEUR

Si elle représente l'aspiration à la liberté et à la réalisation de soi, la ville peut être aussi le lieu de la détresse et du malheur. Puisque les gays et les lesbiennes sont condamnés à la ville, ils le sont également à tout ce que la ville peut porter en elle de violence : les agressions dans les lieux de drague, le harcèlement policier, la transmission des maladies… Tout cela existe bien sûr dans les plus petites villes, et c'est même pour fuir ces agressions et ce harcèlement que bien des gays se sont, on l'a dit, réfugiés dans la grande ville. Mais, s'ils y prennent d'autres formes, et si les moyens de leur résister y sont mieux développés, le contrôle social de la subculture et les manifestations d'hostilité ne manquent pas de s'y épanouir. C'est peut-être même l'une des caractéristiques de l'histoire de la ville homosexuelle si l'on en croit George Chauncey, qui accorde tant d'importance, dans son entreprise de reconstitution historique, à ce contrôle, à cette « police » quotidienne et omniprésente de la sexualité et du genre (avec la menace de l'injure, de l'agression…), à ce qu'il appelle le « *street-level policing of gender* » sans l'analyse duquel il est impossible de comprendre comment se sont construits les cadres des identités gays contemporaines à travers l'instauration de modes de vie et d'espaces de liberté spécifiques. La ville est donc le lieu d'existence de la « culture gay », mais aussi de la surveillance sociale de celle-ci, dans ce qu'elle a de plus banal et de plus quotidien, et de l'interaction entre ces deux phénomènes. À travers l'histoire, vie gay et police des mœurs ont formé un étrange couple, dont on peut hélas penser qu'il n'est pas près de divorcer, même s'il a évolué avec le temps et s'est largement modernisé[75].

🖉 La ville aura été aussi le lieu de la maladie. Elle fut, dans les pays occidentaux au moins, la « niche écologique » de l'épidémie de sida[76]. Et les noms merveilleux qui avaient fait rêver des générations d'homosexuels (San Francisco, New York, Paris…) furent assombris par le spectre de la mort. Et par l'infinie tristesse des deuils à répétition pour ceux qui ont survécu en perdant nombre de leurs amis. La ville est aussi devenue le lieu des solidarités nouvelles : associations, journaux d'information, manifestations, etc. Les enquêtes sociologiques ont montré que, si certains « militants » (mais pas tous, loin de là) ont tardé à prendre conscience de la gravité de la maladie au début des années quatre-vingt, tant l'idée d'un cancer qui n'aurait touché que les gays pouvait paraître invraisemblable (on parlait alors, en effet, dans les journaux, d'un « cancer gay ») et surtout ressembler un peu trop à la thématique délétère d'une campagne homophobe, ce sont malgré tout les homosexuels les plus affirmés et les plus inscrits dans la « culture gay », et donc ceux qui habitaient les grandes villes, qui ont le plus rapidement réagi à l'épidémie, adopté les mesures de prévention (dès qu'elles ont été recommandées par les médecins, une fois connus les mécanismes de la transmission et de la contamination) et fondé les associations… Les acteurs de la lutte contre le sida ont été, au départ, avec quelques anciens militants des années soixante-dix, des gays issus de la subculture urbaine[77].

🖉 La ville fut alors, en même temps que le lieu des solidarités, celui du drame et des processus d'abjection, quand ceux qui avaient fui la honte et l'injure furent rattrapés par elles et durent réapprendre à vivre avec elles, avec ces attaques supplémentaires contre un système immunitaire déjà rongé par la maladie. Le sida a souvent signifié le « *coming out* » forcé de ceux qui avaient jusqu'ici préféré taire leur homosexualité, avec, pour conséquence, l'hostilité des voisins, des collègues, de la famille. Pour nombre de personnes atteintes, ce n'était pas seulement la séropositivité ou le sida qui étaient difficiles à « dire », mais aussi, bien sûr, l'homosexualité, alors que la honte d'être homosexuel était renforcée par la honte d'être malade et malade d'une maladie qui renforçait la honte d'être homosexuel [78].

Abjection encore, quand ceux qui avaient voulu échapper à leurs familles furent, en de trop nombreuses occasions, littéralement repris, récupérés par elles. Familles dont certaines sont allées jusqu'à refuser au compagnon l'accès à la chambre d'hôpital, à l'écarter du faire-part de décès, à le chasser de l'appartement qu'il occupait depuis des années avec la personne disparue, à le priver de tout droit sur les biens de celui qu'il avait aimé – même les vêtements, les objets, les disques, les livres... Ce n'est d'ailleurs pas très nouveau : n'est-ce pas, très précisément, le thème du *Cousin Pons* de Balzac ? Ce « drôle de cousin » (« *queer cousin* »), comme l'a si justement désigné Michael Lucey, qui vit avec un homme et semble avoir des goûts étranges (dans son mode de vie autant que dans ses passions artistiques), est tenu à l'écart par sa famille, qui le considère comme un parasite, jusqu'au moment où celle-ci découvre la valeur de la fabuleuse collection d'objets d'art qu'il a amassée pendant des années et cherche à s'en emparer. Éloignés de la famille, extérieurs à l'ordre des générations et de la filiation, ces gens-là « n'ont pas d'héritiers » et semblent « venus comme des champignons sur cette terre », dit la concierge de l'immeuble à propos de Pons et de Schmucke, de la même manière que la Miss Wade du roman de Dickens, *Little Dorrit*, est une orpheline, venue de nulle part. Mais les « déviants » sont rattrapés par l'ordre familial à la mort de Pons. En effet, on voit à la fin du roman que Schmucke, à qui il a tout légué, est dépossédé par la famille dans ce que Michael Lucey décrit comme une « sorte de revanche de l'ordre hétérosexuel sur une tentative "déviante" [*queer*] pour détourner un peu de la richesse sociale à ses propres fins [79] ». Le « déviant » décédé est réinscrit dans l'ordre familial hétérosexuel dès lors que c'est la transmission du patrimoine économique qui est en jeu, ou même, tout simplement, l'héritage des biens, si faible en soit la valeur. Mais cela s'effectue au prix de l'abolition du caractère « déviant » du disparu, et donc par une exclusion radicale de celui qui a survécu (Schmuke poussé à la misère et à la mort dans le roman de Balzac, qui peut servir ici de référence paradigmatique).

Avec le sida, il est donc devenu de plus en plus évident que le rapport d'extériorité que les gays entretiennent avec la famille, et surtout avec l'ordre familial, entraînait de nombreuses conséquences juridiques qui débouchaient notamment sur la spoliation et sur la discrimination systématiques. Être privé des droits les plus élémentaires est alors apparu de plus en plus insupportable. Et la ville est donc également devenue le terrain de la bataille pour ces droits, comme elle avait été, à plusieurs reprises déjà au cours du XXe siècle, le lieu de naissance et d'épanouissement des mouvements homosexuels [80].

✎ Avant même l'arrivée du sida, la ville a toujours été considérée par le discours conservateur comme le lieu de perdition par excellence, le chaudron de la liberté sexuelle et par conséquent de la corruption des corps et des âmes. Chauncey cite un texte de 1895 affirmant que le développement des grandes villes et l'afflux de populations étrangères allaient « conduire inévitablement à l'augmentation de l'inversion sexuelle et autres vices similaires [81] ». De la même manière, les premiers représentants de la sociologie urbaine ne manquèrent pas d'attirer l'attention, faisant écho aux inquiétudes des réformateurs sociaux avec lesquels ils coopéraient, sur le fait que l'urbanisation avait un effet destructeur sur la famille et sur les autres liens sociaux qui permettent, dans les villes plus petites, un contrôle des comportements individuels. Comme l'écrivait Walter Reckless en 1926, cette « désorganisation personnelle » avait pour résultat que « les pulsions et les désirs » s'écartaient des « directions socialement approuvées » et pouvait donc déboucher « non seulement sur la prostitution mais aussi sur la perversion [82] ».

On pourrait aller jusqu'à dire que l'œuvre de Proust elle-même, sans que, bien sûr, de tels relents nauséabonds s'y fassent sentir, est hantée par l'opposition de la ville et de la campagne, avec d'un côté Françoise, la nostalgie pour l'enfance, la vie de famille et le rythme traditionnel des travaux et des jours, le paysage rural, les clochers des églises, et, de l'autre, Charlus, le brouillage des frontières de classe, les cafés remplis d'invertis et les bordels de garçons où tous les « vices » sont permis.

🖉 Les villes évoquées plus haut comme autant de symboles de la liberté rêvée ou vécue (Berlin, Paris, Amsterdam, Londres, San Francisco, New York…) ont donc représenté en même temps, et symétriquement, tout ce que les tenants de l'ordre moral et social et les apôtres de la religion, du familialisme et de l'oppression des femmes et des homosexuels ont toujours eu et ont toujours en horreur. L'atmosphère de la ville est viciée, délétère : elle est tout à la fois malade et lieu de la maladie. Dans tout le discours des idéologies traditionalistes, comme dans celui des révolutions ou des restaurations conservatrices, des nationalismes et des fascismes (pourtant liés à la ville par la structure même de la mobilisation politique sur laquelle ils s'appuient), l'idée de la ville a toujours été associée aux menaces de la décadence (opposée à la santé) et du mélange (opposé à la pureté – de la race). Il ne faut pas craindre d'écrire que le nazisme et les fascismes ont prospéré sur la dénonciation de tout ce qui faisait de la ville un paradis pour les homosexuels. N'oublions pas que le nazisme s'est présenté comme une entreprise de « purification » non seulement raciale, mais aussi sexuelle [83]. Et force est de constater aujourd'hui que la Gay Pride déclenche ou entretient l'homophobie et que le Front national se nourrit *aussi* des images télévisées qui en sont données (ce qui ne condamne évidemment pas la Gay Pride ! Tout au contraire !).

Au début du XXe siècle, ou dans les années vingt et trente, Berlin n'a jamais cessé d'être dénoncée, de l'extrême gauche à l'extrême droite, comme la capitale internationale de la décadence. C'est la « Berlin-Sodome » qu'évoquait Octave Mirbeau en 1907 [84]. Et comment ne pas se demander quelle représentation ou quel fantasme de la ville avaient également en tête tous les révolutionnaires conservateurs qui, dans l'Allemagne pré-nazie, prônaient le retour à la vie authentique, c'est-à-dire celle qu'on mène à la campagne, sinon la même, mais inversée, que celle donnée par Hirschfeld à travers sa description du Berlin des premières années du siècle ? Il suffit pour s'en convaincre de lire le récit que fait Ernst Jünger d'un séjour à Hambourg à la fin des années trente[85]. On pense encore aux descriptions exaltées d'Hirschfeld quand on lit le texte rédigé par Heidegger à l'automne 1933, lorsqu'il veut expliquer pourquoi il a refusé une chaire à l'université de Berlin. Ces quelques pages intitulées « Pourquoi nous restons en province », véritable condensé de toute l'idéologie d'extrême droite qui avait fleuri depuis Spengler sur les méfaits de la métropole, opposent la Forêt-Noire, le contact avec la nature, l'ancrage dans le sol et la mémoire paysanne aux maléfices de la ville et de « ses lieux de plaisir[86] ».

Aujourd'hui encore, la ville est dénoncée comme le foyer d'épanouissement de la luxure et des mauvaises mœurs qui rongent la nation et l'entraînent à sa perte. Les imprécations contre les modernes Sodome et Gomorrhe sont l'un des schèmes structurants du discours de la droite religieuse américaine (c'est-à-dire de la droite tout court), mais ce n'est là qu'un miroir grossissant des discours de toutes les droites (et bien souvent de certaines « gauches » chrétiennes ou socialistes). Et ce sont les mêmes schèmes de pensée que l'on a pu retrouver, au début des années sida, dans bien des propos tenus sur New York, San Francisco ou Paris, villes des pédés et de la débauche. Et la mobilisation massive aujourd'hui de la droite et de l'ultra-droite – et jusqu'à une date assez récente, d'une certaine « gauche » intellectuelle française – contre la reconnaissance légale des couples de même sexe montre suffisamment à quel point l'horreur de l'homosexualité est vivace et violente dans les secteurs les plus attardés de la société.

Mais n'est-ce pas l'écho à peine atténué de cette détestation passéiste de la ville moderne, de ses turpitudes et des personnages « anormaux » et douteux qui la peuplent que l'on entend dans les discours de tous ceux qui dénoncent la « communauté » homosexuelle et sa visibilité, la Gay Pride et ses « outrances » ? L'horreur devant la « communauté » gay n'est-elle pas teintée aussi, dans un arrière-plan fantasmatique, d'un certain dégoût de la promiscuité, et notamment de la promiscuité sexuelle ? En décrivant « Berlin-Sodome », Mirbeau ne désignait-il pas déjà ce phénomène qui répugnera à tant d'éditorialistes de la presse « libérale » parisienne des années quatre-vingt-dix et deux mille à tant d'essayistes acrimonieux : « Et savez-vous qu'il s'est formé une ligue de ces messieurs [87]. » On voit que les imprécations contre le « communautarisme » de la part de ceux qui semblent découvrir aujourd'hui que la ville abrite de telles « communautés » (consubstantielles pourtant à l'existence des villes), leur effroi devant le « péril gay » qui menace « l'unité » de la société, rappellent l'accusation déjà brandie contre Oscar Wilde ou André Gide, à savoir que les homosexuels représentent un ferment de « corruption » intérieure de la société, une gangrène qui mine la force des nations. Il n'est sans doute pas surprenant de retrouver chez les plus médiatiques des idéologues homophobes d'aujourd'hui une sorte de heideggerianisme dégriffé (Heidegger sans la philosophie) dans lequel l'enracinement dans les traditions du passé, la référence à l'ordre « immémorial » de la transmission de l'héritage spirituel par la famille et la déploration incantatoire du « tout fout le camp » ressemblent à s'y méprendre à une déclinaison, sur un mode mineur, de tous les grands thèmes fondateurs des idéologies conservatrices, nationalistes ou fascistes.

7

Dire et ne pas dire

En écrivant que l'injure est constitutive de la subjectivité « minoritaire », et notamment de la subjectivité gay, je sais que je m'expose à l'incrédulité des lecteurs « majoritaires » et notamment hétérosexuels. N'ayant jamais réfléchi à ces questions, ou, plus fondamentalement, surtout s'ils sont des hommes – et des hommes blancs et chrétiens du monde occidental (c'est sans doute différent pour les femmes ou pour les hommes noirs, juifs ou arabes) –, n'ayant jamais été confrontés à la violence de l'injure, ils penseront qu'il y a là une certaine exagération. Mais je sais que je risque également d'être démenti par certains homosexuels qui, bien qu'ayant expérimenté eux-mêmes ce dont je parle, mettent une sorte de point d'honneur à en nier les effets sur leur vie. Comme si le fait d'être traité de « pédé », même quand il est inlassablement réitéré, pouvait n'avoir aucune importance, aucune incidence sur le rapport à soi et aux autres, et rester une péripétie isolée et sans signification dans une existence.

✎ Mais peut-être certains gays feront-ils aussi valoir qu'ils n'ont jamais été victimes d'une agression verbale. On peut d'abord répondre que nombreux sont ceux qui affirment cela tout en sachant très bien que ce n'est pas vrai. En outre, il faut faire remarquer que l'injure n'est que la forme ultime d'un continuum linguistique qui englobe aussi bien le mot d'insulte directe que le ragot, l'allusion, l'insinuation, le propos malveillant, la rumeur ou encore que la plaisanterie plus ou moins explicite, plus ou moins venimeuse. Elle peut se lire ou s'entendre tout simplement dans un regard amusé ou haineux, dans une inflexion de la voix. Toutes ces formes atténuées ou détournées de l'injure constituent évidemment l'horizon linguistique – et social – de l'hostilité dans laquelle doivent vivre gays, lesbiennes, transgenres...

D'autre part, les plus réticents à l'idée que l'injure pourrait être un élément important de leur rapport au monde concéderont que, même s'ils n'en ont pas fait l'expérience concrète, ils ont au moins clairement conscience qu'une telle agression verbale est toujours possible et plane comme une menace installée dans chaque instant de leur vie, risquant pour certains de la faire basculer dans un avenir qu'ils considèrent comme inimaginable et insupportable. Il suffit à cet égard de lire les entretiens réalisés par Régis Gallerand auprès des membres de l'association David et Jonathan, qui regroupe des homosexuels chrétiens et qui, par le nombre de ses adhérents, est l'une des plus importantes organisations gays et lesbiennes en France. Par exemple, les confidences que lui fait ce professeur de collège dans une petite ville. Chaque matin, quand il entre dans la salle de classe, il redoute de voir les deux lettres « PD » inscrites au tableau noir. Il lui semble presque impossible d'envisager les conséquences de cette désignation, qui vaudrait accusation et stigmatisation définitive [88]. Ce qui en dit long sur la réalité des existences gays et lesbiennes en dehors des grandes villes, et même dans les grandes villes. Un ouvrage américain désigne d'ailleurs les métiers de l'enseignement comme le « dernier placard » [89]. Ce beau titre est assurément inexact car on n'en finirait pas de recenser les métiers dans lesquels il est à peu près impossible de cesser de dissimuler son homosexualité, y compris dans les secteurs dits « de pointe », comme l'informatique, où l'on ne cesse de déplorer par ailleurs la « résistance au changement ». Toujours est-il que l'enseignement est effectivement l'un de ceux-là. Et l'on aimerait pouvoir lire des récits, des témoignages de professeurs – ou d'ouvriers, d'employés, de cadres, de vendeurs, d'agriculteurs, etc. – qui n'ont pas d'autre choix que celui de mener une double vie, souvent en menant leur vie « sexuelle » dans la grande ville la plus proche de celle où se trouve leur lieu de travail. Cela rend particulièrement improbable, et en tout cas difficile à vivre, toute rencontre affective, et contraint à des vies dissociées – et malheureuses, puisque nombre de ceux qui y sont obligés doivent vivre leur « deuxième » vie de manière totalement clandestine. Il leur faut un effort constant pour préserver cette étanchéité, en évitant d'être aperçu par un collègue aux alentours d'un endroit connu comme un bar gay ou un lieu de drague, ou en compagnie d'une autre personne un peu plus voyante et donc compromettante [90]. Gide raconte une scène exemplaire à cet égard, dont tout gay a sans doute vécu, un jour ou l'autre, l'équivalent. Alors qu'il se promène sur les boulevards, il rencontre Oscar Wilde qui venait d'être libéré de prison et à qui il avait manifesté une grande fidélité amicale, allant le voir en Normandie dès son arrivée en France : « Je m'entendis appeler par mon nom. Je me retournai : c'était Wilde. Ah ! combien il était changé !... Je fus un peu gêné, je l'avoue, de le revoir et dans un lieu où pouvait passer tant de monde. Wilde était attablé sur la terrasse d'un café... J'allais m'asseoir en face de lui, c'est-à-dire de manière à tourner le dos aux passants, mais Wilde, s'affectant de ce geste, qu'il prit pour un élan d'absurde honte (il ne se trompait, hélas, pas tout à fait) : "Oh mettez-vous donc là, près de moi", dit-il, en m'indiquant, à côté de lui, une chaise ; "je suis tellement seul à présent. Quand jadis je rencontrais Verlaine, je ne rougissais pas de lui", reprit-il avec un essai de fierté [91]. »

Cette peur d'être percé à jour, jugé, destitué de son image et de sa réputation dans et par le regard des autres peut avoir pour conséquence une attitude générale de réserve, une quasi-obligation de se tenir à l'écart de la vie sociale à l'intérieur du milieu professionnel afin de ne pas prendre le risque d'être « reconnu ». Goffman décrit fort bien cette réticence des « stigmatisés », et encore plus de ceux qui sont porteurs d'un « stigmate » invisible, à créer de véritables relations d'amitié avec les « normaux » (par exemple sur le lieu de travail) afin d'éviter d'entrer dans le jeu des confidences, ou tout simplement de s'exposer à être « découverts » [92].

Cela implique également, comme l'ont montré de nombreuses études, que les homosexuels sont souvent conduits à développer des répertoires de comportements qui sont utilisés alternativement en fonction des publics différents devant lesquels ils se trouvent, passant d'un type de gestualité ou d'attitude à un autre selon les exigences de la situation : par exemple, les mêmes qui feront les « folles » devant un petit groupe d'autres gays confineront leur vocabulaire, leurs expressions et leurs intonations à la plus stricte normalité dans le milieu professionnel [93].

Proust évoque ce phénomène de manière saisissante dans *La Prisonnière* :

> M. de Charlus n'aimait pas à sortir avec M. de Vaugoubert. Car celui-ci, le monocle à l'œil, regardait de tous les côtés les jeunes gens qui passaient. Bien plus, s'émancipant quand il était avec M. de Charlus, il employait un langage que détestait le baron. Il mettait tous les noms d'hommes au féminin et comme il était très bête, il s'imaginait cette plaisanterie très spirituelle et ne cessait de rire aux éclats.

Comme avec cela, il tenait énormément à son poste diplomatique, les déplorables et ricanantes façons qu'il avait dans la rue étaient perpétuellement interrompues par la frousse que lui causait au même moment le passage de gens du monde, mais surtout de fonctionnaires : « Cette jeune petite télégraphiste, disait-il en touchant le coude du baron renfrogné, je l'ai connue, mais elle s'est rangée, la vilaine ! Oh ce livreur des Galeries Lafayette, quelle merveille ! Mon Dieu, voilà le directeur des Affaires commerciales qui passe. Pourvu qu'il n'ait pas remarqué mon geste ! Il serait capable d'en parler au ministre qui me mettrait en non-activité, d'autant plus qu'il paraît que c'en est une [94]. »

Dans les situations de « double vie », beaucoup plus fréquentes que ne peuvent l'imaginer ceux qui habitent les grandes villes (et d'ailleurs très fréquentes également dans les grandes villes, où elles sont rendues plus faciles à mettre en place et à maintenir), il va de soi que l'injure, pour l'homosexuel « découvert », ne serait plus seulement un horizon, une potentialité dont la menace reste toujours présente à l'esprit ; elle serait un enfer au quotidien. On voit, dans l'exemple cité plus haut du professeur et de son tableau noir, que l'injure et l'identité personnelle (au sens de rapport à soi-même, présentation de soi aux autres, manières d'être, gestion publique et privée des habitudes culturelles ou des désirs sexuels et des préférences affectives) sont très nettement liées l'une à l'autre. Mais même pour ceux qui habitent les plus grandes villes, pour ceux qui peuvent bénéficier de la liberté qu'offrent la subculture et les quartiers gays ou, aujourd'hui, les sites Internet et les réseaux sociaux, il est nécessaire, le plus souvent, de dissimuler leur homosexualité sur leur lieu de travail. Pour les cadres, l'avancement dans la carrière serait fortement compromis dans le cas contraire. Et pour les ouvriers ou les employés, la vie deviendrait intenable. Sans parler des sportifs, des psychanalystes, des militaires, des hommes et femmes politiques… Et n'oublions pas de mentionner, bien sûr, le lieu d'habitation : il est souvent impératif de cacher aux voisins, au quartier, ce que l'on est et ce que l'on fait…

✎ Il faut ajouter, ici, deux remarques.

La première, c'est que l'obligation du secret et de la clandestinité a été aussi (et est toujours) un lieu – une structure – où un certain nombre de gays, lesbiennes, bisexuels, etc. ont trouvé – et trouvent encore – une certaine forme de plaisir : une vie cachée, des rencontres secrètes, une sociabilité clandestine, les délices d'une franc-maçonnerie… Il n'est pas rare d'entendre, dans la bouche d'homosexuels qui ont vécu une partie de leur vie sexuelle avant les années cinquante et soixante, et donc avant la « libération », des regrets sur l'époque du secret imposé et du « jeu » qu'il fallait inventer sans cesse pour tromper les regards ou au contraire rechercher les connivences. Et il est vrai que le « placard » a été aussi le lieu de la résistance à l'oppression, une manière de vivre l'homosexualité dans des époques ou des endroits où il n'était pas possible de la vivre à l'air libre. Le « placard » a été si souvent dénoncé par les militants homosexuels comme le symbole de la « honte » et de la soumission à l'oppression qu'on a fini par oublier ou négliger qu'il a pu représenter aussi, et en même temps, un espace de liberté et un moyen – le seul – de résister et de ne pas se soumettre aux injonctions normatives. Et que, pour de nombreux gays, il l'est encore. En un sens, et peut-être paradoxalement, il a été le moyen d'être « fier » lorsque tout conduisait à être honteux. Même s'il s'agissait d'une fierté secrète et intermittente, voire fugace (mais savoir qu'on va retrouver le soir, ne serait-ce que le samedi soir, ceux avec qui on pourra cesser de s'autocensurer revêt, à n'en pas douter, une très grande importance). Et c'est cet extraordinaire sentiment de fierté et de liberté conquises et maintenues comme un secret partagé à plusieurs que les gays des générations précédentes ne retrouvent peut-être plus dans la liberté et la fierté affichées au grand jour et qui leur semblent trop faciles, et en un sens un peu fades, ayant perdu la saveur du jeu avec l'interdit [95].

Il faudrait évoquer aussi les regrets récurrents de certains homosexuels des milieux littéraires sur le fait que les situations de répression et l'obligation du « placard » permettaient à la littérature de s'épanouir. Il est sans doute exact qu'une bonne part de l'énergie qui a soutenu la création littéraire et l'expression homosexuelle dans la littérature est venue de la configuration psychologique clivée que faisait naître l'opposition entre l'envie de se dire et l'obligation de se taire. Mais l'idée qu'il ne pourrait plus y avoir aujourd'hui de littérature intéressante parce que seul l'interdit favoriserait la création littéraire me semble assez saugrenue et n'exprime au fond qu'une intériorisation de l'homophobie sociale qui tolère l'homosexualité tant qu'elle est cantonnée dans la littérature et la déplore dès lors qu'on la voit dans la rue, ou, tout aussi triste, une sorte d'élitisme esthète qui consiste à regretter les années de répression dans lesquelles des écrivains pouvaient s'accorder l'audace de la transgression et en conserver le monopole.

La seconde remarque, c'est que l'on est également conduit à se demander ce qu'est une identité personnelle, ou même ce qui définit quelqu'un comme « homosexuel ». L'« identité », le sentiment de soi-même, sont-ils seulement des désignations qui nous viennent de l'extérieur, d'une catégorisation unificatrice instituée par la norme seule ? Ou bien naissent-ils également d'une identification qu'on éprouve en soi, à partir d'images, de modèles auxquels on sait – en le voulant ou ne le voulant pas – correspondre ? Revenons au cas de ce professeur dans une petite ville qui craint de voir les deux lettres « PD » inscrites au tableau. Il est bien évident qu'il n'est pas besoin qu'il ait eu des relations sexuelles avec un autre homme pour redouter cette agression symbolique. Il peut simplement savoir – ou peut-être même ne pas savoir ou ne pas vouloir savoir – qu'il le désire. Il est possible, également, que tous ses traits psychologiques (et peut-être aussi physiques : ses gestes, sa manière de parler, de marcher...) semblent manifester un tel désir ou une telle personnalité [96]. Et que dire d'un jeune homme qui déclare : « J'ai toujours su que j'étais gay, mais pour le cacher aux autres, je couchais avec des filles, et ce n'est que tout récemment que j'ai eu pour la première fois des relations sexuelles avec un garçon [97]. »

Affirmer qu'il n'y a pas de « personne homosexuelle » mais seulement des « actes homosexuels » revient à laisser de côté toutes ces expériences individuelles intensément vécues dans lesquelles il n'est pas besoin que des actes aient été pratiqués pour que l'identité soit construite – parfois inconsciemment – autour de leur possibilité, des pulsions qui y conduisent, des fantasmes, nourris d'images et de modèles aperçus depuis les années d'enfance, de la crainte également d'être reconnu comme étant l'un de ceux dont on sait qu'ils risquent de se voir traités de « pédés ». De la même manière, cette terreur peut se rencontrer chez quelqu'un qui a eu une vie sexuelle homosexuelle autrefois et n'a plus de sexualité en raison de son âge. Bref : il y a bel et bien des « personnes » homosexuelles, en tout cas des individus qui sont identifiés de l'extérieur ou s'identifient eux-mêmes en ces termes, et les « actes » homosexuels ne sont que l'un des éléments qui permettent de les définir ainsi. Je sais bien que cela me vaudra d'être accusé d'« essentialisme » par les récitants d'un certain catéchisme « *queer* » (pas chez ceux et celles qui créent la théorie – ici, il s'agit de penser –, mais chez ceux qui en psalmodient et en ânonnent ce qu'ils croient en être les leçons non seulement pour ne plus penser du tout – avec ces terribles discussions théologiques dans lesquelles ils semblent adorer perdre leur temps – mais aussi, et c'est beaucoup plus fâcheux, pour interdire que l'on puisse vouloir continuer de penser), mais ils devraient peut-être, de temps à autre, regarder ce qui se passe dans le monde social, et non pas essayer de déduire la réalité d'un petit catalogue de considérations idéologiques dogmatiquement ressassées et transformées en injonctions normatives. Si la théorie, dans ses versions dégriffées, se donne pour tâche d'abolir – ou d'interdire qu'on prenne en considération – certaines réalités existentielles, certaines manières d'être et de se percevoir soi-même, certains sentiments et affects, alors c'est cette théorie qu'il convient de mettre en question, et non les réalités qu'elle s'attache à nier. Quant à l'idée qu'il suffirait de déconstruire par et dans le discours les catégories instituées et ancrées dans l'épaisseur du monde et dans la profondeur des inconscients, cela relève d'un fantasme typiquement universitaire, qui consiste à prendre la radicalité dans les mots pour la subversion dans les choses et qui a toutes les chances, en se satisfaisant de ces illusions transgressives, de laisser intact l'ordre social. À cette nouvelle forme d'idéalisme, il convient d'opposer une théorie matérialiste des structures sociales et des forces qui s'affrontent pour les maintenir telles qu'elles sont ou les transformer.

Le rapport d'identification comme rapport de soi à soi (et donc l'identité) obéit à de nombreux facteurs, à de nombreuses logiques et ne se laisse pas résumer au schème naïvement politique qui voudrait que puisque toute identité est produite par le pouvoir, on combat le pouvoir en refusant l'identité. Genet, Jouhandeau (mais aussi Césaire, Fanon) et tant d'autres nous ont enseigné le contraire : on combat le pouvoir en se réappropriant l'identité assignée, l'identité stigmatisée, et en travaillant à la reformulation de soi-même.

🖉 Le fait qu'on puisse être une « personne » définie par la sexualité sans qu'interviennent dans cette définition les actes sexuels eux-mêmes ressort parfaitement de toute la polémique qui s'est déroulée autour de la présence d'homosexuels dans l'armée américaine. En déclarant que gays et lesbiennes pouvaient y être admis à condition de ne pas dire qu'ils le sont, car cela reviendrait à annoncer qu'ils ont l'intention de pratiquer des actes homosexuels, les responsables militaires ont donné une définition de l'homosexualité qui accorde à la déclaration de soi une importance considérable. Dire « je suis homosexuel » aurait pour signification « j'ai l'intention de pratiquer des actes homosexuels ». Par conséquent, dire, c'est faire. Et il n'est donc nullement besoin de faire pour être. Il suffit de dire. Mais il serait donc possible d'« être » homosexuel, à condition de ne pas le dire, et donc de ne pas laisser supposer que l'on a l'intention de pratiquer des actes homosexuels, même si on les pratique effectivement, de manière plus ou moins discrète. La détermination de l'acte potentiel par l'énonciation implique que ce qui est refusé, c'est la possibilité de l'« acte » homosexuel, dont il est présupposé qu'il mettrait en péril la communauté militaire, et non pas la « personne » homosexuelle, dont il est admis que sa seule présence n'est pas contraire aux exigences de la vie d'une armée, à condition que l'« homosexuel » ne se déclare pas et ne pratique pas la sexualité dont on pourrait précisément penser qu'elle est ce qui le définit comme

« homosexuel ». L'« identité homosexuelle » est donc possible à condition d'être passée sous silence et d'exclure – au moins officiellement – la sexualité.

Il est d'ailleurs frappant qu'on retrouve dans les textes promulgués par le Vatican cette même dissociation entre « personnes homosexuelles » et « actes homosexuels » : il y a d'un côté les « personnes », qu'il convient d'accueillir avec commisération comme des « blessés de la vie » (car ce n'est pas de leur « faute »), et, de l'autre, les « actes », qu'il faut condamner comme des crimes contre la nature (car ils relèvent de la responsabilité individuelle et peuvent donc être évités).

Sans s'attarder davantage sur la violence sociale qu'exercent ces étonnantes machines à fabriquer des consciences malheureuses ou des névroses que sont les hautes instances de l'armée américaine et de la hiérarchie catholique (parmi tant d'autres !), il faut remarquer que l'une et l'autre sont d'accord pour admettre qu'il existe des « personnes homosexuelles », et tous leurs discours sont d'ailleurs gouvernés par le constat que de telles personnes existent. Car il n'y aurait pas lieu de se perdre dans ces enchevêtrements d'arguties s'il n'était question que des « actes ». Il suffirait de les interdire (avec, bien sûr, des chances assez aléatoires de succès). Mais une telle interdiction (et la surveillance et la répression qui en découlent) ne suffirait pas à régler le problème de tous ceux qui, indépendamment des « actes homosexuels », se perçoivent (et sont perçus) comme « homosexuels ». D'où la nécessaire distinction.

Il est bien évident d'ailleurs que tout cela n'est rien d'autre qu'une rhétorique destinée à légitimer la situation de toujours : les homosexuels ont ou peuvent avoir des pratiques homosexuelles, mais ils doivent les cacher et les taire, et si elles sont découvertes, ils seront exclus de l'armée (ou de l'Église, encore que dans le cas de cette institution, le rapport entre les proclamations et la réalité soit un peu plus complexe !). Et l'on voit bien, au bout du compte, que ce qui pose problème, ce n'est pas tellement qu'on soit homosexuel, mais qu'on le dise... Car si la possibilité de le dire était admise officiellement, c'est toute l'infériorité et la vulnérabilité des gays et des lesbiennes qui s'en trouveraient annulées ou atténuées, et donc tous les moyens de contrôle que les institutions et le regard social peuvent exercer sur eux, à partir, précisément, de la situation de stigmatisation. Le contrôle de l'homosexualité repose donc sur ce silence imposé et sur cette dissimulation forcée, et surtout sur le sentiment de culpabilité et d'infériorité qui ne peut manquer d'être produit par l'inscription dans les consciences individuelles du clivage entre ce qu'on est et ce qu'on peut faire, entre ce qu'on est et ce qu'on peut dire. L'ordre social et l'ordre sexuel reposent donc sur le maintien d'une frontière qui sépare ceux qui sont « normaux » et ceux qui sont « anormaux », ceux qui se situent du côté de la « légitimité » et ceux qui se situent du côté de « l'illégitimité ». Seules une sociologie de la domination (et de l'opposition structurante entre « dominants » et « dominés ») et une théorie de la « légitimité » (et donc de « l'illégitimité » et des mécanisme de « l'illégitimation ») peuvent nous permettre de penser toutes ces questions. Et l'on voit que, de la même manière qu'il est impossible, comme le rappelle avec force Pierre Bourdieu, de faire une histoire de la « domination masculine » si l'on ne prend pas en compte les institutions qui travaillent à perpétuer l'« ordre sexuel » établi [98], de la même manière il n'y a guère de sens à vouloir faire une histoire de l'homosexualité qui n'étudierait pas toutes les instances (ce sont les mêmes, d'ailleurs, puisqu'il s'agit en grande partie du même « ordre ») qui non seulement produisent le discours homophobe, mais aussi constituent les représentations « infériorisantes » de l'homosexualité et s'évertuent à les inscrire dans les cerveaux aussi bien que dans le droit (l'Église et l'armée, bien sûr, mais aussi, dans des registres différents, l'entreprise et le monde du travail, l'école, le corps des juristes, la psychiatrie et la psychanalyse, les organismes conservateurs ou traditionalistes liés au monde universitaire, les revues « intellectuelles » homophobes, le journalisme qui véhicule les catégories doxiques, etc.).

🖉 Ainsi, la question du *dire* est centrale dans l'expérience des gays et des lesbiennes. Faut-il révéler qu'on est homosexuel ? Quand le faire ? Le problème étant toujours de savoir à quels autres il est envisageable de le dire ou en tout cas de cesser de le dissimuler. Cette possibilité de parler est d'abord offerte par la rencontre d'autres homosexuels. Il s'agit de pouvoir être ce que l'on est sans se cacher, ne serait-ce que quelques heures par semaine et avec un nombre choisi de personnes. C'est la fonction qu'ont toujours remplie les bars, les clubs ou les associations. Mais il est plus difficile de parler aux « autres ». Là encore, les enquêtes menées par des sociologues auprès des gays et des lesbiennes fournissent de précieuses indications. Presque tous ceux qui répondent – on ne peut évidemment pas savoir grand-chose des autres, mais on peut penser qu'ils se disent encore moins – déclarent qu'ils ont parlé de leur orientation sexuelle, de leur identité sexuelle à un ami, parfois à plusieurs, et plus rarement à leurs parents, et dans ce cas plus fréquemment à la mère qu'au père. Le nombre de ceux qui ont cessé de cacher leur homosexualité sur leur lieu de travail et dans leur milieu professionnel est beaucoup plus faible (souvent, un ou une collègue de travail est « au courant », selon l'expression consacrée, mais rarement plus et toujours sous le sceau de la confidentialité).

🖉 En tout cas, ce qui caractérise l'homosexuel, c'est qu'il est quelqu'un qui, un jour ou l'autre, est confronté à la décision de dire ce qu'il est, tandis qu'un hétérosexuel n'a pas besoin de le faire puisqu'il est présupposé que tout le monde l'est. Le rapport au « secret » et à la gestion différenciée de ce « secret » dans des situations différentes est l'une des caractéristiques des vies homosexuelles. C'est l'un des enjeux, bien sûr, de la visibilité et de l'affirmation revendiquées aujourd'hui par les gays et les lesbiennes : montrer que l'homosexualité existe et interrompre ainsi le processus de reproduction de l'évidence hétéronormative. Cela ne change certainement rien au fait que l'homosexuel aura toujours, à un moment donné de sa vie, à dire, ou en tout cas à faire savoir aux autres, à certains d'entre eux en tout cas, ce qu'il est, mais cela permet de rendre plus aisé le geste et moins douloureux le moment de ce *dire*[99].

Cela ne suffit d'ailleurs pas. L'homosexuel qui est obligé – ou qui fait le choix – d'essayer de cacher ce qu'il est ne peut jamais être certain que l'autre à qui il veut dissimuler son « secret » ne le connaît pas malgré tout, ou ne le soupçonne pas tout en feignant de l'ignorer[100]. Là encore, on peut se tourner vers Proust, et vers les pages dans lesquelles les membres du clan Verdurin ironisent sur Charlus après que l'homosexualité du baron a été révélée par l'un d'eux alors même que le baron est persuadé que fort rares sont les personnes à être « selon une expression qui lui devint plus tard familière, "fixées sur son compte"[101] ». Par exemple, au cours d'un voyage en train, le docteur Cottard dit au sculpteur Ski, qui a le premier fait allusion au « vice » de Charlus, lors d'un dîner : « Vous comprenez, si j'étais seul, garçon... mais à cause de ma femme, je me demande si je peux le laisser voyager avec nous, après ce que vous m'avez dit [102]. » Mme Verdurin elle-même multiplie les sous-entendus, les allusions plus ou moins explicites : « Vous devez vous y entendre mieux que moi, M. de Charlus, à faire marcher des petits marins », dit-elle à Charlus au moment où elle lui demande d'organiser une fête de charité à laquelle participeraient des marins du port de Balbec-Plage, et avant de lui offrir un livre avec ce commentaire : « Tenez, voici un livre que j'ai reçu, je pense qu'il vous intéressera. C'est du Roujon. Le titre est joli : *Parmi les hommes* [103]. » Ainsi, le baron peut croire qu'il ne laisse rien paraître de son « vice » alors que son « secret » est connu de tous et l'expose aux sarcasmes et propos malveillants qu'il ne perçoit pas nécessairement comme tels et auxquels il ne peut répliquer puisqu'il reste dans l'illusion qu'il est protégé par sa discrétion. C'est ce qu'Eve Kosofsky Sedgwick appelle un « secret public » (« *open secret* »), ou encore un « placard transparent » (« *glass closet* »), en montrant bien comment *La Recherche* s'organise autour de ce « spectacle du placard », c'est-à-dire du regard porté par tous à l'intérieur de ce qui est censé n'être connu de personne [104].

L'homosexuel est donc placé dans une situation permanente d'infériorité puisqu'il peut être l'objet du discours des autres, qui se jouent de lui et profitent du privilège que leur donnent et le fait de savoir, et celui de savoir en même temps que celui dont il est question non seulement croit que les autres ne savent pas mais redoute plus que tout au monde qu'ils puissent savoir.

À l'inverse, lorsque l'homosexuel tient à affirmer ce qu'il est, l'hétérosexuel, qui n'a pas besoin de dire ce qu'il est, jouit encore d'un privilège car il peut feindre de ne pas vouloir savoir, de ne pas s'intéresser, de ne pas comprendre pourquoi il est besoin de dire, etc. C'est ce que Eve Kosofsky Sedgwick appelle « *the privilege of unknowing* », c'est-à-dire la faculté non pas d'ignorer mais de ne pas vouloir savoir, de faire comme s'il n'y avait rien à savoir.

Sartre a écrit de belles pages à ce sujet, dans son cycle romanesque *Les Chemins de la liberté*, dont l'un des personnages principaux, Daniel, est gay. Dans *L'Âge de raison*, nous le suivons dans un monologue intérieur, restitué à la troisième personne du singulier : « Si quelqu'un *savait*, s'il pouvait sentir peser sur lui le lourd mépris d'un *autre*... » ; avant qu'il ne s'avoue à lui-même : « "Mais je ne pourrai jamais"... » Et un peu plus loin, quand, dans un acte de courage et de folie, il déclare à Mathieu : « Je suis pédéraste », celui-ci lui répond : « Tu peux bien être ce que tu voudras, ça ne me regarde pas […]. Pourquoi viens-tu me raconter ça ? » Ce qui signifie que le moment de la déclaration qui, pour le personnage gay, change tout (« Tu *sais*, dit Daniel, il y a quelqu'un qui *sait*[105] ! »), et redéfinit aussi bien le passé et le présent que l'avenir, peut être vécu par le personnage hétérosexuel, cet autre dont le regard est quasiment constitutif pour le premier d'une nouvelle identité et d'un nouveau rapport à soi, comme n'ayant aucune importance, aucune incidence... Au point même que l'hétérosexuel peut se croire fondé à poser la question : « Il y a tout de même une chose que je voudrais te demander : pourquoi as-tu honte ? » Et la réplique fuse : « J'ai honte d'être pédéraste *parce que je suis* pédéraste […]. Tous les invertis sont honteux, c'est dans leur nature. » Dans tout ce passage, où l'on voit Daniel annoncer tout à la fois qu'il est « pédéraste » et qu'il va épouser Marcelle, qui est enceinte de Mathieu, mais que ce dernier ne veut pas épouser pour pouvoir rester libre (le rapport à l'institution n'est pas le même chez les deux personnages : le gay souhaite se marier, quand l'hétérosexuel s'y refuse ! Et l'affirmation de la liberté prend des formes opposées chez l'un et chez l'autre), nous sommes bien en présence d'une relation hiérarchisée entre celui qui occupe la position dominante, légitime et celui qui occupe la position dominée, illégitime. Cette inégalité est vécue de manière différentielle : le dominant n'y pense pas, le dominé y pense tout le temps. L'irruption de la parole (« Je suis... ») interrompt la reproduction de l'adhésion doxique au monde social et aux rapports de domination qui le caractérisent en obligeant tous les protagonistes de l'interaction à prendre position sur la situation nouvellement créée.

En fait, lorsque l'homosexuel dit qu'il est homosexuel, l'hétérosexuel est obligé de se penser comme hétérosexuel, alors que jusque-là il n'avait pas à se poser de question sur son identité et sur l'ordre social par lequel elle est instituée et perpétuée. Il était dans un état de privilège absolu. Aussi s'indigne-t-il lorsqu'il est menacé de le perdre, ne serait-ce que partiellement, et demande aux gays d'en revenir à la « discrétion », c'est-à-dire de lui permettre de revenir à la paix de ses certitudes, au confort de sa normalité qui reposait sur le silence des autres. Ou bien, plus simplement encore, l'hétérosexuel considère que l'homosexuel se tient mal, exagère, « s'affiche », provoque... Ainsi l'homosexuel ne peut-il être que l'objet du discours et devient insupportable dès qu'il prétend en être le sujet. Proust l'exprime fort bien, quand il écrit que les fidèles du clan Verdurin, « qui souhaitaient tant les aveux » devant lesquels Charlus « se dérobait », n'auraient sans doute pas admis, après que ce dernier fut devenu plus loquace, qu'il en parle de son propre chef et « n'auraient peut-être pas pu supporter cette espèce d'ostentation d'une manie et, mal à l'aise, respirant mal comme dans une chambre de malade ou devant un morphinomane qui tirerait devant vous sa seringue, ce fussent eux qui eussent mis fin aux confidences qu'ils croyaient désirer [106] ».

C'est un paradoxe indépassable : le gay qui décide de *se dire* s'expose au commentaire ironique ou condescendant et parfois à la rebuffade, et celui qui préfère se taire se place dans une situation fausse et en tout cas dépendante. Dans un cas, on lui fait la leçon, dans l'autre on se moque de lui. C'est toujours la dissymétrie qui est à l'œuvre : l'hétérosexuel a toujours un privilège sur l'homosexuel. C'est lui qui décide de l'attitude à adopter et du sens qu'il donnera aux gestes et aux paroles de l'homosexuel. Il a toujours un point de vue sur ce que devraient faire ou ne pas faire, être ou ne pas être, dire ou ne pas dire les homosexuels. Il sait toujours mieux que l'homosexuel ce qu'est l'homosexualité, il a toujours une explication à donner (psychologique ou psychanalytique, le plus souvent) et il est prompt à balayer avec mépris ou condescendance tout ce que l'homosexuel peut dire de lui-même. Il est en position de domination « épistémologique », puisqu'il tient entre ses mains les conditions de production, de circulation et d'interprétation de ce qu'on peut dire de tel gay en particulier, et des gays en général, mais aussi les conditions de réinterprétation et de resignification de tout ce que les gays et les lesbiennes peuvent dire d'eux-mêmes et qui est toujours susceptible d'être annulé, dévalué, ridiculisé, ou simplement expliqué et réduit à l'état d'objet par les catégories du discours dominant.

8
L'INTERPELLATION HÉTÉROSEXUELLE

Ainsi, les gays vivent dans un monde d'injures. Le langage les entoure, les enserre, les désigne. Le monde les insulte, parle d'eux, de ce qu'ils disent d'eux-mêmes. Les mots de la vie quotidienne autant que ceux du discours psychiatrique, psychanalytique, politique, juridique, assignent à chacun d'eux et à tous collectivement une place – inférioriseé – dans l'ordre social. Mais ce langage les a précédés : le monde d'injures est là avant eux, et s'empare d'eux avant même qu'ils puissent avoir conscience de ce qu'ils sont.

Au début du livre qu'elle a consacré au « discours de haine » et à « l'injure verbale » (*hate speech*), Judith Butler s'interroge sur la question de savoir si l'être social des individus n'est pas fondamentalement dépendant de la possibilité d'être l'objet de la parole de l'autre, avant même qu'elle ne soit effectivement exprimée. L'on n'existe pas parce que l'on est « reconnu » mais parce que l'on est « reconnaissable »[107]. La parole adressée est antérieure, dans sa possibilité, à toutes ses actualisations. « Si nous sommes formés dans le langage, écrit-elle, alors ce pouvoir formateur précède et conditionne toute décision que nous pouvons faire à son propos, et il nous insulte dès le départ, pour ainsi dire, par ce pouvoir antérieur[108]. » L'injure au sens propre ne serait donc qu'un cas particulier de ce pouvoir constitutif et « insultant » du langage.

Judith Butler confère ainsi au langage le rôle que Louis Althusser, élaborant la notion d'« interpellation », donnait à « l'idéologie ». Althusser écrit en effet, dans un article consacré aux « appareils idéologiques d'État », que « l'idéologie interpelle les individus en sujets ». Et pour faire comprendre cette idée d'« interpellation », il a recours à ce qu'il appelle un « petit théâtre théorique » en imaginant une scène dans laquelle un policier crie à quelqu'un : « Hé ! vous là-bas ! » Et il commente : « Si nous supposons que la scène théorique imaginée se passe dans la rue, l'individu interpellé se retourne. Par cette simple conversion physique à 180°, il devient *sujet*. Pourquoi ? Parce qu'il a reconnu que l'interpellation s'adressait "bien" à lui et que "c'était *bien lui* qui était interpellé" et pas un autre. L'expérience montre que les télécommunications pratiques de l'interpellation sont telles que l'interpellation ne rate pratiquement jamais son homme [109]. »

Althusser précise en effet que, dans la réalité du fonctionnement de l'idéologie, il n'y a pas de succession temporelle (d'abord l'interpellation, puis le fait de se reconnaître comme celui qui est interpellé) : « C'est une seule et même chose que l'existence de l'idéologie et l'interpellation des individus en sujets [110]. » Par conséquent, puisque l'idéologie précède la naissance des individus qu'elle interpelle, Althusser peut dire que « l'idéologie a toujours-déjà interpellé les individus en sujets » et que les individus, avant même de naître et donc dès leur naissance, sont « toujours-déjà » des sujets constitués par l'idéologie qui façonne le monde dans lequel ils arrivent [111].

Il convient sans doute laisser de côté cette notion un peu massive d'« idéologie », qui, pour être suggestive, ne rend assurément pas compte de la diversité des processus à l'œuvre. Il n'y a pas « une » idéologie, et il serait sans doute préférable de parler, comme le fait Bourdieu en s'appuyant sur son travail d'ethnologue en Kabylie, de structures cognitives ou plus exactement de schèmes de perception du monde, et de poser la question de l'adéquation quasi miraculeuse des structures cognitives individuelles aux structures cognitives de la société et aux structures sociales elles-mêmes, c'est-à-dire essayer de rendre compte de la constitution des « inconscients », des « habitus » individuels adaptés au monde environnant, de l'incorporation dans les cerveaux de l'histoire collective et des structures sociales et sexuelles qui en sont les produits. Il s'agit donc de s'interroger sur les processus par lesquels se forge une telle adéquation [112]. Mais l'idée d'Althusser selon laquelle le « sujet » (la subjectivité) est « assujetti » par l'« interpellation » que lui lance l'idéologie (ou le langage, selon Judith Butler) semble particulièrement pertinente et utile dans le contexte d'une réflexion sur l'injure et sur les forces sociales qui portent et animent les mots d'insulte et leur donnent leur pouvoir non seulement de blesser mais de constituer ce qui est visé comme un sujet assujetti. Car l'injure est assurément l'une des formes les plus remarquables (et les plus concrètes) de ce qu'Althusser désigne (métaphoriquement et abstraitement) comme « l'interpellation ». Althusser rappelle, en effet, que le mot « sujet » a deux sens en français : c'est à la fois « une subjectivité libre : un centre d'initiatives, auteur et responsable de ses actes », et « un être assujetti, soumis à une autorité supérieure, donc dénué de toute liberté, sauf d'accepter librement sa soumission ». Aussi peut-il dire que « l'individu est interpellé en sujet (libre) pour qu'il se soumette librement aux ordres du Sujet, donc pour qu'il accepte (librement) son assujettissement, donc pour qu'il "accomplisse tout seul" les gestes et actes de son assujettissement... ». Il n'est, par conséquent, de sujet que dans un rapport fondamental à l'assujettissement. C'est pourquoi Althusser peut dire que « les sujets "marchent tout seuls" [113] ».

✏ Certes, il convient de noter qu'Althusser parle ici d'abord et avant tout de la division du travail entre les classes et du rôle qui y est imparti aux individus par « l'idéologie » comme s'ils étaient naturellement à leur place, les attachant ainsi aux fonctions sociales qui leur sont assignées. Mais on peut à l'évidence transposer ses remarques sur d'autres réalités sociales telles que la division sexuelle, la hiérarchie entre les sexes et les sexualités. L'analyse peut alors servir de cadre théorique pour comprendre l'efficace de l'injure : elle remplit la fonction, comme dans l'interpellation par le policier, d'une injonction qui assigne à quelqu'un une place dans un espace social sexualisé. Mais dans le fonctionnement réel du langage et de la vie sociale, il n'y a pas de succession temporelle (je suis injurié, et alors je me reconnais comme celui qui est visé par cette injure). Car l'injure m'a préexisté. Elle était là avant moi, et elle m'a *toujours-déjà*, comme dit si bien Althusser, assujetti aux structures de l'ordre social et sexuel qu'elle ne fait qu'exprimer et rappeler. Si les « sujets marchent tout seuls », c'est-à-dire si chacun semble accepter la place et le rôle qui lui sont impartis dans la division des sexes et des sexualités autant que dans la division des classes, ce n'est pas parce que l'injure serait dotée de la puissance policière d'une contrainte par corps qui, à elle seule, pourrait m'attacher à une identité dévaluée, pas plus qu'il n'est besoin de policiers pour que des ouvriers se rendent chaque matin sur leur lieu de travail et d'exploitation. C'est parce que l'insulte et ses effets ne sont que la partie visible de l'interpellation plus profonde que les structures sociales, mentales et sexuelles ont déjà, et toujours-déjà, opéré sur moi. L'ordre social et sexuel dont le langage est le véhicule, et dont l'injure est l'un des symptômes les plus aigus, produit en même temps le sujet comme subjectivité et comme assujettissement, c'est-à-dire comme une personne adaptée aux règles et aux hiérarchies socialement instituées. La subjectivité gay est donc une subjectivité « infériorisée », non seulement parce qu'elle rencontre la situation inférieure faite aux homosexuels dans la société, mais surtout parce qu'elle est produite par elle : il n'y a pas d'un côté une subjectivité qui préexisterait et de l'autre une empreinte sociale qui viendrait ensuite la déformer. La subjectivité et cette empreinte sociale ne font qu'un : le « sujet » individuel est produit par l'interpellation, c'est-à-dire par les structures cognitives et donc sociales dont elle est le vecteur.

Ainsi, l'homosexualité ne désigne pas seulement une classe d'individus définis par des préférences et des pratiques sexuelles, mais aussi un ensemble de processus d'« assujettissement » qui sont autant collectifs qu'individuels dans la mesure où une structure commune d'infériorisation est à l'œuvre et qu'elle a d'autant plus de force qu'elle est la même pour tous et pourtant toujours spécifique à chaque individu qui peut même croire, à un moment donné de sa vie, qu'il est le seul à en être victime.

Le « sujet » homosexuel a donc toujours une histoire singulière, mais cette histoire elle-même a toujours rapport à un « collectif » qui est constitué des autres « sujets » qui sont assujettis par le même processus d'« infériorisation ». L'homosexuel n'est jamais un individu isolé, même quand il se croit seul au monde ou quand, ayant compris qu'il ne l'est pas, il cherche à se dissocier des autres pour échapper, précisément, à la difficulté de s'assumer comme appartenant à cet « ensemble » stigmatisé, alors que seule la conscience réflexive et critique de cette appartenance peut lui permettre de s'en libérer autant qu'il est possible de le faire. Le « collectif » existe indépendamment de la conscience que peuvent en avoir les individus, et indépendamment de leur volonté. C'est cette appartenance acceptée et assumée qui permet à l'individu de se constituer comme « sujet » de sa propre histoire, en rompant avec ce que Bourdieu a si justement nommé la « violence symbolique », c'est-à-dire l'acceptation par les dominés de leur domination, c'est-à-dire avec la soumission – inculquée par l'apprentissage du monde dès l'enfance – à l'ordre social et à l'ordre sexuel tels qu'ils sont et tels qu'ils se perpétuent, avec la complicité spontanément et tacitement accordée aux hiérarchies par ceux qui en sont les victimes autant que par ceux qui en sont les bénéficaires.

✎ Si chaque homosexuel est assujetti par des processus identiques qui opèrent en référence aux mêmes normes sociales et sexuelles et produisent dans les esprits et dans les corps les mêmes effets, et si, par conséquent, un gay est toujours-déjà inscrit dans un collectif qui le comprend avant même qu'il ne lui appartienne ou qu'il ne sache ou ne veuille lui appartenir, cela veut dire aussi que tout geste gay, toute participation, fût-elle la plus lointaine, la plus distante, la plus secrète, à la vie gay, met n'importe quel homosexuel en relation avec tous les autres, et avec toute l'histoire de l'homosexualité et de ses luttes. Dès qu'il entre dans un bar, dès qu'il drague dans un parc ou un lieu de rencontre, dès qu'il fréquente les lieux de la sociabilité gay, dès qu'il ouvre un livre qui évoque des expériences et des sentiments dans lesquels il se reconnaît peu ou prou (et souvent c'est pour cette raison même qu'il choisit de lire tel ou tel livre : sinon, comment expliquer que les homosexuels lisent Proust, ou Genet, même quand ils ne lisent jamais de littérature ?), un gay se relie à tous ceux qui accomplissent ces mêmes gestes, dans le présent, mais aussi à tous ceux qui dans le passé ont créé ces lieux, tous ceux qui les ont fréquentés avant lui, aux ténacités individuelles et collectives qui les ont imposés et les ont maintenus contre la répression, aux efforts et aux courages qu'il a fallu déployer pour qu'existent une littérature et une réflexion homosexuelles [114].

Neil Bartlett se promenant dans Londres, au début des années quatre-vingt, regarde les façades du XIXᵉ siècle et pense à tous ces hommes qui ont marché avant lui dans ces mêmes rues. Il s'aperçoit que la ville a une histoire, et que cette histoire est la sienne : ce qu'il est aujourd'hui, d'autres l'ont inventé pour lui [115]. C'est également ce qu'exprime Nicole Brossard, à propos de l'expérience lesbienne, quand elle évoque dans son poème intitulé « Ma continent » la manière dont elle se rattache à toutes celles qui ont écrit avant elle : « Ma continent multiple de celles qui ont signé : Djuna Barnes, Jane Bowles, Gertrude Stein, Natalie Barney, Michèle Causse, Marie-Claire Blais, Jovette Marchessault, Mary Daly, Adrienne Rich, Colette et Virginia, les autres noyées [116]... »

Que cela soit conscient ou non, voulu ou non, accepté ou non, la subjectivité d'un gay est hantée par un monde et un passé qu'il ignore peut-être (jamais totalement, sauf dans l'enfance) mais qui fonde une appartenance collective que la visibilité contemporaine n'a fait que manifester au grand jour (en l'affirmant, la refabriquant, la reformulant, l'organisant, et aussi en la défendant contre toutes les tentatives d'effacement qui s'efforcent de faire revenir les situations antérieures dans lesquelles il serait faux de croire que ce « collectif » n'existait pas, alors qu'il était tout simplement moins visible et – peut-être, mais ce n'est pas certain – moins conscient de lui-même en tant que « collectif ». Ce qui ne signifie pas, bien évidemment, que les frontières de ce « collectif » soient aisément définissables, ni qu'elles soient fixes, stables, étanches...

Mais le fait que ce qui délimite une « classe », un « groupe », comme « classe » ou comme « groupe », soit mobile, instable, incertain, que les frontières soient poreuses... n'empêche nullement qu'on puisse les regarder comme une « classe » ou un groupe », ne serait-ce que parce que des perceptions et des discours – littéraires, politiques... – les constituent comme tels, sur la base d'une convergence des expériences vécues ou des mobilisations et des revendications).

Si tout ce qui a été dit plus haut de l'injure comme définissant le rapport au monde de certains groupes d'individus est vrai, c'est évidemment parce que cette structure du rapport au langage a, comme le souligne Judith Butler, une validité générale. En vérité, le langage est « déjà là » pour tout le monde, et il impose à tous les individus et à tous les groupes les normes dont il est le véhicule, les schèmes de perception et les structures cognitives qui le gouvernent et le façonnent et donc l'assujettissement à ces schèmes et à ces structures et aux identités psychologiques qu'ils contribuent à déterminer et à reproduire. Il y a déjà du langage quand j'arrive au monde, comme il y a des rôles sociaux qui sont désignés par des mots, et notamment par des injures. Comme le dit justement Sartre, qui est ici étonnamment proche d'Althusser (ou l'inverse), les « techniques » et les « rôles » s'emparent de nous dès l'enfance : « Quand le jeune Gustave Flaubert émerge du premier âge, écrit Sartre au début de *L'Idiot de la famille*, les techniques l'attendent. Et les rôles [117]. » Nous ne créons pas le monde dans lequel nous arrivons, nous y rencontrons des gestes, des croyances, des métiers, des habitudes mentales, des modèles, des personnages, des manières d'êtres, etc., qui nous ont précédés. Et dans la matérialité que nous trouvons là, il y a le langage. Mais ce langage est porteur de représentations, de hiérarchies sociales et raciales, de « caractères » et d'« identités » fabriqués par l'histoire et qui préexistent aux individus. Et ce langage comprend des injures, qui marquent, font connaître et rappellent la hiérarchie entre les « identités ». Les « techniques » et les « rôles » dont parle Sartre sont à l'évidence socialement, culturellement, racialement organisés et hiérarchisés. Le monde est « insultant » parce qu'il est structuré selon des hiérarchies qui emportent avec elles la possibilité des injures par le moyen desquelles l'inégalité (entre ce qu'on doit être et ce qu'il conviendrait de n'être pas) s'extériorise (quand elle est lancée par les uns) et s'intériorise (quand elle est reçue par les autres), s'apprend et se transforme en identités différentielles et différentiellement vécues. On le voit bien dans le film du poète et vidéaste américain Marlon T. Riggs, *Tongues Untied*, où il raconte l'itinéraire qui l'a conduit à s'assumer à la fois comme gay et comme noir. Dans son cas, les insultes « formatrices » de l'identité personnelle désignent deux appartenances à des groupes stigmatisés : l'adolescent noir soumis aux insultes des Blancs qui le traitent de « nègre », et l'adolescent gay soumis aux insultes des Blancs et des Noirs qui le traitent de « pédé »[118].

🖉 Il est à peu près certain que la plupart des homosexuels ont entendu proférer des insultes homophobes avant d'être eux-mêmes entrés dans la sexualité, et par conséquent avant d'en être la cible possible, avant d'atteindre l'âge où l'on peut savoir que l'on est potentiellement le destinataire de cette injure.

Ce qui, il faut le noter, distingue l'injure sexuelle de l'injure raciste. Cette dernière, par exemple lorsqu'il s'agit de la couleur de la peau, désigne un « stigmate » visible tandis que la première désigne un « stigmate » qui n'est pas donné – ou pas actualisé – dès la naissance et peut ensuite être dissimulé. On peut cacher que l'on est homosexuel, et dans toutes les situations de répression acharnée contre les « déviants sexuels » il a été possible à bon nombre d'entre eux d'échapper aux mailles du filet en dissimulant ou en oblitérant totalement leur « être homosexuel ». Plus simplement, et plus banalement, le mariage de « complaisance », ou le mariage dont l'autre partenaire n'était pas « au courant », aura été pour un grand nombre d'homosexuels le moyen d'échapper au soupçon et à la « stigmatisation ». En revanche, on peut difficilement cacher que l'on est noir. Plus encore : on peut, âgé de 10 ou 15 ans, ne pas savoir qu'on est – ou qu'on sera – homosexuel mais on sait à 10 ans que l'on est noir, et, dès la prime enfance, on éprouve chaque jour ce que cela signifie dans des sociétés occidentales rarement exemptes de tout racisme. Pourtant, si importante qu'elle soit, cette différence n'est pas absolue. Parce qu'un jeune Noir peut, dans certains cas, ignorer qu'il est « noir » avant d'être confronté à la violence du préjugé racial [119]. Mais aussi, à l'inverse, parce que pour nombre d'homosexuels (en tout cas pour ceux qui le sont dès leur plus jeune âge), il y a corrélation entre l'apprentissage de l'existence des insultes et la conscience confuse que l'on est soi-même ce dont il est question dans la parole injurieuse. Un enfant peut savoir ou pressentir à 10 ou 12 ans – sans le savoir vraiment, mais en le sachant tout de même – que le mot « pédé » n'est pas loin de le désigner, et qu'un jour assurément il le désignera (d'où le malaise, l'horreur souvent, d'avoir à le comprendre de plus en plus précisément au fur et à mesure que les années passent et d'avoir à l'admettre, et plus encore à admettre que les autres le comprennent aussi).

On peut cependant mentionner d'autres différences. Par exemple, un jeune Noir a toutes les chances de vivre dans une famille noire et donc d'être soutenu, en tant qu'il est victime du racisme, par le milieu familial, tandis qu'un jeune homosexuel a – ou plutôt avait, jusqu'à une date assez récente – peu de chances de vivre dans une famille gay ou lesbienne, et le stigmate ou l'injure qui lui sont renvoyés par le monde extérieur traversent également le milieu dans lequel il vit. Il doit la plupart du temps se dissimuler aux « siens » autant qu'aux « autres », et le « racisme » dont il est victime est inhérent à sa vie familiale autant qu'à sa vie extérieure : « Race sur qui pèse une malédiction, écrit Proust dans un passage célèbre, et qui doit vivre dans le mensonge et le parjure, puisqu'elle sait tenu pour punissable et honteux, pour inavouable son désir [...] ; fils sans mère, à laquelle ils sont obligés de mentir et même à l'heure de lui fermer les yeux [120]. » Ce qui engendre chez les jeunes gays une certaine pratique du silence, de la dissimulation, et façonne peut-être des traits psychologiques très particuliers par lesquels les homosexuels ont pu être définis dans la littérature ou le cinéma (sournois, menteurs, traîtres), qui renvoient, bien sûr, à la perception homophobe de l'homosexualité mais aussi à certaines réalités produites par l'homophobie et la dissimulation de soi qu'elle implique, et qu'il serait absurde de vouloir nier. En tout cas, les enfances, les adolescences, les vies gays et lesbiennes ont fondamentalement partie liée avec le secret, et cela ne peut manquer d'avoir des effets profonds et durables sur la personnalité de ceux-ci.

9
L'« ÂME » ASSUJETTIE

L'apprentissage du regard porté sur le monde et sur les autres, l'apprentissage du regard porté par le monde et par les autres, l'apprentissage de la place que l'on peut occuper dans ce monde et dans le rapport aux autres, s'opèrent donc en même temps que l'inscription dans les structures mentales les plus profondes du fait qu'il existe des insultes pour désigner un certain nombre de personnes dont il est présupposé qu'elles ont des caractéristiques communes – en ce cas, des pratiques sexuelles et une identité psychologique – réelles ou imaginaires, naturelles ou produites par une histoire identique. Cet apprentissage est presque consubstantiel à l'apprentissage du langage. L'on apprend très jeune qu'il y a des gens qu'on peut traiter de « pédé » ou de « gouine », et l'un des effets les plus redoutables et les plus efficaces de cette injure est qu'elle opère comme un acte de censure, comme la formulation d'un interdit qui s'adresse à tous en ce qu'il édicte, garantit et renforce la norme hétérosexuelle, en barrant l'accès à ce qui est stigmatisé par le langage. Mais, bien sûr, l'effet de cet interdit s'imprime plus profondément dans l'esprit et le corps de ceux et de celles qui, de manière très étrange, savent confusément dès leur plus jeune âge qu'ils sont ces êtres « anormaux » désignés par les paroles de stigmatisation et d'infériorisation, même si l'on doit ajouter que ce n'est pas le cas de tous ceux qui deviendront homosexuels dans la mesure même où il est certain, au contraire, que l'injure empêche un grand nombre d'individus d'avoir accès à cette information sur eux-mêmes, à cette conscience ou perception d'eux-mêmes, et « retarde » leur vie dans la dimension de la sexualité qui sera, plus tard, la leur [121].

🖉 Bien sûr, l'injure « pédé » n'est pas lancée seulement à l'adresse de ceux qui sont soupçonnés de l'être. Elle a une sorte de portée universelle. Toute personne de sexe masculin, quel que soit son âge, peut, à un moment ou à un autre, être visée par cette insulte, ne serait-ce que dans la cour d'une école ou dans les embouteillages d'une ville. Pierre Bourdieu a souligné, de manière fort juste, que l'expression « pédé » ne renvoie bien souvent qu'à la perception par les classes populaires des manières bourgeoises de parler ou de tenir son corps – jugées trop raffinées et donc non viriles. L'insulte n'aurait donc pas, dans ce cas, de connotation sexuelle, dans la mesure où elle n'attribue pas nécessairement une orientation sexuelle à la personne visée [122]. Il n'en reste pas moins, d'une part, qu'elle se réfère à une hiérarchie implicite et vécue sur le mode de l'évidence entre ce qui est perçu comme masculin et ce qui est perçu comme féminin et, d'autre part, qu'elle lie – chez les hommes bien sûr – le « masculin » à l'hétérosexualité et le « féminin » à l'homosexualité. Par conséquent, on ne peut pas penser qu'elle est totalement dépourvue de signification sexuelle, puisque c'est cette hiérarchie même qui fonde, outre « l'infériorité » sociale des femmes, la stigmatisation de l'homosexualité.

En tout cas, quelle que soit la motivation de celui qui lance l'insulte, il est indéniable qu'elle fonctionne toujours et fondamentalement comme un rappel à l'ordre sexuel puisque, même si la personne désignée n'est pas homosexuelle, il est dit, explicitement, qu'être homosexuel est non seulement condamnable mais que tout le monde doit considérer comme infamant d'être accusé de l'être [123].

🖉 L'injure en tant qu'elle définit l'horizon du rapport au monde produit un sentiment de destin sur l'enfant ou l'adolescent qui se sentent en contravention avec cet ordre, et un sentiment durable et permanent d'insécurité, d'angoisse, et parfois même de terreur, de panique. De nombreuses enquêtes ont montré que le taux de suicide ou de tentatives de suicide chez les jeunes homosexuels est considérablement plus élevé que chez les jeunes hétérosexuels [124]. C'est cette terreur devant l'impossible destin que tous les homosexuels (je veux dire ceux qui se sentent être tels dès leur plus jeune âge, ceux qui se découvrent tels plus tard, ou ceux qui luttent contre eux-mêmes pour ne pas savoir ou admettre qu'ils le sont) doivent surmonter, à un moment ou à un autre de leur existence, pour pouvoir vivre ce qu'ils sont dès lors qu'ils ne veulent pas se résigner, comme beaucoup le font, à devoir cacher ce qu'ils sont, ou même, à tenter de ne plus l'être. Le choix de soi-même annule ou atténue le poids de la « déviance » vécue comme un drame. La recomposition de sa propre subjectivité, l'inscription dans la « pratique de l'amitié » et la visibilité sont autant de facteurs qui effacent la « destinée ».

Toute une tradition culturelle chez les homosexuels a laissé croire que la visibilité donnerait prise au regard hostile et aux pouvoirs de l'oppression. Cette tradition, héritée des périodes où la répression sociale était beaucoup plus intense, n'a rien perdu aujourd'hui de sa vivacité. Et on la retrouve souvent dans les plaidoyers de certains gays pour une « assimilation » qui passerait par la « discrétion », ce qui, la plupart du temps, n'est qu'une autre manière de prôner la dissimulation, envisagée comme le moyen le plus simple de se soustraire à la force des pouvoirs aliénants et à la violence de la stigmatisation. Il semble presque évident, au contraire, que les prises de l'oppression sont beaucoup plus intenses sur l'invisible et le secret dans la mesure où c'est l'intériorisation de la domination dans l'esprit du dominé qui assure sa soumission à l'ordre sexuel et à ses hiérarchies.

On le voit bien dans le cas de l'injure : les effets de la stigmatisation s'exercent sans qu'il soit nécessaire que le caractère stigmatisé apparaisse au grand jour, puisque cette stigmatisation sociale opère avant même que je puisse en être la victime directe. Tel individu n'a pas besoin d'être effectivement « discrédité » s'il est par avance « discréditable ». Le seul fait d'être « discréditable » (et de savoir qu'on l'est, et de redouter d'être « discrédité ») agit en effet sur la conscience et l'inconscient des individus comme une force d'assujettissement et de domination intériorisée, redoublée par l'angoisse d'être découvert et par l'autocensure nécessaire pour ne pas l'être. En ce sens, se savoir « discréditable », c'est être déjà « discrédité »[125]. Certes, la « visibilité » n'annule pas l'oppression, et elle ne saurait déjouer les processus assujettissants de la surveillance quotidienne, du contrôle diffus et de la norme sociale inlassablement réitérée, puisqu'elle ne suffit pas à faire disparaître l'injure ni la dissymétrie sociale dont celle-ci est le symptôme. Mais, en dépit des apparences, l'injure n'exerce pas d'effet plus violent sur quelqu'un qui est « visible » que sur quelqu'un qui ne l'est pas, même si celui qui est identifiable comme gay est plus souvent insulté que celui qui dissimule son homosexualité. Car la visibilité, en ce qu'elle est une manière d'assumer et de revendiquer l'identité stigmatisée par l'injure, désamorce en partie la charge de violence sociale dont l'insulte est porteuse. Elle n'offre pas une prise supplémentaire à l'injure, elle est peut-être au contraire une surface réfléchissante qui renvoie l'injure et en détruit, ne serait-ce que partiellement, la terrible efficacité.

Dans l'injure, c'est le for intérieur qui est visé, le plus profond de l'être, ce que toute la tradition spiritualiste a appelé la « personne » ou l'« âme ». Et si l'injure effectivement reçue provoque un écho si fort dans la conscience de celui qui la reçoit, c'est parce que cette « âme » a été fabriquée par la socialisation dans un monde d'injures et d'infériorisation. On peut même dire qu'elle n'est rien d'autre qu'un effet de cette socialisation. Comme le dit Foucault, l'« âme » est la « prison du corps » et il ne suffit pas de dissimuler les gestes du corps aux regards inquisiteurs de la société homophobe pour que l'âme échappe à l'assujettissement puisqu'elle n'est pas seulement l'*objet*, la cible, des mécanismes de dressage, mais aussi, et d'abord, leur *effet*. Elle reste donc leur instrument [126].

C'est donc cette « âme » qu'il faut réinventer et refaçonner. Et ce n'est certainement pas dans la « discrétion » qu'un tel processus est possible, puisque cette obligation ou cette volonté d'être discrets, de se dissimuler, ne sont que des produits de l'âme assujettie, infériorisée et consciente de son infériorisation. Je n'ignore pas que la majorité de ceux dont il est question ici n'a guère d'autre choix. Ils doivent se dissimuler dans la ville où ils habitent, sur leur lieu de travail, mentir à leurs amis, à leur famille (à leurs parents bien sûr, mais aussi parfois à leurs femmes, pour les homosexuels qui se sont mariés avant de savoir qu'ils l'étaient ou avant de l'assumer – et à leurs maris pour les lesbiennes –, mentir aussi, parfois, à leurs enfants…). Mais le discours qui essaie de transformer cette obligation de dissimulation et cette véritable aliénation en un choix politique qui a pour corollaire la dénonciation de toutes les manifestations de la visibilité collective ne fait rien d'autre qu'entériner de telles situations et contribue à les perpétuer au lieu de contester l'ordre social qui les instaure.

🖉 L'inculcation des structures de la domination dans l'esprit des dominés a pour résultat que l'insulte peut être utilisée par ceux-là mêmes qui en seront plus tard les destinataires – ou qui savent d'ores et déjà qu'ils en sont les destinataires potentiels ou même les destinataires réels. Quel « pédé » n'a pas un jour ou l'autre lancé cette injure à quelqu'un – ou n'a pas dit en parlant de quelqu'un : « ce pédé » – au cours de sa jeunesse, de son adolescence, et parfois bien après ? Pour la simple raison qu'on est parlé par le langage autant qu'on le parle – et aussi, très certainement, parce que lancer l'accusation, marquer quelqu'un de ce stigmate, est une manière (assurément illusoire) de s'en prémunir soi-même. La haine de soi, l'homophobie intériorisée, est sans doute l'un des effets les plus forts de cette structure du rapport au monde façonnée par la préexistence de l'injure.

Mais la haine de soi n'est pas seulement un rapport malheureux à soi-même, qui pousse le plus souvent à la double vie, à la hantise d'être découvert. Elle conduit aussi à des comportements de haine ou d'hostilité à l'égard de l'autre, dans lequel on voit – et on veut refuser de voir – un autre soi-même. On songe ici aux remarques de Proust sur les « sodomistes » qui « entrent si bien dans les clubs les plus fermés que, quand un sodomiste n'y est pas admis, les boules noires y sont en majorité celles des sodomistes, mais qui ont soin d'incriminer la sodomie, ayant hérité le mensonge qui permit à leurs ancêtres de quitter la ville maudite [127] ». Ou encore au récit donné par Christopher Isherwood de sa tentative avortée, en 1934, pour faire venir en Angleterre, en le faisant passer pour un employé de sa mère, son compagnon allemand, Heinz, qui voulait fuir l'installation du nazisme dans son pays : après avoir fait une allusion perfide aux liens réels qu'il n'a pas manqué de déceler entre Isherwood et son amant, l'officier des douanes refuse l'entrée sur le territoire britannique au jeune Heinz. Et W.H. Auden, qui accompagnait alors Isherwood, commente ainsi cette pénible scène : « Dès que j'ai vu les yeux brillants de ce petit rat, j'ai su que tout était perdu : il a compris immédiatement toute la situation – parce qu'il est *l'un des nôtres* [128]. » C'est parce qu'il est lui-même homosexuel que l'officier comprend la situation, et c'est parce qu'il est homosexuel qu'il refuse l'entrée du jeune Allemand sur le territoire britannique, en une manifestation caractéristique de la haine de soi en l'autre et de la volonté de se dissocier.

J'ai toujours lu cette page du livre admirable d'Isherwood comme une sorte de parabole, et chaque fois que j'entends ou lis un gay qui, pour donner des gages de sa conformité et de sa soumission à l'ordre hétéronormatif, dénonce l'existence même du mouvement gay, je ne peux m'empêcher de penser à l'expression employée par Auden pour exprimer son dégoût à l'égard de l'officier des douanes anglaises.

Tant d'autres exemples pourraient être donnés de cette haine des homosexuels développée par des homosexuels qu'il est vain d'essayer d'en consigner la liste déprimante : qu'il suffise d'évoquer les figures sinistres de Roy Cohn, le conseiller du sénateur McCarthy, qui a mené une véritable chasse aux sorcières contre les homosexuels au début des années cinquante (et qui est mort du sida trente ans plus tard), ou de Edgar Hoover, si longtemps directeur du FBI, et qui traquait sans relâche l'homosexualité des hommes politiques afin de mieux les tenir en son pouvoir et dont on sait aujourd'hui qu'il vivait avec un homme et qu'il lui arrivait de se travestir pour recevoir ses invités lors des dîners qu'il donnait chez lui.

Ce trait n'est évidemment pas spécifique aux gays. La haine de soi et la haine concomitante des autres qui sont comme soi ont d'ailleurs donné lieu à de nombreuses études. Kurt Lewin en a offert de surprenants exemples dans son étude sur l'antisémitisme de certains Juifs [129]. Il y a comme une volonté d'effacer ce qu'on est. C'est assurément le désir de nombreux homosexuels de devenir hétérosexuels, et certains même s'y efforcent (en se mariant, en se soumettant à une « cure » psychanalytique). En tout cas, nombreux sont ceux qui regrettent ou déplorent comme une malédiction le fait d'être ou de devenir homosexuel, et de ne pouvoir s'empêcher de l'être ou de le devenir. Des générations d'homosexuels ont ainsi été obsédés par l'idée qu'ils devaient changer pour pouvoir être heureux ou tout simplement pour pouvoir vivre. Lionel Ovesey et Abram Kardiner, dans leur ouvrage classique sur les Noirs américains, ont montré comment la « marque de l'oppression » s'inscrit dans la conscience et dans l'inconscient des opprimés non seulement sous la forme d'une difficulté à vivre ce que l'on est, mais aussi du rejet radical – qui peut prendre plusieurs formes – de ce que l'on est. Ils rapportent par exemple qu'il est très fréquent que les Noirs imaginent dans leurs rêves qu'eux-mêmes ou leurs enfants sont devenus blancs [130]. Et il est évident que le fantasme ou l'illusion qu'il est possible de « changer » ont encore plus de chances d'être répandus chez les homosexuels que chez les Noirs. On conçoit aisément que les mobilisations politiques qui se sont donné pour tâche de lutter contre ces formes d'oppression – et leur intériorisation – aient pris comme slogan « *Black is beautiful* » et « *Gay is good* ».

L'« ÂME » ASSUJETTIE

🖎 Ainsi, l'insulte et ses effets ne se limitent pas à définir un horizon extérieur. Elle crée aussi un foyer intérieur de contradictions dans lequel s'inscrivent les difficultés que rencontre un gay avant de pouvoir s'assumer, c'est-à-dire accepter de s'identifier ou d'être identifié aux autres gays. C'est cette identification qui est rejetée, et c'est donc l'identification qui doit être construite dans un premier temps, ou en tout cas acceptée, quitte ensuite à en minimiser l'importance ou la signification.

10

LA CARICATURE ET L'INJURE COLLECTIVE

L'injure verbale est redoublée, renforcée, par l'image et la caricature. L'homosexualité a donné lieu depuis des lustres à une prolifération d'images dévalorisantes, dégradantes, notamment dans la caricature (mais aussi au cinéma et à la télévision, qui ne font souvent que fournir avec de nouveaux moyens des images assez proches de la tradition caricaturiste) [131]. Or la caricature s'apparente à l'injure, comme le suggèrent Ernst Kris et Ernst Gombrich s'inspirant des analyses de Freud sur le « mot d'esprit ».

Freud définissait le « mot d'esprit » comme une sorte d'exutoire pour les pulsions hostiles, une manière de faire « allusion » à une insulte qui n'y est pas énoncée explicitement mais qui en constitue l'arrière-plan connu de tous [132]. Kris et Gombrich interprètent la « caricature » comme l'équivalent dans le domaine visuel d'un tel mécanisme. Elle est une véritable agression symbolique, elle exerce une violence et elle s'inscrit, selon Kris et Gombrich, dans la filiation des « images diffamatoires » du Moyen Âge [133]. La caricature homophobe (comme la caricature antisémite) est une « diffamation », elle fait « allusion » à l'injure, elle s'inscrit dans l'horizon de l'injure et fait appel aux schèmes mentaux qui permettent de faire rire à propos de ceux qui sont ou qu'on soupçonne ou accuse d'être homosexuels. Elle exprime l'infériorité assignée à l'homosexualité dans la société et perpétue les structures mentales qui fondent cette infériorité. Elle s'adosse ou se réfère à la condamnation immémoriale de l'homosexualité et fait signe par conséquent à toute la violence sociale, culturelle, politique et juridique dont les gays et les lesbiennes sont l'objet. Mais elle ne s'exerce pas seulement contre des individus moqués dans leur personne (moquerie dont le ressort est souvent la représentation de tel ou tel sous les traits d'un personnage efféminé quand il s'agit d'un homme, ou masculinisé quand il s'agit d'une femme), elle prétend dire la « vérité » objective de tout un groupe sous la lunette grossissante que tend au lecteur ou au spectateur l'image humoristique [134].

C'est toujours un « portrait de groupe » qu'offre la caricature. C'est le portrait d'un collectif, d'une « espèce » définie par un ensemble de traits immédiatement reconnaissables par tous. Le dessin d'un homme efféminé « représente » les homosexuels masculins, tous les homosexuels, même si l'on sait, si tout le monde sait que cela ne correspond pas à la réalité (la meilleure preuve en étant que la caricature vise à attribuer un trait de caractère ou des comportements, considérés comme communs à tous ceux que l'image dévalorisante désigne, à quelqu'un chez qui ils ne se manifestent pas de manière évidente). Il est assez frappant de voir, par exemple, dans la prolifération de caricatures et d'images infamantes qui a surgi au moment de l'affaire Eulenburg en Allemagne au début du siècle dernier, comment le ressort de l'« humour » consistait invariablement à affubler des militaires d'un sac à main ou d'un mouchoir de dentelle, provoquant un effet de contraste entre la masculinité attendue du soldat et l'efféminement supposé de l'homosexuel [135].

On constate d'ailleurs une sorte de permanence historique de ce thème, comme si l'image homophobe allait toujours puiser dans le même fonds commun et archaïque de représentations et d'injures. Cambacérès, au tout début du XIXᵉ siècle, a été l'une des cibles préférées des caricaturistes : il est représenté, par exemple, tournant le dos à trois femmes, ce qui signifie qu'il ne s'inscrit pas dans la reproduction des générations, et qu'il incarne donc la mort de la société. Mais il est également toujours accompagné d'une dinde qui a dans l'anus le doigt d'une main et cette main semble être un appendice indissociable du corps de l'animal. La leçon de ces images est d'une aveuglante clarté : Cambacérès est un sodomite qui conduit la société à sa perte [136]. Lorsque Foucault critique l'idée qu'on puisse interpréter l'homosexualité comme une « constante anthropologique » et insiste sur le fait qu'il n'y a pas de permanence à travers les siècles de ce que nous désignons par ce terme, il mentionne Cambacérès dans la liste de ceux qu'il faudrait éviter de ranger dans cette catégorie qui n'était pas constituée à l'époque où ils vivaient [137]. Je reviendrai sur ce texte dans la troisième partie du présent ouvrage. On doit cependant maintenir qu'il existe au moins une certaine invariance, et même une étonnante stabilité, du discours homophobe, de la caricature comme image « diffamatoire » et de l'injure comme véhicule de la représentation infamante de ceux qui pratiquent des relations avec des personnes du même sexe [138]. Foucault lui-même le souligne très clairement, dans *L'Usage des plaisirs*. Il y évoque ce « portrait type » de l'homosexuel ou de l'inverti comme efféminé qu'on trouve dans les textes du XIXᵉ siècle, et remarque que ce « stéréotype » – avec « l'aura répulsive qui l'entoure » – a « parcouru les siècles » : « Il y aurait sans doute à faire la longue histoire de cette image », écrit-il, en insistant sur le fait qu'elle était déjà « fortement dessinée dans la littérature gréco-romaine de l'époque impériale [139] ».

Comme le fait remarquer Barry D. Adam, l'individu gay se trouve confronté à un « portrait composite » de lui-même qui lui est proposé par un ensemble d'images, de représentations, de discours qui lui donnent une vision dégradante ou en tout cas infériorisante de lui-même. Non seulement les catégories infériorisées sont toujours présentées sous des traits ridicules ou dévalorisants, mais les personnes sont toujours rapportées par le discours dominant et « légitime » à des caractéristiques générales et à des proximités « discréditantes » telles que le crime, l'immoralité, la maladie mentale, etc. [140]. L'individu « infériorisé » se voit refuser ainsi le statut de personne autonome par la représentation dominante puisqu'il est toujours perçu ou désigné comme le simple échantillon d'une espèce (et d'une espèce condamnable, toujours plus ou moins monstrueuse ou ridicule).

On voit ici que l'injure est à la fois personnelle et collective. Elle vise un individu particulier en le rattachant à un groupe, une espèce, une race, en même temps qu'elle cherche à atteindre une classe d'individus en prenant pour cible une personne qui en fait partie. L'insulte opère par généralisation et non par particularisation. Elle globalise plutôt qu'elle ne singularise [141]. Il s'agit d'attribuer à une catégorie (désignée dans son ensemble ou à travers la personne d'un individu) des traits qui sont constitués comme infamants et qui sont considérés comme applicables à tous les individus qui composent cette catégorie. Ainsi l'injure peut atteindre aussi celui qui n'en est pas le destinataire immédiat : il en est le destinataire *aussi* [142].

C'est pourquoi l'effet de l'injure se perpétue et se reproduit sans cesse, avec les blessures qu'elle provoque, et les soumissions et les révoltes qui s'ensuivent (parfois les deux à la fois chez un même individu). Mais c'est pourquoi également les individus qui appartiennent à une catégorie stigmatisée font, bien souvent, tout ce qu'ils peuvent pour se dissocier du « groupe » constitué par l'injure. Bien qu'appartenant à un « collectif » de fait, constitué comme tel par l'effet de l'injure (c'est-à-dire, on l'a vu, par tout le processus d'assujetissement et de constitution des identités personnelles), les membres d'un tel « collectif » s'efforcent de s'en dissocier, pour parvenir à voir, ou à faire croire qu'ils voient, les autres membres de ce groupe avec les yeux de ceux qui lancent l'injure ou les moqueries. L'homosexuel qui veut cacher qu'il est « pédé », ou dont on sait qu'il l'est mais qui tient à donner des gages de sa normalité, rira avec ceux qui lancent des plaisanteries douteuses ou grossières sur les « pédales ». Avec l'illusion qu'il est épargné par l'injure s'il la prononce lui-même ou s'il en rit avec ceux qui la prononcent. Ou bien, qu'il sera perçu comme différent de ceux dont on peut rire (on imagine tous les efforts – vestimentaires, verbaux, gestuels – nécessaires pour persuader aux autres et à soi-même qu'on est conforme à la « normalité » !). Or l'injure s'adresse de toute façon à lui, quand bien même c'est contre d'autres qu'elle est proférée, puisque c'est de lui (aussi) qu'elle parle, et que c'est elle qui, dans sa fonction sociale, son efficacité politique, l'a constitué comme ce qu'il est. Puisque le principe de l'injure est de globaliser, d'effacer les singularités personnelles, son pouvoir constituant a déjoué par avance et déjoue en permanence les stratégies individuelles pour se dissocier du groupe à qui elle s'adresse collectivement et dont fait partie, *volens nolens*, celui qui tient à s'en dissocier. En riant des autres homosexuels, un homosexuel rit de lui-même. Et ceux avec qui il se moque des « pédales », des « vieilles tantes », riront de lui dès qu'il aura le dos tourné (on prête à Truman Capote le mot suivant : « La "tapette", c'est le monsieur aimable avec qui tout le monde parlait, aussitôt qu'il a quitté la pièce »). Mais la honte de soi, la volonté de se dissocier, de montrer qu'on n'est pas de ceux dont on peut rire ou de ceux qui peuvent être l'objet des insultes, sont si fortes qu'elles ont été pendant très longtemps un obstacle à la possibilité même d'instaurer une « solidarité » minimale des stigmatisés entre eux. « La honte isole », dit Sartre en évoquant précisément l'absence de « solidarité » et de « réciprocité » entre ceux qu'il appelle, dans le vocabulaire des années cinquante, les « pédérastes » (mot synonyme alors d'homosexuel masculin). Et c'est bien ce que Genet lui-même décrit, dans un texte magnifique de 1954, intitulé « Fragments » : « Outre qu'aucune tradition ne vient au secours du pédéraste, ne lui lègue un système de références – sauf par des manques –, ne lui enseigne une convention morale relevant de la seule homosexualité, cette nature même, acquise ou donnée, est éprouvée comme thème de culpabilité. Elle m'isole, me coupe à la fois du reste du monde et de chaque pédéraste. Nous nous haïssons en nous-mêmes et en chacun de nous. Nos rapports étant brisés, l'inversion se vit solitairement [143]. »

Ainsi, parce qu'elle est toujours collective, qu'elle inscrit un individu dans un ensemble et l'ensemble dans un individu, l'injure a pour effet que les individus ainsi désignés – ou qui veulent éviter d'être ainsi désignés – cherchent par tous les moyens à se dissocier de cette « espèce » à laquelle l'ordre social et sexuel entend les rattacher. Parce qu'elle collectivise, l'insulte pousse à l'individualisation.

La force de l'injure et de la stigmatisation est telle qu'elle conduit l'individu à tout faire pour ne pas être considéré comme l'un des membres de cet « ensemble » désigné et constitué par l'injure. Et l'on comprend que, par conséquent, seule l'acceptation de soi comme membre du « collectif » visé et la solidarité minimale en tant que gay avec les autres gays (et avec les lesbiennes bien sûr, et, potentiellement, avec les autres stigmatisés et les autre minoritaires, selon le modèle prôné par Genet, dans sa pensée et dans sa pratique politiques, d'une solidarité positionnelle) peut servir de point d'appui à une résistance efficace à l'injure et au processus de stigmatisation sociale des « déviants » de l'ordre sexuel. Cette lutte ne relève pas seulement de la mobilisation politique, ni même de la création culturelle. Elle est une transformation de soi et du monde qui passe par chaque geste accompli, par chaque parole prononcée pour se libérer, autant que faire se peut, du poids de l'homophobie intériorisée comme adhésion tacite au monde social tel qu'il est. Elle est la somme de tous ces micro-déplacements et de ces micro-actions qui se substituent à, ou, en tout cas, contribuent à contrecarrer la somme qui continuera d'être présente des micro-lâchetés, des micro-démissions, des infimes renoncements et des silences innombrables dont la totalité constitue la réalité vécue de la domination et de sa perpétuation. Mais un tel processus ne peut être porté à l'existence par des volontés individuelles que si celles-ci sont soutenues par la conscience qu'il s'agit d'une entreprise collective de recréation de soi comme ensemble d'individus libres et autonomes, comme « sujets » de soi-même. D'où l'importance de la visibilité collective. D'où aussi, à l'inverse, la nécessité pour tous ceux qui travaillent à perpétuer l'ordre sexuel tel qu'il est de toujours dénoncer cette visibilité.

Récupérer l'autonomie personnelle et devenir un individu de plein droit implique d'abord de reconstruire et réinventer l'image collective afin d'offrir des modèles différents, ne serait-ce qu'en contournant ou contestant les « portraits » produits par les porte-parole de la norme sociale et sexuelle ou en les privant de leur charge dégradante (l'efféminement n'étant « ridicule » que par les effets d'un décret que l'on peut fort bien récuser, même si ce rejet de la norme ne s'exerce effectivement que dans les espaces limités d'une contre-culture). C'est pourquoi l'autonomie individuelle, la liberté individuelle, se construisent et se conquièrent par des batailles qui ne peuvent être que collectives et qu'il est nécessaire de toujours recommencer.

✐ Le langage quotidien (tout comme le langage des images) est de part en part traversé par des rapports de force, par des rapports sociaux (de classe, de sexe, d'âge, de race, etc.), et c'est dans et par le langage (et l'image) que se joue la domination symbolique, c'est-à-dire la définition – et l'imposition – des perceptions du monde et des représentations socialement légitimes. Le dominant, comme le dit Pierre Bourdieu, est celui qui réussit à imposer la manière dont il veut être perçu, et le dominé, celui qui est défini, pensé et parlé par le langage de l'autre et/ou celui qui ne parvient pas à imposer la perception qu'il a de lui-même [144]. Seules les périodes de crise sociale, culturelle, ou au moins l'irruption de mobilisations politiques ou culturelles, peuvent permettre une mise en question de cet ordre symbolique des représentations et du langage dont la force principale est de se présenter comme ressortissant aux évidences d'un ordre naturel, immuable, et sur lequel on ne s'interroge pas ou sur lequel on s'interroge faussement pour mieux le réaffirmer dans son arbitraire en le présentant comme ayant toujours existé [145].

La mobilisation politique, l'action politique, sont toujours des batailles pour la représentation, pour le langage et les mots. Ce sont des luttes autour de la perception du monde. La question qui s'y joue est de savoir qui définit la perception et la définition d'un groupe et la perception et la définition du monde en général. La mobilisation, l'action politique, consistent souvent, pour un groupe, à essayer de faire valoir, d'imposer la manière dont il se perçoit lui-même, et d'échapper ainsi à la violence symbolique exercée par la représentation dominante. Mais il convient de préciser qu'il n'y a pas, pour les gays, encore moins pour les « gays et lesbiennes », une manière d'être et de se penser soi-même qui préexisterait et qu'il conviendrait de découvrir et de manifester au grand jour, et encore moins une seule et unique manière d'être et de « se percevoir », ce qui constitue toute la complexité du mouvement gay et lesbien et explique le fait, si souvent souligné, que les définitions qu'il peut donner de lui-même ne sont que des constructions provisoires, fragiles et nécessairement contradictoires entre elles. En effet, il y aura toujours de jeunes gays qui arriveront à la ville et qui, tout en s'inscrivant dans la filiation d'une tradition déjà longue, réinventeront pour eux-mêmes, et à leur manière, cette histoire qui n'a cessé de produire depuis plus d'un siècle les conditions de cette recréation. Ce qui permet de comprendre le double sentiment que l'on éprouve souvent que « ça existe depuis fort longtemps » et que « ça change tout le temps ».

🖉 Il est absolument nécessaire, vital, pour les gays et les lesbiennes de pouvoir donner leur(s) propre(s) image(s) d'eux-mêmes, afin d'échapper aux images si longtemps produites sur eux, et d'offrir ainsi des modèles positifs (ou neutres, ou en tout cas plus conformes à la réalité) à ceux/celles qui n'ont sous les yeux que des images si fortement négatives. Il s'agit de produire soi-même ses propres représentations, et, par ce geste, de se produire comme sujet(s) du discours en refusant d'être seulement les objets du discours de l'Autre. Mais puisque les manières dont les gays et les lesbiennes se perçoivent eux-mêmes et désirent parler d'eux-mêmes sont éminemment multiples, toute définition produite par des gays ou des lesbiennes ne peut que déplaire à d'autres gays et d'autres lesbiennes. L'autodéfinition collective est un enjeu de luttes entre les homosexuels eux-mêmes, et ainsi l'« identité » n'est ni une réalité ni un programme, ni un passé ni un futur ni même un présent provisoire, mais un espace de contestations et de conflits politiques et culturels. Ce qui implique qu'elle ne peut jamais être totalement stabilisée dans un discours unique ou unitaire qui pourrait prétendre l'enfermer dans une appréhension figée.

🖉 Il faut donc insister sur ce point : il est bien évident que, pour de jeunes gays ou de jeunes lesbiennes qui doivent construire leur identité personnelle sans avoir d'autres modèles que les images caricaturales, insultantes, et qui n'ont d'autres schèmes pour penser leur sexualité et leur affectivité que les mots d'injure qui les entourent – sans même qu'ils s'adressent directement à eux/elles –, le seul fait que d'autres images soient produites, que d'autres modèles d'identification soient repérables dans la société, que soit visible cet ensemble de phénomènes qu'on appelle la « culture gay », est générateur de liberté, car c'est cette identification qui rend possible l'affirmation de sa propre *singularité* contre l'*identité* façonnée de l'extérieur par l'ordre sexuel qui à la fois institue les homosexuels comme un collectif et les isole les uns des autres. Il est amusant – ou sinistre – de constater que, chaque fois que des images non dévalorisantes de l'homosexualité sont produites, il se trouve des gardiens de l'ordre hétéronormatif pour crier au « prosélytisme ». Notons au passage que cette idée de « prosélytisme » est particulièrement saugrenue, puisqu'elle sous-entend que l'on pourrait inciter quelqu'un à devenir homosexuel par des représentations de l'homosexualité. Mais elle exprime bien la dissymétrie absolue entre l'hétérosexualité souhaitable et l'homosexualité regrettable : on n'entend jamais personne parler de « prosélytisme hétérosexuel », et pourtant les images de l'hétérosexualité bénéficient d'une diffusion quasi hégémonique. L'omniprésence de l'image hétérosexuelle démontre *a contrario* que des représentations ne conduisent personne à devenir ceci ou cela : un gay peut être exposé toute son enfance ou son adolescence, et toute sa vie, à l'image hétérosexuelle, il ne deviendra pas hétérosexuel pour autant. Gide le faisait déjà remarquer, lorsqu'il faisait dire au personnage de Corydon :

> Songez que dans notre société, dans nos mœurs, tout prédestine un sexe à l'autre ; tout enseigne l'hétérosexualité, tout y invite, tout y provoque : théâtre, livre, journal, exemple affiché des aînés, parade des salons, de la rue. Quoi ! Si l'adolescent cède enfin à tant de complicité ambiante, vous ne voulez pas supposer que le conseil ait pu guider son choix, la pression incliner, dans le sens prescrit, son désir ! Mais si, malgré conseils, invitations, provocations de toutes sortes, c'est un penchant homosexuel qu'il manifeste, aussitôt vous incriminez telle lecture, telle influence. C'est un goût acquis, affirmez-vous, on le lui a appris, c'est sûr ; vous n'admettez pas qu'il ait pu l'inventer tout seul [146].

À ceux qui reprochent aux gays et aux lesbiennes de se constituer aujourd'hui en « groupe », en « minorité mobilisée », et qui leur demandent avec insistance de renouer avec les valeurs de l'individu libre et indépendant, du « citoyen abstrait », on peut certes répondre que c'est l'ordre social et juridique qui a déjà constitué les « homosexuels » en un « collectif », en l'occurrence comme une minorité insultée, ostracisée et privée de nombreux droits. Mais il faut aller plus loin et ajouter que la possibilité même de l'autonomie leur est déniée par l'impossibilité structurelle de s'identifier à des images positives de leurs propres sentiments et de leur propre sexualité, donc de leur propre personnalité, et à l'impossibilité de se reconnaître dans un rapport de « réciprocité » (au sens sartrien) avec d'autres homosexuels. Ils sont dépendants d'une contrainte extérieure et leur conscience aussi bien que leur inconscient sont littéralement investis par des discours et des images (bref, par un ordre social) qui les infériorisent.

Et n'est-ce pas précisément parce que tout ce qu'il est et tout ce qu'il ressent va dans le sens de ce que l'ordre sexuel à la fois demande et impose aux individus qu'un hétérosexuel peut se penser comme libre et autonome par rapport à ses propres caractéristiques psychologiques et sexuelles ? Le sentiment que les hétérosexuels peuvent avoir de leur libre arbitre et de leur autonomie personnelle n'existe que comme un effet de surface de cette sorte d'évidence naturelle que produit l'appartenance à un groupe majoritaire. Leur « individualité » et leur « liberté » sont donc soutenues à l'existence, rendues possibles (comme pure illusion) par leur conformité à des valeurs qui ne peuvent être universelles puisqu'elles dénient le droit à l'existence en première personne à un certain nombre d'individus qui sont réduits à l'état d'objets discursifs, de signes négatifs manipulés par la culture dominante. Et l'on pourrait même dire que la stabilité de l'identité hétérosexuelle n'est assurée que par la délimitation et l'exclusion de l'« homosexualité », c'est-à-dire d'une « identité » homosexuelle définie par un certain nombre de traits dévalorisants attribués à toute une « catégorie » de personnes. L'hétérosexualité se définit en grande partie par ce qu'elle rejette, de la même manière que, plus généralement, comme disait le Foucault de l'*Histoire de la folie*, une société se définit par ce qu'elle exclut. Et il est fort probable que la contestation, dans le geste d'affirmation par les gays et les lesbiennes de leurs identités multiples et hétérogènes, de cette « identité » homosexuelle imposée et infériorisée est de nature à contribuer à défaire, pour les hétérosexuels eux-mêmes, l'adhésion sans faille à des évidences qui ne se constituent que sur des rejets et des lignes de démarcation. Et que par conséquent, comme le disait cette fois le Foucault des années quatre-vingt, la « culture gay » peut être génératrice de nouveaux modes de vie et de nouvelles relations entre les individus aussi bien pour les homosexuels que pour les hétérosexuels.

C'est donc en construisant un « collectif » conscient de lui-même et du fait que l'autonomie personnelle n'est jamais donnée mais toujours à conquérir qu'une véritable autonomie pourra voir le jour. Et cette autonomie concrète est à conquérir d'abord contre ceux qui font l'apologie de l'autonomie abstraite pour demander aux gays et aux lesbiennes de continuer d'accepter la situation dans laquelle toute autonomie leur est refusée ou leur est rendue impossible. C'est en étant conscient des déterminismes qui façonnent les consciences (et aussi les inconscients) que les individus peuvent se constituer en « sujets », et d'abord en sujets d'eux-mêmes.

11
INVERSIONS

Dire que l'injure est déjà là, préexistant à la venue au monde de tel ou tel individu qui en sera la victime désignée, cela revient à dire qu'elle préexiste aussi à celui qui la profère. Comme l'écrit fort justement Judith Butler, l'injure est toujours une citation [147]. Elle ne fait que reproduire des mots qui ont déjà été entendus. Celui qui lance l'injure puise dans le répertoire des insultes disponibles pour dire à quelqu'un sa haine ou son dégoût. Ce qui fait la force de l'injure, c'est précisément qu'elle préexiste aux deux personnes qu'elle met en scène – celui qui la lance, celui qui la reçoit – et qu'elle a une histoire extérieure et antérieure aux personnes en question.

Aussi faut-il restituer l'injure dans le temps long : elle a été façonnée par une histoire, et sa possibilité actuelle n'est que l'aboutissement de cette histoire. L'injure effectivement ou potentiellement prononcée ou l'injure crainte ou assumée par celui qui peut en être ou en a déjà été la victime n'est donc qu'un symptôme, et son efficacité ne tient pas seulement à la force performative du langage – pourquoi les mots blessent-ils, pourquoi le corps s'en trouve-t-il atteint ? – mais aussi et plus profondément au fait que le langage n'est performatif que parce qu'il est soutenu, traversé, orienté par toutes les forces qui organisent la société et les modes de pensée.

Comme l'a montré Pierre Bourdieu dans sa critique d'Austin, le langage est de part en part historique, social et politique, et il faudrait toute une exploration des structures anthropologiques qui façonnent l'inconscient de nos sociétés pour comprendre pourquoi l'injure forme l'horizon sur lequel se constitue l'« identité » stigmatisée et aussi ce qui vient rappeler celle-ci à la conscience de soi lorsqu'elle a l'illusion qu'elle peut s'oublier comme telle.

L'injure n'est que la pointe, le trait verbal limite de la violence symbolique qui organise la sexualité selon des hiérarchisations et des exclusions bien précises et qui confère à l'homosexualité un statut d'infériorité dans nos sociétés. Et cette violence symbolique est sans doute ancrée dans ce que Bourdieu appelle la « domination masculine », qu'on pourrait comprendre non seulement comme la domination des hommes sur les femmes, mais aussi, plus généralement, comme la domination du « principe masculin » sur le « principe féminin », et donc de l'homme hétérosexuel (c'est-à-dire l'homme !) sur l'homme homosexuel (qui n'est pas considéré comme un homme) dans la mesure où l'homosexualité masculine est rangée dans l'inconscient de nos sociétés du côté du « féminin »[148].

Bien sûr, cela ne rend pas compte de toutes les représentations des relations entre personnes du même sexe au cours de l'histoire, et il faudrait également prendre en considération la valorisation masculiniste, dans certaines sociétés du passé, des rapports entre hommes comme fondement de la valeur militaire, par exemple. L'homosexualité n'a pas toujours, et pas partout, été associée à l'efféminement ou, plus exactement, cette image a pu coexister avec d'autres représentations. Mais il est certain que la « déviance » sexuelle est perçue et dénoncée, au moins depuis la fin du XIXe siècle (et sans doute bien avant, on l'a dit), d'abord et avant tout comme une « inversion du genre », ce qui vaut donc pour les « déviants » des deux sexes. L'homme homosexuel est quelqu'un qui renonce à sa masculinité, tout comme la lesbienne renonce à sa féminité. Il faut cependant ajouter que l'« inversion » a souvent un autre sens et est comprise et dénoncée comme le simple fait de ne pas rechercher un partenaire de l'autre sexe. Ce n'est pas seulement l'homme efféminé ou la femme masculine qui encourent l'accusation d'« inversion ». Mais aussi, tout simplement, l'homme qui aime les hommes et la femme qui aime les femmes. L'interférence de thèmes hétéroclites dans la notion d'inversion se voit clairement dans la liste des désignations par lesquelles les médecins ont posé le diagnostic de cette « maladie » : « sens génital inverti » ou « perverti », « inversion – ou perversion – de l'instinct sexuel », « attraction contraire », etc. [149]. L'inversion et la phobie qu'elle produit ont donc au moins deux significations distinctes dans le discours homophobe : c'est l'inversion intérieure du genre (une âme de femme dans un corps d'homme ou d'homme dans un corps de femme) et l'inversion extérieure de l'objet du désir (un autre homme au lieu d'une femme ou une autre femme au lieu d'un homme). Le psychiatre italien Arrigo Tamassia avait noté cette double signification de la notion d'inversion à l'époque même où elle était thématisée par le discours médical [150]. Et dans une note ajoutée en 1920 dans les *Trois Essais*, Freud signale les « intéressantes remarques de Ferenczi » qui propose qu'on rejette le mot « homosexualité » et qu'on le remplace par « homoérotisme », et qu'une « distinction rigoureuse soit établie au moins entre les deux types de *l'homoérotique du sujet*, qui se sent femme et se comporte comme telle, et *l'homoérotique de l'objet*, qui est pleinement viril et ne fait qu'échanger l'objet féminin contre un objet du même sexe que lui ». Freud accepte cette distinction entre les deux sens possibles du mot « inversion », mais ajoute aussitôt que l'on trouve chez de nombreuses personnes un mélange de ces deux types d'homoérotisme [151]. Et l'on pourrait aller jusqu'à dire que la plupart des discours sur l'homosexualité n'ont rien fait d'autre, depuis des lustres, que décliner et combiner ces deux sens de l'inversion.

Les discours auxquels nous sommes exposés aujourd'hui renferment presque toujours un mélange inextricable de ces deux thèmes, dans des proportions variables. C'est le dosage, si l'on ose dire, qui donne à chaque discours sa physionomie singulière, et différente en apparence des autres discours. Il suffit en effet de lire les textes produits dans le champ de la psychanalyse, aussi bien classiques que contemporains, pour voir qu'on n'est jamais très éloigné de la matrice principielle d'une double signification de l'« inversion ». On peut donc légitimement distinguer deux grands types de discours, selon qu'ils insistent sur l'un ou l'autre sens de la notion d'inversion, sur l'inversion intérieure de la personne ou sur l'inversion extérieure de l'objet du désir. Dans le premier cas, il s'agit d'insister sur le caractère pathologique de l'individu et de sa psychologie ; dans le second, sur le caractère « déviant », « pervers » ou tout simplement inférieur (et donc, là aussi, « anormal ») de la relation avec le même sexe. Mais il faut garder à l'esprit que ces deux grands ordres discursifs, qui doivent être distingués pour la clarté de l'exposé, ne sont jamais totalement séparés l'un de l'autre. Alors même qu'en toute logique ils sont contradictoires entre eux : si l'homosexuel est un « inverti » au sens d'une inversion intérieure, c'est-à-dire qu'il est en fait une « femme » dans un corps d'homme, il n'est pas possible de lui imputer en même temps une « inversion » de l'objet du désir et de le considérer comme un homme qui, au lieu d'être attiré par les femmes, l'est par les hommes.

Proust, très influencé par les psychiatres, n'a cessé de se débattre avec ces difficultés. Après avoir décrit l'« inverti » comme un homme qui n'est pas réellement un homme et qui ne peut donc être attiré que par un homme qui n'est pas comme lui, par un homme authentiquement homme, c'est-à-dire un hétérosexuel, il devait expliquer que cet inverti était, faute de mieux, obligé de se contenter de ceux de sa race, en faisant un énorme effort d'imagination pour considérer ces autres « invertis » comme de vrais hommes.

En fait, chez Proust, du moins dans la théorie, il n'y a pas d'« homosexuel » ni d'« homosexualité ». Dans une esquisse où il se demande quel nom adopter pour désigner ceux qu'il appellera parfois les « sodomites » (au début de *Sodome et Gomorrhe*), il choisit le mot « inverti » en regrettant toutefois de ne pouvoir utiliser le seul qui conviendrait : le mot « tante », que l'on trouve chez Balzac. Proust récuse en tout cas celui d'« homosexuel » et il écrit : « D'après la théorie, toute fragmentaire du reste, que j'ébauche ici, il n'y aurait pas en réalité d'homosexuels. Si masculine que puisse être l'apparence de la tante, son goût de la virilité proviendrait d'une féminité foncière, fût-elle dissimulée. Un homosexuel, ce serait ce que prétend être, ce que de bonne foi s'imagine être, un inverti [152]. » L'homosexuel croit qu'il est un homme qui aime les hommes, alors qu'il est une femme qui aime les hommes. Ce n'est pas un amour pour « le même » sexe, ou le même « genre », mais un amour pour l'autre « sexe » ou l'autre « genre ». Ainsi, Charlus « recherche essentiellement l'amour d'un homme de l'autre race, c'est-à-dire d'un homme aimant les femmes (et qui par conséquent ne pourra pas l'aimer) [153] ».

Et comme cet amour « théorique » est presque impossible à réaliser dans la vie réelle, l'inverti se tourne vers les autres invertis : « Il est vrai que les invertis à la recherche d'un mâle se contentent souvent d'un inverti aussi efféminé qu'eux. Mais il suffit qu'ils n'appartiennent pas au sexe féminin [154]. » Dans l'Esquisse de 1909, Proust disait les choses encore plus nettement : « Race maudite puisque [...] n'aimant que l'homme qui n'a rien d'une femme, l'homme qui n'est pas "homosexuel", ce n'est que de celui-là qu'elle peut assouvir un désir qu'elle ne devrait pas pouvoir éprouver pour lui, qu'il ne devrait pas pouvoir éprouver pour elle, si le besoin d'amour n'était un grand trompeur et ne lui faisait pas de la plus infâme "tante" l'apparence d'un homme, d'un vrai homme comme les autres, qui par miracle, se serait pris d'amour ou de condescendance pour lui [155]. » Et donc Proust finit par comparer les invertis aux fleurs ou aux animaux hermaphrodites, qui, tels les escargots, « ne peuvent être fécondés par eux-mêmes mais peuvent l'être par d'autres hermaphrodites [156] ».

On voit, par conséquent, que la théorie de l'inversion intérieure, et donc de l'hétérosexualité fondamentale du désir homosexuel, puisqu'il est en réalité le désir d'une « femme » pour un homme, ne peut que déboucher, une fois dressé le constat de la quasi-impossibilité d'une union interraciale entre un homme-femme et un homme-homme, sur une théorie de l'amour des invertis entre eux. Tous des escargots ! On ne peut ignorer la part d'humour qui inspire à Proust ces considérations, comme elle inspire plus généralement sa description de l'homosexualité [157]. Mais on doit aussi remarquer que l'adhésion à la théorie de l'« inversion » – l'inverti est une femme qui cherche un homme – a conduit Proust à transformer profondément le personnage de Morel entre les esquisses et le roman publié. Dans une des esquisses, Proust évoque ainsi, lors de la rencontre entre Charlus et Morel à la gare Saint-Lazare, une « petite tante déguisée en soldat [158] ». Dans la version publiée, Morel n'est plus une « tante » : il s'est masculinisé (pour que le baron puisse être authentiquement amoureux de lui). Et pour que cette transformation sexuelle puisse s'opérer, il faut bien qu'il ne soit pas un « homosexuel », mais un bisexuel, ou même plutôt un hétérosexuel qui n'a de relations avec les hommes que parce qu'il est attiré par l'argent [159]. En fait, le désir des invertis « serait à jamais inassouvissable, si l'argent ne leur livrait de vrais hommes [160] ».

Au point de départ, la théorie proustienne tient que l'homme homosexuel est en fait une femme et recherche l'homme hétérosexuel qui est un vrai homme. Mais, dans la mesure où l'hétérosexuel, par définition selon Proust, ne saurait s'intéresser sexuellement ou affectivement à l'homosexuel, puisqu'il aime les vraies femmes, l'inverti doit en général se contenter de relations avec d'autres invertis, dont il s'efforce d'imaginer qu'ils sont de vrais hommes, sauf si l'argent lui donne accès à ces derniers. Alors que l'inverti peut avoir l'illusion d'être semblable à l'hétérosexuel qu'il désire, et donc d'être un vrai homme désirant un homme, tel « le snob qui se croit noble [161] », il est en fait semblable à l'autre inverti vers lequel il est nécessairement conduit. Ce sont alors deux « femmes » qui se rencontrent, mais elles ne sont pas vraiment des femmes, mais des êtres hermaphrodites qui comportent en eux les organes des deux sexes, comme, selon le mythe platonicien, dans les temps initiaux, avant la partition générale de tous les êtres [162].

Pas vraiment semblable à la femme, du fait de son corps d'homme, pas vraiment semblable à l'homme en raison de sa psychologie de femme, l'inverti est donc tout simplement semblable aux autres invertis, puisque

Proust fait comme si l'on pouvait subsumer sous une même catégorie, à la fois biologique et psychologique, tous les représentants de cette race pourtant si « nombreuse » de Sodome. Et même si la manière dont il décrit certains personnages de son roman, tel Saint Loup, par exemple, vient s'inscrire en faux contre cette théorie générale de l'inversion [163], il n'en reste pas moins qu'on retrouve ici un condensé des discours disponibles à l'époque sur l'homosexualité, dans lesquels Proust puise abondamment pour donner à des caractérisations individuelles une sorte de valeur universelle. Charlus n'est pas seulement « une vieille tante », comme il le dit dans une lettre à Paul Souday [164]. Il est, à bien des égards, l'incarnation paradigmatique de *la tante*. Je reviendrai dans la deuxième partie du livre sur la théorie de l'inversion chez Proust. Elle est évidemment proche de la théorie du « troisième sexe » développée en Allemagne par Hirschfeld qui l'avait lui-même prise chez Karl Heinrich Ulrichs, le premier grand avocat de la cause gay.

Ulrichs, en effet, avait forgé dès le début des années 1860 (sans doute grâce à certains travaux médicaux déjà publiés à cette époque) la théorie de l'inversion intérieure du genre chez les hommes attirés par les hommes et l'explication par « l'âme d'une femme dans un corps d'homme » [165]. Dans son combat en faveur de ceux qu'il appelait les « uranistes », il n'hésitait pas à revendiquer pour eux le droit au mariage. Mais comme il n'imaginait pas qu'un « uraniste » (mot forgé en référence au *Banquet* de Platon) puisse se marier avec un autre « uraniste » (qu'auraient donc fait ces deux « femmes » ensemble ?) il ne concevait ce mariage « homosexuel » que comme le mariage « hétérosexuel » d'un vrai homme – hétérosexuel – et d'un homme-femme, l'uraniste. Il considérait d'ailleurs une telle union comme l'équivalent d'un mariage de convenance. Pourtant, loin d'imaginer les relations des uranistes entre eux comme de simples pis-aller, à la manière de Proust, Ulrichs avait également élaboré une théorie qui distinguait deux pôles extrêmes, avec d'un côté les uranistes masculins qui aiment les jeunes hommes plutôt efféminés, et de l'autre les uranistes efféminés qui aiment les jeunes hommes virils. C'est pour cette raison sans doute, et aussi peut-être parce qu'il avait lui-même pensé à l'objection que soulèverait Proust, bien des années après, à propos du caractère assez improbable des amours entre hétérosexuels et homosexuels, qu'il avait fini par admettre la possibilité d'un mariage entre deux uranistes, dès lors qu'ils appartenaient aux deux pôles opposés de l'uranisme [166]. Ce qui contredit bien sûr l'idée qui sous-tend sa théorie générale de l'uranisme comme désir de nature foncièrement féminine. (Il écrivait par exemple : « Nous sommes des femmes en esprit [167]. ») Mais s'il ne pouvait vraiment renoncer à cette définition posée au départ, c'est bien parce qu'à ses yeux le désir sexuel orienté vers un homme ne pouvait être appréhendé autrement que comme un désir féminin. Au fond, Ulrichs est cohérent avec lui-même : si l'uraniste aime les hommes, c'est qu'il est une femme. Si l'on est attiré par le « même » que soi, c'est que, fondamentalement, on est « différent ». Aimer le même sexe signifie donc qu'on est, en réalité, d'un « sexe » différent. Mais bizarrement, après avoir défini les uranistes comme des hommes-femmes, il est bien obligé, pour faire coïncider sa théorie avec ses observations, de dédoubler, à l'intérieur de cette catégorie, la différence des « genres » entre ceux qui sont masculins et aiment le féminin, et ceux qui sont féminins et aiment le masculin… Ulrichs précise bien que ce sont là des manifestations extrêmes et qu'on trouve mille possibilités entre les deux. Ce qui signifie que la volonté apologétique d'ancrer l'homosexualité dans la nature et d'en faire un sexe à part, un « troisième sexe », conduit à des incohérences conceptuelles insurmontables avec lesquelles Ulrichs, comme Proust après lui, ne peut qu'essayer de se débrouiller tant bien que mal, en s'efforçant de faire tenir ensemble des considérations qui s'annulent mutuellement.

Ulrichs, qui se pensait lui-même sous les caractéristiques d'un « uraniste » efféminé, avait un goût prononcé pour les soldats. Et à ceux qui trouvaient à redire à cette transgression des frontières de classe, il faisait remarquer qu'il ne voyait aucun mal à cela, et insistait sur le fait que les « contraires » s'attirent, alors que l'égalité intellectuelle empêche plutôt qu'elle ne favorise l'amour sexuel : « Une fois pour toutes, cessons de confondre l'amour et l'amitié », écrit-il [168]. En fait, ce qui est impensable pour Ulrichs, c'est que l'on puisse aimer le « même ». L'amour et la sexualité sont toujours pensés sur le mode d'un assemblage de contraires, d'une complémentarité entre les sexes ou entre les « genres » aussi bien qu'entre les classes sociales. D'où les différents niveaux qu'il est tenu de distinguer pour que soit toujours maintenue, dans la relation, l'idée d'une différence indépassable entre le masculin et le féminin. Dans un couple, dans l'amour, dans la sexualité, il y a toujours un « homme » et une « femme », ou, en tout cas, du masculin et du féminin.

✎ Si Proust n'a pas inventé les problèmes qu'il aborde dans son entreprise romanesque, loin s'en faut, on voit donc que sa grande originalité ne consiste pas tellement à mélanger allégrement les deux sens du mot « inversion » (celle du genre « intérieur » et celle de l'« objet sexuel »), puisque tant d'autres l'ont fait également, mais à les intégrer l'un à l'autre, à les rendre indiscernables et à justifier explicitement cette fusion : l'inversion intérieure du genre et l'amour du semblable ne font plus qu'un, puisque l'inverti ne peut aimer qu'un inverti. Après avoir exclu l'idée d'« homosexualité » de sa théorie, puisque ce n'est que par l'effet d'une illusion que l'inverti peut croire qu'il aime le « même sexe » que lui, ce sexe auquel en fait il n'appartient pas, Proust réintroduit donc l'« homosexualité », à un autre niveau, comme un effet de la nécessité pratique qui pousse les « tantes » à trouver des partenaires sexuels. Les hommes de la « race des tantes », c'est-à-dire ceux qui appartiennent au « troisième sexe », ne sont certainement pas attirés les uns par les autres – au contraire, ils se détestent les uns les autres, ne cesse de dire Proust, et ont horreur de l'efféminement chez les autres –, mais la nécessité ou l'amour leur font oublier – réciproquement – que l'autre avec qui ils couchent n'est pas un vrai homme mais une « infâme tante ». Mais quel nom donner à un représentant du « troisième sexe [169] » qui couche avec un représentant du « troisième sexe », un « hermaphrodite » qui couche avec un « hermaphrodite », si ce n'est celui, précisément, d'« homosexuel » ? Malgré lui, malgré tout, l'inverti ne peut aimer que son semblable en imaginant que ce celui-ci est différent.

🖉 Il y a une grande différence entre Ulrichs et Proust. Le premier entend défendre l'homosexualité. Son projet est militant. Il élabore toute une théorie de la « nature » particulière qui caractériserait un certain nombre d'individus, dans le but de pouvoir demander la décriminalisation de l'homosexualité. Si « l'inversion » est « naturelle », elle n'est plus un « vice » ni un péché. Le second entend fonder une entreprise romanesque sur le dévoilement d'une vérité dont il sait qu'elle pourra paraître monstrueuse, et il ne cherche nullement à la montrer sous un jour agréable [170]. Il dira même à Gide qu'il a transposé « à l'ombre des jeunes filles » tout ce que « ses souvenirs homosexuels lui proposaient de gracieux, de tendre et de charmant, de sorte qu'il ne lui reste plus pour *Sodome* que du grotesque et de l'abject ». Il pourra néanmoins se montrer « très affecté » lorsque Gide lui reprochera « d'avoir voulu stigmatiser l'uranisme [171] ». N'est-ce pas, pourtant, la raison pour laquelle il fut pendant si longtemps félicité par la critique d'avoir si bien montré, en « moraliste », l'abjection de cette race infâme [172] ?

On verra plus loin que toutes ces questions posées par Ulrichs et Proust, et qui constituent un étonnant mélange, chez l'un de revendication gay et de pensée biologisante teintée d'homophobie, et, chez l'autre, de volonté inébranlable de parler de l'homosexualité et de nécessité, pour ce faire, de la présenter sous un jour peu glorieux, et, chez les deux, de souci d'affirmer l'existence des homosexuels et d'obligation de les référer sempiternellement à l'hétérosexualité pour les décrire dans les termes de l'inversion et du rapport entre le masculin et le féminin, tout cela a été constitutif de l'histoire de l'homosexualité et de la prise de parole homosexuelle depuis le milieu du XIXe siècle.

Mais ce qui nous intéresse ici, c'est de voir comment la subjectivité gay est asservie par les modes de représentations hétérosexuels et par la violence normative qu'ils exercent. L'homosexualité est toujours référée à la norme, même quand ce sont des homosexuels qui parlent. Le mot « tante » ne désigne pas seulement une injure. Il est aussi une image sociale, un type psychologique, définis par l'ordre sexuel et par l'infériorisation de l'homosexualité. Dans ce cadre, la notion d'inversion n'est qu'un habillage pseudo-scientifique de l'injure. Dans sa double signification, elle renvoie, d'une part, à l'idée que le masculin est supérieur au féminin (et donc que l'homme qui aime les femmes est supérieur à celui qui aime les hommes, toujours soupçonnable d'être, en fait, une femme), et, d'autre part, à l'idée que la relation qui unit des « différences » est supérieure à celle qui réunit du « semblable ». Ce qui revient à dire, dans les deux cas, que l'hétérosexuel est supérieur à l'homosexuel... parce qu'il est hétérosexuel.

Aussi, la pensée qui fait de la différence des sexes une norme, et de l'amour du même sexe une déviance, une perversion, ou, au mieux, un « cas particulier », cette pensée qui a pu prendre, dans l'histoire, le visage de la violence totalitaire, et qui peut prendre, aujourd'hui, celui de la tolérance libérale, n'est-elle que l'expression de l'ordre social et sexuel qui institue le monde d'injures dans lequel doivent vivre les homosexuels. Mais cette pensée est dotée d'une telle force qu'elle s'impose souvent aux homosexuels eux-mêmes.

Car l'inconscient homosexuel est structuré selon les règles du langage hétérosexuel. Et seul un travail politique et culturel de réinvention collective des « déviants » et des « anormaux » par eux-mêmes peut venir perturber le cycle immémorial de la reproduction de cet impensé social hétéronormatif.

12
DE LA SODOMIE

On voit bien chez Proust et Ulrichs comment la réflexion sur l'homosexualité est toujours profondément marquée par les représentations homophobes et prisonnière des structures mêmes de l'inconscient hétérocentriste, pour lequel la sexualité n'est possible que dans la différence et la complémentarité du masculin et du féminin. Cette domination de l'inconscient hétérocentriste, à laquelle Proust et Ulrichs n'avaient sans doute pas, à leur époque, les moyens d'échapper, a été légitimée par la psychanalyse qui lui a donné un fondement à prétention scientifique. De Freud à Lacan et aux disciples de ce dernier, la pensée de la « différence des sexes » a prospéré et s'est imposée comme le principe idéologique jamais interrogé de tout ce qui s'écrit sur la sexualité et, évidemment, sur l'homosexualité. Toujours rapportée à la normalité de la « différence », l'homosexualité ne peut donc être perçue que comme une sexualité ou une affectivité qui manque de quelque chose : elle est une « perversion », un « arrêt » à un stade infantile dans le développement normal de l'individu et de ses désirs, une « incapacité » à reconnaître « l'autre », etc. Tous ces discours hétérocentristes, toutes ces mythologies pseudo-scientifiques qui font de l'hétérosexualité la norme et le point de vue à partir duquel on pense l'ensemble des situations (avec les invraisemblables constructions idéologiques auxquelles ont donné lieu la théorie du « complexe d'Œdipe », celle de la « castration » ou du « Phallus ») participent aujourd'hui du processus d'infériorisation de l'homosexualité et contribuent à le perpétuer (même si les intentions de Freud pouvaient être tout à fait louables, puisqu'il a toujours souhaité lutter contre la répression exercée à l'encontre des homosexuels). Et l'on peut constater qu'il n'est pas, aujourd'hui, une seule prise de position politique contre la reconnaissance sociale et juridique des couples du même sexe, contre l'égalité des droits, qui n'invoque, à un moment ou à un autre de son argumentaire destiné à maintenir la discrimination, le grand principe de la « différenciation des sexes » et de son « institution » par l'ordre social, qui serait au fondement même de la culture et de la civilisation, etc. [173].

Il est donc bien évident qu'il existe un racisme spécifiquement sexuel, qui refuse de considérer l'amour pour le même sexe comme équivalant à l'amour pour l'autre sexe. Ce racisme ne renvoie pas nécessairement à une perception en termes d'« inversion du genre », même si cette thématique reste toujours tapie dans l'ombre de l'inconscient homophobe, toujours prête à resurgir au détour d'un paragraphe. Dans ce cadre, ce qui est rejeté ou inférioriré (car toutes les nuances sont évidemment possibles), c'est tout simplement « l'amour pour le même ». Pour s'opposer au droit au mariage, à l'adoption, à la procréation médicalement assistée ou, plus simplement, à toute forme de reconnaissance juridique des couples de même sexe, il suffit de faire appel à l'idée ou au présupposé qu'il y aurait une supériorité naturelle, biologique, culturelle ou éthique du couple qui s'inscrit dans la dualité sexuelle sur le couple qui unit le « semblable ». Ou de dénoncer l'homosexualité comme un refus de l'« altérité », un rejet de la « différence » et une « exclusion » de l'autre sexe.

Mais si l'existence de ce racisme sexuel qui vise l'inversion de l'objet est incontestable, et s'il peut même être aujourd'hui le trait dominant du discours homophobe, notamment dans ses versions libérales et euphémisées, il n'en est pas moins vrai que c'est dans la condamnation de l'« inversion » intérieure, c'est-à-dire de la « non-conformité » aux rôles conventionnellement définis que se sont constitués dans les sociétés occidentales l'hostilité à l'encontre de l'homosexualité et les fantasmes les plus violemment homophobes. À la haine si constante et si brutale de l'efféminement, réel ou supposé, pour les hommes, correspond sans doute l'hostilité manifestée à l'égard des femmes trop « masculines », comme l'attestent les réactions à l'égard des « garçonnes » dans les années vingt et trente [174].

On peut constater en effet que toutes les transformations qui ont affecté, au cours des trente ou quarante dernières années, l'image que les homosexuels masculins cherchent à donner d'eux-mêmes, et notamment le processus de « masculinisation » des corps, des gestes, des vêtements, etc., n'ont pas réellement entamé la représentation traditionnelle du pédé comme « folle », comme « tapette », « tante », « pédale », tous ces mots féminins qui désignent l'homosexualité comme l'inversion du genre chez un homme (« camionneur » et « camionneuse » étant sans doute l'équivalent pour les femmes). Peut-être faudrait-il s'interroger, d'ailleurs, sur l'illusion que les homosexuels masculins ont pu entretenir sur le fait qu'il leur suffirait d'arborer les blasons de la masculinité pour que les images de l'homosexualité changent. George Mosse fait remarquer que, dès les années vingt, la plupart des journaux et revues gays ont presque toujours cherché à donner une image « masculine » des hommes homosexuels : « Si l'on se penche sur les histoires d'amour tirées au hasard des journaux homosexuels entre 1929 et 1979, on y voit un stéréotype masculin inchangé. Elles sont peuplées de "beaux jeunes hommes", grands, blonds, minces, aux traits ciselés... Loin d'être défiée, la virilité normative y est réaffirmée [175]. » Mais cela n'a jamais empêché les homosexuels masculins, au cours des mêmes périodes, d'être perçus et représentés dans la caricature et dans le discours homophobe comme des hommes efféminés. Et dans les sitcoms de la télévision, aujourd'hui, le personnage désormais obligé de l'homosexuel est certes body-buildé, mais toujours efféminé : c'est une « folle » musclée. Peu de choses ont changé depuis l'époque où Proust décrivait les homosexuels comme des femmes dotées d'un corps d'homme. Par conséquent, quels que soient les modes de présentation de ce corps, et si « virilisé » soit-il, et si caricaturalement construit comme un corps masculinisé, rien n'a changé dans la perception sociale de la personne qui l'habite et dont la psychologie ne peut être que féminine, au regard des catégories normatives de la sexualité, puisque l'homosexualité entre hommes implique le désir pour un homme et donc une psychologie nécessairement féminine. Et il ne suffit pas de démontrer l'absurdité ou les incohérences de ces représentations – puisque deux hommes attirés l'un vers l'autre peuvent difficilement être regardés en même temps comme des femmes attirées par un homme – pour que cette représentation générale s'écroule.

🖉 On comprend ainsi la force du rejet de la « féminité » et de « l'efféminement » chez bon nombre de gays qui ne cherchent autant à s'en dissocier que parce que d'autres gays, au contraire, continuent d'assumer ce rôle et de « faire les folles » (comme l'atteste la permanence de ce trait subculturel spécifique et qui a traversé les époques qui consiste, pour des hommes, à parler de soi et des autres au féminin). Sans doute Michaël Pollack trahissait-il ses propres pulsions lorsqu'il écrivait, d'une manière étonnamment prescriptive pour un chercheur aussi soucieux de rigueur scientifique, que le jeu avec le féminin et la féminité était un produit de l'oppression et disparaîtrait avec elle [176]. Non seulement l'idée que la visibilité et l'« émancipation » vont entraîner une « fin de l'oppression », de la répression et de l'homophobie est déjà très surprenante, mais un tel propos semble ignorer de surcroît que, sans remonter vers les siècles les plus lointains de l'histoire, où est attestée la présence de ce goût pour le « féminin » (déjà dénoncé, on l'a vu, par les auteurs canoniques de la Grèce et de la Rome antiques), on peut dire qu'une bonne part de la culture gay contemporaine et de l'identité gay moderne – mais une part seulement, puisqu'une autre part pourrait être au contraire décrite dans les termes d'une adhésion aux valeurs du masculinisme – doit sa physionomie à cette attirance pour ce qui ressortit à la « féminité » (et parfois vers les images les plus caricaturalement conventionnelles de la féminité, provoquant la colère de certaines féministes), et que ce trait semble suffisamment omniprésent pour n'être pas uniquement le fruit d'une intériorisation de la représentation produite par les homophobes.

L'humour « folle » et le « *camp* » peuvent certes être décrits comme autant de stratégies de résistance ou de réappropriation de l'accusation d'efféminement [177]. Mais ils expriment surtout la créativité, l'inventivité d'une culture minoritaire, et aussi la manière dont une telle culture est, par cette forme d'ironie, la meilleure critique de soi-même et des autres. Et l'on ne voit pas bien pourquoi ce jeu avec la féminité devrait être décrit comme l'intériorisation d'une contrainte plutôt que comme l'un des – seulement l'un des, mais, que cela plaise ou non aux autres, indéniablement l'un des – traits caractéristiques de l'homosexualité masculine et de la manière dont un certain nombre de gays aiment à se penser, à se comporter. N'est-ce pas au contraire l'incapacité à penser en des termes qui échapperaient à ces conceptions normatives de la « masculinité » et de la « féminité » qui relève d'une contrainte intériorisée ?

En tout cas, on voit bien désormais que l'obsession de la masculinité qui s'était imposée dans les années quatre-vingt comme l'une des expressions les plus visibles de l'appartenance à la « culture gay » n'a pas fait disparaître, tant s'en faut, le jeu avec l'efféminement ou l'efféminement tout court, et il semble même évident qu'une liberté plus affirmée dans le choix d'être ce que l'on est ou veut être a démultiplié la présence et la visibilité des identités « folles ». Et ces deux aspects – masculinités et efféminements – non seulement peuvent cohabiter dans les mêmes quartiers, les mêmes bars, les mêmes boîtes de nuit, les mêmes manifestations de rue, etc., mais aussi, parfois, chez un même individu.

🖉 Malgré tous les efforts de certains gays pour en finir avec l'image « féminine », d'où leur impatience et leur colère à l'égard de ceux qui reconduisent et perpétuent cette « mauvaise image » lors des défilés de la Lesbian and Gay Pride (comme si la seule « bonne image » qui pourrait être considérée comme acceptable par les tenants de l'ordre établi n'était pas celle de la soumission totale aux normes et donc de la renonciation à l'homosexualité et à sa visibilité publique), il semble évident qu'il y a toujours dans le regard extérieur sur les homosexuels l'idée qu'un homme gay est nécessairement quelqu'un qui renonce à la virilité en acceptant ou en étant toujours susceptible d'accepter le rôle « passif » dans l'acte sexuel. L'insulte la plus courante le dit suffisamment pour qu'il ne soit pas nécessaire de s'y appesantir [178]. Et si les études psychanalytiques montrent que l'homophobie chez les hommes hétérosexuels tient souvent à la phobie (et peut-être au fantasme) de la pénétration anale, il ne suffira pas pour déjouer cette hostilité si archaïquement ancrée dans les cerveaux masculins, et dans la définition même de la masculinité, de dire que tous les homosexuels ne pratiquent pas la sodomie ou de laisser entendre que bon nombre de gays tiennent le rôle « actif » (car dans ce cas il faut bien que quelqu'un joue le rôle « passif », et la stigmatisation de l'homosexualité sera reconduite).

Il serait plus utile de récuser la dichotomie actif/passif et de l'analyser dans ses fonctions idéologiques comme le principe structurel de la domination masculine sur les femmes et, par extension, des hétérosexuels sur les homosexuels. Bourdieu analyse par exemple l'opposition entre le « devant » et le « derrière » comme un principe structurant de la cosmologie kabyle. Le devant étant la partie noble (et masculine), le derrière la partie honteuse (et féminine) [179]. Or il est frappant de voir que c'est toujours sur le « derrière » que se focalisent les insultes et les moqueries dès lors qu'il est question des homosexuels. Si dans les caricatures publiées dans les journaux pendant l'affaire Eulenburg, on voit de hauts dignitaires de l'armée passer en revue des soldats qui leur tournent le dos et leur présentent leurs postérieurs rebondis [180], comment ne pas songer à ces images quand on lit chez Proust cette remarque du sculpteur Ski à propos de Charlus, lors d'un voyage en train vers la Raspelière : « Oh, chuchotait le sculpteur, en voyant un jeune employé aux longs cils de bayadère et que M. de Charlus n'avait pu s'empêcher de dévisager, si le baron se met à faire de l'œil au contrôleur, nous ne sommes pas près d'arriver, *le train va aller à reculons*. Regardez-moi la manière dont il le regarde, ce n'est plus un petit chemin de fer, où nous sommes, *c'est un funiculer*[181]. » On notera au passage que la description du jeune employé n'indique pas, loin de là, qu'il serait particulièrement « viril », et contredit donc l'idée exposée avec tant de force au début de *Sodome et Gomorrhe* selon laquelle le baron, figure de l'« inverti », est en réalité une « femme » qui cherche un « homme ». Ce qui indique peut-être que la phobie de la sodomie et l'importance de ce fantasme dans les plaisanteries rituelles sur les homosexuels n'ont à peu près aucun rapport avec les « rôles », actif ou passif, réel ou supposé, que ceux qui font l'objet de la plaisanterie tiendraient dans la relation sexuelle si elle se réalisait (ici entre Charlus et le contrôleur). Pour reprendre l'expression du sculpteur, et pour dire les choses sans détour, si le petit train n'est plus un chemin de fer, mais un « funiculer », rien ne nous permet de savoir qui serait l'« enculeur » et qui serait l'« enculé », pour autant, d'ailleurs, que ce soit bien cette pratique qui serait au résultat de leur rencontre, comme s'il n'y en avait pas d'autres possibles.

Mais le sel de ce que Proust définit comme une « mauvaise plaisanterie » tient au fait qu'elle implique qu'il y aurait nécessairement un « enculeur » et un « enculé », puisque la perfidie de la remarque sur le train qui irait « à reculons » se rapporte explicitement au « derrière » et à l'inversion du sens de la marche et de la bonne direction. Celui qui lance le trait ironique n'a donc pas besoin de donner des précisions, d'entrer dans les détails de la relation stigmatisée : il lui suffit, pour faire rire, d'évoquer le fait que deux invertis ensemble pratiqueraient la sodomie et que, par conséquent, l'un des deux, nécessairement, aurait le rôle passif. Le ressort de la plaisanterie, c'est donc que l'« homosexuel » est potentiellement et fantasmatiquement passif dans la relation de sodomie. Et puisqu'il veut présenter Charlus comme une incarnation paradigmatique de l'inverti, c'est bien cette sexualité que Proust doit lui attribuer, malgré les incohérences que cela peut induire dans la description psychologique du personnage (que faire, dans ce cadre, de son attirance pour les très jeunes garçons, comme lorsqu'il est littéralement fasciné, dans *Sodome et Gomorrhe*, par les fils de Mme de Surgis ?). Mais les remarques ne manquent pas qui tendent à désigner au lecteur le type de sexualité qu'est censé pratiquer le baron. Par exemple, cette exclamation de Jupien, après la rencontre sexuelle au début du même volume : « Vous en avez un gros pétard [182]. » Or c'est au même moment que le narrateur découvre que le baron est une « femme » puisqu'il aime les hommes : « Je comprenais maintenant pourquoi tout à l'heure, quand je l'avais vu sortir de chez Mme de Villeparisis, j'avais pu trouver que M. de Charlus avait l'air d'une femme : c'en était une [183] ! » Ce que Proust, ou en tout cas le narrateur, s'attache, bien sûr, à mettre en contradiction avec la virilité proclamée du baron : « Je ne pus m'empêcher de penser combien le baron eût été fâché s'il avait pu se savoir regardé, car ce à quoi me faisait penser cet homme qui était si épris, qui se piquait si fort de virilité, à qui tout le monde semblait odieusement efféminé, ce à quoi il me faisait penser, tout d'un coup, tant il en avait passagèrement les traits, l'expression, le sourire, c'était à une femme [184]. » Remarquons que, comme je l'ai souligné plus haut, de nombreuses contradictions émaillent ce texte, puisque Charlus est décrit, quelques lignes plus loin, comme un oiseau « mâle » attiré par un oiseau « femelle » [185]. Mais ce qui semble ici n'être que « passager », c'est-à-dire la vraie nature féminine de Charlus affleurant à la surface, va peu à peu s'inscrire de manière plus durable dans son corps, et c'est pourquoi Proust peut le décrire un peu plus tard, en même temps qu'il souligne à quel point il a vieilli, comme un homme fardé, poudré, « se dandinant » avec un « *derrière presque symbolique* [186] », comme si, avec l'âge, se révélait non seulement la vérité d'un homme qui, plus jeune, avait pu faire croire à sa « virilité » et donc cacher sa « féminité », mais aussi la réalité de son « inversion » et des pratiques qu'elle implique.

🖉 C'est parce que le rôle « passif », réel ou supposé, est toujours considéré comme dégradant que, dans certaines cultures, les relations entre hommes ne peuvent être pensées comme « homosexuelles », ce qui ferait peser le « soupçon » sur les deux partenaires, mais comme la relation d'un « homme » avec une « femme », d'un homme actif, jouant le rôle « dominant » et réellement « masculin », avec un faux homme-vraie femme, jouant le rôle passif, dominé et féminin. On voit bien, à lire le livre de George Chauncey sur New York entre la fin du XIXe siècle et les années trente du XXe, comment, dans les classes populaires et dans certains milieux de l'immigration, seuls ceux qui tenaient le rôle « passif » étaient considérés comme homosexuels ou plus exactement comme « invertis » ou comme « tantes », tandis que le partenaire actif n'avait pas à penser sa sexualité selon le sexe de celui avec qui il avait une relation sexuelle, mais selon le rôle qu'il jouait. Ce n'est pas ici le sexe du partenaire qui définit l'identité mais le rôle sexuel – et plus généralement le « genre » affiché –, et l'actif n'est donc pas un homosexuel mais un homme. Il n'y a donc pas, à proprement parler, d'« homosexualité », puisque cette notion implique, précisément, que les deux partenaires soient considérés comme homosexuels et que la relation soit pensée comme mettant en rapport deux personnes attirées par le même sexe. Tandis que dans les cultures décrites par Chauncey, il n'y a pas un rapport homosexuel, mais un rapport entre un « normal » et un « efféminé », un « *woolf* » et une « *fairy* », un « loup » et une « fée », ou, pour se référer à un lexique plus spécifiquement français, un « jules » et une « tante », un « mec » et une « folle ».

Cette représentation des rôles et des identités déterminées par les rôles se retrouve, poussée à l'extrême, dans les rapports entre les travestis de Mexico qui se prostituent et leurs clients, tels que les a étudiés Annick Prieur [187]. Les travestis des milieux populaires de Mexico se définissent comme des « homosexuels » (*jotos*, ou *jotas*) qui s'habillent en femmes pour séduire les « hommes » qui ne pourraient sans doute pas avoir de relations avec des personnes du même sexe s'il n'était aussi clairement affiché que la différence des sexes est et sera maintenue. C'est cette exacerbation de la différence des rôles, la construction différentielle du « genre », qui rend possible les relations homosexuelles dans ces secteurs de la société – sans doute les choses sont-elles différentes dans les classes moyennes, comme le souligne Annick Prieur –, c'est-à-dire dans la mesure, et seulement dans la mesure, où elles ont les apparences de relations hétérosexuelles. Mais ce n'est évidemment pas seulement la différence des sexes – ou des « genres » – qui est en jeu ici : c'est aussi leur hiérarchisation et la domination du masculin sur le féminin. C'est pourquoi, tout en étant plutôt bien intégrés dans leur monde, les *jotas* vivent malgré tout dans un environnement fait d'insultes, d'agressions, de drames répétés, qui peuvent aller jusqu'à la mort violente. Ils sont en permanence victimes des brutalités exercées contre eux parce qu'ils sont des hommes qui s'habillent en femmes ou jouent à être des femmes (cela se produit tout particulièrement lorsqu'ils essaient de faire croire à leur partenaire qu'ils sont réellement une femme et que celui-ci découvre la vérité). Mais Annick Prieur souligne aussi que certains des « hommes » machos qui ont des relations avec les *jotas* pratiquent parfois avec eux la sodomie passive (la *jota* ayant donc le rôle actif), à condition que cela ne se sache pas : l'important n'étant pas tellement ce qui se passe effectivement au lit mais ce qui est donné à voir de ce qui se passe au lit. Il faut que les apparences soient sauves.

🖉 Il semble peu contestable, si déplaisante que cette idée puisse paraître, que pour certains homosexuels, aujourd'hui encore, et dans les pays mêmes où s'est développé le phénomène de l'émancipation gay, subsiste vaguement cette idée selon laquelle ceux qui ont un rôle « actif » dans la sexualité ne sont pas vraiment homosexuels, ou en tout cas le sont un peu moins que ceux qui ont un rôle « passif ». Et ce, même si, dans des sociétés et à une époque où la catégorie de l'« homosexualité » s'est imposée, il n'y a pas de véritable différence entre les deux partenaires pour le regard extérieur et stigmatisant qui considère tout homosexuel comme un « enculé » potentiel. On peut d'ailleurs souvent constater, à l'horizon de certains discours ou de certaines images véhiculés dans le monde gay, que persiste l'idée, plus ou moins consciente, plus ou moins explicite, que celui qui a un rôle actif pourrait tout aussi bien être bisexuel ou hétérosexuel (alors même que les enquêtes montrent qu'il arrive très fréquemment qu'un homme bisexuel recherche plutôt le rôle « passif » dans ses pratiques homosexuelles, comme c'est le cas également pour les hétérosexuels qui sont à la recherche d'une expérience homosexuelle [188]).

Il est surprenant de constater avec quelle permanence, et quelle systématicité, la « passivité » d'un homme se situe toujours au pôle extrême d'un continuum de pratiques stigmatisées. Ce qui montre que les anciens modes de perception et de catégorisation, tels qu'ils sont décrits notamment par Chauncey, survivent avec une force certaine dans les structures mentales contemporaines des homosexuels eux-mêmes. Et, plus généralement, dans l'ensemble de la population : ce que tendrait à confirmer l'étonnement récurrent (qui est déjà l'un des thèmes évoqués et analysés dans le *Corydon* de Gide) qui accompagne la découverte que tel homme d'apparence « masculine » et « virile » peut être, *malgré tout*, homosexuel.

De la même manière que les structures cognitives du monde méditerranéen traditionnel qu'étudie Pierre Bourdieu dans ses travaux sur la Kabylie nous offrent une sorte de miroir grossissant de la situation statutaire des femmes dans nos sociétés et en tout cas une « réalisation hyperbolique des fantasmes masculins [189] », de même l'ordre des rôles et des identités dans des sociétés comme celles que décrivent Annick Prieur ou George Chauncey (d'ailleurs assez proches de celle étudiée par Bourdieu et qui, toutes, évoquent le monde méditerranéen antique tel qu'on le trouve analysé par Dover, Veyne ou Foucault) accuse des traits qui se retrouvent, sous des formes plus ou moins atténuées, dans des sociétés aussi différenciées et hétérogènes que les nôtres. Tout cela explique sans doute la permanence quasi figée du répertoire des injures adressées aux homosexuels, et notamment celle à laquelle fait allusion le texte de Proust sur le sens de la marche du petit chemin de fer.

13
SUBJECTIVITÉ ET VIE PRIVÉE

Même si cela ne permet pas de rendre compte de la totalité et de la multiplicité des expériences homosexuelles, on sait que d'innombrables récits tendent à montrer que l'« orientation sexuelle », pour un grand nombre de gays et de lesbiennes, remonte aux années de la prime enfance. Le psychanalyste américain Richard Isay souligne que son travail clinique et ses recherches l'incitent à penser que si l'homosexualité peut avoir, comme l'hétérosexualité, différentes manières de se manifester, elle n'en est pas moins « présente dès le plus jeune âge [*earliest childhood*] [190] ». Cocteau le proclame dès la première ligne du *Livre blanc*, en 1928 : « Au plus loin que je remonte et même à l'âge où l'esprit n'influence pas encore les sens, je trouve des traces de mon amour des garçons. J'ai toujours aimé le sexe fort que je trouve légitime d'appeler le beau sexe. Mes malheurs sont venus d'une société qui condamne le rare comme un crime et nous oblige à réformer nos penchants [191]. » Christopher Isherwood évoque ses années d'école où il « était tombé amoureux de nombreux garçons [192] ». Et, pour s'en tenir à des témoignages littéraires, on peut citer les propos de Jean Genet, dans une interview de 1964 : « La pédérastie m'a été imposée comme la couleur de mes yeux, le nombre de mes pieds. Tout gosse, j'ai eu conscience de l'attraction qu'exerçaient sur moi d'autres garçons, je n'ai jamais connu l'attraction des femmes.

C'est seulement après avoir pris conscience de cette attraction que j'ai "décidé", "choisi" librement ma pédérastie, au sens sartrien du mot. Autrement dit, et plus simplement, il a fallu que je m'en accommode, tout en sachant qu'elle était réprouvée par la société [193]. » Et dans une interview à la BBC en 1985 : « J'ai toujours été à part [194]. »

Ce sentiment d'« être à part », de « ne pas être comme les autres », est sans doute déterminant dans la mise en place de l'identité personnelle, dans la construction de soi. Et l'on pourrait peut-être trouver là une des clés du problème évoqué plus haut : l'orientation vers des métiers littéraires et artistiques ou vers les pôles les plus « littéraires » ou « artistiques » de toutes les professions. Car ces directions professionnelles permettent de continuer à vivre dans une certaine marginalité vécue dès l'enfance, en tout cas dans un certain écart, une certaine différence – et aussi dans un rapport distendu au temps social, je veux dire : la possibilité de vivre comme d'éternels adolescents en reproduisant cette marginalité constitutive. Avec, peut-être aussi, l'identification dès l'enfance (sans que cela soit nécessairement conscient) à des personnes qui incarnent des modèles de vies libres et affranchies, tandis que les rôles sociaux offerts par la famille ou les « métiers » apparaissent comme ce qu'il faut résolument fuir.

Dans *Becoming a Man*, le récit de sa jeunesse et de son adolescence, l'écrivain américain Paul Monette se décrit lui aussi comme ayant toujours été « pédé », dès son plus jeune âge. Et il raconte lui aussi à quel point il se sentait « à part » : « J'étais un tel code secret quand j'étais à l'école, tellement en dehors de mon groupe à tout point de vue [195]. » Il est assez édifiant que son livre s'ouvre sur sa découverte, en entrant dans l'âge adulte, qu'il n'était pas seul au monde et que ses expériences étaient identiques à celles de nombreux autres gays, qui se croyaient eux aussi des cas uniques. Les expériences vécues par Monette dans son enfance vont des insultes jusqu'à la violence exercée par ses camarades de classe contre un garçon jugé « efféminé » en passant par la peur d'être découvert et aux stratagèmes pour ne l'être pas. Le plus frappant dans la scène de violence qu'il rapporte, et alors qu'il raconte comment il s'est efforcé de jouer l'indifférent, de ne pas regarder, de ne pas prêter attention, c'est le lâche soulagement ressenti après l'agression parce qu'il peut se dire que, dans la mesure où il est lui-même épargné, cela signifie qu'il peut faire illusion et passer pour un « garçon normal »[196]. Monette désigne sous le nom de « ventriloquisme » ce double jeu qui consiste pour un gay à faire comme s'il ne l'était pas et le conduit à parler le langage « légitime » et dominant, c'est-à-dire un langage qui n'est pas le sien ou ne devrait pas être le sien. C'est pourquoi il peut écrire au début de son livre, plus de trente ans après les expériences qu'il y relate : « Je frémis de plaisir quand un gay ou une lesbienne raconte le chemin difficile pour sortir de ce cercueil qu'est le monde du "placard". Oui, oui, oui, dit une voix dans ma tête, c'était pareil pour moi[197]. »

C'est toute une structure psychologique qui se trouve ainsi décrite dans ces quelques pages très troublantes où se donne à lire une sorte de phénoménologie de l'expérience vécue des homosexuels (en tout cas des homosexuels masculins), mais qui décrit surtout à merveille comment la subjectivité gay se constitue d'abord dans un processus d'éducation de soi-même, par la sévère autodiscipline qu'il faut s'imposer à chaque instant, à chaque geste, « pour apparaître aussi normal que les autres ». L'effet à long terme de l'omniprésence de l'injure et de la violence sociale (ici avoir assisté à une agression physique perpétrée contre un autre) s'inscrit dans le cerveau et dans le corps et opère par le consentement qu'on accorde à l'ordre dont elles sont le rappel, à travers la soumission à l'injonction qu'elles contiennent de masquer sa personnalité et ses désirs, de rentrer dans le rang. C'est la nécessité de « faire comme si », un effort permanent pour ne rien laisser paraître de ses émotions, de ses sentiments, de ses désirs. « Quels bons esclaves obéissants nous étions ! » s'exclame Monette pour parler des années de sa jeunesse, mais aussi des années qui ont précédé les grands mouvements d'émancipation de la fin des années soixante et du début des années soixante-dix [198].

Goffman décrit très bien cette nécessité pour un individu qui appartient à une catégorie « stigmatisée », dès lors qu'il tient à dissimuler son « défaut », d'être « toujours attentif à la situation sociale, en scruter constamment les éventualités, devenant ainsi étranger au monde plus simple au sein duquel ceux qui l'entourent paraissent installés [199] ». Car « de nouveaux dangers surgissent sans cesse, qui rendent les anciens camouflages inadéquats [200] ». Cet effort pour ne rien laisser paraître, cette obligation du mensonge aux autres, même à ses proches, à sa famille, à ses parents, produit une « tension intolérable » qui ne peut manquer d'avoir des effets profonds sur la personnalité individuelle, sur la subjectivité [201]. Goffman insiste sur le fait que « l'ensemble formé par le "stigmate" et par l'effort accumulé pour le dissimuler ou pour y porter remède se "fixe" comme une partie de l'identité personnelle [202] ». Mais il faudrait ajouter : comme une partie *essentielle* de l'identité, comme ce qui donne à l'identité sa physionomie intérieure autant qu'extérieure.

Et l'on comprend aisément qu'un gay qui décide de s'identifier comme gay et de s'accepter comme tel est beaucoup moins marqué dans sa vie quotidienne par la

« tension » évoquée par Goffman, et donc moins dépendant de cette « identité » qu'elle produit. Le gay qui se revendique comme tel est plus libre, moins prisonnier de l'identité homosexuelle, que celui qui doit y penser à chaque instant, dans toutes les situations de l'existence, afin de ne pas « trahir » ce qu'il est aux yeux des autres. Se dire gay, c'est donc aussi se libérer du poids de l'« identité » qui pèse sur ceux qui s'efforcent de dissimuler leur homosexualité. Cela signifie surtout que l'on est moins dépendant de l'enfermement dans l'« identité » et plus libre dans son rapport aux autres (aux autres homosexuels comme aux autres en général).

En effet, l'obligation de mentir consiste à tenir enfermée dans le secret de la conscience une bonne partie de soi-même. Cela revient à constituer un ghetto psychologique pour y dissimuler l'identité sexuelle et affective, et donc une bonne part de ce qui définit la personnalité, et la préserver ainsi du regard extérieur et des possibilités de l'injure, de l'insulte, de la dévalorisation. Mais, on l'a vu, le « placard » n'offre qu'une sécurité incertaine, toujours menacée et souvent fictive. L'homosexuel qui confine son « secret » dans un coin de sa conscience ne peut jamais être certain que les autres ne vont pas le découvrir. Il est possible que ce secret soit déjà connu de tous ou d'un certain nombre, qui se moquent de lui dès qu'il n'est plus là pour entendre, comme le montre l'exemple de Charlus et du « spectacle » public de son secret privé. L'obligation de renfermer sa vie privée dans le ghetto intérieur de la conscience divisée expose un individu au commentaire public, au ragot, à la rumeur, à l'insinuation ou à la plaisanterie. La privatisation du privé est donc une véritable structure d'oppression pour les gays et les lesbiennes, et le plus souvent une structure qui non seulement leur est imposée mais à laquelle ils choisissent eux-mêmes de se soumettre et dans le cadre de laquelle ils façonnent leurs personnalités et leurs conduites.

Secouer ce joug de la domination intériorisée implique donc, outre la décision de ne plus s'y soumettre, un véritable travail pour se défaire des anciennes habitudes mentales et gestuelles : se dire gay passe nécessairement par un « désapprentissage » de tout le « faux-semblant [203] » qu'il avait fallu apprendre avec tant d'assiduité et pratiquer pendant si longtemps et avec tant de vigilance. Tout gay a d'abord appris à mentir [204]. Et il lui faut donc apprendre un nouveau langage, une nouvelle manière de parler, et de nouveaux modes de « présentation de soi [205] ». Il n'y a assurément pas de « structures universelles » de la communication, de réciprocité intersubjective entre des sujets censés être égaux, puisque certains doivent apprendre à ne pas communiquer (ou à truquer la communication), à essayer d'induire l'autre en erreur ou en ignorance, avant d'être en mesure d'opérer un réapprentissage du langage et du rapport aux autres dans le langage. Un gay apprend deux fois à parler.

🖉 L'on voit par conséquent qu'une théorie de la communication comme celle d'Habermas est impuissante à rendre compte de ces réalités du langage de la vie quotidienne. Lorsque Habermas pose comme point de départ de sa réflexion que tout échange est nécessairement orienté vers la communication intersubjective, que tout dialogue est nécessairement sous-tendu par la volonté de rechercher un accord avec l'autre, et doit donc se référer à des normes universelles du langage, il laisse totalement de côté la violence dont le langage est porteur et les effets de cette violence : « Dans le paradigme de l'intercompréhension, écrit-il, ce qui est fondamental, c'est l'attitude performative adoptée par ceux qui participent à une interaction, qui coordonnent leurs projets en s'entendant les uns les autres sur quelque chose qui existe dans le monde. Ego, en accomplissant un acte de parole, et Alter, en prenant position par rapport à cet acte de parole, contractent une relation interpersonnelle [206]. » Comment cette « théorie de l'agir communicationnel », qui pose l'échange rationnel et la transparence des consciences comme l'idéal régulateur qui doit organiser les interactions concrètes, pourrait-elle rendre compte des situations dans lesquelles un certain nombre de locuteurs sont obligés de brouiller la communication, d'éviter l'intercompréhension ? Le langage, dans le monde réel, n'est pas régi par l'universalité des normes morales mais par les structures inégalitaires de l'ordre social et sexuel. Il y a d'un côté ceux qui doivent taire un certain nombre de choses, parce qu'ils vivent dans un univers qui les insulte à chaque instant de leur vie ; et de l'autre ceux qui possèdent le contrôle de ce qui peut ou doit être dit et de ce qui ne peut pas ou ne doit pas l'être. L'acte de parole qu'est l'injure n'est évidemment pas sous-tendu par la recherche d'une communication intersubjective. Il n'instaure pas l'intercompréhension entre deux sujets abstraits et égaux en droit. Dans la situation d'injure, il ne s'agit pas de « contracter une relation » mais, au contraire, d'instituer et de perpétuer des coupures entre des classes d'êtres sociaux et sexuels. Il n'y a pas d'égalité. Il y a au contraire de la dissymétrie. Cette dissymétrie organise toutes les situations de langage et est reproduite par elles. Et si les « dominés » en viennent à contester le langage dominant, ils ne cherchent pas à entrer dans un rapport dialogique pour aboutir à un accord, mais ils créent au contraire les conditions d'une bataille dans l'ordre du discours pour imposer leur droit à la parole.

✎ Décider que l'on va libérer sa parole des contraintes imposées par le contrôle de soi à chaque moment de son existence ne signifie pas seulement que l'on oppose une identité choisie et affirmée à une identité imposée et dissimulée, mais qu'il faut se reconstruire soi-même, trouver les moyens de le faire et les appuis nécessaires pour y parvenir (pour beaucoup, la socialisation dans le « monde gay » est assurément l'un des moyens les plus efficaces).

Il faut rappeler à tous ceux qui dénoncent la « ghettoïsation » des gays et lesbiennes dans les grandes villes (ce qui n'est souvent qu'un mot d'injure euphémisée pour exprimer une réaction phobique à l'égard de leur visibilité collective) que ce « ghetto » visible (et la métaphore du « ghetto » masque ici que ce dont il est question est tout le contraire d'un ghetto !) est d'abord et avant tout une manière d'échapper au « ghetto » invisible, au « ghetto » mental, c'est-à-dire la mise au secret d'une bonne partie de leur existence et de leur personnalité à laquelle sont contraints de nombreux individus qui ne peuvent ou n'osent pas vivre leur homosexualité autrement que derrière l'écran de la dissimulation et du secret. La visibilité est alors le moyen d'échapper à ce terrible « ghetto » intérieur de l'âme assujettie par la honte de soi. Ce que prône la tolérance libérale n'est rien d'autre que la perpétuation d'un tel « ghetto » : il s'agit de maintenir l'identité infériorisée dans l'espace « invisible » de la vie privée, qui est celui que concèdent les hétérosexuels aux homosexuels, la majorité aux minorités [207]. Parce qu'elle s'efforce d'annihiler les conquêtes historiques qui rendent aujourd'hui possible la sortie du ghetto psychologique, cette injonction à la discrétion contribue à perpétuer à la fois le racisme sexuel (homophobe) et à réserver, comme un privilège de classe, aux homosexuels de quelques milieux favorisés la possibilité de vivre leur sexualité sans (trop de) problèmes. Tandis que les autres, démunis de ces chances objectives de réalisation de soi, seront renvoyés aux frontières intériorisées de la vie privée, c'est-à-dire de la vie obligatoirement cachée.

🖉 C'est encore le maintien des privilèges – du privilège hétérosexuel, cette fois – qui est en jeu lorsque l'on reproche aux gays et aux lesbiennes d'étaler leur vie privée sur la place publique, de brouiller la frontière du privé et du public. Que de tels arguments puissent encore être entendus aujourd'hui après tant d'années de critique féministe atteste non seulement que l'idéologie ne saurait être dissoute par la force des arguments, mais aussi qu'il se trouve toujours des gens pour s'acharner à maintenir les structures de l'ordre établi et de l'oppression. Le féminisme (et ici on peut parler du féminisme comme d'un ensemble homogène, car il me semble que l'on a affaire à un dénominateur commun de tous les courants féministes) a montré que non seulement les catégories de privé et public, mais aussi la réalité des sphères privée et publique, ont pour fonction d'assigner des rôles, des lieux dans la division du travail entre les sexes (aux hommes le champ du public, aux femmes celui du privé, mais dans lequel toute vie privée leur est déniée [208]). Il en va de même pour la division entre les orientations sexuelles : l'espace public est hétérosexuel et les homosexuels sont relégués dans l'espace de leur vie privée. On peut constater par exemple que toutes les formes de la sociabilité masculine (la vie des hommes entre eux), outre qu'elles sont fondamentalement misogynes, reposent également sur l'exclusion de l'homosexualité. Les fantasmes qui ont proliféré dans les journaux, et parfois jusque dans les textes officiels, tout au long de la controverse sur la présence des gays dans l'armée américaine, à propos des douches communes, montrent bien que cette sociabilité masculine (cette homosocialité dont on pourrait souvent croire qu'elle est proche de l'homosexualité, ou d'une sorte d'érotisme homosexuel généralisé) repose en fait sur l'exclusion abrupte et radicale de la possibilité même d'une sexualité entre les hommes qui participent à cette vie commune. Eric Dunning, dans son étude sur le rugby anglais, rapporte que les thèmes qui reviennent le plus souvent dans les chansons des clubs sont la brutalité à l'égard des femmes et la dérision à l'égard des homosexuels (qui ne sont pas de « vrais hommes »[209]). L'homosexualité est donc *proscrite* des rapports *prescrits* entre les hommes[210]. La masculinité se construit et s'affirme publiquement *contre* l'homosexualité. Ce qui engendre un potentiel de violence toujours prêt à se libérer, surtout lorsque les hommes sont en groupe (voir, par exemple, les agressions contre les lieux de drague homosexuelle par des bandes de soldats dans les villes de garnison, ou par des bandes de jeunes venus de banlieue, mais aussi sévices et viols dans les casernes, les prisons...).

Au sein de ces groupes, ceux qui sont homosexuels ou qui ressentent un désir physique homosexuel doivent faire en sorte que les autres ne puissent pas le soupçonner. C'est le cas dans la quasi-totalité des situations sociales. Dans un lycée, sur le lieu de travail, les hommes (dès l'adolescence) parlent entre eux (sans cesse) de leur sexualité et de leurs « conquêtes » féminines, réelles ou inventées[211]. Non seulement il s'agit de paroles publiques, mais c'est même cette publicité qui en fait le prix puisque, bien souvent, les récits qui y sont produits relèvent de la vantardise ou de l'exagération. Bourdieu fait remarquer que, dans les sociétés nord-africaines, la « virilité » est en permanence « soumise à l'épreuve d'une forme plus ou moins masquée de jugement collectif » et que, par conséquent, « s'impose à chaque homme le devoir de l'affirmer en toutes circonstances[212] ». Mais, comme le souligne tout son livre, ce « point d'honneur » masculin des sociétés méditerranéennes n'est que l'« image grossie » de la manière dont l'identité masculine s'affirme dans une société comme la nôtre. Et les récits itératifs que font les hommes entre eux (et les adolescents entre eux) de leurs prouesses sexuelles, dans la mesure où ils sont destinés à mettre en scène et en valeur la virilité, cimentent en même temps le rejet (souvent violent) de ce qui est perçu comme un renoncement à cette « virilité ». Toutes ces situations de communication, dont le principe repose sur la quasi-obligation de rendre *publiques* des relations sexuelles (hétérosexuelles), ont donc pour effet – en même temps que pour principe – de refouler et d'occulter l'homosexualité : dans les mêmes échanges, dans les mêmes situations, ceux qui ont une sexualité homosexuelle (ou les adolescents qui n'ont pas encore de sexualité mais sont attirés par des personnes du même sexe) doivent cacher et taire la réalité de leurs désirs ou de leurs pratiques, et parfois même inventer de fausses relations hétérosexuelles (au point qu'il arrive fréquemment que deux homosexuels découvrent bien des années après qu'ils se mentaient mutuellement).

Dans toutes ces conversations celui qui ne coïncide pas avec la norme se sent exclu. Il éprouve le sentiment d'être « différent », mais il doit dissimuler cette différence sous peine d'être expulsé du groupe. Souvent, d'ailleurs, il s'exclut lui-même de ces situations et de ces groupes dans lesquels il est toujours en porte-à-faux et où il ne peut que ressentir un profond malaise. La solitude, le repli sur soi (avec, peut-être, pour corollaire le fait de se tourner vers les livres et la culture, ce qui nous renverrait aux considérations précédentes), sont alors une manière de se « débrouiller » avec l'identité stigmatisée, de la gérer au jour le jour (« *the management of spoiled identity* », comme le dit le sous-titre anglais du livre de

Goffman, *Stigmate*). Le processus de privatisation, de renvoi de l'homosexualité dans le for intérieur des individus se joue donc dès l'enfance, dès l'école. Et le geste délibéré et libérateur par lequel, un beau jour, on décide de rompre avec l'obligation du secret, l'acte par lequel on rend publique son homosexualité, marque le refus de se soumettre plus longtemps à la violence (intériorisée) qu'exerce la dichotomie intensément vécue entre ce qui peut être dit en public et ce qui doit rester confiné dans la vie privée ou le for intérieur.

On voit donc que pour de nombreux gays et lesbiennes la coupure entre la vie publique et la vie privée est imposée par la structure d'oppression qui définit les contours des modes de vie et des modes d'être fondés sur la dissociation radicale entre le soi caché et le soi qu'on présente aux autres. « Vies dissociées », « double vie », cela signifie que la vie « privée » est tenue secrète, dissimulée au regard de ceux avec qui l'on entretient des relations amicales, sociales ou professionnelles. La sphère publique exige que l'on porte le masque de l'hétérosexualité et que l'on cache l'identité « anormale » ; la vie publique est fondamentalement liée à l'hétérosexualité, et elle exclut ce qui s'en écarte. L'on peut même dire que l'hétérosexualité est l'une des caractéristiques majeures, fondatrices, même, de ce qu'on peut désigner comme l'espace public : elle y est affichée, rappelée, manifestée à chaque instant, dans chaque geste, dans chaque conversation (il suffit pour s'en rendre compte d'aller au cinéma, dans un café, au restaurant, de prendre l'autobus, d'assister à une conversation dans un bureau, etc.). La sphère publique, c'est le lieu par exemple où les hétérosexuels peuvent choisir de manifester leur affection, leur sexualité. La rue offre tous les jours, à toute heure et partout, le *spectacle* édifiant et normalisant (ils montrent et promeuvent la norme comme norme) de couples hétérosexuels de tous âges qui s'embrassent, se tiennent par la main, par les épaules... Et les jeunes gays, les jeunes lesbiennes – et les moins jeunes également – n'ont, pendant de longues années de leur vie, aucune autre image de couples et d'affection entre deux personnes que celle qui est ainsi renvoyée par cette représentation publique de l'hétérosexualité, ce qui signifie que l'espace public est le lieu de l'hétérosexualité obligatoire. Car, à l'inverse, la « sphère publique » est le lieu où les homosexuels ne peuvent manifester leur affection, se prendre par la main, s'embrasser... sous peine d'être insultés, agressés. Ne le peuvent pas et, de fait, ne le font pas. Sauf la nuit, avant de se quitter, devant la porte de l'immeuble de l'un des deux et après avoir soigneusement vérifié que personne ne peut voir ce qui ne doit pas être rendu public. Et sauf, bien sûr, dans les quartiers vilipendés comme étant des « ghettos » précisément parce que c'est là qu'ils se sentent autorisés à le faire puisqu'ils sont assez nombreux pour se sentir en sécurité. Ce qui suffit à justifier, et en tout cas à expliquer, l'existence de tels quartiers.

🖉 En fait, c'est l'injure, la puissance d'intimidation de l'injure, qui fixe la frontière entre public et privé pour les gays et les lesbiennes. Par conséquent, les sphères publique et privée ne sont pas, pour les homosexuels, des espaces matériellement ou physiquement distincts (la rue, le travail, la politique pour la première, la maison et les relations personnelles pour la seconde). Il s'agit d'une structure binaire qui se reproduit de manière homologue dans toutes les situations de la vie et dans toutes les relations sociales. Goffman fait remarquer que « les grandes valeurs de l'identité normale jettent leur ombre, sous une forme ou sous une autre, sur toutes les rencontres qui se font à tout moment dans la vie quotidienne[213] ». Cette « ombre » de la normalité est ce qui impose partout et à tout moment, dans la moindre conversation, la frontière entre la sphère publique et la sphère privée, la possibilité de se tenir dans l'espace public pour les uns (hétérosexuels) et l'obligation de laisser une partie de leur personnalité dans l'espace du privé pour les autres (homosexuels) : les porteurs de l'« identité normale », pour reprendre l'expression de Goffman, peuvent parler publiquement de ce qu'ils sont, les porteurs de l'« identité discréditée » (et encore plus de l'« identité discréditable ») s'efforcent de garder le silence, de laisser dans l'espace privé tout ce qui peut évoquer leur stigmate, tout ce dont il ne faut pas ou ce dont on ne peut pas (ou ne veut pas) parler. La structure public/privé est une structure mobile, mouvante, qui se reproduit à chaque moment de la vie quotidienne et qui a pour effet d'exclure l'homosexualité de toute scène « publique », même si cette « scène publique » est limitée au cercle « privé » (comme le cadre familial ou amical).

Cette dualité est investie d'une telle force d'évidence que, lorsqu'un homosexuel ne la respecte pas (ou plutôt ne la respecte plus, car il l'a presque toujours respectée pendant une période de sa vie), lorsqu'il rend publique sa sexualité (et en parle sur son lieu de travail), il est aussitôt décrit comme quelqu'un qui s'« affiche ». Il s'entend dire par les autres, par ceux-là mêmes qui parlent de leur sexualité en permanence et depuis leur adolescence : « Mais pourquoi les homosexuels éprouvent-ils le besoin d'exposer publiquement leur sexualité ? » La réponse à cette question est pourtant simple : quelqu'un dit publiquement qu'il est homosexuel pour ne plus être considéré comme hétérosexuel. Ce qui est toujours le cas s'il ne dit pas qu'il est homosexuel, puisque l'hétérosexualité est perçue comme évidente et toujours présupposée chez tout individu, pour la simple raison que la plupart des homosexuels ne disent pas qu'ils le sont (d'où les innombrables remarques étonnées lorsqu'ils le disent ou au moment des manifestations de la Lesbian and Gay Pride, par exemple, sur le thème « il y en a partout » ou « ils sont donc si nombreux », qui sonnent comme des aveux de l'ignorance qui a précédé cette découverte). À moins qu'il ne dise qu'il est homosexuel parce qu'il prend conscience qu'un certain nombre de personnes autour de lui le savent déjà ou le soupçonnent et en parlent sous les formes du ragot ou de la plaisanterie douteuse. Ce sont peut-être les mêmes qui disaient de lui, en son absence : « Je crois qu'il est pédé », ou bien « Elle n'est pas là, cette folle », et qui s'indigneront lorsqu'il cessera publiquement de cacher son homosexualité : « Mais pourquoi le proclamer ? Il y a quelque chose d'anormal dans cet exhibitionnisme. »

L'homosexuel qui parle de sa vie « privée » rompt la situation « normale » puisque celle-ci est définie comme telle par le fait que, « normalement », comme dit le langage de tous les jours, l'homosexualité n'est pas *dicible* ou, ce qui n'est pas très différent, n'est pas souvent *dite*. Toute parole qui consiste à *dire* l'homosexualité ne peut dès lors être entendue que comme une volonté de l'affirmer, de l'afficher, comme un geste de provocation ou un acte militant. La sortie de la honte est toujours perçue comme la proclamation de la fierté (ce qu'inévitablement elle est toujours, puisque celui qui énonce l'homosexualité et la fait ainsi entrer dans le discours autrement que comme un objet de plaisanterie ou comme un objet tout court, mais comme la prise de parole d'un sujet, a bien conscience que ce qu'il va dire sera entendu de cette manière). On ne peut jamais dire simplement qu'on est homosexuel : on l'affirme toujours envers et contre tout, envers et contre tous, et non seulement contre ceux qui voudraient empêcher qu'on puisse le dire, mais aussi contre ceux qui objectent qu'il n'est pas besoin de le dire. C'est pourquoi il y a toujours une certaine théâtralité propre à l'affirmation homosexuelle [214]. Ce n'est donc pas en vertu du fait que, comme l'écrit Sartre, « puisque nous ne faisons que jouer ce que nous sommes, nous sommes tout ce que nous pouvons jouer [215] ». C'est au contraire parce qu'un homosexuel doit si longtemps *jouer ce qu'il n'est pas* qu'il ne peut ensuite *être ce qu'il est* qu'en le jouant. L'exhibitionnisme est à l'évidence l'envers de la honte. C'est vrai. Mais il ne peut en être autrement.

On l'a vu : il y a une énergie qui sourd de la honte, qui se forme en elle et par elle et qui agit comme une force transformatrice. Cette énergie s'exprime dans l'identité théâtralisée, dans la *performance* (au sens anglais), dans l'exhibitionnisme, l'extravagance ou la parodie. L'exhibitionnisme et la théâtralité sont sans doute, et ont été historiquement, parmi les gestes les plus importants qui ont permis de défier l'hégémonie hétéronormative. Et c'est d'ailleurs pourquoi ils ont toujours fait l'objet d'attaques si virulentes. La honte donne son énergie à l'exhibitionnisme, à l'affirmation de soi comme théâtralité, c'est-à-dire à l'affirmation de soi tout court [216].

14
L'EXISTENCE PRÉCÈDE L'ESSENCE

Le *coming out*, quelles que soient les conditions qui le facilitent ou au contraire lui font obstacle, est toujours, pour chaque individu, un geste intensément personnel qui ressemble à ce que Sartre appelle le « choix originel », c'est-à-dire le libre choix que chacun peut faire de lui-même et de sa vie. Bien sûr, il est difficile d'adhérer aujourd'hui, après les leçons de la psychanalyse, de l'anthropologie, de la linguistique, de la sociologie, etc., à la philosophie sartrienne de la liberté, qui suppose que la conscience soit transparente à elle-même, ou, à tout le moins, que la conscience n'ait d'autres limites qu'elle-même. Les structures sociales, historiques, sexuelles, on l'a vu, s'inscrivent dans le cerveau et le corps des individus et y introduisent des déterminations qui ne relèvent pas d'une analyse en termes de choix conscient. D'autant que la possibilité même d'accomplir le geste du dépassement n'est pas universellement distribuée. Michaël Pollack a montré que la probabilité pour qu'un homosexuel décide de s'assumer en tant que tel était beaucoup plus importante chez ceux qui ont un niveau scolaire plus élevé [217].

Pourtant, cette idée sartrienne du choix que l'on fait – que l'on peut ou doit faire – de soi-même à tout moment de sa vie, mais surtout au moment déterminant où l'on choisit ce que l'on sera en lançant ce « projet » dans le futur, ce choix présenté par Sartre comme un choix entre l'« authenticité » et l'« inauthenticité », me semble décrire à merveille la rupture profonde introduite dans les existences gays par l'instant de la décision qui change tout leur rapport au monde et aux autres. Telle est la question, le terrible dilemme auquel sont, un jour ou l'autre, confrontés les gays : se dire ou ne pas se dire, se choisir soi-même ou abdiquer devant la difficulté que cela représente. C'est le choix entre la liberté qui s'assume comme telle et la conduite de « mauvaise foi » qui consiste à renoncer à affronter sa liberté. Quelle que soit la classe sociale à laquelle ils appartiennent – et même si le choix d'être « libre » est facilité par le niveau scolaire élevé ou l'appartenance à certains milieux sociaux –, les individus stigmatisés sont inévitablement confrontés à un moment ou à un autre, dans leur vie quotidienne, sur leur lieu de travail, dans le cadre du cercle familial, dans les relations amicales, à la question de savoir s'ils continuent de dissimuler ce qu'ils sont ou s'ils décident de l'assumer devant les autres, ou au moins devant certains autres. Il ne faut pas oublier que lorsqu'il avance sa célèbre formule « Tu dois devenir ce que tu es », Nietzsche écrit, quelques aphorismes plus loin, que la liberté consiste fondamentalement à « ne plus avoir honte de soi-même [218] ».

Pour un gay, la question se pose toujours de s'accepter comme tel plutôt que de vivre ce qu'il est dans la douleur et dans la honte. Par conséquent, si les structures mentales de la honte et de la domination ne sauraient être décrites dans les termes d'une philosophie de la conscience, il faut malgré tout faire sa place à la décision individuelle au fondement de la libération et de l'émancipation, même s'il est évident que ce choix individuel n'est rendu possible (à de rares exceptions près) que par l'existence du contexte social et culturel créé par la « culture gay », et par la possibilité de « contre-socialisation » qu'elle instaure, même à distance.

« Qui dit instant dit *instant fatal* », écrit Sartre. Et il est bien vrai que l'instant de la décision engage tout l'avenir. « L'instant, poursuit-il, c'est l'enveloppement réciproque et contradictoire de l'avant et de l'après : on est encore ce qu'on va cesser d'être et déjà ce qu'on va devenir [219]. » C'est la structure temporelle du rapport au monde des gays qui se trouve ici magnifiquement décrite. La décision de ne plus se cacher, le choix de soi-même ouvrent sur une nouvelle temporalité : c'est tout le futur qui s'en trouve changé, et l'on pourrait alors évoquer les analyses de Sartre sur la liberté comme « angoisse », car le « choix » est comme un moment de folie qui va changer tout ce que l'on est. S'il y a une profonde angoisse (au sens courant du terme) chez nombre de jeunes gays à l'âge où la question du choix se pose (et taraude l'esprit souvent pendant des années), c'est parce que ce geste libre d'affirmer sa liberté est lié à une « angoisse » plus profonde (cette fois au sens sartrien) qui indique que l'acte de liberté ne peut s'adosser à rien d'autre qu'à la liberté elle-même [220].

Bien sûr, la métaphore de l'« instant » pourrait être trompeuse : elle tend à laisser croire qu'un gay vit dans une seule temporalité ; or il y a celle du milieu professionnel, celle du cercle familial, amical, etc. Et le *coming out* peut être opéré dans l'un de ces espaces et pas dans les autres. Par ailleurs, le *coming out*, vécu souvent comme un saut dans le vide par les gays qui se décident à franchir le pas, a toujours été précédé d'hésitations, de tergiversations, de tentatives... Ce sont des lettres écrites mais pas envoyées, des reculades au dernier moment alors qu'on était bien décidé à le dire à un ami, à sa mère, à son frère ou à sa sœur... Cela peut durer des mois, des années... Mais il y a toujours un jour, un instant, où l'énonciation a lieu, si partielle, si localisée soit-elle : la première fois qu'on le dit à quelqu'un, ou qu'on cesse de le lui cacher. Cette énonciation peut prendre des formes différentes. Il y a ceux qui le disent explicitement : « Il faut que je te dise... » Il y a ceux qui s'arrangent pour laisser traîner un livre ou un journal... Il y a ceux qui présentent leur compagnon...

Ainsi, l'individu qui était « objet » du « regard » et transformé en « objet » par le « regard » de l'autre, c'est-à-dire stigmatisé, réduit au silence ou à la honte par l'injure, par la dissymétrie qui assigne une place dévalorisée à l'homosexualité, peut en retour décider d'être ce que ce « regard » l'a fait. Il peut choisir de s'identifier à l'identité qui lui est assignée. Et donc la dépasser, la réinterpréter, la transformer. Ne plus accepter que le sens en soit donné de l'extérieur mais le reprendre de l'intérieur. En faire sa chose, ou plutôt, au contraire, l'arracher à la chositéité, à la réification, pour en faire sa liberté. « Arracher à ce regard son pouvoir constituant », dit Sartre, et reprendre le pouvoir de se constituer soi-même comme un mouvement de sa propre liberté[221]. C'est le sens de la fameuse phrase souvent citée : « L'important n'est pas ce qu'on a fait de nous, mais ce que nous faisons nous-mêmes de ce qu'on a fait de nous[222]. »

✎ Comprises de cette manière, son analyse du « projet originel » (qu'il ne faut pas comprendre, même si c'était le cas dans ses premiers textes, auxquels la critique que lui adresse Bourdieu le ramène toujours, comme le geste souverain et auto-créateur d'une liberté inconditionnée, mais plutôt, ainsi qu'il est défini dans le *Saint Genet*, comme le mouvement double de la reconnaissance de soi comme sujet assujetti par l'ordre social et de l'entreprise inaugurée et toujours à recommencer de se reformuler comme sujet à partir de cette assignation première) et son analyse de l'« instant fatal » – analyses qui veulent avoir une portée générale (n'oublions pas que le programme philosophique de Sartre dans *L'Être et le Néant* est d'élaborer une « ontologie phénoménologique ») – peuvent se lire comme de magnifiques descriptions de la vie des gays et de cet instant du choix qu'ils doivent faire – ou non – d'échapper aux contraintes du « ventriloquisme » dont parle Paul Monette. De ce point de vue, il ne serait peut-être pas excessif de traduire, dans ce contexte, ce que Sartre appelle « l'authenticité », c'est-à-dire le choix d'être libre, ou d'essayer de l'être, par la notion de… fierté de soi, *pride*, tandis que la « honte » et la « dissimulation » pourraient être rangées sous la rubrique de la « mauvaise foi ».

Ce n'est pas faire violence au texte de Sartre, puisque ces notions philosophiques élaborées dans *L'Être et le Néant* servent de principes fondateurs à ses *Réflexions sur la question juive* et que bien des considérations de ce dernier ouvrage pourraient être transposées à la « question gay », comme il a d'ailleurs lui-même entrepris de le faire dans son magnifique ouvrage sur Genet. Ce n'est pas le lieu ici de discuter sa célèbre formule : « Le Juif est un homme que les autres hommes tiennent pour Juif [223]. » On sait qu'Hannah Arendt a vivement critiqué cette idée [224]. Mais pour ce qui nous intéresse ici, il n'est pas sans importance de souligner que Sartre propose la notion de « situation » comme point d'ancrage de « ce qui conserve à la communauté juive un semblant d'unité ». Ce n'est pas le passé, ni la religion, ni le sol, qui fonde l'« être-Juif » : « S'ils méritent tous le nom de Juif, c'est qu'ils ont une situation commune de Juif, c'est-à-dire qu'ils vivent au sein d'une communauté qui les tient pour Juifs [225]. » Par conséquent, il y a toujours une « nécessité [pour le Juif] de prendre parti sur le personnage fantôme […] qui le hante et qui n'est autre que lui-même, lui-même tel qu'il est pour autrui [226] ». Cette « prise de parti » peut s'opérer de deux manières opposées :

> L'authenticité, cela va de soi, consiste à prendre une conscience lucide et véridique de la situation, à assumer les responsabilités et les risques que cette situation comporte, à la revendiquer dans la fierté ou dans l'humiliation, parfois dans l'horreur et la haine. Il n'est pas douteux que l'authenticité demande beaucoup de courage et plus que du courage. Aussi ne s'étonnera-t-on pas que l'inauthenticité soit la plus répandue. [...] Le Juif n'échappe pas à cette règle : l'authenticité, pour lui, c'est de vivre jusqu'au bout sa condition de Juif, l'inauthenticité de la nier ou de tenter de l'esquiver [227].

C'est donc parce qu'un « personnage fantôme » hante l'homosexuel malgré lui et que « ce personnage » n'est autre « que lui-même sous le regard d'autrui » ou, ce qui revient au même, lui-même tel qu'il est assigné à une place particulière et inférioriséee dans l'ordre sexuel, que tout gay doit un jour « prendre parti », et se choisir lui-même ou bien renoncer à la liberté pour s'annihiler comme personne afin de se plier aux exigences de la société qui l'insulte en tant qu'homosexuel mais lui refuse le droit de se dire gay. Les « Juifs inauthentiques, dit Sartre, sont des hommes que les autres hommes tiennent pour Juifs et qui ont choisi de fuir devant cette situation insupportable [228] ». L'« inauthenticité » est donc une soumission à l'ordre social et aux structures de l'oppression, et l'« authenticité », d'abord et avant tout un refus de cet ordre. Il ne s'agit pas – cela va sans dire – de juger les uns et les autres et d'établir une échelle morale ou politique pour évaluer les comportements : chacun fait ce qu'il peut ; ou ce qu'il veut ! Mais l'on comprend pourquoi, et c'est là l'important, Sartre peut dire que l'authenticité ne saurait se manifester que « dans la révolte [229] ».

L'authenticité (et là encore, il ne faut pas considérer cette notion comme un concept absolu, mais comme un instrument utile – disponible mais également remplaçable – qui permet de décrire et de penser un problème) consiste donc dans la décision d'assumer ce qu'on est, d'être homosexuel « pour-soi » et non plus seulement « en-soi », c'est-à-dire sous le regard de l'autre et de la société (qui constituent l'« en-soi » des homosexuels même lorsque ceux-ci dissimulent qu'ils le sont, puisque c'est ce « regard de l'autre » qui constitue l'image et le « rôle » assignés à l'homosexuel dans la société et en fait une identité « discréditable », condamnable). Un gay doit donc se *faire* gay pour échapper à la violence qu'exerce sur lui la société qui le fait *être* homosexuel. Dans un texte politique des années soixante-dix, Sartre dira par exemple qu'un Basque doit « se faire basque » pour combattre l'oppression qui s'exerce sur lui parce qu'il est basque [230]. On pourrait certes objecter que, si l'on sait à peu près ce que signifie « être basque », il est moins aisé de définir ce que veut dire « être gay ». Et toute la difficulté de « l'authenticité » pour un gay, c'est qu'il est bien difficile de savoir comment s'identifier à une « identité » qui est nécessairement plurielle, multiple : c'est une identité sans identité. Une identité toujours à créer. En effet, il n'y a pas de « moi » à « être », qui préexisterait à ce que l'on fait advenir à l'existence, dès lors qu'on veut s'arracher aux contenus psychologiques imposés par le discours social et culturel (médical, psychanalytique, juridique…) sur l'homosexualité. C'est pourquoi Henning Bech peut dire que l'homosexuel est un « existentialiste-né [231] » car l'existence précède et précédera (toujours) l'essence : l'identité gay, dès lors qu'elle est choisie et non plus subie, n'est jamais donnée. Mais pour se construire, elle se réfère nécessairement à des modèles déjà établis, déjà visibles (dans leur multiplicité), et l'on peut dire, par conséquent, qu'il s'agit de « se faire gay » non seulement au sens de se créer comme tel, mais aussi, peut-être, de le faire en s'inspirant d'exemples déjà disponibles dans la société et dans l'histoire, et en les retravaillant, en les transformant. Si « identité » il y a, c'est une identité personnelle qui se crée dans le rapport à une identité collective. Elle s'invente dans et par les « personnages sociaux », les « rôles » que l'on « joue » et qu'on porte à l'existence dans un horizon de recréation collective de la subjectivité.

Car il y a toujours un autre « personnage fantôme » qui hante tout gay dans la société d'aujourd'hui. Ce n'est plus celui qui est fabriqué par le « regard » d'autrui, mais celui qui est opposé à ce « regard » et construit contre lui par la visibilité gay. Et par conséquent, « se faire gay » prend un sens beaucoup moins métaphysique que celui de l'« authenticité » évoquée par Sartre : il s'agit plus simplement de pouvoir s'identifier, ne serait-ce que partiellement, ou par intermittences, à un collectif déjà connu. Encore que l'identité produite par ce collectif ne soit elle-même jamais homogène ni stable. Elle n'a cessé d'évoluer au cours du siècle (il est probable que même dans le temps court de profondes évolutions se soient produites, et qu'un gay de la fin des années quatre-vingt-dix soit fort différent d'un gay du début des années soixante-dix), et, dans un même moment, elle est inévitablement plurielle, profondément différenciée, foncièrement incohérente. La création collective de soi est imprévisible, et elle se déploie dans le registre de la multiplicité. Elle ouvre l'histoire à la liberté.

15
L'IDENTITÉ IRRÉALISABLE

Mais quels que soient les « rôles » que les gays adoptent, quelle que soit la manière dont ils les transforment, ces « identités » disponibles ont pour point commun de se trouver toujours, à un moment ou à un autre, dans une situation ou dans une autre, en porte-à-faux avec le monde social environnant. Un gay n'en a jamais fini avec la nécessité de se choisir lui-même face à la société et à la stigmatisation. Et ce que Sartre appelle l'« authenticité » ne peut donc être compris que comme un processus jamais achevé de construction et d'invention de soi – de jeu avec la norme assujetissante.

Le *coming out* est une conversion. Mais s'il peut être décrit comme le geste d'un « instant », celui de la décision, il faut aussitôt ajouter que celle-ci doit être reconduite en permanence. Au fond, le *coming out*, c'est le projet de toute une vie : car la question se pose toujours de savoir où, quand et devant qui il est possible de ne pas cacher ce que l'on est. La nécessité de choisir réapparaît dans chaque nouvelle situation de l'existence : pour un enseignant qui se retrouve devant une nouvelle classe ou un nouvel amphi, pour un étudiant qui rencontre son directeur de thèse, pour tout gay ou toute lesbienne devant un nouveau médecin, un nouvel employeur, un nouvel environnement professionnel, ou tout simplement face au marchand de journaux ou au chauffeur de taxi qui tiennent des propos homophobes [232].

La socialisation dans l'espace homosexuel (constitué par les lieux de drague et de rencontre, les bars, les associations, les espaces alternatifs, etc.) qui permet d'avoir des amis eux-mêmes homosexuels ou accueillant à ceux qui le sont renforce souvent cette structure foncièrement dichotomique : une liberté à l'intérieur d'un petit milieu choisi et construit, et la « discrétion » dans l'espace professionnel ou familial. Mais cette polarité se retrouve aussi chez les gays ou les lesbiennes les plus affirmés. Il n'est sans doute pas de gay, si « déclaré » soit-il, qui n'ait pas un jour ou l'autre transigé avec la question du placard : c'est pourquoi la « sortie du placard » n'est pas un geste unique, univoque : elle est à la fois un point de départ et une sorte d'« idéal régulateur » qui oriente les conduites mais ne peut jamais être atteint. La structure du placard est telle que l'on n'est jamais simplement dehors ou dedans, mais toujours à la fois dehors et dedans, plus ou moins dehors ou plus ou moins dedans selon les cas et les évolutions personnelles. On n'est jamais tout à fait dedans, dans la mesure où, on l'a vu, le « placard » est toujours susceptible d'être un « secret public », et il y a toujours au moins une personne qui sait et dont on sait ou se doute qu'elle sait ou qu'elle se doute. On n'est jamais tout à fait dehors, car on est toujours renvoyé, à un moment ou à un autre, à l'obligation ou au choix de taire ce qu'on est, à faire preuve de « discrétion » (le silence a aussi ses vertus !). Par conséquent, la décision de ne plus se cacher et de s'assumer n'est en fait que le début d'un processus à proprement parler interminable au sens où Freud pouvait parler de « psychanalyse interminable ».

Cela ne tient pas seulement aux intermittences du courage individuel qu'il est nécessaire de mobiliser dans toutes les situations de l'existence, et parfois quand on s'y attend le moins (avec la tension que cela induit), ni même aux chutes provisoires et inévitables de l'énergie psychologique que requiert la volonté d'être « hors du placard ». Il y a assurément quelque chose de fastidieux dans le fait de vouloir être – ou d'avoir à être – « hors du placard » partout et toujours. Il est souvent plus confortable de ne pas prononcer la phrase, de ne pas accomplir le geste qui réaffirmeraient une fois de plus cette « sortie du placard » dont on s'aperçoit alors qu'elle est toujours à réitérer. Mais, plus profondément, il s'agit de la définition structurelle de l'identité homosexuelle. Comme le dit Henning Bech, par le choix de ne plus se cacher, on passe « de la difficulté de pouvoir être soi-même en tant qu'homosexuel à la difficulté de devoir être soi-même en tant qu'homosexuel [233] ».

L'adhésion à soi-même est sans doute plus facile pour un hétérosexuel. Sans prétendre que les vies hétérosexuelles sont des vies sans failles, et les hétérosexuels des personnes qui vivent dans l'adéquation à elles-mêmes, on peut penser que la vie familiale, les cadres si puissamment hétéronormatifs de la vie professionnelle et, au fond, tout l'ordre sexuel qui fonde les comportements hétérosexuels à se sentir légitimes et « normaux », assurent une stabilité qui donne la possibilité de se rejoindre soi-même et de coïncider avec des rôles sociaux établis, des identités socialement fixées et acceptées, présentées même comme des modèles, façonnées comme la norme par et pour l'hétérosexualité.

La norme et les institutions sociales sont homophobes (comme l'interdiction du mariage pour les couples de même sexe est – ou était encore récemment – là pour le rappeler, et comme tous les discours qui s'efforcent – et s'efforceront toujours – de justifier cette interdiction ont souvent la naïve franchise de l'avouer, lorsqu'ils proclament sans gêne aucune que la « société », voire la « civilisation », repose sur le principe de la « différence des sexes », de l'hétérosexualité comme seule structure légale envisageable, repoussant ainsi les relations entre personnes du même sexe hors des formes juridiques et, plus fondamentalement, de l'intelligibilité culturelle, et du côté, par conséquent, de l'impossible, et même de l'impensable).

En évoquant la théorie du performatif pour définir la force de l'injure, j'ai rappelé que parmi les exemples donnés par Austin – et de manière assez obsessionnelle tout au long de son livre [234] – on trouve les formules prononcées pendant la cérémonie du mariage : « Oui (je prends cette femme pour épouse légitime) » ou bien : « Je vous déclare unis par les liens du mariage. » Ces phrases sont performatives en ce sens qu'elles produisent l'action qu'elles énoncent. Mais la force performative d'un tel énoncé ne peut jamais être l'expression d'une volonté individuelle. Il faut que la personne qui le prononce soit autorisée à le faire, et que la situation soit « conventionnelle ». Par conséquent, le performatif requiert d'avoir été déjà prononcé : il est toujours citationnel. C'est-à-dire qu'un énoncé n'est performatif que s'il porte en lui la force que lui confère l'ordre social ou la loi (ne serait-ce que la loi de répétition) qui l'institue [235]. Or il faut remarquer que les performatifs de la cérémonie du mariage (et donc toute la structure d'itération et de « citation » qui les soutient) accomplissent, en même temps, autre chose que ce qu'ils visent explicitement : ils unissent effectivement deux personnes « par les liens du mariage » (et présupposent donc toute la chaîne des mariages qui ont précédé et aussi l'institution matrimoniale qui donne un sens à cette cérémonie), mais en même temps ils excluent toutes les personnes à qui le droit au mariage est refusé. Chaque fois qu'un maire prononce une telle phrase, non seulement il marie deux personnes, mais il réinstitue toutes les règles (les lois) du mariage et reproduit par là même l'exclusion sociale et juridique des couples de même sexe. Le mariage s'apparente donc à la catégorie de ce que Pierre Bourdieu appelle les « rites d'institution » qui produisent deux effets à la fois : ils opèrent la séparation entre ceux qui ont déjà reçu la marque distinctive et ceux qui ne l'ont pas encore reçue (notamment parce qu'ils sont trop jeunes), mais également entre ceux qui l'ont reçue et ceux qui ne peuvent pas la recevoir (par exemple, les « rites » marquant l'entrée des jeunes hommes dans l'âge adulte et qui excluent bien évidemment, par là même, les femmes). Le mariage opère ainsi une double séparation : la première, la plus visible, entre ceux qui sont mariés et ceux qui ne le sont pas, et la seconde – toujours inaperçue bien que tout aussi réelle – entre ceux qui ont le droit de se marier et ceux à qui ce droit n'est pas reconnu (ou, du moins, pas avec qui ils pourraient le souhaiter dans la mesure où un homme gay ou bisexuel peut très bien se marier avec une femme, et une femme lesbienne ou bisexuelle peut très bien se marier avec un homme… Et donc un homme gay peut se marier avec une femme lesbienne : c'est un couple d'homosexuels, mais un couple hétérosexuel (et les cas ne furent pas rares, dans l'histoire !). Donc les homosexuels ont toujours pu se marier, et même se marier entre eux, dès lors que ce mariage unissait deux personnes de sexe différent). Il suffit de se reporter aux arguments avancés, il n'y a pas si longtemps, par ceux qui, dans les partis politiques notamment, soutenaient, mais sans trop de ferveur, les projets de contrat d'union sociale ou de pacte civil de solidarité : il y était toujours question d'offrir « un cadre juridique aux couples qui ne veulent pas ou qui ne peuvent pas se marier ». C'est-à-dire, en clair, aux couples hétérosexuels qui n'ont pas envie d'être mariés mais veulent pouvoir bénéficier d'un certain nombre d'avantages, et aux couples homosexuels qui n'ont pas accès au mariage. En une seule phrase, l'affaire était réglée par le rappel d'une évidence non interrogée, et le problème évacué sans même être posé. Car une question devrait surgir, chaque fois qu'une telle phrase est prononcée : qu'en est-il des couples qui veulent se marier mais ne le peuvent pas ? Et l'on retombe alors sur l'institution matrimoniale comme instauration performative de l'exclusion. En disant chaque jour à des couples hétérosexuels : « Je vous déclare unis par les liens du mariage », le maire rappelle aussi, implicitement, à tous les couples homosexuels qu'il ne les unit pas par les liens du mariage, ou, plus exactement, il leur déclare qu'ils ne sont pas unissables par les liens du mariage. En unissant, il exclut ; en mariant il rappelle et perpétue l'infériorisation de ceux qui voudraient mais ne peuvent pas se marier.

✎ Mais le mariage et la question de la reconnaissance des couples ne sont qu'un des exemples du rejet des gays et des lesbiennes par les institutions (il faudrait parler de l'école, de l'armée, des Églises, du droit, du sport, etc.) qui travaillent à instaurer et à reproduire la distance infranchissable non seulement entre l'homosexualité et la norme sociale, mais aussi, par voie de conséquence, entre l'homosexuel, l'a-normal, le déviant, etc., et lui-même [236]. Au fond, on pourrait dire, en recourant à nouveau à un concept sartrien, que l'identité homosexuelle est un « irréalisable ». La notion d'« irréalisable » indique à la fois que l'on ne peut jamais coïncider avec soi-même et que l'on ne peut pas éviter de poursuivre ce but [237]. Un gay doit toujours rejouer le moment où il décide de lui-même, où il décide de ce qu'il est. Ce travail sur soi-même, loin d'assurer la stabilité, perpétue au contraire l'inquiétude, au sens profond de n'être jamais en repos, à l'aise avec soi-même. Sans doute ne faut-il pas trop le déplorer, tout en constatant les effets parfois ravageurs sur les consciences individuelles de cette instabilité constitutive – effets dont vivent depuis toujours les psychanalystes. Car si cette inadéquation de soi à soi et cet écart de soi-même à soi-même sont la plupart du temps vécus (et notamment par les gays et les lesbiennes qui sont « dans le placard ») comme une fêlure dramatique ou douloureuse de la personnalité, de la subjectivité individuelle, si l'écart, lorsqu'il n'est pas choisi, lorsqu'il n'est pas heureux, peut perpétuer les effets aliénants de la « double vie », de la « double conscience », on peut également avancer l'idée que ce décalage avec soi-même est porteur d'une richesse existentielle et culturelle dont les avocats de la *Queer Politics* ont bien vu le potentiel de liberté : l'inadéquation à l'identité, c'est aussi l'inadéquation décidée aux rôles sociaux et aux carcans que pourrait instituer toute stabilisation de l'identité. Et c'est assurément parce qu'un gay doit toujours opérer un travail sur lui-même que Foucault a pu évoquer l'idée d'une « ascèse homosexuelle », c'est-à-dire d'une « esthétique de soi », d'un *self-fashioning*, qui n'est rien d'autre que la prise de conscience et la reprise à un niveau délibéré et choisi de cette structure d'inadéquation à soi qui définit la vie quotidienne et la conscience des gays et des lesbiennes.

L'idée n'est d'ailleurs pas nouvelle puisque Oscar Wilde, en des formules que Foucault retrouvera spontanément un siècle plus tard, parlait déjà, on l'a rappelé, de « faire de sa vie une œuvre d'art ». Et l'on verra dans la deuxième partie de ce livre que l'idée d'une création de soi-même a été presque consubstantielle à la prise de parole homosexuelle elle-même dès son moment d'émergence. On comprend donc que Foucault ait pu décrire l'homosexualité comme « quelque chose de désirable » plutôt que comme « une forme de désir » qu'il conviendrait de découvrir en nous-mêmes, affirmant que « nous avons à nous acharner à devenir homosexuels et non pas à nous obstiner à découvrir que nous le sommes [238] ».

Foucault veut dire, bien sûr, qu'il n'y a pas de vérité naturelle et transhistorique de l'homosexualité qu'il faudrait retrouver sous les interdits qui la répriment. L'« identité homosexuelle » est une construction historique, un produit de l'histoire. Et, par conséquent, elle peut être modifiée par l'action historique, par le travail de réinvention individuelle et collective. Mais cela signifie aussi que, dans la mesure où cette identité n'est pas donnée mais créée, et toujours à recréer, il faut se défaire de l'illusion qu'on pourra un jour réaliser cette identité stable et définitive dont certains pourraient penser qu'elle est à portée de main grâce aux conquêtes du mouvement gay et lesbien – et qu'il suffirait donc de vouloir « être gay » pour trouver une sorte de repos existentiel, à la fois psychologique et social, que ce soit dans l'organisation d'un « monde gay » considéré comme un espace de liberté, ou au contraire dans l'aboutissement que représenterait l'obtention de l'égalité des droits, et notamment du droit au mariage. L'identité est à créer. Mais toujours à créer. C'est l'idée d'un essentiel inachèvement qui se dessine ici : au lieu de chercher le repos, une sorte de « fin de l'histoire » gay – individuelle et collective – dans la réalisation pleine et entière de l'adhésion à soi-même, il est préférable d'assumer le caractère toujours provisoire, individuellement et collectivement, de ce qu'être gay signifie.

🖉 Sans chercher à reconduire la mythologie littéraire du « gay hors la loi » dont la simple existence serait synonyme de subversion politique ou culturelle, mythologie dont Leo Bersani a récemment donné une magistrale analyse (en même temps qu'une éloquente défense, un peu trop marquée, peut-être, par une évidente nostalgie pour une transgression littéraire dont il ne faudrait pas oublier qu'elle était le plus souvent rendue possible par des appartenances de classe autant que par les situations répressives que ces transgressions littéraires présupposaient) [239], on peut penser que, malgré tout, il y a toujours potentiellement du « paria » dans tout gay, même chez le plus avide d'intégration aux valeurs dominantes. Ne serait-ce que parce que le monde auquel il rêve d'être assimilé, et dans lequel il rêve (parfois) de se fondre, ne veut pas de lui et repousse violemment sa demande d'intégration en lui rappelant qu'il n'est qu'un ferment de dissolution de la société et de ses valeurs (tout en lui demandant d'ailleurs, et en même temps, de « s'assimiler », c'est-à-dire en fait de nier lui-même ce qu'il est, et en tout cas de ne pas le montrer). Les gays les plus soucieux de leur « intégration » doivent ainsi se « désassimiler » pour revendiquer l'« assimilation », se constituer en groupe particulier pour demander l'abolition des différences. Et comme leurs revendications déchaînent des réactions qui à la fois les renvoient à leur différence et leur demandent de ne pas se constituer en groupe différent, ils sont conduits, inéluctablement, à un retour au point de départ : le choix perpétuel entre le silence et la « révolte », c'est-à-dire entre le retour au placard et l'affirmation de soi. Les gays sont ainsi écartelés entre deux niveaux de ce qui est communément appelé l'« assimilation » : l'« assimilation » par l'invisibilité, le silence et l'inexistence en tant que gays, et celle à laquelle aspirent un certain nombre d'entre eux, en tant que citoyens désireux d'accéder à l'égalité des droits. Ils ne veulent plus de la première, mais la seconde leur est refusée – et avec quelle violence – par la majorité homophobe. C'est un paradoxe indépassable [240]. Mais c'est le paradoxe à l'intérieur duquel se situent aujourd'hui tous les enjeux culturels et politiques de la « resubjectivation » gay, aussi bien collective qu'individuelle.

Il ne faut pas croire qu'un avenir radieux se profile à l'horizon, dans lequel l'homosexualité sera considérée comme aussi « normale » que l'hétérosexualité et où l'homophobie, et donc l'« homosexualité » en tant que catégorie stigmatisée, auront disparu pour laisser place à un continuum de pratiques et de comportements considérés comme aussi légitimes les uns que les autres. Cette utopie, à laquelle personne ne croit vraiment, n'a finalement d'autre fonction que de chercher à désarmer la revendication gay pour demander aux déviants et aux minoritaires de procéder à leur auto-effacement, seule forme d'« assimilation » aujourd'hui tolérée et inlassablement exigée.

L'homosexualité est donc toujours perturbatrice. Elle dérange et inquiète. Elle suscite le rejet et la haine. Il n'en reste pas moins que l'idée, développée par les mouvements homosexuels des années soixante-dix, d'un lien entre homosexualité et révolution, ou même, comme on le lit encore aujourd'hui, entre homosexualité et « subversion », n'est bien évidemment qu'une vue de l'esprit ou un vœu pieu. Ces discours ont eu une importance historique considérable dans la mobilisation gay et lesbienne. Mais ils relèvent plus de l'incantation que de l'analyse, ou simplement, du sens des réalités. Car il est bien évident qu'il n'y a aucun lien direct et univoque entre la sexualité et la politique. Sans même parler des opinions individuelles des homosexuels d'aujourd'hui ou d'hier (qui se répartissent assurément sur l'échiquier politique à peu près de la même manière – et en fonction des mêmes critères et des mêmes déterminations sociales et culturelles – que l'ensemble de la population), il suffirait de mentionner quelques-uns des homosexuels les plus célèbres du XXe siècle ou d'évoquer les options politiques d'un certain nombre de mouvements et associations pendant la même période pour prouver que non seulement l'homosexualité peut s'accommoder de toute une gamme d'idéologies conservatrices, réactionnaires, élitistes, nationalistes, etc., mais qu'elle peut même les justifier ou leur servir de principe fondateur [241]. Il serait dès lors nécessaire, à cet égard, d'affronter sans détour la question inverse soulevée avec force par Leo Bersani dans *Homos*, selon laquelle il y a peut-être une continuité entre, d'un côté, le désir homosexuel masculin, les fantasmes d'un désir orienté vers les signes les plus apparents de la masculinité, et, de l'autre, les structures phalliques de l'oppression politique et sociale. Je ne crois pas plus à cette idée qu'à la conception « transgressive ». Mais cela a au moins le mérite de nous éviter de penser en termes trop simples le rapport d'une sexualité « déviante » à la politique, comme si l'a-normalité sexuelle avait fondamentalement partie liée avec la gauche, la subversion, etc. (mais cela n'a pas plus de sens, à mes yeux, de lier l'homosexualité au pouvoir, comme cela n'en avait pas, autrefois, ainsi que le faisaient les communistes, de lier l'homosexualité à la « décadence bourgeoise », à la droite, au fascisme, etc.).

Quoi qu'il en soit, et quelle que soit l'inscription fantasmatique du désir homosexuel, quelles que soient même les positions politiques effectives de telle ou telle personne, son conformisme social ou culturel, sa reconnaissance des valeurs dominantes, sa soumission aux normes établies et aux institutions qui les reproduisent, et même son désir de se dissocier des autres gays au prétexte qu'ils donneraient une « mauvaise image » et nuirait à l'acceptation sociale de tous, il n'en reste pas moins que le monde auquel tel gay ou telle lesbienne veut être assimilé, c'est le monde d'injures dans lequel on les traite, réellement ou potentiellement, de « sale pédé » ou de « sale gouine » et dans lequel, par conséquent, ils seront toujours, d'une manière ou d'une autre, marginalisés ou ostracisés. Ce qui ne peut manquer d'avoir des effets psychologiques (comme l'adhésion redoublée à l'ordre social et au conformisme pour chercher à obtenir par un volontarisme « assimilationniste » la reconnaissance des institutions et de la société, ou, à l'inverse, la prise de conscience que cette « assimilation » est un projet impossible, un piège dans lequel s'enferment eux-mêmes les gays et les lesbiennes, et qu'il vaut mieux, aujourd'hui, rejeter toute revendication qui aurait pour but une intégration harmonieuse à l'ordre social, et se contenter de jouir au contraire des bénéfices de la marginalité).

C'est peut-être toute cette série d'oppositions entre « intégration » et « subversion », entre « assimilation » et « séparatisme », qu'il est nécessaire de mettre radicalement en question. D'abord parce que ce sont des notions qui ne sont jamais analysées et qui ne résistent guère à l'examen dès lors qu'on essaie d'y regarder de plus près. Parler d'« assimilation » pour les gays et les lesbiennes revient à leur attribuer un certain degré d'extranéité par rapport à la société dans laquelle ils habitent ; et qu'il leur incomberait de résorber peu à peu cette distance qui les sépare de leur propre monde – de leur pays (mais ne travaillent-ils pas ? ne paient-ils pas d'impôts ? Et s'ils ne travaillent pas, n'est-ce pas à cause du chômage et de la précarité plutôt que de leur sexualité ?). C'est donc installer une frontière intérieure, au-delà de laquelle diverses catégories de la population seraient ensemble reléguées (immigrés, déviants de l'ordre sexuel, etc.) en même temps que seraient adressée à tous ces « exilés » l'injonction de manifester leur bonne volonté et leur désir de mettre fin à cet exil. Nous sommes donc confrontés à la production permanente d'un collectif créé et recréé par l'injure (en tant que processus social d'infériorisation) et en même temps à l'ordre intimé à ceux qui sont ainsi infériorisés de ne pas se constituer comme un groupe qui entendrait travailler à déjouer l'assujettissement par l'affirmation de soi. Que voudrait dire « s'intégrer » en tant qu'on est gay et en le disant ? Est-ce possible ? Quel sens peut bien avoir un tel énoncé ? Ou « s'intégrer » en taisant qu'on est gay ? Mais alors... Tout ceci ressemble à s'y méprendre à des expériences pratiquées sur des rats de laboratoire : quel que soit le chemin qu'ils empruntent, ils reçoivent une décharge électrique. Quoi qu'ils fassent, quoi qu'ils disent, les gays ont toujours tort de dire ce qu'ils disent, de faire ce qu'ils font, d'être ce qu'ils sont.

Et que veut dire « séparatisme », à l'inverse, quand on sait que l'idée ne peut viser que la présence de quelques milliers de personnes, quelques heures par semaine, tout au plus, dans des quartiers ou des endroits définis comme gays, mais dont les gens qui les fréquentent exercent des professions, pratiquent des activités – ils vont au restaurant, au cinéma, etc. – qui ne peuvent être rangées sous une telle rubrique ? Et ne sait-on pas que certains gays qui parlent d'« assimilation » passent leur temps dans les bars gays, quand d'autres qui parlent de « subversion » refusent d'y mettre les pieds parce qu'ils ne veulent pas être pris dans les réseaux de la commercialisation ou du ghetto capitaliste ? Laissons donc ces fausses oppositions aux journaux à la recherche de grands débats de société (telle l'opposition – non seulement simpliste mais profondément homophobe – entre « communautarisme » et « universalisme », qui n'a à peu près aucun sens si ce n'est de refuser aux gays le droit de parler en première personne et surtout le droit de se mobiliser en tant que groupe qui veut défendre ses droits, et en tout premier lieu le droit d'être visible dans l'espace public).

🖉 En fait, au lieu d'essayer de se situer dans l'espace de ces oppositions en optant pour l'un ou l'autre des termes, et de le choisir contre l'autre, il vaudrait mieux prendre l'ensemble de cet espace comme objet d'analyse et considérer que c'est toute l'histoire de l'homosexualité, au XXe siècle en tout cas, qui a été écartelée entre ces deux pôles, d'un côté la constitution d'un « monde gay » et d'une « minorité » spécifique (les deux notions ne se recouvrent d'ailleurs pas exactement), et de l'autre la volonté d'être considérés comme des individus comme les autres, et dont la sexualité ne serait pas un élément fondamentalement distinctif. N'est-ce pas précisément l'interaction entre ces aspirations opposées qui a constitué ce qu'on a pu appeler le mouvement gay ou la culture gay ?

Si l'on peut penser avec Eve Kosofsky Sedgwick que la tension entre des aspirations « universalisantes » (qui inscrivent l'homosexualité dans un continuum de pratiques sexuelles) et les aspirations « minorisantes » (qui considèrent au contraire les homosexuels comme un groupe distinct des autres) est effectivement constitutive de l'histoire du mouvement gay, et plus généralement de l'histoire de l'homosexualité au XXe siècle, on peut aussi penser que les notions auxquelles se référaient ces deux courants (« assimilation », « intégration », « indifférence » d'un côté, « monde gay », « minorité », « différence » de l'autre) n'ont jamais été très stables, ont voyagé d'un côté à l'autre et ont revêtu des significations multiples et parfois contradictoires dans des configurations culturelles différentes, un même discours pouvant avoir des significations opposées et des objectifs contraires à des moments différents de l'histoire ou d'un pays à l'autre.

Il ne faut pas, par exemple, imaginer qu'il y aurait eu, d'un côté, les « militants » qui auraient voulu constituer les homosexuels comme une minorité à part, et, de l'autre, les individus non engagés qui auraient souhaité s'intégrer à la société et être acceptés par elle. C'est le mouvement gay lui-même qui a été divisé, dès l'origine, entre ces deux tendances. Et une même organisation pouvait les accueillir en même temps en son sein ou passer successivement de l'une à l'autre. On le voit avec la Mattachine Society, fondée aux États-Unis, en 1948, par d'anciens militants du Parti communiste qui cherchaient à constituer une minorité homosexuelle consciente d'elle-même. Ils seront bientôt supplantés à la direction de l'association par les représentants de l'autre tendance, qui souhaitaient intégrer l'homosexualité à la société [242]. Mais n'avait-ce pas déjà été le cas en Allemagne, dès le début du siècle, quand la théorie (« minorisante ») d'un « troisième sexe » développée par Magnus Hirschfeld avait été contestée par les adeptes des théories masculinistes (et foncièrement misogynes) qui entendaient intégrer l'homosexualité dans le continuum des relations sociales entre les hommes, invoquant le thème, destiné à une belle postérité, de la bisexualité fondamentale (chez les hommes en tout cas) plutôt que l'idée d'une minorité spécifiquement homosexuelle [243] ? Bien des discours révolutionnaires des années soixante-dix ont retrouvé spontanément – mais avec des implications idéologiques et politiques opposées – ces mythes de la bisexualité ou de la polysexualité et ont rêvé de lendemains – de révolution – qui mettraient fin à l'oppression des homosexuels en les faisant disparaître en tant que tels dans la grande communication sexuelle de la « transversalité » [244]. Il y eut, au début des années soixante-dix, une multiplicité de discours (qui d'ailleurs s'entrecroisaient bien souvent et se mélangeaient sans grand souci de cohérence), qu'on peut résumer, en schématisant, entre un discours de l'« identité » (il y aurait une « identité » homosexuelle réprimée par les interdits et qu'il conviendrait de libérer par la prise de parole) et un discours décrivant l'opposition homosexualité/hétérosexualité comme un produit de la société bourgeoise du XIXe siècle.

Pour apercevoir à quel point les pensées sur la sexualité et les contours politiques de celles-ci ne se laissent pas réduire à des schémas simplificateurs (assimilationnisme *versus* séparatisme), on peut encore remarquer que, dans le contexte des années soixante et soixante-dix, le discours conservateur de l'association Arcadie était plutôt un discours « minorisant », qui considérait les homosexuels comme un « peuple », tandis que le discours radical – inspiré de *L'Anti-Œdipe* de Gilles Deleuze et Félix Guattari – était plutôt un discours « universalisant », puisqu'il envisageait l'abolition des frontières et des dualismes qui instituent différentes catégories d'individus selon les partages de la sexualité. Le discours d'Arcadie peut donc être décrit à la fois comme « séparatiste » et « assimilationniste », dans la mesure où il considérait les homosexuels comme un groupe à part dont il demandait la reconnaissance et l'intégration dans les institutions et les normes sociales, tandis que le discours d'extrême gauche était au contraire « antiséparatiste » mais également « antiassimilationniste », puisqu'il entendait désintégrer les valeurs établies par la libération du désir et la « déterritorialisation » chère à Deleuze. C'est pourquoi le mouvement *queer*, qui s'est insurgé contre une certaine tendance du mouvement gay américain à être à la fois « séparatiste » et « assimilationniste », a voulu retrouver l'inspiration subversive des mouvements des années soixante et soixante-dix en se voulant « antiséparatiste » et « antiassimilationniste », et l'on conçoit qu'il aime à se référer à Guy Hocquenghem [245]. On peut se demander cependant si la *Queer Theory* est fondée à rapprocher comme elle le fait souvent la pensée d'Hocquenghem et celle de Foucault. En effet, si Foucault entend dissoudre la notion d'« identité » (non pas en disant qu'elle n'existe pas mais en montrant qu'elle a été forgée par la psychiatrie), ce n'est certes pas pour lui opposer une théorie de la libération du désir et de ses potentialités « transversales » : sa critique s'adresse encore plus profondément à l'idée que la « sexualité » et le « désir » seraient des opérateurs de subversion dans la mesure où ils sont eux aussi des « dispositifs » qui tombent sous le coup de l'analyse historique des « technologies disciplinaires ». À cet égard, *La Volonté de savoir* est autant une critique de la théorie du désir et des flux désirants que de la théorie de l'identité, en ce sens que toute théorie du désir partage avec les théories de l'identité le présupposé que c'est la sexualité qui définit la « vérité » intérieure des individus. Foucault, on le verra dans la dernière partie du présent livre, abandonnera d'ailleurs cette approche et en reviendra à une conception plus proche de ce qu'Eve Kosofsky Sedgwick appelle la tradition « minorisante », puisqu'il développera l'idée d'une « culture gay » à créer, ce qui revient à dire que la sexualité des individus tisse entre eux des liens d'appartenance collective auxquels il convient de donner une physionomie, des contours, un contenu qui restent à inventer et ne sauraient être prescrits ou définis à l'avance. Mais cette conception « minorisante » de Foucault, on le verra, n'est ni « séparatiste » ni « assimilationniste ». La « culture gay » qu'il appelle de ses vœux n'est pas « assimilationniste » car il la conçoit au contraire comme ce qui permettra de contourner et donc de déstabiliser les institutions de l'ordre établi. Elle n'est pas « séparatiste » puisqu'elle entend produire des transformations culturelles et sociales qui pourraient s'adresser également aux hétérosexuels qui étouffent dans les carcans de la normalité.

16
Perturbations

Je l'ai dit plus haut : il faut renoncer à l'idée d'une « subversion » sexuelle qui serait nécessairement liée à un progressisme politique. Car de même qu'un peintre d'avant-garde peut très bien avoir des goûts très classiques en musique et en littérature, ou rétrogrades en politique, de même l'on peut être (plus ou moins) « subversif » dans le domaine de la sexualité et (plus ou moins) conservateur dans le domaine de la politique. Qu'il suffise de mentionner Marcel Jouhandeau, Jean Cocteau ou Gertrude Stein, dont les opinions politiques de droite ont pu cohabiter avec un comportement radicalement subversif (ou perçus et dénoncés comme tels) dans l'ordre des codes sexuels. On doit donc se demander, dans chaque cas et dans chaque situation, quel est le contenu réel de ce qu'on appelle « subversion », c'est-à-dire se demander si l'on subvertit réellement quoi que ce soit. La « subversion » est toujours relative puisqu'elle est nécessairement située historiquement, culturellement et politiquement.

Par exemple, on peut aller jusqu'à dire que les demandes « assimilationnistes » avancées aujourd'hui par tous les mouvements gays et lesbiens à l'échelle internationale, et que Leo Bersani a cruellement (mais assez justement) décrites comme « la volonté de montrer qu'on peut être de bons soldats, de bons parents, de bons prêtres [246] », seront néanmoins toujours marquées de l'intérieur par l'inévitable jeu que l'« irréalisable » de l'identité homosexuelle, de quelque manière qu'on la conçoive, introduira dans cette assimilation, dans cette installation dans l'ordre social, puisque jamais l'homosexuel ne sera accepté par les valeurs établies au sein desquelles il a parfois la folle illusion de pouvoir se faire admettre. Les arguments souvent baroques invoqués, on l'a vu, par toutes les instances sociales et culturelles de l'homophobie contre cette volonté manifestée par les gays et les lesbiennes d'accéder au droit commun et d'être ainsi reconnus par les institutions sont là pour le montrer. La violence que ces discours exercent, répétant en toute occasion que les homosexuels représentent un danger pour la société et la civilisation, a au moins le mérite de rappeler à tous ceux qui s'inquiètent du « conformisme » de ces revendications qu'elles portent en elles, et parfois malgré elles, ce ferment d'instabilité sociale et culturelle que l'homosexualité ne manquera pas d'introduire dans les institutions qui seront un jour ou l'autre obligées de lui faire une place.

La panique des gardiens de l'ordre hétérosexuel face à cette déstabilisation programmée a pris de multiples formes ces derniers temps, et elle s'est notamment manifestée dans l'argument avancé aujourd'hui aussi bien par les défenseurs de l'ordre chrétien que par les chantres de l'idéologie psychanalytique, par l'ultra-droite que par la gauche socialiste ou catholique, selon lequel il faudrait défendre « le-droit-des-enfants-à-avoir-un-père-et-une-mère ». Si ridicule que puisse être une telle assertion dans le monde contemporain où tant d'enfants sont élevés par un seul parent – mais aussi par des parents de même sexe –, elle exprime, d'abord, l'horreur éprouvée par les homophobes de tous horizons politiques ou philosophiques devant ce qu'ils pressentent de la force d'innovation et d'invention dont est porteuse l'homosexualité, même quand les homosexuels eux-mêmes – et c'est le cas pour nombre d'entre eux – proclament que leur plus cher désir est de pouvoir suivre enfin le chemin qui conduit au monde normal. Pour les gays et les lesbiennes, intégrer la « normalité » est sans doute plus difficile que de rester dans les marges. On songe aux remarques de Foucault qui, évoquant l'association Arcadie au moment où son fondateur avait décidé de la dissoudre, en 1982, déclarait, mi-ironique, mi-sérieux : « Il est dans la nature même d'un tel mouvement de vouloir faire accepter l'homosexualité par les valeurs établies, de la faire entrer dans les cadres institutionnels. À bien y réfléchir, c'est une entreprise infiniment plus difficile, infiniment plus folle que de vouloir aménager des espaces de liberté hors des institutions. Puisque, après tout, de tels espaces ont toujours existé [247]. »

On ne doit surtout pas conclure de ce propos que Foucault considérait cette « folle » entreprise comme plus légitime que la création d'espaces de liberté. Il voulait sans doute souligner, au contraire, qu'un tel projet est fondamentalement voué à l'échec et que les « espaces de liberté » sont la seule possibilité pour les « déviants » de pouvoir vivre leur vie et de s'inventer eux-mêmes. Et il est vrai que, à travers les batailles menées par les gays et les lesbiennes pour être reconnus par des institutions – et notamment par le droit – qui les refusent avec tant de constance, seules des réussites partielles, fragiles et éphémères sont possibles. Mais il va de soi que ces réussites partielles, outre qu'elles peuvent donner à nombre de gays et de lesbiennes des droits dont ils ont envie ou besoin de bénéficier, ne peuvent manquer de jouer un rôle profondément perturbateur sur les institutions qui seront peu à peu contraintes de reconnaître ces fameuses « situations singulières » dont l'existence concrète s'est aujourd'hui imposée, même aux yeux du plus obtus des homophobes[248].

🖉 Ce qui fait, me semble-t-il, la richesse de l'argument de Leo Bersani dans *Homos*, ce n'est pas tellement qu'il cherche à retrouver des potentialités subversives chez des écrivains (Proust, Gide, Genet) dans l'œuvre desquels on ne voit plus aujourd'hui que des marques de l'homophobie intériorisée ou des représentations homophobes de l'homosexualité reproduites par des homosexuels eux-mêmes (ou des positions politiques ou sociales déplaisantes), mais qu'il montre à merveille comment, dans l'histoire de la culture homosexuelle, ces deux registres ont pu coexister, de manière indissociable, et peut-être indiscernable. On trouve à la fois, et souvent chez un même auteur, ce qui nous apparaît relever d'une tradition du conformisme et d'une tradition de la subversion. Les deux font corps. C'est cet inextricable mélange qui définit peut-être ce que nous appelons précisément la « culture homosexuelle ». Et ce qui vaut pour les hommes vaudrait sans doute également pour les femmes[249]. Ou pour les transsexuels. Il suffit de lire les interviews de la chanteuse israélienne Dana International. Quand on sait quel scandale elle a provoqué dans son pays, et comment elle est devenue un symbole de l'insurrection contre l'ordre moral et religieux que certains groupes voudraient y faire régner, il peut sembler paradoxal de lire les déclarations dans lesquelles elle décrit un idéal de vie digne d'un roman-photo et de l'adage « une chaumière et un cœur »[250]. Mais on aurait tort d'ironiser sur ce rêve de normalité puisque l'on voit bien que ce n'est pas tant l'existence de la transsexualité qui provoque la fureur des normalisateurs que la volonté inébranlable d'une transsexuelle d'affirmer qu'elle est une personne comme les autres, avec des goûts moyens et plutôt « comme tout le monde », et qu'elle peut même représenter son pays dans des concours internationaux. Rarement le mélange d'une volonté d'intégration et d'une potentialité subversive (et les effets de l'une sur l'autre) aura été porté à cette acmé. Et l'on peut imaginer quels hurlements, quelle tempête elle déchaînerait si elle demandait le droit de se marier avec la personne de son choix (quelle que soit l'identité sexuée de celle-ci) et d'élever des enfants.

🖉 Sous peine de s'en tenir au plaisir narcissique de prendre des poses et de proférer des discours radicaux mais vides de contenu, on ne doit donc jamais oublier que la subversion est toujours partielle et localisée. Elle ne peut être pensée que relationnellement : liée à un contexte, à une situation, à une institution. La subversion subvertit quelque chose, à un moment donné, ou bien n'est rien du tout. Par conséquent, il faut se demander sur quel point opère une « subversion » et ce qu'elle déstabilise. Et chercher à savoir ce qui, dans chaque situation, est le plus « subversif ». Il apparaît alors clairement que, dans certains cas, l'aspiration au « conformisme » est plus déstabilisatrice et peut se révéler bien plus subversive que toutes les proclamations révolutionnaires. L'on constate même aujourd'hui que ceux qui défendent l'ordre social (ou l'« ordre symbolique ») contre les revendications du droit au mariage homosexuel peuvent, à l'inverse, parfaitement ignorer les comportements qui se croient subversifs, ou même, chez les plus « libéraux » d'entre eux, les apprécier et les encourager comme un ailleurs exotique dans lequel ils aimeraient cantonner les gays et les lesbiennes plutôt que les laisser revendiquer l'accès à l'égalité. La « subversion » est désormais concédée aux gays et aux lesbiennes, à condition qu'ils n'en sortent pas. Ce qui tendrait à montrer que ce qui est subversif aujourd'hui, c'est de refuser ce rôle assigné et attendu socialement. La dénonciation obsessionnelle, au début des années quatre-vingt-dix en France, du « communautarisme » (c'est-à-dire des « espaces de liberté » dont parlait Foucault) a bien vite cédé la place à la dénonciation acharnée, et de toute évidence bien plus décisive pour les défenseurs de l'ordre établi, des revendications, pourtant « universalistes », du droit au mariage, à la parenté, à la famille (cette demande d'être reconnus par les valeurs établies dont Foucault disait qu'elle était bien plus « folle »). Et l'on voit même les deux accusations coexister dans les mêmes discours, au détriment de toute cohérence ou de toute logique : ne restez pas dans les marges, n'entrez pas dans la norme ; ne soyez pas dehors, ne soyez pas dedans... Bref : disparaissez, on ne veut plus entendre parler de vous.

✎ Il conviendrait d'ajouter que si la « subversion » est toujours partielle, c'est aussi parce que la position d'un sujet dans les rapports de domination n'est jamais univoque. Car les hiérarchisations sont toujours multiples et peuvent être contradictoires entre elles : un homosexuel se situera dans une position dominée et vulnérable dans la hiérarchie des sexualités mais pourra fort bien occuper une position dominante en fonction de son sexe, de sa classe, de son appartenance « ethnique », par le fait qu'il est un homme, un homme des classes favorisées, un homme blanc... Il est bien évident qu'une femme noire, par exemple, se sentira peut-être plus dominée en tant que Noire qu'en tant que femme, ou en tant que lesbienne, et sera donc peut-être plus solidaire des hommes noirs que des femmes blanches – et donc plus encline à lutter contre la domination raciale et le racisme que contre la domination masculine, le sexisme, l'homophobie. C'est donc la totalité des systèmes de domination et d'oppression qu'il faut essayer de penser ensemble, dans leur multiplicité et dans leur articulation, mais il est évident que dans l'action politique, ou dans la subversion culturelle, telle ou telle personne aura tendance à insister sur tel ou tel aspect des multiples formes d'oppression qui la concernent. À cela, il faut encore ajouter que le fait d'appartenir à une catégorie opprimée n'a jamais empêché personne de perpétuer l'oppression des autres (être victime du racisme n'empêche pas d'être soi-même raciste ou homophobe, et être homosexuel n'empêche pas d'être raciste ou d'adhérer à des idéologies politiques conservatrices, voire rétrogrades et même fascistes [251]). Comme le dit Goffman, « l'individu stigmatisé sous un aspect peut faire montre de tous les préjugés des normaux à l'encontre de ceux qui le sont sous d'autres aspects [252] ». Il ne saurait donc y avoir d'idée préconçue de la solidarité des dominés ou des opprimés : elle ne peut être que construite, acquise, et souvent contre les préjugés qui structurent les modes de pensée des dominés eux-mêmes.

Mais même s'il est dominant socialement, l'homosexuel est toujours dominé en tant qu'homosexuel. De la même manière que les femmes, comme le dit Pierre Bourdieu dans *La Domination masculine*, quelle que soit leur position dans la hiérarchie sociale, sont toujours, à l'intérieur de l'espace social particulier auquel elles appartiennent, en relation d'infériorité avec les hommes, ou plus exactement, pour reprendre la formule de Bourdieu, « séparées des hommes par un coefficient symbolique négatif [253] », de la même manière, les homosexuels sont toujours dans une situation d'infériorité symbolique dans l'espace social spécifique qui est le leur.

Mais cela explique aussi pourquoi, quelle que soit leur position dans l'ordre social, des individus que tout sépare peuvent se sentir en affinité profonde les uns avec les autres – fût-ce ponctuellement – parce qu'ils occupent une position homologue dans l'ordre sexuel qui régit de la même manière les mondes sociaux et professionnels pourtant si différents auxquels ils appartiennent. Il est d'ailleurs probable que cette solidarité « sexuelle », si on peut l'appeler ainsi, aura tendance à régresser au fur et à mesure que les effets de la clandestinité s'atténueront et que se développera la visibilité gay et lesbienne et que les lignes de clivages en termes de classes, de races, d'affiliation politique, etc., s'accuseront d'une manière de plus en plus aiguë.

En effet, dès lors que le « groupe » plus ou moins secret (avec les rencontres dans les bars, dans les parcs, où se brouillaient souvent les frontières de classe) se rend visible en tant que tel, une différenciation interne ne peut manquer de se manifester, les militants gays et lesbiennes qui défilent avec les sans-papiers – et encore plus les gays et lesbiennes sans-papiers – ne se sentant sans doute aucune affinité avec les « folles bourgeoises » ou le « lesbian chic », le racisme ou le nationalisme des gays et lesbiennes de droite (ou de gauche)… Et l'on voit que la grande difficulté pour faire exister durablement « un mouvement gay et lesbien » tient largement au fait qu'il doit mobiliser sur la base d'une homologie de position dans l'ordre sexuel, indépendamment de la position dans l'ordre social, mais que l'affirmation et la visibilité gays et lesbiennes font réapparaître les appartenances de classe ou les positions politiques comme principes de vision et de division. On peut cependant penser que l'identification possible d'un plus grand nombre d'individus à la scène gay et lesbienne, et à la mobilisation culturelle et politique qui en est l'une des expressions, a pour conséquence qu'elle les arrache parfois aux déterminations sociales qui auraient pu peser sur leurs choix politiques et leur offre, par la prise de conscience progressive qu'elle permet, un principe de réorganisation générale des prises de position dont le point focal est désormais la lutte pour l'affirmation minoritaire ou la bataille contre les discriminations et les exclusions. Dans la vaste enquête qu'ils ont menée sur les « homosexualités » dans les années soixante-dix, Bell et Weinberg rapportent que si la majorité de ceux qui ont répondu estimaient que l'homosexualité n'avait aucune incidence sur leur affiliation politique, environ un tiers des hommes homosexuels blancs interrogés estimaient cependant qu'elle les avait rendus plus « libéraux » (au sens américain de « progressistes ») tandis qu'aucun des hommes homosexuels noirs ne faisait la même réponse, certains de ces derniers estimant même que cela les avait rendus moins « libéraux » (constat qu'il n'est pas si facile d'interpréter : est-ce parce que, dans ce cas, l'homosexualité constitue un vecteur d'ascension sociale, d'adhésion aux valeurs normales du monde blanc ?). Globalement, les hommes homosexuels étaient plus « libéraux » ou « radicaux » que les hétérosexuels [254]. Il faudrait sans doute distinguer à cet égard les homosexuels « dans le placard » et les homosexuels affirmés ou militants. Barry Adam cite par exemple des enquêtes qui tendent à montrer que les gays les plus « dissimulés », ceux qui pratiquent une sexualité furtive et rapide dans les lieux de rencontre à l'écart des regards et qui mènent, dans leur petite ville de province, une vie « normale » de façade, sont plus enclins aux positions politiques conservatrices, voire franchement rétrogrades [255]. À l'inverse, on pourrait évoquer le cas de Gide, qui déclarait avoir été conduit à l'engagement politique progressiste par son homosexualité (comme ce fut le cas aussi, on l'a dit, pour Isherwood) [256]. Il est assez frappant de voir que l'évolution politique suivie par

Gide, de la droite à la gauche, a correspondu assez largement à sa volonté d'affirmer publiquement son homosexualité et de se faire le défenseur de cette « cause »[257].

Sans verser dans l'utopisme ou l'irénisme, on peut affirmer, en tout cas, qu'il est fort probable que le mouvement gay et lesbien (au sens le plus large et le plus vague du terme) puisse être décrit comme un opérateur de transformations profondes dans la manière dont des individus – un certain nombre d'entre eux au moins – auparavant isolés regardent désormais la société et prennent parti sur des problèmes extérieurs aux seules questions de politique sexuelle.

17
L'INDIVIDU ET LE GROUPE

Un gay est toujours écartelé entre deux réalités contraires qui fabriquent son être même. Il est produit comme un individu « infériorisé », et sa subjectivité est façonnée par la haine de soi et donc le refus de s'identifier à ceux qui subissent la même infériorisation que lui. L'individu gay est voué à l'isolement, à l'individualisme, que ce soit dans la honte (le mépris envers soi-même comme gay) ou dans l'orgueil (le mépris élitiste envers les autres gays). Mais parce qu'il est produit par les mêmes processus d'« assujettissement » (qui sont condensés dans la violence de l'injure comme horizon d'un rapport au monde défini par les normes de l'ordre sexuel), il appartient nécessairement, et malgré lui, à ce « collectif » qu'il récuse. Il y appartient d'autant plus qu'il est bien obligé de fréquenter des « lieux » de rencontre (bars, parcs, Internet…) qui le font entrer dans les formes visibles, ou en tout cas inscrites dans la réalité matérielle et sociale, de ce « collectif » qui est, par ailleurs, déjà inscrit dans son inconscient par le lien invisible qui le rattache aux autres, même lorsqu'il veut s'en détacher (et par le fait même qu'il veuille s'en détacher : la désidentification étant assurément l'une des caractéristiques les plus fréquentes et les plus puissantes de ce qui constitue le rapport des gays aux autres gays et donc leur rapport au collectif qu'ils forment ensemble).

Ce double mouvement a été admirablement décrit par Proust : lorsqu'il veut exprimer son hostilité à l'égard d'un mouvement homosexuel naissant (sans doute pensait-il à l'Allemagne et à Magnus Hirschfeld), il en dénonce l'inutilité et l'impossibilité dans la mesure même où chaque individu tend à fuir les autres pour ne pas être assimilé à eux, mais il décrit, au même moment, les homosexuels comme appartenant à un groupe constitué en tant que tel, sur le modèle d'une communauté ethnique : « On a voulu provisoirement prévenir, écrit-il, l'erreur funeste qui consisterait, de même qu'on a encouragé un mouvement sioniste, à créer un mouvement sodomiste et rebâtir Sodome. Or, à peine arrivés, les sodomistes quitteraient la ville pour ne pas avoir l'air d'en être, prendraient femmes, entretiendraient des maîtresses dans d'autres cités où ils trouveraient d'ailleurs toutes les distractions convenables. Ils n'iraient à Sodome que les jours de suprême nécessité […] par ces temps où la faim fait sortir le loup du bois. C'est dire que tout se passerait, en somme comme à Londres, à Berlin, à Rome, à Petrograd ou à Paris. » Mais il a souligné, quelques lignes plus haut : « Certes, ils forment dans tous les pays une colonie orientale, cultivée, musicienne, médisante, qui a des qualités charmantes et d'insupportables défauts [258]. »

Il y a d'un côté l'évidence souterraine et secrète d'un collectif (la « race maudite ») dont les membres se reconnaissent immédiatement à des signes qu'eux seuls savent déchiffrer : ils forment, écrit Proust, « une franc-maçonnerie bien plus étendue, plus efficace et moins soupçonnée que celle des loges, car elle repose sur une identité de goûts, de besoins, d'habitudes, de dangers, d'apprentissage, de savoir, de trafic, de glossaire et dans laquelle les membres mêmes qui souhaitent ne pas se connaître, aussitôt se reconnaissent à des signes naturels ou de convention, involontaires ou voulus, qui signalent un de ses semblables au mendiant dans le grand seigneur à qui il ferme la portière de la voiture, au père dans le fiancé de sa fille [259]… ». Mais il y a, d'un autre côté, la volonté de chacun des « adhérents » de cette « franc-maçonnerie » de s'en distinguer et de s'en désolidariser : « Se fuyant les uns les autres », ils « se plaignent eux-mêmes d'être plutôt trop nombreux que trop peu [260] ». Ces propos semblent contredire ce que Proust écrit dans les mêmes pages sur les homosexuels qui s'agrègent en des cercles d'amitié qui se réunissent dans les cafés et qu'il compare, on l'a vu, à des « organisations professionnelles » ou politiques. Mais, loin d'être contradictoire, cela souligne d'une part qu'il existe une variété de « types » homosexuels ou en tout cas de « comportements » adoptés par les homosexuels (depuis ceux qui essaient de se cacher totalement jusqu'aux « extrémistes » qui « gloussent » dans les cafés en passant par ceux qui mènent une double vie, qui « se sont fait deux sociétés dont la seconde est composée exclusivement d'êtres pareils à eux [261] »), et, d'autre part, que cette « typologie », ces « comportements » qui différencient les individus, passent également à l'intérieur de chacun d'eux comme des élans contradictoires qui écartèlent la conscience et produisent cette faille dont nous avons parlé plus haut.

On trouve donc, chez Proust, à la fois l'idée qu'un homosexuel fait tout pour se dissocier des autres en essayant, autant que faire se peut, de cacher ce qu'il est (Saint Loup frappant un homme qui l'a abordé sur les Champs-Élysées alors qu'on apprendra plus tard qu'il fréquente le bordel de Jupien), tout en appartenant, parfois volontairement, parfois malgré lui, mais dans les deux cas de manière inéluctable, à un ensemble qu'il forme avec les autres, à un « collectif », une « race » [262].

Comme l'a très bien vu Proust, la mobilisation gay (le « mouvement sodomiste » dont il récuse l'utilité ou même la possibilité, puisqu'il pense que la volonté de se dissocier est plus forte que la nécessité de s'assembler et donc, *a fortiori*, la volonté de se rassembler) n'est qu'une reprise à un niveau conscient et délibéré d'un « collectif » qui préexiste et qui unit les homosexuels malgré eux, et qui, par exemple, en dépit de leur volonté de ne pas être assimilés à leurs « semblables », les réunit pourtant dans un mouvement de « sympathie » dans « les jours de grande infortune », c'est-à-dire au moment où la répression s'abat sur l'un d'eux, « comme les Juifs autour de Dreyfus [263] ».

C'est précisément ce passage d'un « collectif », qui n'existe que dans la « dispersion » de ceux qui le constituent, à un « groupe » voulu comme tel et dont les membres sont animés par un projet commun, que Sartre analyse dans la *Critique de la raison dialectique*. Il le définit comme le passage de la « sérialité » au « groupe en fusion » [264]. Pour expliquer ce qu'est la « sérialité », Sartre donne l'exemple des individus qui attendent l'autobus. Ils sont seuls les uns à côté des autres, et tous ces individus sont englués dans le « pratico-inerte », c'est-à-dire dans l'histoire sédimentée qui a fait le monde qui les entoure et les constitue comme ce qu'ils sont. Mais cela ne signifie pas qu'ils sont totalement séparés les uns des autres, puisqu'ils sont unis l'un à l'autre par un lien d'extériorité qui constitue chaque individu comme Autre pour les autres, parce qu'ils habitent un même quartier, une même ville, ou par le fait qu'ils se rendent tous sur leur lieu de travail… Chacun existe pour l'autre dans un rapport d'unité, mais sans que celle-ci soit voulue ou choisie, puisqu'elle est produite par l'histoire objectivée dans la matérialité de la ville (ou des métiers, etc.). Par conséquent, ces individus sont situés de la même manière dans le monde et sont reliés les uns aux autres, mais dans la passivité. Ils constituent ce que Sartre appelle un « collectif ».

Pour faire comprendre ce qu'est un « collectif », Sartre prend, comme toujours, l'exemple des Juifs :

> En fait l'être-juif de chaque Juif dans une société hostile qui les persécute, les insulte et s'ouvre à eux quelquefois pour les rejeter aussitôt ne peut être le seul rapport de chaque Israélite avec la société raciste et antisémite qui l'entoure ; c'est ce rapport en tant qu'il est vécu par chaque Israélite dans sa relation directe ou indirecte à tous les autres Juifs et en tant qu'il le constitue par eux tous comme Autre et le met en danger dans et par les Autres […]. *Le Juif*, loin d'être le type commun à chaque exemplaire séparé, représente au contraire le perpétuel *hors-de-soi-dans-l'autre* des membres de ce groupement pratico-inerte (je le nomme tel en tant qu'il existe dans les sociétés à majorité non juive et en tant que chaque enfant – même s'il le revendique ensuite dans la fierté et par une pratique concertée – doit d'abord *subir* son statut) [265].

Le « collectif », c'est l'unité passive, constituée par l'histoire objectivée, d'un ensemble d'individus. C'est une unité subie. Il ne s'agit donc pas de penser que tous les homosexuels (pas plus que tous les Juifs) sont « identiques » les uns aux autres, ou qu'ils sont les représentants singuliers d'un type commun, mais qu'ils sont reliés les uns aux autres (malgré toutes leurs différences, et peut-être même à cause de toutes leurs différences) par la médiation du rapport vécu de chacun avec la société homophobe et qui constitue chaque gay comme un « être-hors-de-soi-dans-l'autre », puisque chaque gay (comme chaque Juif) est ce qui constitue pour un autre gay le surnombre perçu comme une menace par la société antisémite ou homophobe. La « sérialité » qui isole les individus n'est pas le contraire de l'appartenance à un « collectif » au sens où l'entend Sartre. Elle est le mode d'être du « collectif » : les individus en tant qu'ils sont atomisés par la situation « sérielle » sont aussi unis entre eux par cette situation qui les fait exister dans l'unité subie que leur annonce de l'extérieur l'ordre matériel des choses, l'ordre social, culturel, racial ou sexuel. Le « collectif » est donc un « ensemble pratique » qui existe malgré les individus qu'il unit et qui peuvent – dans une certaine mesure – ne pas avoir conscience de son existence. Ou en refuser jusqu'à la possibilité. Car ce n'est pas seulement la « sérialité » objective qui atomise les individus, c'est aussi la « pensée sérielle », la pensée spontanée ou élaborée qui présente l'individu comme étant nécessairement séparé des autres, autonome et sans lien avec eux. C'est une « pensée » qui maintient les individus dans l'isolement et fait obstacle à l'action collective (au sens courant du terme) et à la conscience collective de soi [266].

La « pensée sérielle » est une pensée de l'oppression, puisqu'elle tient que les individus ne sont que des individus et n'ont aucun intérêt collectif – et donc aucune raison de se mobiliser en tant que groupe. C'est une pensée qui promeut et encourage la résignation. Il faut, dit Sartre, l'appeler une « pensée d'impuissance », que l'individu produit – ou accepte – en tant qu'il est « ennemi de lui-même » [267]. Et, comme le dit encore si justement Sartre, on ne réfute pas cette « pensée sérielle » dans le cadre d'une discussion rationnelle, car elle n'est pas un ensemble cohérent d'arguments auxquels il serait possible d'opposer d'autres arguments. Elle n'est qu'un obstacle idéologique que l'on dépasse dans l'action. Le « groupe » prend forme lorsque le mécontentement et la revendication dissolvent les frontières qui séparent les individus les uns des autres, et les font « fusionner » dans un mouvement de mobilisation animé par un projet commun. La vulnérabilité, la faiblesse des individus isolés laisse alors la place à une force qui donne aux individus la possibilité de prendre en main, ne serait-ce que partiellement, ne serait-ce que momentanément, leur propre destin. Le passage de la « sérialité » au « groupe en fusion » opère donc comme un « refus de l'aliénation »[268]. La mobilisation collective, qui constitue le « groupe », ce que Sartre appelle le « groupe en fusion », arrache les individus à la « sérialité » et transforme leur rapport à l'histoire : d'êtres façonnés et agis par les structures, ils se transforment en êtres agissant sur elles. Cela implique de reconnaître l'autre dans un rapport de « réciprocité » et d'intériorité, de choisir le lien qui m'unit à lui, alors que, jusque-là, dans le « collectif » (au sens particulier que Sartre donne à ce terme, en l'opposant au « groupe »), ce lien m'était annoncé et imposé de l'extérieur.

✎ Il est bien évident cependant que la distinction entre le « groupe » et le « collectif » ne saurait définir, la plupart du temps, que des réalités théoriques (des points extrêmes) qu'il faut distinguer pour l'analyse, et non pas des réalités concrètes. Les « ensembles pratiques » dont parle Sartre sont très rarement, sauf situation historique exceptionnelle, tout l'un ou tout l'autre. Il y a déjà du « groupe » dans toute unité sérielle (car il y a déjà eu des livres, des discours, des luttes, des organisations, des prises de conscience). Mais il y a également toujours du « sériel » dans le « groupe », puisque la mobilisation, lorsqu'elle surgit ou se développe, ne concerne évidemment pas l'ensemble des individus reliés dans le « collectif » passif du pratico-inerte ; mais aussi, et, c'est peut-être plus important encore, puisque le « sériel » (en tant que « collectif » qui préexiste) est toujours à la fois ce que le « groupe » doit dépasser mais aussi ce sur quoi il se fonde. On peut donc dire de tout « groupe » qu'il est hanté par la « sérialité », de la même manière que la sérialité est hantée par le « groupe » qui coexiste avec elle et tend à la transformer [269]. C'est particulièrement vrai pour « l'ensemble » que forment les gays, dans la mesure où il a existé sous la forme d'un « collectif » sériel pendant très longtemps, au sens où les individus étaient séparés les uns des autres quoique reliés les uns aux autres par la médiation de leur rapport commun à la société homophobe, alors même que le « groupe » n'était la plupart du temps qu'une potentialité qui s'incarnait dans des mouvements très minoritaires. Et qu'il y a toujours eu, chaque fois que la possibilité du « groupe » est devenue réalité, une « rechute » dans la sérialité du « collectif », car la mobilisation ne peut jamais être permanente.

✎ Sartre considère les mouvements de l'affirmation culturelle ou de la revendication minoritaire comme la manifestation d'un « stade éthique de la révolte ». Ou bien comme le moment de la « dignité » [270]. Ce qui laisse entendre que ce n'est qu'une étape qui sera un jour dépassée. La réappropriation de soi-même déboucherait donc sur une étape ultérieure et supérieure que Sartre appelle l'« universalisme », dans lequel l'« homme » apparaîtrait dans sa « nudité », c'est-à-dire sans déterminations sociales, sexuelles ou raciales. Sartre le dit très clairement dans son texte de 1948 sur la « négritude », où il décrit le poète noir, et plus généralement l'homme de couleur, comme « celui qui marche sur une crête entre le particularisme passé qu'il vient de gravir et l'universalisme futur qui sera le crépuscule de sa négritude : celui qui vit jusqu'au bout le particularisme pour y trouver l'aurore de l'universel [271] ».

L'utopie sartrienne est étonnante, et seule sa foi de l'époque dans la révolution à venir et dans les promesses d'une société « socialiste » permet de la comprendre. Il est bien évident qu'elle n'a guère de sens. Il fallait être aveuglé par un enthousiasme bien peu réaliste pour penser que « humiliés, offensés, les Noirs fouillent au plus profond d'eux-mêmes pour retrouver leur plus secret orgueil, et quand ils l'ont enfin rencontré, cet orgueil se conteste lui-même : par une générosité suprême, ils l'abandonnent [272] ». Le rêve d'un monde meilleur débarrassé du racisme, de l'antisémitisme et de l'homophobie est évidemment à ranger, avec « l'impossible salut » que Sartre évoque dans *Les Mots*, au « magasin des accessoires [273] ». Il n'y a pas de stade ultime d'un monde réunifié dans l'indifférenciation après la « révolte » des « groupes » qui s'affirment comme tels, pas plus qu'il n'y a d'au-delà de la « dignité » et de la « fierté ». Dignité et fierté doivent se réaffirmer sans cesse et ne sauraient être dépassées dans une improbable « fin de l'histoire » qui verrait se réaliser la réconciliation générale dans l'universalité et l'indétermination. Au contraire, le « stade éthique » est sans cesse à réactiver, et la révolte à recommencer. Et si l'un et l'autre finissent toujours par s'estomper ou se dissoudre, ce n'est pas parce que le racisme ou l'homophobie régressent mais parce que les mobilisations, fatalement, retombent.

🖉 On pourrait s'interroger sur l'oscillation historique entre les moments d'activisme et de mobilisation politique et les moments de retombée de cette activité. Albert Hirschman a étudié l'alternance de ces cycles d'engagement dans les « passions publiques » et de repli sur soi dans le « bonheur privé » [274]. C'est vrai en général : on peut penser par exemple que les années qui ont précédé et suivi Mai 68 ont été, globalement, l'une des périodes caractéristiques de cette montée en puissance de l'engagement. Mais c'est vrai aussi pour chaque catégorie, pour chaque groupe, selon sa temporalité propre qui ne coïncide que partiellement avec la temporalité générale. Aucun groupe, aucune catégorie ne peut se tenir en éveil en permanence, et le « repli » est donc presque inévitable. De surcroît, les acquis d'un mouvement sont l'un des principaux facteurs de sa démobilisation.

On peut ainsi admettre avec Barry D. Adam que l'une des raisons qui expliquent, dans certaines périodes ou dans certains pays, l'absence d'un mouvement politique gay et lesbien très puissant, tient précisément au fait qu'une vie « subculturelle » s'y est développée et a rendu peu nécessaire, aux yeux de la grande majorité des homosexuels, d'agir pour obtenir de nouvelles avancées juridiques et sociales, puisque ce qui leur importait était de pouvoir aller dans les bars, les cafés, les restaurants [275]... Mais il faudrait nuancer cet aperçu historique dans la mesure où la vie subculturelle peut, à l'inverse, être le point d'appui d'une mobilisation (on pourrait prendre comme exemple la force de la Lesbian and Gay Pride en France au cours des dernières années alors même que le mouvement gay et lesbien y était très peu développé ; ou le surgissement, au début des années quatre-vingt, du sein même de la vie subculturelle, des principaux acteurs de la mobilisation contre le sida alors qu'un certain nombre de ceux qui incarnaient le pôle militant ne comprirent que fort tard l'urgence de ce combat). À l'échelle historique, on peut même penser que la constitution d'une conscience collective, sans laquelle les mobilisations politiques n'auraient pas été possibles, s'est développée en grande partie grâce à l'expérience partagée de la vie subculturelle [276].

🖉 La retombée du « groupe en fusion » dans le « pratico-inerte » guette évidemment tous les mouvements et semble même inévitable. Elle peut prendre la forme d'un retour à la dispersion ou bien d'une institutionnalisation de ce qui avait été une mobilisation. Mais cela n'enlève rien à l'importance d'un mouvement et au geste libérateur qu'il a constitué. Il est certain que l'ensemble des phénomènes un peu disparates que l'on peut décrire comme un « mouvement gay et lesbien », au sens très vague, très imprécis du terme, c'est-à-dire le processus de la visibilité collective, de l'affirmation homosexuelle, de l'autonomie des discours et des codes sexuels et culturels, de la « resubjectivation » individuelle et collective (au sens de se produire comme sujets de soi-même, comme subjectivités réinventées), est toujours et nécessairement menacé par cette retombée dans un « pratico-inerte » qui signifie que les individus se séparent à nouveau et oublient la « mobilisation, » soit pour en revenir à la pensée sérielle sur eux-mêmes (avec pour conséquence la démobilisation, le reflux de la vague, les associations qui se vident de leurs militants, etc.), soit en se contentant d'abandonner à l'institutionnalisation ce qui était une dynamique. C'est assurément le cas dans ces quartiers où se concentrent les commerces gays, où s'étalent à l'envi l'emprise de la mode, le culte de la jeunesse, de la beauté, de la virilité, et où se reforment et se reformulent les modalités de l'exclusion de tout ce qui se situe en dehors de ces normes. Et il serait intéressant de dresser le répertoire des insultes qui circulent à l'intérieur de cet espace et qui montrent que les victimes d'une forme d'oppression ne sont pas nécessairement les derniers à reprendre à leur compte toutes les autres formes : racisme, misogynie, âgisme, etc. La haine des « vieux », par exemple, semble être l'un des schèmes structurants des conversations à l'intérieur du milieu gay dans la mesure où la sexualisation potentielle des rapports entre les individus conduit à parler en termes méprisants et insultants de tous ceux qui n'ont plus de valeur sur ce qu'il faut bien appeler un marché sexuel. On doit d'ailleurs s'interroger sur le fait, si frappant, que la participation à ce monde gay, à cette « scène gay », est finalement presque toujours provisoire et que les individus s'en retirent plus ou moins complètement une fois passé l'âge de 40 ans, comme l'a fait remarquer Michaël Pollack.

Néanmoins, il conviendrait de se demander si les quartiers gays, la vie subculturelle, appartiennent au « collectif », au sens sartrien, c'est-à-dire s'ils tendent vers la « sérialité », ou s'ils sont plutôt, ou en même temps, un des modes d'affirmation de soi du « groupe ». Ce qu'on appelle le « mouvement » gay ou la « communauté » gay sont des réalités qui ne se laissent pas facilement saisir par l'analyse, et encore moins bien sûr par les considérations réductrices de la *doxa* journalistique dont les grossières catégories de pensée en « isme » (« communautarisme », « séparatisme », etc.) ont toutes les chances de laisser échapper complètement la nature de phénomènes aussi complexes.

Dans ce qu'on peut aujourd'hui considérer comme le mouvement d'affirmation homosexuelle, on doit ranger des réalités aussi disparates que l'existence d'associations militantes (ou culturelles, sportives...), de journaux (du bulletin politique à la feuille pornographique), de quartiers où se concentrent des commerces et des bars (mais aussi des librairies), de colloques, de festivals de cinéma, etc., dont les publics ne se recoupent pas nécessairement : on peut aller tous les soirs dans un bar gay et détester la Lesbian and Gay Pride, on peut lire un journal pornographique et ne pas apprécier la presse militante, etc. Ou l'inverse. Ou faire tout cela à la fois. La multiplication des commerces (boutiques de vêtements, etc.) est ainsi perçue par les gays les plus militants comme une régression dans l'univers de l'argent, et même comme une accablante fatalité de la futilité qui s'oppose à toute perspective de mobilisation et à toute prise de conscience politique (avec les accusations de capitalisme gay, de « gay business », et le rejet des *fashion victims* qui le font vivre). Elle peut être dénoncée en même temps par les adversaires du mouvement gay comme l'incarnation même de ce qu'ils appellent le « communautarisme », mot dont le « isme » implique pourtant l'action volontaire, réfléchie, inspirée par une démarche politique ou idéologique. Dans un cas on regrette l'englument dans le « pratico-inerte », dans l'autre on agite l'épouvantail du « groupe » mobilisé. Or il est fort probable que les deux propositions soient vraies en même temps (et donc fausses en même temps), et que l'imbrication permanente du « collectif » et du « groupe », le fait qu'il y a toujours du « groupe » dans le « collectif » et du « collectif » dans le « groupe », oblige à repenser les catégories sous lesquelles on appréhende ces réalités. Afin, par exemple, de décrire le « groupe » autant comme créateur de « modes de vie » que comme une action proprement politique ou culturelle.

Ainsi, les effets, que l'on peut juger aliénants, de la « commercialisation » ne doivent pas faire oublier que la constitution d'un milieu gay, d'un « monde gay », fut au départ – et reste fondamentalement – génératrice de libertés. Et ce d'autant plus que, comme le montre le livre de George Chauncey sur New York, les lieux de commerce (bars, saloons, restaurants, salles de bal, etc.) ont toujours été, dans l'histoire de l'homosexualité, le vecteur de la sociabilité, de la culture, des modes de vie qui ne pouvaient se développer que dans leurs cadres. C'est ainsi que les espaces de liberté ont très souvent, et même presque toujours, été des endroits commerciaux [277]. Certes, ces derniers prolifèrent aujourd'hui, et par conséquent les effets d'uniformité qu'ils produisent immanquablement (à travers les modes vestimentaires, les manières de se coiffer, de parler) se sont répandus à une plus vaste échelle. Mais les cheveux ras, les jeans délavés et les chaussures de chantier aujourd'hui portés par les gays à Paris, à Londres ou à Berlin sont-ils si différents, dans leur signification culturelle et sexuelle, des chaussures en daim portées dans l'Angleterre des années vingt ou des cravates rouges dans l'Amérique de la même époque [278] ?

On pourrait d'ailleurs faire remarquer au passage que personne, parmi ceux qui dénoncent les mécanismes de l'« uniformité » et de l'« identification », n'est obligé de s'y soumettre. En outre, l'identification n'est pas synonyme d'uniformité, et il est vraiment difficile de comprendre qu'on parle tant d'uniformité quand on a sous les yeux la variété des « types » homosexuels qui sont rendus « publics » par la visibilité. Il y a toujours quelque chose de fastidieux à entendre ces lamentations contre l'« uniformité », surtout quand elles proviennent de ceux qui passent leur temps dans les endroits qu'ils prétendent détester. L'« aliénation » symbolisée par ce qui est aujourd'hui dénoncé comme l'« uniformité gay » ou le « communautarisme gay » est de toute façon préférable, car *choisie* et donc toujours plus ou moins maîtrisée, à celle imposée par la honte et l'obligation du « placard ». Et l'on ne peut s'empêcher de se demander si cette dénonciation rituelle et éminemment conformiste n'est pas un effet persistant de l'éternelle double conscience par laquelle les gays sont toujours amenés, quelles que soient les circonstances, à reproduire la haine de l'homosexualité en soi et en l'autre. Sommes-nous, dans ce cas, si loin des descriptions de Proust, qui écrivait déjà qu'il y a un « anti-homosexuel au fond de tout homosexuel », et qui évoquait ces « invertis » « pleins de mépris et d'outrages » pour les représentants les plus visibles de la « race » à laquelle ils appartiennent [279] ? La permanence de ces traits psychologiques, le fait qu'ils n'aient aujourd'hui rien perdu de leur vigueur, montre que l'homophobie intériorisée peut se reproduire et se démultiplier à l'infini (la haine de soi prenant la forme de la haine de l'autre homosexuel auquel on a honte de pouvoir être identifié), malgré toutes les transformations qui ont marqué le siècle.

🖉 La tension existera toujours entre la rechute dans « l'en-soi » et l'aventure renouvelée du « groupe » conscient de lui-même et dont les réalisations historiques ont rendu possibles les processus de « resubjectivation » dans lesquels s'inventent des individus libres et autonomes. Il n'y a donc pas lieu de choisir entre l'identification au groupe et le refus de l'identification au nom de l'individu. Mais de choisir l'identification pour autant qu'elle est porteuse d'émancipation et d'autonomie individuelle. Et de la refuser dès lors qu'elle devient génératrice d'aliénation et de conformisme. Cela ne signifie d'ailleurs pas que ce sont là deux moments distincts : l'identification et la désidentification peuvent être contemporaines l'une de l'autre. Exister l'une par l'autre. Puisqu'il s'agit de reprendre l'acte de liberté là où d'autres l'ont amené, mais là où d'autres, aussi, l'ont laissé. Et de ranimer, inlassablement, le processus de création et de recréation de soi-même. Il y a toujours de nouvelles batailles à inventer là où nous sommes entourés par des réalisations qui furent des conquêtes et qui sont désormais devenues ce que Sartre appelle de « vieilles victoires pourries [280] ».

Deuxième partie

SPECTRES DE WILDE

> Ils sont toujours là les spectres, même s'ils n'existent pas, même s'ils ne sont plus, même s'ils ne sont pas encore.
>
> Jacques DERRIDA

1
Comment naissent
les « pédérastes arrogants »

La scène se passe en 1895. À la fin de son procès, Oscar Wilde, assommé par la sentence, balbutie quelques mots à l'attention du juge qui vient de le condamner à deux ans de travaux forcés : « *And I, may I say nothing, my Lord ?* » (« Et moi, monsieur, me permettrez-vous de dire quelque chose ? ») Le magistrat ne prendra pas la peine de lui répondre. Quelques instants auparavant, il a regretté que la peine maximale prévue par la loi pour punir le crime de « grave immoralité » ne soit pas plus sévère. Il se contente de faire un geste de la main pour indiquer aux gardes qu'ils peuvent emmener le prisonnier.

Il n'est pas certain que cette scène racontée par Montgomery Hyde, s'inspirant de certains journaux et témoignages de l'époque, soit tout à fait authentique. Dans sa biographie classique de Wilde, Richard Ellmann l'évoque lui aussi, mais avec quelques réserves, et il signale que les sources divergent sur ces dernières paroles [281].

Mais peu importe, au fond, que Wilde ait prononcé ou non cette phrase, puisque la signification générale de sa condamnation est incontestable : il s'agissait bel et bien de le faire taire, de lui ôter le droit à la parole. Il s'agissait de réduire au silence cette voix dont on ne voulait pas qu'elle puisse être une voix homosexuelle, ou qu'elle puisse apparaître comme telle au grand jour. Sa carrière et sa vie allaient être brisées par ces deux années d'un régime carcéral extrêmement pénible. Et de fait, il n'écrivit plus rien, en dehors de la *Ballade de la geôle de Reading* et de sa longue et bouleversante lettre à Alfred Douglas, écrite pendant sa détention et connue aujourd'hui sous le titre *De Profundis*. Il est mort trois ans après sa sortie de prison, à l'âge de 46 ans.

🖉 Au commencement du processus qui allait mener Wilde à sa perte, il y eut une injure. Le père de son amant Alfred Douglas avait déposé à son club une carte sur laquelle il avait écrit : « *Oscar Wilde, posing as a somdomite* [*sic*]. » Et Wilde, en un geste de folie, avait décidé de le poursuivre en diffamation. Comment avait-il pu oublier que l'injure contre ceux qui s'écartent de la norme est soutenue par toutes les institutions de l'ordre social ? Cet ordre qu'il avait défié et qui allait se rappeler à lui. Il le dira dans *De Profundis* : « Bien sûr, une fois que j'eus mis en mouvement les forces de la Société, la Société se tourna vers moi et me dit : "Avez-vous vécu tout ce temps en défiant mes lois pour en appeler maintenant à la protection de ces lois ? Eh bien ces lois vont s'appliquer pleinement. Et vous devrez vous soumettre à ce à quoi vous en avez appelé" [282]. » Mais Wilde avait-il un autre choix contre un homme qui répandait à son égard des insultes dans tout Londres ? Comme il l'écrit dans le même texte, réagir aux insultes, c'était se « ruiner », n'y pas réagir, c'était se « ruiner aussi » [283].

🖉 Mais que sait-on des autres ? Je veux dire de tous ceux qui se savaient « coupables » eux aussi de « grave immoralité » ? Wilde insulté par tous les journaux, Wilde jugé, Wilde jeté en prison… On peut aisément concevoir quels sentiments ils durent alors éprouver en suivant au jour le jour les comptes rendus d'audience jusqu'au verdict final. Et en voyant ainsi piétiner par la justice et les représentants de l'ordre social ce qui constituait leur être même : leur sexualité, leurs amours, leurs aspirations, leurs modes de vie parfois, et, pour certains, leur culture. L'injure est collective. Les invectives et les caricatures, les plaisanteries grossières, les rires, le mépris, toute cette boue charriée par la presse... cela s'adressait à eux aussi. On imagine quel fut leur effroi. Et leur sentiment de solidarité, peut-être, avec le réprouvé, le soulagement aussi d'avoir échappé au châtiment, d'être passé au travers des mailles du filet, d'avoir survécu. Songez : deux ans de travaux forcés ! Comme leur volonté de se faire discrets, de se faire oublier, a dû être forte à ce moment-là. Mais...

Mais peut-être aussi, comme le remarque Neil Bartlett, cette condamnation leur fit-elle prendre conscience qu'ils n'étaient pas seuls au monde. Peut-être leur offrit-elle ce qu'il faut bien appeler des modèles et des points de repère [284] ? En tout cas, elle faisait entrer l'homosexualité sur la scène publique, la faisait accéder à la visibilité, à l'ordre du discours, même si c'était par et dans le discours de l'ordre. Il est possible que pour nombre de ceux qui se sentirent victimes eux aussi de ce verdict, les effets ne furent pas, ou pas seulement, ceux recherchés par les forces de la répression. Car les grands procès qui marquèrent la fin du XIXe et le début du XXe siècle se transformèrent également en moments clés dans la constitution d'une conscience de soi et d'une conscience collective de soi de ceux dont l'existence s'écartait des droits chemins de la normalité sexuelle. On l'a vu dans la première partie de ce livre : l'injure dans la vie quotidienne des gays et lesbiennes d'aujourd'hui et la structure de l'ordre sexuel dont elle est le symptôme sont des facteurs déterminants de l'« assujettissement » (la subjectivité produite comme sujétion) mais aussi, et en même temps, de la possible et nécessaire subjectivation (la réinvention de la subjectivité comme conscience autonome). De même, l'injure historique qu'a représenté le discours homophobe et son inscription dans l'ordre social, juridique et culturel ont été les vecteurs de la création d'un contre-discours, d'une parole autonome, qui ont fait émerger et exister tout au long des décennies suivantes une conscience de soi et une mémoire collective.

La condamnation d'Oscar Wilde a provoqué un véritable ébranlement des consciences, et son nom deviendra très vite, pour nombre d'homosexuels, masculins en tout cas, le symbole à la fois de la culture gay et de la répression qu'elle suscite immanquablement dès qu'elle s'efforce d'apparaître au grand jour. « Oscar » devint un mot pour accuser quelqu'un d'homosexualité (« c'est un Oscar »), mais « Wilde » fut aussi une manière pour les homosexuels de se désigner eux-mêmes et de se penser comme tels. Le héros du roman de Forster, *Maurice*, ne sait pas comment s'exprimer devant le médecin à qui il vient demander conseil. Aussi lui dit-il : « Je suis un innommable du genre d'Oscar Wilde. » Grâce à la référence à Wilde, Maurice peut nommer ce qu'il est tout en disant que cela n'est pas nommable [285]. Ainsi, le nom de Wilde, la figure de Wilde, ont joué un rôle considérable dans la constitution de la culture gay, mais également lesbienne, au XXe siècle. C'est son exemple, celui de ses livres, de sa vie, de son calvaire, qui inspira des personnalités aussi différentes que le fondateur du mouvement gay allemand Magnus Hirschfeld ou des écrivains comme Virginia Woolf et tant d'autres encore [286].

La personnalité de Wilde et sa fin tragique ont obsédé des auteurs comme Gide ou Proust, et, à bien des égards, ont été déterminantes dans la définition de leurs projets littéraires. Tout indique, en effet, que le désir tenace d'André Gide d'écrire une « défense » de ses goûts sexuels est étroitement lié à ses rencontres avec Wilde et au destin de ce dernier. Il est attesté que Gide a commencé de constituer, au début de l'année 1895, au moment des procès et de la condamnation de Wilde, un dossier intitulé « Pédérastie », dans lequel il s'est mis à rassembler des coupures de presse et ses réflexions à ce sujet [287]. Il avait fort bien connu Wilde à Paris en 1891, et l'avait revu au tout début de l'année 1895, lors de ce fameux voyage en Algérie qu'il a raconté vingt-cinq ans plus tard dans *Si le grain ne meurt*, tout vibrant encore de l'émotion ressentie lors de sa nuit d'étreintes avec le « petit musicien » Mohammed, que Wilde lui avait littéralement mis dans les bras. C'était quelques semaines seulement avant que Wilde ne soit condamné [288]. Lorsque Wilde sortira de prison en 1897 et viendra s'installer dans une station balnéaire de Haute-Normandie, Gide voudra être le premier à le revoir et s'y précipitera aussitôt qu'il aura réussi à obtenir son adresse [289]. À sa mort, il écrira un bel « In Memoriam » dans lequel il évoquera l'effet profondément déstabilisateur qu'exerça sur lui la fréquentation de Wilde [290]. La critique homophobe n'a d'ailleurs jamais manqué d'attribuer à la mauvaise influence de Wilde le fait que Gide ait commencé d'assumer et de revendiquer son homosexualité. Dans le livre qu'il a consacré à *La Jeunesse d'André Gide*, le psychiatre Jean Delay cite les lettres dans lesquelles Gide dit à sa mère à quel point il est subjugué par Wilde et Douglas, et il assène son diagnostic : « On ne prétend certes pas que s'il n'eût point rencontré Wilde, Gide ne fût pas devenu homosexuel, mais il est vraisemblable qu'il n'eût pas de sitôt intérieurement adopté l'attitude du pédéraste arrogant, décidé à revendiquer son anomalie comme sa norme. Le moment où il commença de penser que ce qu'il tenait jusqu'alors pour une infériorité pourrait représenter ou être représenté comme une supériorité, se situe très précisément après la rencontre de Wilde en Algérie [291]. »

Cela n'est pas tout à fait faux : il suffit de le traduire en langage positif pour que ce propos hostile en vienne à signifier tout simplement que la fréquentation de Wilde a libéré Gide du sentiment de culpabilité et d'infériorité qui l'étreignait. Et le procès et la condamnation de son ami lui ont fait comprendre qu'il n'était pas si simple de s'affranchir de la pression sociale. Il a voulu y réfléchir, s'est demandé comment parler de l'homosexualité. Et dès 1902 il donnera *L'Immoraliste*. On voit donc que le projet « apologétique » de Gide s'ancre, en partie du moins, car il ne faut pas négliger sa propre pulsion à se « confesser », dans la blessure provoquée en lui par le triste sort d'Oscar Wilde. Et c'est après un autre procès, un autre scandale homosexuel, qu'il entreprit d'écrire *Corydon* : l'affaire Eulenburg, qui se déchaîna en Allemagne en 1908 [292].

En ouvrant le livre de Gide, nous nous trouvons en effet plongés dans l'histoire de l'homosexualité : le procès d'Oscar Wilde en Angleterre, l'affaire Eulenburg, le suicide de Krupp en Allemagne... Tout indique que Gide a suivi avec une très grande attention les procès Eulenburg et que cette « affaire » fut un des éléments déclencheurs du sentiment de nécessité qui le poussa à écrire ce plaidoyer. C'est à ce moment-là, en 1908, qu'il en rédigea une bonne partie. Et une première édition de douze exemplaires fut publiée en 1911. Dès la première page de l'ouvrage, le narrateur, porte-parole du sens commun, fait allusion à ce procès, mais sans en donner la date précise : « En l'an 190., un scandaleux procès remit sur le tapis une fois encore l'irritante question de l'uranisme. Dans les salons et les cafés, huit jours durant, on ne parla plus de rien d'autre [293]. » Dans une version antérieure, Gide avait écrit : « L'an 189., un scandaleux procès remit sur le tapis une fois encore l'irritante question de l'uranisme [294]. » La date qu'il avait initialement prévu d'indiquer était donc celle du procès de Wilde.

C'est aussi cette affaire Eulenburg et son énorme retentissement dans la presse, et plus généralement dans la culture européenne, qui cristallisèrent dans l'imagination de Proust l'idée d'un projet romanesque qui tournerait autour de la race maudite des invertis [295]. Dans le « carnet » de 1908, Proust mentionne, parmi les fils conducteurs de son œuvre en gestation, « Balzac dans *Splendeurs et misères* » et « Eulenbourg » [296]. Telles sont les deux références majeures autour desquelles va s'élaborer l'idée initiale d'un livre dont il dira dans une lettre de 1909 à Alfred Valette, directeur du Mercure de France, qu'il est en train de le terminer et dont le titre provisoire, *Contre Sainte-Beuve. Souvenir d'une matinée*, ne doit pas, dit-il, dissimuler qu'il est un « véritable roman », et, précise-t-il, « un roman extrêmement impudique en certaines parties » dans la mesure où « un des personnages principaux est homosexuel [297] ».

Au point de départ de l'entreprise proustienne, il y a donc la rencontre d'un thème littéraire – le personnage de Vautrin chez Balzac, dont Charlus sera une sorte de réincarnation – et d'un scandale qui avait profondément marqué la conscience des contemporains. Il n'est donc pas étonnant qu'une version de 1912 du roman contienne des remarques croisées sur Balzac et sur l'affaire Eulenburg. Proust y rend le retentissement de l'affaire Eulenburg responsable de la diffusion en France du mot « homosexualité », qu'il juge « trop germanique et pédant », et auquel il préfère celui d'« inverti », faute de se sentir autorisé, on l'a vu, à reprendre celui de

Balzac : « tante [298] ». D'ailleurs, l'ébauche de l'essai théorique qu'il insérera ensuite dans les premières pages de *Sodome et Gomorrhe* s'intitulait à ce moment-là « La race des tantes [299] ».

Tout cela disparaîtra de la version finale. Mais des références à Balzac et à Eulenburg figurent bel et bien dans *Sodome et Gomorrhe*. Balzac d'abord : le baron de Charlus dit au narrateur : « Comment ! Vous ne connaissez pas *Les Illusions perdues* ? C'est si beau, le moment où Carlos Herrera demande le nom du château devant lequel passe sa calèche : c'est Rastignac, la demeure du jeune homme qu'il a aimé autrefois. Et l'abbé alors de tomber dans une rêverie que Swann appelait, ce qui était bien spirituel, la *Tristesse d'Olympio* de la pédérastie. Et la mort de Lucien ! Je ne me rappelle plus quel homme de goût avait eu cette réponse, à qui lui demandait quel événement l'avait le plus affligé dans sa vie : "La mort de Lucien de Rubempré dans *Splendeurs et misères*" [300]. » Il n'est peut-être pas inutile de remarquer au passage que « l'homme de goût » auquel Charlus fait allusion n'est autre qu'Oscar Wilde.

L'affaire Eulenburg ensuite. Charlus ne peut s'empêcher d'en parler – comme, de manière générale, il ne peut s'empêcher de parler de son « secret » et de tout ce qui lui permet de l'évoquer sans en avoir l'air. Et le voici donc lancé dans une tirade sur l'empereur d'Allemagne :

« "Comme homme, il est vil ; il a abandonné, livré, renié ses meilleurs amis dans des circonstances où son silence a été aussi misérable que le leur a été grand", continua M. de Charlus qui, emporté toujours sur sa pente, glissait vers l'affaire Eulenbourg et se rappelait le mot que lui avait dit l'un des inculpés les plus hauts placés : "Faut-il que l'empereur ait confiance en notre délicatesse pour avoir osé permettre un pareil procès ! Mais d'ailleurs il ne s'est pas trompé en ayant eu foi dans notre discrétion. Jusqu'à l'échafaud, nous aurions fermé la bouche" [301]. » Proust reprend donc à son compte, ou en tout cas attribue à Charlus, l'idée, couramment avancée à l'époque, selon laquelle l'empereur était lui-même homosexuel et avait laissé juger ses amis pour ne pas être impliqué ou découvert.

Proust a donc trouvé l'une de ses sources d'inspiration dans le scandale qui éclaboussa l'aristocrate allemand. Il aura certes d'autres modèles sur lesquels appuyer son travail d'élaboration et de création littéraires, par exemple – entre autres – le comte Robert de Montesquiou (qui, il faut le noter, avait déjà été l'un des modèles du livre de Huysmans *À Rebours*, paru en 1884 et qui exerça une influence majeure sur Oscar Wilde, comme on le verra plus loin [302]). Mais bien des thèmes qui vont s'entrecroiser dans *La Recherche* – la vie secrète et souterraine de la « secte » des « tantes », les liens d'un homme de la plus haute société avec des gens du peuple, la chute inexorable de celui qui s'est cru intouchable, etc. – ont été, d'une manière plus ou moins directe, inspirés à Proust par l'affaire Eulenburg et par tout ce qui s'est écrit sur elle dans les années qui ont suivi, autant que par sa fascination pour l'œuvre de Balzac, dans laquelle on trouve déjà cette volonté de décrire la vie réelle cachée sous la surface des choses.

Plusieurs livres avaient en effet paru sur cette série de procès allemands [303]. Proust eut d'abord l'idée d'écrire un article – « un essai sur la Pédérastie », dit-il, en précisant : « pas facile à publier » –, afin d'entrer dans le débat suscité par l'affaire Eulenburg [304]. Il en vint pourtant très vite à penser que l'« art » lui permettrait d'atteindre à une vérité plus haute que la simple description des faits de la vie réelle, et ce qui avait été conçu comme un article devint un projet de « nouvelle » [305]… Il n'est donc pas exagéré d'avancer que l'œuvre de Proust s'ancre, pour partie, dans sa volonté d'intervenir dans le débat sur l'homosexualité qu'avaient suscité ce moment de répression tonitruante et la prolifération de discours homophobes qui l'avait accompagné. Le thème de la « malédiction » homosexuelle se comprend mieux si on le replace dans ce contexte historique. Cette théorie transfigurée par le génie romanesque allait donner non seulement l'un des monuments de la littérature du XXe siècle, mais aussi l'un des livres clés de la culture homosexuelle. En tout cas un des livres qui ont joué un rôle décisif dans la perception collective de soi développée par les réprouvés et les maudits eux-mêmes. Ce qui n'était assurément pas le but recherché par ceux qui avaient condamné Oscar Wilde et hurlé contre Eulenburg...

Gide avait parfaitement conscience de ces paradoxes, et c'est sans doute avec une certaine malice qu'il fait dire au narrateur de *Corydon*, qui représente la voix des gens normaux :

> J'ai toujours pensé qu'on se trouvait bien à parler le moins possible de ces choses et que souvent elles n'existent que parce qu'un maladroit les divulgue. Outre qu'elles sont inélégantes à dire, quelques mauvais garnements seront là pour prendre en exemple précisément ce que l'on prétendait blâmer [306].

Gide sait bien qu'on ne devient pas homosexuel en lisant des journaux ou des livres. Mais il sait aussi que toute parole *contre* l'homosexualité est en même temps une parole *sur* l'homosexualité : elle est donc reçue avec une certaine avidité, une ferveur inquiète, par ceux qui entendent ainsi parler d'eux-mêmes et de leur « vice ». Tout énoncé public sur l'homosexualité trouve un écho immédiat et profond chez les homosexuels, tout simplement parce qu'il y est question d'eux, dans un monde où la réalité de leurs sentiments, de leur sexualité, de leurs personnalités est de l'ordre de l'indicible. On conçoit donc que les homosexuels (des deux sexes) se soient toujours jetés avec passion sur les ouvrages dans lesquels ils savaient qu'ils trouveraient une image d'eux-mêmes, si déformée, si sinistre soit-elle. Des personnages de films devinrent des images fétiches pour des hommes gays ou des femmes lesbiennes, même lorsqu'ils étaient immanquablement voués à ces destins tragiques et à ces morts violentes dont Vito Russo a donné d'édifiants exemples dans *The Celluloid Closet* : suicides, folies, accidents, lynchages (qu'on songe à *Soudain l'été dernier* de Mankiewicz), quand ils n'étaient pas présentés tout simplement comme des monstres. Même si la raison de leur monstruosité n'était pas clairement énoncée, le regard gay ou lesbien savait la déchiffrer derrières les masques et les indices. Caricaturer, ridiculiser, insulter les homosexuels et autres a-normaux – et pendant longtemps il n'y eut pas beaucoup d'autres discours publics sur eux qui soient disponibles ou accessibles –, c'était encore parler d'eux. Et parler d'eux, c'était aussi une manière de leur permettre de se reconnaître eux-mêmes, c'était leur donner le moyen d'échapper au sentiment, éprouvé par chacun d'eux, qu'il était seul au monde.

Les censeurs aussi l'ont compris. Et pas seulement ceux qui, dans les studios d'Hollywood, allaient s'efforcer pendant des années d'éliminer tout ce qui pouvait évoquer l'homosexualité, même si c'était pour la condamner. Cette lucidité avait déjà un long passé derrière elle. Dès la fin du XVIIIe et au début du XIXe, certains juristes avaient fait valoir qu'il valait mieux ne pas poursuivre devant les tribunaux ceux qui se livraient à des actes contre-nature, car la publicité donnée au scandale risquait d'avoir l'effet inverse de celui escompté. Il est fort possible, d'ailleurs, que telle ait été la raison pour laquelle les rapports sexuels entre partenaires du même sexe ne furent pas criminalisés par le code pénal français. Ce n'est sans doute pas (ou pas seulement), comme on l'a souvent dit, parce que Cambacérès était « homosexuel », encore moins parce que Napoléon aurait fait preuve d'une certaine tolérance à l'égard de l'homosexualité, mais bien plutôt parce que ce dernier craignait les effets incontrôlables de la publicité donnée à ces pratiques par des procès à répétition, que l'on décida d'éviter les procédures judiciaires et de privilégier les mesures de police (comme le bannissement) [307].

🖉 Si elle a souvent surgi en réaction à la répression, la parole homosexuelle, notamment dans la littérature, a toujours été, en retour, affrontée à une hostilité profonde, haineuse. Gide publiant *L'Immoraliste* puis *Si le grain ne meurt*, *Corydon* et *Les Faux-Monnayeurs* ne fut pas épargné par cette injonction de se taire, agrémentée, bien sûr, puisqu'il n'obtempérait pas, d'un déluge d'insultes, auxquelles il résista avec une obstination d'autant plus forte que sa gloire croissante l'y autorisait de plus en plus. Une bonne partie de son œuvre peut s'interpréter comme la lente maturation de son désir de parler de lui-même, de sa sexualité, de son affectivité. Il voulait dire qui il était. Le dire pour lui-même. Le dire pour venir en aide aux autres, à ceux qui n'étaient pas protégés, comme il l'était, par le statut d'écrivain célèbre [308]. Mais à chaque étape les attaques se firent plus violentes.

Dès lors, dans quelle mesure la parole homosexuelle pouvait-elle éviter d'être marquée de l'intérieur par l'hostilité qu'elle déclenchait ? Son contenu n'était-il pas nécessairement contraint et restreint par ces réactions, puisqu'elle pouvait les anticiper et se voyait donc amenée à se plier aux exigences d'une certaine prudence ? Et, plus fondamentalement, ce contenu n'a-t-il pas été défini, façonné par cette haine qui lui préexistait et l'attendait, prête à bondir ? La parole homosexuelle (les paroles, faudrait-il dire) s'est constituée dans un rapport essentiel à la violence qu'elle allait immanquablement déclencher. Eve Kosofsky Sedgwick n'a sans doute pas tort de souligner que l'homophobie a précédé historiquement, et peut-être structurellement, la constitution de l'identité homosexuelle moderne. En effet, écrit-elle, « si radicales qu'aient pu être les transformations de l'identité homosexuelle aux XVIIIe et XIXe siècles », ses évolutions contrastent étonnamment avec « la stabilité, la permanence de la thématique et des fondements idéologiques de l'homophobie[309] ». En tout cas, c'est face à cette homophobie toujours déjà là, face à cette haine la précédant toujours et se jetant systématiquement sur elle, qu'une parole homosexuelle a dû se frayer un chemin. Et puisque cette parole a été, la plupart du temps, un discours de légitimation et de justification autant qu'un discours d'affirmation, elle ne pouvait, dans l'immense majorité des cas, produire ses plaidoyers qu'en acceptant les termes qui lui étaient imposés et en essayant à la fois d'y répondre et de se les réapproprier ou d'en modifier le sens. C'est pourquoi l'homophobie et la parole homosexuelle sont intimement liées l'une à l'autre, imbriquées l'une dans l'autre. La parole homosexuelle n'a pu s'inventer, se faire jour que comme un « discours en retour », selon l'expression de Michel Foucault, c'est-à-dire en grande partie en reprenant à son compte les catégories de pensée qu'elle entendait combattre et qui la combattaient. Et elle a donc, bien souvent, diffusé ces catégories, ces images, ces représentations, et contribué à leur perpétuation.

Une véritable bataille s'est déroulée dans le domaine de la culture et de la littérature. Et non seulement ce qui s'est élaboré dans des livres a été déterminant dans la constitution du discours homosexuel contemporain, mais ce discours lui-même a joué un rôle capital dans la constitution de « l'identité homosexuelle » au XXe siècle, telle qu'elle a été construite et vécue par les homosexuels eux-mêmes (de manière fort diversifiée) mais aussi telle qu'elle a été perçue et combattue par les gardiens de l'ordre social et sexuel. Une fois encore, il faut suivre Eve Kosofsky Sedgwick lorsqu'elle écrit qu'un certain nombre de grands textes littéraires ont « façonné les termes d'une identité homosexuelle moderne ». Elle mentionne *Le Portrait de Dorian Gray*, le *Billy Budd* de Melville, et aussi, bien sûr, Proust et *À la Recherche du temps perdu*, ainsi que *La Mort à Venise* de Thomas Mann [310]. Mais surtout, car la remarque qui précède n'a rien de très neuf, on doit la suivre lorsqu'elle ajoute que ces « textes fondateurs de la culture gay moderne » ont également contribué à façonner et à perpétuer les thèmes, les images et les catégories du discours homophobe. Les textes littéraires qui ont assuré ce que l'on appellerait aujourd'hui la « visibilité » ou la « lisibilité » homosexuelles ont également utilisé et mobilisé les manières de penser et les modes de perception les plus homophobes, et, par conséquent, les ont nourris, entretenus. Ils ont largement contribué à diffuser les schèmes négatifs par lesquels le XXe siècle a considéré ou imaginé le personnage de l'homosexuel et réaffirmé son hostilité à l'homosexualité.

C'est pourquoi, plutôt qu'écrire l'histoire dans les termes d'un lent cheminement vers le droit à la parole et la liberté, il convient de parler d'une constitution contingente de manières de vivre et de penser l'homosexualité. En effet, la notion d'émancipation impliquerait l'idée d'une identité préexistante qu'il conviendrait de libérer. Or l'identité est produite par les gestes mêmes qui entendent la libérer. Et ces gestes multiples, différenciés, hétérogènes, ne peuvent se déployer que dans des configurations sociales, culturelles et discursives, dont ils sont dépendants et qui en marquent les contours. De même que, dans le cas de l'injure, l'identité personnelle se construit dans un rapport à soi-même qui ne peut échapper totalement aux déterminations stigmatisantes et que la « resubjectivation » ne peut prendre appui que sur une subjectivité façonnée par cette infériorisation, de même les processus de « subjectivation » individuelle et collective suscités ou favorisés par la littérature n'ont pu s'accomplir et se continuer qu'en étant marqués par des contextes culturels dont ils devaient reprendre un certain nombre de schèmes fondamentaux au moment même où ils entendaient contester la force d'oppression des catégories du discours dominant. Ce sont ces « expériences », historiquement, culturellement et socialement situées, ces conflits ouverts, ces jeux entre le pouvoir et la résistance qu'il fait naître immanquablement (mais l'inverse est vrai aussi : la résistance fait naître le pouvoir, enclenche ses mécanismes), qui ont produit les « sujets » et les subjectivités homosexuels, et ce sont ces « sujets » et ces subjectivités qui ont créé l'histoire dont nous sommes, incontestablement, les héritiers.

2
UN VICE INNOMMABLE

Dans un texte publié en 1984, peu de temps avant sa mort, Georges Dumézil évoquait une scène vécue dans sa jeunesse :

> En 1916 encore, en Sorbonne, un des plus fins connaisseurs de la Grèce ancienne et moderne, l'illustre delphiste Émile Bourguet, expliquait *Le Banquet* aux étudiants de licence ; arrivé à la scène que Victor Cousin avait intitulée noblement « Socrate refusant les présents d'Alcibiade », il nous mettait en garde : « Et surtout n'allez pas imaginer des choses [311] ».

Dumézil s'exclame alors : « Imaginer ? Il suffisait de lire ! » Il ne nous dit pas quels commentaires faisaient les étudiants en sortant de ce cours. Ni même s'ils en faisaient. Après tout, si le professeur lui-même soulignait qu'il ne fallait pas en parler, il est possible que ces jeunes garçons (Dumézil avait à l'époque 18 ans) aient préféré éviter d'en parler entre eux, même s'ils pouvaient y penser souvent et y penser beaucoup. Mais, justement, que pensaient-ils ? Il est bien difficile de le savoir. D'autant que le rapport à l'homosexualité allait être totalement bouleversé pour nombre de jeunes gens par une expérience fort éloignée de la lecture des textes classiques : quelques mois après ce cours en Sorbonne, Dumézil allait être mobilisé et envoyé au front. Il est fort probable que la fraternité masculine des tranchées (et les relations affectives ou amoureuses qui pouvaient y naître sous les bombardements et que Dumézil évoquera, bien des années plus tard, dans la dédicace d'un de ses ouvrages, en se remémorant les « fêtes bruyantes de nos vingt ans [312] ») allait donner un socle très différent au besoin de légitimer l'homosexualité et sans doute bouleverser profondément la manière dont les individus qui avaient vécu de telles situations allaient penser leur propre homosexualité. La guerre a profondément transformé la culture homosexuelle en Europe et notamment en France, et une historienne a récemment avancé l'hypothèse que ce sont les expériences vécues pendant la guerre et l'après-guerre qui ont permis l'émergence d'une véritable culture homosexuelle [313].

Dans ce texte de 1984, Dumézil poursuit :

> Vers la même époque [1916], dans une note de sa *Démocratie athénienne*, l'un des deux non moins illustres frères Croiset avertissait le lecteur que ce qui se passait autour du Parthénon au Ve siècle n'avait pas de rapport avec l'odieuse contrefaçon qui s'en pratique aujourd'hui.

Mais comme ce texte de Dumézil est une préface au livre de Bernard Sergent sur l'homosexualité comme pratique initiatique dans le monde indo-européen (et dans la Grèce antique comme héritière de cette tradition), il ajoute :

> Mis à part le jugement moral, Croiset n'avait pas entièrement tort ; du moins si, dépassant une Athènes déjà bien moderne, on se transporte, avec Bethe, chez les Doriens de Crète et de Lacédémone. Là, l'amour, du moins l'usage sexuel des jeunes garçons, se découvre institutionnalisé en mécanisme social nécessaire, avec une finalité et une idéologie justificatrices [314].

Avec Bethe ? Dumézil parle ici de l'helléniste allemand dont il signale qu'il avait déjà, au début du siècle, violé audacieusement cet « interdit, inavoué mais contraignant, de la philologie classique, en publiant, dans *Rheinisches Museum*, un article justement célèbre : *"Die dorische Knabenliebe, ihre Ethic, ihre Idee"* [315] ».

On peut imaginer que si Croiset se sentait obligé d'affirmer que ce qui se passait à Athènes n'avait rien à voir avec ce qui se pratiquait à son époque, c'est non seulement parce que les universitaires qui devaient commenter ces textes étaient bien obligés de dire quelque chose sur les passages évoquant les relations entre personnes du même sexe, mais peut-être aussi parce qu'il avait bien conscience que la référence à la Grèce ancienne pouvait servir (et servait de fait) à légitimer un discours sur l'homosexualité. Il ne pouvait ignorer que s'étaient forgées, depuis le milieu du XIXe siècle, une parole et une culture homosexuelles qui s'efforçaient de donner à l'homosexualité ses lettres de noblesse en l'inscrivant dans l'héritage de ce passé aussi ancien que glorieux [316].

Ce récit par Georges Dumézil d'un cours de la Sorbonne en 1916 est étonnamment proche d'un célèbre passage du roman de E.M. Forster, *Maurice*, écrit en 1913 et 1914 mais publié en 1971, après la mort de l'auteur. La scène se passe à Cambridge en 1912 : un professeur interrompt un élève en train de traduire un texte grec et lui dit, d'une voix « plate et neutre » : « Sautez cette ligne : c'est une référence au vice innommable des Grecs [317]. » En sortant du cours, les deux personnages principaux du roman commentent ce propos, et Durham déclare, après s'être indigné de l'hypocrisie du professeur qu'il soupçonne de partager ce goût pour le « vice innommable » : « Les Grecs, ou la plupart d'entre eux, avaient ces inclinations, et ne pas en parler, c'est ne pas parler du pilier central de la société athénienne. » Maurice lui demande alors : « Est-ce vrai ? »

Durham répond : « As-tu lu *Le Banquet* ? » Et Forster d'évoquer alors avec lyrisme le sentiment de liberté que ressent Maurice, du simple fait de pouvoir discuter de ce sujet dont il n'avait jamais parlé à personne et dont il n'imaginait même pas qu'il soit possible de l'évoquer [318].

La manière dont les professeurs évoqués par Forster et Dumézil, quelle qu'ait été leur propre sexualité, s'efforçaient d'occulter toute référence au « vice innommable » montre clairement que la tradition scolaire et universitaire (jusqu'aux années soixante du XXᵉ siècle) a travaillé à censurer tout un aspect de l'héritage antique dont elle ne cessait par ailleurs de célébrer la grandeur et l'importance pour la civilisation contemporaine.

Cette bataille autour de l'interprétation de la Grèce, et donc autour de la référence à la Grèce comme lieu de légitimation des amours du même sexe (ou plus exactement des amours masculines, dans les exemples que je viens de donner, mais cela vaut également pour les amours féminines, avec notamment, dans nombre de textes, le culte de Sappho et l'idéalisation de l'île de Lesbos), avait commencé bien avant la fin du XIXᵉ siècle. Déjà Voltaire, dans l'article sur « l'amour socratique » de son *Dictionnaire philosophique*, s'indignait qu'on puisse prendre pour de l'amour ce qui relevait simplement, à ses yeux, de l'amitié, et déjà Jeremy Bentham, dans un essai non publié de 1785, s'était attaché à le réfuter : « Les Grecs connaissaient la différence entre l'amitié et l'amour aussi bien que nous. Ils avaient des mots différents pour les désigner. Il semble donc raisonnable de supposer que quand ils disaient amour, ils voulaient dire amour, et quand ils disaient amitié, ils voulaient dire seulement amitié. » Bentham peut alors ironiser sur le « spectacle amusant » qu'offre la « détresse dans laquelle se trouvent les hommes qui essaient de tenir ensemble deux préjugés qui ne peuvent pourtant que s'entrechoquer cruellement : celui en défaveur de ce vice, l'autre en faveur de l'Antiquité, et spécialement de la Grèce antique [319] ». Au nom de la tolérance, Bentham prend la défense des amours masculines et cherche à réfuter méthodiquement les arguments homophobes (notamment ceux de Voltaire, qui s'inquiétait de la destruction de l'humanité dans l'hypothèse où l'homosexualité se généraliserait, et ceux de Montesquieu, qui déplorait qu'un sexe prenne ainsi la « faiblesse de l'autre », c'est-à-dire que les hommes ne deviennent efféminés) [320]. Bentham avance même un argument qu'on retrouvera souvent par la suite, sous une forme ou sous une autre : il souligne qu'un certain nombre de personnages illustres du passé seraient condamnés par « nos lois ». Il donne une liste de grands hommes grecs et romains, « idoles de leur pays et gloire de la nature humaine », et se demande : « Que seraient-ils devenus ? Ils seraient morts à nos gibets [321]. » Mais ses écrits sur cette question étaient sans doute trop en avance sur leur époque : ils ne furent pas publiés et restèrent à l'état de manuscrits, de notes, de fragments ou bien de lettres privées.

✎ Cette discussion sur les « mœurs » de la Grèce antique ne relève évidemment pas d'une simple querelle intellectuelle sur l'interprétation du passé. On le voit aussi bien dans le texte de Voltaire que dans la critique que lui adresse Bentham : les enjeux sont ceux de leur temps. L'un a le souci de délégitimer le vice « contre-nature », l'autre de le légitimer, tous deux en interprétant l'Antiquité grecque à leur manière. Dès 1836, un pasteur suisse, Heinrich Hössli, explicitait cet enjeu en publiant un gros livre en deux volumes, de 700 pages, *Eros : Die Männerliebe der Griechen*, pour affirmer que Platon avait très certainement une meilleure compréhension que nombre de nos contemporains de ce qui est « naturel » et ce qui ne l'est pas en matière d'amour [322]. On devine également, à travers le roman de Forster ou le récit de Dumézil, comment la référence à la Grèce a pu servir non seulement de légitimation culturelle par le moyen de laquelle l'homosexualité parvenait accéder à l'ordre du discours, mais aussi comment cette possibilité d'être « fiers » d'eux-mêmes permettait à des individus isolés de se penser comme des êtres qui n'étaient pas des monstres et de se forger ainsi une identité personnelle positive malgré le poids considérable des tabous et des interdits. Ce regard historico-culturel tourné vers la Grèce fut pendant très longtemps (et jusqu'à une date assez récente) un moyen pour les homosexuels (des milieux favorisés, bien sûr) d'accéder à des références qui permettaient de justifier ce que la culture chrétienne, les préjugés sociaux et souvent la loi elle-même condamnaient au silence, à la dissimulation, à la peur. Le vice « innommable entre chrétiens », selon l'expression consacrée, n'a longtemps pu être nommé que par un tel détour. Et la lecture de Platon et d'autres auteurs de l'Antiquité a constitué le point d'ancrage de la « resubjectivation » homosexuelle comme la littérature gay peut l'être aujourd'hui.

✎ C'est en grande partie dans le champ des études grecques ou encore, mais avec une intensité moindre, dans le domaine des études sur la Renaissance, et plus généralement dans la référence à la Grèce ou à la Renaissance, et donc au platonisme et au néo-platonisme, que s'est joué l'affrontement entre l'interdiction de dire ou la condamnation sans appel et le droit de parler et surtout de parler favorablement. Le mécanisme n'a rien de surprenant. C'est un processus caractéristique pour toute minorité « stigmatisée » : il s'agit de montrer qu'une particularité dénoncée comme honteuse peut se réclamer du prestige incarné par de grands noms des arts, de la littérature ou de la pensée. Proust se moquera au début de *Sodome et Gomorrhe* des homosexuels qui vont « chercher […] l'inversion jusque dans l'histoire, ayant plaisir à rappeler que Socrate était l'un d'eux, comme les Israélites disent que Jésus était juif, sans songer qu'il n'y avait pas d'anormaux quand l'homosexualité était la norme, pas d'antichrétiens avant le Christ, que l'opprobre seul fait le crime [323] ». Ce que l'ironie de Proust désigne, c'est, à proprement parler, la création d'une mythologie. Mais cette mythologie était nécessaire pour fonder un discours d'auto-valorisation et même une action militante. C'est en effet en se référant au discours de Pausanias dans *Le Banquet* de Platon que le juriste Karl Heinrich Ulrichs, que l'on peut considérer comme le tout premier militant pour les droits des minorités sexuelles, et dont les premiers écrits remontent à 1862, a forgé le mot « uranien » par lequel il désignait ceux que l'on ne commencera d'appeler que quelques années plus tard des « homosexuels » [324]. En 1870, Ulrichs créera en Allemagne le tout premier journal homosexuel, et il l'intitulera précisément *Uranus* [325]. La désignation « militante » (les « uraniens ») a donc précédé les désignations psychiatriques (les « invertis » puis les « homosexuels », ce dernier terme ayant d'ailleurs été forgé dans un cadre apologétique par un écrivain et journaliste hongrois, Karl-Maria Kertbeny, avant être repris par le discours médical). Et l'on peut remarquer que Freud lui-même, lorsqu'il voudra rejeter la théorie élaborée par les psychiatres selon laquelle l'inversion sexuelle serait le signe d'une « dégénérescence », invoquera les grands esprits du passé dont il serait difficile de prétendre qu'ils étaient « dégénérés ». On trouve l'inversion, écrit-il, « chez des personnes qui se distinguent par un développement intellectuel et une culture éthique particulièrement élevés », et il ajoute dans une note : « Il faut accorder aux porte-parole de "l'uranisme" que certains des hommes les plus remarquables dont nous ayons jamais entendu parler étaient des invertis, peut-être même des invertis absolus. » Un autre argument avancé par Freud – et qui montre qu'il avait une parfaite connaissance des textes produits par les apologistes de l'inversion sexuelle, et notamment ceux d'Ulrichs –, c'est que celle-ci était « un phénomène fréquent, presque une institution investie d'importantes fonctions chez les peuples de l'Antiquité à l'apogée de leur culture [326] ».

🖉 Le combat littéraire a pris un tour spectaculaire en 1895, lorsque la confrontation s'est déplacée vers les tribunaux, et a acquis à ce moment-là une visibilité publique considérable. Mais le nom de Wilde, devenu mythique, ne doit pas faire oublier qu'il n'était que l'une des figures d'un vaste mouvement de « prise de parole » qui a mobilisé poètes, écrivains, lettrés, artistes. Aucun auteur n'a inventé une « culture homosexuelle » *ex nihilo*, et on ne peut comprendre le rôle de chacun d'eux dans la création d'une telle culture que si on les réinscrit dans l'histoire qui fut la leur et si l'on remonte au milieu du XIXᵉ siècle et aux efforts d'intellectuels, d'artistes, de poètes pour exprimer un type de désir qui n'avait guère droit de cité [327]. Bien sûr, on pourrait remonter plus avant : on peut toujours trouver des « précurseurs ». Et je sais qu'on m'objectera que les amours du même sexe ont déjà été chantées par la poésie de la Renaissance ou du Moyen Âge par exemple, sans parler de l'Antiquité grecque ou romaine. Mais je ne cherche pas à dresser l'inventaire de tout ce qui s'est écrit à travers les siècles sur les amours masculines. Tant d'anthologies existent déjà que cette tâche serait un peu vaine. Je cherche simplement à saisir, ou, plus modestement, à approcher, mais de manière différente, ce mouvement spécifiquement moderne que Foucault a tenté d'interpréter – un peu trop rapidement sans doute – comme une réaction au discours pathologisant de la psychiatrie.

🖉 Lorsqu'il écrit son poème intitulé *Deux Amours*, un an avant le procès de Wilde, Alfred Douglas dit bien le sentiment de nouveauté qu'il éprouve à nommer l'innommable, puisqu'il fait dire à l'amour hétérosexuel qu'il avait « l'habitude d'être seul… ». Le poète, dans son rêve, rencontre en effet deux personnages : l'un est triste, sombre et soupirant. Mélancolique, pourrait-on dire. Le poète lui demande son nom. Il répond : « Mon nom est Amour. » Mais l'autre personnage s'adresse alors au poète et lui crie :

> … Il ment. Car son nom est Honte.
> Et je suis l'Amour. Et j'avais l'habitude d'être
> Seul dans ce jardin, jusqu'à ce qu'il vienne,
> La nuit, sans y être invité.
> Je suis l'amour authentique, je remplis
> Les cœurs du garçon et de la fille d'une flamme mutuelle.
> Alors, soupirant, l'autre dit : « Comme tu voudras,
> Je suis l'amour qui n'ose pas dire son nom [328]. »

Il est venu « sans y être invité » (*unasked*), dit de l'amour honteux l'amour légitime. C'est aussi le geste du poète qui est décrit par ce vers : il veut donner la parole à l'amour qui n'ose pas dire son nom (ce qui suppose qu'il en a un, et qu'il sait qu'il en a un, pour lui-même et pas seulement sous le regard des autres) et qui est rejeté par l'amour « authentique », sous l'invocation de la « honte ». Ce poème parut d'abord dans *The Chameleon*, une revue publiée à Oxford par un des amis de Douglas dont l'objectif était de donner une visibilité à l'expression littéraire homosexuelle, et qui, pour cette raison même, devra s'arrêter dès le premier numéro (après avoir été dénoncée par l'écrivain Jerome K. Jerome). Outre ce poème de Douglas, figure également au sommaire de cet unique numéro les « Phrases and Philosophies for the Use of the Young » de Wilde. En 1892 et 1893, déjà, Alfred Douglas avait pris la direction d'un journal d'Oxford, *The Spirit Lamp*, avec l'intention d'en faire un lieu d'expression homosexuelle. Il y publia des textes de Ross, Symonds, Wilde... Et Douglas écrivit à son ami Kains-Jackson pour lui dire que Wilde faisait des efforts considérables pour la « nouvelle culture » et pour la « cause »[329].

C'est un ami de Wilde, George Ives, qui a suggéré le nom de la revue, le caméléon étant un animal qui, pourrait-on dire, symbolise le « placard » et les jeux de la double identité : en tout cas, la faculté de s'adapter à la situation ambiante. Ives note dans son journal : « Si Bosie [le surnom de Douglas] a vraiment rendu Oxford homosexuel, il a fait quelque chose de grand et de glorieux. » Ce même Ives avait fondé l'Ordre de Chéronée, une société secrète homosexuelle à laquelle Wilde ne voulut pas adhérer[330].

🖉 D'autres avaient travaillé, bien avant Douglas, et bien avant Wilde, à faire exister un discours sur l'homosexualité, et c'est en eux que Wilde et Douglas puisèrent leur inspiration et leur énergie. C'est en effet dans le milieu des hellénistes d'Oxford, avec Walter Pater et John Addington Symonds, qu'on peut situer l'un des lieux de naissance de la culture homosexuelle moderne, qui va s'épanouir avec Wilde puis avec Gide. Car comme l'a bien vu Robert Merle dans un livre déjà ancien (et à bien des égards daté, malgré des qualités remarquables pour l'époque de sa publication), il y a une filiation évidente entre l'hellénisme oxfordien et Oscar Wilde, et entre

Oscar Wilde et André Gide : « C'est de Pater que descend Wilde. C'est de Wilde que Gide descend [331] », écrivait-il.

Walter Pater et John Addington Symonds furent deux des plus célèbres intellectuels de leur époque. Libéraux, héritiers de John Stuart Mill, imprégnés de son ouvrage majeur, *On Liberty*, leur souci était de donner à l'Angleterre une impulsion nouvelle, un nouveau départ. Et la régénération de la culture et de la civilisation, qu'ils appelaient de leurs vœux, s'ancrait pour eux dans la redécouverte de la pensée grecque que la réforme des études à Oxford et la décléricalisation avaient favorisée [332].

Cette ouverture des études à la Grèce, accompagnée de traductions de Platon (*Le Banquet*, par exemple, traduit par Benjamin Jowett), allait avoir des conséquences extraordinaires. Car elle offrait la possibilité de créer un espace pour un discours neuf. Si certains intellectuels de l'époque voyaient dans l'idéal grec un modèle pour la revitalisation de l'Angleterre moderne, chez Pater et Symonds, cet idéal et l'idée d'une « procréation spirituelle » tels qu'on les trouve dans *Le Banquet* ne pouvaient être séparés des conditions évoquées par Platon : la « procréation spirituelle » ne passe pas seulement par l'enseignement et la pédagogie, mais aussi, et en même temps, par l'amour « pédérastique », la relation entre un homme plus âgé et un jeune homme. Aussi les deux auteurs, comme le note Linda Dowling, en vinrent-ils à considérer très sérieusement l'amour socratique comme le moyen de redonner à l'Angleterre une nouvelle force, une nouvelle vie, puisqu'ils considéraient cet amour comme le vecteur d'une fécondation intellectuelle, produisant les arts créateurs et la philosophie, mère de toutes les sagesses [333]. Et comme le remarque encore Linda Dowling, cette idée d'une fécondation masculine d'un esprit masculin n'était pas seulement une référence historique et philosophique, elle avait aussi une certaine réalité dans les « collèges » d'Oxford où l'institution du « tutorat » (un « tuteur » était chargé de suivre les élèves pendant tout le cycle de leurs études) lui donnait un sens manifeste et concret. C'est cet étonnant mélange de rapport pédagogique, de sociabilité exclusivement masculine à l'intérieur des écoles d'élite et de référence à l'idéal antique qui produira les conditions dans lesquelles un discours de légitimation homosexuelle va essayer et commencer de se faire entendre.

Certes, et je vais y revenir, il y a de très profondes différences d'accentuation entre Pater et Symonds (que Linda Dowling néglige quelque peu). Le premier insiste beaucoup plus sur la fécondation intellectuelle entre un homme et un jeune homme et sur l'exaltation de l'émotion esthétique conçue comme une manière de vivre le plaisir de l'instant, et le second sur la régénération « virile » de la nation par la camaraderie masculine. L'un prône l'accomplissement personnel, l'autre le devoir moral à l'égard de la société. L'un chante un nouvel hédonisme, l'autre une nouvelle chevalerie. Mais dans les deux cas c'est bien la référence à un modèle antique et l'appel à la grandeur du passé qui rendent possible un discours que l'on peut qualifier, sinon de militant, au moins d'apologétique, même s'il est assez allusif, ou plus exactement chiffré dans un code dont seuls les initiés possèdent la clé. À bien des égards, le détour par la Grèce antique et la philosophie de Platon a d'abord joué le rôle d'un « code homosexuel »[334]. Et cette manière d'exprimer l'amour entre hommes allait bientôt devenir l'arrière-plan sur lequel des œuvres plus explicitement homosexuelles allaient pouvoir s'élaborer.

3
UNE NATION D'ARTISTES

Il est certain que si la référence à Platon et à « l'amour grec » a pu acquérir un rôle de légitimation, c'est en grande partie parce qu'il était possible de la rattacher soit à l'idée d'une procréation spirituelle et donc de constitution d'une élite intellectuelle et culturelle qui allait faire revivre le pays, soit à une exaltation de la « masculinité ». En effet, l'éloge de la philosophie grecque n'a pu accéder au statut de contre-discours ou de discours d'affirmation que parce qu'il permettait d'évacuer les accusations de décadence et d'« efféminement » traditionnellement lancées contre tout ce qui évoque les amours entre hommes et dont la psychiatrie ne fera que reprendre les grands traits pour les déguiser en schèmes « scientifiques ». Linda Dowling montre bien comment la catégorie de l'« efféminé » (*effeminacy*), avec celles de « corruption » et de « luxure », est liée dans de nombreux textes philosophiques et politiques anglais des XVIIe et XVIIIe siècles à l'idée de ruine progressive du pays. Par exemple, en essayant de promouvoir l'idéal d'une nation composée de citoyens qui se considèrent comme des combattants, des guerriers, un auteur comme John Brown, dans son *Estimate of the Manners and Principles of the Time*, publié en 1715, constitue la notion d'« efféminement » comme le symbole de ce qui conduit à la perte d'une société où « l'intérêt individuel l'emporte sur le souci du bien public[335] ». C'est évidemment un thème que l'on ne cesse de retrouver tout au long du XIXe et du XXe siècle, et qui a conservé sa vigueur intacte jusqu'à aujourd'hui.

Mais sa prégnance au XIXe était telle que l'invention d'un discours homosexuel a été durablement marquée par la question de la masculinité et de l'opposition entre masculin et féminin. Car c'est en acceptant ce point de départ, et en essayant d'y répondre, qu'une parole sur les amours entre hommes s'est fait jour. C'est en montrant que l'amour entre les hommes est authentiquement masculin, c'est-à-dire qu'il correspond à un idéal collectif digne de celui d'une communauté de guerriers, ou bien que, loin de mener à la « décadence », il contribue à la création intellectuelle et artistique des élites, que ce discours a pu accéder à l'existence et revendiquer une légitimité. Un livre a été déterminant dans ce changement. Il s'agit de l'étude de l'helléniste allemand K.O. Müller, *Die Dorier* (*Les Doriens*), publié en 1820-1824, qui ancrait la « pédérastie » athénienne dans la filiation des rites d'initiation à Sparte et en Crète, c'est-à-dire dans l'héritage militaire préhistorique de la « race dorienne ». Le livre de Müller permettait d'inverser le discours sur l'amour entre hommes décrit comme « efféminé » et conduisant à la décadence des sociétés. En remontant à ses origines guerrières, il permettait d'évoquer une « pédérastie » socialement « saine » et de rejeter par là même les stigmates de l'efféminement, du vice, du péché, etc., qui étaient d'ordinaire accolées aux relations entre hommes. En donnant aux amours masculines les lettres de noblesse d'une relation virile, martiale, Müller rendit possible, lorsque son livre fut traduit en anglais en 1830, une parole positive et même militante sur ce qu'on n'appelait pas encore l'homosexualité. Et pour donner un seul indice de l'importance du livre de Müller pour l'émergence d'une culture homosexuelle, rappelons simplement qu'il est à l'origine du prénom – non chrétien – donné par Wilde au personnage de son unique roman : *The Picture of Dorian Gray*.

🖉 Je n'entre pas dans la discussion sur le point de savoir si cette limitation de la réalité de l'homosexualité grecque à la « pédérastie », c'est-à-dire au rapport d'un aîné à un plus jeune, est historiquement exacte ou non. Les spécialistes s'affrontent sur cette question et il est fort possible que cette représentation léguée par les textes ne corresponde pas aux pratiques réelles – ou pas à la totalité des pratiques réelles – mais relève de l'arrangement littéraire, de la justification idéologique ou de la représentation philosophique, plutôt que de la réalité de la vie quotidienne dans une société donnée. C'est ce que pense John Boswell. Il va jusqu'à parler d'un « mythe culturel » dominant dans l'Antiquité et qui a été pris, à tort, pour la réalité des pratiques par les historiens et les commentateurs d'aujourd'hui [336].

À l'inverse de Boswell, Bernard Sergent, suivant en cela le livre de K.O. Müller, a essayé de montrer comment la pédérastie en tant que rite d'initiation avait été l'un des traits caractéristiques du monde indo-européen autant que du monde grec, et comment le monde grec avait peut-être hérité d'une tradition initiatique plus archaïque, d'origine indo-européenne. On notera cependant que Georges Dumézil, dans sa préface au volume de Bernard Sergent sur le monde grec, tout en insistant sur ce qui différencie la « pédérastie » antique de l'homosexualité contemporaine, comme on l'a vu plus haut, ne peut s'empêcher d'exprimer discrètement ses réticences devant la tentative de marquer trop nettement la spécificité, et donc la différence, des pratiques d'une ère culturelle ou d'une période de l'histoire : « Les liaisons entre hommes, l'amour des garçons relèvent-ils des études comparatives indo-européennes ? Dans le monde indo-européen archaïque, ils ont existé ailleurs qu'en Grèce, mais les *formes* en sont-elles assez typiques ou assez "improbables" pour qu'on ose parler d'héritage commun ? Comme disait André Gide, à propos de jeux plus élémentaires, "Cela se réinvente" [337]. »

🖉 On trouve beaucoup d'allusions codées à l'amour grec dans le livre que John Addington Symonds publie en 1873 : *Studies of the Greek Poets*. Notamment lorsqu'il décrit, dans une note, le fossé qui existe entre les Grecs et nous comme « quelque chose qui vient de l'extérieur et non de l'intérieur de nous-mêmes », c'est-à-dire principalement de la culture judéo-chrétienne que nous recevons dans notre enfance et qui réprime les aspirations individuelles [338]. Il évoque alors ceux pour qui « la Grèce est une patrie perdue [*a lost fatherland*] » et qui « passent leurs nuits dans des rêves merveilleux et leurs journées dans les tâches communes » [339]. Et, pour ne pas perdre le meilleur de ce que la Grèce peut nous enseigner, il se demande s'il serait possible de faire revivre cette tradition en nous approchant de ce qui la caractérisait, c'est-à-dire un état d'esprit libre et sans crainte, et en redevenant « naturels ». Il fait aussi l'éloge du poète américain Walt Whitman, dont le volume intitulé *Leaves of Grass*, publié aux États-Unis en 1855, allait avoir, on le verra plus loin, une influence considérable sur la formation d'une littérature homosexuelle. Whitman, écrit Symonds, est « plus authentiquement grec que tout autre homme des temps modernes » puisqu'il est « sans peur et plein d'espoir, accepte le monde tel qu'il le trouve et sait reconnaître la valeur de toute pulsion [*impulse*] humaine [340] ».

Ce sont très certainement ces remarques voilées, mais assez claires pour tout lecteur attentif, qui lui vaudront d'être obligé de renoncer à la chaire de poétique d'Oxford à laquelle il avait posé sa candidature. Ajoutons que Walter Pater, candidat lui aussi, devra également se retirer de la course.

L'année même où il s'exprime de cette manière codée dans son étude sur les poètes grecs, Symonds évoque sans détour l'« amour grec » dans un autre ouvrage intitulé *Problems in Greek Ethics*. Il est vrai qu'il ne cherche pas à publier ce petit volume. Il ne le fera imprimer que dix ans plus tard, et à dix exemplaires, le destinant à quelques personnes de confiance. Il ne paraîtra qu'après sa mort, par l'intermédiaire d'Havelock Ellis. Dès le début du livre, Symonds insiste sur la nécessaire distinction entre deux types d'amour, qui, dit-il, était très nette dans l'esprit des Grecs : l'amour noble et l'amour vulgaire, c'est-à-dire l'amour spirituel et l'amour charnel [341]. Les Grecs valorisaient le premier comme la source du courage et de la grandeur d'âme alors que le second « n'était jamais publiquement approuvé ». Cette distinction, dit-il, a subsisté tout au long de leur histoire. Symonds s'empresse pourtant d'ajouter que, dans la réalité, les Grecs « toléraient avec beaucoup d'indulgence l'amour des garçons dans sa forme la plus basse tandis que la camaraderie héroïque restait un idéal difficile à atteindre ». Mais il insiste sur le fait que cette distinction est omniprésente « dans le langage des historiens, poètes et orateurs [342] ». Bien sûr, il n'en allait pas de même chez les Doriens, explique Symonds, chez qui l'amitié masculine pouvait parfaitement intégrer l'amour charnel, puisqu'elle se cimentait dans les épreuves de la guerre. Mais, après que les conditions guerrières qui lui donnaient sens et noblesse eurent disparu, l'amour charnel s'est transformé en pure « luxure ». S'est alors instaurée une dissociation très nette entre l'amour pur et noble et les pratiques « basses » du « vice ».

La référence aux Doriens est là pour le rappeler : la pédérastie, aux yeux de Symonds, a bel et bien une origine martiale, et elle n'a jamais totalement perdu ce « caractère viril » qui lui vient de son histoire la plus ancienne. Le monde grec n'a fait qu'idéaliser – et donc réglementer – cette noble institution qui lui venait de ses ancêtres [343]. C'est même « cet effort pour élever la pédérastie selon les critères esthétiques de l'éthique grecque qui constitue sa qualité distinctive dans le monde hellénique », et nous sommes « obligés de dissocier l'authentique manifestation hellénique de la passion pédérastique des efféminements, vulgarités et sensualités grossières que l'on peut remarquer aussi bien dans des communautés imparfaitement civilisées que dans des communautés corrompues » [344]. On voit ici à quel point la légitimation de l'homosexualité par la redécouverte de la « virilité » antique est solidaire d'une réaffirmation véhémente de toutes les valeurs du discours homophobe contre la « passivité », la « corruption », l'« efféminement », et même contre la dégradation que la « sexualité » fait subir à la pureté de l'idéal.

Symonds indique alors que c'est l'amour noble qui va l'occuper dans ce texte, dans la mesure où l'amour vulgaire est une sorte de « vice » qui ne « varie guère, qu'on l'observe à Athènes ou à Rome, à Florence au XVIe siècle ou à Paris au XIXe ». En revanche, la forme noble de l'amour masculin telle qu'elle a été développée par les Grecs n'a quasiment aucun équivalent dans l'histoire [345]. Mais avant même de commencer cette étude, il entend définir la « nature de cet amour ». Cette définition doit être rapportée à « son origine et son essence » qui sont, dit-il, « militaires » : « Le feu et la valeur plutôt que la tendresse et les larmes étaient le résultat externe de cette passion, et *Malachia*, l'efféminement, n'avait aucune place dans son vocabulaire [346]. » Pour être aussi purement virile, cette passion n'en était pas moins profonde et absorbante, et Symonds cite en exemple un passage du *Phèdre* de Platon pour montrer qu'il « serait difficile de trouver des expressions plus intenses de l'affection dans la littérature moderne ».

Toute l'analyse de Symonds, appuyée sur une lecture érudite et aiguë des textes, constitue un pathétique effort pour magnifier ce qu'il considère comme la noblesse et la pureté de la culture de l'« amitié masculine » dans la Grèce antique et pour en projeter la lumière sur l'époque contemporaine et sur lui-même. Dans le chapitre qu'il consacre à l'origine « dorienne » de la pédérastie (jamais Symonds n'envisage l'« amour grec » autrement que comme une relation dans laquelle la différence d'âge joue un rôle déterminant), il cite bien sûr l'ouvrage de K.O. Müller et écrit : « Les Doriens donnèrent le premier encouragement, et le plus prononcé, à l'amour grec. Nulle part ailleurs en effet que chez les Doriens, qui étaient un peuple essentiellement militaire, vivant comme une armée d'occupation dans les pays qu'ils avaient conquis, nous ne rencontrons la pédérastie développée comme une institution. En Crète et à Sparte, elle devint un puissant moyen d'éducation [...]. À Sparte, l'amant était appelé l'Inspirateur [*Inspirer*] tandis que le jeune homme qu'il aimait était appelé Celui qui écoute [*Hearer*]. Ces expressions indiquent suffisamment la nature de la relation qui existait entre eux. L'amant enseignait, l'aimé apprenait. Et ainsi, d'homme à homme était transmise la tradition de l'héroïsme [347]. »

Symonds étudie ensuite la pédérastie à Athènes et montre comment elle était régie par des lois très strictes et par un code de l'honneur qui l'était tout autant, sinon plus. Certes, elle a pu se dédoubler en deux branches distinctes, l'une noble et l'autre vulgaire. Mais il insiste tout au long de son essai sur le fait que, à Athènes, elle reste « étroitement associée à la liberté, aux sports masculins, aux études rigoureuses, à l'enthousiasme, au sacrifice de soi, au contrôle de soi [348] ». Symonds consacre de longs développements aux gymnases, à la « palestre », lieux dans lesquels se développent les relations entre l'amant et l'aimé. « Les Grecs étaient parfaitement conscients, dit-il, que la gymnastique et l'exercice corporel encourageaient et renforçaient les habitudes pédérastiques [349]. » Il cite à cet égard une phrase de Platon dans *Les Lois* qui désigne « les cités qui ont le plus à voir avec les exercices sportifs » comme les lieux de prédilection de la pédérastie. Et c'est donc avec un bonheur non dissimulé qu'il peut lier cette forme d'amour à la jeunesse, à la virilité et à la santé physique [350].

🖉 C'est près de vingt ans après son éloge de l'amour grec que Symonds publiera, en 1891, son deuxième traité, *Problems in Modern Ethics*, dans lequel il passera en revue la littérature médicale et psychiatrique sur l'homosexualité pour la contester radicalement. La référence à la Grèce qui lui servait à légitimer les « amitiés masculines » deviendra alors une machine de guerre contre la médicalisation du discours sur l'homosexualité.

Entre-temps, Symonds aura publié, entre 1875 et 1886, une véritable somme en sept volumes sur l'Italie de la Renaissance, comprenant notamment une biographie de Michel-Ange. Et il ne cachera pas qu'il avait puisé l'énergie nécessaire pour mener à bien une telle tâche dans la passion qu'il éprouvait pour cette période de l'histoire, dont les « lois étaient les moins rigides de l'époque moderne » et qui chantait la beauté de l'homme et de la nature. Mais si cette plongée dans le passé « excitait » son imagination, elle l'« irritait » aussi, car s'éveillaient alors en lui des désirs qui ne pouvaient être satisfaits « par des plaisirs simples ». L'éréthisme du cerveau ne se dissipait pas de sitôt, une fois le travail terminé [351]. Et ce travail, qui était, pour lui, une manière d'oublier ses difficultés à vivre son homosexualité, sa détresse même, l'y ramenait bien souvent, tant le décalage était grand entre ces biographies d'hommes du passé sur lesquelles il se complaisait à rêver et la réalité de son existence, entre la splendeur révolue de cette époque de gloire et les tourments bien réels de son âme et de son corps.

Symonds fut littéralement fasciné par la Renaissance et par ce qu'il considérait comme la liberté sexuelle de cette période. Lors d'un voyage à Florence, il découvrit et traduisit les lettres échangées par Michel-Ange et son plus grand amour, Tommaso Cavallieri [352]. Il exprime, dans une lettre à un de ses amis, son émotion profonde à la lecture, à quatre siècles et demi de distance, de ces « lettres passionnées suscitées par le génie âgé et la beauté juvénile [353] ». Et en 1878, il donnera une traduction des sonnets de Michel-Ange dont il enverra un exemplaire à Wilde.

Oscar Wilde se référera abondamment à tout ce qu'il aura appris de Symonds sur la Renaissance, le platonisme et le néo-platonisme lorsqu'il écrira *The Portrait of Mr. W.H.*, consacré au jeune homme qui inspira à Shakespeare « tout son art ». « C'est seulement lorsque nous prenons conscience, écrit Wilde, de l'influence du néo-platonisme sur la Renaissance que nous pouvons comprendre le sens véritable des expressions et des paroles amoureuses que des amis à cette époque avaient coutume de s'échanger. Il se produisait une sorte de transfert mystique des expressions du monde physique vers une sphère spirituelle éloignée de tout appétit corporel grossier. » Wilde mentionne alors les sonnets de Michel-Ange adressés au jeune Tommaso Cavallieri et souligne « avec quelle ferveur Michel-Ange se dévouait à l'adoration de la beauté intellectuelle et comment, pour emprunter une belle formule à M. Symonds, il perçait le voile de la chair et cherchait l'idée divine que celle-ci emprisonnait [354] ». Wilde évoque également un autre sonnet de Michel-Ange, écrit pour Luigi del Riccio à la mort de son jeune ami Cecchino Bracchi, et ajoute qu'on peut également y déceler, « comme le montre M. Symonds, la conception platonique de l'amour comme étant purement spirituel, et de la beauté comme forme qui trouve son immortalité dans l'âme de l'amant [355] ».

Wilde avait lu Symonds dès ses années d'université. En 1876, il rédigea même un compte rendu, qui ne fut pas publié, du second volume de *The Greek Poets*. « Symonds, y écrivait-il, a tout le pittoresque et la beauté du style que nous admirons tant chez Ruskin et Pater [356]. » L'idée « esthétique » développée par Symonds n'a pas manqué de frapper Wilde. Symonds n'écrivait-il pas que si la morale des Grecs était « esthétique et non théocratique, elle était, néanmoins, à cause de cela, humaine et réelle » ? Et ne concluait-il pas en disant que « les Grecs étaient essentiellement une nation d'artistes » : « Les Grecs [...] n'étaient guidés par aucune révélation supranaturelle, par aucune loi mosaïque. Ils avaient confiance dans leur *aesthesis*, délicatement cultivée et préservée dans les conditions de la plus grande pureté [357]. » Allusion, bien sûr, à la noble pureté de la « pédérastie ».

Wilde avait tellement aimé ce livre qu'il entama une correspondance avec Symonds. Elle a malheureusement été presque entièrement perdue. Mais il suivit avec la même ferveur la publication des ouvrages ultérieurs de Symonds, et notamment ceux consacrés à la Renaissance.

🖉 De toutes ces considérations apologétiques, il faut sans doute retenir d'abord le souci qu'ont les auteurs de se justifier à leurs propres yeux. Symonds, comme Pater, comme Wilde, et tant d'autres avec eux, se sont efforcés de « trouver une identité », comme le dit Neil Bartlett, « en réécrivant les biographies du passé ». « Ils ne pouvaient pas admettre que leurs vies étaient une expérience unique. Au contraire, ils souscrivirent à la théorie opposée : l'idée que l'expérience d'un homme peut être la répétition de celle d'un autre. Ils trouvèrent leurs pairs non pas dans d'autres hommes, mais dans d'autres textes [358]. » Ces intellectuels du XIXe siècle, ajoute-t-il, cherchaient « la preuve de leur propre existence en fouillant les bibliothèques avec un enthousiasme érudit pour la culture classique ou la Renaissance [359] ». N'est-ce pas Wilde précisément qui écrira dans *Dorian Gray* : « On a des ancêtres en littérature, autant que dans sa propre race, plus proches peut-être par le type et le tempérament pour nombre d'entre eux, et avec une influence dont on est certainement beaucoup plus conscient [360] » ? Ajoutant d'ailleurs, pour que les choses soient claires et en référence directe aux portraits brossés par Symonds dans ses études historiques sur la Renaissance : « Dorian Gray [...] avait le sentiment de les avoir tous connus, ces personnages étranges et terribles, qui avaient traversé la scène du monde et rendu le péché si merveilleux et le mal si plein de subtilité [361]. »

4

PHILOSOPHE ET AMANT

La référence « pédérastique » n'a pas toujours eu besoin de la réaffirmation du caractère « viril » de la relation. Certains auteurs ont su résister à cette exigence sociale. Mais ce fut souvent d'une manière tellement « codée » que seuls les initiés pouvaient comprendre de quoi il était question. Dès 1864, Walter Pater, alors âgé de 25 ans, lit son essai *Diaphaneitè* devant le cercle Old Morality (un cénacle politiquement libéral, où on lisait des textes, et auquel appartenait également John Addington Symonds). Pater y décrit le caractère humain qui va pouvoir opérer la « régénération » de la société. Cette figure est le « diaphane » ou le « cristallin », personne si parfaite que sa simple présence fait plus pour le monde que les autres par leurs activités. Pater insiste sur la beauté physique de ce « diaphane », à laquelle correspond une grande beauté intérieure. Cet homme, ou plus exactement ce jeune homme, Pater le gratifie d'une grande « fierté de la vie [362] ».

Cet exposé, prononcé devant un cercle exclusivement masculin et en présence du jeune homme dont il est question (car il est évidemment question d'un jeune homme bien réel !), multiplie les références à la philosophie platonicienne. D'ailleurs, il ne s'agit plus seulement d'une invocation littéraire ou philosophique du *Banquet* : la scène elle-même est une réactualisation de la pratique de ces rencontres faites de sociabilité masculine et de discussion philosophique. Pater se fait l'acteur de la distinction opérée par K.O. Müller entre « celui qui enseigne » et « celui qui écoute ». En fait, ce qui revit ici, c'est la théorie platonicienne du « *philosophesas poté met'erotos* », formule que Pater traduira par « amant et philosophe à la fois ». Cet hommage rendu au destinataire de son discours est, comme le dit Linda Dowling, un « chant presque classique à la beauté d'un jeune homme par un admirateur plus âgé [363] ». Et Oxford semble, à cette époque, offrir un cadre quasi idéal pour l'expression de ce genre d'amour (dont la théorie voudrait donc qu'il soit totalement désexualisé : le professeur « aime » l'élève, le « féconde » intellectuellement, mais il n'est pas dans son intention de le toucher et tous les textes insistent sur cette « pureté » ; même si cela n'a pas dû manquer de se produire, comme l'attestent les scandales à répétition qui émaillèrent la vie oxfordienne de l'époque et dont l'un d'eux au moins montre que Pater lui-même n'est pas resté aussi éloigné de la passion physique qu'aurait semblé l'exiger son « platonisme » affiché [364]).

L'essai de Pater ne sera publié qu'après sa mort, par celui qui en avait été le destinataire. Mais Pater va revenir de manière de plus en plus insistante sur les amours masculines, notamment en 1873, dans le recueil de ses essais intitulé *Studies in the History of the Renaissance* (livre qui sera d'ailleurs dédié au même jeune homme). Il y consacre bien sûr des chapitres à Michel-Ange et à Léonard de Vinci. Mais c'est dans le dernier essai du recueil qu'il évoque le plus explicitement l'homosexualité : celui qui porte sur l'historien d'art allemand du XVIIIe siècle Winckelmann, déjà célébré par Hegel et par Goethe. Car aux yeux de Pater, l'esprit de la Renaissance a continué de vivre dans l'œuvre de Winckelmann et dans sa passion pour l'hellénisme. Dans ce texte rédigé en 1867, Pater établit un rapport très explicite entre les goûts sexuels de

Winckelmann et sa profonde compréhension de l'art grec, notamment de la statuaire. Pater écrit :

> Que ses affinités avec l'hellénisme n'aient pas été seulement intellectuelles, que les fils les plus subtils de son tempérament aient été entrelacés avec elles, ses amitiés, romantiques et ferventes, avec de jeunes hommes le démontrent. Ces amitiés, l'amenant au contact de ce qu'il y a de plus accompli dans les formes humaines et colorant les pensées par leur efflorescence, faisaient progresser sa réconciliation avec l'esprit de la sculpture grecque [365].

Et Pater de citer longuement la lettre adressée par Winckelmann à un de ses jeunes amis, dans laquelle l'historien fait l'éloge de l'attirance pour les garçons comme garant du goût authentique pour l'art et de la sensibilité esthétique :

> J'ai remarqué que ceux qui ne voient la beauté que chez les femmes et sont peu ou ne sont pas émus par la beauté des hommes ont rarement un instinct inné, vital et impartial pour la beauté dans l'art. Pour ces personnes, la beauté semblera toujours manquer dans l'art grec, puisque la beauté suprême de celui-ci est plutôt masculine que féminine. Mais la beauté de l'art demande une sensibilité plus haute que la beauté de la nature, dans la mesure où la beauté de l'art, comme les larmes versées à une pièce de théâtre, ne donne pas de peine, est sans vie et doit être éveillée et reconstituée par la culture. Mais comme l'esprit de la culture est plus ardent dans la jeunesse que dans l'âge adulte, l'instinct dont je parle doit être exercé et dirigé vers ce qui est beau avant que l'âge adulte ne soit atteint [366]…

Ainsi, l'hétérosexualité serait du côté de la nature et l'homosexualité du côté de la culture ; et d'autre part, « l'esprit de la culture » aurait partie liée avec la jeunesse. C'est pourquoi Pater peut dire que les lettres personnelles de Winckelmann colorent d'une lumière instructive ce qu'il a écrit sur l'art [367].

C'est donc le rapport vivant, tactile, de Winckelmann avec la beauté qui inspire sa compréhension si profonde, si instinctive de l'art et de l'esprit grecs. « Il est en contact avec elle, dit Pater (*He is in touch with it*), elle l'imprègne et devient une part de son caractère [...]. Il saisit le fil de toute une séquence de lois en regardant la manière dont une main est creusée, ou dans une raie qui sépare des cheveux. »

Et, reprenant sa formule préférée de Platon (telle qu'il l'a traduite), Pater écrit que Winckelmann « semble réaliser cette illusion de la réminiscence d'un savoir oublié, caché pendant un temps dans l'esprit lui-même ; comme si l'esprit de quelqu'un, amant et philosophe à la fois dans une existence antérieure, tombait dans un nouveau cycle et recommençait sa carrière intellectuelle, mais avec un certain pouvoir d'anticiper ses résultats [368] ».

Pour dire les choses plus clairement, c'est l'esprit de l'amour pédérastique qui renaît chez Winckelmann. Et lorsque Pater cite le jugement de Goethe décrivant avec enthousiasme l'œuvre de Winckelmann comme « une chose vivante, destinée à ceux qui sont en vie », on comprend quel sens l'érudit d'Oxford entend donner à cette expression et qui il veut désigner comme étant « en vie » [369]. Et Pater de s'avancer alors sur le chemin tracé par Winckelmann. Au terme d'un raisonnement où il évoque l'origine religieuse de la pratique de la gymnastique, grâce à laquelle l'adorateur des dieux se recommande à eux en s'efforçant de devenir beau, Pater écrit que l'art grec « avait un rapport direct avec la beauté physique ». Ainsi, « la beauté de la palestre et la beauté de l'atelier de l'artiste réagissent l'une sur l'autre » puisque « le jeune essaie d'égaler la beauté de ses dieux et cette beauté plus grande passe en retour dans la figure des dieux ».

🖋 On lit dans ce texte de Pater à quel point les descriptions enflammées de la statuaire grecque par Winckelmann ont été importantes pour tous ces hommes qui cherchaient à légitimer leur désir : les statues représentent des corps de jeunes hommes, et de jeunes hommes très beaux [370]. Il n'est pas question ici de la virilité au sens martial du terme, mais de la jeune virilité de la palestre, du gymnase, des représentations idéalisées. Pater oppose donc un argument radical à tous ceux qui étaient réfractaires à la grandeur de l'art grec. Pour lui, comme pour Winckelmann, l'explication de leurs réticences est assez simple. C'est parce qu'ils sont hétérosexuels que l'art grec leur semble imparfait. Aussi, Pater en appelle implicitement à la création d'une culture spécifiquement homosexuelle qui se donnerait pour tâche de faire revivre les idéaux de la Grèce et de la Renaissance. Ce qui permet de comprendre pourquoi son influence a été si considérable : le lien qu'il établissait, à la suite de Winckelmann, entre la création artistique, la beauté masculine et les amours entre hommes ouvrait la voie à des discours nouveaux et à une fierté nouvelle de soi pour nombre de jeunes gens.

Le livre de Pater suscita en effet un engouement considérable. Pour en cerner les raisons, il faut bien sûr le replacer dans son contexte : l'atmosphère victorienne et l'étouffement des collèges d'Oxford sous le poids des traditions morales et religieuses. C'est un vent d'air frais, une promesse de liberté qui soufflaient dans ces apologies de la Grèce et de la Renaissance. Le paganisme, le culte du corps, de la beauté, de la nature, tout cela avait de quoi séduire les étudiants. Mais un autre thème du livre de Pater allait exercer une influence tout aussi considérable : l'idée, exprimée avec force dans la conclusion, qu'il faut saisir les passions du moment. « Ce n'est pas le fruit de l'expérience, mais l'expérience elle-même qui est le but », écrit-il [371]. Il faut donc « toujours brûler d'une flamme dure comme un diamant ; maintenir cette extase ». C'est là que réside le « succès dans la vie » [372]. Pater exhorte donc à refuser tous les systèmes philosophiques :

> Avec ce sens de la splendeur de notre expérience, et de sa terrible brièveté, recherchant dans un effort désespéré tout ce que nous pouvons voir et toucher, nous n'avons guère le temps de faire des théories sur les choses que nous voyons et touchons. Ce que nous devons faire est d'expérimenter toujours avec curiosité de nouvelles opinions et de nouvelles impressions, sans jamais acquiescer à une orthodoxie facile […]. Les théories philosophiques, comme points de vue, peuvent être utiles pour trouver ce qui autrement pourrait rester inaperçu […]. Mais une théorie, une idée, un système ne peuvent avoir de prise sur nous, s'ils exigent de nous le sacrifice d'une partie quelconque de cette expérience au nom d'un intérêt dans lequel nous ne pouvons entrer, ou au nom de ce qui est seulement conventionnel [373].

Le sentiment de la brièveté de la vie conduit à l'exaltation du sentiment esthétique. « Nous sommes tous condamnés », dit-il en français, citant Victor Hugo. Nous n'avons droit qu'à un bref « intervalle ». Notre seule chance est donc de le dilater, de « l'étendre au maximum en obtenant le plus grand nombre de pulsations possible » dans le temps imparti. Une telle sagesse, conclut-il, ce sont « la passion poétique, le désir de beauté, l'amour de l'art pour lui-même qui l'incarnent le mieux. Car l'art vient à vous pour vous proposer franchement de ne donner rien d'autre que la plus haute qualité de vos instants qui passent, et seulement pour le plaisir de ces instants [374] ».

✎ Il faut ajouter que d'autres courants avaient placé la Renaissance à l'avant-scène de la vie culturelle. C'est le cas, par exemple, des artistes du mouvement dit « préraphaélite », tels les poètes Swinburne et Dante Gabriel Rossetti ou le peintre Simeon Solomon. Et l'idée que les périodes pendant lesquelles l'art avait atteint ses sommets les plus grandioses avaient également été celles où les amours entre hommes avaient été les plus développées, les plus visibles et les moins réprimées était donc un thème qui avait commencé de se diffuser. Mais dans ce cadre, et aux antipodes du thème dominant de la « masculinité », l'esthétisme et le dandysme de certains apologistes de la pensée de Platon ou de la Renaissance furent bien souvent synonymes de manières d'être qui pouvaient difficilement être perçues autrement que comme « efféminées » par leurs contemporains. Le grand thème de l'« androgynie » a d'ailleurs cohabité, à la fin de XIXe siècle, avec les discours sur la masculinité, et il suffit de regarder les tableaux peints par Solomon dans les années 1860 et 1870 pour comprendre que l'ambiguïté sexuelle a été l'une des façons les plus insistantes et les plus marquantes de déstabiliser les représentations normatives de la virilité : tandis que les uns, tels Symonds, essayaient de se les réapproprier, d'autres travaillaient à les contourner ou à les rejeter[375]. Wilde possédait des tableaux de Solomon, qui seront vendus aux enchères lorsqu'il sera déclaré « en faillite » pour payer les frais de justice, après son procès. Et c'est aussi de ce courant qu'il sera l'héritier, autant que de Symonds et de Pater.

Il n'est d'ailleurs pas toujours aisé de faire le départ, à cette époque, entre l'affirmation exacerbée de la masculinité et les jeux de l'ambiguïté sexuelle. Et ceux qui s'extasient, dans leurs écrits, sur la beauté du corps gymnaste ne mettent pas toujours leurs comportements en conformité avec leurs discours. Mark Pattison, doyen de Lincoln College, écrit dans son journal, à la date du 5 mai 1878, après un thé chez Pater :

Chez Pater pour le thé, où Oscar Browning ressemblait plus que jamais à Socrate. Il discutait dans un coin avec quatre jeunes gens d'allure féminine et aux poses nonchalantes, tandis que les demoiselles Pater et moi-même restions assis dans un autre coin et regardions la scène. Bientôt, Walter Pater qui, m'avait-on dit, était « en haut », parut escorté de deux autres jeunes gens d'apparence semblable [376]...

Richard Ellmann, qui rapporte ce témoignage, ajoute que cette description risque de donner une impression fausse. On pourrait croire en effet que les membres de ce cercle affichaient sans crainte leur homosexualité. En fait, souligne Ellmann, Pater était d'une très grande prudence, et l'était encore plus depuis la publication en 1873 de ses *Studies in the History of the Renaissance*. Comme le dira Oscar Wilde à Charles Ricketts : « Ce pauvre cher Pater, il a vécu pour démentir tout ce qu'il écrivait », ou encore, à Robert Ross : « Ce cher Pater était toujours effrayé de ma propagande [377]. » Mais on peut dire que, quel qu'ait été son comportement personnel, entre l'audace et la prudence, entre le défi aux normes instituées et la soumission craintive devant les pouvoirs établis, Pater a malgré tout contribué à donner une visibilité à cet amour dont le nom et le discours, si « codés » qu'ils aient été, ne manquaient pas d'être perçus distinctement par les regards avides de ses jeunes adeptes ou indignés de ses ennemis déclarés. Sa prudence venait sans doute du fait qu'il avait été l'objet d'attaques assez violentes. La conclusion de ses *Studies* n'était pas passée inaperçue et il fut dénoncé dans un pamphlet, en 1877, intitulé *The New Republic*, écrit par W.H. Mallock. Walter Pater y figure sous le nom de Mr. Rose et y est ridiculisé sous l'apparence d'un esthète efféminé, au teint pâle et à la voix flûtée, qui se cache derrière des références à l'Antiquité classique pour exprimer ses goûts sexuels. Pour Mallock, il s'agissait de montrer que l'hellénisme de Pater, loin de s'inscrire dans la tradition de la « régénération spirituelle » appelée de ses vœux par John Stuart Mill, ne pouvait au contraire que conduire à la « dissolution » et à l'effondrement de la culture et de la société [378]. Mais, en insistant de cette manière sur le lien entre l'hellénisme, l'esthétisme et l'homosexualité, Mallock aboutissait à ce résultat paradoxal qu'il donnait une visibilité encore plus grande à ce mouvement d'affirmation de soi, lui conférant une sorte de brevet d'avant-gardisme littéraire qui ne pouvait qu'éveiller l'attention de jeunes gens aux grandes ambitions littéraires et intellectuelles. Mallock exposait publiquement le « sous-texte » de l'hellénisme victorien et le faisait passer des préoccupations absconses de l'élite oxfordienne à une visibilité beaucoup plus large. On voit, ici encore, que le discours homophobe a toujours une productivité paradoxale : il cristallise les éléments épars de la conscience homosexuelle. Et il ne fait aucun doute qu'Oscar Wilde a été profondément marqué par cette atmosphère polémique, qui lui indiqua qu'on pouvait se faire un nom en transgressant les interdits et les tabous, et lui permit d'ancrer sa propre quête personnelle dans la référence à l'Antiquité grecque [379].

✎ Oscar Wilde lui-même avait des manières très efféminées, et il semble avoir délibérément cultivé cette allure comme partie intégrante de « l'esthétisme » qu'il voulait incarner. Par exemple, lorsqu'il se rendit aux États-Unis, en 1882, pour donner une série de conférences, de nombreux membres de l'un des clubs qui l'accueillaient, la Century Association, refusèrent de lui être présentés, et l'un des vétérans de l'association se promenait en disant : « Où est-elle ? L'avez-vous vue ? [*Have you seen her ?*] Pourquoi ne dirais-je pas "elle" ? Je suis persuadé que c'est une Charlotte-Ann [380]. » Tout au long du livre d'Ellmann, les témoignages se succèdent pour évoquer la démarche chaloupée de Wilde, son allure provocante, jouant avec audace sur les codes de l'apparence sexuelle. Aussi n'est-il pas très étonnant que le *New York Times* ait reccueilli, en janvier 1882, les propos malveillants d'un de ses anciens condisciples affirmant que Wilde avait perdu toute chance d'être intégré au corps enseignant d'Oxford, car « il affichait une allure [*he assumed a guise*] que des esprits plus vigoureux regardaient encore comme épicène [381] ».

De fait, les étudiants d'Oxford devaient avoir peu de doutes sur la personnalité de Wilde. Et les remarques ironiques sur son allure efféminée se rencontrent dès ses premières années d'études, avant même qu'il n'arrive à Oxford, quand il était encore élève du Trinity College de Dublin. Les jeux de mots que l'on trouve par exemple dans le Livre de suggestions de la Société de philosophie, où les étudiants pouvaient écrire librement leurs commentaires, sont sans ambiguïté, et ironisent de manière insistante sur l'esthétisme maniéré de Wilde. Sur une page du Livre, une caricature montre un policier lui reprochant une rencontre nocturne qui n'avait peut-être pas uniquement un caractère « esthétique » [382]. Il semble d'ailleurs évident que, à l'époque, l'esthétisme, ou même le penchant esthète, ou tout simplement la voie artistique, étaient assimilés non seulement à la renonciation à la virilité, mais exposaient leurs tenants au soupçon d'homosexualité. Et il est évident aussi que pour nombre d'homosexuels, la pose esthétique a été un des moyens d'affirmer et d'exprimer leur homosexualité : l'air artiste, l'engouement pour l'art, le tempérament esthète, qui étaient d'abord et avant tout une manière d'exprimer une révolte contre les normes de la masculinité dans les classes dirigeantes anglaises, ont également permis à de nombreux homosexuels d'adopter publiquement tout un ensemble de manières et de gestes, de goûts et de références, bref, un « rôle » ou une identité dans le cadre desquels ils pouvaient exprimer leur « sexualité » et leur personnalité. À tel point que, vers la fin du XIXe siècle, et assez longtemps au XXe siècle, « artiste » a souvent été associé à « homosexuel ». C'est ainsi, en tout cas, que les condisciples de Wilde le percevaient. Wilde méprisait les étudiants sportifs de l'université, qui le lui rendaient bien. Des anecdotes, vraies ou fausses, ont circulé sur les mauvais traitements que ces derniers lui faisaient subir. Et un soir, toute une troupe d'étudiants se rendit chez lui, quatre d'entre eux ayant été chargés de le passer à tabac et de briser ses meubles, symboles de ses goûts d'esthète, c'est-à-dire, assurément, de son rejet des valeurs auxquelles ils adhéraient, et, par conséquent, de son homosexualité supposée. À la surprise générale, il se défendit si bien qu'il réussit à jeter dehors les assaillants [383].

Il est très frappant de voir que l'humiliation de l'homosexuel ou de l'efféminé par la manifestation violente de la force « virile » est un trait constant que l'on retrouve dans maints témoignages d'époques fort diverses. Et il est à peine besoin de signaler que, de Wilde à nos jours, les choses n'ont pas beaucoup changé.

5

L'INFECTION MORALE

Les livres de Pater et de Symonds ont donc été d'une importance capitale pour Oscar Wilde. Dès ses années d'études, il s'est passionné pour la Grèce, et, on l'a vu, s'il baptise Dorian le héros de son unique roman, c'est en référence au milieu de l'hellénisme oxfordien dans lequel il a baigné. Et lors de ses procès, il convoquera pour se défendre toute la culture de ses années de formation. On en connaît les circonstances. Le marquis de Queensberry, le père d'Alfred Douglas, a déposé à son club la fameuse carte sur laquelle il a écrit : « *Oscar Wilde, posing as a somdomite* ». Queensberry, qui avait quitté l'école très jeune pour s'engager dans la marine, savait tout juste lire et écrire. Il n'est donc pas surprenant que le mot « sodomite » soit écorché sous sa plume puisqu'il ne lui évoquait sans doute pas grand-chose si ce n'est sa valeur d'insulte. Wilde le poursuit en diffamation publique (bien que le portier du club ait pris soin de mettre la carte sous enveloppe, ce qui lui ôtait tout caractère public). Pourquoi fait-il cette folie ? Dans *De Profundis*, il accusera longuement Alfred Douglas de l'avoir poussé à commettre cette erreur fatale. C'est ce dernier qui, mû par un désir de vengeance contre ce père qu'il haïssait, aurait poussé Wilde à engager cette action en justice et ainsi enclenché l'engrenage du désastre. Les amis de Wilde, à l'inverse, ont tout fait pour le dissuader de porter l'affaire devant les tribunaux. Mais Wilde était incapable de résister à « Bosie ». Il poursuit donc Queensberry. Malheureusement pour Wilde, la loi autorise celui qui est poursuivi en diffamation à se défendre en apportant les preuves de ce qu'il avance. Et Queensberry paie des détectives privés pour mener une enquête secrète qui finira par porter ses fruits [384].

Lors du premier procès, Wilde est interrogé d'abord par son propre avocat, puis, selon la procédure de *cross-examination*, le contre-interrogatoire, par l'avocat de Queensberry, Edward Carson [385]. À une question de son avocat portant sur une lettre d'amour adressée par Wilde à Alfred Douglas et qui avait été dérobée par un prostitué désireux de l'utiliser à des fins de chantage, Wilde répond qu'il avait dit au jeune escroc que cette lettre était un poème en prose. Puis il raconte une visite impromptue et menaçante que lui avait faite lord Queensberry, à qui il avait demandé, avant de le mettre à la porte : « Accusez-vous votre fils et moi-même de conduite inconvenante ? » Et ajoute que lord Queensberry lui avait fait cette réponse : « Je ne dis pas que vous l'êtes mais que vous en avez l'air et vous en prenez la pose, ce qui est tout aussi condamnable. » Quand vient le contre-interrogatoire, l'avocat Carson l'interroge sur *Le Portrait de Dorian Gray* et lui demande : « L'affection et l'amour du peintre pour Dorian Gray pourrait conduire un individu ordinaire à penser qu'il pourrait avoir certaines tendances ? » Et Wilde de répliquer, avec ce mépris « esthète » qui le caractérise si souvent : « J'ignore tout de ce que pensent les individus ordinaires. »

On le sait, Wilde va perdre son procès en diffamation contre Queensberry. Dès lors, la machine judiciaire qu'il a mise en marche va suivre son cours : puisque la diffamation n'est pas retenue, la justice peut considérer que l'accusation lancée par le marquis de Queensberry a été

validée et que Wilde doit à son tour être poursuivi pour
« actes de grave immoralité »…

C'est au cours de ce deuxième procès que le procureur
interroge Wilde sur les poèmes écrits par Alfred Douglas,
et notamment sur le vers évoquant « l'amour qui n'ose
pas dire son nom ». Wilde, qui avait jusqu'ici, souvent
avec beaucoup d'esprit, accumulé les dénégations, les
pirouettes et les mensonges, se lance dans une tirade
grandiloquente cherchant à ennoblir l'homosexualité :

> L'amour qui n'ose pas dire son nom, c'est, en ce siècle,
> la grande affection d'un aîné pour un homme plus jeune,
> celle qui existait entre David et Jonathan, celle dont Platon
> fit le fondement même de sa philosophie, et celle qu'on
> trouve dans les sonnets de Michel-Ange et Shakespeare.
> Cette profonde affection spirituelle est aussi pure qu'elle est
> parfaite. Elle inspire et imprègne de grandes œuvres d'art
> comme celles de Shakespeare et Michel-Ange, et ces deux
> lettres de moi, telles qu'elles sont. Elle est, en ce siècle,
> incomprise, tellement incomprise qu'on peut la décrire
> comme « L'amour qui n'ose pas dire son nom » et que, à
> cause d'elle, je me trouve où je suis en ce moment. Elle est
> belle, elle est pure, c'est la forme la plus noble de l'affection.
> Elle n'a rien d'anormal [*unnatural*]. Elle est intellectuelle et
> se produit fréquemment entre un homme plus âgé et un
> homme plus jeune, quand l'aîné a de l'intelligence et le plus
> jeune a toute la joie, l'espoir et la beauté de la vie devant
> lui. Qu'il puisse en être ainsi, le monde ne le comprend
> pas. Et le monde rit de cet amour et vous met parfois au
> pilori pour lui [386].

Cette déclaration déclenche une salve d'applaudissements dans la salle de l'Old Bailey. Mais le procureur
fait remarquer, avec un certain sens des réalités, que cette
belle définition, qui décrit la pureté – et l'absence de
sexualité – d'une relation pédagogique, peut difficilement valoir pour les relations que Wilde a entretenues

avec les jeunes prostitués impliqués dans l'affaire. Et Wilde doit convenir qu'un tel amour ne peut guère se rencontrer plus d'une fois dans le cours d'une vie [387]. Pourtant, cette proclamation enflammée lui vaut de n'être pas condamné au terme de ce premier procès intenté contre lui : le jury, en effet, n'est pas parvenu à l'unanimité (un seul juré, semble-t-il, a été partisan de l'acquittement, les onze autres souhaitant le déclarer coupable). Il fallait donc rejuger l'affaire. Et ce n'est qu'au terme de ce nouveau procès que la sentence tombera. Avant de l'énoncer, le juge s'adresse à Wilde et à son coaccusé, Alfred Taylor, pour leur dire :

> Il n'est pas utile que je m'adresse à vous. Des gens qui sont capables de ce genre de choses doivent avoir perdu tout sens de la honte, et l'on ne peut espérer produire sur eux un quelconque effet. C'est la pire des affaires que j'ai eues à juger. Que vous, Taylor, ayez tenu une sorte de bordel masculin, cela ne fait aucun doute. Et que vous, Wilde, ayez été au centre d'un cercle de corruption de la pire espèce parmi les jeunes gens, cela ne fait aucun doute non plus [388].

Auparavant, le procureur de la Couronne avait exposé au jury ce qu'étaient ces charges terribles : « Une infection morale qui menace la société, un chancre qui ne pourrait manquer, avec le temps, de la corrompre et l'affecter tout entière [389]. » C'est à cette accusation que Wilde avait cru pouvoir répliquer à l'avance, lors du deuxième des trois procès, en invoquant le caractère pur et intellectuel de cet amour qui forme le fondement de la philosophie de Platon et de la poésie de Michel-Ange dans les *Sonnets*. Et l'on voit bien comment fonctionne ici ce couple de notions, ou plutôt de schèmes mentaux, l'homosexualité étant pour les uns du côté de la corruption mentale, de la décadence, de la fin de la civilisation, et pour les autres, qui s'efforcent de lui donner une légitimité, du côté de la noblesse d'âme, de la pureté, de l'art, et donc de la société et de la culture dans ce qu'elles ont de plus élevé. À la lumière de cet affrontement brutal, à la vie à la mort, entre ces deux conceptions, on comprend mieux les pages écrites vingt ans plus tôt par Symonds et dans lesquelles il s'attachait à opposer le haut et le bas, le noble et le vulgaire, le pur et l'impur, etc. Ou encore celles dans lesquelles Pater invoque la grandeur de l'art, et les possibilités d'une renaissance par la fécondation spirituelle d'un jeune homme par le « philosophe amant ». Symonds et Pater s'étaient donné pour tâche d'élaborer un contre-discours. Ils avaient entrepris d'apporter une réponse historique et philosophique au discours de l'idéologie dominante, celui que l'on va entendre dans la bouche des accusateurs de Wilde et selon lequel l'homosexualité signifierait la ruine des valeurs morales et sociales qui fondent la civilisation. Et ce sont les théories de Pater et de Symonds que Wilde fait résonner dans la salle du tribunal. Mais le combat est trop inégal : ceux qui estiment qu'il faut éradiquer l'homosexualité, ou la réduire au silence, sont en position de force. Ce sont eux qui décident du sort des a-normaux et autres a-moraux. En conséquence de quoi, après avoir dit son indignation personnelle devant les « horribles charges » pesant sur les accusés (Wilde et Taylor), le juge les condamne à deux ans de travaux forcés.

La description donnée par Richard Ellmann de ces « travaux » et des conditions de détention de ceux qui y étaient astreints est tout simplement terrifiante. Une telle condamnation signifiait souvent la mort à court terme, après la sortie de prison, de ceux à qui elle avait été infligée. Et ce d'autant plus que le condamné n'était pas habitué au travail manuel. Ce qui était évidemment le cas de Wilde. De fait, Wilde mourra trois ans après sa libération. Dans son article de 1901, Gide a décrit ce Wilde « affaibli, défait, que nous avait rendu la prison », et qui contrastait si fort avec « l'être prodigieux qu'il fut d'abord [390] ».

✎ Si je me suis attardé sur les procès de Wilde, c'est parce qu'ils fonctionnent comme un miroir grossissant : on y voit se croiser un certain nombre de thèmes dont toute approche de l'histoire et de la culture homosexuelles modernes et contemporaines doit tenir compte. D'abord, si l'on peut penser que Wilde a été bien imprudent d'intenter un procès en diffamation au marquis de Queensberry, il faut sans doute admettre, avec Ellmann, que, de toute façon, il serait allé à sa perte. Certes, il convient de rester toujours méfiant devant cette idée stéréotypée de l'inévitable chute – thème qui a hanté la littérature homosexuelle aussi bien qu'homophobe de la première moitié du XXe siècle (et le cinéma jusque dans les années soixante). Mais il est indéniable qu'en jouant avec les limites imposées par la société anglaise du XIXe siècle, en théorisant et politisant (consciemment ou inconsciemment) son mode de vie, il ne pouvait manquer de provoquer une vigoureuse réaction à son encontre. Sa manière d'afficher presque ouvertement son homosexualité, de s'entourer de jeunes gens qui étaient la plupart du temps des amants ou des anciens amants d'Alfred Douglas, l'obligeait, comme le dit encore Ellmann, à se frayer un chemin entre des « pères furieux » et de « jeunes maîtres chanteurs » toujours prêts à se vendre ou à le vendre [391]. Et donc, tôt ou tard, dans une société où l'homosexualité pouvait se vivre à condition d'être discrète, secrète, l'artiste au comportement « scandaleux » devait se retrouver condamné, brisé par la « justice » et la prison.

Neil Bartlett l'écrit avec force : ce n'est pas seulement parce qu'il était homosexuel que Wilde a été condamné, mais parce qu'il était un homme public qui était aussi un homosexuel, et surtout un homosexuel qui refusait de taire et cacher ce qu'il était [392]. Attitude qui fut peut-être, selon le mot d'Henri de Régnier, « une erreur chronologique » : « M. Wilde croyait vivre en Italie au temps de la Renaissance ou en Grèce au temps de Socrate. On l'a puni d'une erreur chronologique et durement, étant donné qu'il vivait à Londres où cet anachronisme est, paraît-il, fréquent [393]. » Même si la fin de la phrase nuance l'idée d'un anachronisme (puisqu'il semble au contraire que cette réalité ainsi décrite ait été assez répandue et aussi très connue), on peut penser que le destin de Wilde était scellé dès lors qu'il avait situé le scandale sur la scène publique : il fallait qu'il soit réduit au silence. Gide rapporte dans son « In Memoriam » ce propos que lui avait tenu Wilde, quelques années avant sa chute : « Ils sont extradordinaires, mes amis ; ils me conseillent la prudence. La prudence ! Mais est-ce que je peux en avoir ? Ce serait revenir en arrière. Il faut que j'aille aussi loin que possible… Je ne peux pas aller plus loin… Il faut qu'il arrive quelque chose… quelque chose d'autre [394]. » Gide semble d'ailleurs très profondément persuadé que Wilde était voué au terrible sort qui l'attendait. Et Proust décrit lui aussi la condamnation de Wilde comme la réalisation d'un destin. C'est en effet l'un des exemples qu'il prend au début de *Sodome et Gomorrhe* lorsqu'il évoque la « malédiction » qui pèse sur la « race » des « invertis » : « Sans honneur que précaire ; sans liberté que provisoire jusqu'à la découverte du crime ; sans situation qu'instable comme pour le poète la veille fêté dans tous les salons, applaudi dans tous les théâtres de Londres, chassé le lendemain de tous les garnis sans pouvoir trouver un oreiller où reposer sa tête [395]. » Wilde lui-même, dans son *De Profundis*, ne cesse d'évoquer le « Destin » et même la « Fatalité » pour décrire ce qui lui est arrivé [396]. Mais l'idée du sort inéluctable n'était-elle pas, déjà, le sujet même du *Portrait de Dorian Gray* ?

✎ On voit aussi, à travers le procès de Wilde, à quel point la question du chantage a pu être centrale dans toute l'histoire de l'homosexualité, et ce dans le monde entier. C'est l'un des arguments avancés par Ulrichs déjà, puis par Hirschfeld, dans leur combat pour la dépénalisation de l'homosexualité : le chantage livre des hommes honnêtes aux voyous qui les tiennent à leur merci, et une seule rencontre malencontreuse peut ainsi briser la vie d'un homme. De combien de vies gâchées, de malheurs, de suicides, le chantage a-t-il été responsable ? On aperçoit également quelle peut être la solitude de l'homosexuel livré à la vindicte publique. Si personne n'intervint pour empêcher le procès, parmi tous ceux qui se délectaient quelques mois auparavant de la compagnie de Wilde dans les hautes sphères de la société, c'est parce que tout le monde avait bien conscience que quiconque interviendrait en sa faveur pourrait être soupçonné de partager les goûts du réprouvé et de vouloir, en protégeant l'écrivain accusé, se protéger lui-même.

Ce fut sans doute le cas du Premier ministre, lord Rosebery, que le père d'Alfred Douglas accusait en privé d'avoir conduit son fils aîné, Drumlanrig, qui était son secrétaire particulier, sur les chemins maudits de l'homosexualité. Le suicide de ce dernier, en octobre 1894, a peut-être été causé par sa peur d'être victime d'un chantage qui aurait anéanti la carrière de l'homme politique. Ce qui explique et la fureur du marquis de Queensberry contre Wilde, et la crainte de Rosebery d'intervenir en faveur de l'écrivain, bien qu'il l'ait connu et ait dîné à plusieurs reprises avec lui [397].

C'est d'ailleurs peut-être à cause des rumeurs contre Rosebery, et pour le laver de tout soupçon, que le procureur général voulut absolument poursuivre le procès contre Wilde après que le premier jury n'eut pas réussi à rendre un verdict à l'unanimité, puisque le nom du Premier ministre figurait dans une lettre de Queensberry qui avait été lue à l'audience [398]. Malgré tout, il semble que Rosebery ait envisagé d'intervenir. Jusqu'à ce que lord Balfour lui dise : « Si vous le faites, vous perdrez les élections. » Il n'intervint donc pas. Mais perdit tout de même les élections [399].

6
LA VÉRITÉ DES MASQUES

La conception de « l'amour qui n'ose pas dire son nom » énoncée par Wilde pendant son procès est fortement marquée par la référence à la Grèce, au platonisme et au néo-platonisme de la Renaissance. L'ombre de John Addington Symonds et de Walter Pater plane sur ce discours. Mais, en fait, c'est toute l'œuvre de Wilde qui est imprégnée de cet hellénisme oxfordien.

C'est le cas, on l'a vu, dans *The Portrait of Mr. W.H.* Mais on trouve également dans *The Picture of Dorian Gray*, ce mélange d'affirmation homosexuelle à peine voilée et de dissimulation sous des codes presque transparents et qui n'allaient tromper personne. Certaines formulations trop explicites qui figuraient dans la première version, publiée en 1890 dans une revue, vont être supprimées, telle celle où Hallward disait à Dorian : « Il est tout à fait vrai que je t'ai adoré avec un sentiment beaucoup plus intense que celui qu'un homme éprouve habituellement pour un ami. Je crois bien que je n'ai jamais aimé aucune femme. » Cette déclaration d'amour sera remplacée, lorsque le roman paraîtra en volume en 1891, par une phrase qui fait de Dorian la représentation même du Beau, de la Beauté que tout artiste cherche à retrouver et à fixer : « Tu es devenu pour moi l'incarnation visible de cet idéal caché dont la mémoire nous hante, nous artistes, comme un rêve exquis[400]. » Un « idéal », un « rêve » et une « mémoire » qui nous ramènent, bien sûr, à l'époque de la Grèce ancienne. Et cette réécriture, destinée à « coder » la parole homosexuelle, est, à l'évidence, une paraphrase de l'idée développée par Pater à propos de Winckelmann : l'amitié homo-érotique qui nous apparaît comme la « réminiscence d'un savoir oublié », la nouvelle « carrière intellectuelle » de quelqu'un qui aurait déjà vécu et qui revivrait la vie d'un philosophe et amant de l'Antiquité. C'est d'ailleurs à la demande de Walter Pater qu'Oscar Wilde a modifié la phrase qui rendait trop explicite et trop scandaleuse la première version du livre [401].

Bien d'autres phrases de *Dorian Gray* semblent tout droit sorties des textes de Pater. Par exemple, lorsqu'au chapitre 2, lord Henry déclare à Dorian : « Je crois que si un homme pouvait vivre pleinement et complètement sa vie, donner forme à tous ses sentiments, exprimer toutes ses pensées, donner une réalité à tous ses rêves, je crois que le monde en recevrait une telle impulsion nouvelle d'allégresse que nous pourrions oublier toutes les maladies du médiévisme et retourner à l'idéal hellénique [402]. » Ce discours enflammé se termine par une exhortation à « céder aux tentations » et à ne jamais se priver des plaisirs interdits : « Tout élan que nous nous efforçons d'étouffer pèse sur notre esprit et nous empoisonne [403]. » Un peu plus loin, lord Henry poursuit l'exposé de son programme de philosophie pratique en évoquant la nécessité d'un « nouvel hédonisme » : « Ne laissez rien perdre. Cherchez toujours de nouvelles sensations [404]. »

Dans le chapitre 11, long monologue de Dorian présenté en style indirect, certaines phrases sont tout simplement empruntées à Pater : « Oui... il n'accepterait jamais un système ou une théorie qui impliquerait le sacrifice d'un mode d'expérience passionnée quel qu'il soit. Son but, en effet, serait l'expérience elle-même et non les fruits de l'expérience. Il devait enseigner à l'homme à se concentrer sur les moments d'une vie qui n'est elle-même qu'un moment [405]. »

🖉 La relation de Wilde à Walter Pater n'est pas seulement d'ordre littéraire. Ils furent également très liés. Wilde ne rencontra personnellement Pater qu'au cours de sa troisième année d'études à Oxford, mais il tomba dès le premier semestre qu'il passa dans cette université sous le charme des *Studies in the History of the Renaissance*, publiées un an plus tôt. Il parle de cet ouvrage comme du « livre d'or de l'esprit, de l'intelligence, les Saintes Écritures de la beauté [406] ». Et si Ruskin a été la grande passion de la première année de Wilde à Oxford, Pater allait être celle de la quatrième année, et des années qui allaient suivre : il commence souvent les lettres qu'il lui adresse par « Hommage au grand maître » [407]. Bien plus tard, lorsqu'il sera en prison, il évoquera encore *The Renaissance* comme « ce livre qui eut une si étrange influence sur toute ma vie [408] ».

Wilde et Pater se lièrent bientôt d'amitié. Et leur intimité s'épanouit, sans que cela implique des rapports sexuels. En 1878, Pater remercie Wilde de lui avoir offert une photo de lui. Ils vont se promener tous les deux en maintes occasions et prennent très souvent le thé ensemble [409]. C'est alors dans une atmosphère très nettement homosexuelle que baigne tout un milieu de jeunes gens et quelques professeurs. Trop nettement peut-être, puisque des scandales éclatent et que des élèves sont renvoyés. Tel William Money Hardinge, à qui Pater adressait des lettres signées « Amoureusement vôtre », ce qui vint vite à se savoir. Comme de surcroît cet élève écrivait des sonnets homosexuels, il fut convoqué par le doyen qui lui donna le choix entre quitter Oxford ou être traduit devant un conseil de discipline [410]. Hardinge quitta

Oxford. Et Wilde savait donc qu'il courait des risques. Ce qui ne l'empêcha pas, trois ans après cette histoire, de nouer des liens avec Pater. Sans prendre la moindre précaution. Marc-André Raffalovitch racontera par la suite dans *Uranisme et unisexualité* que Wilde se vantait d'avoir autant de plaisir à parler de l'homosexualité que d'autres à la pratiquer. En 1877, Wilde publia ainsi dans la revue *Kottabos* un poème célébrant la beauté d'un jeune garçon, d'après un tableau de son amie Violet Troubridge qui l'avait ému :

> Un svelte et blond garçon, peu fait pour la douleur
> [du monde,
> Boucles blondes épaisses tombant sur ses oreilles [411].

Quatre ans plus tard, lorsqu'il reproduira ces vers dans son recueil de poésies, il changera le sexe du personnage. Le poème se lit alors ainsi, sous le titre de *Madonna mia* :

> Une fillette, un lys, inapte à la douleur du monde,
> Cheveux bruns et soyeux tressés autour de ses oreilles [412].

On peut certes penser qu'il ne s'agit là que d'une seconde version d'un poème retravaillé, mais il faut peut-être y voir aussi la nécessité d'un « recodage » qui serait alors l'envers de ce que Linda Dowling appelle le « code homosexuel », la nécessité de dissimuler ce qui était trop visible, et non plus d'essayer de rendre visible ce qu'il fallait dissimuler. Cette obligation de transposer le sexe des personnages fut sans doute pendant très longtemps l'un des traits caractéristiques de la littérature écrite par des homosexuels. Tout écrivain homosexuel devait se poser la question : est-ce que le narrateur peut être explicitement homosexuel ? Et sinon, comment éviter que le lecteur n'interprète une description physique comme l'expression du désir de l'auteur ? On trouve des remarques fort édifiantes sur toutes ces questions dans l'autobiographie de Christopher Isherwood, parue en 1976. Il raconte par exemple comment, dans un de ses premiers romans, dans les années trente, il avait donné des jambes « trop maigres » à un jeune personnage dont il venait de vanter la beauté du torse, afin de déjouer le « soupçon »[413]. Isherwood évoque également le problème de l'identité sexuelle des narrateurs de ses romans, dont il n'osait pas faire des homosexuels mais qu'il répugnait à rendre hétérosexuels, préférant les priver de tout désir, ce qui l'obligeait à supprimer toute situation où ce désir aurait pu se manifester[414]. Parlant de son roman largement autobiographique, *Mr. Norris Changes Trains*, Isherwood souligne que ce livre « s'abstient de révéler ce qui constituait le lien le plus durable entre Gerald et Christopher : leur homosexualité[415] ». Même le premier volume de son autobiographie, *Lions and Shadows*, qui porte sur ses années de jeunesse, occulte l'homosexualité, pourtant déterminante pour comprendre certains événements qu'il raconte[416].

Il est assez rare, hélas, qu'un auteur, cinquante ans plus tard, fournisse un tel éclairage rétrospectif sur ce qu'il a écrit. Publiant une autobiographie dans les années soixante-dix et parlant des années vingt et trente, Isherwood est presque idéalement situé dans le temps pour nous faire prendre conscience de ces décalages. Et, pour évoquer un autre exemple, comment lirions-nous Forster, et saurions-nous décoder les allusions voilées de ses autres romans, si le manuscrit de *Maurice* s'était perdu ? On sait d'ailleurs que la question n'est pas artificielle, puisque Forster a presque totalement renoncé à la forme romanesque après avoir terminé *Maurice* (dont il a considéré qu'il était impensable de le publier à cette époque) car il lui était désormais impossible de mentir après avoir dit la vérité : il n'avait plus envie d'écrire ni sur les amours entre hommes et femmes ni sur le mariage, il ne voulait plus taire la nature de ses propres sentiments [417]. Et comment ne pas mentionner ici qu'un des poèmes d'Auden s'intitule : *The Truest Poem is the Most Feigning* (le poème le plus vrai est celui qui feint le plus) ? Il ne fait aucun doute que Proust n'a pu évoquer avec tant de liberté ce qu'il appelait, dans son esquisse de 1909, la « race des tantes » que parce qu'il a constamment pris soin de faire comme s'il la décrivait de l'extérieur. On a beaucoup glosé sur le fait qu'Albertine était une transposition littéraire du chauffeur de Proust, Alfred Agostinelli. À s'en tenir à la simple économie romanesque, cela n'a pas beaucoup de sens : dans une telle hypothèse, que devient l'exploration du lesbianisme dont le mystère, aux yeux du narrateur, est l'un des grands ressorts d'une bonne partie de l'œuvre ? Mais il est possible que tout ce jeu de transpositions ait été commandé, au départ, par la nécessité que le narrateur soit hétérosexuel. On le voit par exemple lorsque le récit de *La Prisonnière* s'interrompt pour laisser la parole à « l'auteur », qui veut justifier l'importance donnée à l'homosexualité dans son livre mais aussi s'en tenir soigneusement à distance : « L'auteur tient à dire combien il serait contristé que le lecteur s'offusquât de peintures si étranges […]. Un grand intérêt, parfois de la beauté, peut naître d'actions découlant d'une forme d'esprit si éloignée de tout ce que nous sentons, de tout ce que nous croyons, que nous ne pouvons même arriver à les comprendre, qu'elles s'étalent devant nous comme un spectacle sans cause [418]. » Il s'agit donc, pour « l'auteur », de révéler au « lecteur » (supposément hétérosexuel) la « cause » de tant de comportements, de faits et gestes, de caractères psychologiques qu'il a quotidiennement sous les yeux mais qu'il ne peut saisir faute d'avoir la clé adéquate qui ouvre sur les secrets de ces personnes étranges dont les « actions » deviennent limpides dès lors que l'on sait quelle est leur vraie « nature ».

Proust ne cesse d'y insister : tous les gestes, toutes les attitudes d'une personne, qui pourraient sembler contradictoires, déroutants, prennent sens et deviennent cohérents dès lors qu'on sait qu'elle appartient à la « race maudite ». C'est la personnalité tout entière d'un individu qui se réorganise autour de ce « secret » révélé. Mais qui révèle cette « vérité » cachée ? Qui donne la clé ? Proust prend toujours ses distances avec l'objet décrit. Et les termes dans lesquels il évoque ces « personnages étranges » ont souvent pour fonction – et ont eu pour effet sur ses premiers lecteurs et critiques – de donner à penser qu'il n'est pas partie prenante de cette vie que son roman a pour ambition de restituer. Si les pages de *La Recherche* sur le baron de Charlus peuvent être décrites, selon l'expression d'Eve Kosofsky Sedgwick, comme une mise en scène du « spectacle du placard » – ce qui, on l'a vu, peut servir de paradigme à la situation dans laquelle se trouve toujours tout homosexuel –, il faut préciser que ce « placard », scruté dans le roman par des personnages hétérosexuels, l'est aussi, évidemment, par le narrateur, mais plus encore par l'auteur. Car le spectacle de ce « spectacle » est montré, dévoilé par quelqu'un qui s'efforce, dans ce dévoilement même, de préserver son propre « placard » de tout regard et de le soustraire ainsi à sa transformation en « spectacle »[419]. Ce qui l'exposera, par un effet en retour assez prévisible, à être lui-même l'objet de ce « spectacle du placard », et à devenir la cible des rumeurs et des insinuations qu'il a si merveilleusement donné à entendre à propos de Charlus et dont il s'inquiétera pour lui-même, demandant à ses amis de les démentir. Mais qui, sinon un homosexuel, aurait pu dépeindre avec tant de sagacité, et une connaissance si aiguë et si intime, ce qui était censé être caché aux yeux de tous ?

Ce que les remarques d'Isherwood nous enseignent, c'est que les textes littéraires ne nous livrent pas nécessairement la « vérité » de la sexualité d'une époque, et que c'est tout ce travail de « codage », de *feigning*, de dissimulation, qu'il convient de prendre en considération et d'analyser pour savoir si les catégories du discours, les descriptions, les jugements, etc., correspondent aux pratiques réelles. Et l'on pourrait ici invoquer à nouveau André Gide (dont la lucidité est d'une très grande modernité) qui s'insurgeait dans son *Journal* contre l'idée développée par André Maurois selon laquelle les mœurs d'Oscar Wilde n'auraient été qu'une sorte de dépendance accessoire de son esthétisme :

> Je crois tout au contraire que cet esthétisme d'emprunt n'était pour lui qu'un revêtement ingénieux pour cacher en révélant à demi ce qu'il ne pouvait laisser voir au grand jour ; pour excuser, prétexter, et même motiver en apparence ; mais que cette motivation même n'est qu'une feinte. Ici, comme presque toujours, et parfois à l'insu même de l'artiste, c'est le secret du profond de sa chair qui dicte, inspire et décide. Éclairées sous ce jour et, pour ainsi dire, par en dessous, les pièces de Wilde laissent apparaître, à côté des mots de parade scintillants comme des bijoux faux, quantité de phrases bizarrement révélatrices et d'un intérêt psychologique puissant. C'est pour ces dernières que Wilde écrivit toute la pièce, n'en doutez point.
>
> Chercher à faire entendre de quelques-uns ce que l'on a intérêt à cacher à tous. Pour moi, j'ai toujours préféré la franchise. Mais Wilde prit le parti de faire du mensonge une œuvre d'art [...]. C'est là ce qui lui faisait dire : « N'employez jamais *je*. » Le *je* est du visage même et l'art de Wilde tenait du masque, tenait au masque [...].

Toujours il s'arrangeait de manière que le lecteur averti pût soulever le masque et entrevoir, sous le masque, le vrai visage (que Wilde avait de si bonnes raisons de cacher). Cette hypocrisie artiste lui a été comme imposée par le sentiment, qu'il avait très vif, des convenances ; et par celui de la protection personnelle. De même, du reste, pour Proust, ce grand maître en dissimulation [420].

Gide avait d'ailleurs rapporté, en 1921, une conversation avec Proust qui lui avait dit à peu près la même chose. Alors que Gide lui parle des *Mémoires* qu'il a entrepris de rédiger, Proust lui répond : « Vous pouvez tout raconter, mais à condition de ne jamais dire : *Je.* » Et Gide de noter : « Cela ne fait pas mon affaire [421]. »

Ces pages du *Journal* de Gide ont été écrites en 1921 et 1927. Mais n'avait-il pas lui-même pratiqué la « dissimulation » à des époques antérieures ? Après tout, il n'a édité *Corydon*, en 1911, qu'à quelques exemplaires et sans nom d'auteur. Et que dire de *L'Immoraliste* ou des *Nourritures terrestres*, dans lesquels le jeu entre dévoilement et dissimulation est plus proche de Wilde que l'auteur ne semble s'en souvenir, même si l'homosexualité y est explicitement évoquée, et constitue, à n'en pas douter, l'enjeu profond et « intime » de ces œuvres. D'autre part, contrairement à ce que semble penser Gide, qui, bizarrement, les met sur le même plan, c'est moins le sens des convenances qui poussait Wilde à la « dissimulation » que celui de la « protection personnelle », c'est-à-dire une perception très claire de la contrainte sociale et de la nécessaire prudence à laquelle les exhortations de certains de ses amis ne manquaient pas de le rappeler, comme ceux de Gide le feront avec lui pour le dissuader de publier *Corydon*.

🖉 Lorsque parut *Le Portrait de Dorian Gray*, ce livre fut indéniablement perçu comme un manifeste homosexuel.

Par les homosexuels... et par les autres. C'est pourquoi, lorsque Wilde posa sa candidature au Crabbdt Club, un de ses anciens condisciples d'Oxford, George Curzon, invoqua sa réputation de sodomite et la manière dont il avait abordé ce sujet dans son roman pour s'opposer à son admission. Wilde se défendit avec une certaine aisance et une certaine méchanceté, mais ne remit plus jamais les pieds au club [422]. *The Picture...* fut d'emblée une référence et un point de ralliement pour les homosexuels anglais. Les jeunes amis de Wilde furent éblouis par son audace. Pour célébrer le livre, Max Beerbohm écrivit sa *Ballade de la vie joyeuse* et Lionel Johnson un poème en latin décrivant Dorian qui « aime avidement les amours étranges [...] et cueille d'étranges fleurs... », et adressant à Wilde ce chant : « Voici les fruits de Sodome, voici les cœurs mêmes des vices, et les tendres péchés. Qu'au ciel et en enfer tu reçoives la gloire des gloires, toi qui perçois tant de choses [423]. »

Aussi n'est-il pas étonnant que Lionel Johnson ait prêté son exemplaire du *Portrait* à l'un de ses jeunes cousins, qui le lut avec passion, quatorze fois, dira-t-il, et saisit la première occasion pour accompagner Johnson chez Wilde. Il s'appelait... Alfred Douglas.

7
Les Grecs contre les psychiatres

On ne peut donc pas suivre Michel Foucault quand il affirme que la littérature homosexuelle s'est inventée en réaction au discours psychiatrique et à l'invention du « personnage » de l'homosexuel par la science médicale du XIXe siècle. Pour étayer son propos, Foucault cite, à titre d'exemple, Oscar Wilde et André Gide. Il présente cette séquence chronologique dans une interview publiée peu après la parution de *La Volonté de savoir* :

> C'est vers les années 1870 que les psychiatres ont commencé à en faire une analyse médicale. […] On commence soit à interner les homosexuels dans les asiles, soit à entreprendre de les soigner. On les percevait autrefois comme des libertins et parfois comme des délinquants […]. Désormais on va tous les percevoir dans une parenté globale avec les fous, comme des malades de l'instinct sexuel. Mais, prenant au pied de la lettre de pareils discours et, par là même, les contournant, on voit apparaître des réponses en forme de défi : Soit ! nous sommes ce que vous dites, par nature, maladie ou perversion, comme vous voudrez. Eh bien, si nous le sommes, soyons-le, et si vous voulez savoir ce que nous sommes, nous vous le dirons nous-mêmes mieux que vous. Toute une littérature de l'homosexualité, très différente des récits libertins, apparaît à la fin du XIXe siècle : songez à Wilde ou à Gide. C'est le retournement stratégique d'une même volonté de vérité [424].

Cette mise en perspective historique est pour le moins cavalière. Car c'est ignorer que l'œuvre de Wilde ne s'est assurément pas construite en réaction aux théories psychiatriques. Pas plus que celles de Pater ou de Symonds. On peut même se demander si ce n'est pas le contraire qui s'est produit : l'invention par les homosexuels eux-mêmes d'une culture qui préexista au regard que la psychiatrie naissante allait ensuite porter sur eux, en transformant en discours médical les préjugés les plus établis. Sans doute, d'ailleurs, est-il impossible d'établir une causalité aussi directe dans un sens ou dans l'autre et faut-il plutôt regarder les deux discours comme s'inventant séparément et concurremment, selon des temporalités relativement autonomes (mais néanmoins liées entre elles puisque la psychiatrie a très tôt tenté d'arraisonner le discours littéraire pour le pathologiser). Ce n'est qu'ensuite que s'est développé une sorte de « conflit des facultés », les secteurs littéraires et philosophiques disputant à la médecine, à la psychiatrie et à la psychologie le droit de savoir qui est fondé à parler, et pour dire quoi sur ce sujet : la parole homosexuelle s'exprimant dans le cadre des disciplines littéraires et philosophiques pour s'opposant et résister aux psychiatres, le plus souvent hétérosexuels, qui entendaient imposer une conception à prétention « scientifique », et, bien sûr, fort dépréciative, de l'homosexualité. Affirmer que la littérature homosexuelle ne serait qu'une sorte d'effet réactif produit par la psychiatrie n'a en tout cas guère de sens, et il est très étonnant que Foucault ait pu se laisser aller à des considérations aussi approximatives. Certes, les discours littéraires ou philosophiques (chez Symonds, Pater, Wilde…) ont été des discours « en retour » : ils ont tout à la fois combattu l'interdiction de dire, essayé de répondre au discours homophobe et, pour ce faire, l'ont souvent intégré – selon des modalités et à des degrés divers – dans leur propre démarche. Mais ces discours d'affirmation de soi n'ont, en aucune manière, été façonnés par celui de la psychiatrie, qui n'est venu qu'après eux. Ce qu'ils entendaient mettre en question, c'était plutôt l'ordre moral et religieux de l'Angleterre victorienne, et non pas les catégories du discours médical, dont ils ignoraient à peu près tout au moment où leurs projets intellectuels s'élaboraient dans les collèges d'Oxford. Leur adversaire était la morale chrétienne, avec l'idée du « vice qu'on ne peut nommer entre chrétiens », celle du « péché contre-nature ». À cela, ils opposaient la liberté païenne des Grecs et leur culte de la beauté, la grandeur de leurs accomplissements artistiques. « Une nation d'artistes », disait Symonds à propos des Grecs.

Si l'on prend justement l'exemple de Symonds, on voit bien non seulement que ses premiers textes littéraires (des poèmes), dans lesquels il s'efforce d'exprimer son homosexualité, sont bien antérieurs à sa connaissance des travaux médicaux, puisqu'ils remontent aux années 1860, mais aussi que sa tentative pour légitimer et justifier l'homosexualité ne doit rien à la psychiatrie et ses catégories. C'est contre les valeurs traditionnelles qui étouffaient sa vie que Symonds s'est insurgé, et c'est contre elles qu'il invoque le glorieux passé de la Grèce. Et lorsqu'il commencera à s'intéresser au discours psychiatrique, ce sera certes pour s'en approprier un certain nombre de catégories et de perceptions, en inversant leur signification, mais aussi et surtout pour lui opposer cette Grèce mythique dont il avait déjà chanté la grandeur vingt ans auparavant.

Pendant les années 1870-1890, vont en effet se développer, notamment en France et en Allemagne, toute une série de travaux médicaux sur l'« inversion sexuelle » et sur ce que l'on va par la suite appeler l'« homosexualité ». Mais, pour Symonds, les travaux de la psychiatrie sont simplement aussi contestables que les doctrines religieuses ou morales que cette science est, à ses yeux, venue remplacer. C'est pourquoi, dans les années 1890, il entreprend d'affronter directement ce nouvel adversaire que sont à ses yeux les psychiatres. « La théorie de la morbidité, écrit-il, est plus humaine mais elle n'est pas moins fausse que celle du vice ou du péché [425]. » Dans *A Problem in Modern Ethics*, édité à 50 exemplaires et diffusé de manière privée, en 1891, il s'en prend à quelques-uns des plus éminents représentants de la psychopathologie de l'époque, Tardieu, Carlier, Moreau, Krafft-Ebing… Dans le chapitre qu'il consacre au Dr Paul Moreau, l'auteur d'un traité publié en 1877 sous le titre *Des aberrations du sens génésique*, Symonds s'amuse à pointer la contradiction étonnante entre, d'un côté, la description de l'« inversion sexuelle » comme un état intermédiaire entre raison et folie qui s'expliquerait par l'hérédité, et, de l'autre, l'affirmation que cela ne vaut que pour l'Europe moderne mais pas pour les pays qui dans l'Antiquité acceptaient la pédérastie. « En d'autres termes, ironise Symonds, on doit faire le diagnostic qu'un Français ou un Anglais qui aime le sexe masculin est atteint de maladie, tandis qu'il faut créditer Sophocle, Pindare, Épaminondas et Platon de céder à un instinct qui était sain à leur époque car accepté par la société. » Et Symonds de conclure ainsi son raisonnement : « Le fait tout simple que la Grèce ancienne tolérait l'inversion sexuelle et que l'Europe moderne refuse de la tolérer ne peut pas avoir quoi que ce soit à voir avec l'étiologie, la pathologie, la définition psychologique du phénomène dans son essence. Ce qu'il faut admettre, c'est qu'un certain type de passion fleurissait au grand jour et portait de bons fruits en Grèce, et que le même type de passion fleurit dans l'ombre et est source de malheur et de honte en Europe. Ce n'est pas la passion qui a changé, mais la manière de la considérer moralement et légalement. Un savant ne doit pas prendre en compte les changements de l'opinion publique quand il analyse une particularité psychologique [426]. » Symonds s'étonne que les médecins oublient dans leurs analyses « les races sauvages et l'Antiquité classique ». Ces médecins, dit-il, « s'efforcent d'isoler le phénomène de l'inversion sexuelle comme une exception anormale et spécifiquement morbide de notre civilisation. Alors que les faits tendent à prouver que c'est une tendance récurrente de l'humanité, naturelle à certains peuples, adoptée par d'autres, et, dans la majorité des cas, compatible avec un tempérament autrement normal et sain [427] ».

On voit comment la Grèce et la référence à l'histoire servent ici de points d'appui pour réfuter les raisonnements de la psychopathologie contemporaine. Mais on observe également comment, en invoquant quelques figures fameuses de la Grèce, Symonds parle d'une « particularité psychologique » et ne limite pas son analyse à l'idée qu'on aurait affaire à de simples comportements, à de simples pratiques qui n'auraient pas affecté la psychologie des individus. C'est presque dans les termes d'une identité sexuelle invariante à travers les siècles qu'il s'exprime, au point d'ailleurs d'oublier ce qu'il avait lui-même précédemment écrit sur la distinction entre un amour « pur » et un vice « vulgaire ». Tout est désormais rangé sous l'étiquette de l'« inversion sexuelle » – ce qui signale évidemment une certaine influence du discours psychiatrique sur sa propre conception, ou en tout cas sur son vocabulaire, au moment où il entreprend d'affronter les médecins –, et l'existence de cette « inversion » dans les sociétés contemporaines ne saurait être décrite comme pathologique puisqu'elle coïncidait au contraire avec la santé dans les sociétés de l'Antiquité. C'est la tolérance sociale ou l'intolérance qui sont en cause, pas la nature du phénomène décrit. On pourrait faire valoir que, contrairement à ce qu'affirme Symonds, l'Antiquité grecque n'a jamais admis l'« inversion sexuelle » puisque, au contraire, le rôle « passif » et l'« efféminement » y étaient fermement condamnés [428]. Mais en réalité, ce que Symonds appelle ici « inversion sexuelle », ou encore « instinct sexuel inverti », signifie tout simplement l'attirance d'un homme pour un autre homme et intègre donc dans un ensemble beaucoup plus vaste de pratiques et de sentiments la « pédérastie » institutionnalisée dont il parlait vingt ans auparavant. C'est pourquoi il est difficile de suivre John Lauristen lorsqu'il écrit, dans sa préface aux écrits de Symonds, qu'entre *A Problem in Greek Ethics* en 1873 et *A Problem of Modern Ethics* en 1891 on passe, quelles qu'aient été les intentions affichées par l'auteur, d'une approche historique à une approche médicale, et « de l'étude d'une forme de comportement, l'amour entre hommes, à l'étude d'une condition, la sexualité invertie [429] ». Il est évident que l'analyse de Lauristen est profondément marquée par Foucault et par la distinction que pose ce dernier, dans *La Volonté de savoir*, entre les « actes » et les « personnages » homosexuels. Et pour que le dogme foucaldien puisse rester intact, il faut que l'idée d'une « identité » homosexuelle n'ait pu apparaître qu'avec le discours psychiatrique ou en réaction contre lui. Mais il est impossible d'interpréter en ces termes les textes de Symonds et leur évolution. Et si l'on veut absolument se référer à Foucault, il est peut-être préférable de recourir au Foucault qui nous a appris à penser en termes de « stratégies » et de considérer, pour expliquer l'évolution de Symonds, que la configuration discursive dans laquelle il écrit en 1891 n'est plus tout à fait la même que celle dans laquelle il écrivait en 1873.

La continuité est néanmoins profonde – et frappante – dans la pensée de Symonds : d'une part, il ne cesse d'en appeler à l'histoire contre la médecine, et même quand il utilise le terme d'« inversion sexuelle », c'est toujours pour en revaloriser l'idée, en s'appuyant sur la dimension historique, contre les approches psychiatriques négatives et péjoratives. Et surtout, il est bien peu probable qu'il n'ait pas pensé en termes d'« identité » la psychologie des hommes qui aiment le sexe masculin dès l'époque de *A Problem in Greek Ethics*. D'ailleurs, s'il peut passer si facilement d'une conception à l'autre, n'est-ce pas parce qu'il s'agit toujours de la même cause à défendre, celle des hommes qui ne sont pas comme les autres et qui doivent vivre dans l'ombre, alors que ce qui fait leur malédiction s'épanouissait sous le soleil de la Grèce antique ? Si, en 1891, il doit mettre l'accent moins sur la « pureté » et la « noblesse », comme il le faisait en 1873, que sur la « santé » et la « normalité », c'est parce qu'il n'a plus le même adversaire. Mais son apologie de la Grèce en 1873 était aussi une manière de se justifier lui-même à ses propres yeux, et il s'assimilait à cette culture grecque dont il s'affirmait l'héritier, et se pensait comme semblable aux hommes qu'il décrivait (tout comme le Pater du « rêve remémoré » et du « philosophe amant »…). Ses poèmes des années 1860 l'attestent tout autant que son autobiographie, ou encore ses références constantes à la poésie de Walt Whitman pour fonder ses propres vues : il y avait bien chez Symonds une notion de l'« identité » sexuelle qui préexistait à sa polémique contre les psychiatres. Et il est donc impossible qu'une telle conception lui soit venue des psychiatres dont il conteste les résultats.

Au contraire : c'est à partir de l'idée si forte d'une « identité » homosexuelle telle qu'il l'a tirée de son étude de la Grèce qu'il va contester celle qui est en train, sous ses yeux, d'être forgée et stigmatisée par la psychiatrie. Il y insiste dans ses lettres à Havelock Ellis et à Edward Carpenter dans les années 1890 : « L'étude historique de la Grèce ancienne, écrit-il, est absolument essentielle pour le traitement psychologique de cette question », car elle obligera ceux qui se penchent sur l'« anormalité » sexuelle à tenir compte de « l'évidence incontournable de la saine et large normalité de la camaraderie grecque [430] ». Les psychiatres se trompent fatalement, écrit Symonds à Havelock Ellis en 1892, quand ils « diagnostiquent comme nécessairement morbide ce qui était l'émotion dominante chez les meilleurs et les plus nobles hommes de la Grèce ». Et il va encore plus loin dans sa dénonciation de l'ignorance des psychiatres : « Casper, Liman, Tardieu, Carlier, Taxil, Moreau, Tarnowsky, Krafft-Ebing, l'ignorance massive de ces gens n'est égalée que par leur arrogance. Non seulement ils ne connaissent pas la Grèce antique, mais ils ne connaissent pas leurs propres cousins et camarades de club [431]. » Bref : certains de leurs cousins et camarades de club sont des héritiers en filiation directe d'un caractère psychologique qui prospérait au grand jour dans la Grèce antique mais se trouve contraint de se cacher dans le monde contemporain. À tout le moins, c'est devenu un « caractère psychologique », une « identité » (ce qui façonne la personnalité) dans le monde dans lequel il vit, dans la mesure où ce qui était admis dans l'Antiquité ne l'est plus et doit désormais se cacher. Oui, l'« intolérance » produit des types d'hommes, et des identités.

Si l'on est passé du registre de la « noble pureté » du désir homosexuel (et des personnes qui l'éprouvent) à celui de sa « saine normalité » de la personne homosexuelle (et du désir qu'elle éprouve), il est un thème qui reste central dans la polémique menée par Symonds contre les psychiatres : la question de la « masculinité ». Dans le chapitre consacré à Krafft-Ebing, il souligne que, dans les études de cas présentées par ce dernier, on trouve nombre d'hommes « uraniens » qui ne se distinguent en rien des autres hommes si ce n'est par la nature de leurs penchants sexuels : « Ce groupe comprend des personnes masculines puissamment développées, et qui n'ont rien d'asexuées [*unsexed*] si ce n'est qu'elles possèdent un désir immodéré pour les hommes et ne regardent pas les femmes [432]. »

En 1892, Symonds entame une collaboration avec le médecin et sexologue Havelock Ellis. Elle devait déboucher sur la rédaction d'un ouvrage écrit en collaboration, *Sexual Inversion*, dont la mort de Symonds changera quelque peu la physionomie. Dans une lettre à Edward Carpenter, il explique comment il conçoit ce travail :

> Je suis très heureux que H. Ellis vous ait parlé de notre projet. Je ne l'ai jamais vu. Mais j'aime sa manière de m'écrire sur ce sujet. Et j'ai besoin d'avoir pour collaborateur quelqu'un qui ait une certaine importance médicale. Seul, je ne pourrais faire que peu d'effet – l'effet d'un excentrique.
>
> Nous sommes suffisamment d'accord sur les points fondamentaux. La seule différence est qu'il est un peu trop enclin à coller aux théories neuropathologiques. Mais je vais réduire cela au minimum […].
>
> J'entends introduire une nouvelle question dans la discussion en donnant un aperçu complet de l'amour homosexuel en Grèce ancienne. Je l'ai écrit il y a longtemps, j'en ai fait imprimer dix exemplaires de manière privée. Si vous voulez le voir, je vous prêterai l'un des deux exemplaires qui me restent.
>
> Tous les étrangers qui mènent ces investigations, de Moreau et Casper jusqu'à Moll, sont totalement ignorants des coutumes grecques […]. Et pourtant, c'est là que le phénomène doit être étudié d'un point de vue différent de celui de la psychopathologie. Nous sommes obligés de reconnaître que l'une des races les plus avancées de la civilisation non seulement tolérait la camaraderie passionnée, mais aussi l'utilisait dans un but social et militaire élevé [433].

Symonds précise dans cette lettre que son « espoir » est et a toujours été de voir émerger « une nouvelle forme de chevalerie, c'est-à-dire une nouvelle forme élevée de l'amour humain », qui viendrait prendre place à côté de l'autre forme née au Moyen Âge, c'est-à-dire la chevalerie fondée sur l'amour hétérosexuel [434]. L'amour dans cette nouvelle chevalerie, ajoute Symonds, serait « complémentaire de l'autre forme », plus couramment acceptée, et « ne lui porterait aucun préjudice ». Symonds parle alors de ces « nouveaux individus » qui pourraient engager leur énergie dans différentes formes d'activité « dont les buts répondraient à ceux du travail monastique en commun ou du dévouement militaire de soi-même à ses devoirs, au lieu d'investir cette énergie dans l'utilité procréatrice et les soins domestiques ». Et dans cette manière d'invoquer implicitement l'idée que les partisans de l'amour des hommes entre eux seraient plus dévoués à la collectivité que ne peuvent l'être les hétérosexuels tournés vers la vie familiale, on retrouve son argument ancien que cette « nouvelle chevalerie » pourrait participer à la régénération de la nation d'une manière différente, mais peut-être plus noble, que les relations hétérosexuelles, et qu'en tout cas cela ne porterait aucun tort à celles-ci. Mais Symonds est lucide sur le caractère fantasmatique de son propos et s'exclame : « Comme ce rêve semble loin. Et pourtant, je vois dans la nature humaine des réalités négligées [*stuff neglected*], toujours présentes – aujourd'hui parias et hors-la-loi – et desquelles, j'en suis aussi certain que je suis certain que je vis, une telle chevalerie pourrait naître. » Et Symonds se réfère à nouveau à Whitman, dont « l'œuvre reste immensément utile bien qu'il ait répudié les déductions qui avaient été logiquement tirées de son "Calamus" [435] ».

8

LA DÉMOCRATIE DES CAMARADES

On retrouve chez Wilde le rejet par Symonds des catégories de pensée de la médecine psychiatrique. Il écrit, par exemple, en 1897 : « Le fait que je sois aussi un problème pathologique aux yeux des savants allemands n'intéresse que les savants allemands. » Wilde fait ici allusion au livre de Max Nordau, *Dégénérescence*, publié en 1893, et dans lequel quelques pages lui sont consacrées : « Wilde aime l'immoralité, le péché et le crime », écrit le psychiatre [436]. Les deux volumes de cet ouvrage s'attachent à décrire les courants artistiques et littéraires d'une « fin de siècle » qui conduit la société à sa « ruine » [437]. Il s'en prend aux symbolistes, aux mystiques, aux préraphaélites, au wagnérisme, à l'esthétisme, au décadentisme, etc. Il attaque bien sûr Huysmans, mais aussi Zola... Tous ces génies « névrosés » sont des « ennemis de la société de la pire espèce », et « celle-ci a le devoir de se défendre contre eux ». Nous sommes, écrit-il, « au plus fort d'une grave épidémie intellectuelle, d'une sorte de peste noire de dégénérescence et d'hystérie, et il est naturel que l'on se demande de toutes parts avec angoisse : "Que va-t-il arriver ?" » Il exhorte alors tous ceux, juges, professeurs, députés, etc., qui veulent protéger la civilisation à organiser au plus vite la répression et la censure. Quant au psychiatre, son rôle sera prépondérant dans cette sorte d'académie des honnêtes gens à qui il reviendra de condamner « les œuvres qui spéculent sur l'immoralité ». Malheur à l'artiste qui aura le tort de déplaire à cette petite société des « hommes les plus qualifiés du peuple » ! Car Nordau avertit : dans ce cas, « l'œuvre et l'homme seront anéantis [438] ».

Wilde avait cité l'analyse de son cas par Nordau lorsqu'il avait engagé un recours pour obtenir sa libération, en juin 1895, évoquant la folie qui le menaçait [439]. Mais ce n'était qu'une utilisation tactique, à un moment où il ne s'agissait évidemment pas d'être très regardant sur la provenance des arguments. Fondamentalement, Wilde n'avait que mépris pour le Dr Nordau et pour sa pseudoscience. Certes, ce qui le choquait le plus, dans le fait d'être ainsi étudié comme un cas pathologique, c'était de voir son génie réduit à l'ordre de la banalité, et il s'insurge contre l'idée même de pouvoir être étudié avec d'autres, comme simple exemple d'un phénomène général : « Dans leurs œuvres, je suis rangé dans des tableaux et tombe sous la loi des moyennes », dit-il à propos des « psychiatres allemands » [440]. De tels propos s'inscrivent bien sûr dans la désormais longue tradition du refus par les tenants du génie littéraire de toute analyse scientifique et de toute réduction de la « singularité » à la « moyenne » et de « l'individu » aux « statistiques ». Mais les formulations de Wilde par lesquelles tantôt il s'amuse, tantôt il s'indigne d'être considéré comme un « problème psychopathologique » montrent qu'il refuse tout autant la prétention des médecins à rendre compte de l'homosexualité. Quand le journaliste Chris Healy lui demanda ce qu'il pensait du livre de Nordau, Wilde répondit : « Je suis d'accord avec le Dr Nordau pour dire que tous les génies sont des malades mentaux, mais Nordau oublie que tous les gens sains d'esprit sont des imbéciles [441]. » Dans *De Profundis*, il écrit avec agacement à Alfred Douglas, qui avait eu l'intention de publier dans le *Mercure de France* un plaidoyer en sa faveur en faisant valoir que

« le génie va souvent de pair avec la perversion de la passion et du désir », que ce sujet « appartient plutôt à Lombroso qu'à lui » (le psychiatre italien avait publié un ouvrage intitulé *L'Homme de génie*) et que, par ailleurs, « on trouve aussi le phénomène pathologique en question chez les gens dépourvus de génie [442] ».

🖉 Ce n'est donc pas la littérature homosexuelle qui est née en réaction à la psychiatrie. C'est plutôt la psychiatrie qui a réagi à la littérature et a tenté de emparer d'elle. Qui a voulu la réduire sous son regard clinique à n'être que l'expression d'esprits malsains ou malades. Qui s'est inquiétée de cette « immoralité » qui se répandait dans les œuvres littéraires et artistiques. Wilde n'a pas écrit à partir des catégories de la psychiatrie. Ses sources étaient littéraires : c'était Walter Pater, c'était John Addington Symonds... C'était Huysmans ; et Baudelaire, et Verlaine, bien sûr... Chez Wilde, comme chez Pater, comme chez Symonds, l'invention d'une « littérature homosexuelle », ou, plus exactement, les efforts pour exprimer l'homosexualité dans la littérature sont nés d'une pulsion intérieure, de cet irrépressible besoin de dire ce que l'on est alors qu'il est impossible de le faire et qu'on souffre de ne pouvoir le faire. Que ce soit chez Symonds, chez Pater ou chez Wilde, la « prise de parole » ou la mise en discours des amours masculines est portée par la littérature et la philosophie (la Grèce, la Renaissance perçues comme l'idéal d'un passé à retrouver) en même temps que par la nécessité intérieure de pouvoir dire ce qu'on ressent au plus profond de sa personnalité. Et quand ils découvrent que le discours psychiatrique n'a d'autre ambition que d'exercer un contrôle – répressif – sur les amours du même sexe, Symonds et Wilde dénoncent les médecins qui échafaudent ces théories comme autant d'incompétents et d'ignorants (de l'histoire et du présent). Wilde rappelle alors qu'il n'est pas ce qu'on dit de lui, et Symonds exhorte à étudier la Grèce antique, c'est-à-dire à poursuivre dans la voie qu'il s'est efforcé de tracer au cours des années précédentes.

Et dans cette perspective, c'est bel et bien une œuvre littéraire qui exerça une influence décisive sur eux : celle de Whitman.

À la fin de *A Problem in Modern Ethics*, Symonds consacre un chapitre à Whitman. Et dans le double mouvement par lequel il rejette l'arraisonnement psychiatrique des sexualités différentes tout en essayant d'annexer l'œuvre littéraire de Whitman, on retrouve, d'une manière tout à fait exemplaire, ce « conflit des facultés » que j'évoquais plus haut.

Si Symonds veut appuyer sa démarche sur la référence à Whitman, c'est qu'il retrouve dans l'œuvre du poète américain l'expression de cette camaraderie masculine qui fait à ses yeux toute la richesse de la Grèce antique. Whitman, en tout cas, confirmera plus d'un auteur anglais dans la conviction qu'il était possible de célébrer littérairement l'importance des relations entre hommes. La première édition des *Feuilles d'herbe*, publiée en 1855, a créé un véritable choc émotionnel, à la fois littéraire, philosophique et politique. Et les éditions suivantes, avec de nouveaux poèmes, ont également rencontré l'attention passionnée de tous ceux qui, en Angleterre (et ailleurs), éprouvaient le besoin de trouver des légitimations pour exprimer ce qu'ils ressentaient. Whitman va ainsi servir de référence à Symonds, mais aussi, un peu plus tard, à Wilde, puis à Carpenter et à tant d'autres, au premier rang desquels André Gide.

Dans ses Mémoires, Symonds revient à plusieurs reprises sur sa découverte des *Feuilles d'herbe* – et surtout de « Calamus », la section « homo-érotique » du recueil :

« Je ne peux pas en parler sans exagération », dit-il, en se souvenant de s'être enflammé à la lecture des poèmes qui chantaient à la fois la beauté de la nature et l'amour des camarades [443]. Le livre devint très vite pour lui « une sorte de Bible [444] ». Dans une lettre de 1892 à Horace Traubel, l'ami et confident de Whitman, Symonds écrit que les *Feuilles d'herbe* ont révolutionné ses conceptions antérieures et ont fait de lui « un autre homme », « un homme libre [445] ». À cette époque, Symonds se mit à écrire des poèmes dans un style whitmanien. Mais il y a plus. Il écrit dans ses Mémoires, en 1889 : « Le résultat immédiat de cette étude de Whitman fut la détermination d'écrire une histoire de la pédérastie en Grèce et de tenter une démonstration de l'enthousiasme chevaleresque qui semblait implicite dans la camaraderie. » Ce qui allait donc déboucher sur *A Problem in Greek Ethics*, rédigé en 1873. Et sur un travail resté inédit, dit-il, mais dont on peut penser qu'il viendra nourrir *A Problem in Modern Ethics*, rédigé en 1891. Mais les Mémoires nous apprennent aussi que Symonds n'avait pas lu les psychiatres quand il se mit à rédiger, à des fins presque thérapeutiques, l'histoire de sa propre vie qu'il jugeait « singulière » et qui lui causait tant de souffrances. Dans une note ajoutée quelques années après l'achèvement de cette autobiographie, qu'il était impossible de publier à l'époque, il précise en effet qu'il n'avait pas lu, au moment où il la rédigeait, les travaux de Casper, Liman, Ulrichs, Krafft-Ebing, qui lui apprirent par la suite que son histoire, loin d'être « singulière », n'était « qu'une entre mille [446] ». Autrement dit, si les psychiatres ne lui ont pas expliqué qui il était, ils lui ont en revanche appris qu'il n'était pas seul dans son cas...

John Addington Symonds ne cessera d'écrire à Whitman pour lui demander s'il était légitime de lire « Calamus » comme un ensemble de poèmes homosexuels.

Whitman finira par lui répondre, en 1890, refusant catégoriquement cette interprétation. Symonds lui écrivit en retour, avec une certaine exaspération, qu'il était assez surpris que le poète ne soit pas au courant qu'il existe des gens « dont les instincts sexuels sont ce que les Allemands appellent "invertis" ». Et Symonds de lui expliquer, en reprenant bizarrement à son compte tout ce à quoi il s'oppose par ailleurs : « Au cours des vingt-cinq dernières années, on a porté une grande attention en France, en Allemagne en Autriche et en Italie à la psychologie et à la pathologie de ces personnes anormales [447]. »

Ce n'est pas le lieu de se demander ici ce qui poussa Whitman à condamner les « interprétations » de Symonds. Mais on doit remarquer que, lorsque Oscar Wilde, qui le vénérait depuis ses années d'études, lui rendit visite dans sa petite maison de Camden, au cours de son voyage aux États-Unis en 1882, Whitman ne chercha absolument pas à démentir l'idée qu'il puisse être lui-même homosexuel. « Le baiser de Whitman est encore sur mes lèvres », racontera Wilde par la suite à son ami George Ives [448]. Mais on sait aussi que Whitman n'a cessé de retravailler ses poèmes pour supprimer peu à peu toutes les audaces des premières versions. Quoi qu'il en soit, il est indéniable que son œuvre a été lue par ses lecteurs gays, comme le dit Gary Schmidgall, comme « un livre de *coming out* et un manifeste pour une saine acceptation de soi [449] ». Et ce ne sont pas seulement des lecteurs européens qui lui écrivirent pour lui raconter leurs vies, leurs problèmes, la libération ressentie à la lecture de « Calamus »... mais également de nombreux Américains.

La réponse que lui fit Whitman n'empêchera pas Symonds de lui consacrer un chapitre dans son *Problem in Modern Ethics*, en 1891. Il s'agit du chapitre conclusif de ce petit livre. Après avoir durement critiqué l'approche psychiatrique de l'inversion sexuelle, Symonds oppose à celle-ci l'exaltation saine de l'amitié entre hommes telle qu'on la trouve dans les *Feuilles d'herbe*[450]. Dans l'épilogue, Symonds revient encore sur Whitman et écrit : « Walt Whitman, en Amérique, considère ce qu'il appelle l'"amour masculin" comme une vertu dominante des nations démocratiques et la source d'une nouvelle chevalerie[451]. » Mais, ajoute Symonds avec des accents de regret, « il ne définit pas ce qu'il nomme "amour masculin" [*manly love*], et il rejette avec insistance comme "damnable" toute "inférence morbide" que l'on pourrait tirer de sa doctrine[452] ».

✎ Malgré le coup d'arrêt donné au développement d'une culture homosexuelle par la condamnation d'Oscar Wilde, en 1895, l'efflorescence qu'elle avait connue dans les années 1880 et au début des années 1890 ne va pas entièrement retomber, et on la verra reprendre très vite une certaine vigueur. Le correspondant de la lettre de Symonds mentionnée plus haut, Edward Carpenter, va devenir à son tour un point de référence pour tous ceux qui vont s'efforcer d'affirmer et d'écrire leur homosexualité. Et la visite à Carpenter va devenir une sorte de pèlerinage obligé pour tout homosexuel cultivé (comme la visite à Gide le deviendra en France à partir des années vingt et jusqu'à sa mort en 1951[453]). C'est après une visite à Carpenter que Forster aura l'idée et l'envie d'écrire *Maurice*, comme il le raconte lui-même dans la note ajoutée à la fin du volume en 1960 : « Dans sa forme originale, *Maurice* date de 1913. Ce fut le résultat direct d'une visite à Carpenter à Milthorpe. Carpenter avait un prestige qui ne peut être compris aujourd'hui[454]. » Et après avoir décrit les multiples facettes de Carpenter, rebelle, socialiste, adepte de la vie simple et poète whitmanien, il ajoute : « Il croyait dans l'Amour des Camarades, qu'il appelait parfois Uraniens. C'est ce dernier aspect de sa personnalité qui m'attira dans ma solitude [455]. »

Poète whitmanien et chantre de l'amour des hommes entre eux semblent aller ici de pair avec le combat pour un socialisme démocratique. Et en effet, c'est bien cette tradition whitmanienne qui se perpétue à travers Carpenter, et qui fait exister une culture de l'amitié entre hommes coextensive à l'idée de la démocratie et du socialisme. En 1874, Carpenter avait en effet écrit une longue lettre à Whitman pour lui dire à quel point avait été importante pour lui la lecture de « Calamus », qui a permis aux hommes de « ne plus être honteux du plus noble instinct de leur nature ». Et il ajoutait, liant cette libération personnelle à ses aspirations politiques : « Entre l'aube merveilleuse de la civilisation grecque et le grand midi universel de la démocratie, une étrange obscurité s'est abattue sur nous, mais je pense que, lentement, les fers sont en train de tomber des pieds des hommes », puisque la « stupidité des vieilles superstitions » aussi bien que la bêtise « du mépris de classe » sont en train de se « dissiper » [456].

Libération personnelle, exaltation du corps et de la nature, homo-érotisme masculin, grandeur des gens du peuple, gloire de la démocratie… Les *Feuilles d'herbe* ont fait souffler un vent nouveau sur toute une génération d'intellectuels. Whitman y proclame en effet : « Je chante le soi-même, une simple personne, séparée, et pourtant, je prononce le mot démocratique, le mot En-Masse [457]. » Et un peu plus loin il annonce qu'il va « chanter le chant de la camaraderie » avant d'expliciter son propos :

> Je vais donc laisser jaillir hors de moi les feux ardents qui menaçaient de me consumer,

> Je vais soulever ce qui a trop longtemps étouffé les
> [feux qui couvaient sous la cendre,
> Je vais leur donner complète liberté,
> Je vais écrire le poème-évangile des camarades et de
> [l'amour [458]...

Bientôt, « amour des camarades » et passion démocratique vont se rejoindre, et dans la section intitulée « Calamus », le poème intitulé « For You, O democracy » s'exclame :

> Viens, je ferai le continent indissoluble,
> Je ferai la plus splendide des races sur laquelle le soleil
> [ait jamais brillé,
> Je ferai de divines terres magnétiques,
> Avec l'amour des camarades,
> Avec l'amour de toute une vie des camarades,
> Je planterai la camaraderie épaisse comme des arbres
> [le long des rivières d'Amérique, et sur les bords
> [des grands lacs, et sur la surface des prairies,
> Je ferai des villes impossibles à désunir avec nos bras
> [passés autour de nos cous,
> Par l'amour des camarades,
> Par l'amour viril des camarades
> Tout cela pour toi, Ô Démocratie, pour te servir,
> [ma femme !
> Pour toi, pour toi, je chante ces chansons [459]...

Il ne faut pas oublier, en effet, que Whitman n'est pas seulement le poète des *Feuilles d'herbe*, il est aussi l'auteur des proclamations enflammées des *Democratic Vistas* [460]. Et l'amour des camarades, chez Whitman, n'est qu'un des aspects, même s'il est fondamental, de cet éloge de la nation et de la démocratie américaines, de la même manière que, chez Carpenter, l'Amour des Camarades (les majuscules sont de E.M. Forster) ne fera qu'un avec l'engagement en faveur d'un socialisme démocratique. On notera d'ailleurs que si la « femme » semble n'avoir de place dans ce poème de Whitman que comme personnalisation de la Démocratie, Carpenter, disciple de Whitman s'il en fut, sera l'un des principaux soutiens politiques et théoriques du mouvement d'émancipation des femmes à la fin du XIXe et au début du XXe siècle.

Il est néanmoins nécessaire, bien sûr, d'interroger et de mettre en question cette mythologie de la virilité, de la masculinité dans ce qu'elle peut avoir de profondément misogyne, et dans le culte du corps athlétique, de la jeunesse et de la beauté qu'elle emporte souvent avec elle. Et, je l'ai indiqué, il n'est pas possible d'ignorer la manière dont les idéologies nationales ont travaillé certains discours de légitimation homosexuelle. Mais on voit aussi que le lien si souvent tracé entre l'exaltation de l'amitié masculine et la tentation « autoritaire » ou, plus tard, fasciste, est loin de correspondre à toutes les situations historiques. L'exemple de Whitman, celui de Carpenter, et même l'exemple de Symonds, sont là pour attester qu'une tradition homo-démocratique (à la fois homosociale – sinon homosexuelle – et démocratique) a pu être coextensive au culte de l'amitié virile.

Bien sûr, le chemin qui mène de Walter Pater et des cercles élitistes d'Oxford à Edward Carpenter et à l'engagement démocratique et socialiste a quelque chose de singulier, d'étrange même. En fait, l'ensemble des discours qui ont marqué ce parcours de quelques dizaines d'années renferment les potentialités les plus diverses. Aussi bien en ce qui concerne les représentations de l'homosexualité que leur rapport aux idéologies politiques. Mais si ces tentatives pour faire exister une « identité homosexuelle », une « parole homosexuelle », se sont inventées dans la multiplicité et la contradiction, c'est, d'une part, en raison des différences considérables qui existaient entre les différents auteurs, et d'autre part parce qu'elles ont toujours été produites comme des plaidoyers justificateurs et défensifs, des tentatives pour donner une autre image, une « bonne image », face aux représentations infamantes et « injurieuses », sans cesse réaffirmées par l'ordre social, et que les arguments avancés se modifiaient en fonction de ce à quoi ils répondaient. Il convient de souligner aussi que les discours pouvaient aller jusqu'à être contradictoires entre eux au sein d'une même œuvre : Wilde pouvait faire à la fois l'apologie, dans *Le Portrait de Mr. W.H.*, de l'amour platonique purement spirituel de l'homme pour le jeune homme, et exalter, dans *Le Portrait de Dorian Gray*, un nouvel hédonisme dont la signification sexuelle et charnelle est à peine dissimulée. Il pouvait y avoir également de profondes contradictions entre les discours d'un côté, et les comportements de l'autre : toute cette production légitimatrice – culturelle, littéraire, philosophique, artistique – a pu coexister avec une multiplicité de manières d'être, qui allaient des plus provocatrices (culte de l'« androgynie », attitudes « efféminées », fleurs à la boutonnière, etc.) aux plus « discrètes » (Symonds publiant ses ouvrages apologétiques à dix exemplaires), du souci d'affirmer une « différence » sexuelle en contravention avec les normes établies à celui de montrer que l'homosexualité représente en fait l'accomplissement parfait de la masculinité ou des valeurs du devoir moral.

Les stratégies individuelles, mais aussi les représentations de soi-même, les aspirations et les manières de les vivre ont pu conduire les individus à adopter des discours et des comportements contradictoires entre eux. Il n'y a jamais eu de manière unique de vivre l'homosexualité. Et des théories légitimatrices divergentes ont pu naître d'une même tradition intellectuelle. Par exemple, lorsque Symonds invoque la Grèce et l'œuvre de Platon, c'est pour exalter la masculinité et la procréation spirituelle ; lorsque

Ulrichs s'y référait, c'était pour fonder l'idée de l'« uranisme » comme « sexe intermédiaire » entre les hommes et les femmes, ce qu'on allait appeler bientôt le « troisième sexe ». Et ces deux types de discours vont pouvoir cohabiter dans une même œuvre, puisque Edward Carpenter reprendra à son compte la théorie du « sexe intermédiaire » alors même qu'il chantera en des termes whitmaniens l'amour viril des camarades [461].

Ce sont toutes ces traditions, dans leur complexité et leurs contradictions, que l'on va retrouver à la naissance du mouvement homosexuel allemand dès la fin du XIXe siècle, mais avec des tensions de plus en plus fortes jusqu'au début des années trente du XXe siècle, avec l'opposition marquée entre les tenants d'une théorie biologique du « troisième sexe » (autour de Magnus Hirschfeld) et les tenants de la « virilité » de l'homosexualité masculine, référée à la culture de la Grèce antique. C'est la théorie biologique du « troisième sexe » que Proust reprendra à son compte dans *Sodome et Gomorrhe*, tandis que Gide s'inscrira, de son côté, avec *Corydon*, dans la référence à l'« amour grec », à la « pédérastie » et à la « masculinité », s'attachant à lutter contre l'image donnée par Proust de l'homosexualité.

✎ Où l'on constate à nouveau que la littérature joue un rôle essentiel puisque, comme le dit Whitman lui-même, « la Littérature – une littérature nouvelle, superbe, démocratique – doit être la médecine et le levier, et (avec l'Art) l'influence principale dans la civilisation moderne [462] ». Symonds, Wilde mais aussi Gide ont entendu sa leçon, et Whitman va leur servir de levier, de point de référence dans leurs tentatives pour réformer la société, l'éduquer, la guérir de ses préjugés.

9

MARGOT-LA-BOULANGÈRE
ET LA BARONNE-AUX-ÉPINGLES

John Addington Symonds ne cache pas, dans son autobiographie, que sa dette à l'égard de Whitman n'a pas été seulement intellectuelle ; elle a été aussi sexuelle. Whitman lui a permis de ne plus refouler son désir de rencontrer des « hommes du peuple », ces hommes que, toujours obsédé par ses idéaux de pureté, il décrit comme des « fils non corrompus de la nature ». Car il faut rappeler que toute cette culture savante que je viens d'évoquer n'était pas si détachée qu'on pourrait le croire de la subculture gay qui existait un peu partout dans les villes d'Europe.

Malheureusement, nous ne connaissons que très peu de choses de ces cultures homosexuelles populaires. Nous n'en apercevons que des images fragmentaires au travers des textes littéraires, médicaux, ou sous la poussière des archives policières et judiciaires. L'une des raisons pour lesquelles nous accordons tant d'importance à la culture littéraire et savante, quand il s'agit de retrouver les lieux de naissance des identités homosexuelles modernes, tient au fait que c'est elle qui nous a transmis le plus grand nombre de documents, de traces identifiables et interprétables. Mais que savons-nous de tous ceux qui n'ont rien écrit ? Et de ce qu'ils avaient en tête ? Pour le dire simplement : que pensaient les soldats ou les ouvriers avec qui les intellectuels buvaient, passaient des soirées dans les tavernes, avec qui ils couchaient ? Que faisait Dorian Gray, par exemple, les jours où il disparaissait ? Avec qui passait-il ces moments dont le roman de Wilde ne nous dit presque rien, si ce n'est, en quelques lignes, que « la rumeur racontait qu'on l'avait vu se quereller avec des marins » et qu'il « fréquentait des voleurs et des faux-monnayeurs [463] » ?

Qu'en était-il de ces modes de vie homosexuels que la culture populaire ne cessait d'inventer et de réinventer, celle des bars et des cabarets, des lieux de rencontre, des codes linguistiques ou vestimentaires, des manières d'être ou de se tenir, etc. Les archives judiciaires attestent, selon Jeffrey Weeks, l'étendue de la « vie homosexuelle » dans les grandes villes (Londres, Dublin) et dans les villes de garnison ou les ports. La richesse de l'argot spécifique signale l'existence d'une subculture assez développée et assez stable [464]. Un correspondant londonien de Karl Heinrich Ulrichs lui raconte, dans des lettres de 1868, qu'il a participé à une soirée au cours de laquelle des « uranistes » sont venus habillés en femmes. Ces hommes se faisaient d'ailleurs appeler par des noms féminins (« Viola »…). Dans d'autres lettres, le même correspondant évoque des bals masqués à l'occasion desquels les hommes se travestissaient. Il signale cependant que l'apparition d'un homme travesti dans un café majoritairement fréquenté par des « uranistes de bonne famille » fut accueillie avec un sentiment de répulsion. Il existait aussi des bals réservés aux « uranistes » où l'on ne se travestissait pas [465]. À Francfort, Ulrichs fréquentait une petite société d'« uranistes » qui se faisaient appeler Laura, Mathilde, Georgina, Madonna, Reine de la Nuit, etc., et qui, entre eux, se donnaient du « chère sœur » [466].

Un siècle et demi plus tôt, les « sodomites » londoniens avaient déjà coutume de se réunir dans des maisons privées ou dans une salle réservée d'une taverne. Ces *molly houses* (« *molly* » étant le mot anglais de l'époque pour « sodomite ») étaient assez nombreuses et formaient, avec les lieux de rencontre comme St. James Park, un univers spécifiquement homosexuel, une ville dans la ville. Si l'on en croit les rapports de police et les articles de journaux publiés lorsque éclatait un scandale, cette culture gay se caractérisait par un ensemble complexe de coutumes, de conventions, de rituels… Mais ce qui frappait le plus les observateurs de l'époque, c'était le travestisme et l'efféminement extravagant qui s'y rencontraient : vêtements, manières, poses, langage, plaisanteries… une féminité théâtralisée s'affichait dans ces soirées et en était même souvent l'un des traits distinctifs [467]. Cette vie gay était exposée à la répression : descentes de police, procès (et même exécutions par pendaison, en 1726, après une série d'investigations menées par les *Societies for the Reformation of Manners*, une organisation religieuse qui entendait lutter contre la débauche [468]). Il faut noter que les *molly houses* ne connaissaient guère les frontières de classe : tous les milieux sociaux s'y mêlaient. Parmi ceux qui les fréquentaient, il y avait, bien sûr, de nombreux hommes mariés qui menaient une double vie. S'ils étaient pris dans une rafle, même s'ils échappaient au châtiment (ce pouvait être le pilori), leur vie était brisée [469]. En ces moments où la répression brutale venait les frapper, les *molly houses* se faisaient moins nombreuses ou plus discrètes, avant que la situation ne redevienne normale, si l'on ose dire : la vie reprenait son cours jusqu'à la prochaine vague de descentes de police et d'arrestations…

Les lieux de rencontre (urinoirs, parcs, etc.) étaient eux aussi surveillés, et il s'y produisait de nombreuses arrestations, d'autant plus que des pièges étaient fréquemment tendus aux « sodomites » potentiels : un jeune homme attendait d'être sollicité, ou sollicitait de l'être, et la police pouvait arrêter le « sodomite » qui n'avait pas été assez méfiant. Les arrestations sur les lieux de rencontre sont l'une des données les plus constantes de l'histoire de l'homosexualité. On les trouve décrites dans les archives judiciaires des XVIIe et XVIIIe siècles, et une scène de ce genre est au cœur du roman d'Alan Hollinghurst, *The Swimming-Pool Library*, où un aristocrate est envoyé en prison, dans les années cinquante du XXe siècle, après avoir été arrêté dans des toilettes publiques[470].

🖉 Au XIXe siècle, la culture homosexuelle urbaine était souvent très audacieuse, puisque de jeunes hommes pouvaient aller jusqu'à se promener en plein cœur de Londres ou se rendre au théâtre en portant des robes, comme le révèlent l'arrestation et le procès de « Stella » Boulton et « Fanny » Park, en 1870. Le chef d'accusation à leur encontre était le suivant : tout leur comportement, et notamment le fait qu'ils s'habillaient avec des vêtements de femme, laissait supposer qu'ils étaient des « sodomites ». Leurs lettres furent lues à l'audience, leurs vêtements et sous-vêtements produits comme pièces à conviction. Ils furent soumis à des examens médicaux et l'on s'attarda longuement sur la question de savoir si la dilatation de l'anus était une preuve de « sodomie ». Et le plus extraordinaire dans cette histoire, c'est qu'ils furent acquittés ! Car leur avocat fit valoir que le crime dont ils étaient soupçonnés était si épouvantable qu'il était impensable que quiconque ait pu oser l'afficher ainsi en public. Par conséquent, leur attitude prouvait bien... leur innocence. Comme le dit Neil Bartlett, l'évidence de leur « visibilité » était tout simplement convertie en preuve qu'ils n'existaient pas, que leur « culture » devait être purement et simplement niée. Ce qui, pour les deux inculpés, était assurément une issue préférable. D'autres eurent sans doute moins de chance [471].

✏ Il y eut plusieurs scandales dont la presse fit ses délices. Tel celui de la rue Cleveland, en 1886 : un bordel de garçons offrait les services de jeunes employés des postes (des télégraphistes) à des clients fortunés. Parmi ceux-ci figuraient lord Somerset, un proche du prince de Galles. C'est d'ailleurs parce que ce scandale avait marqué les esprits que, lorsque parut *Le Portrait de Dorian Gray*, le compte rendu du *Scot Observer* décrivit l'ouvrage comme étant « destiné à être lu par des aristocrates hors la loi et de jeunes télégraphistes » [472]. Allusion qui devait être transparente pour tout lecteur de l'époque et qui montre bien que le livre de Wilde était perçu par ses détracteurs de la même manière que par ses admirateurs, mais aussi à quel point il s'inscrivait dans une véritable « culture » dépassant largement les limites du monde littéraire.

On pourrait donner bien d'autres illustrations de cette vie subculturelle londonienne, comme ces fausses « cérémonies de mariage » célébrées entre deux hommes, telle celle qui engagea un jour Alfred Taylor, que nous connaissons aussi pour être l'organisateur du bordel de garçons qui fournissait à Oscar Wilde certains de ses partenaires sexuels et dont l'évocation horrifiée par le tribunal – pour s'opposer à ses déclarations hellénisantes – allait contribuer à le perdre [473]. C'est cette vie subculturelle dans son ensemble qui sera jugée et condamnée en 1895, car il ne faut pas oublier que la sentence qui visait Wilde a été prononcée en même temps à l'encontre de son coaccusé, qui n'était autre, justement, qu'Alfred Taylor.

✏ Cette culture existait également à Paris, et depuis fort longtemps, puisque les historiens ont pu parler d'un

« style de vie » à propos des années 1700-1750 [474]. Les rapports de police décrivent ainsi des « assemblées » qui se réunissaient dans des cabarets : on se salue avec des « Bonjour mesdames », et les surnoms (féminins) jouent sur les professions, (« la baronne-aux-épingles », « Margot-la-boulangère »), les parodies de titres nobiliaires (« madame de Nemours » [475]), etc. La référence à la féminité semble d'ailleurs caractériser cette sociabilité qui se vit elle-même comme une « franc-maçonnerie [476] ». Selon un témoin de l'époque, certains des participants « se mettent des serviettes sur la tête », « contrefont les femmes et font des minauderies comme elles [477] ».

La plupart de ces cabarets, selon les dossiers de police, n'étaient que des lieux où l'on mangeait, dansait et buvait, mais d'autres étaient divisés en deux espaces distincts : un côté où l'on buvait et parlait, tandis que l'autre était réservé aux contacts sexuels (de même que l'on trouve dans certains bars d'aujourd'hui une séparation entre le bar proprement dit et la backroom).

Ce qui est important pour notre propos, c'est que les rapports de police évoquent également des lieux de rencontre (urinoirs, quais de la Seine, parcs...) où se pratiquaient souvent des rapports sexuels « sur place », car les logements de l'époque étaient peu propices à ce que nous appelons la « vie privée » (cloisons trop minces, etc.). On peut se reporter, par exemple, à l'article de William Peniston sur un meurtre qui se produisit sur les quais de la Seine en 1877. Le dossier de police offre le compte rendu d'une véritable investigation dans les milieux « gays » qui aboutira à la condamnation de l'assassin, qui avait tué son compagnon parce que ce dernier voulait le quitter. Le meurtrier avait d'abord déclaré n'avoir jamais rencontré le jeune homme qui venait de se noyer, mais l'enquête de police avait révélé qu'ils vivaient ensemble.

Les archives décrivent alors tout un univers homosexuel, avec des assemblées festives, des bals (désignés comme des « réunions de pédérastes » par les rapports de la police, qui y faisait des descentes et arrêtait les « suspects »), des lieux de sociabilité (restaurants et cafés) qui, s'ils n'étaient pas exclusivement fréquentés par des homosexuels, étaient malgré tout connus d'eux pour être des espaces que l'on appellerait aujourd'hui « *gay friendly* ». Il existait également des lieux de rencontre et de consommation sexuelle, établissements de bain et parcs (notamment le jardin des Tuileries, où les soldats qui se trouvaient en garnison à proximité multipliaient les agressions contre les homosexuels) ou de prostitution (comme les arcades du Palais-Royal) [478].

Un rapport de police recense les surnoms d'un groupe de jeunes prostitués : « la Pompadour », « la Brunette », « l'Africaine », « la Baronne » [479]. Les descentes de police et les arrestations sont fréquentes et l'on compte nombre de nobles et de bourgeois parmi les personnes interpellées. Pris dans des rafles de « pédérastes », arrêtés dans des urinoirs, dénoncés par les jeunes prostitués eux-mêmes en délicatesse avec la police ou lui servant d'indicateurs… ils participaient à ce monde où toutes les couches de la société étaient représentées. On songe d'ailleurs, en lisant ces travaux d'historiens et les documents qu'ils ont exhumés des archives, à cette tirade du baron de Charlus dans *Sodome et Gomorrhe* lorsqu'il trahit auprès de ceux qui l'écoutent les goûts qu'il veut démentir en évoquant précisément cette transgression des frontières de classe : « Moi qui ai eu bien des hauts et bien des bas dans ma vie, qui ai connu toute espèce de gens, aussi bien des voleurs que des rois, et même je dois dire avec une légère préférence pour les voleurs, qui ai poursuivi la beauté sous toute ses formes [480]… » Une phrase analogue aurait pu être prononcée par Oscar

Wilde, qui dînait aussi bien avec des ministres qu'avec des prostitués qui le faisaient ensuite chanter (ce qui revenait à « festoyer avec des panthères », dira-t-il dans *De Profundis* à propos de ces derniers, évoquant l'excitation que lui procurait le caractère dangereux de ces fréquentations dont il avouera ne rien regretter) [481]. Cette « confusion » des classes est souvent relevée dans les textes policiers ou médicaux du XIXe siècle. Ambroise Tardieu s'étonne, dans les années 1860, que des hommes « apparemment distingués par la fortune et l'éducation » puissent avoir des relations sexuelles avec ceux que caractérisent une profonde « dégradation » morale et une « obscénité révoltante ». C'est cet effacement de la frontière entre les classes, plus que l'homosexualité en elle-même, qui menace, dit-il, l'ordre public. Dans l'univers de l'homosexualité, explique-t-il encore, les aristocrates et les bourgeois fréquentent les « bas-fonds » de la société. En les exposant au chantage, au vol, il les fait voisiner avec le « crime [482] ». Cette idée d'une proximité de l'homosexualité et du crime sera non seulement un des grands thèmes de la littérature médico-psychologique et policière, mais aussi de la littérature tout court. On le verra chez Genet, bien sûr, et notamment dans *Journal du voleur*, mais aussi, par exemple, chez Julien Green qui intitulera un de ses plus douloureux romans *Le Malfaiteur*.

✎ On ne peut donc évoquer la culture homosexuelle « élitiste » sans la replacer dans une culture beaucoup plus large à laquelle participent un très grand nombre de personnes et où se côtoient des garçons des milieux populaires (des soldats et des ouvriers, qui sont souvent des prostitués), des travestis issus des classes moyennes, des tenanciers de cabarets ou de bordels et leurs clients de toutes origines sociales, etc. Ne serait-ce que parce que c'est en ces lieux que les honorables universitaires, artistes ou écrivains allaient chercher leurs partenaires sexuels. Symonds raconte ainsi qu'un ami l'emmena un jour dans un bordel de garçons (c'était en 1877). Et il eut, quelque temps plus tard, ce qui semble avoir été sa première expérience sexuelle satisfaisante avec un soldat qui se prostituait, et qu'il avait rencontré dans un endroit où il savait qu'il trouverait ce qu'il cherchait. Sans doute ces rencontres avec le genre d'hommes qu'il aimait vraiment expliquent-elles, autant que son évolution intellectuelle, le fait qu'il ait dépassé dans les années 1890 la simple défense de la « pédérastie » pour s'engager dans une apologie de la « camaraderie » et d'une « nouvelle chevalerie » fondée sur l'amitié entre hommes. Il fut en effet si ému par cette rencontre avec le soldat qu'il décida de le revoir, pour le simple plaisir de parler avec lui (« sans penser au vice », dit-il). Il commente : « Cette expérience a beaucoup compté dans ma vie. Elle m'a appris que l'attirance physique de deux hommes l'un pour l'autre pouvait devenir le point de départ d'une profonde amitié [483]. » Après avoir quitté l'Angleterre pour s'installer à Davos, afin d'y soigner ses poumons malades mais aussi, sans aucun doute, afin d'échapper à l'atmosphère étouffante de son milieu social et de l'Angleterre victorienne, John Addington Symonds se laissera aller au « vice » qui l'attirait tant et il aimera dès lors à passer son temps entre paysans suisses et gondoliers vénitiens.

🖉 On retrouve cette imbrication entre la culture de l'« élite » et celle des classes populaires dans la vie – et souvent dans l'œuvre – de nombreux auteurs dont on peut dire qu'ils ont joué un rôle assez important dans l'émergence d'une parole homosexuelle au XXe siècle. Il semble bien que le « type sexuel idéal » ait été, aux yeux des homosexuels appartenant aux classes supérieures, le jeune homme des classes populaires, et, pour nombre d'entre eux, le jeune homme « viril ». Celui-ci deviendra même une sorte de modèle au début du XXe siècle. E.M. Forster, par exemple, déclarera qu'il voulait simplement « aimer un jeune homme robuste des classes populaires et être aimé par lui, et même souffrir par lui [484] ». Et l'on pourrait aller jusqu'à dire que l'un des principaux thèmes de *Maurice* est précisément la rencontre, l'interaction et la confrontation de ces deux cultures homosexuelles masculines, celle de l'« élite » et celle des classes populaires. Cette transgression des frontières de classe dans une société où elles sont si rigides peut même se parer des couleurs de l'utopie, Forster déclarant encore : « Le mélange des strates sociales dans l'amour masculin me semble l'une de ses caractéristiques le plus marquées et socialement porteuses d'espoir. Quand il apparaît, il abolit les distinctions de classe [485]. » On pourrait mentionner également Isherwood ou Auden. Après tout, les romans publiés par Isherwood dans les années trente, comme il le dira sans détour dans son autobiographie de 1976, évoquent ses rencontres avec des jeunes gens des classes populaires en Allemagne, même si cette réalité est dissimulée dans les textes eux-mêmes [486]. Et l'on peut supposer que ce contact avec la classe ouvrière, et donc la prise de conscience des réalités de la vie des classes populaires, fut effectivement l'un des facteurs déterminants de leur engagement à gauche [487].

🖉 Mais puisqu'il est question de l'ancrage de ces intellectuels dans la subculture homosexuelle, ne négligeons pas de nous poser une question qui est loin d'être secondaire : que pensait de tout cela la femme de Symonds ? Celle de Wilde ? Que pensera celle de Gide ? Car tous les trois furent mariés. Comme tant d'autres homosexuels. Et les femmes ou compagnes des jeunes ouvriers, soldats, maris... qui l'étaient également (et qui était souvent hétérosexuels) ?

Les Mémoires de Symonds en disent fort long sur sa propre difficulté à vivre son homosexualité mais bien peu sur ce qu'a dû être le malheur de celle qu'il avait épousée. Non qu'il ne l'ait pas aimée à sa manière. Il ne cesse d'insister sur l'affection qu'il lui porte, et surtout sur le respect qu'il a pour elle. Mais elle, que pensait-elle ? Nous n'en saurons pas plus que ce qu'il a bien voulu dire. Le savait-il lui-même ? On sait que les rapports de Gide et de sa femme Madeleine ne furent pas toujours faciles. Mais on le sait surtout par lui. Révolté par la manière dont Gide avait parlé d'elle dans *Et Nunc Manet in Te*, ne la décrivant que sous les traits d'une pauvre victime consentante et tout uniment malheureuse, Jean Schlumberger essaya de faire entendre la voix et les sentiments de Madeleine Gide, de comprendre ce qu'elle avait éprouvé, de montrer qui elle avait été. Son livre est très émouvant. Il s'en dégage, malgré tous les efforts de l'auteur pour restituer à l'épouse sa joie de vivre et son intelligence, sa bonté, une infinie tristesse [488].

10
Du plaisir de l'instant
à la réforme de la société

Quand Gide publie *Les Nourritures terrestres*, en 1897, il est encore sous le choc de ses rencontres avec Wilde à Paris et à Biskra en 1891 et 1895. Il l'avait également croisé à Florence, en 1894.

On connaît le livre : un narrateur s'adresse à un futur lecteur, appelé Nathanaël, qu'il ne connaît pas et à qui il veut enseigner la « ferveur ». Il l'exhorte à rejeter les morales traditionnelles pour s'adonner aux plaisirs d'ici-bas : « Nathanaël, je te parlerai des *instants*. As-tu compris de quelle force est leur *présence* ? Une pas assez constante pensée de la mort n'a donné pas assez de prix au plus petit instant de ta vie [489]. » Ou encore : « Nourritures, je m'attends à vous, nourritures ! Ma faim ne se posera pas à mi-route, elle ne se taira que satisfaite ; des morales n'en sauraient en venir à bout [490]. » Comment ne pas penser, en lisant les exclamations du narrateur gidien, aux formules de Walter Pater qui avaient électrisé une génération de jeunes intellectuels britanniques et dont Wilde avait fait son bréviaire ? D'ailleurs, cette philosophie du plaisir et de l'instant, le narrateur la tient d'un autre personnage, Ménalque, qui, lors d'une soirée dans un jardin situé au pied de la colline de Florence en face de Fiesole, a raconté à ses amis réunis sa jeunesse et sa vie, chantant pour eux les joies de cet hédonisme épicurien.

C'est bien cette morale, ou cette antimorale, de Ménalque que le narrateur cherchera ensuite à transmettre à Nathanaël. Or, il ne fait aucun doute que Ménalque est une incarnation d'Oscar Wilde. La manière dont il oppose, par exemple, l'extase de la « volupté » et des sensations physiques aux « raisonnements » et aux affiliations philosophiques fait non seulement résonner l'écho de l'œuvre de Wilde, mais aussi de ses comportements personnels et de l'extraordinaire exemple de liberté qu'il avait donné à Gide, lors du séjour à Biskra [491]. On songe même à *Dorian Gray* lorsque Ménalque raconte à ses invités ses soirées en compagnie des marins : « Dans d'autres ports, je sus allé avec les matelots des grands navires. Je descendis dans les ruelles mal éclairées [492]... »

On n'en finirait pas de citer des formules, parfois des paragraphes entiers, qui semblent avoir été recopiés dans le roman de Wilde. Pierre Louÿs, proche ami de Gide qui s'éloigne de lui à ce moment-là, ne s'y est d'ailleurs pas trompé : après avoir lu *Les Nourritures terrestres*, il rédige un poème satirique fort méchant sur ce livre, dans lequel il décrit Oscar Wilde et Robert de Montesquiou (le futur Charlus de Proust, mais déjà le Des Esseintes de Huysmans) qui

> regardent entrer un homme à l'âme vile,
> Gide, sieur de La Roque et de Cucuverville [493].

Le personnage de Ménalque réapparaîtra, quelques années plus tard, sous la plume de Gide, dans *L'Immoraliste*, où ses anciens amis se détournent de lui parce qu'il a été impliqué dans un « absurde, un honteux procès à scandale [494] ». N'est-ce pas l'année même (1901) où il écrit ce livre que Gide raconte dans son « In Memoriam » qu'il avait voulu tourner le dos aux passants lorsqu'il avait rencontré Wilde attablé à la terrasse d'un café des grands boulevards, peu après sa sortie de prison ?

En tout cas, il est difficile de ne pas entendre dans le si fameux cri des *Nourritures terrestres*, « Famille je vous hais ! », lancé par Ménalque, à travers le récit du narrateur, à la jeunesse de l'avenir, une sorte d'acte fondateur de l'affirmation de soi comme être libre et indépendant et comme gay. Elle fait écho aux propos très « patériens » de Ménalque quelques pages plus tôt : « Je haïssais les foyers, les familles, tous lieux où l'homme pense trouver un repos ; et les affections continues et les fidélités amoureuses, et les attachements aux idées [495]. » Difficile également de ne pas penser que la postérité à laquelle Gide souhaite faire parvenir ce message est celle d'une jeunesse masculine homosexuelle qui serait à même de le recevoir. Cela transparaît nettement à la première page des *Nouvelles Nourritures terrestres*, qui reprend, trente ans plus tard, en leur donnant un contenu plus explicite, les proclamations adressées à Nathanaël :

> Toi qui viendras lorsque je n'entendrai plus les bruits de la terre et que mes lèvres ne boiront plus sa rosée – toi qui plus tard, peut-être me liras – c'est pour toi que j'écris ces pages ; car tu ne t'étonnes peut-être pas assez de vivre ; tu n'admires pas comme il faudrait ce miracle étourdissant qu'est ta vie. Il me semble parfois que c'est avec ma soif que tu vas boire, et que *ce qui te penche* sur cet autre être que *tu caresses*, c'est *déjà mon propre désir* [496].

Quelques pages plus loin, *Les Nouvelles Nourritures* évoquent, de manière presque explicite, ses amours avec Marc Allégret en des termes qui rappellent les exaltations lyriques des *Nourritures* autant que les poèmes de Whitman : « Nous nous amusions le long du jour d'accomplir divers actes de notre vie comme une danse, à la manière des gymnastes parfaits dont le propos serait de ne rien faire que d'harmonieux et de rythmé [497]. »

Il écrit une fois encore qu'il sait « goûter la quiète éternité dans l'instant ». Mais lorsqu'il publiera ce livre, en 1935, Gide aura depuis longtemps pris ses distances avec la philosophie développée dans celui de 1897. Comme Pater, peut-être, qui, aux yeux de Wilde, a passé sa vie à démentir ce qu'il écrivait, Gide a tout fait pour se désolidariser de l'éloge du plaisir et de l'instant jaillissant de ce « livre de jeunesse ». Il a, par exemple, profité d'une réédition de 1927 pour ajouter une préface dans laquelle il rappelle qu'il l'a écrit alors qu'il venait d'échapper à la mort dont l'avait menacé la tuberculose, ce qui en explique le ton exalté, le « lyrisme » et même l'« excès ». Il précise qu'il a d'ailleurs lui-même suivi le conseil donné à Nathanaël dans l'*Envoi* final : « Jette mon livre et quitte-moi » : « Oui, j'ai tout aussitôt quitté celui que j'étais quand j'écrivais *Les Nourritures*. » Et à ceux qui s'obstinent à n'y voir qu'une « glorification du désir et des instincts », il répond qu'il préfère y voir, rétrospectivement, « une apologie du dénuement [498] ».

Dans *Les Nouvelles Nourritures*, Gide appelle désormais Nathanaël « camarade » et l'exhorte à faire son bonheur en travaillant à augmenter celui des autres [499]. L'idée de la joie terrestre tourne donc le dos à la fièvre individualiste de 1897 et tend vers une recherche politique du bonheur collectif.

Pourtant, malgré toutes ces évolutions, il y aura toujours une part de Gide et de son œuvre qui se rattacheront à son hédonisme de jeunesse, et que ni le succès ni l'âge jamais n'annihileront.

✎ En 1897, l'année même où il publie *Les Nourritures terrestres*, Gide écrit dans son *Journal* qu'il ne se souvient pas du moment où il a lu Whitman pour la première fois [500]. Les *Feuilles d'herbe* allaient pourtant devenir pour lui une référence majeure. On le voit fort clairement dans *Corydon*, publié en 1924. En effet, le livre s'ouvre et se referme sur l'évocation du poète américain. L'ouvrage, dans sa version définitive, est composé de quatre dialogues entre un narrateur (« je ») qui représente le sens commun – homophobe – et un médecin dénommé Corydon qui défend l'homosexualité, ou plus exactement la « pédérastie[501] ». Quand le narrateur arrive dans le bureau de Corydon, au début du livre, il se trouve devant un portrait de Whitman, qui voisine avec une reproduction de la « naissance de l'homme » peinte par Michel-Ange. La présence de ce portait et de cette gravure sont aux yeux du visiteur des « marques » qui signalent discrètement les « mœurs » de Corydon, en l'absence des (et en opposition aux) signes d'« efféminement » que les « spécialistes retrouvent à tout ce qui touche les invertis[502] ». Il est peut-être utile de citer plus longuement ce passage. Le narrateur raconte son arrivée chez Corydon :

> En pénétrant dans son appartement, je n'eus point, je l'avoue, la fâcheuse impression que je craignais. Il est vrai que Corydon ne la donne pas non plus par sa mise, qui reste correcte, avec même une certaine affectation d'austérité. Mes yeux cherchaient en vain, dans la pièce où il m'introduisit, ces marques d'efféminement que les spécialistes retrouvent à tout ce qui touche les invertis, et à quoi ils prétendent ne s'être jamais trompés. *Toutefois*, on pouvait remarquer, au-dessus de son bureau d'acajou, une grande photographie d'après Michel-Ange : celle de la formation de l'homme – où l'on voit, obéissant au doigt créateur, la créature Adam, nue, étendue sur le limon plastique, tourner vers Dieu son regard ébloui de reconnaissance. Corydon professe un certain goût pour l'œuvre d'art, derrière lequel il eût pu s'abriter si j'avais été m'étonner du choix de ce sujet spécial. Sur sa table de travail, le portrait d'un vieillard

à grande barbe blanche, que je reconnus aussitôt pour celui de l'Américain Walt Whitman, car il figure en tête d'une traduction que M. Bazalgette vient de donner de son œuvre. M. Bazalgette venait de publier également une biographie de ce poète, volumineuse étude dont j'avais récemment pris connaissance et qui me servit de prétexte pour engager l'entretien [503].

Arrêtons-nous à ce « toutefois » (que j'ai souligné dans la citation) assez surprenant : alors que le narrateur vient d'évoquer, à propos de Corydon, « la déplorable réputation que ses mœurs commençaient de lui valoir », il est surpris de ne trouver aucune trace d'efféminement dans l'appartement, mais (« toutefois ») les « mœurs » en question semblent être révélées par une photographie qui évoque la Renaissance et Michel-Ange, et qui fonctionne donc, selon la présentation qu'en fait Gide, comme un « code » homosexuel qui s'adresse à un regard averti, mais dont la présence pourrait être justifiée par un goût pour l'œuvre d'art si besoin était de démentir une telle interprétation. Mais c'est Whitman qui va servir de point de départ à la conversation et donc au livre tout entier. Le narrateur déclare en effet, d'entrée de jeu (c'est la première phrase du premier dialogue) : « Après lecture du livre de Bazalgette, commençai-je, il appert que ce portrait n'a pas grand'raison de figurer sur votre table. » La biographie de Bazalgette a en effet « démontré », poursuit-il, que Whitman « n'avait pas les mœurs que vous étiez heureux de lui prêter ». Ce à quoi Corydon répond, avec un certain bon sens, que « l'œuvre de Whitman reste également admirable, quelle que soit l'interprétation qu'il plaise à chacun de donner à ses mœurs ». Et surtout, ajoute-t-il, « votre ami Bazalgette n'a rien démontré du tout » car tout son raisonnement repose sur le syllogisme suivant : l'homosexualité est un « penchant contre-nature », or Whitman était « de parfaite santé », le représentant le plus parfait de « l'homme naturel », donc Whitman n'était pas pédéraste. Et Corydon de passer à l'attaque : « L'œuvre est là, où M. Bazalgette aura beau traduire par "affection" ou "amitié" le mot *love* et *sweet* par "pur" dès qu'il s'adresse au "camarade"... il n'en restera pas moins que toutes les pièces passionnées, sensuelles, tendres, frémissantes du volume sont du même ordre, de cet ordre que vous appelez "contre-nature" [504]. »

Nous sommes donc plongés par Gide, dès ces premiers échanges entre les deux personnages, dans la bataille pour l'interprétation des discours et leur possible appropriation par ceux qui cherchent pour eux-mêmes, pour leurs vies, des références et des légitimations. Corydon annonce alors qu'il prépare un article sur Whitman dans lequel il entend « répondre à l'argumentation de M. Bazalgette ». Il précise, quelques lignes plus loin, qu'il va rédiger également « un assez important travail » sur la « pédérastie », destiné à réfuter les thèses des psychiatres sur l'homosexualité [505]. Il s'agit pour Corydon, qui est lui-même médecin, de montrer qu'il n'y a rien d'anormal ni de pathologique dans la « pédérastie ». Il déclare : « Vous comprenez à présent pourquoi je veux écrire ce livre. Les seuls livres sérieux que je connaisse sur cette matière sont l'œuvre de quelques médecins. Il s'en dégage dès les premières pages une intolérable odeur de clinique [506]. » Or Corydon ne veut « point parler en spécialiste » mais tout simplement « en homme », car les « médecins qui d'ordinaire traitent de ces matières n'ont affaire qu'à des uranistes honteux ; qu'à des piteux, qu'à des plaintifs, qu'à des invertis, des malades. Ceux-là seuls viennent les trouver. En tant que médecin, c'est bien aussi de ceux-là que je soigne ; mais en tant qu'homme, j'en rencontre d'autres, ni chétifs, ni plaintifs – c'est sur eux qu'il me plaît de tabler [507]. »

Si Gide veut s'opposer au discours psychiatrique, ce n'est donc pas – du moins dans le dispositif qu'il met en place dans cet ouvrage – pour le refuser en bloc, pour en dénoncer l'homophobie, la violence culturelle. Toute l'entreprise de Gide consiste au contraire à distinguer, ici, entre l'homosexualité « pathologique », celle des « malades » – dont s'occupent les médecins et les psychiatres –, et l'homosexualité noble qui s'inscrit dans la filiation de l'homosexualité grecque, de la « pédérastie » telle que l'a chantée Platon dans *Le Banquet*. Nous ne sommes pas très loin, on le voit, de John Addington Symonds. Et, de fait, Gide cite un passage de ses *Greek Poets*, dans lequel Symonds commentait les vers d'Homère sur l'amour d'Achille pour Patrocle [508]. Les références à Whitman, et à Michel-Ange, sont là pour renforcer cette impression d'une quasi-similitude de ces considérations gidiennes avec les textes de Symonds.

Il est probable, cependant, que Gide n'ait jamais lu Symonds : il a lu le livre d'Edward Carpenter, *Iolaüs*, un recueil de citations sur l'amitié entre hommes dans lequel ce passage de Symonds était cité [509]. En tout cas, le quatrième et dernier dialogue de *Corydon* est presque entièrement consacré au modèle grec, avec, bien sûr, le sempiternel exemple du « bataillon sacré » de Thèbes, dont le courage et la valeur militaire, évoqués par Plutarque, tenaient au fait qu'il était composé de couples d'amants [510]. Car l'un des objectifs principaux de *Corydon* est d'affirmer, comme dans les plaidoyers de Symonds, le lien entre homosexualité et masculinité et de rejeter tout lien avec l'« efféminement » autant qu'avec la faiblesse ou la décadence des peuples et des nations :

> Je ne crois pas qu'il y ait une opinion à la fois plus fausse et plus accréditée que celle qui considère les mœurs homosexuelles et la pédérastie comme le triste apanage des races

efféminées, des peuples en décadence, voire même comme une importation de l'Asie. C'est au contraire de l'Asie que le mol ordre ionien vint supplanter la mâle architecture dorienne ; la décadence d'Athènes commença lorsque les Grecs cessèrent de fréquenter les gymnases ; et nous savons à présent ce qu'il faut entendre par là. L'uranisme cède à l'hétérosexualité [511].

C'est pourquoi Corydon insiste à plusieurs reprises sur la valeur martiale, militaire et même guerrière de l'homosexualité. Par exemple, lorsqu'il interroge le narrateur :

— Vous êtes-vous jamais demandé pourquoi dans le code Napoléon, aucune loi ne tend à réprimer la pédérastie ?
— C'est peut-être que Napoléon n'y attachait pas d'importance ou qu'il comptait que notre répugnance instinctive y suffirait.
— C'est peut-être aussi que ces lois eussent d'abord gêné certains de ses généraux les meilleurs. Répréhensibles ou non, ces mœurs sont si loin d'être amollissantes, sont si près d'être militaires, que je vous avoue que j'ai tremblé pour nous, lors de ces retentissants procès d'Outre-Rhin, que n'a pu parvenir à étouffer la vigilance de l'empereur […]. Certains en France, ont eu la naïveté de voir là des indices de décadence ! Tandis que je pensais tout bas : défions-nous d'un peuple dont la débauche même est guerrière, et qui réserve la femme au soin de lui donner de beaux enfants [512].

On peut remarquer au passage que Gide s'applique à manifester que non seulement l'homosexualité n'est pas un signe d'« amollissement » ni de « décadence » (puisqu'elle a partie liée avec la force militaire), mais aussi que l'homosexuel, en l'occurrence Corydon, est profondément patriote : Corydon « tremble » pour son pays et dit « nous » lorsqu'il parle de la patrie menacée. Cette idée est discrètement ajoutée au thème central du propos, et, pour une fois, Gide n'insiste pas lourdement sur ce point, il le suggère par le vocabulaire. Mais c'est bel et bien une manière de répondre à l'un des grands thèmes du discours homophobe, à savoir que l'homosexuel est un traître à sa patrie. Ce fut l'une des accusations récurrentes pendant les scandales allemands auxquels Gide fait allusion à plusieurs reprises au cours du livre : pendant le procès Eulenburg, en Allemagne, en 1908 et dans les années qui suivirent, l'accusation avait été lancée contre les militaires mis en cause, car le prince diplomate était connu pour ses positions pacifistes et profrançaises [513]. Ce thème de la trahison culminera dans le fantasme du « Homintern » (jeu de mots qui fait référence au Komintern, l'Internationale communiste) qui se développera en Angleterre dans les années vingt et trente [514]. Gide lui-même, malgré tous les gages donnés dans *Corydon*, ne sera pas épargné : on l'accusera bien vite d'affaiblir la patrie (« Les Allemands doivent bien rire »). Et même, en 1940, d'être responsable de la défaite des armées françaises, pour avoir « corrompu » la jeunesse, ruiné la morale, les valeurs, etc. [515].

On trouve donc dans *Corydon* presque tous les thèmes qui caractérisaient les textes de John Addington Symonds. Il n'est pas possible de tout citer, mais les troisième et quatrième dialogues déclinent l'un après l'autre les arguments que Symonds avançait dans sa quête apologétique. Tout au plus la misogynie est-elle plus profondément marquée encore chez Gide que chez ses prédécesseurs. Ainsi, quand il exalte l'efflorescence artistique de la Grèce antique et de la Renaissance, il écrit : « Le jour où l'on s'aviserait d'écrire une histoire de l'uranisme dans ses rapports avec les arts plastiques, ce n'est pas aux périodes de décadence qu'on le verrait s'épanouir, mais bien au contraire aux époques glorieuses et saines…

Par contre, il me paraît que, non point toujours mais souvent, l'exaltation de la femme dans les arts plastiques est l'indice de la décadence [516]. »

Mais la ligne directrice de l'argument consiste, chez Gide comme chez ses précurseurs, à souligner la contradiction entre l'admiration pour la culture grecque et le refus de voir le lien essentiel qui unit la grandeur de ses accomplissements aux « mœurs » qui l'ont fait naître :

> Vous refuserez-vous à comprendre qu'il existe un rapport direct entre la fleur et la plante qui la supporte, la qualité profonde de sa sève, et sa conduite, et son économie ? [...] Dès qu'il s'agit des mœurs grecques, on les déplore, et, ne pouvant les ignorer, on s'en détourne avec horreur ; on ne comprend pas ou l'on feint de ne pas comprendre ; on ne veut pas admettre qu'elles font partie intégrante de l'ensemble, qu'elles sont indispensables au fonctionnement de l'organisme social et que sans elles la belle fleur que l'on admire serait autre ou ne serait pas [517].

Ces considérations rappellent, là encore, les efforts pathétiques de Symonds pour rejeter la « luxure » et circonscrire les amours masculines à la seule possibilité d'un rapport « pédagogique ». L'homosexualité est acceptable comme rapport intellectuel, elle est condamnable comme rapport sexuel. À la fin du livre, Corydon insiste sur ce point : « Je dis que cet amour, s'il est profond, tend à la chasteté [...] et qu'il peut être pour l'enfant l'invitation la meilleure au courage, au travail, à la vertu [518]. » L'amant pourra même guérir le jeune homme du goût de la masturbation : « Je dis aussi qu'un aîné se rend mieux compte des troubles d'un adolescent, que ne saurait faire une femme, et même experte en l'art d'aimer. Certes, je connais certains enfants trop adonnés à des coutumes solitaires, pour qui j'estime que cette sorte d'attachement serait le plus sûr moyen de guérir [519]. » Aussi, pour le jeune homme, privé par Gide de toute sexualité et de tout désir (« il est plus désirable et désiré que désirant [520] »), rien « ne peut se présenter de meilleur, de préférable qu'un amant. Que cet amant jalousement l'entoure, le surveille, et lui-même, exalté, purifié par cet amour, le guide vers ces radieux sommets que l'on n'atteint point sans l'amour. Que si tout au contraire cet adolescent tombe entre les mains d'une femme, cela peut lui être funeste [521]. »

Cette relation de l'amant à l'aimé durera « de treize à vingt-deux ans », car « c'est pour les Grecs l'âge de la camaraderie amoureuse, de l'exaltation commune, de la plus noble émulation ». Et ce n'est qu'après cette période littéralement initiatique que le « garçon souhaite de "devenir un homme", c'est-à-dire songe à la femme – c'est-à-dire : à se marier [522] ».

🖉 Il faut insister sur un point très important : le troisième dialogue de *Corydon* se présente comme une réponse au livre de Léon Blum, *Du mariage*. À la liberté sexuelle que celui-ci semble prôner pour les femmes (ce qui lui avait valu d'être insulté autant que Gide le sera après la publication de *Corydon*), Gide oppose la nécessité de protéger les jeunes filles. Il ne fait aucun doute, si l'on en croit ses formulations, que, pour Gide, le destin d'une jeune fille est de devenir une épouse et de donner des enfants à son mari et à la société. Et il va de soi aussi que, idéalement, elle devrait rester vierge avant le mariage. Mais, comme « le mâle a beaucoup plus à dépenser qu'il ne convient pour répondre à la fonction reproductive de l'autre sexe et assurer la reproduction de l'espèce », il faut bien que le surplus du désir masculin trouve à s'exprimer. C'est ce que permettrait la pédérastie. Pour éviter que « l'inquiétude et l'excès de nos appétits masculins » ne soient dirigés vers les jeunes filles, dit

Corydon, il est nécessaire d'en revenir à la « solution » qu'avait « préconisée la Grèce [523] » : « Si vous voulez bien considérer qu'avec nos mœurs, aucune littérature n'a donné plus de place à l'adultère, que la française ; sans parler de toutes les demi-vierges et de toutes les demi-putains. Cet exutoire que proposait la Grèce, qui vous indigne et qui lui paraissait naturel, vous voulez le supprimer. Alors faites des saints ; sinon le désir de l'homme va détourner l'épouse, souiller la jeune fille [524]. »

Dans le monde gidien, la femme devrait ne pas avoir de désir (sous peine d'être décrite comme une « putain »). Mais Gide est bien obligé de reconnaître que l'adultère, s'il ressortit à ses yeux aux débordements de la sexualité masculine, ne peut cependant exister que parce que certaines femmes sortent du rôle qui leur est assigné par le statut d'épouse (ou, tout aussi grave, parce que certaines jeunes filles, les « demi-vierges », se laissent aller à la débauche). Aussi la « pédérastie » aurait-elle pour fonction non seulement de protéger les femmes des hommes mais aussi d'elles-mêmes, de les mettre à l'abri du désir masculin et ainsi de restaurer la moralité sociale.

Il serait trop facile d'ironiser ici sur l'invocation par Gide de ce souci bourgeois de protéger la vertu des filles et des femmes afin d'appuyer son éloge de la « pédérastie ». Qu'il suffise de remarquer qu'il est assez contradictoire d'affirmer que la restauration d'une telle institution antique offrirait un exutoire à la sexualité masculine, tout en affirmant que les rapports entre l'aîné et le jeune homme resteront totalement chastes. Mais sans doute la cohérence n'était-elle pas le souci principal de Gide. On sait que le discours homophobe n'est jamais très cohérent. Il peut se contredire : ce qui fait sa cohérence, c'est d'être toujours homophobe. De même, le discours homosexuel n'est pas – et n'a jamais été historiquement –

très cohérent. Et un même livre peut contenir des arguments contradictoires. Ce qui fonde la cohérence de ces propos hétérogènes, c'est la volonté légitimatrice qui les anime.

🖉 Il est assez frappant de retrouver cette influence de Symonds dans les romans de Julien Green. Dans *Moïra*, par exemple, où l'on peut lire ce dialogue entre deux personnages, à propos d'un troisième :

— Simon est un malade.
— Malade ? Qu'est-ce qu'il a ?
— Il a qu'il est bizarre. Étrange, si tu aimes mieux. Pour tous les horribles détails, voir Killigrew : il te fera son grand discours sur Freud.
— Freud ?
— Et si tu es bien gentil, tu auras par-dessus le marché le discours sur Platon, Michel-Ange et Shakespeare.

Ou dans *Le Malfaiteur*, quand Jean, au cours de sa « confession », raconte à sa cousine Hedwige : « Un jour que je faisais des recherches à la bibliothèque municipale, le hasard me mit entre les mains un petit volume d'aspect modeste et sérieux que je feuilletai d'abord avec indifférence, puis avec une curiosité croissante. C'était un essai sur le problème moral en Grèce antique […] Il faudrait Hedwige, beaucoup plus de talent que je n'en ai pour vous donner une idée de ce que je ressentis et de la transformation soudaine qui s'opéra en moi. À bien y réfléchir, ce mot de transformation me paraît inexact. Parle-t-on de transformation, quand un homme s'éveille ? »

Ce n'était d'ailleurs pas son premier contact avec la Grèce : adolescent, son répétiteur l'a emmené visiter les salles d'antiquités grecques au musée de la ville où ils habitent, et lui montrant les Apollons, ce dernier lui a tenu un discours sur cette « curieuse race... » où les homes étaient « bâtis pour guerre ou la rapine, étrangers à la *mollitia* »[525].

On voit à quel point furent nombreux les héritiers de Symonds, et durable son influence.

11
LA VOLONTÉ DE GÊNER

Dans *Corydon*, il n'est donc pas question d'homosexualité : d'abord parce qu'il n'y est pas vraiment question de sexualité (sauf pour la condamner) ; ensuite parce qu'il n'y est pas question de rapports entre hommes (sauf pour s'en offusquer). La « défense de la pédérastie » annoncée au début du livre déroule imperturbablement son programme « grec » en décrivant la relation entre un « aîné » et un « garçon ». Il s'agit d'un projet fantasmatique de réforme de la société, qui consisterait à restaurer une institution de l'Antiquité. Il ne s'agit en rien, si l'on s'en tient au contenu du livre, de défendre le droit à l'homosexualité. Le « jeune homme » est d'ailleurs voué à l'hétérosexualité, ou du moins au « mariage » à travers lequel il deviendra « un homme ». Prendra-t-il alors, à son tour, le rôle de l'« aîné », orientant ses attentions vers les « adolescents », laissant à sa femme le soin d'élever leurs propres enfants et de s'occuper du foyer ? Cela semble aller de soi, mais nous n'en saurons pas plus, puisque le dialogue s'interrompt à cet instant : le narrateur ne répond rien, il prend son chapeau et s'en va.

Mais là encore, toutes ces considérations des troisième et quatrième dialogues sont contradictoires avec ce qui était développé dans les deux premiers (écrits beaucoup plus tôt). Au début de son livre, Gide rejette l'idée que l'homosexualité serait « acquise » chez un individu (ce qui, dans le discours moral de l'époque, signifiait qu'elle pourrait être désapprise). Il entend montrer qu'elle est ancrée dans la nature de certaines personnes. Il ne cesse d'affirmer qu'il ne cherche pas à convaincre quiconque de devenir homosexuel. Il veut simplement plaider pour que ceux qui le sont aient le droit de l'être sans avoir à souffrir de l'opprobre auquel ils sont généralement voués. Mais dans ce cas, pourquoi échafauder, à la fin du livre, toute cette construction théorico-historique d'un retour à la « pédérastie » comme institution sociale qui concernerait (comme une étape de la vie) tous les jeunes gens (et sans doute tous les hommes, qui devraient s'occuper de ces jeunes gens) ?

🖉 La raison en est sans doute que le discours de Gide est totalement dépendant de la violence homophobe à laquelle il veut s'opposer. Tout le discours que Gide met dans la bouche de Corydon s'attache à répondre aux différents thèmes de l'homophobie : efféminement, maladie, décadence de la nation, trahison de la patrie. Ce faisant, non seulement il définit son discours en référence à ces catégories, mais il les reprend à son compte. Loin de récuser les termes de la problématique imposée, loin de s'insurger contre la pensée homophobe, il l'accepte et la reproduit. Tout au plus veut-il montrer qu'il faut en excepter les « pédérastes » parmi lesquels il se range. La « défense de la pédérastie » passe donc par une distinction entre l'homosexualité noble et l'homosexualité maladive. Et par un rejet de cette dernière. Dans son *Journal*, en 1918, il revient sur *Corydon* (qu'il n'a, à ce moment-là, publié qu'à tirage limité) et distingue « trois sortes d'*homosexuels* » : « J'appelle *pédéraste* celui qui comme le mot l'indique s'éprend des jeunes garçons. J'appelle *sodomite* celui dont le désir s'adresse aux hommes faits. J'appelle *inverti* celui qui dans la comédie de l'amour assume le rôle d'une femme et désire être possédé [526]. » Gide ajoute que les distinctions entre ces trois sortes d'homosexuels ne sont pas toujours « nettement tranchées » : « Il y a des glissements possibles de l'une à l'autre ; mais le plus souvent, la différence entre eux est telle qu'ils éprouvent un profond dégoût les uns pour les autres, dégoût accompagné d'une réprobation qui ne le cède parfois en rien à celle que vous (hétérosexuels) manifestez âprement pour les trois. » Pour prouver son cas, pour « persuader », comme il dit, Gide tient à faire savoir aux hétérosexuels que les « pédérastes », c'est-à-dire ceux qui incarnent l'homosexualité pure et noble, éprouvent le même dégoût qu'eux à l'égard des autres homosexuels. Quelques lignes auparavant, il a rappelé la grandeur de la « pédérastie » : « Socrate et Platon n'eussent pas aimé les jeunes gens, quel dommage pour la Grèce, quel dommage pour le monde entier ! Socrate et Platon n'eussent pas aimé les jeunes gens, et n'eussent pas cherché à leur plaire, chacun de nous serait un peu moins sensé [527]. » On conçoit aisément que Proust ait eu à cœur, dans la tâche qu'il s'était assignée de donner une description quasi scientifique de la réalité sociale et de la vie psychologique, de se gausser de ces homosexuels qui invoquent Socrate pour légitimer leur vice. Si Gide, en effet, a détesté la manière dont Proust parlait de l'homosexualité dans son roman et qu'il jugeait dégradante, il ne fait aucun doute que Proust a détesté la manière dont Gide voulait la réhabiliter et qu'il trouvait, sinon ridicule, du moins mystificatrice.

Gide veut bien reconnaître que les « homosexuels » ont des défauts. Et lorsqu'il se lance sur ce sujet, il ne parle évidemment pas « des dégénérés, des maniaques, des malades », qu'il a écartés dès le début de son discours apologétique. Mais même parmi « les autres », ceux qu'il considère comme des « pédérastes normaux », on peut remarquer des faiblesses de caractère. Cependant, c'est à la situation qui leur est faite qu'il faut en imputer la responsabilité : « Il en va toujours de même chaque fois qu'un appétit naturel est systématiquement contrarié. Oui l'état de nos mœurs tend à faire du penchant homosexuel une école d'hypocrisie, de malice, et de révolte contre les lois [528]. » Si le pédéraste normal transgresse les lois, s'il est « hypocrite », c'est que l'obligation dans laquelle il se trouve de toujours cacher ce qu'il est façonne ainsi son caractère. Mais il n'est pas dans sa « nature » profonde d'être « contre les lois ». Gide veut au contraire convaincre, tout au long de son livre, que le « pédéraste normal » pourrait bien être le plus attaché aux lois de son pays, à la bonne marche de la société, à la grandeur de la nation.

Lorsqu'il commente *Corydon* dans son *Journal* et distingue ses « trois sortes d'homosexuels », Gide donne une place à part à ceux qu'il a nommés les « invertis » : « Il m'a toujours paru qu'eux seuls méritaient ce reproche de déformation morale ou intellectuelle et tombaient sous le coup de certaines des accusations que l'on adresse communément à tous les homosexuels [529]. » Ce qui répugne à Gide, c'est donc l'inversion sexuelle, l'inversion des rôles sexuels. L'homosexualité est défendable si elle est « masculine ». Ce qui est acceptable, c'est donc qu'un homme aime les « jeunes gens », ou qu'un jeune homme aime les « hommes faits » (celui qu'il désigne comme le « sodomite », par quoi il faut entendre, si l'on parvient à suivre le raisonnement et à se repérer dans la typologie ainsi établie, non pas qu'il pratique la sodomie, active ou passive, mais qu'il est le complément nécessaire du « pédéraste » : car si un « homme fait » est attiré par les « jeunes gens », il faut bien, pour que le manège idéologique gidien puisse tourner, qu'un jeune homme soit attiré par les « hommes faits »). Mais dès lors qu'une relation sexuelle intervient et surtout dès lors que la sodomie passive entre en jeu, le jugement « communément » porté sur les homosexuels trouve ici l'assentiment de Gide. Et celui qui, dans l'acte sexuel, « assume le rôle d'une femme » suscite chez Gide un dégoût tout particulier, même si le rôle actif dans la sodomie lui inspire également une certaine répulsion [530].

Gide n'a cessé de dire que, pour sa part, il trouvait son plaisir dans de simples attouchements, excluant explicitement toute idée de pénétration. La sexualité gidienne est une sexualité des surfaces (« superficielle », dit-il dans une esquisse de *Corydon*, en insistant lourdement sur le fait que l'on comprendra bien ce qu'il veut dire sans qu'il soit nécessaire de s'y attarder). Et s'il se reconnaît dans la poésie de Whitman, c'est précisément parce que le simple contact des épidermes semble suffire aux « camarades » peints par le poète américain dans « Calamus ». Il le dit sans détour dans *Si le grain ne meurt* :

> Pour moi qui ne comprends le plaisir que *face à face*, réciproque et sans violence, et que souvent, pareil à Whitman, le plus furtif contact satisfait [531]….

On sait, par les récits que Gide lui-même a donnés dans *Si le grain ne meurt* (comme on le savait par les Mémoires de Symonds), à quel point la volonté apologétique, exprimée dans *Corydon*, de désexualiser l'homosexualité pour la rendre plus acceptable relève de la mystification, sinon de l'automystification. Car s'il ne pratiquait pas la sodomie (qui semble, en effet, lui avoir inspiré une véritable horreur, qu'elle soit active ou passive), ses « contacts » avec les garçons de Biskra, par exemple, ne s'inscrivent pas exactement dans le cadre de la chasteté préconisée par le médecin « platonicien » du dialogue sur l'amour grec. Tout au plus cela nous renvoit-il à la dissociation radicale que Gide a toujours cherché à opérer entre la sensualité physique et l'amour. Il écrit par exemple, à propos de ses voyages à Biskra dans les années 1890 : « Sans doute éprouvais-je déjà cette inhabileté foncière à mêler l'esprit et les sens qui, je crois, m'est assez particulière, et qui devait bientôt devenir une des répugnances cardinales de ma vie [532]. » Mais est-il possible de croire, pour ne prendre qu'un exemple, qu'il n'eut jamais de relations sexuelles avec Marc Allégret [533] ?

🖉 Gide maintiendra cette distinction entre « inversion » et « pédérastie » jusqu'à la fin de sa vie, puisqu'il la reprend, peu avant sa mort, dans *Ainsi soit-il*, en 1951 :

> Le grand nombre des confidences que j'ai été appelé à recevoir m'a persuadé que la diversité des cas d'homosexualité est plus grande, et de beaucoup, que celle des cas d'hétérosexualité. Il y a plus : l'irrépressible dégoût que peut éprouver un homosexuel pour un autre dont les appétits ne sont pas les mêmes est chose dont l'hétérosexuel ne peut se rendre compte : il les fourre tous dans le même sac pour les jeter par-dessus bord en bloc, ce qui est évidemment beaucoup plus expédient. J'ai tenté pour ma part de faire le départ entre les pédérastes (selon l'acception grecque du mot : amour des garçons), et les invertis, mais on n'a consenti à y voir qu'une discrimination assez vaine, et force m'a été de me replier. Mieux vaut de ne pas y revenir sans doute [534].

Étrange manière de ne pas y revenir, puisqu'il semble regretter, en 1951 encore, de n'avoir pas été suivi dans des distinctions qui étaient déjà peu glorieuses en 1924. Mais il y a plus : il ajoute, toujours en 1951 : « Quant à mes goûts sexuels, je ne les ai jamais cachés que lorsqu'ils pouvaient gêner autrui : sans précisément les afficher, je les ai laissés paraître ; c'est aussi que je n'ai jamais cru qu'ils fussent de nature à me déshonorer. » Jusqu'ici, il n'y aurait rien à redire. Mais comment ne pas être troublé quand, aussitôt après, il éprouve le besoin, une fois de plus, de dénoncer les « autres », ceux qui lui inspirent visiblement le « dégoût » dont il ne peut s'empêcher de parler, avec toujours ce souci de légitimer ce qu'il est, en se distinguant de ceux qui vivent leur homosexualité d'une manière différente : « C'est le laisser-aller, écrit-il, c'est l'abandon complaisant à ces goûts qui déshonore [535]. »

On a du mal à comprendre, en lisant ces lignes, que Gide ait pu répéter à loisir que ses livres, et notamment *Corydon*, voulaient déranger ou « gêner » (« Je ne veux pas apitoyer, je veux gêner [536] »). Il est bien difficile à un lecteur d'aujourd'hui de percevoir en quoi et pour qui toutes ces considérations pouvaient être « gênantes », tant elles semblent trahir le souci de se montrer conforme aux valeurs dominantes. Mais de fait, elles gênèrent. Plus encore : elles provoquèrent des réactions d'une violence inouïe. Ce qui tendrait à prouver que, aux yeux de ceux qui entendent le combattre, ce n'est pas tellement le contenu du discours « homosexuel » qui importe. C'est le geste qui consiste à prendre la parole et à refuser ce qu'Adrienne Rich a nommé l'« hétérosexualité obligatoire ». On n'a pas attaqué Gide parce qu'il proférait des absurdités sur la « pédérastie ». On l'a insulté parce qu'il évoquait les amours masculines.

Et c'est sans doute pour cette raison que Gide a pu, tout au long de sa vie, affirmer que *Corydon* était, parmi tous ses livres, celui qu'il considérait comme le plus « important », le plus « utile », le plus « nécessaire », voire le plus « subversif », alors même qu'il semble très en retrait par rapport aux autres textes où il tente d'exprimer son homosexualité. Quelle distance, en effet, entre la fièvre des *Nourritures terrestres*, qu'il désavouera plus ou moins, et le ton compassé de *Corydon*, dont il ne cessera au contraire d'affirmer l'importance présente et la portée future. Il y a deux Gide, assurément, au regard de l'homosexualité : celui qui essaie de mettre en littérature le désir « homosexuel » (dans *Les Nourritures terrestres, L'Immoraliste, Saül, Amyntas, Si le grain ne meurt, Les Faux-Monnayeurs*, etc.), et qui fait preuve, parfois, d'une audace étonnante, et celui qui se lance dans la laborieuse entreprise autojustificatrice de *Corydon*, qu'il mûrira pendant plus de dix ans pour aboutir à cet étrange éloge d'une « pédérastie » classique d'où toute sexualité, toute sensualité même, se trouvent effacées au profit du devoir moral et du souci d'éducation. Nous avons d'un côté un Gide proche de Wilde. De l'autre, un Gide proche de Symonds. Et l'on ne peut même pas parler d'une évolution de l'un à l'autre, puisque au contraire les deux semblent coexister et conserver leur autonomie relative tout en se renforçant l'un l'autre. Il est toujours possible de trouver chez Gide – comme chez Proust, on l'a vu – un texte, une phrase, une ligne qui viennent contredire ou miner les énoncés les plus assertoriques d'un autre texte, d'une autre phrase. C'est pourquoi il est sans doute nécessaire de les analyser autant dans le geste politique qui les anime que dans la lettre explicite de ce qu'ils énoncent.

Ce n'est d'ailleurs pas le moindre paradoxe de l'œuvre gidienne que c'en soit l'aspect qui pourrait nous sembler le moins intéressant, le plus daté, c'est-à-dire les pesantes considérations de *Corydon*, qui l'ait installée comme un jalon majeur dans l'histoire moderne de l'homosexualité. Tout simplement parce qu'il prenait position, sans passer par le détour artistique. Et qu'à un moment où il allait devenir admis que la littérature puisse s'emparer d'un tel sujet, il restait scandaleux qu'un discours militant cherche à s'affirmer. François Porché le dit crûment, lorsqu'il répond, en 1929, à la réplique que Gide avait apportée à son livre *L'Amour qui n'ose pas dire son nom*, dont un chapitre peu amène lui était consacré. Porché écrit en effet : « Il y a une différence essentielle entre l'œuvre d'art et l'œuvre tendancieuse, uniquement conçue dans un dessin de propagande [...]. L'auteur lui-même s'y trompe rarement [...]. Il sait très bien alors, combien grandement l'emporte chez lui, sur le souci de l'art désintéressé, le souci obsédant d'exercer une action directe [...]. C'est cette volonté que j'ai blâmée. Qu'est-ce que *Corydon* ? Un tract [537]. »

Déjà, avant la publication, Jacques Maritain, qui s'était, semble-t-il, donné pour tâche dans la vie de « sauver » les homosexuels, était venu l'exhorter à ne pas commettre cet acte sacrilège. Gide rapporte la scène dans son *Journal*, en décembre 1923 : « Je lui dis qu'il n'était pas dans mes intentions de me défendre, mais qu'il devait penser que tout ce qu'il pourrait trouver à me dire au sujet de ce livre, je me l'étais déjà dit à moi-même, et qu'un projet qui résiste à l'épreuve de la guerre, des deuils et de toutes les méditations qui s'ensuivaient, risque d'être trop ancré dans le cœur et l'esprit pour qu'une intervention comme la sienne puisse espérer de le changer [538]. » Maritain le quitte en l'invitant à « demander au Christ » de lui « faire connaître directement » s'il a raison ou non de publier ce livre. Gide répond qu'il ne peut « consentir à l'appeler comme on appelle quelqu'un au téléphone [539] ».

Maritain eut beau plaider, invoquer le salut de son âme, faire valoir qu'il serait peut-être « dangereux » pour Gide de dire ce qu'il croit être une « vérité »... rien n'y fit. Car Gide se sentait investi d'une mission : « Je protestai [...] que ce livre devait être écrit, que j'étais uniquement qualifié pour l'écrire et que je ne pouvais sans faillite me dégager de ce que j'estimais mon devoir [540]. »

Aussi, Gide était peut-être fondé à penser que son long combat avec lui-même, avec ses amis, avec le milieu littéraire, avec le monde environnant, pour pouvoir publier *Corydon*, était celui qui lui avait demandé le courage le plus grand, la détermination la plus obstinée, et celui dans lequel il avait le plus à perdre [541]. En 1911, il avait fait imprimer douze exemplaires, aussitôt « remisés » dans un tiroir dont ils ne sortirent jamais [542]. Ses amis avaient réussi à le dissuader de terminer l'ouvrage, qui ne comportait à l'époque « que les deux premiers dialogues et le premier tiers du troisième », et dont « le reste » « n'était qu'ébauché ». Pourtant, souligne-t-il en 1920, au moment où il entreprend d'en donner une nouvelle édition (à vingt et un exemplaires), « les considérations que j'exposais dans ce petit livre me paraissaient des plus importantes, et je tenais pour nécessaire de les présenter [543] ». Près de dix années ont passé et il s'est persuadé que, « pour subversif qu'il fût en apparence », *Corydon* « ne combattait après tout que le mensonge, et que rien n'est plus malsain au contraire, pour l'individu et pour la société que le mensonge accrédité ». Il ajoute que, après tout, ce n'est pas son livre qui va faire exister ce dont il parle : « Cela est. Je tâche d'expliquer ce qui est. Et puisque l'on ne veut point, à l'ordinaire, admettre que cela est, j'examine, je tâche d'examiner s'il est vraiment aussi déplorable qu'on le dit – que cela soit [544]. » En 1922, quand il rédige la préface de ce qui deviendra l'édition commerciale de 1924, il réitère son propos : « Telle pensée qui d'abord nous occupe et nous paraît éblouissante, n'attend que demain pour flétrir. C'est pourquoi j'ai longtemps attendu pour écrire ce livre, et, l'ayant écrit, pour l'imprimer. Je voulais être sûr que ce que j'avançais dans *Corydon* et qui me paraissait évident, je n'allais pas avoir bientôt à m'en dédire. Mais non : ma pensée n'a fait ici que s'affermir, et ce que je reproche à présent à mon livre, c'est sa réserve et sa timidité. [...] Ce que je pensais avant la guerre, je le pense plus fort aujourd'hui. L'indignation que *Corydon* pourra provoquer, ne m'empêchera pas de croire que les choses que je dis ici doivent être dites. Non que j'estime que tout ce que l'on pense doive être dit, et dit n'importe quand – mais bien ceci précisément, et qu'il faut le dire aujourd'hui [545]. »

En 1942, il note dans son *Journal*, imaginant toujours la postérité de son œuvre : « *Corydon* reste à mes yeux le plus important de mes livres. Mais c'est aussi celui auquel je trouve le plus à redire [...]. Je crois pourtant avoir dit dans ce livre à peu près tout ce que j'avais à dire sur ce sujet importantissime, et que l'on n'avait pas dit avant moi ; mais ce que je me reproche, c'est de ne l'avoir pas dit comme il fallait. N'importe : certains esprits attentifs sauront l'y découvrir plus tard [546]. » Et à nouveau en 1946, lorsqu'il évoque sa possible élection à l'Académie française : « Académie ? Oui, peut-être, accepter d'y entrer, si sans sollicitations, courbettes, visites, etc. Et sitôt après, comme premier acte d'Immortel, une préface à *Corydon*, déclarant que je considère ce livre comme le plus important, le plus *serviceable* (nous n'avons pas de mot, et je ne sais même pas si ce mot anglais exprime exactement ce que je veux dire : de plus grande utilité, de plus grand service pour le progrès de l'humanité) de mes écrits [547]. »

En 1949, dans ses entretiens avec Jean Amrouche, il revient une fois de plus sur « l'importance capitale que l'on reconnaîtra peu à peu » à ce texte. Et il insiste : « Ce livre, non seulement je ne regrette pas de l'avoir écrit, mais au moment où je l'écrivais, j'étais loin de me rendre compte à quel point j'avais raison de l'écrire, et c'est pourquoi je l'ai écrit d'une manière un peu timide et ironique [548]. » Il rappelle qu'il a écrit *Corydon* par une

« sorte d'obligation morale » : « J'estimais qu'il était indispensable pour moi de dire ces choses que j'étais seul à pouvoir dire [549]. »

Jean Amrouche lui demande : « Le drame d'Oscar Wilde ne vous avait-il pas incité à écrire ce livre ? »

Gide répond : « Oui, évidemment, entre autres choses [550]. »

12
LA « PRÉOCCUPATION HOMOSEXUELLE »

Il est loisible de penser que Gide s'est décidé à publier *Corydon* parce que les conditions étaient remplies pour qu'un tel livre puisse paraître. En 1922, Proust avait publié *Sodome et Gomorrhe*, portant l'homosexualité sur la place publique, plus encore qu'elle ne l'avait été au moment de l'affaire Eulenburg. Dès 1920, Roger Martin du Gard, le seul peut-être de ses amis à ne pas avoir essayé de dissuader Gide de faire paraître son plaidoyer, remarque dans son *Journal* que « les livres de Proust, le mouvement des idées en Allemagne et en Italie [...] et les théories de Freud vont amener très vite un moment où l'on regardera d'un tout autre œil les écarts sexuels : il n'y aura plus aucun courage à jeter le masque [551] ».

Mais sans doute Gide n'avait-il pas seulement le souci d'éviter d'être dépassé par le mouvement des idées et des mœurs. Il voulait également combattre les représentations médicalisées de l'homosexualité telles qu'elles étaient véhiculées par Hirschfeld et Proust, avec une intention militante par le premier (*Per scientiam ad justiciam* était sa devise, « Vers la justice par la science »), avec une intention littéraire et nettement dévalorisante, par le second (ou en tout cas apparemment dévalorisante, puisqu'il s'agissait surtout de trouver le moyen de pouvoir en parler). On voit bien que la grande différence entre Proust et Gide, quant à leur rapport à l'homosexualité – ou de leur œuvre à l'homosexualité –, c'est que

Gide se présente implicitement ou explicitement comme homosexuel (d'où sans doute la nécessité d'ennoblir l'homosexualité en la transformant en « pédérastie ») tandis que Proust se présente comme s'il était hétérosexuel. Dans un cas, il s'agit d'évoquer de manière apologétique ce qui constitue la personnalité et les sentiments de celui qui écrit, dans l'autre, d'exposer, de manière comique ou tragique, des personnages romanesques qui semblent être observés du dehors par un « moraliste ». Dans une note de la préface à *Corydon*, datée de novembre 1922, Gide explique les raisons qui justifient à ses yeux son intervention publique, malgré les recommandations de ses amis :

> Certains livres – ceux de Proust en particulier – ont habitué le public à s'effaroucher moins et à oser considérer de sang-froid ce qu'il feignait d'ignorer, ou préférait ignorer d'abord. Nombre d'esprits se figurent volontiers qu'ils suppriment ce qu'ils ignorent... Mais ces livres, du même coup, ont beaucoup contribué, je le crains, à égarer l'opinion. La théorie de l'homme-femme, des « *Sexuelle Zwichenstufen* » (degrés intermédiaires de la sexualité) que lançait le Dr Hirschfeld en Allemagne assez longtemps déjà avant la guerre, et à laquelle Marcel Proust semble se ranger – peut bien n'être point fausse ; mais elle n'explique et ne concerne que certains cas d'homosexualité, ceux dont précisément je ne m'occupe pas dans ce livre – les cas d'inversion, d'efféminement, de sodomie. Et je vois bien aujourd'hui qu'un des grands défauts de mon livre est précisément de ne m'occuper point d'eux – qui se découvrent être beaucoup plus fréquents que je ne le croyais d'abord. Et mettons que, ceux-ci, la théorie de Hirschfeld les satisfasse. Cette théorie du « troisième sexe » ne saurait aucunement expliquer ce que l'on a coutume d'appeler l'« amour grec » – la pédérastie – qui ne comporte efféminement aucun, de part ni d'autre [552].

Ainsi, Gide, dépassé par l'évidence que les « invertis » et les « efféminés » sont plus nombreux qu'il ne l'avait cru en commençant d'écrire son livre en 1908 et débordé par l'apparition de discours militants ou littéraires sur l'homosexualité, entend faire entendre sa voix pour défendre une conception qui ne pouvait que paraître bien vieillotte, après les audaces de Proust et à un moment où la subculture gay se développait à Paris avec une visibilité que personne ne pouvait ignorer et qui a été immortalisée par Brassaï dans une célèbre série de photos du début des années trente [553]. Mais peut-être aussi est-ce parce qu'il était bien conscient que l'image donnée par l'émergence de cette culture gay était précisément celle dont il brûlait de se dissocier que Gide fut amené à insister sur le fait que la « pédérastie » n'avait rien à voir avec les « monstres » dépeints par Proust, ni avec les créatures maquillées et travesties qui fréquentaient les bals du Magic Circus ou de la Montagne-Sainte-Geneviève. Et, sans doute, comme nous y a si justement invité Eve Kosofsky Sedgwick dans *Epistemology of the Closet*, devons-nous nous garder d'appréhender les transformations de la « culture gay » ou les représentations de l'homosexualité en termes trop évolutionnistes ou en termes de « progrès », de nouvelles « identités » renvoyant au passé les conceptions antérieures : après tout, l'idée défendue par Gide n'a peut-être jamais disparu, et a continué de coexister avec de nouvelles manières d'être « homosexuel » et de se penser soi-même comme tel, ou avec des manières qui étaient déjà présentes et qui devenaient de plus en visibles, amenant ceux qui se pensaient autrement à se démarquer ou défendre leur point de vue contre un effacement possible. L'histoire de l'homosexualité, ce n'est pas l'évolution d'une représentation à une autre, d'une manière d'être à une autre, d'une identité à une autre, c'est la cohabitation instable et conflictuelle de modes de vie, d'images, de discours qui, en eux-mêmes d'ailleurs, n'ont aucune stabilité ni aucune cohérence.

Il est amusant de noter, par exemple, que, malgré son rejet catégorique des thèses d'Hirschfeld, Gide tiendra à visiter son Institut de recherche sur la sexualité lors d'un voyage à Berlin, quelques années après la parution de *Corydon*. Christopher Isherwood était présent ce jour-là et évoque la poussée de gallophobie qu'il éprouva devant le spectacle de « ce Français méprisant, imbu de sa culture », regardant autour de lui avec un léger sourire hautain, l'index posé sous le menton, et qui, par contraste, lui fit immédiatement aimer le « vieux professeur » allemand, « ridiculement solennel », qu'il avait lui-même encore tendance à mépriser l'instant d'avant [554].

✎ Remarquons que Gide, par la manière dont il s'oppose à Magnus Hirschfeld, est étonnamment proche de toute la tendance « masculiniste » du mouvement homosexuel allemand, qui prônait des thèses quasiment identiques à celle de *Corydon*, c'est-à-dire une « bisexualité » fondée d'un côté sur des amitiés masculines dans le cadre de relations « pédérastiques » et de l'autre sur les mariages hétérosexuels destinés à reproduire l'espèce [555]. Contre l'idée d'un « troisième sexe », Benedict Friedländer, par exemple, se faisait le chantre des relations pédérastiques menées à côté d'une vie de famille, tandis qu'Adolf Brand opposait aux théories d'Hirschfeld le « côté grec des choses ». Lorsqu'il s'agit de dépeindre la culture grecque ou le rôle rédempteur de la sociabilité masculine pour la civilisation, les textes de ces théoriciens « masculinistes » allemands sont quasiment identiques à ceux de Symonds ou de Gide.

Brand et les collaborateurs de sa revue, *Der Eigene*, pensaient qu'en insistant sur l'idée d'un « troisième sexe »

Hirschfeld enfermait l'homosexualité dans la définition d'une minorité circonscrite par la nature et interdisait d'imaginer une propagation de l'homosexualité ou de l'homo-érotisme dans tout le corps social, sur laquelle ils fondaient précisément leur idée d'une réforme de la société[556]. En un sens, cette conception « universalisante » aboutissait à une mise en question de la norme hétérosexuelle bien plus radicale que celle contenue dans la conception « minorisante » d'Hirschfeld, mais cette radicalité s'appuyait sur le principe absolu de la domination masculine et de l'infériorisation des femmes (ce qui la rend évidemment fort déplaisante, et, à l'inverse, rend fort sympathique la perspective « minorisante » à laquelle elle s'opposait, et qui se fondait sur le droit démocratique et généreux reconnu à chacun de pouvoir aspirer à être légalement et socialement les égaux de tous les autres). Mais il est vrai que la « réforme » prônée par cette politique « universalisante » regardait aussi vers des idéologies qui se développaient alors en Allemagne et qui, si elles étaient à l'opposé de celles, progressistes et socialistes, défendues par Hirschfeld, étaient également fort éloignées des opinions de Symonds ou de Gide, puisque Symonds, on l'a vu, s'inscrivait dans la perspective d'une réforme intellectuelle « libérale » de la société, et que Gide, dans les années vingt, s'était très nettement orienté vers l'engagement à gauche et la protestation anticolonialiste[557].

Si les textes de Symonds et Gide sont assurément empreints d'une insupportable misogynie (ou en tout cas marqués par un souci de reléguer les femmes aux fonctions reproductives et de les assigner à l'espace privé et au foyer domestique), il faut reconnaître que leur apologie de la camaraderie masculine reste cantonnée dans le registre du fantasme idéologique ou de la ratiocination culturelle. Ils doivent être interprétés comme des discours à portée légitimatrice plutôt que comme d'authentiques projets de société. Tandis que les textes des théoriciens homosexuels « masculinistes » allemands étaient violemment antiféministes et entendaient fonder une politique concrète sur l'exaltation de la sociabilité masculine comme principe de régénération sociale. Friedländer était obsédé par l'idée que l'influence des femmes sur la culture représentait une menace pour la civilisation, et il en appelait à l'amitié masculine et martiale pour restaurer la force morale et le goût du sacrifice sur lesquels doit reposer l'État [558]. Il est mort en 1908, mais, dans les années dix et vingt, les discours où se mêlaient l'ultranationalisme, le militarisme, l'antisémitisme et l'homo-érotisme proliférèrent dans ce secteur du mouvement homosexuel. Et certains de ceux qui soutenaient ces conceptions devinrent proches du national-socialisme, dans lequel ils virent la réalisation du *Männerbund* qu'ils appelaient de leurs vœux.

Il faut évidemment se garder de généraliser, et l'on doit absolument éviter de penser qu'il y aurait une relation évidente entre, d'un côté, certaines manières de penser l'homosexualité et, de l'autre, le fascisme ou le nazisme. Le courant « masculiniste » se caractérisait avant tout par sa très grande hétérogénéité politique. Conservateurs, anarchistes, socialistes, ultra-nationalistes, etc., cohabitaient dans les mêmes revues, et notamment celle d'Adolf Brand, *Der Eigene*. Et ce dernier savait bien que les homosexuels avaient tout à craindre du nazisme. En effet, lorsqu'en 1928 il adressa un questionnaire aux différents partis pour leur demander d'expliciter leurs positions sur l'homosexualité, la réponse du Parti national-socialiste fut très nette : condamnation brutale de l'homosexualité au nom de la supériorité de l'intérêt public sur les intérêts personnels (grand thème récurrent du discours homophobe et dont on trouve encore l'écho aujourd'hui jusque chez les représentants prétendument « libéraux » et « progressistes » de l'homophobie). Cette réponse fut la première prise de position publique du Parti national-socialiste : elle déclare l'homosexualité contraire à la prospérité du peuple allemand [559]. Ce qui n'empêchera pas Brand d'écrire en 1932 que de telles déclarations publiques ne correspondaient pas à la réalité véritable des fondements historiques du nazisme. Malgré tout, il se tint à l'écart du mouvement nazi, contrairement à certains des collaborateurs de sa revue [560].

✏ Il convient d'ailleurs de récuser avec fermeté le cliché éminemment homophobe qui consiste à faire du nazisme ou du fascisme des sortes d'émanations de l'homosocialité masculine et donc de l'homosexualité. (On trouve des remarques de ce genre notamment chez Adorno, dans *Minima Moralia*, et c'est un thème qui a été installé de manière prégnante et durable par le film de Visconti, *Les Damnés* – historiquement absurde : comment imaginer que des soirées travesties et des partouzes homosexuelles pouvaient avoir lieu dans l'Allemagne nazie ! Visconti qui était communiste et gay a de toute évidence privilégié sa première appartenance sur la seconde, puisque cette assimilation du nazisme à l'homosexualité a été l'un des poncifs ressassé par le discours stalinien de la fin de la guerre jusqu'aux années soixante-dix !) Il ne faut pas oublier, en effet, que, à l'opposé de toute la tendance « masculiniste » du mouvement homosexuel, le courant le plus important était celui incarné par Hirschfeld – qui était juif, et d'ailleurs dénoncé comme tel par les homosexuels « masculinistes » allemands autant que par les tenants de l'ordre établi puis par les nazis –, dont le Comité scientifique humanitaire fut très nettement ancré à gauche et activement engagé aux côtés du mouvement féministe [561]. Hirschfeld était socialiste, et le 10 novembre 1918 il prendra même la parole devant plusieurs milliers de personnes rassemblés pour célébrer l'avènement de la république et de la démocratie peu avant que des militaires monarchistes n'ouvrent le feu sur la foule. Juif et homosexuel : on conçoit que les nazis en aient fait une de leurs cibles privilégiées. Dès le début des années vingt, ses conférences furent brutalement perturbées (coups de feu, bagarres, personnes grièvement blessées dans le public, etc.). Lui-même fut attaqué à plusieurs reprises par les militants nazis et si violemment frappé en 1920, à Munich, qu'il fut laissé pour mort par ses assaillants. En mai 1933, son institut fut attaqué et dévasté par les membres des sections d'assaut nazies, et sa bibliothèque livrée à l'autodafé (on montre souvent cette photo des milices nazies brûlant des monceaux de livres sur une place berlinoise : on néglige de dire qu'ils venaient de l'institut d'Hirschfeld). À ce moment-là, Hirschfeld se trouvait en Suisse. Il ne rentra donc pas en Allemagne et put ainsi échapper au terrible destin qui lui était promis et que subirent des milliers d'homosexuels, envoyés dans les camps, porteurs du triangle rose.

✎ Insistons sur ce point : les implications des discours de Symonds ou Gide n'ont évidemment rien à voir avec ce qui s'est passé en Allemagne, et les ressemblances qu'on peut relever entre leurs écrits et ceux des théoriciens allemands du « masculinisme », si elles peuvent sembler frappantes, n'entraînent évidemment aucune parenté idéologique ou politique. Après tout, le fait que Walter Pater se soit référé, par la médiation de Winckelmann et de la statuaire grecque, aux même images stéréotypées de la beauté des jeunes hommes que celles qu'allaient exalter, quelques décennies plus tard, les courants les plus détestables du mouvement homosexuel gerrmanique, qui, de leur côté, partageaient cet idéal stéréotypé avec les mouvements pré-fascistes et fascistes [562], ne fait pas de l'helléniste d'Oxford un précurseur du nazisme ! Pater et ceux qui se réclamèrent de lui rêvaient d'une régénération spirituelle et artistique qui passerait par l'émancipation individuelle et le plaisir saisi dans l'instant. Un certain nombre de ceux qui allaient brandir dans l'Europe des années vingt et trente ces mêmes canons de la perfection physique avaient pour obsession de renforcer et magnifier la puissance du peuple et de la nation, et, par conséquent, d'éliminer tout ce qui à leurs yeux pouvait constituer des ferments de dissolution de cette société de l'avenir qu'ils voulaient construire : ils allaient être emportés par les forces mêmes par lesquelles ils s'étaient senti attirés, mais pour lesquelles ils constituaient eux aussi une menace pour la « santé » de la « race ».

🖉 Une fois écartées les suspicions politiques infondées, voire aberrantes (mais hélas, trop courantes), il reste néanmoins à souligner que les représentations que Symonds et Gide, mais aussi Proust, ont cherché à donner de l'homosexualité ont tourné autour de ce point central : le rapport à la question de la masculinité et de la féminité. Quelle que soit la différence fondamentale d'accentuation qui sépare le souci apologétique de Gide du projet entomologiste de Proust, il y a un point commun entre les deux écrivains : ils reconduisent tous deux les valeurs les plus homophobes, et notamment celle de la valorisation de la masculinité et de la condamnation de l'efféminement. Au début de *Sodome et Gomorrhe*, Proust décrit lui aussi avec un certain dégoût les homosexuels chez lesquels « la femme n'est pas seulement intérieurement unie à l'homme, mais *hideusement visible*, agités qu'ils sont dans un spasme d'hystérique [563]... ». Pour lui, on l'a vu, les homosexuels, du moins en théorie, sont des femmes qui désirent des hommes. Mais lorsque cette réalité intérieure apparaît trop crûment à la surface, quand un « rire aigu [...] convulse leurs genoux et leurs mains », le spectacle en devient tout simplement repoussant, et ceux qui le donnent sont d'ailleurs repoussés par les autres homosexuels qui ont précisément « cherché à effacer » ces « caractères particuliers [564] ».

On sait que Proust était non seulement fort soucieux de cacher son homosexualité, mais également très susceptible sur la question de l'efféminement [565]. En mai 1908, au moment même où il commençait à réfléchir à son projet sur la « race des tantes », il faisait grief à son ami Emmanuel Bibesco d'avoir plaisanté sur son « salaïsme » devant un inconnu. En octobre de la même année, il se plaint dans deux lettres à Georges de Lauris et à Louis d'Albufera des « ineptes calomnies dont il est l'objet [566] ». N'oublions pas qu'en 1897 il provoqua en duel Jean Lorrain, homosexuel lui-même, qui avait glissé, dans un article sur *Les Plaisirs et les jours*, une allusion à sa liaison avec Lucien Daudet [567]. Les deux adversaires s'affrontèrent au pistolet dans le bois de Meudon, chacun tirant en l'air pour ne pas risquer de blesser l'autre [568]. Mais Proust semble avoir conservé toute sa vie une grande fierté de sa conduite pendant ce duel d'opérette. Et lorsque le critique Paul Souday, vingt-trois ans plus tard, l'accuse dans *Le Temps*, en 1920, d'être « snob et féminin », il s'insurge contre un tel propos qui l'atteint profondément. Certes, il affirme, dans la lettre qu'il envoie au critique, ne lui imputer aucune intention malveillante. Mais il lui reproche d'ouvrir la voie à tous ceux qui, à un moment où il s'apprête à « parler de Sodome » dans *Sodome et Gomorrhe*, n'hésiteront pas à utiliser le même qualificatif avec des arrière-pensées plus désobligeantes. Proust lui rappelle alors le glorieux épisode de son duel : « De féminin à efféminé il n'y a qu'un pas. Ceux qui m'ont servi de témoins en duel vous diront si j'ai la mollesse des efféminés [569]. »

Pourtant, l'on sait, par ailleurs, par les récits de Gide lui-même, que Proust aimait à parler de son homosexualité, avec ceux dont il savait qu'ils partageaient ses goûts ou ses mœurs. Dans son *Journal*, Gide raconte une soirée passée avec lui en mai 1921 et note : « Loin de nier ou cacher son uranisme, il l'expose, je pourrais presque dire : s'en targue. » Et ce n'est pas sans surprise que l'on voit, sous la plume de Gide, s'animer un Proust qui, alors qu'il se moque dans *Sodome et Gomorrhe* des « invertis » qui « font de l'homosexualité le privilège des grands génies » et veulent y enrôler les grands noms de l'histoire, des arts et des lettres [570], tient néanmoins absolument à faire de Baudelaire un homosexuel, et même un homosexuel « pratiquant [571] ».

De la même manière que, tout en se moquant des homosexuels qui en arrivent à croire, après s'être longtemps pensés seuls au monde, que tout le monde est comme eux et que l'« homme normal » est l'exception, il reproduit cette attitude dans son œuvre, au terme de laquelle on finit par apprendre que presque tous les personnages appartiennent à la « race maudite » qui semble avoir tellement prospéré au fil des pages qu'elle envahit, rétrospectivement, tout le roman et lui donne sa coloration générale et assurément l'une de ses significations les plus fondamentales.

On voit bien, dans leur correspondance de l'année 1914, que les deux écrivains partagent la certitude, l'un et l'autre et l'un sur l'autre, que leur projet littéraire est inextricablement lié à la volonté d'exprimer dans leurs livres les amours du même sexe. De même que la forme qu'ils veulent donner à leur entreprise, la nouveauté esthétique à laquelle ils aspirent.

Par exemple, en mars 1914, Proust écrit à Gide pour lui dire qu'il est « le captif envieux et ravi » de ses *Caves du Vatican*. Et il ajoute : « Dans la création de Cadio [*sic*], personne ne fut objectif avec autant de perversité depuis Balzac et *Splendeurs et misères* [572]. » Quelques jours plus tard, il lui écrit à nouveau et lui demande si « tous les "oncles" de Cadio sont des "tantes" [573] ». De son côté, Gide lui écrira, après avoir lu les extraits de *La Recherche* parus dans la *NRF*, que le portrait de Charlus est « proprement merveilleux [574] ». Proust entreprend alors de lui expliquer le personnage : « J'essayai de peindre l'homosexuel épris de virilité parce que, sans le savoir, il est une Femme. Je ne prétends nullement que ce soit le seul homosexuel. Mais c'en est un qui est très intéressant et qui, je crois, n'a jamais été décrit. Comme tous les homosexuels, du reste, il est différent du reste des hommes, en certaines choses pire, en beaucoup d'autres infiniment meilleur [575]. » Et Gide lui répond : « M. de Charlus est un admirable portrait, par quoi vous avez contribué à cette confusion que l'on fait d'ordinaire entre l'homosexuel et l'inverti. Car ces nuances et ces distinctions que vous formulez dans votre lettre, on ne les accordera pas. Charlus qui n'est qu'un individu, passera pour un type, et prêtera aux généralisations [576]. »

Comme le dit si justement Michael Lucey, « leur aspiration à la postérité littéraire, leur volonté de travailler à l'intérieur de la tradition du roman européen pour le faire avancer reposent en partie sur leur usage novateur de la sexualité, et réciproquement, ils veulent utiliser leur réussite esthétique pour légitimer leurs représentations de cette sexualité [577] ».

Bien sûr, il est difficile de ne pas suivre J.E. Rivers quand il analyse la manière dont Proust présente l'homosexualité, dans son œuvre, comme la manifestation d'une certaine haine de soi et de ses semblables, qui correspond d'ailleurs fort bien à ce qu'il décrit par l'intermédiaire de ses personnages. Une haine de soi et de ses semblables qui, au fond, n'est pas non plus éloignée de celle affichée par Gide dans tous les textes où il s'évertue à marquer sa différence avec les « invertis ». Mais, malgré toutes leurs précautions, l'un et l'autre participent consciemment, délibérément, de la grande mise en discours de l'homosexualité évoquée par Roger Martin du Gard. Car malgré leurs prudences, leurs audaces contrôlées, la crainte de passer pour ce à quoi ils ne voulaient pas être assimilés, Proust et Gide ont été les noms autour desquels se sont, en France en tout cas, focalisés les débats sur l'homosexualité : attaques virulentes contre sa visibilité d'un côté, point d'ancrage de la conscience collective de l'autre. Cela apparaît clairement lorsque la revue *Les Marges* publie, en 1926, une enquête sur « L'homosexualité en littérature ». Après la parution des *Faux-Monnayeurs*, en 1925, le critique du *Temps*, Paul Souday, toujours lui, s'exaspère : « Cela devient insupportable. » Et, rappelant que le « progrès se fait par la différenciation », il affirme que cette fois « la mesure est à son comble ». Eugène Montfort, fondateur des *Marges*, décide alors de lancer une enquête et adresse un questionnaire à plusieurs écrivains pour leur demander si, à leurs yeux, la « préoccupation homosexuelle » s'est développée depuis la guerre. La revue leur demande également si, selon eux, cette évolution littéraire peut « avoir une influence sur les mœurs ». Et si elle est « nuisible à l'art [578] ». Henri Barbusse se contente de répondre brièvement en dénonçant la « décadence sociale et morale d'une partie de la société actuelle » et en appelant à une révolution prolétarienne qui balaiera tout cela [579]. Les autres contributeurs prennent en considération les interrogations que la revue leur a adressées. Gérard Bauer parle d'une « mode » qui s'est répandue depuis quelques années, et de « l'homosexualité victorieuse et libérée en partie, par le talent de Marcel Proust ». Il ajoute : « Marcel Proust a été comme le Messie de ce petit peuple et les a, au prix d'une sorte de génie, libérés de leur esclavage. Ce n'est pas que son œuvre prône l'homosexualité, mais elle lui a donné sa noblesse littéraire. Le premier, dans le monde moderne et catholique, il a abordé le problème de front et en a parlé sans gêne ni réticence. Il a ouvert la route à ceux qui n'osaient pas s'y engager. Le cas de M. Gide est bien significatif de ces hésitations. On les sent tout au long dans les préfaces de son *Corydon* qui est d'ailleurs un livre médiocre et qu'il eût mieux fait pour sa légitime renommée de ne pas publier. » Pour Bauer, donc « la contagion homosexuelle en littérature est partie de Marcel Proust ». Mais « que cette préoccupation intellectuelle ait eu, par suite, une influence sur les mœurs, ce n'est pas douteux [580] ».

Henriette Charasson pense elle aussi que « cette préoccupation s'est développée outrageusement depuis la guerre, et c'est bien ennuyeux ». Elle attribue « cette manie au désir chez certains de se vendre à tout prix, puisqu'on sait qu'il y a un public pour les livres dégoûtants ; au désir chez d'autres de faire scandale et de faire parler d'eux... » Pour elle aussi, « l'intrusion excessive des personnages invertis dans la littérature, et particulièrement dans le roman, peut avoir une influence sur les mœurs en révélant certaines anomalies, en y accoutumant les esprits. Le théâtre et le roman font les mœurs, influent sur la génération suivante [581] ».

Louis Martin-Chauffier répond de son côté : « Il n'est pas douteux que l'homosexualité ne soit devenue depuis la guerre un thème littéraire à la mode. Il n'est pas douteux non plus que, depuis la guerre, l'homosexualité n'ait multiplié ses ravages ; la guerre – il est facile de le comprendre – a beaucoup contribué au développement de ce vice, le plus odieux, qui est contre-nature. » Or, dès qu'« un vice se répand assez pour affecter la société et les mœurs et devenir un des caractères d'une époque, il entre légitimement dans la littérature. Elle ne peut l'ignorer […]. Mais, en le considérant, elle n'a point le droit de l'altérer : faite pour peindre, connaître, juger (sans même qu'il soit nécessaire qu'elle exprime son jugement), si elle s'empare d'un vice, elle doit lui conserver son caractère de vice, et c'est pour le flétrir qu'elle le dénoncera. » Or, que voyons-nous ? « Tout le contraire. Ce n'est pas d'une littérature sur et contre l'homosexualité que nous sommes inondés, mais d'une littérature homosexuelle. Plus encore, d'une littérature d'homosexuels. Les mœurs ici ont précédé l'expression littéraire. Nous sommes entourés d'invertis ; et ces invertis ne se cachent plus […]. Il manquait une dernière audace, l'écriture. Marcel Proust, par l'exemple de son œuvre, a incité Sodome à étaler dans le roman ses plaisirs dénaturés. On l'a suivi sans comprendre que ce n'était qu'un détail de son œuvre… » qui, « si elle ne considère pas l'homosexualité comme vice, n'en fait pas du moins une vertu, mais un simple trait de mœurs sur lequel l'analyste applique une pénétration attentive mais sereine. »

Ce qui frappe Martin-Chauffier, ce n'est donc pas tant la « peinture homosexuelle » qu'offre la littérature, mais plutôt l'affirmation de ce qu'il appelle l'« esprit homosexuel » qui commence de l'imprégner. Et comment imaginer que cela n'aura pas de conséquences sur la réalité ? « La littérature a toujours une influence sur les mœurs. La littérature homosexuelle, née du développement de l'homosexualité, contribue à la répandre encore, parce qu'elle la peint avec complaisance [582]. »

Plus pragmatique (et plus hypocrite), François Mauriac redoute que l'on soit à la veille d'un développement de la littérature homosexuelle, puisque « beaucoup d'écrivains céderont à l'attrait de ces régions longtemps interdites, où ils n'eussent pas osé s'engager les premiers ». Désormais, ils « n'ont plus qu'à suivre ». Quant à l'influence de « ces sortes d'ouvrages sur les mœurs », il reconnaît lui aussi qu'elle est « certaine ». Non pas « qu'ils puissent incliner à l'inversion ceux qui n'en ont pas le goût », et ceux que « de telles peintures troublent, c'est qu'ils étaient, à leur insu, atteints du même mal ». Mais « beaucoup de ces malades qui ne se connaissaient pas, se connaissent aujourd'hui, grâce à Gide et à Proust. Beaucoup qui se cachaient ne se cacheront plus [583]. »

Dans sa conclusion, Eugène Montfort se demande comment « combattre cet abus, le prosélytisme éhonté des invertis ». Il semble d'ailleurs bien pessimiste sur ce point. Tout au plus souhaite-t-il que, grâce à l'enquête publiée par sa revue, « il nous soit permis de demeurer normal sans faire scandale, d'aimer les femmes sans prendre figure d'ancêtre d'avant-guerre, d'animal antédiluvien ». Et, citant l'un des contributeurs, il termine ainsi sa péroraison : « Comme le dit Léon-Paul Fargue, cité par M. Lucien Fabre, il est tout de même temps qu'on ait droit d'avoir du talent sans être pédéraste [584]. »

À lire toutes ces considérations, le lecteur d'aujourd'hui ne peut qu'être frappé par l'étonnante familiarité de ce prurit homophobe, dont les expressions ont traversé le siècle jusqu'à nos jours et emplissent presque sans changements de nombreux discours actuels. Tous les thèmes y sont déclinés, qui seront inlassablement brandis contre toute parole homosexuelle et dont on retrouve l'inusable postérité dans les attaques les plus actuelles (sur la visibilité, sur la littérature « gay », le prosélytisme, etc.). Mais on voit bien aussi quel rôle a joué la littérature non seulement pour déclencher l'hostilité, mais surtout pour créer les conditions d'une conscience collective de soi, d'une reconnaissance de soi. Et peut-être même, à en juger par les réactions ci-dessus mentionnées, l'œuvre de Proust fit-elle plus encore que celle de Gide – parce qu'elle pouvait parler sans contraintes – pour imposer la « préoccupation homosexuelle » (le mot de Montfort est assez joliment trouvé).

Quoi qu'il en soit, les stratégies littéraires opposées de Gide et Proust aboutirent finalement à un même résultat. Leurs œuvres, nées de la vie personnelle, rejoignent la vie. Et l'art, conformément au vœu formulé par Gide, retrouve sa destination sociale [585].

André Gide a toujours éprouvé le sentiment très fort que l'œuvre littéraire et la vie privée étaient étroitement imbriquées. Dans son article sur le *De Profundis* de Wilde, il s'irrite des remarques du traducteur qui avait cru bon d'inviter le lecteur à oublier les faits pour lesquels Wilde avait été condamné, en remarquant : « Si quelqu'un révélait que Flaubert et Balzac commirent des crimes, faudrait-il brûler *Salammbô* et *La Cousine Bette* ? » Gide s'indigne : « Eh quoi ! C'est encore là que nous en sommes ! [...] Combien est-il plus intéressant et plus juste de comprendre que si "Flaubert avait commis des crimes", ce n'est pas *Salammbô* qu'il eût écrit, mais... autre chose, ou rien du tout. » Et Gide, revenant alors à Wilde : « Non, pour mieux lire son œuvre, ne feignons pas d'ignorer le drame de celui qui, sachant qu'elle blesse, voulut néanmoins *s'adresser à la vie* [586]. »

Aussi, à l'opposé de la thèse ressassée dans le *Contre Sainte-Beuve* de Proust (« L'homme qui vit dans un même corps avec tout grand génie a peu de rapport avec lui… Il n'est qu'un homme et peut parfaitement ignorer ce que veut le poète qui vit en lui », ou encore : « Un livre est le produit d'un autre moi que celui que nous manifestons dans nos habitudes, dans la société, dans nos vices »[587]), Gide ne cesse d'insister au contraire sur l'inscription de l'œuvre novatrice dans la biographie de l'auteur. L'homme de génie, le réformateur, écrit-il dans son livre sur Dostoïevski, expriment toujours un « petit mystère physiologique », « une insatisfaction de la chair », une « inquiétude », une « anomalie »[588]. Ce n'est d'ailleurs pas seulement l'œuvre artistique qu'il entend rapporter ainsi à un écart personnel par rapport aux normes et aux normalités, c'est aussi tout effort pour transformer l'ordre des choses. Évoquant la « transmutation des valeurs » prônée par Nietzsche, il martèle ce thème : « À l'origine d'une réforme, il y a toujours un malaise ; le malaise dont souffre le réformateur est celui d'un déséquilibre intérieur. Les densités, les positions, les valeurs morales lui sont proposées différentes, et le réformateur travaille à les réaccorder […]. Je ne dis pas naturellement qu'il suffise d'être déséquilibré pour devenir réformateur, mais bien que tout réformateur est d'abord un déséquilibré[589] ». Et d'évoquer aussi bien le « démon » de Socrate, l'« écharde de la chair » chez saint Paul, le « gouffre » de Pascal, la « folie » de Rousseau et de Nietzsche… Il sait bien qu'on va l'accuser de reconduire des discours déjà bien connus, et notamment ceux de Nordau et Lombroso. Mais il s'en défend : il admet qu'il y a des « génies parfaitement sains », tel Victor Hugo. Mais Rousseau ? demande-t-il. « Sans sa folie, il ne serait sans doute qu'un indigeste Cicéron. »

Peut-être d'ailleurs, Gide a-t-il tort de croire qu'il est si éloigné de l'idéologie médicale à laquelle il craint d'être renvoyé. Au fond, ce en quoi il diffère vraiment des psychiatres qui avaient, on l'a vu, suscité les sarcasmes de

Wilde, c'est qu'il propose un jugement de valeur contraire à celui qu'ils énoncent : Gide appelle à la nouveauté, il est ému, troublé par ces faiblesses de constitution, par ces déchirements personnels qui ouvrent sur la création. Ce qui l'intéresse, c'est l'énergie qui produit la dissidence, la « transmutation ». Il le dit de manière très explicite : la « maladie » du génie est salvatrice : « Qu'on ne vienne pas nous dire : "Quel dommage qu'il soit malade !" S'il n'était pas malade, il n'aurait pas cherché à résoudre ce problème que lui proposait son anomalie, à retrouver une harmonie qui n'exclue pas sa dissonance... Celui qui jouit d'un parfait équilibre intérieur peut bien apporter des réformes, mais ce sont des réformes extérieures à l'homme : il établit des codes ». Tandis que « l'autre, l'anormal, au contraire, échappe aux codes préalablement établis »[590].

Voilà : les novateurs travaillent à donner une place à ce qu'ils sont : ils défendent leur vie dans ce qu'ils écrivent, dans ce qu'ils élaborent. Ils s'efforcent d'instaurer un monde dans lequel leur « dissonance » ne serait plus exclue.

Bien sûr, Sartre n'avait pas tort en écrivant que « tous les ouvrages de l'esprit contiennent en eux-mêmes l'image du lecteur auquel ils sont destinés », en ajoutant :

> Je pourrais faire le portrait de Nathanaël d'après les *Nourritures terrestres* : l'aliénation dont on l'invite à se libérer, je vois que c'est la famille, les biens immeubles qu'il possède ou possédera par héritage, le projet utilitaire, un moralisme appris, un théisme étroit ; je vois aussi qu'il a de la culture et des loisirs puisqu'il serait absurde de proposer Ménalque en exemple à un manœuvre, à un chômeur, à un Noir des États-Unis[591].

Cela n'est pas faux. Et Sartre a raison de le souligner. Nous devons méditer ses remarques. En tenir compte.

Mais peut-être avait-il, au moment où il écrivait ces lignes, une conception trop restrictive de la postérité d'une œuvre, du lecteur auquel elle s'adresse réellement ou potentiellement et de la « politique » qu'elle peut proposer [592]. Après tout, les lecteurs de Gide ont été nombreux, et fort différents les uns des autres : Proust, Genet (et, par conséquent, Sartre lui-même, quelques années plus tard, célébrant Genet !), Baldwin, Barthes, Foucault, et tant d'autres encore... qui ont contribué, chacun à leur manière, et auprès de tant de Nathanaël, à diffuser, à disséminer le message de Ménalque et ses appels à la réinvention de soi-même comme sujet libre.

TROISIÈME PARTIE

LES HÉTÉROTOPIES DE MICHEL FOUCAULT

> On écrit toujours pour donner la vie, pour libérer la vie là où elle est emprisonnée, pour tracer des lignes de fuite.
>
> Gilles DELEUZE

1
UNE PLUS GRANDE BEAUTÉ

À la fin de sa vie, Michel Foucault s'interroge sur la manière dont nous sommes produits comme des « sujets » assujettis et sur les moyens d'échapper à cet « assujettissement ». C'est l'époque où il travaille sur la Grèce, dans le cadre de son *Histoire de la sexualité*, et il fonde sa réflexion sur l'idée, tirée des philosophies de l'Antiquité, que l'on peut façonner sa propre subjectivité par un travail de soi sur soi. Il s'agit de créer des « styles de vie » par lesquels on essaie de se déprendre des modes d'être et de penser légués par l'histoire ou imposés par les structures sociales. Il s'agit de se réinventer soi-même, de se recréer.

D'où cette interrogation, dans une interview de 1983, un an avant sa mort : pourquoi « la vie de tout individu ne pourrait-elle pas être une œuvre d'art » ? Cette idée semble très importante pour lui, il y revient plusieurs fois au cours de cette conversation [593].

Mais une phrase identique n'a-t-elle pas été écrite, près d'un siècle plus tôt, par Oscar Wilde ? « Devenir une œuvre d'art est l'objet de la vie [594]. » Et toute l'œuvre de Wilde, et sa vie aussi, n'ont-elles pas consisté, d'un bout à l'autre, à poser cette question qui allait préoccuper Foucault à la veille de sa mort ? Plus encore : Wilde, on l'a vu, se référait à l'« hellénisme » ou à la Renaissance pour fonder cette esthétique de soi, comme le fera Foucault [595]. Les similitudes sont frappantes, en dépit de tout ce qui sépare, évidemment, deux auteurs vivant dans des époques et des sociétés si éloignées l'une de l'autre. Wilde cherchait à forger, sinon une nouvelle « identité », du moins un personnage, un rôle, ou pour le dire en un terme plus moderne, une « position » dans laquelle il serait possible de se créer soi-même à l'écart des normes dominantes. Foucault propose d'inventer de nouvelles relations entre les individus, de nouveaux modes de vie comme moyens de résistance au pouvoir et comme opérateurs de la reformulation de soi.

Le lien semble plus étroit encore si on rappelle que les deux vecteurs de cette « esthétique de l'existence » sont, pour Foucault, ce que l'on pourrait appeler une « politique de l'amitié » et une « économie des plaisirs » : travailler à constituer de belles relations avec ses amis, en y consacrant jour après jour la plus minutieuse attention, et chercher à intensifier les plaisirs, par l'érotisation maximale des corps [596]. Là encore, nous sommes proches de Wilde, avec d'un côté la théorie du nouvel hédonisme, et de l'autre le développement de cercles ou de cénacles (masculins) dans lesquels les relations d'amitié servaient de point d'ancrage à l'invention d'une nouvelle culture et à la resubjectivation [597].

Foucault n'avait peut-être pas conscience de cette parenté, puisqu'il ne l'évoque jamais. Il semble donc qu'il ait redécouvert spontanément toute une histoire qui l'avait précédé, et qui, de Pater à Gide en passant par Wilde, avait consisté à ouvrir des espaces de résistance à l'assujettissement (le sujet produit comme assujetti à un ordre sexuel qui l'inférioprise) et à imaginer des possibilités de réinvention de soi-même comme sujet autonome, construit contre, ou à l'écart, de la norme hétérosexuelle. Il n'est pas un des thèmes mis en avant par Pater, Symonds ou Wilde que l'on ne retrouve chez Foucault, notamment dans un ensemble d'interviews qu'il a données entre le milieu des années soixante-dix et sa mort en 1984, et qui portent sur la question gay, mais aussi, plus généralement, sur l'écriture en cours de l'*Histoire de la sexualité* : la référence à la Grèce et à la Renaissance, l'amitié entre hommes pensée comme espace culturel pour la création de nouvelles formes de relationnalité, la recherche des moyens d'une intensification des plaisirs, etc.

D'ailleurs, s'il n'évoque ni Wilde ni Pater, Foucault mentionne cependant Gide, en rapprochant la morale des *Nourritures terrestres* de la manière dont les philosophes grecs façonnaient leur existence : « L'austérité sexuelle dans la société grecque était une tendance, un mouvement philosophique, qui émanait de gens très cultivés ; lesquels cherchaient à donner à leur vie une plus grande intensité et une plus grande beauté. D'une certaine façon, c'est la même chose au XXᵉ siècle lorsque les gens, afin d'avoir une vie plus belle, ont essayé de se débarrasser de toute la répression sexuelle de leur société et de leur enfance. En Grèce, Gide aurait été un philosophe austère [598]. »

🖉 Si le thème de la « subjectivation » apparaît chez Foucault à la fin de la vie, il ne fait aucun doute que la question de la résistance fut, dès le départ, à la fois la motivation et l'objet même de toute son entreprise intellectuelle. Quel a été, en effet, son projet théorique depuis le milieu des années cinquante, sinon chercher à comprendre comment nous sommes « emprisonnés » ? Quelle a été sa « politique », à travers toutes ses évolutions, de *Maladie mentale et personnalité* en 1954 jusqu'aux derniers volumes de l'*Histoire de la sexualité* en 1984, si ce n'est chercher à imaginer comment, et jusqu'à quel point, nous pouvons nous « libérer » ?

C'est pourquoi la vie et l'œuvre de Foucault ne sont pas dissociables l'une de l'autre : dans le mouvement de la pensée, elles se confondent, se répondent, se transforment réciproquement. Dans ses derniers écrits, Foucault met explicitement l'accent sur les effets pratiques de la philosophie, sur la transformation de soi-même dans l'exercice de la réflexion théorique. Mais ce geste n'était-il pas à l'œuvre, déjà, dans ses premiers livres ?

2
DE LA NUIT AU SOLEIL

Michel Foucault a beaucoup lu Gide et Proust quand il était jeune. Il en était même imprégné. Ils ne représentaient pas seulement pour lui des références littéraires, ils étaient aussi l'une des médiations de son appartenance à la culture gay. Sa correspondance des années cinquante avec le musicien Jean Barraqué, l'un des grands amours de sa vie, le montre suffisamment. Par exemple, cette lettre fictivement datée du « 20 octobre 1904 » (et, en réalité, écrite le 20 octobre 1954), qui offre un pastiche du *Journal* de Gide : « Ce matin, pendant deux heures, étudié Chopin, avec beaucoup d'inspiration […]. Je travaillais depuis 3 longues et lentes minutes, lorsque J.B. m'a téléphoné, Corydon toujours rageur […]. Sur le chemin du retour, je ne sais comment, quelque part entre Barbès et Clichy, je me suis trouvé avoir perdu mon portefeuille de cuir (avec ce qu'il contenait), que m'avait donné Wilde la première fois que nous nous sommes vus à Biskra. Mon dieu, comme on peut s'attacher aux choses. Rentré chez moi, je me suis promis de ne plus m'abandonner au vice [599]. »

Ou encore cette lettre sans date, écrite à la même époque, et qui fait, cette fois, référence à Proust : « Si j'avais des mœurs, mon cher Jean, je veux dire si j'avais la moralité rigoureuse de mon immoralité, et par surcroît si j'avais un chauffeur, je lui ferais ce soir parcourir tout Paris afin de prier M. Barraqué de croire que Monsieur pense incessamment à lui. Ou plutôt, j'ai envie, comme Swann, de guetter à l'entrée de l'hôtel Verdurin jusqu'aux premières lignes vertes de l'aube [600]. »

On voit bien, dans ces lettres, que Foucault prend plaisir à ces jeux. Il s'amuse. Mais ces allusions littéraires l'inscrivent à l'évidence dans ce qu'il faut bien appeler une « culture », avec ses codes, ses références, son humour, son langage [601]... Dans une autre lettre, par exemple, il s'adresse à son correspondant au féminin : « Eh bien, Madame... », et adopte un style très marquise de Sévigné. Il faut d'ailleurs souligner que, jusqu'à la fin de sa vie, Foucault a continué de parler très souvent au féminin lorsqu'il était en compagnie de ses amis gays : de lui, des autres... Il utilisait notamment ces tournures si caractéristiques de la conversation gay qui consistent à féminiser les prénoms en les faisant précéder de l'article « la », ou bien à placer le même article avant le nom propre (lui aussi féminisé, quand c'est possible).

Ses lettres à Jean Barraqué nous montrent un Foucault plutôt heureux ou s'efforçant de l'être (du moins jusqu'à la rupture voulue par le musicien en 1956, et qui le plongera dans une profonde détresse). Ils s'étaient rencontrés en 1952, et il semble qu'ils aient d'abord été amis, avant de devenir amants. Barraqué fit alors découvrir à Foucault un monde « de mauvais garçons » dans lequel il alla « promener sa souffrance » [602]. Bientôt cette amitié se transforma en passion amoureuse – et physique. Et il est certain que cette rencontre a provoqué en Foucault une véritable « mutation [603] ». Avant cette date, le rapport de Foucault à sa propre homosexualité avait été conflictuel, douloureux. Il avait fait plusieurs tentatives de suicide (en 1948, en 1950) que le Dr Pierre Étienne, le médecin de l'École normale supérieure, attribuait à son extrême difficulté à assumer ce qu'il était [604]. Il lui arrivait de rester prostré des journées entières après ses expéditions nocturnes dans les lieux de drague ou les bars homosexuels. Après l'une de ses tentatives de suicide, en 1950, Foucault écrit à un de ses amis : « Laisse-moi me taire... Laisse-moi me réhabituer à regarder en face, laisse-moi dissiper la nuit dont j'ai pris l'habitude de m'entourer en plein midi [605]. »

Plus d'une fois, le Dr Étienne dut s'occuper de lui pour éviter qu'il ne commette l'irréparable [606].

C'est la raison pour laquelle son père le conduisit chez un psychiatre, qui n'était autre que le célèbre Pr Jean Delay dont la psycho-biographie de Gide devait déjà être en préparation. On peut aisément imaginer à quel point il devait être néfaste, dramatique même, pour un jeune gay de se retrouver dans son cabinet. Il fut, à ce moment-là, très sérieusement question d'une hospitalisation de Foucault à Sainte-Anne, et c'est sans doute Louis Althusser, qui avait vécu cette expérience quelques années plus tôt, qui l'en dissuada. Foucault songera à entreprendre une psychothérapie (il la commencera et l'abandonnera au bout de quelques semaines, mais restera hanté pendant des années par la question : faut-il se faire psychanalyser ?).

À cette même époque, Foucault était devenu à ce point alcoolique qu'il dut suivre une cure de désintoxication. (En Suède encore, les témoins racontent qu'il pouvait littéralement tomber par terre, ivre mort.) En tout cas, Foucault a été torturé par des troubles psychiatriques profonds, qu'il n'a jamais oubliés (et dont il n'a peut-être jamais été totalement libéré), et qui étaient en grande partie liés à ses difficultés à s'assumer comme homosexuel. Il est certes possible qu'il faille y ajouter le sentiment qu'il avait d'être très laid [607]. Mais cela nous renverrait encore à l'homosexualité, et aux modalités de la sexualité gay (souvent faite de rencontres multiples et de « drague » permanente, dans laquelle, par conséquent, les critères physiques sont déterminants). D'ailleurs, la manière dont Foucault s'inventera un visage, une silhouette, se fabriquera un personnage, et peut-être l'idée même qu'il développera plus tard d'une « stylisation » de l'existence, c'est-à-dire d'un travail de soi sur soi pour se transformer et échapper aux violences de la normativité ne sont évidemment pas sans relations avec les troubles de sa jeunesse et avec la marque profonde qu'ils auront laissée en lui [608].

C'est dans cette période où il était en proie aux troubles psychologiques, confronté à la médecine psychiatrique en la personne d'un de ses plus éminents représentants, que Foucault orienta sa formation intellectuelle vers la psychologie et la psychopathologie. En 1949 il obtint un diplôme de l'Institut de psychologie de Paris, en 1952 un diplôme de psychopathologie (en suivant notamment des présentations de malades par le Pr Jean Delay dans le grand amphithéâtre de l'hôpital Sainte-Anne). Il se passionna pour les tests de Rorschach, auquel il soumettait tous ses camarades de l'École normale et sur lequel il fera encore cours pendant sa période clermontoise, dans les années soixante. Avec son amie Jacqueline Verdeaux, il travailla comme « stagiaire » au laboratoire d'électro-encéphalographie de Sainte-Anne, dans le service du Pr Delay.

Il faut bien sûr se garder de réduire son intérêt pour la psychologie à un moyen de réagir à ses propres troubles psychologiques. Il convient de le rattacher également au contexte intellectuel et politique, et d'abord au mouvement qui conduisit un certain nombre de jeunes philosophes, dans les années quarante et cinquante, à se tourner vers les sciences humaines (Didier Anzieu et Jean Laplanche s'orientent vers la psychanalyse, Pierre Bourdieu vers l'ethnologie et la sociologie, etc.). Il faudrait aussi mentionner, bien sûr, l'extraordinaire développement en France, dans les années d'après-guerre, de la psychanalyse et l'effet de renouveau qu'elle apportait dans la vie intellectuelle. Ou encore la prédominance du Parti communiste sur une bonne partie de la gauche universitaire (et notamment normalienne) et la volonté affichée par les penseurs marxistes de développer une psychologie matérialiste qui permettrait de s'opposer à la psychanalyse, jugée suspecte et dénoncée comme une science « bourgeoise ». Les premiers écrits de Foucault sont traversés par tous ces débats.

On peut dire, par conséquent, que son intérêt pour les domaines scientifiques de la psychologie, de la psychiatrie et de la psychanalyse se situe à la croisée des troubles qui hantaient sa conscience personnelle et des questionnements qui agitaient la vie intellectuelle de l'époque.

Quoi qu'il en soit, la psychologie sera pendant longtemps la spécialité professionnelle de Foucault : c'est comme assistant de psychologie qu'il sera recruté en 1952 à la faculté de Lille, et c'est toujours comme professeur de psychologie qu'il rejoindra la faculté de Clermont-Ferrand en 1960 [609].

Et tous ses premiers travaux, dans les années cinquante, s'inscrivent dans ce champ d'intérêt et de questionnement : il rédige une longue préface au livre de Ludwig Binswanger, *Le Rêve et l'existence* (qu'il traduit avec Jacqueline Verdeaux), publie *Maladie mentale et personnalité* (dont une bonne partie est consacrée à Binswanger), ainsi que deux contributions dans des volumes collectifs, dont l'une porte sur « La psychologie de 1850 à 1950 », et l'autre sur « La recherche scientifique et la psychologie ». Dans ces deux derniers textes, il reproche à la psychologie d'avoir oublié « la négativité de l'homme [610] » et « les contradictions que l'homme rencontre dans sa pratique [611] ». Il n'y a d'avenir pour la psychologie, écrit-il, que si elle « prend au sérieux ces contradictions [612] ». Et puisque la psychologie a oublié sa « vocation infernale », conclut-il, elle ne se sauvera « que par un retour aux Enfers [613] ».

On retrouvera, au cœur de l'*Histoire de la folie*, cette idée d'une « contradiction » essentielle de l'homme, qu'il appellera alors la « dimension tragique » ou le « déchirement tragique », dont la simple existence de la psychologie signalera à ses yeux le « pesant oubli [614] ».

✎ Les amis de Foucault, ses condisciples de l'École normale supérieure, à la fin des années quarante et au début des années cinquante, connaissaient sa vulnérabilité psychologique et cette fragilité, qui faisaient de lui un personnage étrange, énigmatique, parfois insupportable. C'est, par exemple, autant sur leurs détresses communes que sur leurs affinités intellectuelles que s'est forgée sa complicité avec Louis Althusser. Ce dernier a évoqué, dans son autobiographie posthume, cette proximité qui s'était nouée entre eux dans leur cheminement commun sur la ligne d'équilibre instable qui sépare la raison de la folie. Foucault allait « guérir », ajoute Althusser, et retrouver le « soleil », alors que lui-même allait s'enfoncer peu à peu dans la nuit de la déraison, devenir un « disparu » [615].

Cette amitié entre les deux hommes ne se démentira jamais, malgré des évolutions politiques divergentes. En 1966, par exemple, Althusser écrira à propos de Foucault, dans une lettre à son amie Franca Madonia : « Nous sommes des frères silencieux qui communiquons par nos silences, y compris ceux de nos malheurs. » Ajoutant aussitôt : « Il m'a écrit à l'hôpital une lettre à faire pleurer [616]. »

🖉 Si Foucault a pu s'en sortir, c'est peut-être parce qu'il a choisi la fuite. On l'a vu dans la première partie de ce livre : la volonté de trouver un « ailleurs » est, pour les gays, liée au malaise, au mal-être. Mais c'est aussi une manière d'y échapper. L'écart géographique, la recherche de lieux différents, l'inscription dans d'autres espaces apparaissent comme la condition d'une reconstruction de soi. Foucault éprouvait depuis longtemps déjà le désir de quitter la France, de « partir », de choisir l'« exil » (c'est le mot qu'il emploie dans plusieurs correspondances : l'« exil » au sens géographique pour tenter d'échapper à l'« exil » au sens social et psychologique). Aussi accepta-t-il la proposition qui lui fut adressée par Georges Dumézil, en 1954, d'aller occuper les fonctions de lecteur de français et de directeur de la Maison de France à Uppsala [617].

L'idée de l'« exil » revient de manière itérative dans la correspondance avec Jean Barraqué. Par exemple, dans une lettre qu'il lui adresse, un mois après son arrivée en Suède, à la fin du mois d'août 1955, il évoque les difficultés de l'exil mais aussi le sentiment de se reconnaître lui-même dans cette existence de l'entre-deux : « Montent en moi d'affreux plaisirs que je ne soupçonnais pas : ceux de l'exil, de la terre étrangère, des langues opaques, ce plaisir d'être en surnombre, aussi indifférent qu'une chose ; être là, parmi eux, d'une présence massive, et ne leur être attaché par rien, sentir leur regard glisser à la surface, comme lorsqu'on regarde la nuit à travers un carreau ; et puis surtout de n'être fixé au sol que par le poids de deux valises […]. Tout cela me donne l'impression de reconnaissance qu'on a lorsqu'on retrouve le jour l'impression qu'on a eue la nuit, dans un rêve oublié. C'était cela, déjà, mon existence et sa vérité, et elles affleurent maintenant dans ma vie avec une perfection désespérée [618]. » Et aussi : « Si tu savais comme on est bien dans les matins d'exil, quand on est prêt à traverser sa journée d'un pas d'étranger jusqu'à la solitude des sommets. On voit se dessiner la nécessité, comme un visage sur l'humidité d'un mur [619]. » Ou encore : « Je n'ai pas le cafard, c'est quelque chose de très différent : une très douce amertume, dont j'ai rêvé toute ma vie : n'être pas là, être absolument en trop et en moins, en course vers un repos définitivement incertain, n'être rien que la transparence inutile de l'étranger pour les gens d'ici, et rien non plus qu'une absence qui se comble pour les gens de là-bas, c'est merveilleux, on sent s'ajuster le tranchant de la vie, mais pour le sacrifice de quelle existence [620] ? » Dans une lettre d'août 1955, donc quelques jours après son arrivée, il a dit à Jean Barraqué qu'il avait déjeuné avec les quatre Français de l'université, et commenté : « Il y a chez eux tous le petit morceau de nuit où ils enferment le secret de leur exil. Personne ne pose de questions. Personne ne parle de Paris, d'où nous venons tous. Il y a eu tout de suite une complicité dans la réserve, comme des types qui se retrouvent peu à peu, un peu ébouriffés, venant de sauter le même mur [621]. » Foucault signale tout de même dans cette lettre que l'un des quatre connaît « tout le groupe d'Arcadie [622] ».

Toutes ces phrases sur l'exil ont été écrites dans les premiers jours ou les premières semaines de son installation en Suède. Le ton de ses lettres ultérieures, notamment celles adressées à Georges Dumézil, sera plus enjoué.

🖉 Foucault ne se réinstallera en France qu'en 1960, lorsqu'il ira enseigner à Clermont-Ferrand, après avoir passé trois années en Suède, une année à Varsovie et une autre à Hambourg.

3

LA FORCE DE FUIR

Il y avait une autre manière de combattre la violence répressive de la normalité, d'opérer le travail sur soi-même pour y échapper : interroger, par l'enquête historique et la réflexion théorique, les processus qui ont conduit aux partages, à la « ségrégation sociale » et à « l'exclusion » des « anomalies », des « déviances », des « souffrances »[623]. Faire l'histoire des lignes de démarcation qui séparent le « normal » du « pathologique », et, donc, mettre en question les sciences (la psychiatrie notamment) qui n'ont pu naître qu'une fois ces frontières déjà instituées et les ont ratifiées comme si elles étaient « naturelles ». L'*Histoire de la folie* est le protocole de cette exploration du passé entreprise pour comprendre et refuser le présent. C'est un acte théorique ancré dans l'expérience personnelle.

Tous ceux qui avaient assisté à la germination et à la naissance de ce grand livre le savaient bien : c'est l'existence même qui s'y jouait. Louis Althusser, par exemple, qui n'a jamais dissocié la « folie » de Foucault du travail que ce dernier allait entreprendre. En 1962, lorsqu'il se lance dans la lecture de l'*Histoire de la folie*, il s'enthousiasme pour ce livre « stupéfiant, étonnant, génial, un fouillis et pourtant une lumière, plein de vues et d'éclairs, de traits de nuit et d'éclats d'aube, ce livre crépusculaire comme Nietzsche mais lumineux comme une équation[624] ».

Tout au long de sa correspondance avec Franca Madonia, on voit qu'Althusser a été littéralement fasciné, obsédé même, par l'ouvrage de Foucault, parce que, bien sûr, ces « traits de nuit » et ces éclairs de lumière éveillaient en lui des échos venus du plus profond de son être assailli par la maladie. Les commentaires que lui inspire le livre sont souvent bouleversants, comme dans cette page où il songe à tous les infortunés qu'il a connus et qui ont basculé dans le « silence » : « Je pense à tout ce côté de la vie qui fait que des hommes, en grand nombre, *se taisent*. J'en ai côtoyé, connu, vu plusieurs. On les voit, on en voit quand on va dans les asiles. […] J'y suis allé une fois pour mon compte, mais j'en suis sorti ; j'ai vu des hommes avec qui je parlais, qui ont dû y rester […] Je pensais à cela depuis longtemps, et le livre de Foucault sur la folie aux XVIIe et XVIIIe siècles a ravivé cette pensée. Il y a ceux qui parlent, qui ont le mouvement, la parole et la vie : ceux-là on les voit et on les entend, on peut en faire le compte, on voit ce qu'ils font […]. C'est l'humanité des bien-portants. Puis il y a ceux dont on n'entend jamais parler parce qu'ils ne peuvent pas parler, et pourtant ils vivent, enfin ils survivent, et proprement leur vie c'est d'attendre la mort. Et ceux-là, souvent, *ont su* qu'ils approchaient de la frontière, qu'ils allaient bientôt basculer de l'autre côté, ils se *sont vus* basculer, ils sont passés de l'autre côté, où ils ne peuvent même plus se tuer [625]. »

Ainsi, Althusser, que ce soit dans son autobiographie ou sa correspondance, ne cesse de nous inviter à lire l'*Histoire de la folie* comme la cure thérapeutique de quelqu'un qui aurait pu « basculer », qui, peut-être, s'est vu « basculer », et qui a réussi à en réchapper.

Le livre de Foucault est un travail réflexif, un retour sur soi en même temps qu'un mouvement vers la lumière. C'est un « voyage au bout de la nuit » au terme duquel l'auteur allait pouvoir retrouver le « soleil », une « archéologie du silence » pour récupérer la possibilité de « parler »[626]. Ce faisant, le livre de Foucault offre aussi une analyse des institutions qui organisent la topographie sociale du jour et de l'ombre, une généalogie des savoirs investis du pouvoir de gérer le rapport des individus à la norme et à l'exclusion, une histoire de la relégation.

On comprend pourquoi les livres de Foucault sont si souvent traversés par une tension qu'on trouve rarement dans des ouvrages de philosophie ou d'histoire : il n'y est pas question seulement de théorie, mais tout simplement de vie et de mort, de liberté et de souffrance.

🖉 Gilles Deleuze ne dit pas autre chose lorsqu'il parle (en des formules d'ailleurs presque identiques à celles de Gide à propos de Dostoïevski) du « bégaiement vital » de l'écrivain, de la « fragilité de santé » ou de la « constitution faible » du penseur : « C'est curieux, remarque-t-il, comme les grands penseurs ont à la fois une vie personnelle fragile, une santé très incertaine, en même temps qu'ils portent la vie à l'état de puissance absolue ou de "grande Santé"[627]. » L'écrivain, le philosophe se débattent avec des forces qui les traversent et les composent. Plus encore : pour qu'il y ait pensée, il faut qu'il y ait « crise ». Et c'est justement à propos de Foucault qu'il déclare dans une interview : « Dès qu'on pense, on affronte nécessairement une ligne où se jouent la vie et la mort, la raison et la folie, et cette ligne vous entraîne. On ne peut penser que sur cette ligne de sorcière, étant dit qu'on n'est pas forcément perdant, qu'on n'est pas forcément condamné à la folie ou à la mort. Foucault n'a pas cessé d'être fasciné par cela, ce renversement, cette culbute perpétuelle du proche et du lointain dans la mort ou la folie. » Et un peu plus loin, il ajoute : « La question de la folie traverse toute l'œuvre de Foucault. Et sans doute, il reproche à l'*Histoire de la folie* d'avoir encore trop cru à une "expérience de la folie". À une phénoménologie, il préfère une épistémologie, où la folie est prise dans un "savoir" différent suivant telle ou telle formation historique. Foucault s'est toujours servi de l'histoire ainsi. Il y a vu un moyen de ne pas devenir fou [628]. »

🖉 Foucault a souvent insisté sur l'ancrage biographique de son œuvre, et il n'a jamais caché que tout ce qu'il avait pu dire sur « les modes *d'implication du sujet* dans les discours [629] » valait éminemment pour lui. Comment, d'ailleurs, eût-il pu en être autrement ? Dans une interview de 1981, il déclare en effet : « Chaque fois que j'ai essayé de faire un travail théorique, ça a été à partir d'éléments de ma propre expérience : toujours en rapport avec des processus que je voyais se dérouler autour de moi. C'est bien parce que je pensais reconnaître dans les choses que je voyais, dans les institutions auxquelles j'avais affaire, dans mes rapports avec les autres des craquelures, des secousses sourdes, des dysfonctionnements que j'entreprenais un travail – quelque fragment d'autobiographie [630]. »

Il fait une déclaration presque identique un an plus tard : « Chacun de mes livres est une partie de ma propre histoire. Pour une raison ou pour une autre, j'ai eu l'occasion de vivre ou de ressentir ces choses [631]. » Il prend ici l'exemple de l'*Histoire de la folie* et raconte qu'il a travaillé dans un hôpital psychiatrique (Sainte-Anne) dans les années cinquante : « Je n'avais pas de rôle précis et je pouvais évoluer librement entre les malades et le personnel médical. C'était l'époque de l'émergence de la neurochirurgie, des débuts de la psychopharmacologie, le règne de l'institution traditionnelle. Au début, j'acceptais ces choses comme nécessaires, mais au bout de trois mois, je me suis demandé : "Quelle est leur nécessité ?" Au bout de trois années j'ai abandonné ce travail et je suis parti en Suède, avec un sentiment de profond malaise, et j'ai commencé à écrire une histoire de ces pratiques [632]. »

C'est un rapport professionnel à l'institution que Foucault décrit ici. Le malaise « personnel » dont il est question reste situé dans le registre de l'extériorité. Mais dans d'autres interviews, il fait état d'un lien plus intime. Par exemple, en 1980 : « J'ai toujours tenu à ce que mes livres soient, en un sens, des fragments d'autobiographie. Mes livres ont toujours été mes problèmes personnels avec la folie, la prison, la sexualité [633]. »

✎ On pourrait bien sûr objecter que cela ne saurait s'appliquer à tous les livres de Foucault : ni *Les Mots et les Choses*, ni *L'Archéologie du savoir*, par exemple, ne semblent concernés par de telles remarques. Et il est vrai que Foucault a publié deux types de livres : ceux qui portent sur l'histoire des savoirs, et ceux qui portent sur l'histoire des institutions. Bien sûr, la frontière n'est pas si nette, puisque les livres qui portent sur les institutions interrogent aussi les « systèmes de pensée » qui sont investis dans celles-ci, et, au fond, toute l'œuvre de Foucault peut se lire comme une critique des sciences humaines ; le mot « critique » devant s'entendre de deux manières différentes : d'une part, au sens kantien d'une analyse des conditions historiques d'émergence de certains domaines de discursivité (c'est le cas dans *Les Mots et les Choses*, avec la grammaire générale ou l'économie politique), et d'autre part au sens politique d'une mise en question de leur prétention scientifico-normative (c'est le cas dans l'*Histoire de la folie* avec la psychiatrie, ou dans l'*Histoire de la sexualité* avec la psychanalyse). Néanmoins, il est difficile de déceler dans *Les Mots et les Choses* un ancrage biographique personnel. Ce livre est certes historiquement situé, comme tout ouvrage philosophique : les questions qu'y pose Foucault sont celles de la transformation des sciences humaines dans l'après-guerre, au moment où elles tournent le dos à la notion d'« homme » pour s'intéresser aux « systèmes » (avec les trois « contre-sciences » représentées par Jakobson, Lacan et Lévi-Strauss). Mais c'est du « structuralisme » qu'il est question, des évolutions qui affectent la pensée scientifique et philosophique, et non pas des « problèmes personnels » évoqués dans les interviews citées ci-dessus.

On peut cependant se poser une question : Foucault aimait-il *Les Mots et les Choses* ? Aimait-il *L'Archéologie du savoir* ? Quelle place occupent ces deux livres dans son œuvre ? Ce sont des ouvrages très « techniques », déclare-t-il en 1978, et même des « exercices formels ». En fait, il semble qu'il ait très vite cessé de s'y reconnaître, surtout lorsque Mai 68 aura réveillé en lui la fibre émotionnelle qui vibrait dans l'*Histoire de la folie* en la plaçant, de surcroît, en résonance directe avec les mouvements politiques et culturels qui se déroulaient dans la société. Aussi n'est-il guère surprenant qu'il puisse aller jusqu'à affirmer que *Les Mots et les Choses* et *L'Archéologie du savoir* ne sont pas ses « vrais livres ». Les problèmes qui y sont abordés ne sont pas ceux qui l'intéressaient le plus, dit-il. Et c'est pourquoi il peut opposer à ces textes, qu'il considère désormais comme « marginaux » dans son œuvre, ceux que « sous-tend » la « passion » et qui traitent des problèmes qui le « fascinaient véritablement ».

Bien sûr, on peut à l'inverse penser que tous les livres ont assurément leur nécessité dans l'économie d'une recherche et dans la trajectoire d'une œuvre. Ou en tout cas leur rôle. Même les ouvrages que Foucault semble rejeter ou considérer comme « marginaux » dans son travail ont sans doute représenté des moments par lesquels il lui fallait passer pour mettre en place sa réflexion, afin d'approfondir tel aspect d'un travail engagé (*L'Archéologie du savoir* naît des *Mots et les Choses* de la même manière que *Les Mots et les Choses* naît de l'*Histoire de la folie* et de *Naissance de la clinique*), ou afin d'affronter les questions que le contexte philosophique et théorique lui adressait (par exemple, les interrogations soulevées par la pensée structurale dans les années soixante). Bref, on n'est pas obligé de le suivre lorsqu'il nous invite à choisir dans son œuvre ce que seraient ses « vrais » livres. Comme le dit si bien Gilles Deleuze, « il faut prendre l'œuvre tout entière, la suivre et non la juger, en saisir les bifurcations, les piétinements, les avancements, les trouées, l'accepter, la recevoir tout entière. Sinon on ne comprend rien [634] ». Et puis, il fut un moment où Foucault lui-même s'attacha à lier entre elles les deux approches qu'il distinguera par la suite. En 1969, dans la plaquette de présentation de ses *Titres et travaux*, pour sa candidature au Collège de France, puis, une fois élu, dans sa leçon inaugurale et dans la toute première séance de son cours, en décembre 1970, quand il indique qu'il va chercher à tracer un lien entre « l'étude historique de certaines connaissances ou de certains savoirs, de certaines disciplines, de certains événements de discours » et la question de la « volonté de savoir » et donc celle aussi de la « politique de la vérité » qu'il entend placer au cœur des préoccupations qui vont sous-tendre son enseignement à venir [635].

🖉 Toujours est-il qu'il en vint à opérer une sorte de tri dans l'ensemble de ses ouvrages pour désigner ceux qui correspondent à ses « vrais » centres d'intérêt, c'est-à-dire ceux qui portent sur « les expériences limites » : « Folie, mort, sexualité, crime sont pour moi des choses plus intenses », déclare-t-il après avoir repoussé sur le côté ses livres trop « techniques » que sont *Les Mots et les Choses* et *L'Archéologie du savoir* [636]. Et il ne fait aucun doute qu'il a toujours conservé un attachement sentimental et intellectuel très particulier pour l'*Histoire de la folie*, qu'il considérait peut-être comme « son » livre – un livre en tout cas profondément novateur, celui dans lequel il avait mis la plus grande part de lui-même, et à partir duquel toute sa recherche s'était ensuite développée [637].

Lorsqu'il reprendra, au milieu des années soixante-dix, son travail sur les lettres de cachet de la Bastille, il écrira alors, pour préfacer le recueil des documents qu'il envisageait de publier, un texte magnifique intitulé « La vie des hommes infâmes », dans lequel il parle de l'émotion – « une de ces impressions dont on dit qu'elles sont "physiques" » – qu'il ressentit à lire ces petites « nouvelles surgissant soudain à travers deux siècles et demi de silence » et qui remuaient en lui « plus de fibres que ce qu'on appelle d'ordinaire la littérature ». Et il ajoute :

> Il y a longtemps, pour un livre, j'ai utilisé de pareils documents. Si je l'ai fait alors, c'est sans doute à cause de cette vibration que j'éprouve aujourd'hui encore lorsqu'il m'arrive de rencontrer ces vies infimes devenues cendres dans les quelques phrases qui les ont abattues [638].

C'est peut-être dans ce texte que Foucault nous indique le plus clairement, le plus nettement, quelle pulsion, quelle passion théorique anime ce qu'il considère comme ses « vrais » livres. Et c'est, à n'en pas douter, toute sa philosophie de l'histoire mais aussi toute sa volonté politique qui se trouvent résumées dans les quelques phrases où il inscrit au cœur même de la vie, de la subjectivité et de la subjectivation, le foyer de conflits où se joue les rapports du destin et de la liberté, c'est-à-dire la lutte menée en ce point où l'individu affronte les forces du pouvoir :

N'est-ce pas, après tout, l'un des traits fondamentaux de notre société que le destin y prenne la forme du rapport au pouvoir, de la lutte avec ou contre lui ? Le point le plus intense des vies, celui où se concentre leur énergie, est bien là où elles se heurtent au pouvoir, se débattent avec lui, tentent d'utiliser ses forces ou d'échapper à ses pièges [639].

Si Foucault a mis « sa vie dans sa pensée », comme le dit si justement Gilles Deleuze [640], jamais cela ne fut donc aussi vrai, aussi manifeste, aussi « intense » que dans ce livre écrit entre la « nuit » et le « soleil » et qu'il avait intitulé en 1960, au moment où il en avait achevé la rédaction, *Folie et déraison* et qu'on connaît aujourd'hui sous le titre d'*Histoire de la folie*.

Cela ne veut évidemment pas dire que Foucault raconte sa vie dans ce livre, ou dans ceux qui suivirent. Mais que c'est de sa vie qu'il y est question, ou plutôt que ce sont les problèmes rencontrés dans sa vie qui y sont abordés. Foucault a toujours insisté sur ce point : si un travail théorique naît de l'expérience personnelle, le résultat ne saurait être pour autant « une transposition dans le savoir » de cette expérience : « Le rapport à l'expérience doit, dans le livre, permettre une transformation qui ne soit pas simplement la mienne en tant que sujet qui écrit, mais qui puisse effectivement avoir une certaine valeur pour les autres [641]. »

Cela signifie que le travail théorique prend pour point de départ le malaise personnel ressenti vis-à-vis de telle ou telle « institution » et le transforme en problème historique et théorique. Foucault le dit clairement dans sa conférence prononcée devant la Société française de philosophie, en 1978, lorsqu'il définit la pensée critique comme un geste d'« inservitude volontaire » et d'« indocilité réfléchie » [642]. Il vient d'analyser le développement et la démultiplication des « arts de gouverner » au

XVIᵉ siècle (art pédagogique, art politique, art économique, etc.), et « de toutes les institutions de gouvernement, au sens large qu'avait le mot gouvernement à cette époque [643] ». Et il insiste sur le fait que ce processus a toujours été accompagné d'un autre mouvement qui a surgi simultanément pour s'y opposer ; non pas comme une affirmation contraire, déclarant simplement dans le jeu d'un face-à-face : « Nous ne voulons pas être gouvernés », mais plutôt comme une perpétuelle inquiétude, une inlassable mise en question : « Comment ne pas être gouverné *comme cela*, par cela, au nom de ces principes-ci, en vue de tels objectifs et par le moyen de tels procédés, pas comme ça, pas pour ça, pas par eux [644]. »

Aux « arts de gouverner » s'est donc opposé « l'art de n'être pas gouverné », ou plutôt, comme dit Foucault, l'« art de n'être pas tellement gouverné [645] ». C'est ce qu'il appelle l'« attitude critique » :

> On voit que le foyer de la critique, c'est essentiellement le faisceau de rapports qui noue l'un à l'autre, ou l'un aux deux autres, le pouvoir, la vérité et le sujet. Et si la gouvernementalisation, c'est bien ce mouvement par lequel il s'agissait dans la réalité même d'une pratique sociale d'assujettir les individus par des mécanismes de pouvoir qui se réclament d'une vérité, je dirai que la critique, c'est le mouvement par lequel le sujet se donne le droit d'interroger la vérité sur ses effets de pouvoir et le pouvoir sur ses discours de vérité : la critique, cela sera l'art de l'inservitude volontaire, celui de l'indocilité réfléchie. La critique aurait essentiellement pour fonction le désassujettissement dans le jeu de ce qu'on pourrait appeler, d'un mot, la politique de la vérité [646].

C'est pourquoi Foucault insiste sur le fait que la « critique » ne réside pas d'abord dans le contenu de telle ou telle doctrine ; ce n'est pas une théorie. Non ! La critique, pour Foucault, c'est avant tout une « attitude », ou, comme il le dira un peu plus tard, un *ethos* [647].

🖉 C'est assurément cette volonté critique, cette « rétivité » si profondément ancrée dans sa vie, dans son corps, qui inspirèrent et animèrent tout son projet théorique [648]. Et c'est assurément la raison pour laquelle tant de lecteurs lisent ses livres « en intensité » et entrent en « résonance » avec eux, pour reprendre les mots de Gilles Deleuze [649]. De même que la lecture de Nietzsche a souvent produit un effet de bouleversement sur ses lecteurs, au premier rang desquels il faudrait mentionner Gide et Foucault lui-même, le contact avec la pensée de ce dernier est souvent vécu comme une expérience personnelle et une transformation de soi [650].

🖉 La tension qui traverse l'œuvre de Foucault est donc liée, fondamentalement, à la volonté, mais surtout à la nécessité de se libérer, à cette « force de fuir » évoquée dans son article sur le peintre Rebeyrolle en 1973 [651]. Le voyage dans l'histoire est le moyen de comprendre les systèmes de pensée qui régissent les institutions, d'en défaire l'évidence et l'assurance normative, et de desserrer ainsi les barreaux instaurés dans les consciences par les technologies disciplinaires.

Au début de ce texte sur les tableaux de Rebeyrolle (qui représentent des prisons et des animaux qui s'en échappent), Foucault écrit : « La prison – Jackson en a porté témoignage – est aujourd'hui un lieu politique, c'est-à-dire un lieu où naissent et se manifestent des forces, un lieu où se forme de l'histoire et d'où le temps surgit [652]. » Mais sans doute faut-il entendre ici le mot prison comme une métaphore pour désigner l'ensemble des principes d'assujettissement. On sait en effet que, deux ans plus tard, dans *Surveiller et punir*, Foucault va montrer comment la « prison » comme institution apparaît dans le contexte historique d'un vaste processus de transformation des modalités d'exercice du pouvoir, qui passent de la mise en scène publique de la puissance souveraine à l'inscription des disciplines dans le corps des individus, de l'« éclat des supplices » à l'« âme » assujettie, effet et instrument de ce processus d'incorporation [653].

Il est donc loisible de penser que c'est plus généralement la « prison » intérieure de l'« âme » telle qu'elle est produite par les technologies disciplinaires qui peut être décrite comme le lieu où se manifestent des « forces » qui cherchent à s'échapper, tels les animaux de Rebeyrolle, et dont les mouvements de « fuite » créent de l'histoire et font surgir le temps, ou plutôt, des temporalités multiples. Une politique – il faudrait écrire au pluriel : des politiques – naît de ces franchissements, de ces déplacements, de ces écarts.

Plus tard, Foucault parlera de l'« impatience de la liberté » pour nommer ce sentiment et cette énergie transformatrice grâce auxquels on entreprend de se dégager des réseaux de la contrainte et des pesanteurs assujettissantes. Le patient labeur dans les archives, la recherche méticuleuse des documents, l'entreprise généalogique – la « généalogie est grise », dit-il, car elle demande beaucoup de travail – qui part à la recherche des « événements » historiques par lesquels nous avons été fabriqués tels que nous sommes, ne sont que le moyen, la méthode pour donner forme et réalité à cette « impatience », et la faire passer d'un simple sentiment de refus ou de rejet à un acte productif et novateur. Il s'agit d'interrompre la réitération des synonymes [654].

4
HOMOSEXUALITÉ ET DÉRAISON

Peut-on lire l'*Histoire de la folie* comme une histoire de l'homosexualité qui n'aurait pas osé dire son nom ? Peut-on penser que ce livre a tenu lieu d'un travail sur l'homosexualité à une époque où il était impossible de choisir un tel sujet de thèse au sein de l'université française ? (Sartre venait certes de publier son *Saint Genet*, mais il était libre d'écrire ce qu'il voulait, puisque, précisément, il ne dépendait pas de l'université.) La « folie » est-elle une métaphore ou un « code » destiné à exprimer une signification souterraine, dissimulée sous le texte du livre et qui en contiendrait la vérité secrète et authentique ?

Il est difficile d'échapper à ces questions. Il est plus difficile encore d'y répondre. Car ce serait interpréter les textes de Foucault dans les termes d'une problématique de la « vérité » que précisément ils cherchent à déjouer, les faire entrer dans les procédures de l'« aveu » qu'ils se sont efforcés de récuser, les lire dans les termes de l'« interprétation psychologique » que Foucault a toujours détestée[655].

Ce serait, surtout, en limiter la portée, car lorsqu'il cherche, dans l'*Histoire de la folie*, à reconstituer les structures de l'expérience qui ont façonné la physionomie de la folie à telle ou telle époque, ou lorsqu'il met en place, dans *La Volonté de savoir*, son « analytique du pouvoir », Foucault s'efforce d'ouvrir au maximum le champ d'application de ses analyses spécifiques, pour qu'elles puissent éventuellement valoir sur le plus grand nombre de domaines possibles ou en tout cas servir de grille heuristique à d'autres investigations. Les ramener à une signification unique, fût-elle cachée, serait en appauvrir la fécondité théorique et peut-être en annuler le projet même.

On sait aussi que Foucault a été littéralement obsédé par cette question théorique et historique de la folie et de la « maladie mentale ». Et quels que soient les liens qui unissent en lui cet intérêt fasciné pour la folie et l'expérience douloureuse de l'homosexualité, il n'en reste pas moins que c'est bel et bien la manière dont s'est produite l'exclusion sociale des « fous », la manière dont les « insensés » ont été réduits au « silence », qu'il a voulu étudier. C'est dans les « fulgurations » d'Artaud, Nerval, Nietzsche ou Hölderlin, dans les « transfigurations » de Goya, dans toutes ces œuvres qui ont fait entendre les « cris » de la folie qu'il a cherché, tout au long de sa recherche des années cinquante, à ancrer les possibilités de la « contestation totale » et de la contre-attaque contre le discours psychiatrique [656]. C'est l'idée du « philosophe fou » qu'il a exaltée [657], de la même manière qu'il n'a cessé, au cours des années soixante, de s'interroger sur les liens qui unissent la folie et la littérature [658]. Et lorsqu'il parle de l'« expérience fondamentale » de l'homme qu'il faut retrouver par-delà l'oubli qu'a fait régner la psychologie, c'est bien au dialogue fondamental de la Raison et de la Folie qu'il nous invite à revenir (à travers notamment les expériences littéraires et artistiques [659]).

🖉 Il faut pourtant souligner que, lorsqu'il parle de la « folie », Foucault traite toujours, en même temps, des autres exclusions, et notamment de celles qui renvoient à la sexualité. Et son analyse de la « folie » est toujours présentée comme la première pièce – certes centrale, mais jamais unique – d'un ensemble d'analyses à venir. Dans la préface à l'édition de 1961 de l'*Histoire de la folie*, Foucault annonce qu'il « faudra *aussi* raconter d'autres partages », et notamment « faire l'histoire, et pas seulement en termes d'ethnologie, des interdits sexuels : dans notre culture elle-même, parler des formes continuellement mouvantes et obstinées de la répression [660] ». Ainsi il désigne très nettement la nécessité d'écrire une histoire de la sexualité comme une suite obligée de l'*Histoire de la folie*, un prolongement sans lequel ce premier travail ne saurait être considéré comme achevé. Par conséquent, l'étude de la folie – et de son exclusion – et l'analyse de la sexualité – et des interdits qui pèsent sur elle – constituent, aux yeux de Foucault, les fragments d'une même « enquête ».

Car le projet de l'*Histoire de la folie*, comme le dit encore cette préface (que Foucault a supprimée dans la réédition de 1972), était d'inaugurer le vaste chantier à venir d'une « histoire des limites », c'est-à-dire des gestes qui instaurent des frontières, des « gestes obscurs nécessairement oubliés dès qu'accomplis, par lesquels une culture rejette quelque chose qui sera pour elle l'Extérieur [661] ».

✏ Il serait vain, à n'en pas douter, de chercher à déterminer quel aurait été le thème premier et fondateur de la recherche de Foucault : sexualité ou folie, folie ou sexualité. En fait, il semble bien que l'intérêt intellectuel de Foucault ait toujours tourné autour des mêmes objets, et que, au fond, il se soit posé, dès le départ, les problèmes théoriques auxquels il n'allait cesser de revenir dans son travail ultérieur : folie, sexualité, système pénal, et donc, par voie de conséquence, psychologie, psychiatrie, psychanalyse, criminologie, etc.

La question de la sexualité affleurait déjà dans sa préface au livre de Ludwig Binswanger, *Le Rêve et l'Existence*, publié en 1954, au moment où, dans le cadre de son intérêt pour l'« analyse existentielle » telle qu'elle avait été élaborée par le psychiatre suisse allemand, il se passionnait pour l'« expérience » vécue de la folie [662]. Et lorsqu'il enseigne à l'université d'Uppsala, c'est-à-dire au moment même où il se met à écrire l'*Histoire de la folie*, il fait cours, au printemps de l'année 1956, sur « La conception de l'amour dans la littérature française du marquis de Sade à Jean Genet » [663]. Foucault a été longtemps fasciné par l'œuvre de Sade et il avait, à cette époque, une immense admiration pour les livres de Genet [664].

On pourrait donner un autre exemple de l'intérêt très ancien de Foucault pour les thèmes qu'il abordera dans ses livres ultérieurs : lorsqu'il fut question, en 1961, juste après la parution de l'*Histoire de la folie*, de rééditer son livre de 1954, *Maladie mentale et personnalité*, il fit part au directeur de la collection, Jean Lacroix, de sa réticence à publier de nouveau cet ouvrage à ses yeux dépassé, et il lui proposa d'écrire plutôt une nouvelle étude qui eût porté, cette fois, sur le « crime », la « justice pénale » et la « criminologie » [665]. En fait, il finit par accepter le principe de cette réédition, mais remplaça la deuxième partie du livre, trop ancrée dans son marxisme du début des années cinquante, par un résumé des thèses développées dans l'*Histoire de la folie*. L'ouvrage reparut alors sous le titre *Maladie mentale et psychologie* [666].

Plus tard, dans les années soixante-dix, alors qu'il était en train d'écrire *Surveiller et punir*, il consacra certains de ses cours au Collège de France à des thèmes qui préfigurent ceux de son *Histoire de la sexualité*, comme « La technologie chrétienne du gouvernement et des individus ». Pendant la même période il s'intéresse aux discours

HOMOSEXUALITÉ ET DÉRAISON 395

de l'expertise médico-légale, et il concilie le double intérêt qu'il porte à la psychiatrie et au système pénal dans le séminaire qui porte sur un cas de parricide au XIXᵉ siècle, travail qui débouchera en 1973 sur la publication de *Moi, Pierre Rivière…* [667]. Et au moment où paraît *Surveiller et punir*, en 1975, son cours du Collège de France porte sur « Les anormaux ».

On pourrait même aller jusqu'à dire que ce thème de l'« anormalité », de la constitution historique de l'individu « anormal », et, plus généralement, le grand thème de la production de l'individu et de l'individualité dans la société occidentale, et donc la question des frontières instituées entre individus « normaux » et « anormaux », forment le fil conducteur autour duquel s'est ordonné tout son travail. C'est-à-dire, au fond, la production des « sujets » et des « subjectivités » comme assujettis à des « normes » – la norme comme principe d'individuation – et distribués socialement par elles selon des lignes de partage et d'exclusion (ou, plus tard, d'inclusion par la surveillance généralisée selon le modèle du panoptisme) [668].

🖉 En tout cas, de 1956, moment où il a commencé de travailler à une histoire de la folie dans la bibliothèque Carolina Rediviva d'Uppsala, jusqu'à ses derniers livres en 1984, la question de la sexualité (et de l'homosexualité) a été à l'horizon de son travail. C'est assurément l'un des axes qui a structuré sa recherche, un thème théorique toujours présent, fût-ce silencieusement, et qui permet d'éclairer une bonne partie de son œuvre. Non pas qu'il faille interpréter l'œuvre de Foucault rétrospectivement, comme si sa pensée s'était contentée de dérouler un programme intellectuel ou une quête personnelle qui seraient venus s'accomplir dans ses derniers livres.

Mais, plus simplement, on peut penser que Foucault en est venu à affronter directement, à partir du milieu des années soixante-dix, quand le contexte politique non seulement l'y autorisait mais surtout l'y appelait, un objet théorique qui avait été, dès le départ, un point focal de ses préoccupations intellectuelles autant qu'un arrière-plan biographique et qui n'avait jamais cessé de l'être, tout au long de son travail et jusqu'à la fin de sa vie.

🖉 Un arrière-plan biographique ? Oui, assurément. Cela semble évident. Et il le confirme sans détour dans une interview de 1975. En réponse à une question sur la naissance de son *Histoire de la folie*, il déclare en effet : « Dans ma vie personnelle, il se trouve que je me suis senti, dès l'éveil de ma sexualité, exclu, pas vraiment rejeté, mais appartenant à la part d'ombre de la société. C'est tout de même un problème impressionnant quand on le découvre pour soi-même. Très vite, ça s'est transformé en une espèce de menace psychiatrique : si tu n'es pas comme tout le monde, c'est que tu es anormal, si tu es anormal, c'est que tu es malade [669] ».

🖉 Mais ne suffirait-il pas, pour établir le lien entre l'*Histoire de la folie* et l'*Histoire de la sexualité* (et donc l'histoire de l'homosexualité), de remarquer que le livre de 1961 contient un chapitre – capital dans la démonstration du livre – sur l'invention concomitante, au XVIIe siècle, des « personnages » du « fou » et de l'« homosexuel » ?

Il ne faut pas oublier, en effet, que la thèse de Foucault avait pour titre, à l'origine, *Folie et déraison*. Or, toute la démonstration historique de l'ouvrage se déploie dans le rapport entre ces deux notions, c'est-à-dire dans l'articulation de la « folie » aux « péchés » liés à la sexualité.

Dans les pages rédigées en 1962 pour *Maladie mentale et psychologie*, Foucault résume de manière très claire le problème qu'il entendait poser dans sa thèse publiée un an auparavant. Après avoir évoqué la Renaissance, période pendant laquelle la folie « est pour l'essentiel éprouvée à l'état libre [...], fait partie du décor et du langage communs [...], est pour chacun une expérience qu'on cherche à exalter plutôt qu'à maîtriser », il écrit :

> Au milieu du XVIIe siècle, brusque changement ; le monde de la folie va devenir le monde de l'exclusion. On crée (et ceci dans toute l'Europe) de grandes maisons d'internement qui ne sont pas simplement destinées à recevoir les fous, mais toute une série d'individus fort différents les uns des autres, du moins selon nos critères de perception : on enferme les pauvres invalides, les vieillards dans la misère, les mendiants, les chômeurs opiniâtres, les vénériens, des libertins de toutes sortes, des gens à qui leur famille ou le pouvoir royal veulent éviter un châtiment public, des pères de famille dissipateurs, des ecclésiastiques en rupture de ban, bref tous ceux qui, par rapport à l'ordre de la raison, de la morale et de la société, donnent des signes de « dérangement »[670].

Ce qui fait le lien entre tous ces « dérangés », c'est qu'ils peuvent être regroupés dans la catégorie de l'« oisiveté ». Foucault est encore, à cette époque, très marqué par son marxisme des années cinquante, et ses analyses renvoient souvent à des explications d'ordre économique[671]. L'internement joue un double rôle : il vise à la fois à résorber le chômage et à contrôler les prix de production en utilisant cette main-d'œuvre réunie dans des « ateliers obligatoires »[672].

Mais, précise Foucault, le rapport entre l'internement et le travail n'est pas « défini seulement par ces conditions économiques ». Il est aussi produit par une « nouvelle sensibilité », une « nouvelle morale » : « Une perception morale le soutient et l'anime[673]. » S'il s'agit bien de mettre au travail forcé toute une population « oisive » et « inutile », incapable de « prendre part à la production, à la circulation ou à l'accumulation des richesses [674] », c'est aussi parce que cette obligation remplit les fonctions d'un « contrôle moral [675] ». Ce sont ceux qui transgressent les « frontières de l'ordre bourgeois », et les « limites de son éthique » du travail et de l'utilité sociale, qui vont se retrouver internés côte à côte, derrière les murs de l'Hôpital général [676], lors de ce vaste processus que l'*Histoire de la folie* désigne sous le nom de « Grand Renfermement [677] ».

Le « fou » et tous les autres « proscrits » enfermés avec lui appartiennent à une même catégorie, celle que Foucault désigne comme la « Déraison » (il écrit souvent le mot avec une majuscule) et qui englobe tous ceux qui ne peuvent plus ou ne doivent plus faire partie de la société [678].

Trois domaines d'expériences vont venir se fondre dans ce « monde uniforme de la déraison ». Ils ont trait soit « à la sexualité dans ses rapports avec l'organisation de la famille », soit « à la profanation dans ses rapports avec les nouvelles conceptions du sacré », soit au « libertinage ». Ces trois domaines « forment avec la folie, dans l'espace de l'internement, un monde homogène qui est celui où l'aliénation mentale prendra le sens que nous lui connaissons » [679]. C'est cette proximité avec le « vice » qui va donner à la folie sa signification nouvelle : « La folie a noué avec les culpabilités sociales et morales un cousinage qu'elle n'est pas près de rompre [680]. » Par conséquent, comme le dit encore Foucault, « l'internement n'a pas joué seulement un rôle négatif d'exclusion, mais aussi un rôle positif d'organisation [...]. Il a rapproché dans un champ unitaire des personnages et des valeurs, entre lesquels les cultures précédentes n'avaient perçu aucune ressemblance [681] ».

Toute la démonstration de l'*Histoire de la folie* tient en ces quelques lignes. La « folie » n'est pas une réalité naturelle qui aurait attendu qu'un beau jour, au milieu du XIXe siècle, la psychiatrie vienne, au terme d'un lent progrès des connaissances scientifiques, lui donner sa vérité de « maladie mentale ». C'est au contraire parce que la folie a été constituée comme phénomène pathologique à un moment donné de l'histoire, et rejetée vers « l'extérieur » de la société, que la psychiatrie a pu naître, une fois son « objet » délimité par l'internement et ses conséquences.

Pendant cent cinquante ans, en effet, les « vénériens » et autres « débauchés » auront côtoyé les « insensés » dans « l'espace d'une même clôture » : et cette cohabitation aura inscrit dans le personnage du « fou » un « stigmate » autour duquel désormais s'organisera la perception de la folie[682]. Loin d'être un « archaïsme », une telle « parenté » n'a été instaurée qu'au « seuil du monde moderne ». C'est l'« âge classique » qui la produit :

> En inventant, dans la géométrie imaginaire de sa morale, l'espace de l'internement, l'époque classique venait de trouver à la fois une patrie et un lieu de rédemption communs aux péchés contre la chair et aux fautes contre la raison. La folie se met à voisiner avec le péché, et c'est peut-être là que va se nouer pour des siècles cette parenté de la déraison et de la culpabilité que l'aliéné éprouve de nos jours comme un destin, et que le médecin découvre comme une vérité de nature. Dans cet espace factice créé de toutes pièces en plein XVIIe siècle, il s'est constitué des alliances obscures que cent ans et plus de psychiatrie dite « positive » ne sont pas parvenus à rompre, alors qu'elles se sont nouées pour la première fois, tout récemment, à l'époque du rationalisme[683].

Mais si la « folie » a été ainsi définie au XVIIe siècle par sa proximité avec le « vice » moral et la débauche sexuelle, par son « voisinage avec le péché », il est inévitable que l'inverse soit également vrai : les domaines d'expérience qui sont référés au « péché » vont être désormais définis et perçus dans leur relation avec la folie. Du fait qu'il est interné au milieu de ceux qui sont « coupables », on considère que le « fou » entretient un rapport essentiel avec la « culpabilité ». Mais, du fait de leur assimilation topographique aux fous, le débauché, le libertin, le vénérien vont être, en retour, regardés comme des êtres privés de raison, en proie aux désordres mentaux.

Et puisque les « homosexuels » figurent parmi ces « pécheurs » de la « chair » victimes du bannissement social et relégués derrière les murs de l'« asile », on comprend qu'aux yeux de Foucault la conceptualisation de l'« homosexualité produite par la psychiatrie du XIXᵉ siècle » n'ait rien de scientifique. Elle a trouvé son lieu de naissance, elle aussi, dans cette « perception de la déraison à l'âge classique » et dans le mouvement de rejet dont la réclusion n'est qu'un symptôme visible et qui ressortit plus profondément à l'avènement d'une morale. Dans leurs analyses de l'homosexualité, la psychiatrie puis la psychanalyse ne seront que les héritières de la « morale bourgeoise » qui a commencé de régner au XVIIᵉ siècle, c'est-à-dire de l'exclusion morale et sociale des homosexuels.

🖉 Dans le chapitre intitulé « Le monde correctionnaire [684] », Foucault propose donc une brève histoire de l'homosexualité.

Il raconte qu'en 1726, à Paris, un individu fut condamné à être brûlé en place de Grève pour crime de sodomie. L'exécution eut lieu le jour même. « Ce fut, en France, une des dernières condamnations capitales pour fait de sodomie », précise-t-il, car « déjà la conscience contemporaine s'indignait assez de cette sévérité pour que Voltaire en gardât la mémoire au moment de rédiger l'article "Amour socratique" du *Dictionnaire philosophique* ». À cette époque, dans la plupart des cas, « la sanction, si elle n'est pas la relégation en province, est l'internement à l'Hôpital, ou dans une maison de détention [685] ».

Mais si les peines, au début du XVIIIe siècle, sont beaucoup moins sévères, si l'on est passé des flammes du bûcher à la relégation ou à l'internement, c'est parce que la « perception » sociale et culturelle de l'homosexualité s'est profondément transformée au XVIIe siècle : « Ce qui donne sa signification particulière à cette indulgence nouvelle envers la sodomie, c'est la condamnation morale, et la sanction du scandale qui commence à punir l'homosexualité dans ses expressions sociales et littéraires. »

C'est pourquoi Foucault peut écrire : « L'époque où on brûle pour la dernière fois les sodomites, c'est l'époque précisément où disparaît, avec la fin du "libertinage érudit", tout un lyrisme homosexuel que la culture de la Renaissance avait parfaitement supporté. »

Et l'on a donc « l'impression que la sodomie jadis condamnée au même titre que la magie et l'hérésie, et dans le même contexte de profanation religieuse, n'est plus condamnée maintenant que pour des raisons morales, et en même temps que l'homosexualité. C'est celle-ci désormais qui devient la circonstance majeure de la condamnation – s'ajoutant aux pratiques de la sodomie, en même temps que naissait à l'égard du sentiment homosexuel une sensibilité scandalisée. Deux expériences sont alors confondues qui, jusqu'alors, étaient restées séparées : les interdits sacrés de la sodomie et les équivoques amoureuses de l'homosexualité. Une même forme de condamnation les enveloppe l'une et l'autre, et *trace une ligne de partage entièrement nouvelle dans le domaine du sentiment*. Il se forme ainsi *une unité morale*, libérée des anciens châtiments, nivelée dans l'internement, et proche déjà des formes modernes de la culpabilité. L'homosexualité à qui la Renaissance avait donné liberté d'expression va désormais *entrer en silence et passer du côté de l'interdit*, héritant des vieilles condamnations d'une sodomie maintenant désacralisée [686] ».

Par conséquent, si « dans tout le mouvement de la culture platonicienne, l'amour avait été réparti d'après une hiérarchie du sublime qui l'apparentait selon son niveau soit à une folie aveugle du corps, soit à la grande ivresse de l'âme », l'âge moderne, « à partir du classicisme », va fixer un choix différent : entre l'« amour de raison » et l'« amour de déraison ». C'est évidemment à cette seconde catégorie qu'appartient l'homosexualité. De telle sorte que peu à peu, « elle *prend place parmi les stratifications de la folie*. Elle s'installe dans la déraison de l'âge moderne, plaçant au cœur de toute sexualité l'exigence d'un choix où notre époque répète incessamment sa décision [687] ».

La morale bourgeoise n'est donc pas seulement une morale du travail, mais aussi une morale de la famille, qui détermine désormais ce que doit être la société et qui y appartient ou non de plein droit : « L'internement et tout le régime policier qui l'entoure servent à contrôler un certain ordre dans la structure familiale, qui vaut à la fois comme règle sociale, et comme norme de la raison. La famille avec ses exigences devient un des critères essentiels de la raison ; et c'est elle avant tout qui demande et obtient l'internement [...]. Aux vieilles formes de l'amour occidental se substitue une nouvelle sensibilité : celle qui naît de la famille et dans la famille ; elle exclut comme étant de l'ordre de la déraison tout ce qui n'est pas conforme à son ordre ou à son intérêt [688]. »

Ainsi, dit Foucault, « on assiste à cette époque à une grande confiscation de l'éthique sexuelle par la morale de la famille [689] ». Et la société est désormais régie par la « grande idée bourgeoise, et bientôt républicaine, que la vertu, elle aussi, est une affaire d'État » et « qu'on peut prendre des décrets pour la faire régner, établir une autorité pour s'assurer qu'on la respecte. Les murs de l'internement enferment en quelque sorte le négatif de cette cité morale [690] ».

🖉 Le mouvement d'exclusion, de relégation de toute une « population bariolée » au-delà d'une frontière symbolisée par les murs de l'Hôpital, mais aussi l'intégration dans le vaste ensemble de la « déraison » de tous ces individus disparates, fait apparaître de « nouveaux personnages », par les effets de la contamination que les caractéristiques des uns opèrent sur la définition des autres. Le « fou », en étant marqué par la « culpabilité », l'« homosexuel » en étant considéré comme « insensé », deviennent des types humains inédits :

> À partir du XVIIe, la déraison n'est plus la grande hantise du monde ; elle cesse d'être aussi la dimension naturelle des aventures de la raison. Elle prend l'allure d'un fait humain, d'une variété spontanée dans le champ des espèces sociales. Ce qui était jadis inévitable péril des choses et du langage de l'homme, de sa raison et de sa terre, prend maintenant figure de personnage. De personnages plutôt. Les hommes de déraison sont des types que la société reconnaît et isole : il y a le débauché, le dissipateur, l'homosexuel, le magicien, le suicidé, le libertin. La déraison commence à se mesurer selon un certain écart par rapport à la norme sociale […]. À partir du XVIIe siècle, l'homme de déraison est un personnage concret prélevé sur un monde social réel, jugé et condamné par la société dont il fait partie [691].

Ce sont donc les « anormaux » qui font leur apparition : ceux qui sont définis par des normes qui les rejettent. Le personnage social de l'homosexuel est né.

La psychiatrie va pouvoir s'emparer de lui, dès lors que l'internement a préalablement « circonscrit l'aire d'une *objectivité possible* », en délimitant « un domaine *déjà affecté des valeurs négatives du bannissement* »[692].

Et c'est en ce point où se croisent, dans la perception de la « déraison », la folie et la sexualité que Foucault lance son attaque contre la psychanalyse :

> À la lumière de son ingénuité, la psychanalyse a bien vu que toute folie s'enracine dans quelque sexualité troublée ; mais ceci n'a de sens que dans la mesure où notre culture, par un choix qui caractérise son classicisme, a placé la sexualité sur la ligne de partage de la déraison. De tout temps, et probablement dans toutes les cultures, la sexualité a été intégrée à un système de contrainte ; mais c'est dans la nôtre seulement, et à une date relativement récente, qu'elle a été partagée d'une manière aussi rigoureuse entre la *Raison* et la *Déraison*, et bientôt, par voie de conséquence et de dégradation, entre la *santé et* la *maladie*, le *normal et* l'*anormal*[693].

Ainsi, l'*Histoire de folie* propose une historicisation radicale non seulement de la folie, de la « maladie mentale », mais aussi de l'« homosexualité ». Le « personnage » de l'« homosexuel » n'est pas une figure invariante que l'on pourrait retrouver à travers les siècles ou les sociétés : de même que la « folie » est perçue et donc produite de manière différente à chaque époque, l'« homosexualité » n'a pas la même réalité dans la Grèce de Platon et dans l'Europe de l'âge classique par exemple. Ce que la psychiatrie appellera « homosexualité » est une création spécifique de l'âge classique.

Une nouvelle « espèce » est donc apparue dans le mouvement du Grand Renfermement, sous l'effet de la nouvelle morale et des normes qu'elle installait : l'« homosexuel », un être nouveau formé dans l'espace social et moral de l'âge classique, et façonné par sa logique d'exclusion. C'est sur lui que va venir se poser le regard médical, celui de la psychiatrie, puis de la psychanalyse.

Et de la même manière que Foucault écrit que « la psychologie n'a été possible dans notre monde qu'une fois la folie maîtrisée [694] », on peut dire, en suivant les indications de l'*Histoire de la folie*, que la psychiatrie et la psychanalyse n'ont été possibles qu'une fois l'homosexualité déjà rejetée au-delà des frontières de l'exclusion, perçue comme une pathologie sociale avant d'être, deux siècles plus tard, décrite comme une pathologie mentale ou une perversion du désir ou de l'instinct.

Car c'est bien de l'homosexualité autant que de la folie que parle Foucault lorsqu'il pose la question : « N'est-il pas important pour notre culture que la *déraison* n'ait pu y devenir objet de connaissance que dans la mesure où elle a été au préalable objet d'excommunication [695] ? »

5
Naissance des perversions

Publié en 1976, *La Volonté de savoir* se présente comme une introduction générale au projet d'une *Histoire de la sexualité*, dont Foucault annonçait alors qu'elle se déroulerait en cinq autres volumes [696]. Cependant, Foucault fut très rapidement conduit à remanier son projet. Aucun des volumes prévus ne vit le jour, et cette préface programmatique resta en attente d'une suite pendant huit ans. En effet, alors qu'il avait indiqué qu'il mènerait son enquête sur « trois bons siècles [697] », c'est-à-dire en remontant jusqu'au XVIIe siècle et à la thématisation des « techniques de soi » mises en place par la Contre-Réforme, la logique de sa recherche le conduisit à s'enfoncer de plus en plus profondément dans le passé long du discours chrétien, jusqu'aux premiers temps du christianisme : il travailla donc à un livre intitulé *Les Aveux de la chair*. La logique de sa réflexion lui imposa alors de s'intéresser à ce qui s'était produit avant l'instauration de la morale chrétienne, et donc à se tourner vers les doctrines du paganisme antique. Il écrivit ainsi *L'Usage des plaisirs* et *Le Souci de soi*, consacrés aux « pratiques de soi » telles qu'on les trouve exposées dans la pensée grecque et romaine. Ces deux volumes furent publiés quelques jours avant sa mort, en juin 1984 [698].

✎ *La Volonté de savoir* est à l'évidence un livre très lié au contexte dans lequel il fut élaboré. Foucault le dit très nettement dans ses dialogues avec Paul Rabinow et Hubert Dreyfus, en 1983 : « Le travail que je mène actuellement est lié à notre *actualité* et à mon expérience personnelle, exactement comme dans le cas de la prison, de l'asile, etc. Mais, bien sûr, ce n'est pas le même type d'expérience [...]. Le livre sur la sexualité est lié [...] au fait que dans les mouvements de libération des années soixante-dix, on pouvait voir, d'abord, que les gens cherchaient une justification théorique à ces mouvements dans la psychanalyse, ou à travers une théorie du désir. Et deuxièmement, ils cherchaient aussi, de manière plus ou moins explicite, une nouvelle éthique [699]. »

Il ne fait aucun doute que l'intention stratégique de *La Volonté de savoir* – et donc de l'ensemble du projet de l'*Histoire de la sexualité* tel que Foucault le pensait au moment où il le mit en chantier – s'inscrit dans l'espace théorique et politique défini par l'irruption, au début des années soixante-dix, des mouvements de « libération sexuelle », et plus généralement par l'inflation du discours psychanalytique dans la vie intellectuelle française. Pour résumer d'un mot, on pourrait dire que la cible politique de Foucault, c'est le freudo-marxisme et les œuvres d'Herbert Marcuse et Wilhelm Reich, devenues les références majeures des mouvements d'émancipation, et sa cible théorique, la psychanalyse elle-même.

En quelques années, en effet, à partir de 1968, et dans le sillage de l'immense succès des livres de Marcuse, *Éros et civilisation* et *L'Homme unidimensionnel*, les livres de Reich (dont l'œuvre avait déjà connu une certaine vogue dans les années trente) avaient été traduits en français et avaient acquis le statut d'un véritable catéchisme subversif au sein de l'extrême gauche française : *La Révolution sexuelle, L'Irruption de la morale sexuelle, La Psychologie de masse du fascisme* [700].

Mais, au-delà du freudo-marxisme et des théories de la libération du « désir », c'est bien la psychanalyse elle-même que Foucault entendait mettre radicalement en question, parce que c'est elle qui servait de fondement théorique aux discours politico-sexuels qu'il voulait contester, mais aussi parce qu'il souhaitait poursuivre ainsi le travail de réflexion critique sur les sciences humaines commencé dans l'*Histoire de la folie*.

🖉 Dès les premières pages du livre, Foucault s'oppose frontalement aux schèmes théoriques du freudo-marxisme, selon lesquels la société bourgeoise réprimerait la sexualité dans le but d'orienter les énergies (la libido) vers la force de travail. Dans une telle perspective historique, il suffirait de déjouer les processus du « refoulement », de transgresser les interdits et de faire proliférer les discours sur le sexe pour libérer les individus des carcans qui les enserrent et faire ainsi vaciller le monde capitaliste. La libération de la sexualité serait alors un geste politique qui subvertirait l'ordre social tout entier. Or, dit Foucault, loin d'organiser le silence sur le sexe, la société occidentale contemporaine incite à en parler sans cesse, comme l'atteste l'existence d'un corps de spécialistes – les psychanalystes – payés pour écouter des gens qui viennent leur raconter leurs rêves, leurs pulsions, leurs secrets... Certes, l'institution psychanalytique n'est qu'un des aspects de cette injonction de parole. C'est cependant autour d'elle que s'articule le plus visiblement le double jeu qui consiste à demander qu'on parle de soi et de sa sexualité et plus exactement de sa sexualité comme lieu de la vérité sur soi-même, tout en laissant croire qu'il serait interdit d'en parler et qu'il faudrait surmonter les forces du « refoulement » (individuel et social) pour pouvoir s'exprimer.

Cette incitation sociale à la parole, écrit Foucault dans ce livre de 1976, remonte à la Contre-Réforme. Le principe qui régit la nouvelle pastorale chrétienne qui se met en place à cette époque stipule que « tout doit être dit [701] » au directeur de conscience, non seulement ce qu'on a fait, mais aussi ce qu'on a pensé, ce qu'on a ressenti, ce dont on a rêvé, etc. : « Une double évolution tend à faire de la chair la racine de tous les péchés et à en déplacer le moment le plus important de l'acte lui-même vers le trouble, si difficile à percevoir et à formuler, du désir [702]. »

C'est peut-être là, commente Foucault, que pour la première fois « s'impose sous la forme d'une contrainte générale, cette injonction si particulière à l'Occident moderne ». Non pas « l'obligation d'avouer les infractions aux lois du sexe, comme l'exigeait la pénitence traditionnelle », mais « la tâche quasi infinie, de dire, de se dire à soi-même et de dire à un autre, aussi souvent que possible, tout ce qui peut concerner le jeu des plaisirs, sensations et pensées innombrables qui, à travers l'âme et le corps, ont quelque affinité avec le sexe ». Et si ce « projet d'une "mise en discours" du sexe » s'était « formé il y a bien longtemps dans une tradition ascétique et monastique », le XVIIe siècle en a « fait une règle pour tous [703] ».

Il s'agit alors pour Foucault de comprendre pourquoi et comment, c'est-à-dire par quels mécanismes historiques, une telle transformation interne à la pastorale chrétienne « a diffusé », selon son expression, dans l'ensemble de la société. En effet, cette « technique » de la confession aurait pu rester « liée au destin de la spiritualité chrétienne ou à l'économie des plaisirs individuels, si elle n'avait été appuyée et relancée par d'autres mécanismes. Essentiellement un "intérêt public". Non pas une curiosité ou une sensibilité collectives, non pas une mentalité nouvelle. Mais des mécanismes de pouvoir au fonctionnement desquels le discours sur le sexe est devenu essentiel [704] ».

Tout au long du livre, Foucault s'efforce donc d'indiquer quels sont ces mécanismes de pouvoir qui ont rendu nécessaire, « essentielle », l'emprise discursive sur le « sexe » et la production de ce qui allait dès lors s'appeler la « sexualité ». Mais c'est dans la dernière partie qu'il aborde directement cette question : il entend montrer comment l'on est passé d'une forme de pouvoir qui s'exerçait par le droit de mort sur les individus à une autre forme, qui s'exerce au contraire par la gestion de la vie et l'administration des populations [705]. Il écrit par exemple :

> La vieille puissance de la mort où se symbolisait le pouvoir souverain est maintenant recouverte soigneusement par l'administration des corps et la gestion calculatrice de la vie. Développement rapide au cours de l'âge classique des disciplines diverses – écoles, collèges, casernes, ateliers ; apparitions aussi, dans le champ des pratiques politiques et des observations économiques, des problèmes de natalité, de longévité, de santé publique, d'habitat, de migration ; explosion donc de techniques diverses et nombreuses pour obtenir l'assujettissement des corps et le contrôle des populations. S'ouvre ainsi l'ère d'un bio-pouvoir [706].

🖉 L'un des pôles de cette transformation historique « a été centré sur le corps comme machine ». Foucault reprend ici les analyses de *Surveiller et punir*, paru un an plus tôt, et décrit cette « anatomo-politique » qui consiste en des procédures de pouvoir désignées dans ce dernier livre sous le nom de « disciplines » et qui sont centrées sur « le corps comme machine » : « son dressage, la majoration de ses aptitudes, l'extorsion de ses forces, la croissance parallèle de son utilité et de sa docilité, son

NAISSANCE DES PERVERSIONS

intégration à des systèmes de contrôle efficaces et économiques »[707]... L'autre pôle a été centré sur le « corps-espèce », « traversé par la mécanique du vivant et servant de support aux processus biologiques : la prolifération, les naissances et la mortalité, le niveau de santé, la durée de la vie, la longévité avec toutes les conditions qui peuvent les faire varier... ». Ici, c'est un système de « contrôles régulateurs » qui se met en place et que Foucault définit comme « une bio-politique de la population[708] ».

C'est parce qu'il se situe précisément à la charnière de l'« anatomo-politique » et de la « bio-politique », du dressage des corps et du contrôle de la population, que le sexe devient un enjeu de pouvoir : « À la jonction du "corps" et de la "population", le sexe devient une cible centrale pour un pouvoir qui s'organise autour de la gestion de la vie plutôt que de la menace de la mort[709]. » Le sexe « est accès à la fois à la vie du corps et à la vie de l'espèce. On se sert de lui comme matrice des disciplines et comme principe des régulations[710] ».

🖉 Par conséquent, ce n'est que dans le cadre de cette analyse des transformations par lesquelles la société occidentale est passée, entre le XVIIe et le XIXe siècle, d'« une *symbolique du sang* à une *analytique de la sexualité*[711] » que l'on peut comprendre la manière dont Foucault propose de faire l'histoire de la sexualité en termes de « production » et d'incitation, et non plus en termes de répression et d'interdiction. Il ne nie évidemment pas que certaines formes de sexualité sont réprimées. Mais il affirme que les notions de répression et d'interdiction ne sont pas pertinentes pour penser les phénomènes à l'échelle historique. Car parler de « répression » suppose que la réalité réprimée – telle ou telle sexualité, ou la sexualité en général – préexisterait au discours qui s'empare d'elle pour la brimer ou l'interdire. Or le « contrôle de tous les instants », la « surveillance infinitésimale [712] » des sexualités « périphériques », ne sont pas dissociables de la production, de la création des catégories, de la multiplication des « perversions » qui vont faire l'objet du contrôle et de la surveillance. La psychiatrie du XIXe siècle est le lieu d'une véritable « explosion discursive [713] » qui donne naissance à cette *Scientia sexualis*, la science du sexe, dont le regard et la fonction s'appuient sur la nécessité du « faire-parler » (« examen des symptômes », « rappel des souvenirs », « associations libres ») et sur celle de l'« interprétation » (si le sujet doit « avouer », c'est parce qu'il ne peut lui-même connaître la « vérité » de ce qu'il exprime ; seul celui à qui on avoue est doté de la capacité de déchiffrer « la vérité de cette vérité obscure » : celui qui écoute est « le maître de la vérité », sa fonction est « herméneutique ») [714].

Par conséquent, la « sexualité » ne préexiste pas à cette science du sexe. Elle est produite par elle. Elle n'en est que le « corrélatif » : « Depuis cent cinquante ans bientôt, un dispositif complexe est en place pour produire sur le sexe des discours vrais : un dispositif qui enjambe largement l'histoire puisqu'il branche la vieille injonction de l'aveu sur les méthodes de l'écoute clinique. Et c'est au travers de ce dispositif qu'a pu apparaître comme vérité du sexe et de ses plaisirs quelque chose comme la "sexualité" [715]. »

C'est dans le geste même qui cherche à contrôler que le discours psychiatrique a subdivisé à l'infini les « perversions », en dressant d'étranges taxinomies, en « donnant d'étranges noms de baptême » à tous ceux qui sortent de la norme : exhibitionnistes, fétichistes, zoophiles et zooérastes, auto-monosexualistes, mixoscopophiles, gynécomastes, presbyophiles, les invertis sexoesthétiques, les femmes dyspareunistes, etc. C'est

NAISSANCE DES PERVERSIONS

pourquoi, après avoir donné quelques échantillons de ces « beaux noms d'hérésies », Foucault commente : « La mécanique du pouvoir qui pourchasse tout ce disparate ne prétend le supprimer qu'en lui donnant une réalité analytique, visible et permanente : elle l'enfonce dans les corps, elle le glisse sous les conduites, elle en fait un principe de classement et d'intelligibilité, elle le constitue comme raison d'être et ordre naturel du désordre. » Et il se demande alors : « Exclusion de ces mille sexualités aberrantes ? Non pas, mais spécification, solidification régionale de chacune d'elles. Il s'agit, en les disséminant, de les parsemer dans le réel et de les incorporer à l'individu [716]. »

Le pouvoir de contrôle et de surveillance opère donc par « implantation », par « incorporation des perversions » et par « spécification nouvelle des individus » : la chasse, la traque lancée par la médecine du XIXe contre les « sexualités hérétiques » consiste à leur donner des noms et à ranger les individus sous ces nouvelles espèces définies par les actes de nomination, mais aussi à faire entrer ces nouvelles catégories dans l'ordre de la réalité, à faire exister tout un nouveau jardin des espèces.

Ainsi va naître l'« homosexuel ».

🖋 En effet, parmi les « espèces » nouvelles inventées par la médecine psychiatrique du XIXe, Foucault en mentionne une qui était promise à un bel avenir. Cette page est l'une des plus célèbres de *La Volonté de savoir*, mais il est nécessaire de la citer à nouveau :

> La sodomie – celle des anciens droits civil ou canonique – était un type d'actes interdits ; leur auteur n'en était que le sujet juridique. L'homosexuel du XIXe siècle est devenu un personnage : un passé, une histoire et une enfance, un caractère, une forme de vie ; une morphologie

aussi, avec une anatomie indiscrète et peut-être une physiologie mystérieuse. Rien de ce qu'il est au total n'échappe à sa sexualité. Partout en lui elle est présente : sous-jacente à toutes ses conduites parce qu'elle en est le principe insidieux et indéfiniment actif ; inscrite sans pudeur sur son visage et sur son corps parce qu'elle est un secret qui se trahit toujours. Elle lui est consubstantielle, moins comme un péché d'habitude que comme une nature singulière.

Il ne faut pas oublier que la catégorie psychologique, psychiatrique, médicale de l'homosexualité s'est constituée du jour où on l'a caractérisée – le fameux article de Westphal, en 1870, sur les « sensations sexuelles contraires », peut valoir comme date de naissance – moins par un type de relations sexuelles que par une certaine qualité de la sensibilité sexuelle, une certaine manière d'intervertir en soi-même le masculin et le féminin. L'homosexualité est apparue comme une des figures de la sexualité lorsqu'elle a été rabattue de la pratique de la sodomie sur une sorte d'androgynie intérieure, un hermaphrodisme de l'âme. Le sodomite était un relaps, l'homosexuel est maintenant une espèce [717].

L'« homosexualité » moderne apparaît donc au moment où les psychiatres décrivent en termes d'« orientation sexuelle » de l'individu ce qui était auparavant considéré comme des « pratiques » ou des « actes » (et par conséquent, comme on le voit chez Westphal, les « actes » eux-mêmes ne sont plus nécessaires pour définir l'« orientation », qui devient une pathologie – non pas une « perversité », qui implique le goût du « vice », mais une « perversion » qui suppose un trouble mental, ou physiologique).

Et l'on conçoit dès lors, puisque cette « perversion » est définie par l'« inversion » du sexe intérieur, par un « hermaphrodisme de l'âme » (conception qui sera reprise, on l'a vu, par Proust), que Foucault se soit particulièrement intéressé à la question de l'hermaphrodisme dans le cadre de son étude sur l'histoire de la sexualité[718]. Dans une interview de 1978, il déclare en effet : « Lorsque l'homosexualité est devenue cette catégorie médico-psychiatrique dans la seconde moitié du XIXe siècle, ce qui me frappe, c'est qu'elle a été immédiatement analysée selon une grille d'intelligibilité qui a été celle de l'hermaphrodisme. Qu'est-ce qu'un homosexuel et sous quelle forme l'homosexuel fait-il son entrée dans la médecine psychiatrique, si ce n'est sous la forme de l'hermaphrodisme[719] ? »

6
LE TROISIÈME SEXE

À quinze ans de distance, la question de la « naissance » de l'« homosexualité » et de l'invention du « personnage » de l'« homosexuel » s'est donc trouvée au cœur de deux ouvrages de Michel Foucault. Mais il a proposé deux dates différentes : le XVIIe siècle dans l'*Histoire de la folie*, le XIXe dans *La Volonté de savoir*.

Ce n'est pas seulement la périodisation qui a changé, c'est aussi le processus qui s'est inversé : toute la thèse de l'*Histoire de la folie* tendait à montrer que la psychologie et la psychiatrie n'avaient été possibles qu'une fois leurs objets (le « fou », l'« homosexuel ») préalablement façonnés par l'internement, et, plus profondément, par une nouvelle « sensibilité morale » qui s'était fait jour à l'« âge classique ». C'est parce que les personnages du « fou » et de l'« homosexuel » avaient été créés par ces processus historiques, à la fois moraux et institutionnels, que la psychiatrie avait pu s'emparer d'eux, en produisant l'illusion qu'elle représentait l'aboutissement scientifique d'un progrès des connaissances au terme duquel venait se dévoiler enfin la vérité de ce qu'elle considérait comme des réalités naturelles et invariantes. Dans *La Volonté de savoir*, non seulement l'« homosexuel » ne devient un « personnage » que deux siècles plus tard, mais, surtout, c'est la psychiatrie qui invente ce nouveau découpage notionnel et travaille à le faire entrer dans le réel : elle le produit alors que dans le livre de 1961 elle était plutôt produite par lui, ou en tout cas seconde par rapport à lui.

🖉 Bien sûr, on retrouve dans *La Volonté de savoir* des analyses très proches de celles qui étaient au centre du livre de 1961, puisque le projet même d'une *Histoire de la sexualité*, comme celui d'une *Histoire de la folie*, consiste précisément, comme les titres l'indiquent, à réinscrire dans l'historicité des notions et des réalités que les discours à « prétention scientifique », la psychiatrie ou la psychanalyse, tenaient pour « naturelles » ou en tout cas transhistoriques.

C'est pourquoi Foucault affirme haut et fort que son *Histoire de la sexualité*, c'est-à-dire « l'histoire du dispositif de la sexualité tel qu'il s'est développé depuis l'âge classique », pourra valoir comme une « archéologie de la psychanalyse [720] ». Cela signifie, d'une part, qu'il va replacer la pratique de l'écoute psychanalytique dans la filiation de la confession chrétienne, mais aussi, d'autre part, et plus fondamentalement, qu'il veut montrer comment est né le « sujet de désir » dont s'occupe la psychanalyse, qui s'imagine qu'elle atteint les structures profondes de l'individualité alors qu'elle ne fait que ratifier et reproduire la manière dont cette individualité a été créée, à un moment donné de l'histoire, par les technologies du pouvoir et de l'assujettissement [721].

On retrouve également dans *La Volonté de savoir* l'un des fils directeurs de l'*Histoire de la folie* : l'effort pour analyser la façon dont s'est mis en place un système de pouvoir dont les procédés reposent avant tout sur la « norme » et la « normalisation [722] » : « La technologie du sexe va, pour l'essentiel, s'ordonner à partir de ce moment-là, à l'institution médicale, à l'exigence de normalité [723]. » Et d'ailleurs, comme dans l'*Histoire de la folie*, Foucault insiste sur le fait que les « homosexuels », qui n'étaient jusqu'alors considérés que comme des « libertins » ou des « délinquants », vont être désormais perçus, dans une « parenté globale avec les fous », comme des « malades de l'instinct sexuel [724] ».

Enfin, *La Volonté de savoir* aborde à nouveau l'un des grands thèmes qui traversaient l'*Histoire de la folie* : c'est sur la « famille » et la « cellule familiale » qu'est adossée cette « normalité ». Il écrit : « Ce qui s'est passé depuis le XVIIe siècle peut se déchiffrer ainsi : le dispositif de sexualité, qui s'était développé d'abord dans les marges des institutions familiales (dans la direction de conscience, dans la pédagogie), va se recentrer peu à peu sur la famille [725]. »

✎ Pourtant, malgré ces parentés profondes, les différences entre les deux livres ne doivent pas être sous-estimées. Si on trouve, au point de départ de l'*Histoire de la folie* et de *La Volonté de savoir*, le même souci d'historiciser ce que les savoirs psychiatrique et psychanalytique tendent à naturaliser, si c'est bien la tentative pour étudier l'instauration du pouvoir de la « norme » et de la « normalité » qui constitue leur foyer théorique commun, la grande différence qui les sépare tient au fait que, dans l'ouvrage de 1976, c'est la psychiatrie qui définit les « sexualités hérétiques [726] » et les porte à l'existence comme des réalités pathologiques relevant d'un discours de la santé et de la maladie : « Le discours savant qui fut tenu sur le sexe au XIXe siècle a été traversé de crédulités sans âge, mais aussi d'aveuglements systématiques : refus de voir et d'entendre ; mais – et c'est là sans doute le point essentiel – refus qui portait sur *cela même qu'on faisait apparaître ou dont on sollicitait impérieusement la formulation* [727]. »

Il y a ici une sorte de productivité performative du discours psychiatrique. Foucault le dit sans détour :

« L'histoire de la sexualité – c'est-à-dire de ce qui a fonctionné au XIXᵉ siècle comme domaine de vérité spécifique – *doit se faire d'abord du point de vue d'une histoire des discours*[728]. »

🖉 Ce qui nous porte à évoquer un certain nombre de difficultés. Si c'est la psychiatrie qui fait proliférer les « sexualités » perverses, en les découpant conceptuellement avec la plus grande minutie, en les interrogeant, en les recensant pour en constituer l'« herbier », en faisant ainsi exister toute une galerie de « personnages » nouveaux, « spécifiés » et individualisés par leurs pratiques ou désirs sexuels, on peut se demander comment ces catégories forgées par un discours médical ont pu entrer dans le corps et dans l'esprit des personnes concernées. Après tout, les écrits des psychiatres étaient publiés dans des revues ou des ouvrages qui n'étaient lus que par quelques dizaines de spécialistes, même si certains d'entre eux, comme la *Psychopathologia sexualis* de Krafft-Ebing, connurent une diffusion débordant largement les milieux médicaux.

Bien sûr, Foucault n'attribue pas aussi directement à la psychiatrie une telle efficacité performative. Au contraire, il insiste sur le fait que le « discours de l'aveu », tel qu'il est produit par les différentes technologies de l'injonction de parler, et de parler de soi, et notamment par la psychiatrie, ne saurait être imposé d'en haut : en raison même de la « structure de pouvoir qui lui est immanente », il ne peut venir que « d'en bas, comme une parole requise, obligée, faisant sauter par quelque contrainte impérieuse les sceaux de la retenue ou de l'oubli[729] ». La force productrice de l'injonction de discours ne provient pas seulement de ce qu'elle incite à la parole, mais aussi de ce qu'elle fait croire qu'il est important et nécessaire de parler.

Par conséquent, si le discours psychiatrique procède par incitation et injonction, il fait naître une parole qui répond à cette sollicitation, que ce soit dans l'acquiescement ou l'opposition, la soumission ou la révolte. C'est en ce point de contact, en ce lieu de rencontre « stratégique » entre la prise notionnelle et la réaction de ceux qui en sont l'objet, que les « sexualités multiples », circonscrites par la psychiatrie, adviennent à la réalité.

Nous avons affaire, dit Foucault, à des « mécanismes à double impulsion : plaisir et pouvoir », dont les deux termes circulent dans un champ de pouvoir et de résistances : « Plaisir d'exercer un pouvoir qui questionne, surveille, guette, épie, fouille, palpe, met au jour ; et de l'autre côté plaisir qui s'allume d'avoir à échapper à ce pouvoir, à le fuir, à le tromper ou à le travestir. Pouvoir qui se laisse envahir par le plaisir qu'il pourchasse ; et en face de lui, pouvoir s'affirmant dans le plaisir de se montrer, de scandaliser ou de résister [730]. »

Ainsi, dit Foucault, il y a à la fois « affrontement et renforcement réciproque [731] ».

Je reviendrai plus loin sur cette théorisation du pouvoir dans les termes d'une analyse « relationnelle », qui forme l'« enjeu » central du livre [732]. C'est dans le cadre de cette « analytique du pouvoir », en effet, qu'on peut comprendre le rapport de Foucault au mouvement homosexuel ; et l'importance historique qu'il lui accorde, et la nécessité, sur laquelle il insiste longuement, d'en dépasser et d'en transformer les présupposés intellectuels et politiques. Ce qu'il faut retenir ici, c'est que le mécanisme de l'implantation, de l'incorporation de la perversion dans les sujets s'opère à travers un processus au cours duquel les individus s'approprient les catégories sous lesquelles ils sont désignés, que ce soit pour se soumettre aux normes, prendre plaisir à parler de ce qu'ils sont, ou résister à la « police du sexe ».

LE TROISIÈME SEXE 421

🖉 Mais peut-on admettre l'idée que personne ne se serait considéré comme doté d'une « nature » sexuelle particulière avant que le discours psychiatrique ne vienne forger tout son théâtre conceptuel ? Et que ce serait seulement en réaction à ces discours scientifiques que des individus qui, jusqu'alors, ne pratiquaient que des « actes homosexuels », se seraient désormais considérés comme des « personnes homosexuelles », et auraient perçu la totalité de leur être comme façonnée par leurs désirs sexuels, se donnant en même temps un « passé », une « histoire » et une « enfance », comme le disent les lignes de *La Volonté de savoir* citées dans le chapitre précédent ? Peut-on réellement croire que serait devenu « nature secrète » ce qui n'était jusqu'alors que « péché d'habitude » ? Et cela, parce que les individus ainsi désignés auraient « retourné l'arme » que la psychiatrie avait forgée contre eux ? Foucault le pense et le dit dans plusieurs interviews publiées peu après le premier volume de l'*Histoire de la sexualité* : « Il suffit de voir [que] la notion d'homosexualité [apparaît] en 1870 et [de] voir que le grand débat sur l'homosexualité démarre dans les vingt années qui ont suivi pour bien comprendre qu'il y a un *phénomène absolument corrélatif.* On a voulu emprisonner les gens dans cette notion d'homosexualité, et tout naturellement, ils ont retourné l'arme. Ça a été Gide, ça a été Oscar Wilde, ça a été Magnus Hirschfeld, etc.[733]. »

Il n'est évidemment pas question d'ignorer que la psychiatrie a exercé une influence considérable sur les homosexuels des deux sexes, ne serait-ce que parce qu'elle a, en effet, inspiré des représentations qui allaient être diffusées aussi bien par les mouvements militants que par certaines œuvres littéraires. Il faudrait mentionner la manière dont Armand Dubarry, en France, a utilisé les travaux psychiatriques pour écrire sa série romanesque sur *Les Déséquilibrés de l'amour*, publiant par exemple en 1896 le volume intitulé *Les Invertis* (*Le vice allemand*)[734]. Mais les œuvres les plus influentes ne virent le jour que bien plus tard : *À la recherche du temps perdu* n'a commencé de paraître qu'en 1913, alors qu'il existait ce qu'on pourrait définir comme une « culture gay » (quel que soit le nom qu'on lui donne) bien avant cette date. Et si le roman de Radclyffe Hall, *The Well of Loneliness*, qui décrit son personnage dans les catégories mêmes de la médecine psychiatrique, c'est-à-dire selon le modèle de l'« inversion sexuelle », eut effectivement un énorme retentissement sur la représentation de soi des lesbiennes, il ne fut publié qu'en 1928, alors que des modes de vie lesbiens étaient développés depuis fort longtemps[735].

En fait, il est étrange que Foucault, dans *La Volonté de savoir*, ne s'intéresse qu'à la culture d'élite, comme si les transformations qui ont affecté l'homosexualité aux XIXe et XXe siècles avaient été limitées à un espace circonscrit par les psychiatres et les écrivains : bien sûr, du discours psychiatrique à la littérature, les thèmes n'ont cessé de circuler, et la littérature a fixé, figé et disséminé des représentations psychiatriques dans le monde social. Mais il ne faut pas oublier que la culture populaire, c'est-à-dire les modes de vie et de sociabilité, a très certainement joué un rôle plus considérable encore dans l'élaboration d'une « conscience de soi » et d'une « conscience collective de soi », comme le montre très bien George Chauncey. C'est dans le cadre d'une dynamique propre au « monde gay », dans les interactions entre les individus (à l'intérieur ou à l'extérieur de ce « monde ») que les « identités » se sont formées et transformées. Les notions d'« inverti » et d'« homme normal » ont d'abord été des « catégories discursives populaires » avant d'être des « catégories discursives de l'élite »[736]. Et les évolutions se sont souvent produites de manière différente selon les classes sociales, puisque Chauncey remarque que, dans les classes moyennes, l'idée de l'homosexuel considéré comme un « inverti » recherchant des « hommes normaux » s'est effacée au profit du modèle de l'« homosexualité » (les deux partenaires étant définis comme « homosexuels ») quelques décennies plus tôt que dans les classes populaires, même si, dans les premières comme dans les secondes, la catégorie de l'« inverti », de la « *fairy* », a continué à vivre d'une vie « problématique », « contestée », et « perturbante »[737] jusqu'à nos jours. Si l'on en croit ses analyses, le modèle moderne de l'« homosexualité » ne s'est imposé de manière généralisée qu'à partir de la deuxième moitié du XXe siècle[738]. Encore qu'il faille préciser que ce qui vaut pour New York ne vaut sans doute pas pour les villes européennes, où le modèle de l'« homosexualité » s'est imposé beaucoup plus tôt. En France, par exemple, l'idée d'« homosexualité », on l'a vu, commença de se répandre dès 1907, à la suite des procès qui défrayèrent la chronique allemande, et c'est contre elle, et pour maintenir le modèle conceptuel de l'« inversion », que Proust mit en avant sa théorie de l'homme-femme (qui était celle d'Ulrichs et d'Hirschfeld autant que celle des psychiatres), tout en parlant sans cesse, d'ailleurs, de l'« homosexualité » et des « homosexuels » en des termes qui ruinent sa propre théorie[739].

En tout cas, le livre de George Chauncey – qui se donne pour tâche de montrer comment s'est créé le « monde gay » et comment, à l'intérieur de celui-ci, ont été produites et ont évolué les catégories discursives à travers lesquelles les relations sexuelles entre hommes ont été pensées et parlées – peut être lu comme une mise en question de l'idée que ce serait le discours médical qui aurait donné naissance à ces représentations et que les gays n'auraient rien fait d'autre que les reprendre à leur compte. Chauncey s'efforce, au contraire, de réinscrire le discours médical dans le contexte général de l'évolution et de la transformation des pratiques sociales et de la manière dont les gays se percevaient eux-mêmes et étaient perçus par les autres dans le cadre de la vie urbaine [740].

Comment imaginer, en effet, que ceux qui fréquentaient les cabarets, les *molly houses*, les bals, les restaurants, etc., tout au long du XVIIIe ou du XIXe siècle ne se soient pas pensés comme des personnes dotées d'une certaine identité ? Peut-être pas une identité « homosexuelle » au sens contemporain du terme, mais une identité tout de même [741].

✎ De même, il est impossible de soutenir qu'on ne trouverait pas trace d'« identités » dans le discours littéraire et savant avant l'avènement de la psychiatrie, ou comme rejet de celle-ci. C'était le cas, on l'a vu, chez Symonds et Pater, puis chez Wilde et Gide, même s'il est bien évident que la manière dont ils concevaient l'homosexualité ou se percevaient eux-mêmes ne correspond pas nécessairement à ce que nous appellerions aujourd'hui « homosexualité », ni même à ce que les psychiatres appelaient « inversion sexuelle ». On a vu que Symonds et Gide, par exemple, défendaient une idée « virile » de l'amitié « pédérastique », qui exclut aussi bien l'« inversion » que l'« homosexualité », alors même que leurs désirs sexuels et leurs pratiques effectives pouvaient différer grandement de leurs conceptions légitimatrices. Il est, de surcroît, impossible d'unifier les conceptions que ces auteurs ont développées : Gide écrit d'abord pour défendre Wilde mais ensuite pour s'opposer à la théorie mise en scène par Proust dans l'essai théorique qui ouvre *Sodome et Gomorrhe*.

Il est certain que Symonds se considérait comme une « personne » différente des autres. Non par ses actes, puisque pendant longtemps il ne pratiqua guère, ni par ses « péchés », qui n'existaient qu'en imagination. Mais bien par le sentiment qu'il avait de son « orientation sexuelle » et du fait que celle-ci façonnait totalement son être, comme elle avait façonné son enfance, son passé, son histoire.

C'était vrai aussi pour nombre d'autres personnes qui avaient une claire conscience d'eux-mêmes comme êtres différents, et ce depuis leur enfance ; conscience aussi que cette particularité colorait toute leur personnalité et toute leur psychologie. Pour s'en convaincre, il suffit de savoir qu'après la publication de sa *Psychopathia sexualis*, Krafft-Ebing reçut de nombreuses lettres dont les auteurs lui disaient s'être reconnus dans ses descriptions et ses analyses, et lui offraient le récit de leur vie, la narration introspective de leurs sentiments, et même, parfois, le détail de leurs pratiques sexuelles... Si l'on peut penser que c'est effectivement le discours psychiatrique qui a déclenché cette vague épistolaire d'écriture de soi, il est bien évident que la manière dont les individus se percevaient eux-mêmes, et dont ils se considéraient comme définis par leur « orientation sexuelle », avait préexisté à la mise en catégories par le discours médical de l'« inversion » ou de l'« homosexualité »[742].

🖉 D'autre part, Foucault semble négliger qu'en parlant de « troisième sexe » Magnus Hirschfeld ne se référait pas seulement aux catégories de la médecine psychiatrique : car l'une des premières théorisations de l'« inversion sexuelle » et l'invention même du mot « homosexualité » ont été le fait non de psychiatres hostiles aux homosexuels, et désireux de les « guérir » ou de les « interner », en tout cas de les « médicaliser » ou de les

« pathologiser », mais de juristes, d'hommes de lettres (Ulrichs, Kertbeny), qui voulaient au contraire légitimer les amours entre personnes du même sexe. Hirschfeld ne se contenta pas de retourner « stratégiquement » le discours psychiatrique pour fonder un discours et un mouvement homosexuels ; il s'inscrivit – explicitement – dans la filiation des théories d'Ulrichs, auquel il ne cessa de rendre hommage pour avoir été l'un des pionniers de la lutte à laquelle il avait lui-même dédié sa vie [743].

En effet, lorsque Karl Heinrich Ulrichs inventa le modèle de l'« hermaphrodisme de l'âme », au tout début des années 1860, quand il décrivit les « uranistes » comme des individus portant l'« âme d'une femme dans un corps d'homme », il entendait lutter pour la dépénalisation de l'homosexualité. Pour lui, les « uranistes » constituaient bien un « troisième sexe », une catégorie particulière de personnes dont les inclinations sexuelles étaient innées. En insistant sur ce point, et donc sur le fait que l'« amour entre hommes » était un phénomène naturel, Ulrichs aboutissait à la conclusion que chacun devait pouvoir vivre tel qu'il était et ne plus être « *frappé par l'épée de l'injustice* », comme l'avaient été auparavant dans l'histoire « *les hérétiques, les Juifs et les sorcières* [744] ». Dès 1865, il jeta sur le papier la charte fondatrice d'une « organisation uraniste », dont l'objectif était de briser l'isolement dans lequel se trouvaient les individus voués au silence (et au chantage) et de créer entre eux une véritable « solidarité », de lutter pour l'abolition des lois répressives et d'aider au développement d'une « littérature uraniste [745] ». En 1869, Ulrichs mettait au point le premier (et unique) numéro du journal, annoncé comme mensuel, auquel il songeait depuis 1866, et qui parut en janvier 1870 : *Uranus* [746].

En fait, la médicalisation de l'« inversion » s'opéra plutôt à partir de la théorie d'Ulrichs, et contre elle [747].

C'est en se référant à lui, tout en s'en démarquant assez sèchement, que Westphal écrivit, en 1869, que les « inclinations perverses » qui orientent des individus vers des personnes du même sexe appartiennent au domaine de la médecine [748]. Westphal acceptait en effet l'idée que l'inversion sexuelle était innée, et il regrettait par conséquent qu'elle fût réprimée par la loi. Il en déduisait cependant qu'il s'agissait d'une « maladie », d'un « phénomène pathologique », ce dont, ajoutait-il, étaient bien conscients les individus qui en étaient atteints. Aussi lui semblait-il qu'un « inverti » qui, tel Ulrichs, refusait d'admettre le caractère pathologique de son état était encore plus profondément malade que ceux qui le reconnaissaient.

Ulrichs se réjouit de cette prise de position « scientifique » dont il ne voulut retenir que la volonté de dépénaliser l'homosexualité. Il n'en continua pas moins de rejeter catégoriquement l'idée que l'uranisme puisse relever du domaine de la médecine mentale.

Il faut souligner que même Krafft-Ebing, dans une large mesure, a constitué sa théorie en référence et en opposition à celle d'Ulrichs. Ce dernier, en effet, soucieux de se ménager des appuis dans le monde scientifique, lui avait envoyé plusieurs de ses brochures au milieu des années 1860. Et Krafft-Ebing lui écrivit, bien plus tard, que c'est la lecture de celles-ci qui l'avait conduit à s'intéresser de près à la question de l'inversion sexuelle. Ce qui fit, on s'en doute, regretter à Ulrichs de les lui avoir adressées [749].

Quant au terme « homosexualité » lui-même, il fut forgé en 1869 par Karl Maria Kertbeny, un homme de lettres hongrois qui luttait, lui aussi, pour que soient abolies les législations punissant d'emprisonnement les actes homosexuels. Il entretenait une correspondance avec Ulrichs, auquel il entendait opposer une vision plus

« virile » de l'amour entre hommes, refusant toute idée d'efféminement et d'« inversion ». Bien qu'il n'ait cessé de s'en défendre, il est fort probable qu'il ait été homosexuel lui-même [750]. En tout cas, il militait en faveur de ce que nous appellerions la « cause gay ». Il est donc établi que l'invention du mot « homosexualité » s'opéra dans une optique favorable aux « gays », avant que Krafft-Ebing ne s'en empare, à l'occasion de la deuxième édition de sa *Psychopathia sexualis*, en 1887.

7
LA FABRICATION DES SUJETS

Dans les premières pages de *La Volonté de savoir*, Foucault ironise sur l'idéologie freudo-marxiste de la libération sexuelle et sur la vulgate psychanalytico-gauchiste qui faisait miroiter le bonheur des lendemains qui chantent et semblait nous promettre : « À demain le bon sexe. » Mais il ne prend pas la peine de préciser qui sont ses adversaires, désignés par un vague « on » (« nous dit-on ») ou par le recours au conditionnel (« nous aurions », « nous serions »). Sans doute n'avait-il guère besoin d'être plus explicite : tous les lecteurs de l'époque, puisqu'ils baignaient dans une atmosphère imprégnée de ces discours, devaient comprendre immédiatement de qui et de quoi il s'agissait.

Plus loin dans son livre, près du moment de conclure, Foucault nomme Wilhelm Reich. Avec un certain respect d'ailleurs [751]. Néanmoins, au début de l'ouvrage, il s'attaque plutôt aux discours qui lui sont contemporains, c'est-à-dire au reichisme généralisé qui colorait la vision politique de la gauche radicale [752].

Il est bien difficile, pourtant, de se défaire de l'étrange impression que l'on pourrait lire toute cette critique menée par Foucault, en ces pages aujourd'hui si célèbres, comme… une autocritique. En effet, si sarcastique que soit son intention, chaque phrase semble viser ce que Foucault a lui-même écrit antérieurement. Voici, par exemple, ce qu'on peut lire au deuxième paragraphe de la première page : « Au début du XVIIe siècle encore une certaine franchise avait cours, *dit-on*. Les pratiques ne cherchaient guère le secret ; les mots se disaient sans réticence excessive, et les choses sans trop de déguisement ; on avait, avec l'illicite, une familiarité tolérante [753]. » Et, à la page suivante : « Tel serait le propre de la répression, et ce qui la distingue des interdits que maintient la simple loi pénale : elle fonctionne bien comme *condamnation à disparaître mais aussi comme injonction de silence, affirmation d'inexistence* [754]. » Ou encore, un peu plus loin : « Ce discours sur la moderne répression du sexe tient bien. Sans doute parce qu'il est facile à tenir. Une grave caution historique et politique le protège ; en faisant naître l'âge de la répression au XVIIe siècle, après des centaines d'années de plein air et de libre expression, on l'amène à coïncider avec le développement du capitalisme : il ferait corps avec l'ordre bourgeois [755]. »

Et que dire quand le même « on » dont Foucault restitue ironiquement le discours vient nous expliquer que « si la répression a bien été, depuis l'âge classique, le mode fondamental de liaison entre pouvoir, savoir et sexualité, on ne peut s'en affranchir qu'à un prix considérable : il n'y faudrait pas moins qu'une transgression des lois, une levée des interdits, une irruption de la parole [756] » ?

En ce préambule théâtralisé où s'instaure une distance entre l'auteur du livre et les locuteurs indéterminés d'un discours si répandu qu'il n'est guère besoin de l'attribuer plus précisément, en cette succession de phrases qui semblent dresser l'état des lieux d'un moment théorique et intellectuel dont Foucault cherche précisément à sortir, il est frappant de constater que chaque proposition énoncée comme ce à quoi il entend s'opposer, ou plutôt comme ce qu'il lui paraît nécessaire de dépasser, semble avoir été extraite, presque mot à mot, de l'*Histoire de la folie*. La thématique est la même, qui peut se résumer dans la grande opposition entre, d'un côté, la répression et le « silence » imposé, et, de l'autre, la prise de parole et la « transgression » des interdits.

Or, cette problématique qui animait les analyses de l'*Histoire de la folie* (et que l'on pourrait appeler l'« hypothèse répressive »), Foucault l'a conservée bien après ce livre, et jusqu'au début des années soixante-dix. Bien sûr, lorsqu'il définit son travail historique et théorique, en 1969, dans *L'Archéologie du savoir*, il souligne que son souci est de « traiter les discours [...] comme des pratiques qui forment systématiquement les objets dont ils parlent [757] ». Cela semble annoncer de manière fort précise le projet qu'il développera, quelques années plus tard, dans *La Volonté de savoir*. Mais, à la fin des années soixante, Foucault pense encore dans les termes d'une limitation et d'une « rareté » des discours. C'était même l'un des axes fondamentaux de cette *Archéologie du savoir* destinée à répondre aux objections suscitées par *Les Mots et les Choses* [758].

Ce qu'il place au cœur de ses analyses, c'est le système par lequel est défini, à une époque donnée, ce qui est pensable et dicible, et les règles de formation et de circulation auxquelles sont assujettis les discours. Et quand il évoque, une fois de plus, la possibilité d'une histoire de la sexualité, il l'envisage, à n'en pas douter, comme une analyse des discours et non pas de leur référent (« Au lieu d'étudier le comportement sexuel des hommes à une époque donnée [...], au lieu de décrire ce que les hommes ont pu penser de la sexualité [...], on se demanderait si, dans ces conduites comme dans ces représentations, toute une pratique discursive ne se trouve pas investie ; si la sexualité, en dehors de toute orientation vers un discours scientifique, n'est pas un ensemble d'objets dont on peut parler (ou dont il est interdit de parler), un champ d'énonciations possibles [...], un ensemble de concepts... [759] ») ; mais sa démarche tend toujours à réfléchir sur l'exclusion et la liberté, les limites et la transgression ; il inscrit donc cette archéologie des discours dans le cadre d'une investigation sur les systèmes « d'interdits et de valeurs [760] ».

En 1970 encore, dans sa leçon inaugurale au Collège de France, Foucault s'interroge sur l'« inquiétude » que suscitent les discours dans leur « réalité matérielle de chose prononcée ou écrite ». Et il se demande : « Mais qu'y a-t-il donc de si périlleux dans le fait que les gens parlent et que leurs discours indéfiniment prolifèrent. Où est donc le danger [761] ? » Pour répondre à cette question, il souhaite avancer une « hypothèse » qui fixera, dit-il, le « lieu », ou le « très provisoire théâtre », du travail qu'il entend mener : « Je suppose que dans toute société la production du discours est à la fois contrôlée, sélectionnée, organisée et redistribuée par un certain nombre de procédures qui ont pour rôle d'en conjurer les pouvoirs et les dangers, d'en maîtriser l'événement aléatoire, d'en esquiver la lourde, la redoutable matérialité [762]. »

Il distingue d'abord trois grands « systèmes d'exclusion » : « La parole interdite, le partage de la folie, la volonté de vérité [763]. » Et après avoir analysé ces « procédures » externes de limitation des discours, Foucault évoque les « procédures internes », au sens où ce sont cette fois les « discours eux-mêmes qui exercent leur propre contrôle » : il s'agit de la « fonction auteur » en littérature, des disciplines scientifiques, etc.

Tout au long de cette « leçon », qui annonce et définit ce que sera son travail de recherche dans les années à venir, Foucault pense encore dans le cadre d'une théorie de la « rareté » : l'ensemble formé par les principes d'« exclusion » qui rejettent certaines formes de discours, et par les « figures » qui en organisent de l'intérieur la production (l'auteur, la discipline scientifique, etc.), détermine « le jeu négatif d'une découpe et d'une raréfaction du discours [764] ».

Aussi, quand il annonce, là encore, qu'il mènera une recherche sur l'histoire de la sexualité, il n'est pas étonnant qu'il la décrive, une fois de plus, comme une étude sur les « interdits » qui la frappent [765] : « On pourrait essayer d'analyser un système d'interdit de langage : celui qui concerne la sexualité depuis le XVIe siècle jusqu'au XIXe ; il s'agirait de voir non point sans doute comment il s'est progressivement et heureusement effacé ; mais comment il s'est déplacé et réarticulé depuis une pratique de la confession où les conduites interdites étaient nommées, classées, hiérarchisées, et de la manière la plus explicite, jusqu'à l'apparition d'abord bien timide, bien retardée, de la thématique sexuelle dans la médecine et dans la psychiatrie du XIXe siècle [766]. »

Si toutes les régions du discours sont soumises à la contrainte, c'est bien dans celles de la « sexualité et de la politique » que la « grille » est « la plus resserrée ». C'est là que « les cases noires se multiplient [767] ».

Ainsi, dans ce texte de 1970, l'« ordre du discours » est essentiellement lié à un principe de « raréfaction » aussi bien des énoncés que des modes d'énonciation et des sujets parlants. Et la filiation historique, soulignée dès cette date, entre la confession chrétienne et la psychiatrie du XIXe siècle est pensée comme une perpétuation des interdits de langage.

🖉 Comment, dès lors, ne pas s'étonner que Foucault puisse écrire, au début de *La Volonté de savoir*, lorsqu'il définit l'objectif de l'analyse des discours qu'il entend mettre en œuvre dans son *Histoire de la sexualité* : « En somme, je voudrais détacher l'analyse des privilèges qu'on accorde d'ordinaire à l'économie de rareté et aux principes de raréfaction, pour chercher au contraire les instances de production discursive [768] » ? Et comment ne pas s'interroger sur les raisons qui ont conduit Foucault à passer, en un temps si court – quelques années à peine –, d'une thématique de la « raréfaction » à une thématique de la « prolifération », d'une théorie de l'« interdit de langage » à une théorie de l'« incitation à la parole » ?

Cette évolution est d'autant plus surprenante que Foucault fait remarquer, avec beaucoup d'insistance, que ceux qui raisonnent en termes d'interdiction et de transgression sont prisonniers des modes de pensée institués par les technologies du pouvoir : « Il faut être soi-même bien piégé par cette ruse interne de l'aveu, écrit-il, pour prêter à la censure, à l'interdiction de dire et de penser, un rôle fondamental [769]. »

Il y a bien sûr plusieurs niveaux d'explication. Le premier renverrait à la situation politique française au début des années soixante-dix, à l'engagement de Foucault et à la manière nouvelle dont son œuvre était perçue. Je l'ai dit : le livre de 1961, *Folie et déraison*, a été réédité en 1972 sous le titre d'*Histoire de la folie*. Entre-temps, l'ouvrage avait acquis une signification beaucoup plus directement politique : il avait été capté par les courants de l'antipsychiatrie et il était désormais considéré comme l'un des bréviaires de la lutte contre la « répression [770] ». Dans cette nouvelle édition, Foucault a supprimé la préface d'origine et l'a remplacée par une autre, beaucoup plus courte, qui explique qu'un auteur n'a pas à prescrire la manière dont il doit être lu. Il savait bien que son livre avait été investi de significations auxquelles lui-même n'avait pas explicitement songé. Il n'était pourtant pas question pour lui de les récuser : d'abord parce qu'un livre appartient à ceux qui le lisent, et, d'autre part, parce que les contenus politiques rétrospectivement inscrits dans ces pages par les mouvements de l'après-1968 s'y trouvaient peut-être déjà, à l'état de potentialités inaperçues : le livre était déjà « politique », au sens où il proposait un discours critique sur l'assujettissement par la « norme » et la « normalité », thèmes qui allaient se trouver au cœur des « luttes » de l'après-1968. En fait, on pourrait dire que ce livre était porteur de préoccupations qui n'étaient pas encore constituées comme politiques au moment où Foucault l'écrivait, mais allaient le devenir par la suite. Dans une interview de 1974, la question lui est posée : « L'*Histoire de la folie* est politique ? » Foucault répond : « Oui, mais maintenant. » Et il précise : « La frontière politique a changé son tracé, et maintenant des sujets comme la psychiatrie, l'internement, la médicalisation d'une population sont devenus des problèmes politiques. Après ce qui s'est passé lors des dix dernières années, les groupes politiques ont été obligés d'intégrer ces domaines à leur action, et ainsi, nous nous sommes rejoints, eux et moi, non pas parce que j'avais changé, mais parce que, dans ce cas, je peux dire que c'est la politique qui est venue vers moi ou plutôt qui a colonisé ces domaines qui étaient déjà quasi politiques mais n'étaient pas reconnus comme tels [771]. »

En tout cas, son livre de 1961 s'était retrouvé, au début des années soixante-dix, au cœur de l'idéologie « antirépressive » qu'il allait s'efforcer de mettre en question dans son livre de 1976. Ce qui explique que ce dernier ouvrage ait quelque peu dérouté ses lecteurs et ait été souvent mal compris – ou mal aimé. Interrogé en 1978 sur le fait que *La Volonté de savoir* avait été plutôt mal accueilli, Foucault explique : « L'effet de surprise était peut-être lié au simplisme de mes positions précédentes, et au fait que l'on avait pu m'associer sans trop de problèmes à une conception un peu boy-scout de la lutte contre toute forme de répression quelle qu'elle soit, où qu'elle soit. Je pense qu'il y a eu là une espèce de petit effet de "bougé", si vous voulez, par rapport à des positions qu'on me prêtait ou qui étaient celles de tel ou tel autre [772]. »

🖉 Deuxième niveau d'explication : s'il en arrive à mettre en question la manière dont son *Histoire de la folie* est utilisée par les mouvements politiques, c'est que Foucault, depuis le début des années soixante-dix, travaille à élaborer sa pensée du pouvoir. Dans ses cours du Collège de France, puis dans *Surveiller et punir*, il s'est interrogé sur la fabrication des « sujets et des individus ». Il expose très clairement ce motif dans le cours de l'année 1975-1976, où sont mises en place les analyses qui seront exposées dans *La Volonté de savoir* (le cours de Foucault au Collège de France a souvent été le banc d'essai de ses livres). Il y distingue les deux « grandes hypothèses » sur lesquelles repose en général l'analyse du pouvoir. La première, dit-il, est celle « que j'appellerai commodément l'hypothèse de Reich » selon laquelle « le mécanisme du pouvoir, ce serait la répression ». La seconde, qu'il désigne, toujours par commodité, comme « celle de Nietzsche », affirme que « le fond du rapport de pouvoir, c'est l'affrontement belliqueux des forces » [773]. Bien sûr, ces deux grands systèmes d'analyse ne sont pas inconciliables. Mais c'est tout de même le second qu'il va explorer durant toute cette année 1976. Et c'est cette opposition de l'« hypothèse de Nietzsche » à celle « de Reich » (ou plus exactement la reprise en profondeur de l'« hypothèse de Reich » par celle « de Nietzsche ») qui constituera le fil directeur du livre qu'il publiera quelques mois plus tard.

Foucault veut montrer que l'idée selon laquelle le mécanisme du pouvoir procéderait par « répression » s'inscrit en fait dans « un déchiffrement du pouvoir qui se fait en termes de « souveraineté ». Il y aurait d'un côté une instance souveraine (l'État, la Loi, la Classe dominante, etc.), de l'autre les sujets auxquels elle imposerait son pouvoir. Or les analyses de Foucault sur les « opérateurs de domination », notamment celles qui sont consignées dans *Surveiller et punir*, l'ont amené à penser que les « sujets » ne préexistent pas au pouvoir : il n'y a pas d'un côté des « individus » et de l'autre le pouvoir, mais une relation de domination qui « détermine les éléments sur lesquels elle porte [774] ». Les « sujets » et les « individus » n'existent donc que dans et par l'assujettissement, c'est-à-dire qu'ils sont le produit historique des relations effectives, concrètes, multiples, de domination [775].

Ainsi, ce que cherche à comprendre Foucault, c'est bel et bien comment les « individus » sont produits par le pouvoir. L'individu n'est pas une réalité autonome, préexistante, sur laquelle le pouvoir viendrait s'exercer, par le moyen de la « répression ». Au contraire : « Ce qui fait qu'un corps, des gestes, des discours, des désirs sont identifiés et considérés comme individus, c'est précisément cela l'un des premiers effets du pouvoir [776]. » Le pouvoir ne réprime pas, il produit.

✐ Il y aurait encore un autre niveau d'explication : Foucault veut désindexer l'analyse du pouvoir de l'analyse économique [777]. Ce qui, évidemment, dans le contexte de cette époque, entraînait d'importantes conséquences politiques, puisqu'il s'agissait de faire valoir, contre tous les discours marxistes, qu'on pouvait mener un certain nombre de luttes et obtenir un certain nombre de résultats sans pour autant en passer par une révolution ou un changement de société, sans penser la politique dans un cadre général. Puisque les relations de domination sont multiples et concrètes, la critique théorique et l'action sont nécessairement locales, partielles, et il n'est pas besoin de penser à ce que pourrait être une société future pour travailler, par exemple, à se déprendre des modèles auxquels la sexualité est assujettie.

Dans le domaine spécifique du « sexuel », il y a du pouvoir, et il y a de la résistance. Il faut penser cette résistance sans imaginer qu'elle fera vaciller le capitalisme ou la société bourgeoise [778].

8
LA PHILOSOPHIE DANS LE PLACARD

Pour comprendre pourquoi Foucault est passé d'une analyse en termes de « répression » et de « raréfaction des discours » à une analyse en termes de « production » et d'« incitation » à la parole, il faut sans doute également regarder du côté de son expérience personnelle. Dans les années cinquante et soixante, son désir d'écrire une histoire de la sexualité était, on l'a vu, très fortement lié à la situation de l'homosexualité et des homosexuels, obligés de vivre dans la honte, le silence, la clandestinité. Quand il évoque alors ce thème, c'est toujours en employant une série de mots qui renvoient au « bannissement » : il parle d'« interdits », de « tabous », de « cases noires » dans le réseau des discours... Il n'est donc pas étonnant que le projet d'une histoire de la sexualité ait été immédiatement conçu, dans la préface à l'*Histoire de la folie* et dans les textes postérieurs, jusqu'au début des années soixante-dix, comme une archéologie des « gestes » par lesquels les frontières et les exclusions ont été instituées.

Mais lorsqu'il entreprend d'ouvrir effectivement ce chantier théorique et historique, la situation n'est plus du tout la même : l'homosexualité n'est plus interdite de parole, réduite à un silence que seuls venaient transgresser quelques éclairs fulgurants (Genet). Et la revendication homosexuelle n'est plus cantonnée au cadre discret de quelques associations qui faisaient vivre des espaces de « culture gay » tout en prônant la « discrétion », la « respectabilité » et la « dignité » dans le but de se faire « accepter » par la société [779].

Au milieu des années soixante-dix, tout avait changé : un peu partout dans le monde, la parole homosexuelle avait fait irruption sur la scène publique, dans le sillage des révoltes de 1968, de la contestation féministe et de l'apparition aux États-Unis du Gay Liberation Front, après les émeutes de Stonewall [780].

En France, en 1971, avait été créé le FHAR (Front homosexuel d'action révolutionnaire), dont l'une des premières actions spectaculaires avait consisté à interrompre une émission de radio intitulée « Ce douloureux problème, l'homosexualité », avant qu'il n'entreprenne de participer aux défilés syndicaux du 1er Mai. L'un des animateurs du FHAR, Guy Hocquenghem, s'exprimait dans *Le Nouvel Observateur*, en 1972, et publiait un livre fondateur, *Le Désir homosexuel*, fortement inspiré par *L'Anti-Œdipe* de Gilles Deleuze et Félix Guattari [781].

Foucault eut-il le sentiment qu'il allait être dépossédé d'un projet qui lui tenait à cœur depuis si longtemps ? En tout cas, il eut certainement conscience qu'une telle entreprise avait perdu son caractère d'audacieuse nouveauté. Et, surtout, il ne pouvait ignorer que la pulsion même qui le poussait avec tant de force vers cette recherche allait désormais se trouver en porte-à-faux : il voulait dénoncer l'interdiction, rompre le silence ; or, la situation avait changé au point que la « prise de parole » s'étalait dans les journaux. Guy Hocquenghem ne déclarait-il pas, en effet, dans *Le Nouvel Observateur* : « Nous sommes tous mutilés dans un domaine que nous savons essentiel à nos vies, celui qu'on appelle le désir sexuel ou l'amour [...]. Alors on peut commencer par essayer de dévoiler ces désirs que tout nous oblige à cacher, car personne ne peut le faire à notre place [782]. »

✒ C'est dans ce contexte politique et intellectuel qu'il faut replacer *La Volonté de savoir*. Il est d'ailleurs étonnant que Foucault ne cite pas Hocquenghem dans ce livre, car il semble évident que *Le Désir homosexuel* a été l'un des points de départ de sa réflexion. En effet, Hocquenghem y décrit déjà l'invention « récente » de l'« homosexualité » comme une catégorie produite par le discours médical. Il faut citer tout le passage :

> La société capitaliste fabrique de l'homosexuel comme elle produit du prolétaire, suscitant sans arrêt sa propre limite. L'homosexualité est une fabrication du monde normal [...]. Ce qui est fabriqué, c'est cette catégorie psycho-policière, l'homosexualité ; ce découpage abstrait du désir qui permet de régenter même ceux qui échappent ; cette mise dans la loi de ce qui est hors la loi. La catégorie en question et le mot lui-même sont une invention relativement récente. L'impérialisme croissant d'une société qui veut donner un statut social à tout l'inclassable a créé cette particularisation du déséquilibre : jusqu'à la fin du XVIIIe siècle, ceux qui refusent Dieu, ceux qui ne savent pas parler ou ceux qui pratiquent la sodomie sont enfermés dans les mêmes prisons. De même que l'apparition de la psychiatrie et de l'asile manifeste la capacité de la société à inventer des moyens spécifiques pour classer l'inclassable (voir Foucault, *Histoire de la folie à l'âge classique*), de même la pensée moderne va créer une nouvelle maladie, l'homosexualité. Selon Havelock Ellis (l'*Inversion sexuelle*), le mot homosexuel aurait été inventé en 1869 par un médecin allemand. Découpant pour mieux régner, la pensée pseudo-scientifique de la psychiatrie a transformé l'intolérance barbare en intolérance civilisée[783].

On voit que non seulement Hocquenghem se réfère au Foucault de l'*Histoire de la folie*, mais qu'il annonce celui de *La Volonté de savoir*. Bien sûr, quand Hocquenghem ajoute : « La constitution de l'homosexualité comme catégorie séparée va de pair avec sa répression [784] », il est peut-être plus proche du livre de 1961 que de celui de 1976. Mais la ressemblance avec la fameuse page que Foucault, dans le premier volume de son *Histoire de la sexualité*, consacre à la naissance de l'« homosexualité » est frappante.

La grande différence, c'est qu'Hocquenghem imagine qu'il y aurait, sous les « catégorisations » de la sexualité, une sorte de désir pur, un « flux ininterrompu et polyvoque », sur lequel le « désir homosexuel » autant que le « désir hétérosexuel » viendraient opérer des « découpages arbitraires [785] ». Non pas qu'Hocquenghem ait imaginé qu'il ait fallu retourner à une « bisexualité » originaire comme le prônaient, en s'inspirant de Freud, de nombreux discours gauchistes de l'époque (qui dominaient également à l'intérieur du FHAR). À ses yeux, parler de « bisexualité », c'est encore se situer dans l'espace « œdipien » des « catégories » [786]. Pour lui, il s'agissait plutôt de mettre en question la « normalité » et la « norme », l'idée qu'il y aurait une bonne sexualité (hétérosexuelle) et une mauvaise (homosexuelle) : « Plus que toute autre, l'idée même de normalité nous a opprimés [...]. Ce qui est normal s'identifie à ce qui nous opprime. Toute normalité nous hérisse [...]. Nous savons que la vraie révolution exclut la normalité [787]. »

Hocquenghem refusait également qu'on emprisonne les multiples formes de la sexualité homosexuelle et les expressions plurielles du « désir homosexuel » sous la catégorie unifiante de l'« homosexualité » [788]. C'est pourquoi il prend bien soin, au début de son livre, de distinguer « désir homosexuel » et « homosexualité ».

Par leur « dispersion », leur hétérogénéité, leur multiplicité même, les pratiques homosexuelles (faites de rencontres nombreuses et éphémères, de sexualité dans les parcs, etc.) mettent en question le centrage sur la famille et sur l'espace confiné du « privé ». Puisque la sexualité homosexuelle procède par simples « branchements de désirs » (comme dans la rencontre entre Charlus et Jupien au début de *Sodome et Gomorrhe*) et que le système homosexuel de la « drague » sexualise la vie quotidienne, le « désir homosexuel » représente pour Hocquenghem un opérateur politique de contestation généralisée des formes sociales de la civilisation capitaliste dont la famille est l'un des piliers. À ses yeux, le « combat homosexuel » n'a pas pour objectif de conquérir les droits d'une minorité, ni d'affirmer la « fierté » d'un groupe opprimé [789] », mais plutôt d'agir sur l'ensemble du corps social par une « sexualisation brutale » de la politique et de la société, par une « sexualisation du monde » qui mettrait en péril le « patriarcat » et le « phallocratisme » [790].

Hocquenghem annonce l'avènement de la « lutte désirante sociale », et le mouvement homosexuel se voit donc investi de cette mission de déstabilisation radicale : il met en péril les formes de la « civilisation » fondées sur la sexualité « normale » et les forces de répression qui en assurent le caractère de normalité [791].

✏ C'est assurément au livre d'Hocquenghem que Foucault voudra répondre lorsqu'il commencera son *Histoire de la sexualité*. Guy Hocquenghem se réfère à l'*Histoire de la folie*, et c'est donc sa propre influence que Foucault va tenter de dépasser. Dans *La Volonté de savoir*, il s'inspire – comment en douter ? – des analyses du *Désir homosexuel* pour reprendre la question par en dessous, si l'on peut dire, en élaborant son « analytique du pouvoir » : la notion de « répression » n'est pas pertinente pour penser les catégories par lesquelles le pouvoir produit des « catégories », et il n'y a nul désir à l'état sauvage qui se trouverait « refoulé » ou « contraint » par les découpages notionnels. En fait, Foucault reprend les questions abordées par Hocquenghem et refait le travail d'analyse à un niveau plus profond, en rejetant le « naturalisme », voire le biologisme qui imprégnaient le discours de la « libération sexuelle » et en essayant de désindexer la résistance aux normes sexuelles de la lutte politique contre la société bourgeoise [792].

🖉 Le premier volume de l'*Histoire de la sexualité* est écrit en réaction au livre d'Hocquenghem, mais aussi, bien sûr, en réponse au livre de Deleuze et Guattari (et peut-être plus encore aux textes du seul Guattari, très ancrés dans une optique reichienne), et plus généralement à l'idéologie diffuse de la libération sexuelle et de la révolution désirante (dans laquelle il faudrait assurément ranger les films de Pasolini, *Théorème*, en 1968, et la trilogie composée du *Décaméron*, des *Contes de Canterbury* et des *Mille et Une Nuits*, entre 1972 et 1974 [793]).

Mais Foucault entendait aussi répliquer aux actions et aux pratiques des nouveaux mouvements politiques qui incarnaient ces idéologies, et notamment au FHAR, dont les militants, tout en rejetant les catégories instituées de la sexualité, se livraient fréquemment à un véritable terrorisme dans l'injonction d'« avouer » ce que l'on est. Non seulement ces tenants d'un radicalisme subversif rejetaient de manière assez virulente tous les modes antérieurs de l'existence gay, mais ils en venaient souvent à exiger que les homosexuels se déclarent ouvertement et publiquement comme tels, et dénonçaient comme des « honteuses » et des « placardisées » ceux qui ne se pliaient pas à cette injonction.

Aux yeux des nouveaux militants, une association comme Arcadie incarnait l'horreur de l'« homosexualité bourgeoise » tout autant que l'auto-enfermement dans le « placard » et la honte intériorisée. Et tout ce qui avait fait les beaux jours de l'association et de sa revue, à savoir l'homosexualité « littéraire », les références à Gide, les éternels articles sur la Grèce antique, la liste des homosexuels célèbres, etc., tout cela allait se trouver balayé comme autant de vieilleries produites par la répression et remplacé par un discours plus directement sexuel rejetant violemment toute idée d'intégration ou d'assimilation.

Grâce aux travaux des historiens, on peut aujourd'hui revaloriser ces formes de culture comme des espaces de liberté, des modes de vie dont l'inventivité et la vitalité n'avaient rien à envier aux réalités contemporaines. George Chauncey, par exemple, souligne à quel point il faut se méfier de la tendance à considérer l'histoire de l'homosexualité comme une marche vers la liberté et le progrès, et les formes culturelles du passé comme de simples étapes ou des préfigurations des modes de vie contemporains. Et surtout, il insiste sur le fait que « l'histoire de la résistance gay doit être appréhendée comme dépassant largement le cadre des organisations politiques au sens étroit du terme, et inclure les stratégies de la résistance quotidienne que des hommes ont mises en œuvre pour revendiquer un espace pour eux-mêmes dans une société hostile [794] ».

Mais ce n'était certainement pas la manière dont les militants du FHAR voyaient les formes plus anciennes de la culture gay. Guy Hocquenghem le dit très nettement dans *Le Désir homosexuel*, où il dénonce la « séquence Proust-Gide-Peyrefitte » qu'il rapproche de la séquence « Freud-Adler-*France-Dimanche* » [795]. Les mouvements révolutionnaires des années soixante-dix ont construit leurs discours contre les formes antérieures de la culture gay (sans avoir apparemment conscience qu'ils ne naissaient pas du néant et qu'ils ne pouvaient exister que parce que toute une culture, une vie subculturelle et tout un ensemble de discours les avaient précédés). Ils n'entendaient pas faire œuvre historique de redécouverte et de réhabilitation. Ils voulaient au contraire balayer les formes les plus compassées de cette culture, dont la revendication de « respectabilité » ou le rapport au secret ou à la discrétion leur semblait insupportable, alors qu'ils voulaient au contraire exhorter désormais les homosexuels à « cesser de raser les murs [796] ».

Or, il est bien évident que Foucault appartenait à la génération homosexuelle d'avant Stonewall, d'avant Mai 68. Dans les termes d'une histoire de l'homosexualité, il était assurément plus proche d'Arcadie que du FHAR. Il faut rappeler que l'association Arcadie a été fondée en 1954, l'année précédant celle où Foucault écrivait à Barraqué les lettres citées plus haut. Et s'il n'a jamais adhéré à cette association, Foucault a sans doute fréquenté les soirées qu'elle organisait, ou en tout cas côtoyé certains de ses membres. Dans une lettre de 1955, adressée d'Uppsala à Jean Barraqué, il mentionne une conversation avec d'autres Français expatriés en Suède au cours de laquelle il a été question d'Arcadie. Il est par ailleurs bien établi qu'il a été en contact, sinon avec l'association, du moins avec son président, André Baudry, et suffisamment longtemps pour y prononcer en 1979 encore une conférence devant le congrès annuel, même s'il est vrai que ces liens s'étaient distendus après 1968 : « De 1960 à 1968, j'ai de nombreuses fois rencontré Michel Foucault, raconte André Baudry. Il me questionnait sur les "Arcadiens", sur leur vie, sur leurs problèmes. Et plusieurs fois, en ces temps, il dirigea vers moi de ses amis, de ses relations, de ses correspondants qui avaient besoin de notre aide. Les événements de 1968 furent tels que nous nous perdîmes de vue, jusqu'à ce que Maurice Pinguet rétablisse des rapports. Ainsi, plusieurs fois, j'eus l'occasion de dîner chez Maurice Pinguet, rue de Sèvres, en compagnie de Michel Foucault.

Nos relations redevinrent cordiales, mais sans continuité régulière[797]... »

En 1982, quand André Baudry, se sentant dépassé par les nouvelles formes de la revendication gay, décidera de dissoudre son association, Foucault manifestera le désir de s'exprimer sur cet homme et cette histoire qui de toute évidence l'intéressaient – ou l'avaient intéressé – au plus haut point[798].

🖉 L'exemple d'André Baudry montre quel trouble avait jeté l'irruption d'un mouvement gay radical chez ceux qui avaient connu des conditions tout à fait différentes avant 1968. Comment, en effet, ceux qui avaient vécu sous le régime de l'interdiction de parler auraient-ils pu ne pas être troublés par l'irruption d'un mouvement qui venait battre en brèche la manière même dont ils avaient construit leurs existences et leurs personnalités en aménageant des possibilités de vivre leur homosexualité malgré l'hostilité générale ? Ils avaient été soumis à l'obligation de se cacher et de se taire. Voilà qu'ils étaient soumis aux critiques féroces des nouveaux militants qui leur reprochaient leur discrétion. On raconte que Foucault fut violemment pris à partie par des militants du FHAR lors d'une réunion publique, et peut-être faut-il voir là l'un des points de départ de la critique historique de l'« aveu » qu'il allait élaborer dans *La Volonté de savoir*.

À tel point qu'on ne peut s'empêcher de se demander si la thématique, développée dans ce livre, de la « production des discours » par les technologies du pouvoir n'est pas traversée par ce qu'on pourrait appeler une « logique du placard[799] ». La mise en scène échafaudée par Foucault pour faire scintiller la fameuse page dans laquelle il va assener, de manière si dogmatique et si peu étayée par des preuves historiques, que l'« homosexuel » n'existait pas avant 1870 et qu'il n'est qu'une invention de la psychiatrie ne répond-elle pas au désir de transformer en réponse théorique et politique le profond malaise personnel qu'il avait ressenti, au début des années soixante-dix, après l'irruption du discours homosexuel révolutionnaire et la mise en question de sa personne et de son être provoquée par cette nouvelle donne politico-sexuelle ? Aux plus radicaux des militants, à ceux qui lui faisaient la leçon, Foucault n'était sans doute pas mécontent de rétorquer qu'ils étaient piégés par les ruses du pouvoir qu'ils entendaient combattre.

9

QUAND DEUX GARÇONS
SE TIENNENT PAR LA MAIN

Il suffit de lire le livre de dialogue de Michel Foucault avec Thierry Voeltzel pour comprendre comment son projet théorique, au milieu des années soixante-dix, a été travaillé par cet arrière-plan politique et éminemment personnel. Dans cette série de conversations, publiées en 1978, mais enregistrées pendant l'été 1976, c'est-à-dire exactement au moment où il terminait *La Volonté de savoir*, Foucault interroge un jeune homme de 20 ans, et une partie de la conversation porte précisément sur ce qui a changé, au début des années soixante-dix, dans les possibilités et les manières de vivre l'homosexualité [800]. Il est manifeste, au travers des questionnements et des commentaires de Foucault tout au long du livre, que les problèmes qui seront abordés dans *La Volonté de savoir* sont en étroite résonance avec les niveaux les plus intimes de l'expérience vécue, et notamment avec le saut d'un moment historique de l'homosexualité à un autre.

Après avoir écouté Voeltzel raconter sa vie sexuelle, Foucault déclare :

> Au fond, tu as pu pratiquer l'homosexualité comme ça, quand tu en avais envie, par moments, ou par phases, sans jamais te dire : « Tiens, mais puisque je pratique l'homosexualité, je suis homosexuel », cette espèce de déduction qui se *faisait* et qui était très marquante, et psychologiquement

très difficile à accepter, la conséquence *était* lourde, et cette conséquence, tu ne la tirais pas et il n'y avait pas, en effet, à la tirer. La catégorie de l'homosexuel a été inventée tardivement. *Ça n'existait pas, ce qui existait, c'était la sodomie, c'est-à-dire un certain nombre de pratiques sexuelles qui, elles, étaient condamnées, mais l'individu homosexuel n'existait pas.* Moi, ce qui m'a un peu frappé là, à travers toi, parce que je n'ai connu que toi, c'est le fait qu'en effet on retrouvait des pratiques homosexuelles qui pouvaient être dominantes, à la limite même exclusives, sans que jamais on ne se pose la question : « Est-ce que je suis homosexuel [801] ? »

Voeltzel nuance aussitôt cette conclusion de Foucault, en faisant valoir que ce n'était pas le cas pour tout le monde. Il évoque un garçon de sa classe avec qui il avait eu une expérience sexuelle mais qui insistait sur le fait que cela ne devait surtout pas se savoir et qu'il n'était absolument pas homosexuel. Voeltzel ajoute que, même pour lui, les choses n'étaient pas si simples, et qu'il avait éprouvé parfois un sentiment de culpabilité après avoir fait l'amour avec un garçon.

Malgré tout, il est évident que Voeltzel tient un discours destiné au magnétophone – un discours qui n'est d'ailleurs pas très cohérent, mais il est vrai qu'il s'agit d'une conversation enregistrée et qu'il n'avait alors que 20 ans. Foucault est bien conscient de ce décalage entre le discours destiné à être publié et les propos tenus « hors micro ». Il le lui fait remarquer : « Il y a quand même quelque chose de drôle, c'est que dès qu'on coupe la bande, tu dis que finalement c'est beaucoup plus compliqué, qu'il y a des difficultés, que c'est finalement assez exceptionnel que ça soit simple, et puis dès que le magnétophone remarche, à ce moment-là tout devient… (rires) [802]. »

Mais l'empressement avec lequel Foucault transforme les propos du jeune homme en quasi-vérité et en quasi-prophétie pour les temps à venir ne laisse pas de surprendre. Car si l'on met de côté son évidente fascination pour son interlocuteur, tout devrait le conduire à prendre ses distances avec ce qu'il énonce. D'abord parce que Voeltzel se réclame explicitement de Reich [803]. Et il est fortement imprégné de l'idéologie gauchiste d'une bisexualité universelle et originelle qu'il conviendrait de retrouver, par-delà la répression et les interdits qui pèsent sur la sexualité [804]. Fantasme, tiré de Freud, auquel Foucault n'a évidemment jamais adhéré et qu'il récuse même avec une certaine vigueur. Il déclare en effet : « Dans cette littérature type *Antinorme* [...] il y a un thème qui, moi, m'a frappé, peut-être pas parce qu'il revenait souvent, mais parce qu'il me paraissait rigoureusement utopique, c'était cette idée que la différence, enfin la spécification de l'homosexualité, n'était en réalité que le résultat d'un certain nombre d'aliénations, contraintes économico-politiques, etc., et qu'une sexualité libérée devait être aussi bien homosexuelle qu'hétérosexuelle, et que par conséquent, un jour bienheureux viendrait où, finalement, on se remettrait à aimer les femmes comme tout le monde [805]. » Un peu plus loin, Foucault décrit cette idée de « bisexualité » universelle comme un « discours purement tactique et politique grâce auquel on peut établir des alliances, des alliances avec le mouvement de libération des femmes, des alliances avec des hétérosexuels libéraux ». Et il ajoute : « Alors tactiquement, ce discours qui consiste à dire "attendez, vous verrez, lorsque nous serons libérés, nous nous mettrons nous aussi à aimer les femmes" (rires) ce discours utopique et ridicule qui a tout de même beaucoup fonctionné, a été une des conditions de l'acceptation de l'homosexualité dans tous ces groupes politiques [806]. »

Ce que Foucault choisit de retenir dans les propos du jeune homme, c'est ce qui lui permet de tracer une ligne de démarcation entre une période qu'il veut croire révolue, qui est celle dans laquelle il a vécu ses 20 ans, et un

« aujourd'hui » dans lequel son interlocuteur vit les siens. Dans cette opposition entre « autrefois » et « maintenant », c'est un peu l'autobiographie de Foucault qui se donne à lire. Il est édifiant, par exemple, qu'il demande à celui qu'il intervienne : « Est-ce que tu as vu quelquefois des garçons qui avaient ce qu'on appelle des problèmes, c'est-à-dire qu'ils présentaient ce qu'un psychologue, un psychiatre, un psychanalyste pourraient considérer comme des signes de névrose, de dépression... liés à leur vie sexuelle, ou des conduites suicidaires [807] ? »

🖉 Les récits de Thierry Voeltzel renvoient Foucault à sa propre histoire, et c'est cette histoire qu'il évoque dans la phrase citée plus haut, quand il parle de « cette déduction qui se *faisait* et qui *était* très marquante et psychologiquement très difficile à accepter, la conséquence *était* lourde... [808] ». Le temps des verbes utilisé dans ces formules indique clairement qu'il parle de sa propre expérience. Un peu plus loin, il dit encore : « Mais il m'a semblé, quand je t'ai connu, qu'il y avait tout de même une grande différence entre quelqu'un de ta génération et les gens des générations précédentes. Pour les générations précédentes, la découverte que l'on était homosexuel était toujours un moment solennel dans la vie, une espèce d'illumination et de rupture à la fois, c'était une espèce d'enchantement, le jour où l'on s'apercevait que c'était ça, le plaisir, et en même temps le sentiment qu'on était marqué, qu'on était le mouton noir, que jusqu'à la fin de nos jours ça serait comme ça... » Foucault conclut cette phrase par la question : « Est-ce que ça, ça a existé pour toi [809] ? »

Évoquant la question de l'âge, Foucault déclare encore : « Autrefois, l'un des mécanismes par lesquels les gens se protégeaient de la conclusion qu'ils étaient homosexuels, c'étaient toutes les barrières d'âge. Ce qu'on faisait avant 16 ans, ce n'était pas encore de l'homosexualité, c'était de la puberté agitée. Ce qu'on faisait avec un petit camarade du même âge, bon, c'étaient des jeux à moitié défendus, c'était un peu de narcissisme à deux, ce n'était pas non plus de l'homosexualité. Il y avait aussi le fait que, quand à 20 ans on commençait effectivement à faire l'amour avec des gens qui menaient une vie d'homosexuel, le fait de faire l'amour avec un type qui avait dix, quinze, vingt ans de plus que vous, c'était déjà encore un pas extraordinairement difficile à franchir et qui, alors là, vous inscrivait dans une franc-maçonnerie à la fois close, secrète, un peu maudite [810]. »

Les termes utilisés par Foucault (la « franc-maçonnerie » « secrète » et « maudite ») évoquent immanquablement l'homosexualité proustienne. Et l'on voit bien, à lire ce dialogue, que, finalement, ce n'est pas la « libération sexuelle » qui le gêne, si l'on entend par cette expression la manière de vivre la sexualité dans les années d'après 1968, loin s'en faut ! Il semble même s'émerveiller de toutes ces transformations, de cette liberté nouvelle, et tout particulièrement du fait que la multiplicité des sentiments ne soit plus obligée de se couler dans la figure unique de l'« amour ». « Je me demande si ce n'est pas le truc qui a été le plus libérateur – remarque, je n'aime pas beaucoup ce mot de libérateur – qu'il n'y ait plus cette marque unique de l'amour qu'on mettrait sur toutes les sensations et tous les sentiments [811]. » Et, un peu plus loin : « Le fait qu'on ait fait sauter le signifié monotone de l'amour a été très important [812]. » À la fin du volume, Foucault, récapitulant ce qui a été dit au cours des entretiens sur ces questions, déclare : « Tous ces partages, en être, ne pas en être, faire l'amour, ne pas faire l'amour, être amoureux, ne pas être amoureux, tous ces partages binaires sont absolument à abolir, ne correspondent qu'à des systèmes de contraintes horribles [813]. »

🖉 Au milieu du livre, on trouve un passage curieux, qui se situe à l'articulation de plusieurs préoccupations et qui préfigure la réflexion que Foucault mènera au cours des années suivantes. Il mentionne une lettre qu'il a lue dans le journal *Libération*. À cette époque, ce quotidien publiait régulièrement une page « Courrier » très ouverte, très libre, dans laquelle les lecteurs racontaient leurs expériences et faisaient part de leurs points de vue sur les sujets les plus divers. C'est, dit Foucault, ce qu'il y a de mieux dans ce journal [814]. Dans cette lettre, un garçon hétérosexuel raconte qu'il était parti en vacances avec un groupe de garçons et de filles. Foucault résume ainsi son récit de *Libération* : « Ils couchaient sous la tente, ils campaient. Et puis un jour, deux gars de l'extérieur sont venus les voir et le hasard a fait qu'il s'est trouvé pour la nuit couché dans le même lit ou sac de couchage qu'un des types [...]. Le lendemain matin, ils sont sortis montrant manifestement que eh bien ils avaient fait l'amour ensemble et que non seulement ils avaient fait l'amour ensemble mais que ça leur plaisait, et qu'ils s'aimaient, et ils l'ont montré tout au long de la journée, et très vite les réactions d'intolérance dans ce groupe qui était pourtant gauchiste, libéré – garçons et filles couchaient ensemble avec une grande facilité, il n'y avait aucun interdit –, les réactions négatives ont commencé à se multiplier, et finalement on les a foutus dehors tous les deux [815]... » Si l'auteur de la lettre semblait faire « de l'acte homosexuel refusé par tout le monde, garçons et filles, la vraie raison du rejet », Foucault pense au contraire que « le point où la résistance s'est faite chez les autres, ce n'était pas tellement qu'ils aient couché ensemble, pour dire les choses crûment, que l'un ait enculé l'autre, ça, ce n'était pas ça qui était intolérable, mais c'était que le lendemain matin ils se tiennent par la main, c'était que, pendant le déjeuner, ils s'embrassent, c'était qu'ils ne se quittent plus, c'était finalement toute une série de plaisirs qui étaient justement des plaisirs d'être ensemble, des plaisirs de corps, des plaisirs de regards... Et c'est cette économie-là du plaisir qui est incroyablement mal acceptée. Alors que la région du sexuel, eh bien, comme on sait que de toute façon il s'y passe des choses bizarres, elle est finalement beaucoup mieux tolérée, et on admet que deux types s'envoient en l'air ensemble. Mais que deux types s'aiment, aient entre eux, sans cesse, à toute heure du jour, des plaisirs à la fois visibles et complètement énigmatiques, que deux types se tiennent par la main et se sourient ! ça n'est pas possible [...]. C'est finalement là que porte l'interdit, c'est la forme la plus perfide d'interdit, c'est-à-dire la plus diffuse, celle qui n'est jamais dite mais qui, finalement, barre de la vie de l'homosexuel toute une série de choses, ce qui lui rend l'existence relativement pénible, quelle que soit la tolérance pour l'acte sexuel, car je prétends que cette tolérance, aujourd'hui, existe jusqu'à un certain point [816]. »

Thierry Voeltzel est assez sceptique sur ce point et lui répond : « Plus ou moins ; c'est-à-dire qu'en général les homosexuels se cachent, alors ça va à peu près. Comme tu dis, c'est le comportement qui gêne. » Et Foucault reprend : « C'est le plaisir visible, ce n'est pas le plaisir caché [817]. »

Bien sûr, ces considérations semblent contredire les propos tenus au début du dialogue sur le fait qu'aujourd'hui il ne serait plus nécessaire de se demander si l'on « est » ou pas homosexuel quand on pratique une sexualité homosexuelle. Dans les réflexions que lui inspire la lettre parue dans *Libération*, Foucault le dit très nettement : à ses yeux, ce ne sont pas seulement les actes sexuels qui sont en jeu, mais toute la perception sociale de l'homosexualité, et l'homophobie vise moins les pratiques elles-mêmes, et notamment la sodomie, que tout ce qu'implique le fait d'être ensemble et de manifester qu'on s'aime. Ce n'est pas la sexualité mais ce qu'il appelle ici l'« économie du plaisir ». Sans doute ces remarques éclairent-elles d'un jour nouveau l'appel lancé dans *La Volonté de savoir* à appuyer la « contre-attaque » face au dispositif de la sexualité sur « le corps et les plaisirs », et non pas sur « le sexe et le désir ».

Mais cela annonce également la réflexion qu'il va mener dans les années qui vont suivre. Contre le discours de la « libération sexuelle », contre Reich qui exaltait la « fonction de l'orgasme », contre l'idée que la sexualité génitale, une fois débarrassée de la « répression » qui la mutile, serait le moyen privilégié de l'épanouissement individuel, Foucault va revenir sans cesse, au fil des années, et en des termes quasiment identiques, sur le sourire des deux garçons qui se tiennent par la main, et, à partir de là, on va voir s'affirmer peu à peu dans sa réflexion le thème du « mode de vie gay » et de la « culture gay » fondés sur ces nouvelles formes de relation entre les individus. Ainsi déclare-t-il, dans une interview de 1978 : « Deux garçons que l'on voit partir ensemble pour aller coucher dans le même lit, on les tolère, mais si le lendemain matin ils se réveillent avec le sourire aux lèvres, ils se tiennent par la main, là on ne leur pardonne pas. Ce n'est pas le départ pour le plaisir qui est insupportable, c'est le réveil heureux [818]. » Il redit la même chose en 1982 – mais il aura alors remplacé les expressions « être heureux ensemble » ou « économie des plaisirs » par la notion de « style de vie » : « Je crois que ce qui gêne le plus ceux qui ne sont pas homosexuels dans l'homosexualité, c'est le style de vie gay, et non les actes sexuels eux-mêmes [819]. »

Dès cette époque, Foucault oppose donc à la pente du « toujours plus de sexe » et du « toujours plus de vérité dans le sexe » un mouvement qui consisterait non pas à « redécouvrir » mais à « fabriquer d'autres formes de plaisirs, de relations, de coexistences, de liens, d'amours, d'intensités [820] ».

Lorsqu'il dénonce, en 1981, le « grand mythe » de l'indifférenciation entre homosexualité et hétérosexualité qu'avait propagé le discours gauchiste des années soixante et soixante-dix, il insiste encore sur le fait que ce qui rend l'homosexualité « troublante », c'est « le mode de vie homosexuel beaucoup plus que l'acte sexuel lui-même ». Il ajoute : « Imaginer un acte sexuel qui n'est pas conforme à la loi ou à la nature, ce n'est pas ça qui inquiète les gens. Mais que des individus commencent à s'aimer, voilà le problème [821]. » Car, précise-t-il, « c'est l'une des concessions que l'on fait aux autres que de ne présenter l'homosexualité que sous la forme d'un plaisir immédiat, de deux jeunes garçons se rencontrant dans la rue, se séduisant d'un regard, se mettant la main aux fesses et s'envoyant en l'air dans le quart d'heure. On a là une espèce d'image proprette de l'homosexualité, qui perd toute virtualité d'inquiétude pour deux raisons : elle répond à un canon rassurant de la beauté, et elle annule tout ce qu'il peut y avoir d'inquiétant dans l'affection, la tendresse, l'amitié, la fidélité, la camaraderie, le compagnonnage auxquels une société un peu ratissée ne peut pas donner de place sans craindre que ne se forment des alliances, que ne se nouent des lignes de force imprévues [822]. »

Contre Hocquenghem, contre les discours de la libération sexuelle, Foucault entend affirmer que ce n'est donc pas tellement dans la « sexualisation » de la société, la drague, le sexe en plein air, la multiplication des partenaires, etc., qu'il faut chercher un opérateur de déstabilisation de l'ordre établi, mais plutôt dans l'invention de nouveaux modes de vie et de nouveaux modes de relations entre les individus : « L'affirmation qu'être homosexuel, c'est être un homme et qu'on s'aime, cette recherche d'un mode de vie va à l'encontre de cette idéologie des mouvements de libération sexuelle des années soixante [...]. L'homosexualité est une occasion historique de rouvrir des virtualités relationnelles et affectives, non pas tellement par les qualités intrinsèques de l'homosexuel, mais parce que la position de celui-ci, "en biais" en quelque sorte, les lignes diagonales qu'il peut tracer dans le tissu social permettent de faire apparaître ces virtualités [823]. »

C'est dans l'invention d'un tel « système relationnel [824] » qu'il faut chercher la possibilité de se réinventer soi-même et d'échapper à l'assujettissement par les normes sociales.

10
RÉSISTANCE ET CONTRE-DISCOURS

Au début des années soixante-dix, l'engagement politique de Foucault se situait nettement dans l'optique de la « prise de parole » telle qu'elle semblait découler de ses travaux antérieurs. Lorsqu'il crée le GIP (Groupe d'information sur les prisons), en 1971, il présente ainsi les objectifs de ce mouvement : « Le GIP ne se propose pas de parler pour les détenus des différentes prisons. Il se propose au contraire de leur donner la possibilité de parler eux-mêmes et de dire ce qui se passe dans les prisons. Le but du GIP n'est pas réformiste. Nous ne rêvons pas d'une prison idéale : nous souhaitons que les prisonniers puissent dire ce qui est intolérable dans le système de répression pénale. Nous devons répandre le plus vite possible et le plus largement possible ces révélations faites par les prisonniers eux-mêmes. Seul moyen pour unifier dans une même lutte l'intérieur et l'extérieur de la prison, le combat politique et le combat judiciaire [825]. »

Nous sommes, au fond, très proches de la manière dont Guy Hocquenghem présentait, en avril 1971, le numéro spécial du journal *Tout* consacré à la sexualité : « Alors les pédés, et les gouines, les femmes, les emprisonnés, les avortées, les asociaux, les fous... on a pas [*sic*] parlé à leur place, ils ont pris la parole, et sur la base de leur désir et de leur oppression ; ils exigent de pouvoir faire ce qu'ils veulent de leur corps [826] ». D'ailleurs, le

FHAR et le GIP se sont retrouvés dans des actions communes, par exemple en 1972 lors de la mort de Gérard Grandmontagne, un détenu mis au cachot pour homosexualité, et qui s'y suicida [827].

En 1973 encore, lorsqu'il participe à la création du journal *Libération*, Foucault propose que des comités soient constitués qui feraient remonter l'information vers la rédaction du quotidien, dont l'une des fonctions serait précisément de la diffuser. À ses yeux, ces comités devraient être en liaison directe avec le mouvement des femmes, le mouvement homosexuel, etc. Foucault souhaitait également que soit créée une « chronique de la mémoire ouvrière », qui aurait consisté à « regrouper » les souvenirs des luttes et à les « raconter » [828].

Foucault ne va pas abandonner totalement cette politique de la « parole » après *La Volonté de savoir*. Par exemple, le long article intitulé « La Vie des hommes infâmes », qu'il publie en 1977, s'inscrit encore dans cette ligne de pensée et pourrait sembler plus proche de la thématique de l'*Histoire de la folie* que de celle développée dans le premier volume de l'*Histoire de la sexualité*. Il en va de même pour la collection qu'il lance en 1978, « Les vies parallèles ». Il écrit, dans le texte de présentation :

> Les Anciens aimaient à mettre en parallèle les vies des hommes illustres : on écoutait parler, à travers les siècles, ces ombres exemplaires. Les parallèles, je sais, sont faites pour se rejoindre à l'infini. Imaginons-en d'autres qui, indéfiniment, divergent. Pas de point de rencontre ni de lieu pour les recueillir. Souvent elles n'ont eu d'autre écho que celui de leur condamnation. Il faudrait les saisir dans la force du mouvement qui les sépare ; il faudrait retrouver le sillage instantané et éclatant qu'elles ont laissé lorsqu'elles se sont précipitées vers une obscurité où « ça ne se raconte plus » et où toute « renommée » est perdue [829].

Et ce sont les Mémoires d'Herculine Barbin, hermaphrodite du XIXᵉ siècle, qui constitueront le premier volume de cette éphémère collection (qui n'en comptera que deux).

🖉 Quelles transformations vont apporter, dans la réflexion politique de Foucault, notamment sur la question gay, les élaborations théoriques de *La Volonté de savoir* ? Il convient d'abord de souligner qu'en écrivant que le « personnage » de l'« homosexuel » n'a été inventé qu'en 1870, Foucault n'entendait évidemment pas critiquer la légitimité d'un « mouvement gay ». Au contraire. L'analytique du pouvoir élaborée dans ce livre repose sur l'idée que « la politique est la guerre continuée par d'autres moyens », comme il le dit dans son cours de l'année 1975-1976 [830], ce qui signifie qu'au modèle de la répression organisée par une instance souveraine, il entend substituer l'idée d'un « champ multiple et mobile de rapports de force où se produisent des effets globaux, mais jamais totalement stables, de domination » [831]. Le pouvoir est partout – dans toute relation sociale, à tous les niveaux de la société –, mais tout pouvoir rencontre immédiatement une résistance, ou plutôt « *des résistances* [832] ». La force du pouvoir n'existe et ne prend sens que parce qu'il trouve ses « points d'appui » dans des foyers de résistance, mais il faut ajouter aussitôt, et ces deux niveaux sont indissociables, que le pouvoir, dès lors qu'il s'exerce, fait naître des foyers de résistance. Bref, les rapports de pouvoir sont « strictement relationnels [833] ».

C'est dans ce contexte que Foucault pose ce qu'il appelle « la règle de la polyvalence tactique des discours [834] », c'est-à-dire qu'il n'y a pas, d'un côté, le discours du pouvoir, et, de l'autre, le discours de la résistance, mais « une multiplicité d'éléments discursifs qui peuvent jouer dans des stratégies diverses [835] ». Ainsi, une énonciation peut avoir des fonctions différentes dans le champ des rapports de force selon qu'elle est tenue par telle personne ou par telle autre ; une « formule identique » peut connaître des « déplacements, des réutilisations pour des objectifs opposés [836] ». Et c'est en référence directe aux analyses proposées dans la première partie de son livre sur l'invention de l'« homosexuel » que Foucault avance alors l'idée de « discours en retour », essentielle dans son analytique du pouvoir :

> L'apparition au XIXe siècle, dans la psychiatrie, la jurisprudence, la littérature aussi, de toute une série de discours sur les espèces et sous-espèces d'homosexualité, d'inversion, de pédérastie, d'« hermaphrodisme psychique », a permis à coup sûr une très forte avancée des contrôles sociaux dans cette région de « perversité » ; mais elle a permis aussi la constitution d'un discours « en retour » : l'homosexualité s'est mise à parler d'elle-même, à revendiquer sa légitimité ou sa « naturalité », et souvent, dans le vocabulaire, avec les catégories par lesquelles elle était médicalement disqualifiée. Il n'y a pas d'un côté le discours du pouvoir et, en face, un autre qui s'oppose à lui. Les discours sont des éléments ou des blocs tactiques dans le champ des rapports de force ; il peut y en avoir de différents et même de contradictoires à l'intérieur d'une même stratégie ; ils peuvent au contraire circuler sans changer de forme entre des stratégies opposées. Aux discours sur le sexe, il n'y a pas à demander avant tout de quelle théorie implicite ils dérivent, ou quels partages moraux ils reconduisent, ou quelle idéologie – dominante ou dominée – ils représentent ; mais il faut les interroger aux deux niveaux de leur productivité tactique (quels effets réciproques de pouvoir et de savoir ils assurent) et de leur intégration stratégique (quelle conjoncture et quel rapport de force rend leur utilisation nécessaire en tel ou en tel épisode des affrontements divers qui se produisent) [837].

Cela signifie que la « résistance » consiste souvent à donner une nouvelle signification à un énoncé ou à un discours. Le pouvoir prend « appui » sur des points de « résistance », mais les résistances trouvent souvent leur force en retournant stratégiquement les prises du pouvoir. Le « discours en retour », le contre-discours, n'est donc pas nécessairement un autre discours, un discours contraire. Il peut être le même discours, qui procède selon les mêmes catégories mais qui en inverse ou en transforme la signification. Il s'agit donc d'une réappropriation des significations produites par le pouvoir pour en transformer la valeur, ce que Judith Butler a si justement appelé le processus de « resignification ». Un énoncé, un discours n'ont pas de sens défini une fois pour toutes : le sens varie selon les fonctions stratégiques qu'ils remplissent. Et un même discours peut avoir des significations différentes, voire opposées, de même que des discours d'apparence opposée peuvent avoir une même signification. En tout cas, la résistance ne peut jamais être « extérieure » aux relations de pouvoir et elle est donc toujours située, toujours contextuelle [838]. On pourrait dire, pour paraphraser le titre d'un article de Foucault, qu'il n'y a pas de « pensée du dehors ». L'action est toujours prise dans une configuration stratégique dans laquelle elle peut se déplacer en suivant les transformations dont elle est en partie responsable, mais ne peut jamais échapper à ce jeu mobile et fluctuant, et toujours relationnel, des rapports de force.

🖉 Pourtant, bizarrement, Foucault semble s'éloigner de ses propres définitions quand il revient, à la fin de son livre, sur les conceptions politiques de Wilhelm Reich. Il écrit en effet :

> Ainsi s'est formée, entre les deux guerres mondiales, et autour de Reich, la critique historico-politique de la répression sexuelle. La valeur de cette critique et ses effets dans la

réalité ont été considérables. Mais la possibilité même de son succès était liée au fait qu'elle se déployait toujours dans le dispositif de sexualité, et non pas hors de lui ou contre lui. Le fait que tant de choses aient pu changer dans le comportement sexuel des sociétés occidentales sans qu'ait été réalisée aucune des promesses ou conditions politiques que Reich y attachait suffit à prouver que toute cette « révolution » du sexe, toute cette lutte « anti-répressive » ne représentait rien de plus, mais rien de moins – et c'était déjà fort important – qu'un déplacement et un retournement tactiques dans le grand dispositif de la sexualité. Mais on comprend aussi pourquoi on ne pouvait demander à cette critique d'être la grille pour une histoire de ce même dispositif. Ni le principe d'un mouvement pour le démanteler [839].

Il serait donc possible de « démanteler » le « dispositif » du pouvoir ? Et la critique historique pourrait fonder un « mouvement politique » qui se situerait en extériorité au champ stratégique des rapports de force et des « retournements tactiques » ? La « résistance » pourrait défaire le système auquel elle s'affronte mais dans lequel elle est prise ? Dans les dernières pages du livre, lorsqu'il cherche à préciser ce que pourrait être ce « démantèlement », Foucault reprend pourtant le vocabulaire stratégique :

> C'est de l'instance du sexe qu'il faut s'affranchir si, par un retournement tactique des divers mécanismes de la sexualité, on veut faire valoir contre les prises du pouvoir, les corps, les plaisirs, les savoirs, dans leur multiplicité et leur possibilité de résistance. Contre le dispositif de sexualité, le point d'appui de la contre-attaque ne doit pas être le sexe-désir mais les corps et les plaisirs [840].

Toute la réflexion de Foucault va se déployer dans cet emboîtement de problématiques, c'est-à-dire entre, d'un côté, la nécessité, constitutive de l'idée même de « résistance », de lutter à l'intérieur du champ stratégique, et, de l'autre, la possibilité d'une interrogation historico-critique qui permettrait de démanteler le dispositif et d'une action politique qui consisterait à inventer des « espaces autres », grâce auxquels on échapperait, autant que faire se peut, au système des rapports de force et à l'opposition entre technologies du pouvoir et renversements tactiques, entre discours et contre-discours. C'est dans ce double mouvement que va se dessiner la « politique gay » de Foucault, qui pourrait alors être définie par le double geste de la résistance et de l'« hétérotopie », c'est-à-dire l'invention dans la géographie des villes, ou à l'intérieur de la conscience individuelle ou collective, de possibilités nouvelles qui échapperaient, autant que faire se peut, et par l'effet d'un travail de soi sur soi, aux systèmes établis. Toute les thématiques imbriquées entre elles de la « subjectivation », de la « pratique de soi », du « style de vie », de la construction d'une « culture gay », tout cela nous renvoie à l'insistance – toujours relative – sur cette deuxième voie, sur le geste hétérotopique, et donc sur l'idée d'un écart possible par rapport au système de l'assujettissement [841].

✎ C'est peut-être la raison pour laquelle se développe, à la fin des années soixante-dix et au début des années quatre-vingt, une tension dans la pensée de Foucault entre d'un côté l'idée que l'homosexualité n'est pas une donnée de nature, invariante à travers les siècles, qu'elle n'est apparue qu'au XIXe siècle, et de l'autre l'évidence qu'il y a eu dans l'histoire des identités conscientes, individuelles et collectives, qui se sont formées autour du fait que des individus pratiquaient une sexualité particulière ou minoritaire. Et Foucault se réfère sur ce dernier point au livre de John Boswell, *Christianity, Social Tolerance and Homosexuality* [842].

Il est important d'y insister puisque la recherche historique américaine et anglo-saxonne s'est aujourd'hui largement fondée sur la rupture radicale qu'aurait permise Foucault par rapport à Boswell, devenu la cible de toutes les attaques. Les pages de *La Volonté de savoir* sur l'invention du personnage de l'homosexuel au XIXe siècle ont en effet donné naissance à ce qu'il est désormais convenu d'appeler l'approche « constructionniste[843] ». Boswell partait à la recherche de « *gay subcultures* » ou de « *gay people* » au Moyen Âge[844]. Or l'historicisation par Foucault des catégories de la sexualité semblait tourner le dos à cette conception « essentialiste »[845]. Les lecteurs de Foucault oublièrent vite que la page de *La Volonté de savoir* sur « l'invention de l'homosexualité » était d'abord et avant tout un propos polémique, « stratégique », et qu'il fallait la replacer dans le contexte théorique de son énonciation. Et si Foucault a effectivement adhéré lui-même, pendant un temps, à cette idée d'une rupture historique instaurée par la psychiatrie en 1870, il a vite nuancé son propos, notamment après avoir lu le livre de Boswell. Malheureusement, cette page de *La Volonté de savoir* est devenue un véritable article de foi outre-Atlantique, où livres et revues répètent inlassablement qu'avant la fin du XIXe siècle il n'y avait pas d'« identités », mais seulement des actes entre personnes du même sexe. Il est d'ailleurs assez surprenant de constater que personne, parmi tous ceux qui vont répétant le dogme de « l'invention de l'homosexualité en 1870 », ne fasse jamais allusion, fût-ce pour les écarter, aux analyses fort différentes proposées par Foucault dans l'*Histoire de la folie*, et qui ont été totalement occultées par celles de *La Volonté de savoir*[846].

Or Foucault n'a cessé, après avoir lu le livre de Boswell, de dire et redire son accord avec lui.

Mais avant de développer ce point, il est peut-être utile de noter au préalable que Foucault s'est assez vite aperçu que la périodisation proposée dans *La Volonté de savoir* était difficile à maintenir. S'il a dû abandonner le projet tel qu'il l'avait élaboré, n'est-ce pas précisément parce que le découpage historique qu'il avait suggéré n'était pas tenable ? On l'a vu : au cœur du livre se trouve l'idée (sans laquelle on ne comprend pas ce que signifie la thématique de l'« aveu ») que le « désir » a été inscrit dans la personne même des individus comme leur vraie « nature », leur « vérité » la plus profonde. La « sexualité » est un « dispositif historique ». Mais quand s'est-il formé ? Quand s'est-il imposé ? Dans le texte de 1981 intitulé « Sexualité et solitude », Foucault évoque ses discussions avec l'historien de l'Antiquité Peter Brown qu'il a connu à Berkeley et dont le travail a été très important pour ses élaborations ultérieures :

> Récemment, le professeur Peter Brown m'a déclaré que, selon lui, notre tâche était de comprendre comment il se fait que la sexualité soit devenue, dans nos cultures chrétiennes, le sismographe de notre subjectivité. C'est un fait et un fait mystérieux, que dans cette infinie spirale de vérité et de réalité du soi la sexualité a, depuis les premiers siècles de l'ère chrétienne, une importance considérable ; et une importance qui n'a cessé de croître. Pourquoi y a-t-il un lien aussi fondamental entre la sexualité, la subjectivité et l'obligation de vérité [847] ?

En effet, les travaux de Peter Brown montrent clairement que cette intériorisation de la sexualité, des désirs, dans la personne humaine remonte aux tout premiers temps du christianisme [848]. Est-ce au contact de l'historien que Foucault réorienta sa recherche ? En tout cas, il est vite apparu à Foucault qu'il ne pouvait pas se contenter de remonter « trois bons siècles » pour aller trouver le point de naissance du dispositif contemporain de la sexualité dans les techniques de la confession telles qu'elles furent édictées par la Contre-Réforme. Il lui fallait aller plus loin dans l'histoire, vers les premiers temps du christianisme [849]. D'où le travail que Foucault entreprit alors sur saint Augustin pour le volume sur *Les Aveux de la chair*, qu'il se mit à écrire après avoir renoncé à l'organisation initiale de son vaste projet. Mais peut-on vraiment imaginer que le remaniement théorique et historique auquel Foucault fut conduit par la logique interne de sa recherche ne vaille que pour la « sexualité » en général et non pour l'« homosexualité » ?

🖉 Dans ses réflexions ultérieures, Foucault s'est largement référé à deux livres sur l'histoire de l'homosexualité qui l'ont particulièrement intéressé. Celui de K. J. Dover, *Greek Homosexuality* [850], et, je l'ai dit, celui de John Boswell. Il insiste plutôt, lorsqu'il commente le premier, sur la dissolution de la catégorie d'« homosexualité » par le « nominalisme historique », et, lorsqu'il lit le second, sur le fait incontestable qu'il y a toujours eu dans l'histoire des « cultures gays ». Mais, à ses yeux, les deux ouvrages se rejoignent et c'est une seule et même démarche qui le pousse désormais à considérer, d'une part, que les amours « homosexuelles » ne sauraient être appréhendées dans l'unité d'une constante anthropologique et, d'autre part, et en même temps, qu'elles ont toujours été dans l'histoire le point d'ancrage d'une conscience des individus qui avaient des attirances pour le même sexe d'appartenir à une minorité particulière. Voici ce qu'il écrit dans l'article qu'il consacre, en 1982, à la traduction française du livre de Dover [851] :

> Dover déblaie tout un paysage conceptuel qui nous encombrait. Bien sûr, on trouvera encore des esprits aimables

pour penser qu'en somme l'homosexualité a toujours existé : à preuve Cambacérès, le duc de Crequi, Michel-Ange ou Timarque. À de tels naïfs Dover donne une bonne leçon de nominalisme historique. Le rapport entre deux individus du même sexe est une chose. Mais aimer le même sexe que soi, prendre avec lui un plaisir, c'est autre chose, c'est toute une expérience, avec ses objets et leurs valeurs, avec la manière d'être du sujet et la conscience qu'il a de lui-même. Cette expérience est complexe, elle est diverse, elle change de formes. Il y aurait à faire toute une histoire de « l'autre du même sexe » comme objet de plaisir. C'est ce que fait Dover pour la Grèce classique [852].

C'est en des termes quasi identiques qu'il commente Boswell, à peu près au même moment. Par exemple dans une interview parue dans une revue française en 1982 :

> Son idée est la suivante : si des hommes ont entre eux des rapports sexuels, que ce soit entre adulte et jeune, dans le cadre de la cité ou du monastère, ce n'est pas seulement par tolérance des autres vis-à-vis de telle ou telle forme d'acte sexuel : cela implique forcément une culture ; c'est-à-dire des modes d'expression, des valorisations, etc., donc la reconnaissance par les sujets eux-mêmes de ce que ces rapports ont de spécifique. On peut en effet admettre cette idée dès lors qu'il ne s'agit pas d'une catégorie sexuelle ou anthropologique constante, mais d'un phénomène culturel qui se transforme dans le temps tout en se maintenant dans sa formulation générale : rapport entre individus du même sexe qui entraîne un mode de vie où la conscience d'être singulier parmi les autres est présente [853].

Foucault revient sur Boswell dans une autre interview, publiée la même année, cette fois aux États-Unis :

> Le comportement sexuel n'est pas, comme on le suppose trop souvent, la superposition, d'un côté, de désirs issus d'instincts naturels, et de l'autre, de lois permissives et restrictives qui dictent ce qu'il faut faire et ne pas faire. Le

comportement sexuel est plus que cela. Il est aussi la conscience de ce qu'on fait, la manière dont on vit l'expérience, la valeur qu'on lui accorde. C'est dans ce sens, je crois, que le concept de gay contribue à une appréciation positive – plutôt que purement négative – d'une conscience dans laquelle l'affection, l'amour, le désir, les rapports sexuels sont valorisés [854].

Et il poursuit :

La conscience de l'homosexualité va certainement au-delà de l'expérience individuelle et comprend le sentiment d'appartenir à un groupe social particulier. C'est là un fait incontestable qui remonte à des temps très anciens [855].

Et c'est bien parce que cette conscience individuelle et collective non seulement existe, se perpétue à travers les siècles, mais aussi « change avec le temps et varie d'un lieu à un autre », et est donc susceptible d'être transformée et réinventée, que Foucault va mettre cette idée au fondement de sa « politique gay ».

11

DEVENIR GAY

Dans les années qui suivent *La Volonté de savoir*, et jusqu'à sa mort en 1984, Foucault va s'exprimer à de nombreuses reprises sur le mouvement homosexuel et sur la question gay, notamment dans une série d'interviews en France et aux États-Unis [856].

Ces textes ne constituent pas un ensemble cohérent de réflexions, mais plutôt des variations sur un même thème, des pistes pour des recherches futures. Les propos de Foucault y sont souvent formulés à titre d'hypothèses, et les contradictions ne sont pas rares. On a parfois l'impression qu'il réfléchit à voix haute devant ses interlocuteurs, sans avoir des idées très arrêtées sur les problèmes évoqués [857].

Tous ces textes sont étroitement liés au travail mené par Foucault en ces années-là pour écrire la suite de son *Histoire de la sexualité*. Ils s'inscrivent donc dans la continuité de *La Volonté de savoir*, mais sont également en rupture profonde avec ce livre puisque les enjeux stratégiques se sont déplacés entre le début des années soixante-dix et celui des années quatre-vingt.

Par exemple, Foucault y esquisse une histoire de la « répression » – ou plutôt de la « surveillance » et du « contrôle » de l'homosexualité : « C'est une histoire compliquée, indique-t-il, et je dirai que c'est une histoire à trois temps [858]. »

Premier temps : « Depuis le Moyen Âge, il existait une loi contre la sodomie impliquant la peine de mort et dont l'application a été très limitée. » Deuxième étape : « La pratique policière à l'égard de l'homosexualité, très nette en France à partir du milieu du XVIIe siècle, à une époque où les villes existent réellement, où un certain type de quadrillage policier est en place et où, par exemple, on note l'arrestation, relativement massive, d'homosexuels, dans des lieux comme le jardin du Luxembourg, Saint-Germain-des-Prés ou le Palais-Royal. On remarque ainsi des dizaines d'arrestations : on relève les noms, on arrête les gens pour quelques jours ou on les relâche tout simplement. Certains peuvent "rester au trou" sans procès. Tout un système de pièges, de menaces, s'installe avec des mouchards, des flics, tout un petit monde se met en place très tôt, dès les XVIIe et XVIIIe siècles [...]. Cela s'inscrit dans le cadre d'une surveillance et d'une organisation d'un monde prostitutionnel des filles en plein développement au XVIIIe siècle. Mais il me semble que la surveillance de l'homosexualité a commencé un peu avant [859]. »

Enfin, le troisième stade de cette histoire, « c'est évidemment l'entrée bruyante au milieu du XIXe siècle de l'homosexualité dans le champ de la réflexion médicale. Une entrée qui s'est faite discrètement au cours du XVIIIe et au début du XIXe siècle [860]. »

Et Foucault conclut ces quelques remarques en précisant qu'il s'agit là d'un « phénomène de grande échelle, autrement plus compliqué qu'une simple invention de médecins [861] ».

✎ Quoi qu'il en soit, Foucault va désormais insister à nouveau sur la « répression » de l'homosexualité, sans doute pour effacer les effets de ce qu'il considérait comme une mauvaise lecture de *La Volonté de savoir* :

« Dans une société comme la nôtre où l'homosexualité est réprimée – et sévèrement... », insiste-t-il, dans une interview de 1982, où il déclare également que « la culture chrétienne occidentale a banni l'homosexualité [862] ».

C'est pourquoi il ne cesse de souligner l'importance qu'ont revêtue les mouvements de libération sexuelle dans les années soixante-dix, comme il l'avait fait lorsqu'il évoquait le rôle joué par Wilhelm Reich à la fin de son livre, et comme il ne manquait jamais d'y revenir dans les interviews de cette époque [863].

Jetant sur ces mouvements un regard rétrospectif, il en souligne les acquis fondamentaux :

> Il est tout à fait exact qu'il y a eu un véritable processus de libération au début des années soixante-dix. Ce processus fut très bénéfique, tant en ce qui concerne la situation qu'en ce qui concerne les mentalités [864].

Il précise alors pourquoi il a critiqué la notion de « libération sexuelle » :

> Ce que j'ai voulu dire, c'est que, à mon avis, le mouvement homosexuel a plus besoin aujourd'hui d'un art de vivre que d'une science ou d'une connaissance scientifique (ou pseudo-scientifique) de ce qu'est la sexualité. La sexualité fait partie de nos conduites. Elle fait partie de la liberté dont nous jouissons dans ce monde. La sexualité est quelque chose que nous créons nous-mêmes – elle est notre propre création, bien plus qu'elle n'est la découverte d'un aspect secret de notre désir. Nous devons comprendre qu'avec nos désirs, à travers eux, s'instaurent de nouvelles formes de rapports, de nouvelles formes d'amour, de nouvelles formes de création [865].

Ce rejet du « biologisme » et du « naturalisme » [866] est évidemment cohérent avec toute la démarche de Foucault, et ce qu'il dit ici de la sexualité peut valoir comme un exemple de l'articulation plus générale, dans sa pensée, du travail théorique – qui vise à retrouver la « contingence » de « l'événement historique » sous l'apparente naturalité des institutions ou des gestes les plus quotidiens – et du projet politique, qui invite à se déprendre de ces pesanteurs léguées par l'histoire [867].

On le voit bien dans la critique « fraternelle » qu'il adresse aux thèses des théoriciens de l'École de Francfort. Malgré la parenté d'inspiration qui le relie à Horkheimer et à Adorno, Foucault insiste sur le point essentiel qui les différencie : « Je ne pense pas que l'École de Francfort puisse admettre que ce que nous avons à faire ne soit pas de retrouver notre identité perdue, de libérer notre nature emprisonnée, de dégager notre vérité fondamentale, mais bien d'aller vers quelque chose qui est tout autre [868]. »

✎ C'est dans cette perspective qu'il faut comprendre les formules, répétées au fil des interviews : « L'homosexualité, déclare-t-il en 1981, n'est pas une forme de désir, mais quelque chose de désirable. Nous avons donc à nous acharner à devenir homosexuels et non pas à nous obstiner à reconnaître que nous le sommes [869]. » Ou encore, en 1982, lorsqu'il est interrogé sur le sens de cette dernière formule :

> Je voulais dire : « il faut s'acharner à être gay », se placer dans une dimension où les choix sexuels que l'on fait sont présents et ont leurs effets sur l'ensemble de notre vie. Je voulais dire que aussi ces choix sexuels doivent être en même temps créateurs de modes de vie. Être gay signifie que ces choix se diffusent à travers toute la vie, c'est aussi une certaine manière de refuser les modes de vie proposés, c'est faire du choix sexuel l'opérateur d'un changement d'existence. N'être pas gay, c'est dire : « Comment vais-je pouvoir limiter les effets de mon choix sexuel de telle

manière que ma vie ne soit en rien changée. » Je dirai, il faut user de sa sexualité pour découvrir, inventer de nouvelles relations. Être gay, c'est être en devenir, et pour répondre à votre question, j'ajouterai qu'il ne faut pas être homosexuel mais s'acharner à être gay [870].

✎ Mais pour « devenir gay », il faut d'abord pouvoir être « homosexuel ». Foucault insiste toujours sur ce point : le combat pour les droits, pour la liberté, est une tâche nécessaire, primordiale.

C'est pourquoi il assigne comme premier objectif au mouvement gay la conquête de la liberté de choix : « Il est important d'abord pour un individu d'avoir la possibilité – et le droit – de choisir sa sexualité. Les droits de l'individu concernant la sexualité sont importants et il est bien des endroits encore où ils ne sont pas respectés. Il ne faut pas considérer ces problèmes comme réglés, à l'heure actuelle [871]. »

Mais s'il ne cesse de réaffirmer qu'il faut être « intransigeant » sur ce point [872], Foucault n'entend pas limiter son approche à la conquête des droits existants et à la possibilité d'avoir accès à des modes de vie déjà établis : « Nous devrions considérer la bataille pour les droits des gays comme un épisode qui ne saurait représenter l'étape finale [873]. » D'abord, parce qu'il sait bien qu'un droit, « dans ses effets réels, est beaucoup plus lié encore à des attitudes, à des schémas de comportement qu'à des formulations légales. Il peut y avoir une discrimination envers les homosexuels même si la loi interdit de telles discriminations [874]. » Mais surtout parce qu'il lui semble nécessaire de dépasser le stade de revendications qui, si essentielles soient-elles, se contenteraient de vouloir ouvrir aux amours du même sexe « les champs culturels préexistants ». Il soutient, bien sûr, fût-ce avec réticence, les batailles déjà engagées à l'époque pour la reconnaissance juridique et sociale des couples homosexuels, le droit à l'adoption, etc. Interrogé sur la question du mariage, Foucault répond que ce combat est « très, très intéressant » tout en soulignant que cela risque d'être « un travail difficile [875] ». Ô combien difficile en effet ! Mais surtout il insiste sur le fait qu'à ses yeux il ne s'agit que d'un « premier pas » : « Si on demande aux gens de reproduire le lien du mariage pour que leur relation personnelle soit reconnue, le progrès réalisé est léger. Nous vivons dans un monde relationnel que les institutions ont considérablement appauvri [...]. Nous devons nous battre contre cet appauvrissement du tissu relationnel. Nous devons obtenir que soient reconnues des relations de coexistence provisoire, d'adoption... » L'intervieweur lui demande : « D'enfants ? » Et Foucault répond : « Ou – pourquoi pas – celle d'un adulte par un autre [876]. »

C'est la bataille pour la reconnaissance sociale et légale de ces formes différentes et multiples de relations, de ces « espaces autres » de la vie relationnelle et affective, qui intéresse Foucault au plus haut point : « Le fait de faire l'amour avec quelqu'un du même sexe peut tout naturellement entraîner toute une série de choix, toute une série d'autres valeurs et de choix pour lesquels il n'y a pas encore de possibilités réelles [877]. » Il est donc nécessaire d'« imaginer et créer un nouveau droit relationnel » qui permettrait « que tous les types possibles de relations puissent exister et ne soient pas empêchés, bloqués ou annulés par des institutions relationnellement appauvrissantes [878] ».

Au fond, Foucault propose d'inverser la démarche qui consiste à prendre pour modèle les normes sociales de l'hétérosexualité en demandant le droit de pouvoir y accéder :

Plutôt que de dire, ce qu'on a dit à un certain moment : « Essayons de réintroduire l'homosexualité dans la normalité générale des relations sociales », disons le contraire : « Mais non ! Laissons-la échapper dans toute la mesure du possible au type de relations qui nous est proposé dans notre société, et essayons de créer dans l'espace vide où nous sommes, de nouvelles possibilités relationnelles. » En proposant un droit relationnel nouveau, nous verrons que des gens non homosexuels pourront enrichir leur vie en modifiant leur propre schéma de relations [879].

Ainsi, au lieu de calquer leurs aspirations sur les modes de vie hétérosexuels, les gays devraient considérer que la manière dont ils inventent des modes d'existence, de relations, pourrait au contraire servir de point d'appui à un renouvellement du droit et des institutions, dont les hétérosexuels pourraient profiter pour échapper aux carcans de la normalité conjugale et des limitations qu'elle implique quant aux types de relations possibles [880].

On le voit : quel que soit l'angle sous lequel Foucault aborde la question de l'homosexualité dans les années quatre-vingt, il en revient toujours à l'idée d'une invention de nouvelles possibilités, de nouveaux modes de vie, de nouvelles relations entre les individus : « Nous devons non seulement nous défendre, insiste-t-il, mais aussi nous affirmer, et nous affirmer non seulement en tant qu'identité, mais en tant que force créatrice [881]. »

Il s'agit bel et bien de « créer une culture [882] ».

Foucault reste toujours très évasif sur ce que pourraient être cette « nouvelle culture » ou ces « créations culturelles ». Ce n'est pas étonnant : il ne s'agit pas pour lui de proposer un programme, puisque cela reviendrait à annihiler l'inventivité. « L'idée d'un programme et de propositions est dangereuse. Dès qu'un programme se présente, il fait loi, c'est une interdiction d'inventer. Il devrait y avoir une inventivité propre à une situation comme la nôtre et à cette envie que les Américains appellent *coming out*, c'est-à-dire se manifester. Le programme doit être vide [883]. »

Ce refus de prescrire ce que doit être le futur (et ce que doit être le présent), de définir à l'avance ce que pourraient être les possibilités nouvelles, est assurément très cohérent avec toute la pensée de Foucault, aussi bien politique que théorique. Il n'est pas étonnant que ce soit à la fin d'une interview sur l'homosexualité qu'il s'attache à critiquer longuement l'idée de programme politique et à souligner à quel point il a été important que les mouvements de luttes des années soixante et soixante-dix (« liberté sexuelle, écologie, prisons », dit-il) puissent exister et se développer sans passer par des prescriptions programmatiques. Foucault exprimait les plus grandes réticences à l'égard des partis politiques, de la « fonction-parti », et son refus des « programmes » est profondément lié à cette idée, fondamentale chez lui, que l'action est avant tout une résistance, ou plutôt une multiplicité de résistances partielles, dont la cohérence, malgré leur diversité, est « stratégique » (c'est-à-dire que les luttes se définissent par ce à quoi elles s'opposent en commun) ; mais aussi à l'idée que ces résistances n'opèrent pas seulement par le geste du refus mais peuvent également prendre la forme d'une expérimentation de nouvelles pratiques, de nouveaux modes d'existence [884] :

> Depuis le XIXe siècle, les grandes institutions politiques et les grands partis politiques ont confisqué le processus de la création politique ; je veux dire par là qu'ils ont essayé de donner à la création politique la forme d'un programme politique afin de s'emparer du pouvoir. Je pense qu'il faut préserver ce qui s'est produit dans les années soixante et au début des années soixante-dix. L'une des choses qu'il faut préserver, à mon avis, est l'existence, en dehors des grands

partis politiques, et en dehors du programme normal ou ordinaire, d'une certaine forme d'innovation politique, de création politique et d'expérimentation politique. C'est un fait que la vie quotidienne des gens a changé entre le début des années soixante et maintenant, et ma propre vie en témoigne certainement. Ce changement, à l'évidence, nous ne le devons pas aux partis politiques, mais à de nombreux mouvements. Ces mouvements sociaux ont vraiment transformé nos vies, notre mentalité et nos attitudes, ainsi que les attitudes et la mentalité d'autres gens – des gens qui n'appartenaient pas à ces mouvements [885].

✐ S'il ne formule aucun programme, Foucault propose cependant quelques pistes générales sur ce que pourrait être la « culture gay ». C'est dans ce cadre qu'il propose une réflexion sur l'« amitié ».

En effet, lorsqu'il parle d'une nouvelle « culture » qui inventerait « des modalités de relations, des modes d'existence, des types de valeurs, des formes d'échange entre individus qui soient réellement nouveaux, qui ne soient pas homogènes ni superposables aux formes culturelles générales », il évoque presque toujours les « relations d'amitié » telles qu'elles existaient dans l'Antiquité grecque et romaine. C'étaient, dit-il, des relations qui s'inscrivaient dans un cadre « institutionnel souple, même s'il était parfois contraignant », avec « un système d'obligations, de charges, de devoirs réciproques... ». Il ne s'agit pas de revenir à ce modèle, ni de le reproduire. Mais l'on peut y voir l'exemple d'un système « à la fois souple et malgré tout relativement codé », qui permettait des « relations importantes et stables que nous, maintenant, arrivons très mal à définir [886] ».

Le thème de l'amitié revient comme une préoccupation constante dans les interviews qu'il accorde au début des années quatre-vingt : « S'il est une chose qui m'intéresse aujourd'hui, c'est le problème de l'amitié », affirme-t-il en 1982 dans l'interview intitulée « Sexe, pouvoir et politique de l'identité »[887]. Dans ce texte très important, il remarque une fois de plus qu'« au cours des siècles qui ont suivi l'Antiquité l'amitié a constitué un rapport social très important à l'intérieur duquel les amis disposaient d'une certaine liberté, d'un certain type de choix (limité, bien entendu) et qui leur permettait aussi de vivre des rapports affectifs très intenses. L'amitié avait aussi des implications économiques et sociales – l'individu était tenu d'aider ses amis. »

Or ce type d'amitié, ajoute-t-il, a disparu au XVIe et au XVIIe siècle, « du moins dans la société masculine ». Et, à cette époque, un certain nombre d'auteurs ont commencé à critiquer l'amitié, désormais jugée « dangereuse »[888]. Foucault livre alors ce qu'il appelle son « hypothèse » :

> L'homosexualité (par quoi j'entends l'existence de rapports sexuels entre les hommes) est devenue un problème à partir du XVIIIe siècle. Nous la voyons devenir un problème avec la police, le système juridique. Et je pense que si elle devient un problème, un problème social à cette époque-là, c'est parce que l'amitié a disparu. Tant que l'amitié a représenté quelque chose d'important, tant qu'elle a été socialement acceptée, personne ne s'est aperçu que les hommes avaient, entre eux, des rapports sexuels. On ne pouvait pas dire non plus qu'ils n'en avaient pas, mais simplement, cela n'avait pas d'importance. Cela n'avait aucune implication sociale, la chose était culturellement acceptée […]. Une fois l'amitié disparue en tant que rapport culturellement accepté, la question s'est posée : « Mais que fabriquent donc les hommes ensemble ? » Et c'est à ce moment-là que le problème est apparu. […] La disparition de l'amitié en tant que rapport social et le fait que l'homosexualité ait été déclarée problème social, politique et médical font partie du même processus[889].

C'est pourquoi Foucault peut affirmer qu'après avoir entrepris d'écrire l'histoire de la sexualité « nous devrions maintenant essayer de comprendre l'histoire de l'amitié, ou des amitiés [890] ».

12

LES HOMMES ENTRE EUX

Pour le Foucault du début des années quatre-vingt, l'idée d'amitié ne représente pas seulement un détour historique pour évoquer de nouvelles formes de relations entre les individus. Elle permet également d'imaginer un « système relationnel » qui pourrait devenir le principe d'une différenciation interne à la société : le « mode de vie gay » deviendrait alors un écart, un « espace autre » dans lequel des individus, sur la base d'une sexualité commune, se produiraient comme groupe social.

En effet, Foucault ne cache pas que toute sa réflexion s'inspire de sa rencontre avec les « communautés » gays américaines, à New York et surtout à San Francisco, qu'il avait découvertes avec un certain enthousiasme au milieu des années soixante-dix, quand il avait commencé de donner des cours dans plusieurs universités, et notamment celle de Berkeley[891]. Décrivant la vie « gay » dans les grandes villes américaines, il déclare en 1981 : « Aux États-Unis, l'intérêt pour l'amitié est devenu très important… On n'entre pas simplement en relation pour pouvoir arriver jusqu'à la consommation sexuelle, qui se fait très facilement, mais ce vers quoi les gens sont polarisés, c'est l'amitié[892]. » Il s'interroge alors : « Comment arriver, à travers les pratiques sexuelles, à un système relationnel ? Est-ce qu'il est possible de créer un mode de vie homosexuel ? » Puis il ajoute : « Cette notion de mode de vie me paraît importante. Est-ce qu'il n'y aurait pas à introduire une diversification autre que celle qui est due aux classes sociales, aux différences de profession, aux niveaux culturels, une diversification qui serait aussi une forme de relation et qui serait le "mode de vie" ? Un mode de vie peut se partager entre des individus d'âge, de statut, d'activité sociale différents [893]. »

On le voit : Foucault se fait ici le théoricien de cette forme de sociabilité que le discours néo-conservateur de droite et de gauche a désigné sous l'appellation polémique de « communautarisme homosexuel » : c'est-à-dire un « mode de vie » choisi et construit par un ensemble d'individus et qui peut, comme dit encore Foucault, « donner lieu à une culture [894] ».

🖉 Ce que Foucault nomme la « culture gay » est fortement lié, en effet, à ce qu'on appellerait aujourd'hui les « communautés gays », en tout cas à l'existence de bars, de boîtes, de saunas, de lieux de rencontre sexuelle (car à côté du « nouveau système relationnel » qu'il appelait de ses vœux, Foucault insistait sur un deuxième axe selon lequel la culture gay devait se développer pour échapper aux régimes de la normalité sociale et sexuelle : « l'intensification des plaisirs »).

C'est San Francisco qu'il a en tête, cela ne fait aucun doute, lorsqu'il s'exprime dans cette série d'interviews des années quatre-vingt. Il suffit de lire ce qu'il déclare quand il décrit la pratique du sadomasochisme comme foyer de création d'une « subculture » et de nouvelles identités personnelles :

> L'idée que le S/M est lié à une violence profonde, que sa pratique est un moyen de libérer cette violence, de donner libre cours à l'agression, est une idée stupide. Nous savons très bien que ce que ces gens font n'est pas agressif ; qu'ils inventent de nouvelles possibilités de plaisir en utilisant certaines parties bizarres de leur corps – en érotisant ce corps.

Je pense que nous avons là une sorte de création, d'entreprise créatrice, dont l'une des principales caractéristiques est ce que j'appelle la désexualisation du plaisir. L'idée que le plaisir physique provient toujours du plaisir sexuel et l'idée que le plaisir sexuel est la base de *tous* les plaisirs possibles, cela, je pense, c'est vraiment quelque chose de faux. Ce que les pratiques S/M nous montrent c'est que nous pouvons produire du plaisir à partir d'objets très étranges, en utilisant certaine parties bizarres de notre corps, dans des situations très inhabituelles […]. La pratique du S/M débouche sur la création du plaisir, et il y a une identité qui va avec cette création. C'est la raison pour laquelle le S/M est vraiment une subculture. C'est un processus d'invention [895].

Foucault voit dans les « communautés » gays des espaces où s'inventent de nouveaux modes de vie, mais cela ne signifie évidemment pas qu'il approuve toujours, et nécessairement, tout ce qui peut s'y produire. Pour Foucault, il y a du « danger » partout, et tout groupe sécrète des effets de pouvoir à l'égard desquels il faut manifester toujours de la « méfiance » (*distrustfulness*) [896]. C'est cette attitude générale de méfiance qu'il faut en permanence, d'une part, transformer en « *pratique* critique » et, d'autre part, élaborer en « *analyse* critique » [897]. C'est pourquoi le rôle de l'intellectuel est toujours « négatif » [898]. Mais lorsque le sociologue Robert Bellah lui demande si, dans la lutte contre les instances du pouvoir et de l'État, il ne serait pas possible de concevoir un type de « participation avec les autres, sinon un parti, mais peut-être une partie d'un parti, sinon une Église, du moins une congrégation, en tout cas une sorte de contexte dans lequel l'individu ne se sentirait pas entièrement seul », Foucault lui répond :

Quand je parle de cette attitude de suspicion, c'est seulement une attitude générale. Parce qu'il n'y a aucune relation de pouvoir, dans aucune société, qui ne soit dangereuse, que ce soit au niveau des [*mots manquants*], des relations sexuelles, des petites communautés, etc. C'est la raison pour laquelle je crois que la suspicion générale est nécessaire. Je ne pense pas qu'on puisse opposer un type de communauté qui serait bonne à un type de communauté qui serait mauvaise. Elles sont toutes dangereuses, mais chacune représente un type particulier de danger et aussi un degré particulier de danger, et nous ne pouvons donc pas réagir de la même manière. Parfois, nous devons nous appuyer sur tel ou tel type de communauté pour résister à un danger plus grand qui vient d'une autre communauté [...]. Ces stratégies et ces changements de stratégies sont très importants. Et donc l'attitude générale de suspicion n'est pas forcément une attitude solitaire [899].

Si l'on se réfère à ces quelques affirmations, on peut en conclure qu'aux yeux de Foucault la « communauté » gay ne saurait être exempte de tout « danger » puisque toute communauté, quelle qu'elle soit, est porteuse de « danger ». Mais la constitution de telles communautés reste pour lui un élément important, et même fondamental, de la lutte menée pour inventer de nouvelles formes d'existence et façonner de nouveaux « styles de vie » afin d'échapper au danger bien plus menaçant que font peser la rigueur de la norme et la société « disciplinaire » dans son ensemble [900].

🖉 Puisque Foucault pense toujours les « modes de vie gays » dans l'horizon de la sexualité (le lien entre les individus qui participent de cette culture étant d'abord et avant tout fondé sur une sexualité commune, c'est-à-dire l'homosexualité), sa réflexion sur la « culture » à inventer est toujours circonscrite à la monosexualité.

On pourrait s'en étonner. En effet, si les bars ou les lieux de rencontre, sans même parler des saunas, et donc une bonne partie du « mode de vie gay » qu'évoque Foucault, ne peuvent être que monosexuels, il est difficile de comprendre pourquoi l'amitié et la « culture » fondée sur l'amitié devraient l'être également. En insistant sur l'idée de monosexualité, Foucault contredit ce qu'il ne cesse d'affirmer sur la nécessité de ne pas prescrire ce que pourrait être la culture à venir, de ne pas poser de limites, et surtout de laisser ouvert le champ des potentialités.

Qu'on n'imagine pas qu'il procède ainsi par inadvertance ou parce qu'il songeait seulement à l'exemple des quartiers gays américains. La monosexualité pour lui n'est pas un constat : elle est un discours réfléchi ; elle est une politique. Il y insiste explicitement lorsqu'on l'interroge sur le fait que les bars ont cessé depuis les années soixante-dix, dans de nombreux cas, d'être des « clubs fermés » comme ils l'étaient auparavant. Son interlocuteur y voit l'effet de la situation nouvelle, caractérisée par une plus grande liberté, qui règne aujourd'hui. « Absolument », répond Foucault. Mais il s'empresse d'ajouter que cela tient aussi au fait que les gays eux-mêmes sont « mal à l'aise avec la monosexualité [901] ». Et, un peu plus loin, il revient sur ce point :

> Dans la réaction souvent négative qu'on trouve chez quelques Français à propos de certains types de comportements américains traîne encore cette désapprobation à l'égard de la monosexualité. Ainsi entend-on parfois : « Comment pouvez-vous agréer ces modèles machos ? Vous êtes entre hommes, vous avez des moustaches et des blousons de cuir, vous portez des bottes, qu'est-ce que cette image de l'homme ? » On en rira peut-être dans dix ans, mais je crois qu'il y a dans ce modèle d'un homme qui s'affirme comme homme, il y a un mouvement de requalification de la relation monosexuelle. Cela consiste à dire : « Eh oui, nous passons notre temps entre hommes, nous avons des moustaches et nous nous embrassons », sans

qu'un des deux ait à jouer le rôle de l'éphèbe ou du garçon efféminé, fragile [902].

À cette insistance sur la monosexualité, il y a donc une première raison qui nous renvoie aux considérations mentionnées dans les chapitres précédents sur les garçons qui se tiennent la main : la vie des hommes entre eux, les quartiers gays, les modes de vie gays sont les espaces où de tels gestes sont possibles sans que ceux qui s'y livrent encourent le risque de l'agression ou de l'insulte. Affirmer qu'être gay c'est pouvoir se tenir par la main, cela implique aussi que l'on s'en donne les moyens.

Il est une deuxième raison, très clairement énoncée : Foucault continue, dans ces interviews des années quatre-vingt, de mener sa critique de l'idée de bisexualité naturelle ou de polysexualité qui avait hanté, on l'a vu, les mouvements de libération sexuelle des années soixante-dix. La monosexualité comme mode de vie, c'est le contraire exact du mythe de la « grande fusion » de tous les individus dans une sexualité indifférenciée : « La promesse que l'on aimera les femmes le jour où on ne nous condamnera plus parce qu'on est gay est utopique. Et c'est une utopie dangereuse [...] parce qu'elle se fait au prix d'une condamnation de la relation monosexuelle [903]. »

Mais ces discours sur la polysexualité avaient tout de même beaucoup perdu de leur vigueur dans les années quatre-vingt, et il est étonnant que Foucault prenne encore la peine de les contester. Il est donc d'autres raisons, plus profondes, à son apologie de la culture monosexuelle.

En fait, qu'il parle de la « culture gay » à venir ou du modèle historique de l'amitié, ce qui intéresse Foucault, on l'a dit, c'est ce que « fabriquent les hommes entre eux » : quels types de sentiments ils peuvent éprouver, quels types de relations ils peuvent construire, quels types de subjectivités nouvelles ils peuvent façonner.

Mais, pour montrer que des liens affectifs intenses peuvent exister entre les hommes à partir d'une sexualité partagée, Foucault recourt toujours à des exemples dans lesquels ce n'est pas la sexualité qui compte. Dans l'interview intitulée « De l'amitié comme mode de vie », il revient sur l'idée que la monosexualité masculine a été presque impossible depuis le XVIIIe siècle, sauf lorsqu'elle était imposée par les circonstances, comme à l'armée ou pendant la guerre. Il prend l'exemple de la vie des soldats dans les tranchées pendant la guerre de 1914-1918 :

> Vous aviez des soldats, des jeunes officiers qui ont passé là des mois, des années ensemble. Pendant la guerre de 14, les hommes vivaient complètement ensemble, les uns sur les autres, et pour eux, ce n'était pas rien du tout… En dehors de quelques propos généraux sur la camaraderie, la fraternité d'âme, de quelques témoignages très parcellaires, que sait-on de ces tornades affectives, des tempêtes de cœur qu'il y a pu y avoir à ces moments-là ? Et on peut se demander ce qui a fait que, dans ces guerres absurdes, grotesques, ces massacres infernaux, les gens ont malgré tout tenu. Par un tissu affectif sans doute. Je ne veux pas dire que c'était parce qu'ils étaient amoureux les uns des autres qu'ils continuaient à se battre. Mais l'honneur, le courage, ne pas perdre la face, le sacrifice, sortir de la tranchée avec le copain, devant le copain, cela impliquait une trame affective intensive. Ce n'est pas pour dire « Ah, voilà l'homosexualité ! » Je déteste ce genre de raisonnement. Mais on a sans doute là l'une des conditions, pas la seule, qui a permis cette vie infernale [904]…

Sans doute cette référence à l'affectivité entre hommes dans les tranchées devait-elle beaucoup à Dumézil. Mobilisé à 18 ans, en 1916, Dumézil avait passé deux années de sa vie dans l'enfer de la guerre, mais il y avait connu une liberté que seules de telles situations extrêmes rendaient possibles à cette époque. C'est pourquoi il aimait à raconter qu'il n'avait jamais été aussi heureux qu'à ce moment-là, ainsi qu'en témoigne la dédicace d'un de ses livres dans laquelle il fait allusion à ces « fêtes bruyantes de nos vingt ans [905] ». Ces sentiments homo-érotiques et affectifs qui naissaient dans ces situations épouvantables de la guerre et du feu ont été chantés par de nombreux poètes anglais, et l'on connaît les magnifiques vers de Siegfried Sassoon, Rudolf Owen, Robert Graves [906]... Et il est fort probable, comme nous invitent à le penser les historiens de l'homosexualité, que cette vie partagée, ces expériences vécues eurent une influence considérable sur la constitution d'une culture gay en Europe (et notamment en France) dans les années vingt, de la même manière qu'Allan Bérubé a montré que les liens noués pendant la Seconde Guerre ont joué un rôle décisif dans l'organisation d'une vie gay au cours des années cinquante [907].

Foucault a plusieurs fois évoqué le projet d'entreprendre une histoire de la guerre après son *Histoire de la sexualité*. Ou, peut-être plus exactement, une histoire de l'armée. Et il ne fait aucun doute que les formes militaires ou guerrières de la sociabilité masculine, de « l'amitié » entre hommes, auraient été l'un des axes de cette recherche.

Cependant, dans les interviews qu'il accorde dans les années quatre-vingt à propos de la question gay, ce n'est pas d'histoire mais de politique contemporaine qu'il s'agit, et deux idées s'y télescopent en permanence : la première est qu'une sexualité partagée par des individus différents peut les réunir dans une même « culture », la seconde, que des liens affectifs entre hommes peuvent exister en dehors de toute relation sexuelle. Tous les exemples historiques invoqués par Foucault seraient à ranger dans cette seconde catégorie. Et ce sont eux qui lui permettent d'imaginer ce que pourraient être les relations entre hommes dans de nouveaux modes d'existence gays, dont le point d'ancrage serait l'homosexualité, mais où se développerait tout un ensemble de relations qui n'auraient pas nécessairement de lien avec la sexualité. La formule qu'il emploie l'indique assez nettement : « L'homosexualité est une occasion historique de *rouvrir* des virtualités relationnelles et affectives [908]. »

On comprend mieux pourquoi, pour fonder son propos sur la vie des hommes entre eux, il se réfère à plusieurs reprises au livre de Lilian Faderman, *Surpassing the Love of Men*, qui est un livre sur… les femmes entre elles [909]. Il déclare par exemple :

> Il y a un livre qui vient de paraître aux États-Unis sur les amitiés entre femmes. Il est très bien documenté à partir de témoignages de relations d'affection et de passion entre femmes. Dans la préface, l'auteur dit qu'elle était partie de l'idée de détecter des relations homosexuelles et elle s'est aperçue non seulement que ces relations n'étaient pas toujours présentes mais que c'était inintéressant de savoir si on pouvait appeler cela homosexualité ou non. Et que, en laissant la relation se déployer telle qu'elle apparaît dans les mots et les gestes, apparaissent d'autres choses très essentielles : des amours, des affections denses, merveilleuses, ensoleillées ou bien très tristes, très noires [910].

Et, en effet, le livre de Lilian Faderman a pour postulat que les relations affectives entre femmes ne se réduisent pas, loin s'en faut, à la sexualité et que, finalement, comme l'a bien vu Foucault, la question de savoir si les femmes qu'elle décrit entre le XVIᵉ et le XXᵉ siècle avaient des relations sexuelles ou non n'est pas tellement pertinente. Mais il faut bien comprendre que cette problématique historique était ancrée dans un féminisme séparatiste, aujourd'hui quelque peu dépassé, qui s'appuyait sur l'idée, développée par Adrienne Rich dans un article célèbre, d'un « continuum lesbien » allant de la simple amitié entre deux femmes jusqu'à la relation sexuelle [911].

Cette idée d'un « continuum » a d'ailleurs été fortement critiquée par des théoriciennes et historiennes au cours des dernières années, précisément parce qu'elle consistait à désexualiser le lesbianisme [912]. Or c'est précisément cette « désexualisation » qui intéressait Foucault. L'analyse historique de Lilian Faderman lui permettait de penser qu'il existait un éventail très large de relations entre personnes du même sexe. Et cette culture monosexuelle (les femmes entre elles, ou les hommes entre eux) pouvait dès lors être considérée, ainsi que le suggéraient les analyses de l'historienne américaine, mais aussi ses propres remarques sur la vie dans les tranchées, comme le fondement d'une culture à inventer. Le livre de Faderman représente donc pour lui une sorte de détour, ou de métaphore pour parler de la culture gay, c'est-à-dire de la culture masculine : il veut simplement dire que des relations fortes peuvent se nouer entre les hommes sans qu'interviennent des relations sexuelles. Mais c'est malgré tout une sexualité commune (l'homosexualité) qui, dans la société contemporaine, sert de ciment à ce nouveau tissu relationnel par la médiation duquel se crée un nouveau principe de différenciation. Ce faisant, Foucault règle un peu rapidement la question de ce que doit être une « culture gay », puisqu'il semble l'envisager du seul point de vue des hommes, et des hommes seuls – laissant, bien sûr, la place, par ailleurs, et à côté, pour une culture lesbienne – sans jamais se poser la question de savoir quelle articulation il serait possible de penser entre ces deux cultures. En ce sens, il est évident que Foucault est plus proche des modes de vie gays des années soixante-dix ou quatre-vingt que de la culture *queer* d'aujourd'hui, qui cherche précisément à mettre en question ces séparatismes gays ou lesbiens.

On pourrait même aller plus loin et se demander si ce que Foucault présente comme un *nouveau* « système relationnel » ne ressemble pas, au fond, à des modes de vie gays fort traditionnels : rencontres sexuelles multiples qui peuvent se transformer en amitié, cercles d'amis composés des anciens amants et des amants ou anciens amants de ceux-ci, sociabilité masculine, liens entre personnes d'âge ou de milieu différents, fréquentations de bars, cafés et restaurants monosexuels... on voit que nous ne sommes pas si loin de la manière dont vécurent bien des homosexuels tout au long du XXe siècle.

La culture gay dont parle Foucault, c'est donc l'expansion à une échelle inédite de cette culture gay traditionnelle qui se caractérisait, pour un certain nombre de raisons évidentes, par une monosexualité assez stricte. Il est vrai que le développement et la visibilité extraordinaires qui ont caractérisé ces modes d'existence au cours des vingt ou trente dernières années les ont profondément transformés, et cela devait être très frappant pour quelqu'un qui, comme lui, avait assisté, en direct si l'on peut dire, à l'émergence de ce phénomène. Mais, malgré tout, n'est-ce pas la même « culture gay » qui a traversé les époques, et dont on aperçoit l'image aussi bien chez Wilde que chez Proust (entre tant d'autres) ? Et au fond la seule idée vraiment novatrice avancée ici par Foucault ne consiste-t-elle pas à vouloir créer un « nouveau droit relationnel » qui permettrait une institutionnalisation de liens spécifiques entre personnes du même sexe (comme l'adoption d'un adulte par un autre adulte, ou une forme de partenariat enregistré qui ne se préoccuperait pas de savoir si les individus ont des relations sexuelles ou non [913]) ?

Ainsi les plaidoyers de Foucault pour la monosexualité s'inscrivent dans une longue histoire, et doivent, assurément, beaucoup à son passé personnel. J'ai écrit, il y a quelques années, que Foucault, au regard d'une histoire de l'homosexualité, me semblait plus proche de Dumézil que de la vie gay contemporaine [914]. L'un des traits les plus marquants de cette proximité est sans doute une certaine « misogynie » constitutive de la sociabilité des homosexuels masculins qui ont fait l'apprentissage de l'homosexualité avant les années soixante-dix [915]. Foucault souligne lui-même l'ancrage personnel de son goût pour la sociabilité monosexuelle : « Aussi loin que je me souvienne, avoir envie de garçons, c'était avoir envie de relations avec des garçons. Ça a été pour moi toujours quelque chose d'important. Non pas forcément sous la forme du couple, mais comme une question d'existence : comment est-il possible pour des hommes d'être ensemble ? de vivre ensemble, de partager leur temps, leurs repas, leur chambre, leurs loisirs, leur savoir, leurs confidences ? Qu'est-ce que c'est que ça, être entre hommes [916] ? »

🖉 Ainsi, au terme de ce parcours dans les textes de Foucault, nous sommes ramenés au point de départ, c'est-à-dire au domaine de l'expérience personnelle comme foyer de l'inspiration théorique et politique. Ce qui explique assurément les hésitations, les évolutions et aussi les limitations des réflexions de Foucault sur la question gay, mais aussi leur force troublante : car ce qui s'y joue, c'est l'existence des individus façonnés par l'histoire de l'homosexualité tout entière, une histoire de l'assujettissement, mais aussi de la résistance et de cette pulsion hétérotopique qui a conduit les gays à inventer des « modes de vie » différents, improbables, inédits. Ou, en tout cas, à se poser en permanence la question de leur invention.

13
FAIRE DES DIFFÉRENCES

Foucault nous l'enseigne : nous ne pouvons jamais nous situer à l'extérieur de la politique. Les « espaces autres », les « hétérotopies », pour autant qu'ils dépassent le stade incantatoire de l'utopie de la subversion, sont nécessairement situés à l'intérieur d'un monde social dont les normes et les technologies disciplinaires contraignent, dominent et assujettissent. Mais nous ne sommes pas pour autant condamnés à être piégés par le pouvoir et vaincus par ses ruses, impuissants à échapper aux mailles de ses filets. Si le geste de « l'écart » est toujours relatif, et si les conquêtes ne peuvent être que partielles, locales, si elles sont incertaines, fragiles et provisoires, cela ne signifie pas que nous sommes perdants à tous les coups. Il faut se défaire de la mythologie du tout ou rien. Nous pouvons, par le travail critique inlassablement répété, déplacer les limites qui nous sont imposées et élargir les possibilités de la liberté : « On doit échapper à l'alternative du dehors et du dedans, écrit Foucault lorsqu'il donne sa définition de l'attitude critique, il faut être aux frontières. La critique, c'est bien l'analyse des limites et la réflexion sur elles [917]. »

À la métaphysique du sujet et de l'affranchissement véhiculée par les grands discours de la prophétie politique, mais aussi à toutes les injonctions à la soumission et à toutes les exhortations à la résignation, nous pouvons opposer l'idée de « subjectivation », c'est-à-dire d'un travail de transformation et d'invention de soi-même qui serait pensé, selon les termes de Foucault, comme « une critique pratique dans la forme du franchissement possible [918] ». Car ce n'est pas seulement la perspective d'investigations historiques que Foucault a en tête lorsqu'il parle de l'« attitude critique ». Il ne s'agit pas seulement d'étudier le passé qui nous a constitués comme ce que nous sommes. Il s'agit également de nous en déprendre, autant que faire se peut. Par conséquent, l'attitude critique doit s'exercer dans une démarche « expérimentale », c'est-à-dire « se mettre à l'épreuve de la réalité et de l'actualité, à la fois pour saisir les points où le changement est possible et souhaitable, et déterminer la forme précise à donner à ce changement [919] ».

Cette pratique expérimentale, Foucault la conçoit comme une activité nécessairement circonscrite à des champs particuliers, à des luttes spécifiques et déterminées. Il ne parle jamais en termes généraux, mais toujours de « transformations très précises ». Et il prend comme exemple celles « qui ont pu avoir lieu depuis vingt ans dans un certain nombre de domaines qui concernent nos modes d'être et de penser, les relations d'autorité, les rapports de sexes, la façon dont nous percevons la folie ou la maladie [920] ».

Dans cette perspective, les remarques de Foucault prennent parfois des inflexions très sartriennes : « Nous ne pouvons pas nous mettre *en dehors* de la situation, déclare-t-il, et nulle part nous ne sommes libres de tout rapport de pouvoir. Mais nous pouvons toujours transformer la situation [921]. » À la différence de Sartre, cependant, Foucault ne croit pas que nous ayons nécessairement à retrouver l'« authenticité », comme si celle-ci préexistait au geste de transformation de soi, ou comme si elle était la seule forme possible du rapport à soi :

Le thème de l'authenticité renvoie explicitement ou non à un mode d'être du sujet défini par son adéquation à lui-même. Or il me semble que le rapport à soi doit pouvoir être décrit selon des multiplicités de formes dont « l'authenticité » n'est qu'une des modalités possibles : il faut concevoir que le rapport à soi est structuré comme une pratique qui peut avoir ses modèles, ses conformités, ses variantes, mais aussi ses créations. La pratique de soi est un domaine complexe et multiple [922].

Il ne me paraît pas évident que la notion d'authenticité ne puisse être comprise dans une acception plus large que celle que Foucault lui assigne ici : elle peut revêtir une signification et acquérir une portée beaucoup plus ouvertes (puisque l'authenticité est « irréalisable ») et, au fond, ressembler assez fortement à ce qu'il cherche lui-même à exprimer à travers l'idée de l'esthétique de l'existence : la création de soi-même. Il n'y a pas chez Sartre de « moi » qui serait donné et auquel il conviendrait d'essayer de coïncider. Il s'agit plutôt de se projeter dans le futur (l'ek-stase temporelle) en s'arrachant, autant que faire se peut, aux déterminations qui nous enveloppent et nous conditionnent. C'est-à-dire, au fond, s'inventer soi-même. D'ailleurs, on pourrait avancer que l'*Histoire de la folie*, ouvrage dans lequel on voyait surgir les protestations d'une « expérience originaire » de la folie – dans les œuvres de Nietzsche, Artaud, Goya, Van Gogh, etc. – contre ce qui l'exclut et cherche à la réduire au silence, ressemble plus que les textes de Sartre à ce que Foucault critique dans la réflexion qu'il mène au soir de sa vie.

Toujours est-il que lorsque Foucault se déclare plus proche de Nietzsche et de la formule du *Gai Savoir* selon laquelle il faut donner un style à sa vie « au prix d'un patient exercice et d'un travail quotidien [923] », on comprend que ce qui importe à ses yeux, c'est que la « subjectivation » soit perçue comme un geste à recommencer indéfiniment et dont le contenu ne saurait être défini à l'avance. Au contraire : c'est à chaque individu, et à chaque groupe, de lui donner la forme qu'ils choisiront.

Une telle conception « politique » est assurément très importante, soit dit en passant, si l'on veut délivrer le mouvement gay de ses vieux démons et de ses sempiternelles querelles autour de la question de savoir quelle est la « bonne » attitude, s'il faut revendiquer l'intégration ou rester dans les marges, prôner la sexualité ouverte ou vanter le couple et le mariage, etc. Si la « subjectivation », c'est la réinvention de soi-même, celle-ci ne peut être pensée et agie que dans la multiplicité et dans la pluralité.

🖉 Se prendre soi-même « pour objet d'une élaboration complexe », n'est-ce pas, s'interroge Foucault, ce que Baudelaire appelait, dans le vocabulaire de son époque, le « dandysme » ? En effet, écrit-il, « l'homme moderne, pour Baudelaire, n'est pas celui qui part à la découverte de lui-même, de ses secrets, et de sa vérité cachée ; il est celui qui cherche à s'inventer lui-même. Cette modernité ne libère pas l'homme en son être propre ; elle l'astreint à la tâche de s'élaborer lui-même [924] ».

Pierre Hadot a donc indéniablement raison quand il reproche à Foucault de présenter les philosophes de l'Antiquité dans une optique beaucoup plus proche de l'esthétisme du XIXe siècle et du « dandysme » que de la vérité historique de leurs conceptions morales [925]. Mais cela montre que le travail que Foucault consacre à la Grèce dans les deux derniers volumes de son *Histoire de la sexualité* est peut-être moins animé par l'intérêt qu'il porte aux Grecs eux-mêmes que par des préoccupations contemporaines. Ce qui intéresse Foucault, c'est « nous aujourd'hui », ce que nous sommes et ce que nous pouvons faire [926]. Non pas qu'il ait voulu présenter la Grèce comme un âge d'or avec lequel il s'agirait pour nous de renouer. La Grèce n'est assurément pas un modèle. Et, de toute façon, Foucault n'entend pas écrire une histoire des solutions qu'il nous serait loisible d'appliquer, mais plutôt une histoire des problématisations, de la manière dont les domaines de l'expérience humaine ont été pensés et organisés à des époques différentes. Or, la Grèce nous offre l'exemple d'un type de « problématisation » de l'expérience qui permet de concevoir l'invention d'une « morale » et d'une « politique » dans le cadre d'une « esthétique de l'existence » et de considérer que « l'œuvre que nous avons à faire » c'est « principalement notre vie et nous-mêmes »[927].

Il est bien évident, en effet, que lorsque Foucault décrit l'« ascétisme » des morales sexuelles de l'Antiquité grecque avant tout comme une « esthétique de l'existence », comme une « élaboration et stylisation » de soi-même[928], il ne s'agit pas seulement pour lui d'un thème historique. Foucault s'interroge aussi sur la postérité de ces « arts de l'existence ». Et c'est pourquoi il peut affirmer que « l'étude de la problématisation des comportements sexuels dans l'Antiquité » n'est qu'« un des premiers chapitres » d'une « histoire générale des "techniques de soi" »[929]. Cette histoire, il va en repérer la résurgence à la Renaissance à travers les analyses de Burckhardt : « Pendant la Renaissance, on voit – et là, je fais allusion au texte célèbre de Burckhardt sur l'esthétique de l'existence – que le héros est sa propre œuvre d'art[930]. » Il la retrouve au XIXᵉ siècle, avec Baudelaire, et il mentionne enfin, pour indiquer que cet intérêt pour la « culture de soi » n'a pas disparu au XXᵉ siècle, l'étude que Walter Benjamin a consacrée au poète des *Fleurs du mal*[931].

La réflexion de Foucault regarde donc vers le monde contemporain, vers l'activité politique que nous pouvons y déployer, et notamment dans le domaine de la création d'une « culture gay ». Et c'est donc dans l'interview intitulée « De l'amitié comme mode de vie » qu'il revient sur la question de « l'ascèse » :

> L'ascétisme comme renonciation au plaisir a mauvaise réputation. Mais l'ascèse est autre chose : c'est le travail que l'on fait soi-même sur soi-même pour se transformer ou pour faire apparaître ce soi qu'heureusement on n'atteint jamais. Est-ce que ce ne serait pas ça notre problème aujourd'hui ? Congé a été donné à l'ascétisme. À nous d'avancer dans une ascèse homosexuelle qui nous ferait travailler sur nous-mêmes et inventer, je ne dis pas découvrir, une manière d'être encore improbable [932].

On voit ici que l'ascèse, l'invention de soi-même, la création de nouvelles formes de vies, de nouveaux types de relations, tout ce que Foucault inscrit dans l'idée de subjectivation, n'ont rien à voir avec la « vie privée ». Elle désigne au contraire, comme le dit Gilles Deleuze, « l'opération par laquelle des individus ou des communautés se constituent comme sujets, en marge des savoirs constitués et des pouvoirs établis [933] ».

L'idée de « subjectivation » est ainsi tout à fait étrangère à ce retour à la philosophie du sujet que l'on a parfois imputé au dernier Foucault. Car loin de nous convier à une herméneutique de la subjectivité, il nous invite à penser la possibilité même du sujet comme un produit provisoire et toujours à refaire du travail de création de soi-même, individuel ou collectif. Pour Foucault, le sujet n'existait, dans ses livres des années soixante, que comme une forme d'expérience assujettie par les forces de la répression et par les mécanismes du pouvoir, ou comme un éclat de voix rompant la monotonie du silence et de l'oppression. Il fut ensuite conçu, dans les années soixante-dix, comme un point géométrique constitué par des rapports de force : le corps et l'« âme » traversés par les technologies disciplinaires en même temps que foyers de résistance. Avec les derniers livres, il devient aussi le lieu d'un processus de reformulation de soi, de création de nouvelles formes d'« existence ». Mais dans tous les cas le sujet « libre » n'est jamais donné, il est toujours à faire. Et à recommencer.

Ainsi, la « résistance » et la « subjectivation », l'« attitude critique » et la « création de nouveaux modes de vie » ne sont que des expressions synonymes pour désigner l'exercice concret de cette liberté qui permet aux individus et aux groupes de passer de la sujétion à la subjectivation, et de façonner leurs existences spécifiques en cultivant leurs différences.

Les derniers textes de Foucault font alors résonner l'écho de ce qu'il écrivait dans les années soixante, lorsqu'il exaltait dans une même phrase « ces différences que nous sommes » et « ces différences que nous faisons » [934]. Ou quand il citait, dans la préface de *Folie et déraison*, ce vers de René Char :

Développez votre étrangeté légitime.

ANNEXE

Hannah Arendt et les « groupes diffamés »

Le lecteur s'étonnera peut-être de trouver ici une annexe sur Hannah Arendt, dont il doit se demander quel rapport son œuvre peut bien entretenir avec la question gay ou même avec la question de la discrimination et des subjectivités minoritaires. Il est vrai que la lecture française de cette œuvre en fait souvent l'un des points d'appui de la pensée néo-conservatrice, qui intime précisément aux voix minoritaires de se taire pour ne pas mettre en question le « monde commun » dans lequel nous devons vivre.

Mais cette utilisation intéressée n'est pas nécessairement la plus pertinente, et l'on peut même affirmer qu'elle mutile une pensée beaucoup plus complexe qu'il n'y paraît, en tout cas beaucoup plus complexe que ce qu'en font ses thuriféraires français, qui se contentent (comme ils font d'ailleurs avec d'autres œuvres) d'y puiser quelques slogans [935]. En effet, on peut trouver dans certains textes d'Arendt une réflexion sur la discrimination qui nous invite à retrouver dans son œuvre une richesse et des potentialités dont certains de ses zélateurs s'acharnent à la priver. Et il n'est pas sans intérêt de constater que c'est précisément autour de la question du droit au mariage comme pierre angulaire de l'égalité juridique que s'articule cette réflexion.

Arendt entend distinguer deux formes de discrimination : la discrimination dans la société et la discrimination dans le droit. Autant, dit-elle dans un texte fort surprenant, il est nécessaire de lutter pour l'abolition des discriminations juridiques, autant il est vain d'espérer les supprimer dans la société elle-même, dans la mesure où elles sont le prix à payer pour que se maintienne, dans cette société, la pluralité des cultures. Dans cet article intitulé « Réflexions sur Little Rock », et qui porte sur les efforts visant à mettre un terme à la ségrégation pratiquée à l'égard des Noirs dans le système scolaire américain, Arendt affirme que l'éducation n'est pas le terrain sur lequel il faut mener la bataille [936]. Elle insiste à l'inverse sur la forme de discrimination qui lui semble la plus condamnable : celle qui touche à la liberté dans le mariage, avec l'interdiction, dans les états du sud des États-Unis, des mariages mixtes. « Le droit d'épouser qui l'on veut est un droit de l'homme élémentaire [937] », écrit-elle. Et, à ses yeux, le droit de fréquenter une école racialement mixte, le droit de s'asseoir où l'on veut dans l'autobus, le droit d'aller à l'hôtel ou au centre de loisirs sont des questions « mineures » comparées à ce droit fondamental qu'est celui de construire sa vie et son bonheur. Arendt va jusqu'à avancer que le « droit de vote et presque tous les autres droits énumérés dans la Constitution sont secondaires par rapport au droit inaliénable à la vie, à la liberté et au bonheur ». Et, conclut-elle, « le droit de se marier et de fonder un foyer figurent indiscutablement parmi cette dernière catégorie [938] ».

Elle sait, bien sûr, au moment où elle écrit cela (en 1959), que ce n'est pas le combat qu'ont choisi de mener prioritairement les associations qui luttent pour les droits civils et contre la discrimination raciale. Elle repousse l'objection en faisant valoir que « les minorités opprimées n'ont jamais été les meilleurs juges des priorités dans de telles questions » et que « dans de nombreux cas on les a vues lutter plus volontiers pour un progrès social que pour les droits de l'homme ou les droits politiques fondamentaux ». En matière de droits, ajoute-t-elle, « l'ordre des priorités doit être déterminé par la

Constitution et non par l'opinion publique ou par des majorités [939] ».

Bien sûr, ce texte d'Arendt a été violemment critiqué à l'époque. Ralph Ellison, par exemple, lui a reproché d'ignorer la réalité quotidienne de la ségrégation et des combats que menaient des gens dont les droits les plus élémentaires n'étaient pas reconnus. Arendt lui écrira pour lui dire qu'en effet elle n'avait pas compris la véritable « terreur » qu'exerçait la ségrégation [940].

On ne peut évidemment qu'approuver la réaction d'Ellison, et trouver détestable la manière dont Arendt, du haut de son statut de philosophe, se permettait de dire aux Noirs quelles devaient être leurs priorités et quels combats ils devaient ou non mener. Mais l'intérêt principal de son analyse ne réside pas tellement dans sa discussion des priorités de l'action. Il faut d'abord retenir, si l'on met de côté ce contexte historique, qu'elle cherchait en fait à inverser l'ordre des priorités dans le combat contre la discrimination pour la raison essentielle qu'elle tenait à opérer une distinction très nette entre la discrimination sur le plan juridique, qu'elle jugeait inadmissible, et la discrimination sur le plan social, qu'elle jugeait inévitable. Aussi en vint-elle à tenir des propos qui conduisent le lecteur à s'interroger sur quelques-unes des certitudes qui semblent fonder les combats pour la démocratie et la justice. Elle prend ainsi l'exemple des lieux de vacances :

> Chacun sait que dans ce pays, la fréquentation des lieux de vacances est souvent « limitée » à certains groupes, en fonction de l'origine ethnique. Nombreux sont ceux qui trouvent à redire à cette pratique ; ce n'est toutefois qu'une extension du droit d'association. Si, en tant que Juive, je veux passer mes vacances dans la seule compagnie de Juifs, je ne vois pas comment qui que ce soit pourrait raisonnablement m'en empêcher. De la même manière, je ne vois pas de raison pour que d'autres lieux de villégiature ne soient pas réservés à ceux qui ne désirent pas fréquenter de Juifs pendant leurs vacances.

Il est bien évident que, autant la première partie de la phrase peut sembler évidente à un lecteur d'aujourd'hui, autant la seconde est presque insupportable. Et pourtant, Arendt entend penser les deux choses en même temps. Et elle y insiste fortement : « Il ne peut pas y avoir de "droit de se rendre à l'hôtel, au centre de loisirs, au lieu de divertissement de son choix". » Tout cela ressortit, dit-elle, « au domaine du pur social où le droit à la libre association, et donc à la discrimination, a une plus grand validité que le principe d'égalité [941] ». Il est assurément étrange d'assimiler un hôtel ou un centre de loisirs à une association et d'admettre, par voie de conséquence, la possibilité de refuser l'accès à ces lieux à telle ou telle catégorie de personnes en vertu des principes qui régissent le droit d'association. D'autant qu'Arendt précise que cela ne saurait valoir pour les théâtres et les musées, dans lesquels, à l'évidence, les gens ne se rassemblent pas pour s'associer. Bref, l'on se demande aussitôt qui sera chargé de définir ce qu'est un lieu d'association d'où pourront être exclues certaines catégories de personnes...

Mais Arendt souhaitait avant tout mettre l'accent sur le fait que, « sans discrimination d'aucune sorte, la société cesserait tout simplement d'exister » et que « la possibilité capitale de s'associer librement ou de former des groupes disparaîtrait presque complètement [942] ». Elle semble considérer que, plus que la discrimination, c'est le danger du « conformisme » qu'il faut éviter, c'est-à-dire une société qui ne reconnaîtrait pas en son sein la pluralité culturelle et l'existence de groupes différents [943]. Or la pluralité culturelle au sein d'une même société et la cohabitation de groupes différents produisent nécessairement certaines formes de discrimination, dont le niveau minimal réside dans la volonté de s'associer au sein d'un même groupe fermé aux « autres ». Mais c'est, dit-elle, le prix à payer pour la pluralité. Aussi tient-elle à définir très strictement l'intervention du politique et du juridique dans le social : « Si le gouvernement n'a pas le droit d'interférer avec les pratiques discriminatoires et les préjugés de la société, il a non seulement le droit mais aussi le devoir de s'assurer que ces pratiques n'acquièrent pas force de loi [944]. »

En quoi une telle analyse peut-elle nous être utile aujourd'hui ? On voit que pour Arendt, et c'est peut-être le point central de son argumentation, l'existence de groupes affirmant leurs différences est le garant du pluralisme culturel et donc de la vie même de la société. Or cette pluralité non seulement ne peut être maintenue sans certaines formes de discrimination, mais, parfois même, l'affirmation de soi d'un groupe peut contribuer à renforcer cette discrimination. Ce qui, loin de faire peur à Arendt, lui semble préférable au conformisme, c'est-à-dire à l'homogénéité. Enfin, la lutte contre les discriminations juridiques (et notamment celles qui concernent le droit au mariage) doit avoir la priorité sur toutes les autres, car c'est là que se joue réellement l'égalité dans une société. Et ce qui doit dicter les priorités ne relève pas du consensus ou des désirs du plus grand nombre, mais des exigences de la loi et de la Constitution. Aussi l'argument invoqué par ceux (nombreux chez... les disciples d'Arendt, en France en tout cas) qui s'opposent au droit au mariage pour les couples du même sexe au prétexte que la plupart des gays et des lesbiennes ne le demandent pas revient à invoquer la logique des « majorités » au détriment de la logique de l'égalité juridique.

En résumé, on voit que la position d'Hannah Arendt, lorsqu'on la dégage de sa gangue polémique liée au contexte historique, consiste à *défendre à la fois l'idée de l'égalité politique et juridique et l'idée de la différence ou de la différenciation culturelle* [945]. On notera que c'est très exactement l'inverse de ce que lui font dire les essayistes français qui utilisent son œuvre pour refuser aux gays et aux lesbiennes tout à la fois l'égalité des droits et le droit à la différence culturelle.

Cela rend évidemment beaucoup plus complexe – comme chacun peut s'en douter – les considérations d'Hannah Arendt sur le « monde commun », qui n'ont pas grand-chose à voir avec ce qu'on lui fait dire d'ordinaire dans ces commentaires idéologiques trop intéressés pour être honnêtes [946]. Car la grande question qui est au centre de la réflexion d'Arendt, c'est précisément, on l'a vu, comment faire en sorte qu'une pluralité de points de vue puissent cohabiter dans la société. Telle est la condition de possibilité d'une vie démocratique. Or, le « monde commun » n'est pas donné, il est toujours à construire. Et cette construction ne peut se fonder que dans la coexistence de perspectives différentes et multiples. Ce qu'Arendt appelle le « monde commun », ce n'est donc pas une réalité transcendante qui s'imposerait de l'extérieur aux individus et aux groupes. C'est au contraire ce que les groupes fabriquent, c'est ce qu'ils travaillent en permanence à faire exister. Par conséquent, loin d'être contradictoire avec l'existence de groupes porteurs de points de vue différents et hétérogènes, l'idée de « monde commun » les présuppose. Si elle critique si violemment la « ségrégation » raciale, c'est bien sûr parce que c'est un système moralement condamnable, mais c'est aussi parce que cela ruine (en réduisant certains groupes au silence) la possibilité même d'une « pluralité » qui est, selon les principes posés par sa philosophie politique, la condition même d'un « monde commun ». C'est pourquoi elle considère que, dans l'élimination de la violence, le principal but politique recherché est d'accroître cette pluralité [947].

Ainsi, non seulement le « monde commun » n'a de sens que s'il respecte les différences et la diversité, mais, plus fondamentalement encore, c'est la pluralité qui est la condition même d'existence d'un tel « espace public », qui n'est rien d'autre que la résultante de cet entrecroisement de perspectives. Arendt recourt ici à une métaphore, celle de personnes assises à une même table, et elle considère que

« la table réunit autant qu'elle sépare ». On peut évidemment mettre l'accent tantôt sur ce qui fait l'unité, tantôt sur ce qui opère la séparation. Cette idée est si forte chez elle qu'elle préfère, comme elle l'explique avec une certaine violence polémique dans son article sur Little Rock, la discrimination sociale à l'éradication des différences.

L'on pourrait d'ailleurs s'interroger sur les potentialités anti-démocratiques contenues dans cette idée d'un « monde commun » qui sépare la sphère du social de la sphère du droit et de la politique, car elle confère à un individu (en l'occurrence la philosophe) le droit de décider pour les autres (en l'occurrence à la place des Noirs américains, mais cela vaut pour n'importe quel groupe minoritaire) ce que doivent être leurs combats et leurs aspirations. Quoi qu'il en soit, il n'est pas possible d'interpréter l'idée de « monde commun » comme un instrument de lutte contre l'affirmation des différences culturelles, puisqu'elle a précisément pour fonction, dans la pensée d'Arendt, de les justifier. Ce que rejette Arendt – et avec quelle force ! –, c'est plutôt l'idée de « l'unanimité », qui signale, à ses yeux, que l'on a « tout simplement cessé de penser [948] ». Pour elle, il y aurait assurément grand danger à refuser la divergence des points de vue au nom d'une « vérité » unique opposée à l'arbitraire de la multiplicité. Car des personnes différentes voient le monde de manière différente et c'est cela même qui constitue le « domaine public » : « La réalité du domaine public repose sur la présence simultanée de perspectives, d'aspects innombrables sous lesquels se présente le monde et pour lesquels on ne saurait imaginer ni commune mesure ni commun dénominateur [949]. » Aussi Arendt peut-elle écrire que, « dans les conditions d'un monde commun, ce n'est pas d'abord la "nature commune" de tous les hommes qui garantit le réel ; c'est plutôt le fait que, malgré les différences de localisation et la variété des perspectives qui en résulte, tous s'intéressent toujours au même objet [950] ». Par conséquent, le « monde commun » est tout autant menacé par « l'isolement radical », quand « personne ne s'accorde plus avec personne, comme c'est le cas d'ordinaire dans les tyrannies », que par « les conditions de la société de masse ou de l'hystérie des foules où nous voyons les gens se comporter soudain en membres d'une immense famille, chacun multipliant et prolongeant la perspective de son voisin ». C'est en ce sens qu'Arendt peut conclure que « le monde commun prend fin lorsqu'on ne le voit que sous un seul aspect, lorsqu'il n'a le droit de se présenter que dans une seule perspective [951] ». La disparition ou l'occultation d'un point de vue, d'une des visions du monde que « propose un groupe d'hommes sur la base de sa place spécifique dans le monde » et que « personne ne peut reproduire », est ainsi une mutilation du « monde commun » [952]. Bref, Arendt met ici en question, de manière assez radicale, l'idéologie de l'universalisme abstrait, et elle est au fond assez proche de Sartre, malgré les apparences, dans sa revendication d'un universalisme concret.

Ce qu'offre donc « l'espace public », c'est la possibilité de confrontation de perspectives différentes. C'est cela même qui permet aux citoyens d'acquérir une « pensée élargie » (*enlarged thought*), expression qu'Arendt emprunte au Kant de la *Critique de la faculté de juger*. Bien sûr, la distinction qu'elle pose dans un certain nombre de textes entre la « vie privée » et « l'espace public » semble indiquer qu'elle n'envisage pas que ce que nous appellerions les « politiques sexuelles » puisse constituer l'une des « perspectives » différenciées dont la somme constitue le « monde commun ». Un certain nombre de théoriciennes féministes ont d'ailleurs reproché très sévèrement à Arendt de définir ce « monde commun » d'une manière qui semble en réserver l'accès aux hommes. Par exemple, lorsqu'elle analyse ce qu'elle désigne sous le nom de *vita activa*, dans *La Condition de l'homme moderne*, elle semble en effet reléguer comme le lui reproche Adrienne Rich les femmes dans le monde privé du foyer sans même que les activités domestiques soient reconnues comme un travail, ni même que soit prise en considération la participation des femmes au travail (ne serait-ce que parce qu'à travers toute l'histoire elles ont créé et recréé, par la répétition des tâches quotidiennes, les conditions mêmes du travail des hommes)[953]. Mais on peut admettre la réponse de Seyla Benhabib aux critiques d'Adrienne Rich, et notamment lorsqu'elle nous invite à lire Arendt sans anachronisme et donc à éviter de lui reprocher de ne pas avoir répondu à des questions politiques et sociales qui sont les nôtres aujourd'hui, mais qui ne se posaient pas encore (ou très peu) au moment où elle écrivait son livre[954]. Après tout, on peut penser que la « pluralité » des perspectives qui constitue le « monde commun » n'est pas donnée une fois pour toutes, et l'on peut imaginer au contraire que sa définition est ouverte à l'élargissement de la pensée que ne peut manquer de produire l'avènement de nouvelles formes de regard sur le monde. Le féminisme a été l'un de ces élargissements. D'ailleurs, comme le rappelle Seyla Benhabib, on trouve dans les textes d'Arendt un certain nombre de réflexions qui vont dans cette direction, par exemple, dans son livre de jeunesse, la biographie de Rahel Varnhagen, dont elle retrace le destin en tant que femme aussi bien qu'en tant que Juive. Ce qui revient à dire que l'on peut élargir la manière dont Arendt envisage la « mentalité élargie » qui naît de la coexistence d'une pluralité de perspectives. En effet, la liberté telle que la conçoit Arendt signifie qu'un certain nombre d'individus peuvent entreprendre une action pratiquée en commun afin de faire exister quelque chose d'absolument nouveau, « quelque chose qui n'avait jamais existé auparavant[955] ». Autrement dit, il n'est pas possible de penser « l'espace public » et les problèmes dont il se préoccupe comme étant définis une fois pour toutes, puisque la liberté se définit précisément par la « spontanéité » et la capacité pour un certain nombre d'acteurs de produire des perspectives nouvelles et imprévisibles. Et si l'on peut penser que les femmes en tant que « groupe » et « point de vue » sur le monde peuvent être partie prenante de l'espace public, comme nous invite à le penser la relecture de Seyla Benhabib, il est tout aussi légitime de considérer que les gays et les lesbiennes constituent désormais une (ou plusieurs) perspective(s) sur le monde et contribuent à « élargir » la pensée.

Il est d'ailleurs frappant de constater qu'Arendt semble nous autoriser de manière explicite à une telle inférence. On sait à quel point la réflexion sur la « question juive » a été centrale dans l'élaboration de sa pensée, et notamment l'interrogation sur la manière dont les Juifs pouvaient et devaient constituer un « point de vue » dans l'espace public. Or, elle s'attache elle-même, dans un chapitre des *Origines du totalitarisme*, à comparer longuement les Juifs et les homosexuels [956]. Elle appuie en effet son analyse des transformations de la situation des Juifs en Europe au XIXe siècle sur un commentaire de Proust, et notamment de *Sodome et Gomorrhe*, ouvrage dans lequel, on l'a vu, l'écrivain entendait décrire la « race maudite » que constituaient à ses yeux les homosexuels en les comparant aux Juifs. Arendt reprend la comparaison, en l'inversant, et elle prend les descriptions de Proust sur les homosexuels comme « exemple du rôle des Juifs dans une société non juive [957] ». Le commentaire qu'elle donne de *La Recherche du temps perdu* tend à montrer comment le processus d'acceptation de certains Juifs dans les salons de l'aristocratie, loin de signifier qu'ils avaient cessé d'être considérés comme des êtres différents, signale au contraire une sorte d'incorporation dans les individus de cette différence comme un ensemble de « caractéristiques psychologiques ». Proust se demandait déjà si une société ne serait pas « secrètement hiérarchisée au fur et à mesure qu'elle serait en fait plus démocratique [958] ». Les aristocrates qui se mirent à accueillir les Juifs et les homosexuels avaient conservé leur profonde antipathie pour les premiers comme pour les seconds. Et si les Juifs ont été reçus dans les salons du faubourg Saint-Germain, c'est donc, si l'on suit Arendt, en raison d'un phénomène d'attraction-répulsion à l'égard de ce qui est étrange et étranger, par un goût de l'exotique et du dangereux [959]. C'est dans ce cadre qu'intervient la comparaison, tirée de Proust, avec les « invertis », qui représentent une autre incarnation de la « monstruosité » : en passant du statut de « crime » qui mérite châtiment au statut de « vice » qui à la fois fascine et horrifie, l'homosexualité a pu devenir à la mode dans les salons, mais elle est alors devenue, de par sa proximité même, ce dont tout homme « normal » doit absolument se distinguer. Le résultat de ce processus a été de produire une sorte de « personnage type » de l'homosexuel comme du Juif, une « psychologie » de l'un et de l'autre, constituée par cette situation de tolérance et de rejet :

> Telles étaient les conditions d'où naquit ce jeu complexe de secret et de publicité, de demi-confessions et de falsifications mensongères, d'humilité exagérée et d'arrogance extrême : autant de conséquences du fait que c'était la qualité de Juif (ou d'homosexuel) qui avait ouvert les portes des salons les plus fermés, et qui, en même temps, y rendait la situation extrêmement précaire. Dans ces circonstances, être juif était pour l'individu à la fois une tare et un mystérieux privilège personnel, inhérents tous deux à une "prédestination raciale" [960].

Ce processus d'inscription de la « judéité » en caractère inné, en « ensemble de traits psychologiques », est, selon l'analyse d'Arendt (qui s'efforce tout au long de son livre de distinguer l'antisémitisme moderne de l'antijudaïsme dans l'histoire), l'un des effets majeurs de la laïcisation du judaïsme et de l'assimilation des Juifs [961] :

> L'origine juive, privée de ses connotations religieuses et politiques, devint partout un attribut psychologique et se transforma en « judéité » ; dès lors, cet attribut se rangeait

obligatoirement dans la catégorie des vices et des vertus. Il est vrai que la « judéité » n'aurait pu être dégradée au rang de vice intéressant s'il n'avait pas existé auparavant un préjugé qui en faisait un crime. Mais c'est également vrai qu'une telle dégradation fut préparée par les Juifs qui en faisait une vertu innée [962].

La leçon de la description proustienne tend à montrer que l'assimilation, loin d'être génératrice d'un effacement de la différence et de la différenciation, les a rendues au contraire plus aiguës, plus nécessaires pour ceux qui n'admettaient le Juif que s'il renonçait à être juif mais n'oubliaient jamais qu'il l'était et le lui rappelaient sans cesse. Arendt conclut en insistant sur le fait que cette société qui avait transformé le « crime » en « vice » allait bientôt se faire criminelle pour éradiquer ce « vice ».

Ce qui préoccupe Arendt tout au long de ce chapitre, c'est de comprendre comment les Juifs se sont tenus à l'écart de la politique, en tant que Juifs, selon les deux figures produites par la double logique de l'assimilation et de l'exclusion : à savoir le « parvenu » qui s'installe dans la société, et le « paria » qui est maintenu à l'extérieur. C'est ce qu'Arendt appelle l'« acosmisme » (*wordlessness* [963]), l'absence de participation au « monde », c'est-à-dire la non-participation à la politique en tant que représentants d'un point de vue juif sur le monde. Mais Arendt s'intéresse également aux figures de la résistance à la situation politique des Juifs, et donc à ceux qui ont proposé différentes manières de sortir de cet « acosmisme ». Il y eut d'abord des réponses littéraires, notamment avec Heine et Kafka, qui ont fait vivre, peut-être sans le savoir, la tradition de la culture juive (c'est ce qu'elle appelle « la tradition cachée »). Il y eut aussi des réponses spécifiquement politiques, avec Bernard Lazare qui incarne le rôle vers lequel va de toute évidence sa prédilection : le paria conscient et rebelle, c'est-à-dire celui qui ne cherche pas l'assimilation ni ne se complaît dans l'extraterritorialité à la politique. C'est le Juif qui s'engage dans la politique en tant que Juif, participe donc au monde commun pour contribuer à le définir et le construire en y faisant exister le point de vue spécifiquement juif [964].

Car la réponse à l'antisémitisme, pour Arendt, est nécessairement politique. Et elle signale, à la fin de *Sur l'antisémitisme*, que la seule réponse politique apportée par les Juifs a été le « sionisme ». Et quelles qu'aient pu être ses critiques et ses réticences à l'égard de la politique menée au nom du sionisme, elle n'en a jamais renoncé pour autant à l'idée d'une politique spécifiquement juive. Comme elle l'écrit en 1946, dans une lettre à Karl Jaspers qui lui demandait si elle se considérait comme juive ou comme allemande : « Pour être honnête, je dois dire que, d'un point de vue individuel et personnel, ça m'est complètement indifférent [...]. Sur le plan politique, je parlerai toujours uniquement au nom des Juifs dans la mesure où les circonstances m'obligeraient à indiquer ma nationalité [965]. »

On voit à quel point toutes ces réflexions d'Arendt (bien qu'elles ne soient pas toujours très claires, ni nécessairement très cohérentes entre elles) la rapprochent finalement de la pensée sartrienne sur laquelle elle a pourtant toujours porté un jugement très sévère, dû sans doute à une hostilité personnelle assez forte à l'égard de Sartre et Beauvoir. Quoi qu'il en soit, la figure, exaltée par Arendt, du « paria conscient », du « paria rebelle », est finalement très voisine de ce que Sartre appelait le « Juif authentique », celui qui « va au bout de sa condition de Juif », opposé au « Juif inauthentique » qui essaie au contraire de l'effacer dans le processus d'assimilation, au point parfois de devenir lui-même antisémite ou en tout cas hostile aux Juifs non assimilés [966].

Comme Sartre, Arendt décrit la psychologie du Juif – tant le « parvenu » que le « paria », l'assimilé que l'exclu – comme étant définie par l'antisémitisme, par la situation d'exclusion dans laquelle se trouvent les Juifs en tant que groupe. Cela vaut d'ailleurs pour tous les groupes « diffamés ». Elle écrit en effet : « Aussi longtemps qu'il y aura des peuples et des classes qu'on diffame, les traits propres au parvenu et au paria se reproduiront de génération en génération, avec la même monotonie[967]. » La psychologie, le « caractère » du « parvenu » comme du « paria » sont des produits de la « diffamation », de ce que j'ai appelé « l'injure ». Et seuls les représentants du groupe qui entendent faire exister une parole en tant que « parias conscients » et donc rebelles sont en mesure d'échapper à cette prédétermination et à l'absence du groupe en tant que tel sur la scène de l'histoire et de la politique. Pour Arendt, il s'agit précisément, comme le souligne Martine Leibovici, de préserver « l'existence des groupes sociaux déterminant des identités sociales distinctes[968] ». Et c'est dans la sphère de la politique qu'il faut intervenir : non pas pour échapper, en tant qu'individu, au groupe auquel on appartient, mais au contraire pour parler et agir en tant qu'individu qui « représente ce groupe[969] ». Cela ne signifie pas que tel ou tel individu parlera au nom des autres. Cela signifie qu'il inscrit son engagement politique dans la perspective de la défense des valeurs, des droits, de la culture du groupe dont il est issu.

Ainsi, explique Arendt, si l'existence de groupes « diffamés » est constitutive des traits psychologiques inscrits dans le cœur même des individus qui appartiennent à ces groupes, elle est également le point de départ d'une action politique dans laquelle les individus composant ces groupes peuvent intervenir dans l'espace public pour faire exister leur vision du monde et leur culture.

Et l'on pourrait dès lors considérer Hannah Arendt comme la philosophe du mouvement gay.

NOTES

AVANT-PROPOS À LA NOUVELLE ÉDITION (2012)

1. Joan Wallach Scott, « The Evidence of Experience », *Critical Inquiry*, vol. 17, été 1991, p. 773-797 ; trad. fr. : Joan W. Scott, « L'évidence de l'expérience », in *Théorie critique de l'histoire. Identités, expériences, politiques*, Paris, Fayard, 2009, p. 65-126.
2. Judith Butler, *The Psychic Life of Power. Theories in Subjection*, Stanford, California, Stanford University Press, 1997, p. 12-17.
3. Cf. Barry D. Adam, *The Survival of Domination. Inferiorization and Everyday Life*, New York et Oxford, Elsevier, 1978.
4. Pierre Bourdieu, *La Domination masculine*, Paris, Seuil, 1998.
5. Judith Butler, *Bodies that Matter. On the Discursive Limits of « Sex »*, New York, Routledge, 1993.
6. Neil Bartlett, *Who Was that Man. A Present for M. Oscar Wilde*, Londres, Serpent's Tail, 1988.
7. Jacques Derrida, *Spectres de Marx*, Paris, Galilée, 1987.
8. Michel Foucault, *La Volonté de savoir*, Paris, Gallimard, 1976.
9. Michel Foucault, *Histoire de la folie à l'âge classique*, Paris, Plon, 1961, rééd. Gallimard, 1972.

Première partie
UN MONDE D'INJURES

1. Le choc de l'injure

10. « *The first time someone said "queer" and I knew they meant me... the world breaks open with the single word exploding out of the sentence, the wrong thing I did somehow, the wrong thing I am*, queer. »

(Livret de Sara Miles in Bob Ostertag, *All the Rage*, interprété par le Kronos Quartet, Elektra Nonesuch, New York, 1992.)

11. Jean Genet, « La Galère », in *Poèmes*, L'Arbalète, 1946, p. 51. Sartre cite ce vers dans son livre sur Genet dont le premier chapitre s'intitule précisément « Un mot vertigineux » (Jean-Paul Sartre, *Saint Genet comédien et martyr*, Paris, Gallimard, 1952, p. 27).

12. *Ibid.*, p. 53.

13. *Ibid.*, p. 72.

14. *Ibid.*, p. 157.

15. Marcel Jouhandeau, « Éloge de l'abjection », in *De l'abjection* [1939], Nantes, Le Passeur, 1999, p. 161. Pour un commentaire des textes de Jouhandeau, je renvoie à mon ouvrage *Une morale du minoritaire. Variations sur un thème de Jean Genet*, Paris, Fayard, 2001, notamment p. 117-136.

16. J.L. Austin, *Quand dire c'est faire*, Paris, Seuil, 1970.

17. C'est la distinction faite par Austin entre des performatifs illocutionnaires et perlocutionnaires.

18. J.L. Austin, *Quand dire, c'est faire*, *op. cit.*, p. 10-11.

19. Erving Goffman, *Stigmate*, Paris, Éditions de Minuit, 1975.

2. LA FUITE VERS LA VILLE

20. Par exemple, Alan Hollinghurst, *The Swimming-pool Library*, Londres, Chatto and Windus, 1988 ; Dale Peck, *Martin and John*, New York, Farrar, Straus and Giroux, 1993 ; Neil Bartlett, *Ready to Catch Him Should He Fall*, Londres, Serpent's Tail, 1990.

21. Marie-Ange Schiltz, « Parcours de jeunes homosexuels dans le contexte du VIH : la conquête des modes de vie », *Population*, 52e année, n° 6, nov-déc. 1997, p. 1503.

22. « *San Francisco is a refugee camp for homosexuals. We have fled from every part of the nation, and like refugees elsewhere, we came not because it is so great here, but because it is so bad there...* » (Carl Wittmann, « A Gay Manifesto », in *Out of the Closets. Voices of Liberation*, édité par Karla Jay et Allen Young, New York University Press, 1992, p. 330-342. Cf. p. 330).

23. Allan Bérubé, *Coming Out Under Fire. The History of Gay Men and Women in World War Two*, New York, Plume, 1991.

24. John D'Emilio, *Sexual Politics, Sexual Communities. The Making of a Sexual Minority in the United States, 1940-1970*, The University of Chicago Press, 1983.

25. George Chauncey, *Gay New York : Gender, Urban Culture, and the Making of Gay Male World, 1890-1940*, New York, Basic Books, 1994, p. 233-235, 271-273.

26. *Ibid.*, voir notamment p. 271.

27. Voir sur ce point les remarques d'Henning Bech, *When Men Meet. Homosexuality and Modernity*, The University of Chicago Press, 1997, p. 148-151.

28. Sur l'attirance pour l'Allemagne, voir Christopher Isherwood, *Christopher and His Kind*. Pour une vue plus générale, Florence Tamagne, *Recherches sur l'homosexualité en Europe dans la France, l'Angleterre et l'Allemagne du début des années vingt à la fin des années trente*, thèse de doctorat de troisième cycle, Institut d'études politiques de Paris, 1997, t. 1, p. 105 *sq*. Sur Foucault et Dumézil, voir Didier Eribon, *Michel Foucault*, Paris, Flammarion, 1989, troisième édition, coll. « Champs », 2011 ; *Michel Foucault et ses contemporains*, Paris, Fayard, 1994, p. 105-138 et 266 *sq*. ; *Faut-il brûler Dumézil ? Mythologie, science et politique*, Paris, Flammarion, 1992.

29. Henning Bech, *When Men Meet, op. cit.*, p. 95.

30. Magnus Hirschfeld, *Le Troisième Sexe. Les homosexuels de Berlin*, Paris, Rousset, 1908, réédité (et préfacé) par Patrick Cardon, Cahiers Gai-Kitsch-Camp, Lille, 1993, p. 5-6.

31. Sur le moment d'arrivée à la ville, voir les premières pages du livre de Neil Bartlett à propos de Londres, *Who Was that Man, op. cit.*

32. J'emploie le mot anglais « *subculture* » de préférence à la traduction française de « sous-culture », car il semble difficile de débarrasser cette dernière expression de toute connotation péjorative.

33. George Chauncey, *Gay New York, op. cit.* Pour Berlin, Londres et Paris dans les années vingt et trente, on peut se reporter à Florence Tamagne, *Recherches sur l'homosexualité dans la France…, op. cit.*, notamment t. 1, p. 242-296.

34. Magnus Hirschfeld, *Le Troisième Sexe, op. cit.*, p. 5.

35. Tout le livre de Chauncey peut être lu comme une histoire de ces fluctuations et de ce jeu, mi-délibéré mi-contraint, entre secret et ouverture.

36. Voir David Caron, *My Father and I : The Marais and the Queerness of Community*, Ithaca et Londres, Cornell University Press, 2009.

3. L'AMITIÉ COMME MODE DE VIE

37. Erving Goffman, *Stigmate, op. cit.*, p. 121.

38. Eve Kosofsky Sedgwick, préface à la deuxième édition de *Between Men. English Literature and Male Homosocial Desire*, New York, Columbia University Press [1985], 1992, p. IX.

39. Adrienne Rich, « Compulsory Heterosexuality and Lesbian Existence », in *Blood, Bread and Poetry. Selected Prose, 1978-1985*, New York, W.W. Norton, 1986.

40. On ne sait trop dans quelle catégorie il faut ranger la violence normative contenue dans une bonne partie de la littérature psychologique ou psychanalytique et les remèdes qui y sont proposés pour éviter que les garçons ne deviennent « efféminés » ou les filles trop « masculines ». Toutes les considérations sur les « rôles » et les « identifications » (au père pour les garçons), sur la nécessaire « différence des sexes », etc., et les conseils quasi thérapeutiques pour maintenir ou ramener les enfants « déviants » dans le droit chemin de la norme hétérosexuelle et de l'orthodoxie des « genres » sont en continuité parfaite avec les injures, qui les viseront plus tard, contre les « tapettes » et les « tantes » ou contre les « camionneuses ». Pour une analyse de cette violence discursive et de ses effets, voir Eve Kosofsky Sedgwick, « How to Bring Your Kids Up Gay : the War Against Effeminate Boys », in *Tendencies*, Durham, Duke University Press, 1993, p. 154-164.

41. Henning Bech, *When Men Meet, op. cit.*, p. 116-117.

42. Marcel Proust, *Sodome et Gomorrhe*, Paris, Gallimard, coll. « Bibliothèque de la Pléiade », t. 3, 1988, p. 19-21.

43. La discrétion était déjà, bien sûr, largement battue en brèche. Proust souligne en effet que, comme dans le domaine de la politique, on trouve des « groupements plus ou moins avancés », et il évoque alors, contrastant avec ceux qui ne veulent pas qu'on les remarque, des « extrémistes qui laissent passer un bracelet sous leur manchette, parfois un collier dans l'évasement de leur col », et « forcent par leurs regards insistants, leurs gloussements, leurs rires, leurs caresses entre eux, une bande de collégiens à s'enfuir au plus vite » (*ibid.*, p. 21).

44. George Chauncey, *Gay New York, op. cit.*, p. 133. On trouverait des remarques analogues dans de nombreux textes médicaux ou policiers de la fin du XIXe et du début du XXe siècle en France.

45. Sur tous ces points voir Didier Eribon (dir.) *Dictionnaire des cultures gays et lesbiennes*, Paris, Larousse, 2003.

46. Robert Park, « The City : Suggestions for the Investigation of Human Behavior in the Urban Environment » (1916), cité in George Chauncey, *Gay New York, op. cit.*, p. 134.

47. George Chauncey, *Gay New York, op. cit.*, p. 133.

48. Les enquêtes menées à Chicago par Gilbert Herdt et Andrew Boxer montrent comment la visibilité collective dans les grandes villes a permis aux jeunes gays et lesbiennes d'assumer de plus en plus tôt leur homosexualité. (Gilbert Herdt, Andrew Boxer, *Children of Horizon. How Gay and Lesbian Teens Are Leading a New Way Out of the Closet*, Boston, Beacon Press, 1996.)

49. Voir par exemple l'article de Frederick R. Lynch, « Nonghetto Gays : an Ethnography of Suburban Homosexuals », in Gilbert Herdt (éd.), *Gay Culture in America. Studies from the Field*, Boston, Beacon Press, p. 165-201.

4. Sexualité et professions

50. Eve Kosofsky Sedgwick, « Shame, Theatricality, Queer Performativity », in *Touching Feeling. Affect, Pedagogy, Performativity*, Durham, NC, et Londres, Duke Univesity Press, 2003, p. 35-67.

51. *Ibid.*

52. Sur la honte comme affect producteur dans l'œuvre de Jean Genet et celle de Jouhandeau, voir Didier Eribon, *Une morale du minoritaire. Variations sur un thème de Jean Genet, op. cit.*

53. Marcel Proust, *Sodome et Gomorrhe*, Esquisse I, in *À la recherche du temps perdu, op. cit.*, t. 3, p. 933.

54. *Ibid.*, p. 931. On retrouve ce thème, modifié, dans la version publiée de *Sodome et Gomorrhe, ibid.*, p. 24. Et puisqu'il est question de Proust, comment ne pas remarquer ici que, comme le souligne Eve Kososfsky Sedgwick, tout le début d'*À la recherche du temps perdu* ressemble fort au récit idéal-typique d'une enfance gay même si l'enfant – du roman – devient un adulte hétérosexuel : le narrateur doit à l'évidence beaucoup aux sentiments de l'auteur lui-même !

55. Voir, dans l'autobiographie de Paul Monette, le récit de l'adolescence dans une petite ville et la véritable passion pour les « stars » féminines du cinéma dont il suit les faits et gestes dans les journaux (Paul Monette, *Becoming a Man. Half a Life Story*, Londres, Abacus, 1994, p. 66-67). Voir aussi le roman de Jean-François Josselin, *Quand j'étais star*, Paris, Grasset, 1976. On pourrait encore évoquer, entre mille exemples possibles, la fascination qu'exerce l'actrice et chanteuse Sara Montiel sur l'enfant du film de Pedro Almodovar, *La Mauvaise Éducation*. Il est donc surprenant que Proust ait pu écrire dans une variante de *Sodome et Gomorrhe* que si le baron de Charlus décorait sa chambre, lorsqu'il était adolescent, de photographies d'actrices, c'est peut-être parce qu'il n'était pas encore homosexuel ou ignorait qu'il l'était (voir *Sodome et Gomorrhe*, Notes et variantes, *ibid.*,

p. 1283-1284 : « J'ai su plus tard par toute cette famille que j'ai tant connue que quand M. de Charlus était adolescent la glace et les murs de sa chambre disparaissaient sous des chromos représentant des actrices et qu'il faisait des vers. Faut-il donc mettre au commencement de cette vie un goût qu'on ne devait point retrouver chez lui dans la suite, comme chez ces bruns qui peuvent montrer d'eux des photographies enfantines où ils étaient blonds »). On aurait plutôt tendance à penser, en s'inspirant des descriptions données par Proust lui-même, que c'est, au contraire, précisément parce qu'il était homosexuel : les femmes en question n'étant pas des objets de désir, mais d'identification, ou plus exactement, des opérateurs de « transposition » – les icônes et l'iconicité permettant de se donner le moyen de façonner ses propres affects et ses propres aspirations en déphasage par rapport à ce qui est prescrit. Ce que Proust désigne d'ailleurs lui-même, quelques lignes plus loin, comme un amour « purement esthétique pour les femmes » (*ibid.*, p. 1284) a peut-être pour simple explication que c'est la seule manière disponible pour un adolescent, dans un monde où la norme hétérosexuelle est si forte, d'exprimer pour soi et vis-à-vis des autres son attirance pour les hommes, comme l'indique si bien, par ailleurs, la référence à Ivanhoé. Mais il est vrai également que l'identification aux rôles « féminins » les plus théâtraux semble avoir été tellement caractéristique, à travers l'histoire, de certains comportements homosexuels (certains seulement, et méprisés par nombre d'homosexuels qui détestent ces fantasmagories « efféminées »), et aussi tellement permanente, qu'il n'y a peut-être aucun sens à vouloir les expliquer, car cela sous-entend toujours qu'ils ne sont pas « normaux » et qu'il serait nécessaire d'en rendre raison.

56. Sur ce point, et plus généralement sur l'homosexualité comme facteur important dans le choix des professions, voir Michaël Pollack, *Les Homosexuels et le sida. Sociologie d'une épidémie*, Paris, Métailié, 1988. Pour une mise au point plus récente, voir Marie-Ange Schiltz, « Parcours de jeunes homosexuels », art. cit., et les travaux qu'elle cite dans sa bibliographie.

57. George Chauncey évoque ce phénomène lorsqu'il décrit l'arrivée à la ville des nouveaux venus : ceux qui les ont précédés les guident non seulement dans leur accès à la subculture gay mais aussi, et de manière plus générale, dans la vie sociale et professionnelle. Le « monde gay » remplit, sans bien sûr que ce soit organisé ni réfléchi comme tel, les fonctions d'un vaste et informel réseau de soutien collectif. Il va de soi, en effet, que ces gestes d'entraide prennent rarement la forme de ces actes quasi codifiés qu'ont pu présenter nombre de grandes représentations littéraires, comme le pacte que

propose Vautrin à Lucien de Rubempré dans *Illusions perdues* ou la proposition que Charlus adresse au narrateur de *La Recherche* dans *Le Côté de Guermantes* d'être son guide dans l'existence.

58. Je ne veux évidemment pas dire que tous ceux qui sont devenus homosexuels ont évité de faire du sport quand ils étaient enfants ou adolescents. J'essaie de définir des polarités structurantes qui permettent de rendre compte de certains (et de certains seulement) phénomènes constatés par les enquêtes sociologiques et dont il va de soi qu'ils ne recouvrent pas l'ensemble des réalités qui définissent l'homosexualité à une époque ou dans un espace social donnés.

59. Cette question est au cœur de mon essai d'auto-analyse, *Retour à Reims*, Paris, Fayard, 2009.

60. Marcel Proust, *Sodome et Gomorrhe, op. cit.*, p. 343-344. (C'est moi qui souligne.)

61. Guy Hocquenghem, *L'Amphithéâtre des morts*, Paris, Gallimard, 1994, p. 23.

62. Bien sûr, il n'y a pas de réalité unique de l'homosexualité et les considérations qui précèdent sur la ville et les métiers ne s'appliquent évidemment pas à tous ceux qui ont des pratiques homosexuelles, car, si l'on peut décrire un certain nombre de phénomènes (attestés par la statistique), il faut avoir en permanence présent à l'esprit qu'il y a, à côté de ce que l'on décrit, d'autres formes qui coexistent et qui ne se laissent pas interpréter en ces termes. Qu'on m'épargne donc l'objection : « Mais il y a des homosexuels ouvriers, ou paysans ou policiers… etc. » Je le sais. Mais cela n'annule pas les tableaux statistiques construits par les sociologues ni les récits consignés dans les autobiographies. Il serait d'ailleurs intéressant de se poser la question du rapport différentiel que peuvent entretenir avec la culture ou avec les aspirations culturelles des gays qui vivent dans des milieux où l'on a peu accès à la culture. La nouvelle de Willa Cather *Paul's Case* pourrait servir de point de départ à une telle réflexion.

5. Famille et « mélancolie »

63. Mathieu Lindon, *Ce qu'aimer veut dire*, Paris, P.O.L, 2011, p. 183.

64. Jacques Derrida, *Feu la cendre*, Paris, Éditions Des femmes, 1987.

65. Sigmund Freud, « Les relations de dépendance du moi », chapitre 5 de *Le Moi et le ça*, in *Essais de psychanalyse*, Paris, Petite Bibliothèque Payot, 1981. Ce texte de Freud a été si souvent commenté qu'il est impossible de donner une bibliographie. Il en va de même, de manière plus générale, pour la question de la mélancolie, qui a été

abordée dans de très nombreux ouvrages (par exemple par des historiens de l'art, tels que Frtiz Saxl, Raymond Klibanski et Erwin Panofsky ou par des philosophes tels que Walter Benjamin…).

66. Cf. Judith Butler, *Bodies That Matter. On the Discursive Limits of « Sex »*, *op. cit.*, p. 112-113.

67. Pour une critique de l'approche psychanalytique de la « mélancolie » au profit d'une approche menée dans les termes d'une antropologie politique et juridique, voir le chapitre consacré à *Eugénie Grandet* dans le livre de Michael Lucey, *Les Ratés de la famille. Balzac et les formes sociales de la sexualité*, Paris, Fayard, 2008, p. 65-102.

68. Pierre Bourdieu (dir.), *La Misère du monde*, Paris, Seuil, 1993.

69. Voir l'introduction de Pierre Bourdieu, *ibid.*, p. 10-11.

70. Blessures et « mélancolie » se conjuguent sans doute pour composer le sentiment de tristesse, de « spleen », que de nombreux homosexuels disent éprouver si souvent. Et cela expliquerait peut-être l'attrait pour les personnages tragiques de l'art et de la littérature, ou pour les artistes qui chantent le tragique et la détresse (l'admiration pour la Callas, par exemple, ou pour Barbara, dont les spectacles attiraient des foules de gays et notamment de jeunes gays).

71. Judith Butler, *The Psychic Life of Power*, *op. cit.*, p. 137.

72. Je renvoie sur ce point aux analyses d'Annick Prieur et Rune Sander Halvorsen, « Le droit à l'indifférence : le mariage homosexuel », *Actes de la recherche en sciences sociales*, n° 113, 1996, p. 6-15. Voir aussi Annick Prieur, « Le mariage homosexuel est-il concevable ? L'exemple de la Norvège », in Didier Eribon (dir.), *Les Études gays et lesbiennes*, Paris, Éditions du Centre Georges-Pompidou, 1998, p. 72-79.

73. Marcel Proust, *La Prisonnière*, in *À la recherche du temps perdu*, Paris, Gallimard, coll. Bibliothèque de la Pléiade, t. 3, 1988., p. 716.

74. Pour une analyse plus détaillée de cette question du mariage des homosexuels et de la tradition littéraire qui s'efforce d'en rendre compte, voir Didier Eribon, *Sur cet instant fragile… Carnets janvier-août 2004*, Paris, Fayard, 2004.

6. LA VILLE ET LE DISCOURS CONSERVATEUR

75. George Chauncey, *Gay New York*, *op. cit.*, p. 26. Voir aussi tout le chapitre 5, p. 131-149. Sur la période après la Seconde Guerre mondiale en France, voir Geoffroy Huard, *Histoire de le l'homosexualité en France et en Espagne : Discours, subcultures, pratiques, 1945-1975*, Thèse de doctorat, université de Cadix/université d'Amiens, 2012.

76. L'idée de « niche écologique » sert de point de départ à Gabriel Rotello dans un livre assez indigent, et surtout détestable, révoltant de moralisme et de puritanisme haineux à l'égard de la sexualité et des modes de vie gays, mais dont le constat initial est difficilement contestable (Gabriel Rotello, *Sexual Ecology. AIDS and the Destiny of Gay Men*, New York, Dutton, 1997).

77. Cf. Patrice Pinell (dir.), *Une épidémie politique. La lutte contre le sida en France, 1981-1996*, Paris, PUF, 2002. Voir également Olivier Fillieule, « Mobilisation gay en temps de sida », in Didier Eribon (dir.), *Les Études gays et lesbiennes, op. cit.*, p. 81-96. Dès 1988, Michaël Pollack avait attiré l'attention sur le fait que, si certains « militants » gays (et notamment certains journalistes de la presse gay) avaient manifesté de fortes réticences avant d'admettre l'évidence de l'épidémie, c'est parmi ceux qui lisaient cette presse, et donc chez les gays participant à la subculture, que les mesures de prévention ont été le plus rapidement adoptées (voir par exemple le diagramme publié à la dernière page – non numérotée – de son livre).

78. Jean-Paul Aron l'exprime fort clairement dans sa « confession » publique un an avant sa mort : « Mon sida », *Le Nouvel Observateur*, 30 octobre 1987.

79. Michael Lucey, *Les Ratés de la famille…, op. cit.*, p. 188-203.

80. Sur le rapport de la ville (et notamment Berlin) aux mouvements homosexuels, voir James Steakley, *The Homosexual Emancipation Movement in Germany*, Salem, New Hampshire, Ayer Company, 1975. Pour les États-Unis, voir John D'Emilio, *Sexual Politics…, op. cit.*

81. Cité in George Chauncey, *Gay New York, op. cit.*, p. 132.

82. Walter C. Reckless, « The Distribution of Commercialized Vice in the City : a Sociological Analysis », in Ernst W. Burgess (éd.), *The Urban Community*, Chicago University Press, 1926, cité in George Chauncey, *Gay New York, op. cit.*

83. Cf. Michael Burleigh, Wolfgang Wippermann, *The Racial State : Germany 1933-1945*, Cambridge University Press, 1991. Voir notamment la deuxième partie : « The "Purification" of the Body of the Nation », p. 75-197.

84. Octave Mirbeau, *La 628-E-8*, Paris, Fasquelle, 1907, cité par Patrick Cardon, « Présentation », in Magnus Hirschfeld, *Le Troisième Sexe, op. cit.*, p. VIII.

85. Par exemple : « Toutes ces antennes des villes géantes ressemblent à des cheveux qui se dressent sur la tête. Elles appellent des contacts démoniaques. » Ou encore : « Lorsque nous pénétrons dans une salle baignée de musique mécanique, nous croyons entrer dans

l'atmosphère d'une fumerie d'opium. » (Ernst Jünger, *Jardins et routes, pages de journal, 1939-1940*, Paris, Plon, 1951, p. 50-51, cité in Pierre Bourdieu, *L'Ontologie politique de Martin Heidegger*, Paris, Minuit, 1988, p. 27.)

86. Martin Heidegger, « Pourquoi nous restons en province », in *Écrits politiques, 1933-1966*, Paris, Gallimard, 1995, p. 149-153.

87. Octave Mirbeau, cité in Patrick Cardon, *loc. cit.*

7. Dire et ne pas dire

88. Cf. Régis Gallerand, *Homo sociatus. Mobilisations et gestions identitaires dans les associations gaies*, mémoire pour le diplôme de DEA, université Paris I, département de science politique, année scolaire 1993-1994.

89. Rita M. Kissen, *The Last Closet. The Real Life of Gay and Lesbian Teachers*, Portsmouth, New Hampshire, Heinemann, 1996. Le mot « placard » est la traduction consacrée de « *closet* », qui désigne l'espace, le lieu (social et psychologique) dans lequel sont enfermés les gays et les lesbiennes qui dissimulent leur homosexualité. Faire son « *coming out* » (sous-entendu : « *out of the closet* ») signifie donc cesser de se cacher (en français, donc, « sortir du placard »). Le « *outing* » (en français : « outer ») étant à l'inverse le geste politique qui consiste à révéler publiquement l'homosexualité de personnalités qui la cachent, notamment lorsqu'elles passent leur temps à dénoncer l'homosexualité. Cela s'est pratiqué (à juste titre à mon sens) en Angleterre à l'encontre de députés conservateurs qui votaient les lois répressives à l'égard des gays et lesbiennes ou de dignitaires religieux qui dénonçaient en chaire l'abomination homosexuelle (qu'ils pratiquaient une fois rentrés chez eux). Il me semble plus contestable en revanche de dévoiler l'homosexualité d'acteurs ou de chanteurs sous prétexte que cela permettrait de mieux faire accepter l'homosexualité par un vaste public (ce n'est pas faux, mais tant que ces acteurs ou chanteurs ne font pas de déclarations hostiles aux homosexuels pour mieux cacher qu'ils le sont eux-mêmes, je ne vois pas de quel droit on peut obliger les individus, fussent-ils célèbres, à dire ce qu'ils sont, même si l'on peut regretter qu'ils préfèrent ne pas le dire. L'obligation de transparence peut s'avérer aussi contraignante que l'obligation de silence).

90. Cf. Erving Goffman, *Stigmate, op. cit.*, p. 96-97.

91. André Gide, « Oscar Wilde », in *Essais critiques*, Paris, Gallimard, coll. « Bibliothèque de la Pléiade », 1999, p. 853-854.

92. Erving Goffman, *Stigmate, op. cit.*, p. 106.

93. Sur ce point voir Barry D. Adam, *The Survival of Domination...*, *op. cit.*, p. 93.

94. Marcel Proust, *La Prisonnière*, *op. cit.*, p. 555.

95. George Chauncey, « Why "Come Out of the Closet" ? Authenticity, Post Modernity, and the Shifting Boundaries of the Public and Private Self in, the 1950s et 1960s », communication au colloque "Histoire de la sexualité : échanges transatlantiques", École normale supérieure, Paris, 16 mai 2001. Voir aussi Julian Jackson, *Arcadie. La vie homosexuelle en France, de l'après-guerre à la dépénalisation*, Paris, Autrement, 2009.

96. Malgré les nombreuses critiques fort justifiées dont il a fait l'objet, le film de Frank Oz *In and Out* (1998) a le grand mérite de montrer comment un homosexuel peut être connu comme tel par les autres, ou désigné à l'ostracisme en tant que tel, sans savoir lui-même, ou sans se l'avouer, qu'il est homosexuel.

97. C'est ce que m'a déclaré un de mes étudiants après avoir lu mon livre *Retour à Reims*.

98. Pierre Bourdieu, *La Domination masculine*, *op. cit.*, p. 123-124.

99. Cf. Andrew Boxer, Gilbert Herdt, *Childrens of Horizons*, *op. cit.*

100. Ce point est magnifiquement analysé par Eve Kosofsky Sedgwick, *Epistemology of the Closet*, Berkeley-Los Angeles, University of California Press, 1990. Voir notamment p. 65-90.

101. Marcel Proust, *Sodome et Gomorrhe*, *op. cit.*, p. 430.

102. *Ibid.*, p. 425. Voir aussi p. 424-432.

103. *Ibid.*, p. 432-433.

104. Eve Kosofsky Sedgwick, « Proust and the Spectacle of the Closet », in *Epistemology of the Closet*, *op. cit.*, p. 212-251.

105. Jean-Paul Sartre, *L'Âge de raison*, in *Œuvres romanesques*, Paris, Gallimard, coll. « Bibliothèque de la Pléiade », 1982, p. 695, 722-723 et 725. Les italiques sont dans le texte.

106. Marcel Proust, *Le Temps retrouvé*, in *À la recherche du temps perdu*, *op. cit.*, t. 4, p. 366.

8. L'INTERPELLATION HÉTÉROSEXUELLE

107. Judith Butler, *Excitable Speech. A Politics of the Performative*, New York et Londres, Routledge, 1997, p. 5-6.

108. *Ibid.*, p. 2.

109. Louis Althusser, « Idéologie et appareils idéologiques d'État », in *Positions*, Paris, Éditions sociales, 1976, p. 66-126. Citation, p. 113-114.

110. *Ibid.*, p. 114.

111. *Ibid.*, p. 115.

112. Pierre Bourdieu, *Le Sens pratique*, suivi de *Trois Études d'ethnologie kabyle*, Paris, Minuit, 1980.

113. Louis Althusser, « Idéologie et appareils idéologiques d'État », in *Positions, op. cit.*, p. 121.

114. Sur l'histoire de ces microluttes de tous les jours, de tous les instants, voir par exemple les livres de John D'Emilio et George Chauncey, *op. cit.*

115. Neil Bartlett, *Who Was that Man, op. cit.*, p. XXI-XXII.

116. Nicole Brossard, « Ma continent », in *Amantes* suivi de *Le Sens apparent* et *Sous la langue*, Montréal, L'Hexagone, 1998, p. 116.

117. Jean-Paul Sartre, *L'Idiot de la famille*, t. 1, Paris, Gallimard, 1971, p. 11. L'idée que le monde et le langage nous précèdent et s'emparent de nous, et que la liberté humaine consiste donc à leur donner un sens, sont des thèmes principiels de l'œuvre de Sartre.

118. Marlon T. Riggs, *Tongues Untied*, 1986.

119. Voir les remarques de Frantz Fanon, *Peaux noires, masques blancs*, Paris, Seuil, [1952], coll. « Points », 1975, p. 88 : « Tant que le Noir sera chez lui, il n'aura pas à éprouver son être pour autrui. »

120. Marcel Proust, *Sodome et Gomorrhe, op. cit.*, p. 16-17.

9. L'« ÂME » ASSUJETTIE

121. Je ne veux pas dire que toute personne qui devient homosexuelle tardivement est quelqu'un qui n'a pas su reconnaître plus tôt qu'elle l'était. C'est vrai dans un grand nombre de cas, mais il y a aussi des gens qui changent de sexualité (et cela joue, d'ailleurs, dans les deux sens) à tel ou tel moment de leur vie, ou passent d'une sexualité à l'autre, sans parler de ceux qui vivent plusieurs sexualités à la fois. Les identités sexuelles sont plurielles et tout énoncé qui propose une réflexion d'apparence « générale » doit comporter comme clause annexe implicite qu'il ne saurait rendre compte de toutes les expériences. Mais je ne crois pas non plus qu'il y ait autant d'identités que d'individus et il est fort évident que l'on peut définir ou désigner des classes d'expériences, même si chaque personne qui peut être rangée dans telle ou telle classe a évidemment ses traits singuliers.

122. Pierre Bourdieu, « Remarques provisoires sur la perception sociale du corps », *Actes de la recherche en sciences sociales*, n° 14, avril 1977, p. 51-54. Citation, p. 53, n. 10.

123. Ici il faudrait peut-être distinguer entre hommes et femmes, car si l'insulte « pédé » est très répandue, l'insulte « gouine » l'est beaucoup moins. Se moquer de l'efféminement d'un garçon a la valeur et la violence d'une condamnation absolue, tandis que faire remarquer qu'une fille est un « garçon manqué » n'est pas toujours considéré comme très péjoratif. Il faudrait bien sûr nuancer une telle remarque dans la mesure où les autres formes de violence qui s'exercent sur le garçon efféminé (dans la famille, sur le lieu de travail, à l'école…) peuvent évidemment s'exercer de la même manière sur la fille ou la femme masculine. Le répertoire des insultes à l'égard des femmes qui sont perçues comme s'écartant des normes est d'ailleurs beaucoup plus large que pour les hommes (« *bitch* », « *slut* », etc., en anglais, ou « pute », « salope », etc., en français), et « gouine » – ou « hommasse » – est moins nécessaire que « pédé » puisque tant d'autres mots sont là pour exprimer verbalement le rappel à l'ordre sexuel.

124. Voir Gilbert Herdt, Andrew Boxer, *Children of Horizon*, *op. cit.*, p. 111, 120-121, 200, 207-209, 245.

125. Pour la distinction entre « discrédité » et « discréditable », je renvoie à Erving Goffman, *Stigmate, op. cit.*, p. 14 et p. 57 *sq.*

126. Michel Foucault : « L'âme, effet et instrument d'une anatomie politique ; l'âme prison du corps » (*Surveiller et punir. Naissance de la prison*, Paris, Gallimard, 1975, p. 34).

127. Marcel Proust, *Sodome et Gomorrhe, op. cit.*, p. 33.

128. Christopher Isherwood, *Christopher and his Kind, op. cit.*, p. 162.

129. Kurt Lewin, *Resolving Social Problems. Selected Papers on Group Dynamics*, New York, Harper, 1948. Pour une analyse de la "haine de soi", voir aussi Theodore Lessing, *La Haine de soi. Le refus d'être juif*, Paris, Pocket, 2011.

130. Abram Kardiner, Lionel Ovesey, *The Mark of Oppression. A Psychological Study of the American Negro*, New York, Norton, 1951.

10. La caricature et l'injure collective

131. On trouvera de nombreux exemples de caricatures anti-homosexuelles dans le volume publié par les Cahiers Gai-Kitsch-Camp (Lille, 1992) et qui regroupe l'ouvrage de John Grand-Carteret, *Derrière « Lui ». L'homosexualité en Allemagne*, originellement publié

en 1908, et l'étude de l'historien américain James Steakley, « Iconographie d'un scandale ». Ces deux textes et les documents historiques qui les accompagnent portent sur les caricatures publiées dans la presse allemande au moment de l'affaire Eulenburg, du nom de l'aristocrate allemand proche de l'empereur qui, accusé d'être homosexuel par un journaliste, l'avait poursuivi en diffamation. Les procès à répétition qui s'en étaient suivis avaient donné lieu à une prolifération d'articles, de livres, etc., dans toute l'Europe. Pour le cinéma, voir le livre de Vito Russo, *Celluloid Closet*, dont a été tiré un film.

132. Cf. Sigmund Freud, *Sur la psychanalyse. Cinq conférences*, Paris, Gallimard, 1991, p. 68-69.

133. Voir Ernst Kris, E.H. Gombrich, *Caricature*, Londres, Penguin, 1940. Voir également, Ernst Gombrich, Didier Eribon, *Ce que l'image nous dit. Entretiens sur l'art et la science* [1991], Paris, Diderot, 1998, p. 44.

134. Dans une de ses chroniques publiées dans *L'Autre Journal*, au début des années quatre-vingt-dix, Michel Cressole évoquait en ces termes les propos des amuseurs de télévision qui, jour après jour, se permettaient les plaisanteries les plus graveleuses sur les homosexuels : « Pour eux, être en charge du franc-parler à la télévision consiste à parler des homosexuels comme Jacques Médecin [homme politique d'extrême droite] n'oserait pas parler des Juifs. » Et il concluait par une formule concise, brutale, mais assez juste : « On croirait entendre Le Pen à table » (Michel Cressole, *Une folle à sa fenêtre. Chroniques de* L'Autre Journal, *1990-1991*, Lille, Cahiers Gai-Kitsch-Camp/Question de genre, 1996, p. 9). Le registre de la plaisanterie télévisuelle est très proche de, pour ne pas dire identique à, celui des chansonniers, dont de nombreux textes sont inspirés par une homophobie grossière (on en trouvera des exemples dans le disque édité par l'association Gais Musettes, *Chansons interlopes*, qui rassemble des chansons écrites entre 1908 et 1936).

135. Voir les dessins reproduits dans le volume publié par les Cahiers Gai-Kitsch-Camp mentionné note 131.

136. Mon attention a été attirée sur les caricatures représentant Cambacérès par la conférence de Darcy Grimaldo Grigsby à l'université de Californie à Berkeley, 18 avril 1998 : « "The Effects of Hunger" : Cannibalism and Other Intimacies of Empire ». On trouvera la reproduction de certaines de ces caricatures in Catherine Clerc, *La Caricature contre Napoléon*, Paris, Promodis, 1985.

137. Michel Foucault, « Des caresses vieilles de 2 500 ans », *Libération*, 1er juin 1982, repris in *Dits et écrits*, Paris, Gallimard, 1994, t. 4, p. 315-317.

138. Je ne parle ici que de l'homosexualité masculine. Les amours entre femmes appelant sans doute une analyse fort différente.

139. Michel Foucault, *L'Usage des plaisirs*, Paris, Gallimard, 1984, p. 24-25.

140. Cf. Barry D. Adam, *The Survival of Domination, op. cit.*, p. 31. Comme on le verra plus loin, c'est toute la thèse de Michel Foucault dans l'*Histoire de la folie* : le « personnage » de l'homosexuel comme individu pathologique et bientôt comme malade mental est produit par son enfermement commun, au XVIIe siècle, avec les insensés, les criminels, etc.

141. On trouve – à propos des Juifs – une réflexion sur la stigmatisation collective (qui rattache tout individu d'un groupe à un ensemble désigné par des caractéristiques infamantes) dans le roman de Dickens *L'Ami commun* (Paris, Gallimard, coll. « Bibliothèque de la Pléiade », 1991, p. 857).

142. Le personnage du roman de Dickens tire ainsi la conclusion du fait qu'il est impossible d'échapper à la stigmatisation : « Je fis réflexion qu'en courbant la tête sous le joug que je consentais à porter, c'est le cou de tout le peuple juif que je courbais malgré lui » (*ibid.*).

143. Jean Genet, « Fragments... », in *Fragments... et autres textes*, Paris, Gallimard, 1990, p. 77-78. Et Jean-Paul Sartre, *Saint Genet, op. cit.*, p. 53 : « La honte isole. Et l'orgueil, qui est l'envers de la honte. » On remarquera que l'orgueil individuel (et individualiste) évoqué ici par Sartre, qui consiste à se sentir supérieur aux autres homosexuels et à les mépriser, est très exactement le contraire de la notion, développée depuis les années soixante-dix, de « fierté », qui est toujours affirmée comme nécessairement collective et ayant pour objectif de fonder cette « réciprocité » entre les gays (et les lesbiennes, que Sartre oublie de mentionner) et cette « solidarité » dont, précisément, Sartre, à l'instar de Genet, pensait, dans les années cinquante, qu'elle était impossible.

144. Cf. Pierre Bourdieu, « Le paradoxe du sociologue », in *Questions de sociologie*, Paris, Minuit, 1981, p. 86-94. Voir aussi *La Domination masculine, op. cit.*, p. 40 : « Les dominés appliquent des catégories construites du point de vue des dominants aux relations de domination, les faisant ainsi apparaître comme naturelles. »

145. La mobilisation gay et lesbienne a toujours été – et est toujours – l'occasion d'une prolifération de discours homophobes d'un bout à l'autre de l'éventail politique, qui tendent à naturaliser et à ontologiser l'ordre social pour dire ce qu'il doit être (parce qu'il en a « toujours » été ainsi) et surtout ce qu'il n'est pas question qu'il puisse

être (parce que cela ruinerait les « fondements mêmes de la civilisation » ou de l'« ordre symbolique »). Pour des exemples et une analyse de ces discours, voir Éric Fassin, *L'Inversion de la question homosexuelle*, Paris, Éditions Amsterdam, 2005 ; et Marcela Iacub, « Le couple homosexuel, le droit et l'ordre symbolique », in *Le crime était presque sexuel*, Paris, EPEL, 2002, p. 249-265.

146. André Gide, *Corydon*, Paris, Gallimard, 1924, p. 41.

11. INVERSIONS

147. Judith Butler, *Excitable Speech, op. cit.*, p. 51-52.

148. Pierre Bourdieu, *La Domination masculine, op. cit.* L'extension du schème d'analyse qui vaut pour les relations hommes-femmes aux relations hétérosexuels-homosexuels (masculins en tout cas) est suggérée par Bourdieu lui-même dans « Quelques questions sur la question gay et lesbienne », in Didier Eribon (dir.), *Les Études gays et lesbiennes, op. cit.* Pierre Bourdieu a d'ailleurs repris et développé ce texte en post-scriptum de son ouvrage sur *La Domination masculine*.

149. Voir les textes cités par Vernon Rosario, *The Erotic Imagination. French Histories of Perversity*, Oxford et New York, Oxford University Press, 1997, p. 88.

150. Arrigo Tamassia, « Sull'inversione dell'istinto sessuale », 1878, cité in Vernon Rosario, *The Erotic Imagination, op. cit.*, p. 86. Sur les relations entre femmes, et la manière dont elles ont pu être perçues comme une transgression des lois naturelles de la « différence des sexes », voir Lilian Faderman, *Odd Girls and Twilight Lovers. A History of Lesbian Life in the Twentieth Century*, Londres, Penguin, 1991, p. 38-61.

151. Sigmund Freud, *Trois Essais sur la théorie sexuelle*, Paris, Gallimard, coll. « Folio », 1987, p. 52-53.

152. Marcel Proust, *Sodome et Gomorrhe*, Esquisse IV, *op. cit.*, p. 955.

153. Marcel Proust, *Sodome et Gomorrhe, op. cit.*, p. 32.

154. *Ibid.*, p. 31.

155. Marcel Proust, *Sodome et Gomorrhe*, Esquisse I, *op. cit.*, p. 924. Voir aussi p. 928 : « Mais le plus souvent se contentant d'apparences grossières… » Voir aussi *Sodome et Gomorrhe, op. cit.*, p. 17.

156. Marcel Proust, *Sodome et Gomorrhe, op. cit.*, p. 31.

157. Sur ce point, voir Jean-Yves Tadié, *Proust. Le dossier*, Paris, Pocket, 1998, p. 86-92, et Mathieu Lindon, « Être Proust », in *Je t'aime. Essais critiques*, Paris, Minuit, 1993, p. 75.

158. Marcel Proust, *Sodome et Gomorrhe*, Esquisse XI, *op. cit.*, p. 1022 : « J'avais aperçu le marquis de Gurcy [le nom que portait Charlus au moment des esquisses] parlant avec animation bras dessus bras dessous à un militaire dont il tenait le bras... Ce militaire avait plutôt l'air d'un pierrot peint couvert de poudre et de fard que d'un soldat... J'avais regardé sa figure avec curiosité [...] en admirant combien la nécessité et l'espoir de plaisir peuvent faire ressembler à notre idéal la réalité la plus différente pour que M. de Gurcy, affamé de virilité, écœuré par les hommes efféminés, eût cru rencontrer un véritable jeune homme [...] dans cette petite tante déguisée en soldat. »

159. Quand Proust évoque son « air de fille au milieu de sa mâle beauté », il fait référence au fait qu'il est intéressé par l'argent du baron plutôt qu'à un quelconque efféminement (*Sodome et Gomorrhe, op. cit.*, p. 396).

160. *Sodome et Gomorrhe*, p. 17.

161. Marcel Proust, *Sodome et Gomorrhe*, Notes et variantes, *op. cit.*, p. 1279 : « L'homosexuel [...] se croit [...] semblable à ce qu'il désire, comme le snob qui se croit noble... »

162. Marcel Proust, *Sodome et Gomorrhe, op. cit.*, p. 31.

163. Il est vrai que, au début de *Sodome et Gomorrhe*, Proust ou son narrateur ne cache pas que sa « théorie » va évoluer, puisqu'il précise avant d'introduire l'idée de l'homme-femme qui ne peut satisfaire son désir qu'avec d'autres invertis : « Du moins selon la première théorie que j'en esquissais alors, qu'on verra se modifier par la suite » (p. 17). Il convient d'ailleurs d'ajouter qu'il est sans doute impossible de parler d'une théorie unifiée de l'homosexualité chez Proust. En effet, si l'on réunit l'ensemble des déclarations de Charlus qui abordent ou effleurent la question, il s'en dégage évidemment une théorie tout à différente de celle qu'expose le narrateur. Et, d'autre part, la façon dont est décrite l'homosexualité féminine vient encore compliquer le tableau que Proust s'efforce de composer (voir sur ce point les analyses d'Elisabeth Ladenson, *Proust Lesbianism,* Ithaca et Londres, Cornell University Press, 1999.)

164. Lettre de Marcel Proust à Paul Souday (1920), citée in Antoine Compagnon, Notice de *Sodome et Gomorrhe, op. cit.*, p. 1254.

165. Sur la parenté entre la théorie de Proust et celle d'Ulrichs (qu'il connaissait sans doute indirectement par les textes d'Hirschfeld et de Krafft-Ebing), voir J.E. Rivers, *Proust and the Art of Love. The Aesthetics of Sexuality in the Life, Times and Art of Marcel Proust*, New York, Columbia University Press, 1980, p. 185-187.

166. Cf. Hubert Kennedy, *Ulrichs : The Life and Works of Karl Heinrich Ulrichs, Pioneer of the Modern Gay Movement*, Boston, Alyson, 1988, p. 170.

167. Cité *ibid.*, p. 50.

168. Cité *ibid.*, p. 73-75.

169. Proust parle de « troisième sexe » en citant Balzac, in Marcel Proust, *Sodome et Gomorrhe*, Esquisse IV, *op. cit.*, p. 955.

170. « Décrire les hommes, cela dût-il les faire ressembler à des êtres monstrueux », tel est le projet affirmé dans la dernière page de l'œuvre (*Le Temps retrouvé*, in *À la recherche du temps perdu, op. cit.*, t. 4, p. 625).

171. André Gide, *Journal*, Paris, Gallimard, coll. « Bibliothèque de la Pléiade », 1996, t. 1, p. 1126.

172. Sur la réception de Proust, voir Eva Ahlstedt, *La Pudeur en crise. Un aspect de la réception d'*À la recherche du temps perdu *de Marcel Proust, 1913-1930*, Göteborg, Acta Universitatis Gothoburgensis, 1985.

12. DE LA SODOMIE

173. Sur tous ces points, voir Didier Eribon, *Une morale du minoritaire…*, *op. cit.* et *Échapper à la psychanalyse*, Paris, Leo Scheer, 2005.

174. Voir Christine Bard, *Les Garçonnes. Modes et fantasmes des années folles*, Paris, Flammarion, 1998.

175. George L. Mosse, *L'Image de l'homme. L'invention de la virilité moderne*, Paris, Abbeville, 1997, p. 151.

176. Michaël Pollack, *Les Homosexuels et le sida. Sociologie d'une épidémie*, *op. cit.*, p. 45-47. On décèle une véritable phobie de la « folle » et de l'efféminement dans bien des discours tenus par des gays, et notamment dans le tout-venant des livres sur les homosexuels récemment publiés et dont les auteurs, parce qu'ils ne sont pas contraints par les exigences de l'écriture scientifique, se laissent aller à exprimer leurs pulsions personnelles bien plus crûment et plus naïvement que ne le faisait Michaël Pollack.

177. Sur le jeu avec la féminité, voir le livre classique d'Esther Newton, *Mother Camp. Female Impersonators in America*, The University of Chicago Press, 1979.

178. On remarquera que si le mot « enculé » est une insulte fort répandue, l'expression « se faire enculer » l'est tout autant et qu'elle désigne le fait d'avoir été trompé, joué, ou vaincu, tout comme

l'expression « baisser son pantalon » désigne l'absence de courage, l'absence de fermeté.

179. Sur les cosmologies fondées sur l'opposition du principe « masculin » au principe « féminin », voir Pierre Bourdieu, *La Domination masculine, op. cit.*, et notamment les pages ethnologiques consacrées à la Kabylie. Voir également l'étude intitulée « Le démon de l'analogie », in *Le Sens pratique*, Paris, Minuit, 1980, p. 333-439. Ainsi que, dans le même ouvrage, l'annexe sur « La maison ou le monde renversé », p. 441-461.

180. Voir le volume déjà mentionné des Cahiers Gai-Kitsch-Camp.

181. Marcel Proust, *Sodome et Gomorrhe, op. cit.*, p. 429. (C'est moi qui souligne.)

182. *Ibid.*, p. 12.

183. *Ibid.*, p. 16.

184. *Ibid.*, p. 6.

185. Voir sur tous ces points les commentaires d'Eve Kosofsky Sedgwick, *Epistemology of the Closet, op. cit.*, p. 219-220.

186. *Ibid.*, p. 254. C'est moi qui souligne. Voir les commentaires d'Eve Kosofsky Sedgwick, *op. cit.*

187. Annick Prieur, *Mema's House, Mexico City. On Queens, Transvestites and Machos*, The University of Chicago Press, 1998.

188. Voir par exemple Rommel Mendes-Leité, *Bisexualité, le dernier tabou*, Paris, Calmann-Lévy, 1996.

189. Pierre Bourdieu, *Le Sens pratique, op. cit.*, p. 246. Voir aussi *La Domination masculine, op. cit.*, p. 11 *sq.*

13. Subjectivité et vie privée

190. Richard A. Isay, *Being Homosexual. Gay Men and their Development*, New York, Avon, 1989, p. 137.

191. Jean Cocteau, *Le Livre blanc*, in *Romans, poésies, œuvres diverses*, Paris, LGF, coll. « La Pochothèque », 1995, p. 193-223. Citation, p. 193.

192. Christopher Isherwood, *Christopher and his Kind, op. cit.*, p. 3.

193. Jean Genet, « Entretien avec Madeleine Gobeil », in *L'Ennemi déclaré. Textes et entretiens*, Paris, Gallimard, 1991, p. 12.

194. Jean Genet, « Entretien avec Nigel Williams », in *L'Ennemi déclaré, op. cit.*, p. 302.

195. Paul Monette, *Becoming a Man, op. cit.*, p. 61.

196. *Ibid.*, p. 34-35.

197. *Ibid.*, p. 2.

198. *Ibid.*
199. Erving Goffman, *Stigmate, op. cit.*, p. 108.
200. *Ibid.*
201. *Ibid.*, p. 110.
202. *Ibid.*, p. 83.
203. *Ibid.*, p. 123.
204. Voir sur ce point Neil Bartlett, *Who Was That Man, op. cit.*, p. 84 : « *Our first experience of talking as gay men is the experience of lying.* »
205. Sur la notion de « présentation de soi », voir Erving Goffman, *La Mise en scène de la vie quotidienne*, Paris, Minuit, 1973.
206. Cf. Jürgen Habermas, *Le Discours philosophique de la modernité*, Paris, Gallimard, 1988, p. 351.
207. Cf. les analyses de Barry D. Adam, *The Survival of Domination, op. cit.*, p. 96.
208. Voir notamment les analyses classiques de Catharine MacKinnon, « Feminism, Marxism, Method and the State », *Signs*, 7, n° 3, printemps 1982, p. 515-544.
209. Eric Dunning, « Le sport fief de la virilité », in Norbert Elias, Eric Dunning, *Sport et civilisation*, Paris, Fayard, 1994, p. 378.
210. Cf. Eve Kosofsky Sedgwick, *Epistemology of the Closet, op. cit.*, p. 186, et *Between Men, op. cit.*, p. 88-89.
211. Sur la sexualité masculine presque toujours conçue sous l'angle de la « conquête », voir Pierre Bourdieu, *La Domination masculine, op. cit.*, p. 30.
212. *Ibid.*, p. 60.
213. Erving Goffman, *Stigmate, op. cit.*, p. 161.
214. Sur la « théâtralité », voir Judith Butler, « Critically Queer », in *Bodies that Matter, op. cit.*, p. 232. Judith Butler présente la « théâtralité » comme un moyen « de mettre en évidence la "loi" homophobe qui ne peut plus dès lors contrôler les termes de ses propres stratégies infériorisantes ». (« *The hyperbolic gesture is crucial to the exposure of the homophobic "law" that can no longer control the terms of its own abjecting strategies.* »)
215. Jean-Paul Sartre, *Saint Genet, op. cit.*, p. 362.
216. Cf. Eve Kosofsky Sedgwick, « Queer performativity », in *Touching Feeling, op. cit.* Outre la sortie de la honte, il y aurait peut-être un autre facteur (fortement relié au premier) à prendre en compte pour expliquer ce jeu avec la présentation de soi : la « mise à l'écart », l'état d'être « à part » fait naître chez nombre d'homosexuels une vie intérieure pleine d'images et de fantasmes (tirés des livres, des revues, des films, de personnages aperçus…) qu'ils extériorisent comme leurs

propres gestes, leur théâtre personnel, lorsqu'ils se décident à rendre public le secret qui leur faisait jouer le « jeu » de la discrétion et de l'imitation des modèles hétérosexuels.

14. L'EXISTENCE PRÉCÈDE L'ESSENCE

217. Michaël Pollack, *Les Homosexuels et le sida, op. cit.* Cette constatation nous renvoie à la question de la surreprésentation des diplômés de l'enseignement supérieur dans les échantillons spontanés étudiés dans les enquêtes sociologiques. Mais cela laisse intact, bien sûr, le problème posé par les trajectoires ascendantes. Ce qui pourrait nous conduire à rendre plus complexe la causalité ainsi tracée par Pollack : il ne suffirait plus de dire que ce sont les gays dotés d'un capital culturel plus élevé qui sont les mieux à même de s'identifier comme gays, mais que, avant cela, c'est la pulsion à s'identifier comme gay (sous diverses modalités, même celle d'un refus temporaire de soi) qui conduirait (mais par quels mécanismes ?) aux parcours scolaires ascendants.

218. Friedrich Nietzsche, *Le Gai Savoir*, in *Œuvres complètes*, t. 5, Paris, Gallimard, 1982, p. 185.

219. Jean-Paul Sartre, *Saint Genet, op. cit.*, p. 9-10.

220. On n'a peut-être pas assez remarqué à quel point les textes du jeune Foucault, dans les années cinquante, sont marqués par ce même vocabulaire de l'« angoisse ».

221. *Ibid.*, p. 85.

222. Jean-Paul Sartre, *Saint Genet, op. cit.*, p. 63.

223. Jean-Paul Sartre, *Réflexions sur la question juive*, Paris, Gallimard, coll. « Folio », 1985, p. 83.

224. Après avoir fait remarquer que le sionisme est en quelque sorte la « contre-idéologie » de l'idéologie antisémite, Hannah Arendt ajoute : « Non pas, bien entendu, que la conscience juive ait jamais été une simple création de l'antisémitisme ; une connaissance même sommaire de l'histoire juive, dont le souci constant depuis l'exil babylonien a toujours été la survie du peuple juif en dépit des dangers énormes résultant de sa dispersion, suffirait à écarter le mythe le plus récent sur ce sujet, devenu à la mode dans les cercles intellectuels depuis que l'"existentialisme" sartrien a défini le juif comme celui qui est considéré et défini comme le juif par les autres » (Hannah Arendt, *Les Origines du totalitarisme*, t. 1., *Sur l'antisémitisme*, Paris, Seuil, coll. « Points », 1973, p. 18-19). Mais cette critique n'est guère pertinente (c'est une lecture naïve du texte de Sartre) car Sartre ne veut évidemment pas dire qu'il n'y a pas de tradition culturelle juive, mais

qu'il n'y a pas de « nature », d'essence de l'« être-Juif », et que, par conséquent, être juif c'est toujours être défini comme tel, dans une société. Certes, Sartre a reconnu par la suite, dans une interview de 1966, qu'il lui aurait fallu intégrer des données historiques. Mais dans cette interview il souligne aussi que sa description de la structure d'opposition entre « authenticité » et « inauthenticité » reste, à ses yeux, tout à fait valide (cité in Michel Contat, Michel Rybalka, *Les Écrits de Sartre*, Paris, Gallimard, 1970, p. 140).

225. Jean-Paul Sartre, *Réflexions...*, *op. cit.*, p. 81.
226. *Ibid.*, p. 95.
227. *Ibid.*, p. 110.
228. *Ibid.*, p. 112. Sartre écrit aussi : « Beaucoup de Juifs inauthentiques jouent à n'être pas Juifs » (*ibid.*, p. 116). Cela nous renvoie à la définition de la « mauvaise foi » que Sartre donne dans *L'Être et le Néant* : « Le premier acte de la mauvaise foi est de fuir ce qu'il ne peut pas fuir, de fuir ce qu'il est. »
229. *Ibid.*, p. 130.
230. Jean-Paul Sartre, « Textes politiques », in *Situations*, X, Paris, Gallimard, 1976, p. 23.
231. Henning Bech, *When Men Meet*, *op. cit.*, p. 97.

15. L'IDENTITÉ IRRÉALISABLE

232. Voir les remarques d'Eve Kosofsky Sedgwick, *Epistemology of the Closet*, *op. cit.*, p. 68.
233. Henning Bech, *When Men Meet*, *op. cit.*, p. 96.
234. Comme l'a fait remarquer – et il revient à Judith Butler d'avoir attiré notre attention sur ce point – Shoshana Felman dans *The Literary Speech Act. Don Juan with J.L. Austin, or Seduction in Two Languages*, Ithaca, Cornell University Press, 1983.
235. Cf. Jacques Derrida, « Signature, contexte, événement », in *Limited Inc.*, Paris, Galilée, 1993, p. 45 : « Un énoncé performatif pourrait-il réussir si sa formulation ne répétait pas un énoncé "codé" ou itérable, autrement dit si la formule que je prononce pour ouvrir une séance, lancer un bateau ou faire un mariage, n'était pas identifiable en quelque sorte comme "citation" ? »
236. Le sport est évidemment l'un des lieux de l'homosexualité interdite (et indicible). Quand on objecte aux associations sportives gays et lesbiennes ou à l'organisation de Gay Games qu'un tel séparatisme est incompréhensible parce que le sport ne doit être ni homosexuel ni hétérosexuel, on oublie ou ignore qu'il est foncièrement hétérosexuel et qu'un gay qui se déclarerait comme tel aurait bien du

mal à continuer d'être admis dans une équipe (le cas d'un footballeur anglais qui fut peu à peu écarté du circuit professionnel est assez exemplaire à cet égard, et l'on sait le scandale que déclencha le *coming out* de Martina Navratilova, qui pouvait se permettre ce geste parce qu'elle était au sommet de sa gloire, et les réactions haineuses qu'elle suscita de la part de certaines joueuses). D'où le plaisir de pouvoir être gay ou lesbienne dans le cadre d'associations ou de compétitions qui, il faut le souligner, sont totalement ouvertes aux bisexuels, transsexuels et hétérosexuels, et, qui plus est, aux personnes de tous âges.

237. Jean-Paul Sartre, *L'Être et le Néant, op. cit.*, p. 609-615. J'utilise ici cette notion de manière libre sans essayer de m'en tenir au sens précis que lui a donné Sartre.

238. Michel Foucault, « De l'amitié comme mode de vie », in *Dits et écrits*, t. 4, *op. cit.*, p. 163. Je reviens sur ces textes dans la troisième partie du présent ouvrage.

239. Leo Bersani, *Homos*, Oxford University Press, 1996.

240. Joan Scott a analysé cet indépassable paradoxe à propos du mouvement féministe. (Cf. Joan Scott, *La Citoyenne paradoxale*, Paris, Albin Michel, 1998.)

241. Citons, entre autres exemples, le cercle élitiste de Stefan George dans l'Allemagne des années vingt ou la branche « masculiniste » du mouvement homosexuel allemand dans les années vingt.

242. Sur la Mattachine Society, voir le livre de John D'Emilio, *Sexual Politics, Sexual Community, op. cit.*, notamment chapitre 4, « Radical Beginnings of the Mattachine Society », p. 57-74, et chapitre 5, « Retreat to Respectability », p. 75-91. Voir aussi la biographie que Stuart Timmons a consacrée au fondateur de ce mouvement, Harry Hay (Stuart Timmons, *The Trouble with Harry Hay, Founder of the Modern Gay Movement*, Boston, Alyson, 1990), ainsi que les textes recueillis in Harry Hay, *Radically Gay. Gay Liberation in the Words of its Founder*, édités par Will Roscoe, Boston, Beacon Press, 1996.

243. Cf. James Steakley, *The Homosexual Emancipation Movement in Germany, op. cit.*, p. 22-69.

244. Dennis Altman, *Homosexual Oppression and Liberation* [1971], rééd. Londres, Serpent's Tail, 1993. Guy Hocquenghem, *Le Désir homosexuel*, Paris, Éditions universitaires, 1972. Ce thème est également très présent dans *L'Anti-Œdipe* de Gille Deleuze et Félix Guattari (Paris, Minuit, 1972), qui eut tant d'influence sur la pensée d'Hocquenghem.

245. Sur le mouvement *queer*, voir Eve Kosofsky Sedgwick, « Construire des significations *queer* », in Didier Eribon (dir.), *Les*

Études gays et lesbiennes, op. cit., p. 109-116. Sur la référence à Guy Hocquenghem, voir l'introduction de Michael Moon à la réédition de *Homosexual Desire*, Durham, Duke University Press, 1993.

16. PERTURBATIONS

246. Leo Bersani, « Trahisons gaies », in Didier Eribon, *Les Études gays et lesbiennes, op. cit.*, p. 67.

247. Michel Foucault, « Le départ du prophète », texte reproduit in Didier Eribon, *Michel Foucault et ses contemporains, op. cit.*, p. 280-281. Sur Arcadie, voir Julian Jackson, *Arcadie. La vie homosexuelle en France, de l'après-guerre à la dépénalisation, op. cit.*

248. Sur les transformations du droit comme moyen de subvertir la norme, voir Didier Eribon, *De la subversion. Droit, normes et politique*, Paris, Cartouche, 2010.

249. Voir Lilian Faderman, *Surpassing the Love of Men. Romantic Friendship and Love between Women from the Renaissance to the Present*, New York, William Morrow, 1981, et *Odd Girls and Twilight Lovers, op. cit.* Voir aussi, pour un regard sur une période plus délimitée, Shari Benstock, *Femmes de la rive gauche*, Paris, Éditions des Femmes, 1987.

250. Voir « Dana International, la Queen de Sabbat », *Libération*, 8 juin 1998. On retrouve les mêmes aspirations chez les transgenres mexicains interrogés par Annick Prieur (Annick Prieur, *Mema's House, op. cit.*).

251. Le Juif peut être raciste, le Noir antisémite, l'homosexuel raciste et antisémite, etc. Le paradigme de cette absence de solidarité des opprimés peut se trouver dans l'attitude d'August von Platen et Henri Heine. Le premier avait dénoncé le second comme Juif, et celui-ci se moqua de lui comme homosexuel. (Voir Hans Mayer, *Les Marginaux. Femmes, Juifs et homosexuels dans la littérature européenne*, Paris, Albin Michel, 1994, p. 220-237.)

252. Erving Goffman, *Stigmate, op. cit.*, p. 161.

253. Pierre Bourdieu, *La Domination masculine, op. cit.*, p. 100-101.

254. Alan P. Bell et Martin S. Weinberg, *Homosexualities. A Study of Diversity among Men and Women*, New York, Simon and Shuster, 1978, p. 157.

255. Barry D. Adam, *The Inferiorisation of Everyday Life, op. cit.* Voir aussi les remarques similaires de Laud Humphreys, *Le Commerce des pissotières : pratiques homosexuelles anonymes dans l'Amérique des années 1960*, Paris, La découverte, 2007.

256. Pierre Herbart écrit à propos de Gide : « Cette force d'anarchie qu'il portait en lui et qui transparaît fugitivement dans son œuvre, mais dont elle est imprégnée pour qui sait la lire, il n'a su la libérer pour de bon que dans sa vie, au prix d'un ténébreux combat que nos "mœurs" l'aidaient à livrer » (Pierre Herbart, « André Gide », in *Inédits*, Le Tout sur le tout, 1981, p. 77-98. Citation, p. 78).

257. Sur la proximité, dans sa jeunesse, de Gide avec l'Action française, voir Martha Hanna, « What Did André Gide See in the Action française », *Historical Reflections*, n° 17, 1991, p. 1-22. Et sur son évolution vers la gauche, voir Michael Lucey, *Gide's Bent. Sexuality, Politics, Writing*, New York, Oxford University Press, 1995.

17. L'INDIVIDU ET LE GROUPE

258. *Sodome et Gomorrhe, op. cit.*, p. 33.

259. *Ibid.*, p. 18-19. (Il faudrait citer toute la page.)

260. *Ibid.*, p. 18, 32.

261. *Ibid.*, p. 20, 21.

262. La notion de « race » chez Proust n'a pas toujours une connotation biologisante. S'il décrit parfois l'homosexualité dans les termes, quasiment physiologiques, d'une erreur de la nature qui a placé une âme de femme dans un corps d'homme, il utilise aussi la notion de « race » comme une métaphore pour décrire comme un produit de l'histoire le « collectif » que forment les homosexuels malgré eux, du fait de l'hostilité sociale à laquelle ils sont confrontés et qui les détermine : « Rassemblés à leurs pareils *par l'ostracisme* qui les frappe, l'opprobre où ils sont tombés, *ayant fini par prendre*, par une persécution semblable à celle d'Israël, *les caractères physiques et moraux d'une race…* » (*ibid.* p. 17-18. C'est moi qui souligne). Dans la première ébauche de ce passage, l'historicisation de la notion de « race » est encore plus nette : « D'autres apologistes de leur race la glorifient jusque dans ses origines […] comme les Juifs qui répètent "Mais Jésus-Christ était juif", sans comprendre que le péché, même originel, a son origine *dans l'histoire et que c'est la réprobation qui fait la honte* » (*ibid.*, p. 933 – c'est moi qui souligne). Voir aussi, *ibid.*, p. 924 : « Ayant fini, dans l'opprobre commun d'une abjection imméritée, par prendre des caractères communs, *l'air d'une race.* »

263. *Ibid.*, p. 17.

264. Jean-Paul Sartre, *Critique de la raison dialectique*, Paris, Gallimard, 1960. Je n'entends évidemment pas restituer ici toute la complexité de la pensée de Sartre sur ce point, et notamment sur les

différents niveaux de « groupe » qu'il s'efforce de définir. J'essaie simplement de voir comment l'idée générale d'un passage du « sériel » au « groupe » peut être utile pour penser la « question gay ».

265. *Ibid.*, p. 318.

266. Jean-Paul Sartre, « Textes politiques », in *Situations*, X, Gallimard, 1976, p. 43.

267. *Ibid.*, p. 79.

268. *Ibid.*, p. 43. Il est frappant de constater que ces articles politiques de Sartre, intitulés « Les maos en France » ou « Élections, piège à cons », et très marqués par la problématique et le vocabulaire de l'extrême gauche du début des années soixante-dix, semblent, une fois débarrassés de leur lexique gauchiste, avoir été écrits pour répondre aux questions posées par les mobilisations politiques et culturelles d'aujourd'hui. Il est vrai que Sartre ne parle pas seulement des ouvriers dans ce texte, mais des « luttes » en général. On peut lire d'ailleurs, dans le texte de 1971 sur le procès de Burgos et sur la question basque, de fort intéressantes remarques sur l'opposition entre « l'universalisme abstrait » et « l'universel singulier » et concret (*op. cit.*, p. 21-37, et tout particulièrement p. 24-25).

269. Cf. Jean-Paul Sartre, *Critique de la raison dialectique op. cit.*, p. 641.

270. Jean-Paul Sartre, *Saint Genet, op. cit.*, p. 68-69 et 72.

271. Jean-Paul Sartre, « Orphée noir », in *Situations*, III, Paris, Gallimard, 1949, p. 283. Frantz Fanon a sévèrement critiqué cette idée hégélienne d'un stade de la révolte censé déboucher sur la société idéale selon les lois d'une nécessité historique qui imposeraient donc un sens préexistant à ce que produisent les mouvements de révolte (cf. Frantz Fanon, *Peaux noires, masques blancs, op. cit*, p. 108-109) : « Et voilà, ce n'est pas moi qui me crée un sens, mais c'est le sens qui était là, préexistant, m'attendant. [...] La dialectique qui introduit la nécessité au point d'appui de ma liberté m'expulse de moi-même. [...] Je ne suis pas une potentialité de quelque chose. Je suis pleinement ce que je suis. [...] Ma conscience nègre ne se donne pas comme manque. Elle *est*. Elle est adhérente à elle-même. »

272. *Ibid.*, p. 282. Sartre dit à peu près la même chose à la fin des *Réflexions sur la question juive*, lorsqu'il écrit que le « Juif authentique qui se pense comme Juif [...] » n'est pas hostile à l'assimilation, mais qu'il y « renonce pour lui » et « l'attend pour ses fils », la « prise de conscience » du Juif en tant que Juif et la « guerre » qu'il doit mener n'étant alors qu'une étape vers la « liquidation radicale de

l'antisémitisme » que devrait produire la « révolution socialiste » (*op. cit.*, p. 182).

273. Jean-Paul Sartre, *Les Mots*, Paris, Gallimard, coll. « Folio », 1972, p. 214.

274. Albert Hirschman, *Bonheur privé, actions publiques*, Paris, Fayard, 1983.

275. Barry D. Adam, *The Rise of a Gay and Lesbian Movement*, New York, Twayne Publishers, 1995.

276. Voir sur ce point John D'Emilio, « Capitalism and Gay Identity », in *Making Trouble. Essays on Gay History, Politics, and the University*, New York, Routledge, 1992, p. 3-16.

277. George Chauncey, *Gay New York*, *op. cit.*

278. On trouvera de nombreux autres exemples dans le livre de George Chauncey et dans la thèse de Florence Tamagne (*op. cit.*).

279. Marcel Proust, *Sodome et Gomorrhe*, Esquisse I, *op. cit.*, p. 925-926.

280. Cf. Jean-Paul Sartre, *Saint Genet, op. cit.*, p. 214 : « Les faits qui nous entourent et que nous voulons changer sont de vieilles victoires pourries. »

DEUXIÈME PARTIE
SPECTRES DE WILDE

1. COMMENT NAISSENT LES « PÉDÉRASTES ARROGANTS »

281. H. Montgomery Hyde, *The Trials of Oscar Wilde*, New York, Dover, 1962, p. 273. Et Richard Ellmann, *Oscar Wilde*, Londres, Penguin, 1988, p. 449.

282. Oscar Wilde, *De Profundis*, in *The Complete Works of Oscar Wilde*, Glasgow, Harper Collins, 1996, p. 1041.

283. *Ibid.*, p. 1000.

284. Neil Bartlett, *Who Was that Man ? A Present for Mr. Oscar Wilde*, *op. cit.*

285. « *I'm an unspeakable of the Oscar Wilde sort* » (E.M. Forster, *Maurice*, *op. cit.*, p. 158-159).

286. Sur Magnus Hirschfeld, voir Charlotte Wolff, *Magnus Hirschfeld. A Portrait of a Pioneer in Sexology*, Londres, Quartet, 1986. Sur Virginia Woolf, voir Ruth Vanita, « The Wilderness of Woolf », in *Sapho and the Virgin Mary. Same-Sex Love and the English Literary*

Imagination, New York, Columbia University Press, 1996, p. 186-214 (et particulièrement p. 186-189).

287. Cf. Patrick Pollard, *Gide, Homosexual Moralist*, New Haven et Londres, Yale University Press, 1991, p. 3. Et Claude Martin, *André Gide ou la vocation du bonheur*, t. 1, 1869-1911, Paris, Fayard, 1998, p. 553.

288. André Gide, *Si le grain ne meurt*, in *Souvenirs et voyages*, Paris, Gallimard, coll. « Bibliothèque de la Pléiade », 2001, p. 303-312. Sur les relations de Gide et Wilde à Paris, voir Claude Martin, *André Gide, op. cit.*, p. 160-162, et sur l'Algérie, p. 250-251.

289. Claude Martin, *André Gide, op. cit.*, p. 309-310.

290. André Gide, « Oscar Wilde », in André Gide, *Essais critiques, op. cit.*, p. 836-854.

291. Jean Delay, *La Jeunesse d'André Gide*, Paris, Gallimard, 1956-1957, t. 2, p. 547. Si Delay ne tient pas Wilde pour totalement responsable de l'homosexualité de Gide, c'est parce qu'il a trouvé deux autres explications : un recours trop fréquent à la masturbation et un tempérament marqué par une grande « faiblesse nerveuse » (*ibid.*, p. 526). Il est à peine compréhensible qu'un tel ouvrage, qui condense toute la bêtise et toute la violence homophobes du discours psychiatrique, puisse encore être considéré comme un « chef-d'œuvre ». Pour une critique (dévastatrice) de ce livre, voir Michael Lucey, *Gide's Bent. Sexuality, Politics, Writing, op. cit.*, notamment p. 120-121.

292. Le journaliste Maximilian Harden avait accusé deux aristocrates proches de l'empereur, le prince Philipp Eulenburg et le comte Kuno Moltke, d'être homosexuels. Les procès en diffamation intentés par ces derniers, en 1907 et 1908, durèrent des années et connurent de nombreux rebondissements. Ils eurent un énorme retentissement à travers toute l'Europe. La vie et la carrière des deux aristocrates (et de quelques autres) furent bien sûr brisées. Le fait que Magnus Hirschfeld soit venu témoigner en faveur de Harden pour confirmer que Moltke était homosexuel (avec la folle illusion que profiter d'une telle tribune pour défendre l'idée que l'homosexualité était innée et qu'on la trouvait dans les plus hautes sphères de la société allait faire avancer la cause de la décriminalisation) eut des effets désastreux et durables sur l'histoire du mouvement homosexuel allemand. Sur Philipp Eulenburg et l'« affaire » du même nom, voir Isabel Hull, *The Entourage of Kaiser Wilhelm II, 1888-1918*, Cambridge, Mass., et Londres, Cambridge University Press, p. 45-145. Sur le rôle de Magnus Hirschfeld dans les différents procès, voir Charlotte Wolff, *Magnus Hirschfeld, op. cit.*, p. 68-85.

293. André Gide, *Corydon* [1924], Paris, Gallimard, 1986, p. 15.
294. Cité in Patrick Pollard, *Gide...*, *op. cit.*, p. 416.
295. Sur l'homosexualité dans l'œuvre de Proust en général, voir J.E. Rivers, *Proust and the Art of Love. The Aesthetic of Sexuality in the Life, Times and Art of Marcel Proust*, New York, Columbia University Press, 1980. Sur l'intérêt de Proust pour l'affaire Eulenburg, voir notamment p. 112-137. Voir aussi la Notice de présentation de *Sodome et Gomorrhe* rédigée par Antoine Compagnon pour l'édition de la Pléiade (1988), qui documente de manière très précise le rapport entre l'affaire Eulenburg, son retentissement en France, et la genèse du projet romanesque de Proust (*op. cit.*, p. 1199-1202).
296. Cité par Antoine Compagnon, Notice, in Marcel Proust, *Sodome et Gomorrhe, op. cit.*, p. 1201.
297. Marcel Proust, lettre à Alfred Valette (août 1909), in *Correspondance*, éditée par Philip Kolb, Paris, Plon, 1970-1993, t. 9, p. 155.
298. Voir Marcel Proust, *Sodome et Gomorrhe*, Esquisse IV, *op. cit.*, p. 955.
299. Voir Marcel Proust, *Sodome et Gomorrhe*, Esquisse I, *op. cit.*, p. 919.
300. Marcel Proust, *Sodome et Gomorrhe, op. cit.*, p. 437-438.
301. Marcel Proust, *Sodome et Gomorrhe, op. cit.*, p. 338. Dans une des esquisses du roman, Charlus est très lié à l'un des inculpés de l'affaire (cf. Antoine Compagnon, Notice, *op. cit.*, p. 1022). Proust évoquait également le scandale Eulenburg dans une esquisse de 1910-1911 (voir Marcel Proust, *Sodome et Gomorrhe*, Esquisse IV, *op. cit.*, p. 952).
302. Dans le roman de Wilde, *The Picture of Dorian Gray*, le héros est « empoisonné par un livre » (*The Picture...*, in *The Complete Works of Oscar Wilde, op. cit.*, p. 109). Ce livre que Dorian Gray ne cesse de lire et de relire et dont « il ne peut se libérer » (*ibid.*, p. 97, 108, 109) n'est autre qu'*À Rebours* de Huysmans. Dorian s'identifie au personnage du roman de Huysmans, Des Esseintes. Or ce personnage fut inspiré à Huysmans par Montesquiou.
303. Le livre de John Grand-Carteret, *Derrière « Lui ». L'homosexualité en Allemagne*, paru en 1908 et que j'ai mentionné plus haut, est consacré à cette affaire. Ces procès sont également évoqués dans le livre de H. de Wendel et F.P. Fischer, *L'Homosexualité en Allemagne, étude documentaire et anecdotique*, paru lui aussi en 1908. C'est encore en 1908 qu'a été publié en français le livre de Magnus Hirschfeld, *Le Troisième Sexe. Les homosexuels de Berlin, op. cit.*
304. Marcel Proust, lettre à Louis d'Albufera, mai 1908, in *Correspondance, op. cit.*, t. 8, p. 112-113.

305. Marcel Proust, lettre à Robert Dreyfus, mai 1908, *ibid.*, p. 122-123. Voir Antoine Compagnon, Notice, in Marcel Proust, *Sodome et Gomorrhe, op. cit.*, p. 1198. Et J.E. Rivers, *Proust and the Art of Love, op. cit.*, p. 145-151.

306. André Gide, *Corydon, op. cit.*, p. 19.

307. Cf. Michael Sibalis, « The Regulation of Male Homosexuality in Revolutionary and Napoleonic France, 1789-1815 », in Jeffrey Merrick et Bryant Ragan (éd.), *Homosexuality in Modern France*, Oxford et New York, Oxford University Press, 1996, p. 80-101.

308. Cette germination de la prise de parole est très bien mise en évidence par Pierre Lepape, *André Gide, le messager*, Paris, Seuil, 1997.

309. Eve Kosofsky Sedgwick, *Between Men. English Literature and Male Homosocial Desire, op. cit.*, p. 113-114.

310. Eve Kosofsky Sedgwick, *Epistemology of the Closet, op. cit.*, p. 49. Il faudrait évidemment ajouter Gide à cette liste. Parler de « l'homosexualité moderne », sous-entendant « telle que nous la connaissons aujourd'hui », ne va pas sans poser une série de problèmes, dans la mesure notamment où cela laisse entendre qu'il y aurait une forme unique, unitaire, de l'homosexualité, et que nous pourrions en prendre connaissance par le simple fait de regarder autour de nous. Ce qui laisse de côté, bien sûr, toutes les formes que nous ne « connaissons » pas, que nous ne voyons pas, tout ce qui ne se laisse pas enfermer dans la dualité « homosexualité/hétérosexualité ». Il est bien évident que la manière moderne d'envisager l'« identité gay » n'a pas fait disparaître les manières antérieures de penser les rapports entre personnes du même sexe (le modèle de la bisexualité freudienne, de la « pédérastie » classique, etc.) qui ont continué de cohabiter avec les formes plus récentes. Je renvoie sur tous ces points aux remarques d'Eve Kosofsky Sedgwick, notamment dans *Epistemology of the Closet* (*op. cit.*, p. 46-47) et dans son intervention au colloque de Beaubourg, « Construire des significations *queer* », in Didier Eribon (dir.), *Les Études gays et lesbiennes, op. cit.*, p. 109-116, et notamment p. 111-112.

2. UN VICE INNOMMABLE

311. Georges Dumézil, préface à Bernard Sergent, *L'Homosexualité dans la mythologie grecque*, Paris, Payot, 1984. Rééd. in Bernard Sergent, *Homosexualité et initiation chez les peuples indo-européens*, Paris, Payot, 1996, p. 9-12. Citation, p. 9.

312. Georges Dumézil, *Mythe et épopée*, Paris, Gallimard, 1967.

313. Florence Tamagne, *Histoire de l'homosexualité en Europe*, *op. cit.*, ch. 1, p. 23 sv. Il faut certainement nuancer les affirmations de Florence Tamagne, qui, dans son riche travail, a tendance à marquer un peu trop les ruptures au détriment des évidentes continuités, et il serait peut-être préférable de penser en termes de réorganisation ou de développement que d'émergence ou de création.

314. Georges Dumézil, préface à Bernard Sergent, *L'Homosexualité dans la mythologie grecque*, *op. cit.*, p. 9.

315. *Ibid.* Dumézil fait référence à l'article de E. Bethe paru en 1907 dans *Reinisches Museum für Philologie*, n° 62, p. 438-475.

316. N'est-ce pas une même volonté de légitimation par l'inscription dans un passé glorieux qu'on retrouve dans le livre de John Boswell, *Same-sex Unions in Premodern Europe*, New York, Villard Books, 1994, tr. fr., *Les Unions du même sexe dans l'Europe antique et médiévale*, Paris, Fayard, 1997.

317. E.M. Forster, *Maurice*, *op. cit.*, p. 51 : « *They attended the Dean's translation class and when one of the men was forging quietly ahead, Mr. Cornwallis observed in a flat and toneless voice : "Omit : a reference to the unspeakable vice of the Greeks."* »

318. *Ibid.*

319. Cité par Louis Crompton, *Byron and Greek Love. Homophobia in 19th Century England*, Berkeley et Los Angeles, University of California Press, 1986, p. 289-290.

320. Sur Bentham, voir Louis Crompton, *Byron and Greek Love*, *op. cit.*, p. 48.

321. *Ibid.*, p. 39.

322. Cf. Gary Simes, « Heinrich Hössli (1764-1864) », in Robert Aldrich et Gary Wotherspoon (dir.), *Gay and Lesbian History from Antiquity to World War II*, New York et Londres, Routledge, 2001, p. 214-215.

323. Marcel Proust, *Sodome et Gomorrhe*, *op. cit.*, p. 18.

324. Sur Karl Heinrich Ulrichs, voir le livre de Hubert Kennedy, *Ulrichs. The Life and Work of Karl Heinrich Ulrichs, Pioneer of the Modern Gay Movement*, Boston, Alyson, 1988. Pour la référence à Platon, voir p. 50.

325. Cf. Hubert Kennedy, *Ulrichs*, *op. cit.*, p. 167.

326. Sigmund Freud, *Trois Essais sur la théorie sexuelle*, *op. cit.*, p. 42-43.

327. Pour avoir une idée de cette efflorescence, on peut se reporter à l'anthologie publiée par Brian Reade, *Sexual Heretics. Male Homosexuality in English Literature from 1850 to 1900*, New York, Coward-McCann, 1970. Voir aussi les analyses proposées par Richard Dellamora, *Masculine Desire. The Sexual Politics of Victorian Aestheticism*, Chapel Hill et Londres, The University of North Carolina Press, 1990.

328. *I fell a-weeping and I cried : « Sweet youth,*
Tell me why, sad and sighing, thou dost rove,
These pleasant realms ? I pray thee, speak me sooth.
What is thy name ? » He said : « My name is Love »
Then straight, the first did turn himself to me.
And cried : « He lieth, for his name is Shame,
But, I'm Love and I was wont to be
Alone in this fair garden, till he came
Unasked by night. I'm true Love, I fill
The hearts of boy and girl with mutual flame »
Then sighing, the other said : « Have thy will,
I am the love that dare not speak its name. »
On trouve le texte de ce poème intitulé *Two Loves* dans l'anthologie de Brian Reade, *op. cit.*, p. 360-362. Reade reproduit un autre poème de Douglas : *In Praise of Shame* qui se termine par ce vers : « *Of all sweet passions, Shame is the loveliest* » (*ibid.*, p. 362).

329. Cf. Richard Ellmann, *Oscar Wilde*, *op. cit.*, p. 363-364 et 404.

330. *Ibid.*, p. 364. Et Gary Schmidgall, *The Stranger Wilde. Interpreting Oscar*, Londres, Abacus, 1994, p. 299.

331. Robert Merle, *Oscar Wilde ou la « destinée » de l'homosexuel*, Paris, Gallimard, 1955, p. 72.

332. Voir sur tous ces points le livre de Linda Dowling, *Hellenism and Homosexuality in Victorian Oxford*, Ithaca et Londres, Cornell University Press, 1994.

333. Linda Dowling, *op. cit.*, p. 80.

334. Sur la notion de « code homosexuel », voir Linda Dowling, *Hellenism and Homosexuality…*, *op. cit.*, notamment la préface, p. XIII-XV. Voir également son article « Ruskin's Pied Beauty and the Constitution of a "Homosexual" Code », *The Victorian Newsletter*, n° 75, printemps 1989, p. 1-8.

3. Une nation d'artistes

335. Je suis ici les commentaires de Linda Dowling, *Hellenism and Homosexuality…*, *op. cit.*, p. 5-11. Sur le discours républicain anglais, voir le livre classique de J.G.A. Pocock, *The Machiavelian Moment. Florentine Political Thought and the Atlantic Republican Tradition*, Princeton, Princeton University Press, 1975, auquel Linda Dowling se réfère abondamment.

336. Cf. John Boswell, *Same-Sex Unions in Premodern Europe*, *op. cit.*, chapitre 3 : « Same-Sex Unions in the Greco-Roman World »,

p. 53 *sq.*, notamment p. 55-62. Trad. fr., *op. cit.*, p. 87 *sq.*, notamment p. 89-94.

337. Georges Dumézil, préface à Bernard Sergent, *L'Homosexualité dans la mythologie grecque*, *op. cit.*, p. 11. Dans une conversation que j'eus avec lui à la sortie du livre de Bernard Sergent, Dumézil avait fait état plus nettement de ses réticences en me disant : « Bernard Sergent a un peu trop tendance à croire que ce qu'il trouve dans les textes permet de savoir ce qui se passait dans la réalité. »

338. Cf. le chapitre XII de *Studies of the Greek Poets*, reproduit dans le recueil de textes de Symonds édité par John Lauristen sous le titre *Male Love. A Problem in Greek Ethics and Other Writings*, New York, Pagan Press, 1983, p. 120-145. La note se trouve page 145.

339. *Ibid.*

340. *Ibid.*

341. John Addington Symonds, *Problems in Greek Ethics*, in *Male Love. Problems in Greek Ethics and Other Writings*, *op. cit.*, p. 6.

342. *Ibid.*

343. *Ibid.*, p. 18.

344. *Ibid.*, p. 19.

345. *Ibid.*, p. 7.

346. *Ibid.*, p. 8.

347. *Ibid.*, p. 13.

348. *Ibid.*, p. 44.

349. *Ibid.*, p. 37, 40.

350. *Ibid.*, p. 40. Symonds cite Platon, *Les Lois*, 636 c.

351. *The Memoirs of John Addington Symonds*, édité par Phyllis Grosskurth, New York, Random House, 1984, p. 239.

352. Neil Bartlett, *Who Was that Man, op. cit.*, p. 199.

353. Cité par Neil Bartlett, *ibid.*

354. Oscar Wilde, *The Portrait of Mr. W.H.*, in *The Complete Works, op. cit.*, p. 325. Et sur le platonisme, et l'amour dans *Le Banquet*, p. 324. L'autre auteur auquel Wilde se réfère constamment dans ce texte n'est autre que Walter Pater, auquel Wilde emprunte sa théorie de l'expérience esthétique.

355. *Ibid.*, p. 325.

356. Cité par les éditeurs des *Lettres* d'Oscar Wilde, Paris, Gallimard, 1994, p. 44.

357. John Addington Symonds, *The Greek Poets*, cité par Richard Ellmann, *Oscar Wilde, op. cit.*, p. 31.

358. Neil Bartlett, *Who Was that Man, op. cit.*, p. 199.

359. *Ibid.*, p. 226-227.

360. Oscar Wilde, *The Picture of Dorian Gray*, in *The Complete Works of Oscar Wilde, op. cit.*, p. 108.
361. *Ibid.*

4. PHILOSOPHE ET AMANT

362. Walter Pater, *Diaphaneitè*, in *The Renaissance*, Oxford et New York, Oxford University Press, coll. « Oxford World Classics », 1998, p. 154-158. Voir les commentaires de Linda Dowling, *Hellenism and Homosexuality..., op. cit.*, p. 83.
363. Linda Dowling, *op. cit.*, p. 81.
364. *Ibid.*, p. 101, n. 14.
365. Walter Pater, *The Renaissance, op. cit.*, p. 122-123 (la première édition du livre en 1873 s'intitule *Studies in the History of the Renaissance* ; Pater changea le titre pour l'édition de 1877 et opta pour *The Renaissance. Studies in Art and Poetry*. C'est cette édition qui est aujourd'hui disponible).
366. Lettre de Winckelmann, citée par Walter Pater, *ibid.*, p. 123-124.
367. *Ibid.*, p. 124.
368. *Ibid.*, p. 125.
369. *Ibid.*
370. Dans *Art and Illusion*, Gombrich insiste sur le fait que ces statues étaient réalisées selon des critères très stricts, des « schèmes » imposés (Ernst Gombrich, *Art and Illusion*, Londres, Phaidon Press, 1960).
371. Walter Pater, *The Renaissance, op. cit.*, p. 152.
372. *Ibid.*
373. *Ibid.*, p. 152-153.
374. *Ibid.*, p. 153.
375. Les tableaux de Solomon représentent des personnages androgynes, qui évoquent parfois le saint Jean-Baptiste de Léonard de Vinci. Simeon Solomon était homosexuel et il sera arrêté dans un lieu de drague, en 1873, et condamné à une peine de prison.
376. Cité par Richard Ellmann, *Oscar Wilde, op. cit.*, p. 81.
377. Ces deux phrases sont citées par Richard Ellmann, *Oscar Wilde, op. cit.*, p. 81.
378. Cf. Linda Dowling, *Hellenism and Homosexuality, op. cit.*, p. 104-109.
379. *Ibid.*, p. 109-114.
380. Cité in Richard Ellmann, *Oscar Wilde, op. cit.*, p. 167-168. « Charlotte-Ann » ou « Mary-Ann » sont les expressions par lesquelles

on désignait les homosexuels efféminés – ou les homosexuels tout court – et qui pourraient avoir pour équivalents contemporains en français : une « folle », ou plus crûment, « pédale » ou « tapette ». Disons que c'est la « tante » de Balzac. « Charlotte-Ann » est aussi un jeu de mots avec « charlatan ».

381. Cité par Richard Ellmann, *op. cit.*, p. 169. « Épicène » renvoyant à l'ambiguïté du genre, masculin ou féminin, et venant ici s'opposer à l'idée de vigueur et de robustesse des esprits oxfordiens (« *sturdier minds* »), c'est-à-dire, tout simplement, à la virilité.

382. Richard Ellmann, *Oscar Wilde, op. cit.*, p. 29-30.

383. *Ibid.*, p. 42-43.

5. L'INFECTION MORALE

384. Sur les procès de Wilde, voir Richard Ellmann, *Oscar Wilde, op. cit.*, et le récent ouvrage de John Foldy, *The Trials of Oscar Wilde. Deviance, Morality and Late Victorian Society*, New Haven et Londres, Yale University Press, 1997. Voir aussi, bien sûr, H. Montgomery Hyde, *The Trials of Oscar Wilde, op. cit.*

385. Voir le récit qu'en donne Richard Ellmann, *op. cit.*, p. 414-425.

386. Cité in Richard Ellmann, *Oscar Wilde, op. cit.*, p. 435.

387. *Ibid.*

388. *Ibid.*, p. 448-449.

389. H. Montgomery Hyde, *The Trials of Oscar Wilde, op. cit.*, p. 213.

390. André Gide, « In Memoriam » [1901], in *Oscar Wilde*, Paris, Mercure de France, 1989, p. 14 (et *Essais critiques*, coll. « Bibliothèque de la Pléiade », *op. cit.*, p. 837). Gide fait remarquer que Wilde était non pas un grand écrivain mais un « grand *viveur* », et il ajoute : « Pareil aux philosophes de la Grèce, Wilde n'écrivait pas mais causait et vivait sa sagesse » (*ibid.*, p. 12-13 et Pléiade, p. 837).

391. Richard Ellmann, *Oscar Wilde, op. cit.*, p. 426.

392. Neil Bartlett, *Who Was that Man, op. cit.*, p. 148-150.

393. Henri de Régnier, « Souvenirs sur Oscar Wilde », *La Revue blanche*, 15 décembre 1895, réed. in *Pour Oscar Wilde. Des écrivains français au secours du condamné*, Rouen, Librairie Élisabeth Brunet, 1994, p. 86.

394. Cité par André Gide, « In Memoriam », in *Oscar Wilde, op. cit.*, p. 33 (et Pléiade, p. 846).

395. Marcel Proust, *Sodome et Gomorrhe, op. cit.*, p. 17. Dans *Contre Sainte-Beuve*, Proust évoque également le sort d'Oscar Wilde comme une fatalité dont Wilde lui-même aurait eu la prémonition.

Il y évoque le mot de Wilde déclarant que le plus grand chagrin de sa vie avait été la mort de Lucien de Rubempré dans *Splendeurs et misères des courtisanes*. Et il commente : « Il y a quelque chose de particulièrement dramatique dans cette prédilection et cet attendrissement d'Oscar Wilde, au temps de sa vie brillante, pour la mort de Lucien de Rubempré. Sans doute, il s'attendrissait sur elle, comme tous les lecteurs, en se plaçant du point de vue de Vautrin, qui est le point de vue de Balzac. Et à ce point de vue d'ailleurs, il était un lecteur particulièrement choisi et élu pour adopter ce point de vue plus complètement que la plupart des lecteurs. Mais on ne peut s'empêcher de penser que quelques années plus tard, il devait être Lucien de Rubempré lui-même. Et la fin de Lucien de Rubempré à la Conciergerie, voyant toute sa brillante existence mondaine écroulée sur la preuve qui est faite qu'il vivait dans l'intimité d'un forçat, n'était que l'anticipation – inconnue encore de Wilde, il est vrai – de ce qui devait précisément arriver à Wilde. » (Marcel Proust, *Contre Sainte-Beuve*, Paris, Gallimard, coll. « Bibliothèque de la Pléiade », 1971, p. 273.)

396. « *I discern in all our relations, not Destiny merely, but Doom* » (*De Profundis, op. cit.*, p. 995).

397. Richard Ellmann, *Oscar Wilde, op. cit.*, p. 402-403 et 104.

398. *Ibid.*, p. 437.

399. *Ibid.*, p. 434.

6. La vérité des masques

400. *The Picture…*, in *The Complete Works of Oscar Wilde, op. cit.*, p. 89. Pour la première version, parue dans *The Lippincott's Monthly Magazine*, voir *The Picture of Dorian Gray*, A Norton Critical Edition, edited by Donald L. Lawler, New York et Londres, Norton, 1998, p. 232.

401. Richard Ellmann, *Oscar Wilde, op. cit.*, p. 304.

402. *The Picture…, op. cit.*, p. 28.

403. *Ibid.*, p. 29.

404. *Ibid.*

405. *Ibid.*, p. 99-100. Même si très peu de lecteurs connaissent son nom, on peut se demander si, par l'intermédiaire de Wilde, Walter Pater n'a pas été l'un des auteurs les plus influents sur la culture homosexuelle savante et littéraire, mais aussi sur la « culture gay » au sens plus large. Ces idées de l'instant à saisir, des « pulsations » qu'il faut multiplier, des nouvelles sensations à rechercher sans cesse, des passions à renouveler, le sentiment et le goût de l'éphémère,

etc., pourraient bien être, même si Pater ne les a pas inventées, mais au contraire exprimées, parmi les constantes les plus remarquables des vies gays, ou en tout cas des représentations que les gays aiment à donner de leurs vies. *Le Portrait de Dorian Gray* étant certainement, et depuis fort longtemps, l'un des ouvrages les plus lus par les gays (et, souvent, l'un des tout premiers livres « homosexuels » qu'ils lisent), il est impensable qu'il n'ait pas produit des effets profonds et durables sur les représentations et la perception de soi-même. L'idée, par exemple, qu'un homosexuel ne peut être que jeune. Mais n'est-ce pas aussi l'une des représentations les plus générales du sens commun : l'homosexuel vieillissant, et, plus encore, l'homosexuel âgé, étant assurément la cible des injures les plus violentes, et d'autant plus violentes qu'elles sont le plus souvent grossièrement sarcastiques : l'image de la « vieille tante » (et de la « vieille gouine ») comme personnage ridicule ou repoussant est certainement l'un des clichés homophobes les moins interrogés et pourtant l'un des plus répandus (et jusque chez les homosexuels eux-mêmes).

406. Voir Richard Ellmann, *Oscar Wilde, op. cit.*, p. 46 et 80.

407. *Ibid.*, p. 82.

408. « *That book which has had such a strange influence over my life* » (Oscar Wilde, *De Profundis, op. cit.*, p. 1022).

409. Richard Ellmann, *op. cit.*, p. 80-81.

410. *Ibid.*, p. 58.

411. Oscar Wilde, *Wasted Days*, in *The Complete Works, op. cit.*, p. 775. Trad. fr., *Jours perdus*, in *Œuvres*, p. 9. Je reproduis la traduction française de Bernard Delvaille dans l'édition de la Pléiade. Le texte anglais dit : « *A fair slim boy, not made for this world's pain, with hair of gold thick clustering round his ears.* »

412. Oscar Wilde, *Madonna mia*, in *The Complete Works, op. cit.*, p. 836. Trad. fr. in *Œuvres, op. cit.*, p. 13. Le texte anglais dit : *"A lily-girl, not made for this world's pain, with brown, soft hair close braided by her ears."* Il me semble que la traduction française, en donnant des formulations différentes à des expressions identiques, laisse quelque peu échapper la similitude quasi parfaite de ces deux poèmes, bien que la transposition du sexe soit signalée dans une note (voir p. 1572).

413. Christopher Isherwood, *Christopher and His Kind, op. cit.*, p. 42.

414. *Ibid.*, p. 184-187.

415. *Ibid.*, p. 78.

416. Isherwood donne dans *Christopher and His Kind* la véritable raison, masquée dans *Lions and Shadows*, de ses voyages en Allemagne : là-bas, il avait la possibilité de vivre librement son homosexualité (*ibid.*, p. 2-3).

417. Il publiera encore, en 1924, *A Passage to India*, son chef-d'œuvre. Mais c'est un roman qu'il avait commencé longtemps auparavant et qu'il se décida à reprendre et terminer au début des années vingt. Cf. P.N. Furbank, *E.M. Forster. A Life*, Londres, Abacus, 1993, t. 2, p. 106-107 et 132.

418. Marcel Proust, *La Prisonnière*, in *À la recherche du temps perdu*, *op. cit.*, t. 3, p. 555-556.

419. Cf. Eve Kosofsky Sedgwick, « Proust and the Spectacle of the Closet », in *Epistemology of the Closet, op. cit.*

420. André Gide, journal du 1er octobre 1927, in *Journal*, t. 2, 1926-1950, Paris, Gallimard, coll. « Bibliothèque de la Pléiade », 1997, p. 43-44.

421. André Gide, journal du 14 mai 1921, *op. cit.*, t. 1, p. 1124. Pour une analyse approfondie de cette question du « je », voir Michael Lucey, *Never Say I : Sexuality and the First Person in Colette, Proust and Gide*, Durham, NC, Duke University Press, 2006.

422. Cf. Richard Ellmann, *Oscar Wilde, op. cit.*, p. 302.

423. Lionel Johnson, *In Honorem Doriani Creatorisque Eius*, cité par Richard Ellmann, *Oscar Wilde, op. cit.*, p. 305-306. Sur la rhétorique des « fleurs », omniprésente dans la littérature d'inspiration homosexuelle et véritable « code » d'un contre-discours, voir le chapitre « Flowers » du livre de Neil Bartlett, *Who Was that Man, op. cit.*, p. 39-59. Les fleurs n'étaient pas seulement une figure du discours, un « code » poétique et littéraire, elles étaient aussi, dans la réalité, un signe de reconnaissance et une manière de s'afficher : lors de la première d'une de ses pièces, *L'Éventail de lady Windermere*, le 20 février 1892, Wilde et tous ses amis portaient un œillet vert, qui devint une sorte de symbole de l'homosexualité (*ibid.*, p. 50). Un livre paraîtra même sur ce sujet avec pour titre *The Green Carnation (L'Œillet vert)*. Et quand Gide publiera *Corydon*, Jérôme et Jean Tharaud s'exclameront : « À qui M. Gide fera-t-il croire qu'on doive préférer l'œillet vert à la rose ? » (Cité par André Gide, in « À François Porché », appendice à *Corydon, op. cit.*, p. 147.) Il est à noter qu'on trouve l'équivalent pour les lesbiennes. Maurice Sachs évoque dans *Au temps du Bœuf sur le toit* (Paris, Grasset, 1939, p. 199) « les dames un peu lesbiennes qui portent des violettes à la boutonnière en signe de ralliement » (cité par Christine Bard, *Les Garçonnes, Modes et fantasmes des années folles, op. cit.*, p. 22).

7. LES GRECS CONTRE LES PSYCHIATRES

424. Michel Foucault, « Non au sexe roi », *Le Nouvel Observateur*, 12-21 mars 1977. Repris in *Dits et écrits*, Paris, Gallimard, 1994, t. 3, p. 256-269. Citation, p. 260-261.

425. *The Letters of John Addington Symonds*, éditées par Herbert Schueller et Robert Peters, Detroit, Wayne State University Press, 1969, t. 3, p. 394.

426. John Addington Symonds, *A Problem in Modern Ethics*, in *Studies in Sexual Inversion*, New York, Bell Publishing Company, 1984 (reprint d'une édition de 1928), p. 122.

427. *Ibid.*, p. 136.

428. Voir K.J. Dover, *Homosexualité grecque*, Grenoble, La Pensée sauvage, 1982.

429. John Lauristen, *Introduction*, in John Addington Symonds, *Male Love…*, *op. cit.*, p. IX.

430. *The Letters of John Addington Symonds*, *op. cit.*, t. 3, p. 693, 691.

431. *Ibid.*, p. 694.

432. John Addington Symonds, *A Problem in Modern Ethics*, *op. cit.*, p. 137.

433. Lettre de John Addington Symonds à Edward Carpenter, 29 décembre 1892, in J.A. Symonds, *Male Love. A problem in Greek Ethics and Other Writings*, édité par John Lauristen, *op. cit.*, p. 149-150.

434. *Ibid.*, p. 150-151. En 1894, dans *The Artist*, le 2 avril, Charles Kains-Jackson, qui avait sans doute été l'une des personnes à qui Symonds avait envoyé *A Problem in Modern Ethics*, en appelle à une nouvelle chevalerie, soudée par l'exaltation de l'idéal de la jeunesse masculine de la même manière que l'ancienne chevalerie, celle d'une civilisation à ses débuts et encore imparfaite, avait été orientée vers l'idéal d'une jeunesse féminine. La puissance coloniale de l'Angleterre, dit Kains-Jackson, la protège des invasions françaises ou germaniques, et il n'est donc plus besoin d'être obsédé par la nécessité d'augmenter la population (Charles Kains-Jackson, « The New Chevalry », in Brian Reade, *Sexual Heretics, op. cit.*, p. 313-319). Il faudrait bien sûr analyser la manière dont ces plaidoyers en faveur de l'amour entre hommes sont marqués non seulement par une profonde misogynie, mais aussi par les idéologies de la régénération nationale, et plus généralement par les idéologies nationalistes et colonialistes. De même que la réhabilitation des Doriens par les intellectuels allemands dans la première moitié du XIXe a pu être liée à l'idéologie raciale d'une

supériorité germanique, de même son importation en Angleterre a été liée à l'idéologie de la grandeur nationale et impériale de l'Angleterre. Ce qui n'était pas le cas chez Pater, qui avait laissé de côté le côté guerrier, mais l'était sans doute chez Symonds. (Sur ce point, voir Richard Dellamora, « Dorianism », in *Apocalyptic Overtures. Sexual Politics and the Sense of an Ending*, New Brunswick, New Jersey, Rutgers University Press, 1994, p. 43-64.) Dans le texte de Kains-Jackson, les thèmes chers au Symonds de la première période, comme la référence à Sparte, l'éloge des joies de la « palestre », mais aussi de la « pédérastie », occasions pour les hommes plus âgés de transmettre leur expérience aux adolescents, voisinent avec des thèmes plus whitmaniens, qui ne sont pas très éloignés du Symonds de la deuxième période : évocation de la jeunesse masculine au bord de la rivière, dans les forêts, bonheurs de la vie physique et naturelle, etc.

435. *Ibid.*, p. 151.

8. La démocratie des camarades

436. Max Nordau, *Dégénérescence*, Paris, Félix Alcan, 1899, t. 2, p. 138. Le livre avait paru en allemand en 1893.

437. « Fin de siècle » est le titre du t. 1.

438. *Ibid.*, p. 525, 560.

439. Richard Ellmann, *Oscar Wilde, op. cit.*, p. 472.

440. Lettre d'Oscar Wilde à Leonard Smithers, 11 décembre 1897, in *The Letters of Oscar Wilde*, New York, Harcourt, Brace and World, 1962, p. 695. La traduction française (*Lettres d'Oscar Wilde*, Paris, Gallimard, 1994, p. 479-480) rend, de manière erronée, par « Je suis catalogué, je tombe sous la loi des gens *tarés* », la phrase : « *I am tabulated and come under the law of* averages », c'est-à-dire : « Je suis rangé dans des tableaux et sous la loi des *moyennes.* » Ce qui inspire de l'horreur à Wilde, c'est bien d'être rangé dans un tableau, d'être ramené à des statistiques, à la moyenne, au commun.

441. Cité in Richard Ellmann, *Oscar Wilde, op. cit.*, p. 517. Sans pouvoir justifier ce rapprochement, je dois dire que cette phrase m'a toujours fait penser à Michel Foucault (le premier Foucault, celui de l'*Histoire de la folie*), qui aurait pu en être l'auteur.

442. Oscar Wilde, *De Profundis, op. cit.*, p. 1007.

443. *The Memoirs of John Addington Symonds, op. cit.*, p. 246.

444. *Ibid.*, p. 189.

445. Cité in Gary Schmidgall, *Walt Whitman. A Gay Life*, New York, Dutton, 1997, p. 303.

446. *The Memoirs of J.A. Symonds, op. cit.*, p. 281.

447. Lettre de John Addington Symonds à Walt Whitman, 5 septembre 1890, citée par David. S. Reynolds, *Walt Whitman's America. A Cultural Biography*, New York, Vintage, 1995, p. 396-397.

448. Cf. le journal de George Ives, cité par Richard Ellmann, *op. cit.*, p. 163.

449. Gary Schmidgall, *Walt Whitman*, *op. cit.*, p. 303.

450. John Addington Symonds, *A Problem in Modern Ethics*, in *Sexual Inversion*, *op. cit.*, p. 183-191.

451. L'épilogue ne figure pas dans l'édition mentionnée dans la note précédente. On le trouve dans John Addington Symonds, *Male Love. A Problem in Greek Ethics and Other Writings*, édité par John Lauristen, *op. cit.*, p. 108. Mais cette édition ne publie que trois des huit chapitres de cet essai.

452. *Ibid.*

453. Voir par exemple le récit d'une visite à Gide en 1948 dans l'autobiographie de Gore Vidal, *Palimpsest. A Memoir*, New York et Londres, Penguin, 1995, p. 182-184.

454. Edward M. Forster, « Terminal Note », in *Maurice*, *op. cit.*, p. 249.

455. *Ibid.* : « *He was a believer in the Love of Comrades, whom he sometimes called Uranians. It was this last aspect of him that attracted me in my loneliness.* »

456. Edward Carpenter, lettre à Walt Whitman, 12 juillet 1874, citée in Sheila Rowbotham, « Edward Carpenter : Prophet of a New Life », in Sheila Rowbotham et Jeffrey Weeks, *Socialism and the New Life. The Personal and Sexual Politics of Edward Carpenter and Havelock Ellis*, Londres, Pluto Press, 1977, p. 34-35.

457. Walt Whitman, « One's-Self I Sing », in *Leaves of Grass, Complete Poetry and Collected Prose*, New York, The Library of America, 1982, p. 165. (Ce poème a été écrit en 1860, et figure dans la troisième édition des *Feuilles d'herbe*, publiée à cette même date, tout comme la section « Calamus ». C'est cette édition, ou celle de 1867, qu'ont lue Symonds, Wilde et Carpenter. Les poèmes ont été révisés par Whitman pour l'édition finale de 1892, parue peu avant sa mort.) Tr. fr. de Roger Asselineau, *Feuilles d'herbe*, Paris, Aubier, 1972, p. 37.

458. Walt Whitman, « Starting From Paumanok », in *Leaves of Grass, op. cit.*, p. 179, tr. fr., *op. cit.*, p. 53 :
I will sing the song of companionship […]
I will therefore let flame from me the burning fires that were threatening to consume me,
I will lift what has too long kept down those smouldering fires,
I will give them complete abandonment,

I will write the evangel-poem of comrades and love.

459. Walt Whitman, « For you O Democracy », in *Leaves of Grass* (édition de 1891-1892), in *Complete Poetry and Collected Prose, op. cit.*, p. 272 :
*Come, I will make the continent indissoluble,
I will make the most splendid race the sun ever shone upon,
I will make the divine magnetic lands,
With the love of comrades,
With the life-long love of comrades,
I will plant companionship thick as trees along the rivers of America, and along the shores of the great lakes, and over the prairies,
I will make inseparable cities witter arms about each our necks,
By the love of comrades,
By the manly love of comrades,
For you these from me, O Democracy, to serve you ma femme !
For you ! for you, I am trilling these songs*
Ce poème ne figure pas dans l'édition française.

460. Walt Whitman, *Democratic Vistas*, in *Complete Poetry and Collected Prose, op. cit.*, p. 927-994.

461. Sur Edward Carpenter, voir Sheila Rowbotham, « Edward Carpenter... », *op. cit.*, p. 25-138.

462. Walt Whitman, Preface to « Democratic Vistas With Other Papers – English Edition », in *Complete Poetry and Collected Prose, op. cit.*, p. 1195 : « *I think Literature – a new, superb, democratic literature – is to be the medicine and lever, and (with Art) the chief influence in modern civilization.* »

9. MARGOT-LA-BOULANGÈRE ET LA BARONNE-AUX-ÉPINGLES

463. Oscar Wilde, *The Picture of Dorian Gray, op. cit.*, p. 106.

464. Jeffrey Weeks, *Coming Out. Homosexual Politics in Britain From the Nineteenth Century to the Present*, Londres, Quartet Book, 1990, p. 37 et 42.

465. Lettres citées in Hubert Kennedy, *Ulrichs, op. cit.*, p. 116.

466. *Ibid.*, p. 59.

467. Voir le chapitre « Molly » du livre d'Alan Bray, *Homosexuality in Renaissance England*, New York, Columbia University Press, 1982, p. 80-114. Voir aussi : Randolph Trunbach, « The Birth of the Queen : Sodomy and the Emergence of Gender Equality in Modern Culture, 1660-1750 », in George Chauncey, Martin Duberman,

Martha Vicinus (éd.), *Hidden from History. Reclaiming Gay and Lesbian Past*, New York, Meridian, 1990, p. 129-140, et aussi « Sodomitical Subculture, Sodomitical Roles and the Gender Revolution in the Eighteenth Century : the Recent Historiography », in Robert P. Maccubin (éd.), *'Tis Nature's Fault. Unauthorized Sexuality During the Enlightenment*, Cambridge et New York, Cambridge University Press, 1987, p. 109-121.

468. Alan Bray, *Homosexuality...*, *op. cit.*, p. 89-91.

469. *Ibid.*, p. 86.

470. Alan Hollinghurst, *The Swimming-Pool Library*, *op. cit.*

471. Neil Bartlett, *Who Was that Man*, *op. cit.*, p. 142. Sur toute cette affaire, p. 128-143. Jeffrey Weeks donne une autre explication : il insiste sur le fait que le concept d'homosexualité n'était pas encore très bien formé en 1871. Ce n'est pas l'« homosexualité », dit-il, mais leur travestisme et le fait qu'ils sollicitaient les hommes en tant que femmes qui faisaient problème (cf. Jeffrey Weeks, *Sex, Politics and Society. The Regulation of Sexuality Since 1800*, Burnt Mill, Harlow, Longmann, 1981, p. 101). Mais ce remaniement « constructionniste » et même nominaliste de l'analyse ne me semble guère convaincant, et surtout il ne change rien à l'essentiel.

472. Neil Bartlett, *Who Was that Man, op. cit.*, p. 94.

473. Richard Ellmann, *Oscar Wilde*, *op. cit.*, p. 369.

474. Michel Rey, « Parisian Homosexuals Create a Lifestyle, 1700-1750 : The Police Archives », in Robert P. Maccubin (éd.), *'Tis Nature's Fault. Unauthorized Sexuality During the Enlightenment*, *op. cit.*, p. 179-191. Repris en français, sous le titre « 1700-1750 : des sodomites parisiens créent un mode de vie », comme préface à Paul d'Estrée, *Les Infâmes sous l'Ancien Régime*, Lille, Cahiers Gai-Kitsch-Camp, 1994, p. XI-XXXIII.

475. *Ibid.*, p. XXVII.

476. Cf., p. XXVI : on demande à un « nouveau » s'il veut être « franc-maçon ».

477. Cité *ibid.*

478. Cf. William A. Peniston, « Love and Death in Gay Paris. Homosexuality and Criminality in the 1870s », in Jeffrey Merrick et Bryant J. Ragan (éd.), *Homosexuality in Modern France, op. cit.*, p. 128-145.

479. *Ibid.*, p. 133.

480. Marcel Proust, *Sodome et Gomorrhe*, *op. cit.*, p. 113.

481. Oscar Wilde, *De Profundis*, *op. cit.*, p. 1042. Sur la vie « gay » de Wilde, on peut se reporter au livre de Richard Ellmann, *op. cit.*,

mais surtout à celui de Gary Schmidgall, *The Stranger Wilde. Interpreting Oscar, op. cit.*, notamment au chapitre 9, « Ass-Thete : Lover of Youth », p. 169-197.

482. Ambroise Tardieu, *Études médico-légales sur les attentats aux mœurs* (Paris, 1862), cité par Victoria Thompson, « Creating Boundaries. Homosexuality and the Changing Social Order in France, 1830-1870 », in Jeffrey Merrick, Bryant T. Ragan, *Homosexuality in Modern France, op. cit.*, p. 103-126 (et spécialement p. 115-116).

483. *The Memoirs of John Addington Symonds, op. cit.*, p. 254.

484. Cité in Jeffrey Weeks, *Coming out, op. cit.*, p. 41.

485. *Ibid.*

486. Christopher Isherwood, *Christopher and His Kind, op. cit.* Sur Wystan Auden, voir la biographie de Humphrey Carpenter, *W.H. Auden*, Londres, Allen and Enwin, 1981.

487. Sur ce point, voir Florence Tamagne, *Recherches sur l'homosexualité, op. cit.*, t. 1, p. 105-113. Il est probable d'ailleurs que cette même attirance pour la masculinité « simple » des classes populaires jouera également un rôle dans la fascination exercée par l'extrême droite et par tous les fascismes sur un certain nombre d'hommes gays.

488. Jean Schlumberger, *Madeleine et André Gide*, Paris, Gallimard, 1956. Sur le mariage des homosexuels, je renvoie aux analyses que j'ai proposées (en relisant des textes de Gide, Yourcenar, Jouhandeau...) dans *Sur cet instant fragile... Carnets janvier-août 2004, op. cit.*).

10. Du plaisir de l'instant à la réforme de la société

489. André Gide, *Les Nourritures terrestres*, in *Romans, récits et soties, œuvres lyriques*, Paris, Gallimard, coll. « Bibliothèque de la Pléiade », 1958, p. 172 (souligné dans le texte).

490. *Ibid.*, p. 166.

491. *Ibid.*, p. 181-190.

492. *Ibid.*, p. 188.

493. Cité in George D. Painter, *Gide*, Mercure de France, 1968, p. 58. La maison de Gide était située à Cuverville, en Normandie.

494. André Gide, *L'Immoraliste*, in *Romans, récits et soties, œuvres lyriques, op. cit.*, p. 425.

495. André Gide, *Les Nourritures terrestres, op. cit.*, p. 184.

496. André Gide, *Les Nouvelles Nourritures terrestres*, in *Romans..., op. cit.*, p. 253. (C'est moi qui souligne. Ce livre, publié en 1935, est composé de fragments écrits pendant une vingtaine d'années.) Il est

vrai qu'à la fin des *Nourritures* Gide disait déjà : « Nathanaël, je voudrais t'emmener avec moi vers ces heures amoureuses de ma jeunesse, où la vie coulait en moi comme du miel », dans une page où il évoque la figure d'Athman, qui sera si importante dans sa vie. (André Gide, *Les Nourritures terrestres*, p. 245-246.) Sur la place de la sexualité dans la manière dont Gide pense à la postérité de son œuvre, voir Michael Lucey « Practices of Posterity : Gide and the Cultural Politics of Sexuality », in Tom Conner (éd.), *Andre Gide's Politics : Rebellion and Ambivalence*, New York, Palgrave, 2000, p. 47-71.

497. André Gide, *Les Nouvelles Nourritures terrestres, op. cit.*, p. 257-258.

498. André Gide, Préface à l'édition de 1927, in *Romans...*, *op. cit.*, p. 249-250.

499. André Gide, *Les Nouvelles Nourritures terrestres, op. cit.*, p. 299.

500. André Gide, *Journal, op. cit.*, t. 1, p. 272.

501. Corydon est le nom d'un berger dans la deuxième églogue de Virgile.

502. André Gide, *Corydon, op. cit.*, p. 16.

503. *Ibid.*

504. *Ibid.*, p. 17-18. En 1914, Gide traduira neuf poèmes des *Feuilles d'herbe*, pour les *Œuvres choisies* de Whitman publiées par la *NRF* (cf. André Gide, *Journal, op. cit.*, t. 1, p. 796-798).

505. *Ibid.*, p. 18-19.

506. *Ibid.*, p. 29-30.

507. *Ibid.*, p. 30.

508. *Ibid.*, p. 120.

509. Cf. Patrick Pollard, *Gide, Homosexual Moralist*, New Haven et Londres, Yale University Press, 1991, p. 63. Cet ouvrage est une étude minutieuse des sources de *Corydon*.

510. André Gide, *Corydon, op. cit.*, p. 124-127.

511. *Ibid.*, p. 128.

512. *Ibid.*, p. 130. Voir aussi p. 31.

513. Voir Isabel Hull, *The Entourage of Kaiser Wilhelm II, 1888-1918, op. cit.*, p. 108-145.

514. Voir Jeffrey Weeks, *Coming Out, op. cit.*, p. 126-127.

515. Il est frappant de voir à quel point le thème du « ridicule » jeté sur la patrie est omniprésent, quel que soit le pays. Eulenburg fait de son pays la risée des Français, et Gide « ridiculise » le sien. Sur les attaques contre Gide, voir Eva Ahlstedt, *André Gide et le débat sur l'homosexualité*, Göteborg, Acta Universitatis Gothoburgensis, 1994. Ce thème de la dévirilisation des hommes et donc de l'affaiblissement

de la patrie se retrouve aussi bien chez Emmanuel Mounier que chez Jacques Lacan, dans leur dénonciation commune de Gide et de l'homosexualité (voir sur ce point Didier Eribon, « Le Pacs de Lacan et Mounier : un couple réactionnaire et ses enfants », in Didier Eribon, *Hérésies. Essais sur la théorie de la sexualité*, Fayard, 2003, p. 209-239).

516. André Gide, *Corydon, op. cit.*, p. 100. Sur la misogynie, voir aussi p. 102.

517. *Ibid.*, p. 118-119.

518. *Ibid.*, p. 136.

519. *Ibid.*, p. 136.

520. *Ibid.*, p. 137.

521. *Ibid.*

522. *Ibid.*, p. 137-138.

523. *Ibid.*, p. 116-117. Tout ce passage critiquant Blum est empreint d'un antisémitisme assez marqué, mais on notera que c'est surtout le narrateur qui l'exprime, et donc celui qui, dans le livre, représente le point de vue auquel Gide (par l'intermédiaire du personnage de Corydon) s'oppose. Si ce dernier laisse transparaître aussi des sentiments teintés d'antisémitisme, il est, malgré tout, celui qui prend en considération le « problème » posé par Blum pour lui opposer une autre « solution » (*ibid.*, p. 115-116).

524. *Ibid.*, p. 121-122.

525. Julien Green, *Moïra*, in *Œuvres complètes*, Paris, Gallimard, coll. « Bibliothèque de la Pléiade », 1972, t. 3, p. 78 ; et *Le Malfaiteur*, *ibid.*, p. 295 et 285.

11. La volonté de gêner

526. André Gide, *Journal, 1887-1925, op. cit.*, t. 1, p. 1092 (les mots sont indiqués en italique dans le texte).

527. *Ibid.*

528. André Gide, *Corydon, op. cit.*, p. 132. On trouve chez Proust des remarques quasiment identiques.

529. André Gide, *Journal, op. cit.*

530. Voir le sentiment qu'il éprouve en regardant la scène de sodomie entre son ami Paul et Mohammed : « J'aurais crié d'horreur », s'exclame-t-il (André Gide, *Si le grain ne meurt, op. cit.*, p. 311).

531. André Gide, *Si le grain ne meurt, op. cit.*, p. 312. C'est moi qui souligne.

532. *Ibid.*

533. Voir les remarques ironiques de Michael Lucey sur les gidiens français qui passent leur temps à expliquer que Gide n'a pas eu de

relations sexuelles avec Marc Allégret, ou si peu, ni avec Athman, ni… etc. (Michael Lucey, *Gide's Bent, op. cit.*, p. 12, à propos de Marc Allégret et p. 64, à propos d'Athman). Il serait important ici de s'interroger sur le rapport de Gide à l'« Orient » et sur le rapport colonial dans lequel est ancrée sa sexualité à cette époque. Sur ce point également, les commentaires des gidiens français brillent par leur consternante naïveté. Éric Marty, par exemple, ne veut voir dans les voyages – sexuels – de Gide en Afrique du Nord qu'une manière de retrouver l'Arcadie mythique de Virgile, sous prétexte que Gide ne cesse de fantasmer sur la Grèce comme métaphore de l'Orient (Éric Marty, *André Gide. Qui êtes-vous ?*, Lyon, La Manufacture, 1983, p. 55-60). Il est vrai qu'Éric Marty veut absolument nous convaincre qu'il n'y a chez Gide aucune « perversion » : « Gide n'est pas pervers au sens où *il n'a pas choisi le pathologique.* » Grands dieux ! Et s'il l'avait choisi ? Ce commentateur ajoute : « S'il fallait malgré tout employer le terme perversion, il faudrait le redéfinir de part en part : y voir simplement le désir en tant qu'il serait exempt des trivialités de la sentimentalité et de *ses corruptions.* » (*Ibid.*, p. 60-62. C'est moi qui souligne.) On voit que les catégories de pensée du Pr Delay ont eu une belle postérité ! On trouvera fort heureusement des analyses plus complexes (c'est-à-dire plus lucides d'un point de vue politique en même temps que dénuées d'homophobie) sur le rapport de la sexualité gidienne à la réalité coloniale dans les livres d'Edward Said *Culture and Imperialism* et de Michael Lucey *Gide's Bent, op. cit.*, notamment p. 43 *sq.* et 143 *sq.*

534. André Gide, *Ainsi soit-il ou Les jeux sont faits*, in *Souvenirs et voyages*, Paris, Gallimard, coll. « Bibliothèque de la Pléiade », 2001, p. 1071.

535. *Ibid.*, p. 1069.

536. André Gide, *Journal, op. cit.*, t. 1, p. 1094.

537. « Réponse de François Porché », in André Gide, *Corydon, op. cit.*, p. 153.

538. André Gide, *Journal, op. cit.*, t. 1, p. 1234-1235.

539. *Ibid.*, p. 1236. Sur l'acharnement de Maritain à faire revenir les homosexuels dans le droit chemin (Cocteau, Crevel, Green, Mauriac, Sachs, etc.), voir le livre (écrit d'un point de vue proche de celui de Maritain, mais riche en informations) de Jean-Luc Barré, *Jacques et Raïssa Maritain. Les mendiants du ciel*, Paris, Stock, 1995. On y voit à quel point le combat contre l'homosexualité a pu être une préoccupation centrale chez les intellectuels catholiques de l'époque. Claudel, par exemple, ne manquera jamais d'exprimer sa haine contre Gide. Il faut rappeler d'ailleurs que, trente après cet épisode de la

visite de Maritain, le Vatican mettra à l'index tous les ouvrages de Gide, l'année suivant sa mort (1952).

540. André Gide, *Journal, op. cit.*, p. 1235.

541. « Mes amis me répètent que ce petit livre est de nature à me faire le plus grand tort, écrit-il dans la préface de l'édition de 1924. [...] Je ne crois pas tenir beaucoup à rien de ce qu'il m'enlèvera : applaudissements, décorations, honneurs, entrées dans les salons à la mode, je ne les ai jamais recherchés » (*op. cit.*, p. 7).

542. André Gide, préface à la seconde édition (1920), *Corydon, op. cit.*, p. 11. Gide dit « douze exemplaires ». Claude Martin avance le chiffre de vingt-deux (Claude Martin, *op. cit.*, p. 555). L'ouvrage ne porte aucun nom d'auteur. Il est intitulé *C.R.D.N.*

543. André Gide, préface à la seconde édition, *ibid.* En 1920, Gide fera imprimer vingt et un exemplaires, avec le titre complet, mais toujours sans nom d'auteur (Claude Martin, *op. cit.*, p. 556).

544. *Ibid.*, p. 11-12.

545. André Gide, Préface (novembre 1922), *Corydon, op. cit.*, p. 8.

546. André Gide, *Journal, op. cit.*, t. 2, p. 842.

547. *Ibid.*, p. 1017.

548. André Gide, « Entretiens avec Jean Amrouche », in Éric Marty, *André Gide, qui êtes-vous ?, op. cit.*, p. 293.

549. *Ibid.*, p. 291, 289.

550. *Ibid.*, p. 293.

12. La « préoccupation homosexuelle »

551. Roger Martin du Gard, *Journal*, Paris, Gallimard, 1992, t. 2, p. 295-296, cité par Michael Lucey, in « Practices of Posterity », art. cit. Il faut également souligner que Gide s'était senti libéré d'une sorte de devoir de réserve qu'il s'imposait par égard pour sa femme, lorsqu'en 1918 celle-ci avait détruit toutes les lettres qu'il lui avait adressées depuis vingt ans, au moment où il était parti en voyage en Angleterre avec Marc Allégret, en lui disant qu'à côté d'elle il « pourrissait ». Il note en effet à la date du 24 novembre 1918 : « À présent rien ne me retient de publier *Corydon* et les mémoires durant ma vie. » (Voir André Gide, *Journal, op. cit.*, t. 1, p. 1077.)

552. André Gide, *Corydon, op. cit.*, p. 8-9.

553. Brassaï, *Le Paris secret des années trente*, Paris, Gallimard, 1978. Sur la subculture gay à Paris, voir Gilles Barbedette, Michel Carassou, *Paris Gay 1925*, Presses de la Renaissance, 1981. Et Florence Tamagne, *Recherches sur l'homosexualité, op. cit.*, t. 2.

554. « *Christopher's gallophobia flared up. Sneering, culture-conceited frog ! Suddenly he loved Hirschfeld, at whom he himself had been sneering, a moment before – the silly solemn old professor with his doggy mustache* » (Christopher Isherwood, *Christopher and His Kind*, *op. cit.*, p. 17).

555. Voir James Steakley, *The Homosexual Emancipation Movement in Germany*, *op. cit.*, p. 42 *sq*. Et les textes rassemblés par Harry Oosterhuis et Hubert Kennedy (éd.), in *Homosexuality and Male Bonding in Pre-nazi Germany*, New York et Londres, Harrington Park Press, 1991. Voir aussi les analyses de Andrew Hewitt, *Political Inversions. Homosexuality, Fascism and the Modernist Imaginary*, Stanford, California, Stanford University Press, 1996.

556. Voir Harry Oosterhuis, « Male Bonding and Homosexuality in German Nationalism », in Harry Oosterhuis, Hubert Kennedy (éd.), *Homosexuality and Male Bonding…*, *op. cit.*, p. 241-263.

557. On notera cependant que, en France du moins, l'invocation de la Grèce et de la culture classique telles qu'elles sont magnifiées dans *Corydon* a souvent été liée, avant la guerre en tout cas, à l'Action française, dont on sait qu'elle a exercé une certaine influence sur Gide au cours de sa jeunesse (voir sur ce point Martha Hanna, « What Did André Gide see in the Action française », *Historical Reflections/ Réflexions historiques*, 1991, vol. 17, n° 1, p. 1-22).

558. Voir Harry Oosterhuis, « Political Issues and the Rise of Nazism », in *Male Bonding…*, *op. cit.*, p. 183-190.

559. Cf. Harry Oosterhuis, « Political Issues… », art. cit., p. 188.

560. *Ibid.*, p. 189. On pourrait se demander si ce n'est pas également l'adhésion aux valeurs du masculinisme (ou la reconnaissance de la supériorité masculine concomitante de leur volonté de se dissocier des rôles socialement assignés aux femmes) qui conduisit certains cercles lesbiens (notamment à Paris), dans les années vingt et trente, à soutenir explicitement des opinions profascistes. Si les féministes furent majoritairement antifascistes, un certain nombre de lesbiennes furent attirées par ces idéologies. Certes, si Djuna Barnes, Nancy Cunard, Colette, Sylvia Beach, Adrienne Monnier furent politiquement très hostiles aux régimes totalitaires émergeant dans l'Europe de l'après-Première Guerre mondiale, il n'en fut pas de même de Gertrude Stein, Alice Toklas, Romaine Brooks, Radclyffe Hall, Natalie Barney. Cette dernière, comme Liane de Pougy, était très antisémite, tout comme Gertrude Stein (bien qu'elle soit elle-même juive). Bien sûr, il faut tenir compte avant tout de leurs appartenances de classe : aristocrates, grandes bourgeoises, elles étaient souvent poussées vers le fascisme par leur horreur du communisme. Mais on ne peut

mettre de côté le rôle joué par leur engagement dans le « modernisme » artistique ni celui de leur « politique sexuelle » (sur tous ces points, je renvoie à l'article de Shari Benstock, « Paris Lesbianism and the Politics of Reaction, 1900-1940 », in Martin Duberman, Martha Vicinus, George Chauncey, *Hidden from History. Reclaiming Gay and Lesbian Past, op. cit.*, p. 332-346).

561. Hirschfeld défendait le principe de l'égalité entre les hommes et les femmes, mais il ne put jamais se défaire de l'idée d'une certaine supériorité masculine (cf. Charlotte Wolff, *Magnus Hirschfeld. A Portrait of a Pioneer in Sexology, op. cit.*, p. 86-99, 148, 153, 169).

562. George Mosse, *L'Image de l'homme, op. cit.*

563. Marcel Proust, *Sodome et Gomorrhe, op. cit.*, p. 21. (C'est moi qui souligne.) Voir les commentaires de Leo Bersani et Ulysse Dutoit, in *Caravaggio's Secrets*, Cambridge, Mass., et Londres, MIT Press, 1998, p. 11-12.

564. Marcel Proust, *Sodome et Gomorrhe, ibid.*

565. Cf. J.E. Rivers, *Proust and the Art of love, op. cit.*, p. 38.

566. Lettres citées par Antoine Compagnon, Notice in Marcel Proust, *Sodome et Gomorrhe, op. cit.*, p. 1198.

567. Lorrain voulait ainsi expliquer pourquoi Léon Daudet, célèbre critique de *L'Action française* et père de Lucien, manifestait tant de bienveillance pour un écrivain aussi médiocre.

568. Jean-Yves Tadié, *Marcel Proust, op. cit.*, p. 351. Sur la pratique du duel comme affirmation de la masculinité, voir Robert A. Nye, *Masculinity and Male Codes of Honour in Modern France*, Oxford University Press, 1993.

569. Cité in J.E. Rivers, *op. cit.*, p. 32.

570. Marcel Proust, *Sodome et Gomorrhe, op. cit.*, p. 22.

571. André Gide, *Journal, op. cit.*, t. 1, p. 1124.

572. Lettre de Marcel Proust à André Gide, 6 mars 1914, in *Correspondance, op. cit.*, t. 13, p. 107.

573. Lettre de Marcel Proust à André Gide, 6 ou 7 avril 1914, *ibid.*, p. 139.

574. Lettre d'André Gide à Marcel Proust, 6 juin 1914, *ibid.*, p. 235.

575. Lettre de Marcel Proust à André Gide, 10 ou 11 juin 1914, *ibid.*, p. 247. Si cette lettre annonce le thème de la différence de « sensibilité » entre Charlus et son frère, l'idée de l'homme-femme n'y est donc pas présentée comme une théorie générale.

576. Lettre d'André Gide à Marcel Proust, 14 juin 1914, *ibid.*, p. 249.

577. Michael Lucey, « Practices of Posterity », art. cit.

578. *Les Marges*, « Enquête sur l'homosexualité en littérature », mars et avril 1926, réédité et présenté par Patrick Cardon, Lille, Cahiers Gai-Kitsch-Camp, 1993. Pour le questionnaire, voir p. 19.

579. *Ibid.*, p. 20-21.

580. *Ibid.*, p. 21-22.

581. *Ibid.*, p. 28-29.

582. *Ibid.*, p. 41-42.

583. *Ibid.*, p. 47.

584. *Ibid.*, p. 58-59.

585. « Ce fut une chose dangereuse pour l'art de se séparer de la vie. [...] L'artiste qui ne sent plus son public, est appelé, non pas à ne plus produire, mais à produire des œuvres sans destination », écrit Gide dans sa conférence intitulée « De l'importance du public », in *Essais critiques, op. cit.*, p. 426-427.

586. André Gide, « Le *De Profundis* d'Oscar Wilde », in *Essais critiques, op. cit.*, p. 147-148 (souligné dans le texte).

587. Marcel Proust, *Contre Sainte-Beuve, op. cit.*, p. 248, 221-222.

588. André Gide, *Dostoïevski*, in *Essais critiques, op. cit.*, p. 643.

589. *Ibid.*, p. 643-644.

590. *Ibid.*, p. 644.

591. Jean-Paul Sartre, « Pour qui écrit-on ? », in *Situations*, II, *Qu'est-ce que la littérature ?*, Paris, Gallimard, 1948, p. 119-120.

592. Cf. Michael Lucey, « Practices of posterity », art. cit.

TROISIÈME PARTIE
LES HÉTÉROTOPIES DE MICHEL FOUCAULT

1. UNE PLUS GRANDE BEAUTÉ

593. Michel Foucault, « À propos de la généalogie de l'éthique : un aperçu du travail en cours », in *Dits et écrits, op. cit.*, t. 4, p. 392. Dans la transcription originale de l'entretien, Foucault dit : « Pourquoi la vie quotidienne (*everyday life*), la vie de tout individu (*every one's life*) ne pourrait-elle pas devenir une œuvre d'art (*couldn't become a piece of art*) ? » (Hubert Dreyfus et Paul Rabinow, « Discussion with Michel Foucault, 15 avril 1983 », transcription, Archives Paul Rabinow.)

594. « *To become a work of art is the object of living* » (Oscar Wilde, « Notes », cité in Richard Ellmann, *Oscar Wilde, op. cit.*, p. 292).

595. Voir par exemple Oscar Wilde, « The Soul of Man Under Socialism », in *The Complete Works, op. cit.*, p. 1174-1197.

596. J'ai développé ces points dans *Michel Foucault et ses contemporains, op. cit.*, p. 285-286.

597. Comment ne pas penser aux descriptions citées plus haut à propos de Walter Pater, par exemple, quand on lit ce que Paul Veyne (qui logeait souvent dans le studio attenant à l'appartement de Foucault lorsqu'il venait du sud de la France, où il habite, pour donner ses cours au Collège de France) notait dans son journal, en 1983, pour décrire l'atmosphère qui régnait, certains soirs, dans le « grand appartement aux murs et au plafond blancs » de la rue de Vaugirard : « La conversation admise n'était faite que de fantaisies, de sincérités, et bien entendu, d'une totale liberté de ton, où tous les libertinages étaient admis. Et, de fait, les conversations les plus libertines étaient reçues, appréciées : on n'y avait pas froid aux yeux, on y souriait de ce qui aurait horrifié le bourgeois ou l'académicien. En revanche, peu de bourgeois ou d'académiciens auraient été capables de soutenir l'élégance et la désinvolture exigées de ceux qui étaient admis dans ce salon secrètement plus élitiste que celui des Guermantes. Les hôtes étaient triés sur le volet, mais sur des critères très ésotériques [...]. Je me souviens d'une entrée que fit Didier Eribon... Le fond de la conversation, si je le rapportais, ferait rougir des oreilles même peu chastes. Mais le style et les manières avaient le raffinement extrême d'un libertinage très XVIIIe siècle. » (Page de journal qui m'a été communiquée par l'auteur.) On trouvera une belle évocation de ce petit cercle de la « rue de Vaugirard » – et un portrait de Foucault qui m'a semblé très juste – dans le récit de Mathieu Lindon, *Ce qu'aimer veut dire*, Paris, P.O.L., 2011.

598. Michel Foucault, « À propos de la généalogie de l'éthique », art. cit., p. 391. (Voir aussi la version légèrement remaniée par Foucault pour la première traduction française de cette interview réalisée à Berkeley par Paul Rabinow et Hubert Dreyfus, *op. cit.*, t. 4, p. 616.) Je modifie légèrement la traduction à partir de la transcription originale de l'entretien. *Op. cit.*, p. 103).

2. De la nuit au soleil

599. Lettre de Michel Foucault à Jean Barraqué, 20 octobre « 1904 » [1954]. (Archives Jean Barraqué.)

600. Lettre de Michel Foucault à Jean Barraqué, sans date. (Archives Jean Barraqué.)

601. Dans une lettre plus tardive, mais toujours écrite dans ce langage ésotérique qui le caractérise à l'époque, Foucault écrit : « La seule chose qui me manque, tu le sais bien, quand je suis vertical et parallèle à toi, c'est l'homosexualité, dont l'ampleur de surface permet à l'infini la destruction réciproque et définitivement vaine du mythe et de la comédie. Et certainement par ma faute, car c'est à des gens comme moi – à qui d'autres – que revient de conserver les traditions du bannissement, et d'élever à la hâte, avant l'aurore, sur les lieux de passage, des autels qui ne connaîtront jamais les sacrifices » (2 janvier 1956).

602. « Son érudition en fait de mauvais garçons touche à l'encyclopédie, écrit Foucault à un ami en mai 1952. Me voilà tout décontenancé de me sentir convié par lui à explorer un monde que j'ignorais encore, où je vais promener ma souffrance » (cité dans la « Chronologie » qui ouvre les *Dits et écrits, op. cit.*, p. 18).

603. Témoignage du destinataire de la lettre mentionnée dans la note précédente (cité *ibid.*).

604. J'ai interrogé le Dr Étienne lorsque j'écrivais ma biographie de Foucault : il n'avait aucune hésitation à ce sujet, puisqu'il en avait très longuement parlé avec Foucault, à qui il procurait souvent une chambre à l'infirmerie de l'École.

605. Lettre du 23 mai 1950 (cité dans la « Chronologie » des *Dits et écrits, op. cit.*, p. 16 ; le nom du destinataire n'est pas précisé). En 1954, il écrira à Jacqueline Verdeaux : « Une grande ascèse husserlienne m'a conduit vers des pays si étranges et tellement inattendus que j'ignore si on peut y respirer. Après avoir hésité à me faire moine ou obliquer vers les sentiers de la nuit, j'ai décidé de m'efforcer d'y vivre. Mais je ne suis qu'aux premiers mouvements respiratoires. Je me surveille dans la glace pour voir si je ne verdis pas. » (Lettre à Jacqueline Verdeaux, 19 août 1954.)

606. Voir Didier Eribon, *Michel Foucault, op. cit.*, p. 50.

607. Comme le suggère la « Chronologie » des *Dits et écrits* (*op. cit.*, p. 15).

608. Comment ne pas comparer ici l'art de jouer avec son physique, de le théâtraliser, pour en faire quelque chose de nouveau et qu'on fabrique soi-même, avec, d'une part la manière dont Wilde travaillait à façonner son apparence et, d'autre part, avec la « théâtralisation » générale de l'affirmation de soi comme gay : il s'agit toujours de réinventer ses gestes, son physique, son « être » même pour le regard des autres – tout ce que Goffman appelle la « présentation de soi ».

609. Sur tous ces points, voir Didier Eribon, *Michel Foucault, op. cit.*

610. Michel Foucault, « La recherche scientifique et la psychologie », in *Dits et écrits, op. cit.*, t. 1, p. 158.

611. Michel Foucault, « La psychologie de 1850 à 1950 », in *Dits et écrits*, t. 1, p. 136.

612. *Ibid.*, p. 137.

613. Michel Foucault, « La recherche scientifique et la psychologie », *op. cit.*, p. 158.

614. Voir les formulations données en 1961 dans la préface à l'*Histoire de la folie* et en 1962 dans *Maladie mentale et psychologie* (Paris, PUF, 1962), p. 104.

615. Voir la page d'Althusser où il se décrit lui-même comme un « disparu » et où il dit : « Foucault a écrit de lui "au grand soleil de la liberté polonaise", quand il se sentit guéri » (Louis Althusser, *L'avenir dure longtemps*, suivi de *Les Faits*, Paris, Stock-IMEC, nouv. éd., Le Livre de poche, 1994, p. 40). Althusser fait ici allusion à une phrase de la préface à l'édition de 1961 de l'*Histoire de la folie*, où Foucault écrit que son livre, « entrepris dans la nuit suédoise », a été « achevé sous le grand soleil têtu de la liberté polonaise » (cf. Michel Foucault, Préface, reprise in *Dits et écrits, op. cit.*, t. 1, p. 167). Dans ce même texte, Foucault parle du travail futur qu'il entreprendra « sous le soleil de la grande recherche nietzschéenne » (*ibid.*, p. 162). L'opposition entre la « nuit » et le « soleil », l'ombre et la lumière, etc., est un thème structurant de toute l'*Histoire de la folie*.

616. Louis Althusser, lettre à Franca Madonia du 28 février 1966, in Louis Althusser, *Lettres à Franca, 1961-1963*, Paris, Stock-IMEC, 1998, p. 660. J'ai analysé plus longuement le rapport de Foucault à Althusser, notamment pendant cette période, dans *Michel Foucault et ses contemporains, op. cit.*, p. 314-350.

617. Pour les détails de cette nomination et de la rencontre avec Dumézil (si importante pour la suite de la vie de Foucault, aussi bien pour sa carrière que pour son œuvre, etc.), voir Didier Eribon, *Michel Foucault, op. cit.*, p. 125-129, et *Michel Foucault et ses contemporains, op. cit.*, p. 105 sv.

618. Michel Foucault, lettre à Jean Barraqué, 25 septembre 1955. (Archives Jean Barraqué.)

619. Michel Foucault, lettre à Jean Barraqué, 13 novembre 1955.

620. Michel Foucault, lettre à Jean Barraqué, 20 septembre 1955.

621. Michel Foucault, lettre à Jean Barraqué, août 1955, jour non précisé.

622. Voir plus loin, p. 446.

3. LA FORCE DE FUIR

623. Sur ce vocabulaire, voir Michel Foucault, « La folie n'existe que dans une société », in *Dits et écrits, op. cit.*, t. 1, p. 168 ; « Médecins, juges et sorciers au XVIIe siècle », in *Dits et écrits, op. cit.*, t. 1, p. 753.

624. Louis Althusser, lettre à Franca Madonia, 25 septembre 1962, in Louis Althusser, *Lettres à Franca, op. cit.*, p. 215.

625. Louis Althusser, lettre à Franca Madonia, 28 septembre 1963, *ibid.*, p. 455 (souligné dans le texte).

626. Aussitôt après l'*Histoire de la folie*, Foucault avait le projet de publier une série de documents tirés des archives. L'ouvrage, qui ne sera jamais publié, est présenté ainsi dans les annonces de parution : *Les Fous. Michel Foucault raconte, du XVIIe au XIXe siècle, de la Bastille à Sainte-Anne, le voyage au bout de la nuit* (cf. Didier Eribon, *Michel Foucault, op. cit.*, p. 249). Foucault décrit l'*Histoire de la folie* comme « une archéologie du silence » dans la préface à la première édition (cf. Préface, in *Dits et écrits, op. cit.*, t. 1, p. 160).

627. Gilles Deleuze, Claire Parnet, *Dialogues*, Paris, Flammarion, 1977, p. 11-12.

628. Gilles Deleuze, « Un portrait de Foucault », in *Pourparlers*, Paris, Minuit, 1980, p. 141. Les trois textes sur Foucault que contient ce recueil (*ibid.*, p. 115-161) me semblent être l'un des meilleurs commentaires de son œuvre mais aussi du geste qui la sous-tend. Voir aussi Gilles Deleuze, *Foucault*, Paris, Minuit, 1986.

629. Michel Foucault, « Mon corps, ce papier, ce feu », in *Histoire de la folie, op. cit.*, appendice 2, p. 602 (c'est moi qui souligne).

630. Michel Foucault, « Est-il donc important de penser ? », *Libération*, 30-31 mai 1981, repris in *Dits et écrits, op. cit.*, t. 4, p. 181-182. C'est par l'effet d'une erreur de transmission que les mots « quelque fragment d'autobiographie » figurent au pluriel dans *Libération*, forme sous laquelle ils sont reproduits dans les *Dits et écrits*. Ils furent ajoutés par Foucault au singulier lorsqu'il relut le texte manuscrit de cet entretien.

631. « *Each of my work is part of my own biography. For one or another reason, I had the occasion to feel and live those things.* » Cf. Michel Foucault, « Truth, Power and the Self », in Luther H. Martin, Huck Gutman, Patrick H. Hutton (éd.), *Technologies of the Self. A Seminar with Michel Foucault*, Amherst, The University of Massachussets Press, 1988, p. 11. Tr. fr., « Vérité, pouvoir et soi », in *Dits et écrits, op. cit.*, t. 4, p. 779. (Je donne ma propre traduction.)

632. *Ibid.*

633. Michel Foucault, « L'intellectuel et les pouvoirs », in *Dits et écrits, op. cit.*, t. 4, p. 747-748.

634. « Quand on admire quelqu'un, on ne sélectionne pas, on peut préférer tel ou tel livre à tel autre, on prend quand même le tout, car on s'aperçoit que ce qui vous paraît un temps moins fort est un moment absolument nécessaire à l'autre qui poursuit son expérimentation, son alchimie et qui n'arriverait pas à la nouvelle révélation qui vous éblouit s'il n'était passé par ce chemin dont vous n'avez pas compris tout de suite la nécessité de faire tel ou tel détour. » (Gilles Deleuze, « Fendre les choses, fendre les mots », in *Pourparlers, op. cit.*, p. 118. Sur la cohérence de l'œuvre de Foucault, à travers les « crises » et les réorientations, voir aussi « Un portrait de Foucault », *ibid.*, p. 142.)

635. Michel Foucault, « Leçon du 9 décembre 1970 », in *Leçons sur la volonté de savoir. Cours au Collège de France, 1970-1971*, Paris, Gallimard/Seuil, 2011, p. 4-6.

636. Michel Foucault, « Entretien avec Ducio Trombadori », in *Dits et écrits, op. cit.*, t. 4, p. 67.

637. Un jour que je lui avais demandé, au début des années quatre-vingt, lequel de ses livres il préférait, Foucault me répondit sans hésiter : l'*Histoire de la folie*. En précisant : « Bien sûr, si je l'écrivais aujourd'hui, il serait très différent, mais je crois vraiment que c'est un livre qui apportait quelque chose de tout à fait nouveau. »

638. Michel Foucault, « La vie des hommes infâmes », *Les Cahiers du chemin*, n° 29, 15 janvier 1977, p. 12-19. Repris in *Dits et écrits, op. cit.*, t. 3, p. 237-253. Citation, p. 238. Le recueil n'a pas paru à ce moment-là et Foucault ne reprendra pas ce texte lorsqu'il publiera en 1982, avec Arlette Farge, un recueil des lettres de cachet des Archives de la Bastille. (Cf. *Le Désordre des familles. Lettres de cachet de la Bastille*, présenté par Arlette Farge et Michel Foucault, Paris, Gallimard-Julliard, coll. « Archives ».)

639. *Ibid.*, p. 241.

640. Gilles Deleuze, « Un portrait de Foucault », art. cit., p. 144.

641. Michel Foucault, « Entretiens avec Ducio Trombadori », art. cit. Je cite dans la transcription originale de l'entretien.

642. Michel Foucault, « Qu'est-ce que la critique ? [Critique et Aufklärung] », *Bulletin de la Société française de philosophie*, 84ᵉ année, n° 2, avril-juin 1990, p. 35-63. (Il est incompréhensible que les éditeurs de *Dits et écrits* aient décidé de ne pas inclure ce texte capital, au prétexte qu'il n'avait pas été publié du vivant de Foucault et que Foucault ne l'avait pas relu, alors même qu'ils publient plusieurs

autres conférences qui ont également été publiées après sa mort et sans qu'il ait eu le temps de les relire.)

643. *Ibid.*, p. 37.

644. *Ibid.*, p. 38.

645. *Ibid.*

646. *Ibid.*, p. 39. Voir Didier Eribon, *Michel Foucault et ses contemporains, op. cit.*, p. 66-67.

647. « Ce dont je voudrais parler, c'est de l'attitude critique comme vertu en général », dit-il au début de cette conférence (*ibid.*, p. 36). Sur la critique comme *ethos*, voir Michel Foucault, « Qu'est-ce que les Lumières ? », *Dits et écrits, op. cit.*, t. 4, p. 571-573.

648. Sur la « rétivité », voir « Est-il donc important de penser ? », art. cit.

649. « Quand des gens suivent Foucault, quand ils sont passionnés par lui, c'est parce qu'ils ont quelque chose à faire avec lui, dans leur propre travail, dans leur existence autonome. Ce n'est pas seulement une question de compréhension ou d'accord intellectuels, mais d'intensité, de résonance, d'accord musical » (Gilles Deleuze, « Fendre les choses, fendre les mots », in *Pourparlers, op. cit.*, p. 118).

650. Sur les effets de la lecture de Nietzsche par des auteurs tels que Gide ou Foucault, voir Didier Eribon, « Ce que Nietzsche fit à Gide et Foucault », in *Hérésies, op. cit.*, p. 65-112.

651. Michel Foucault, « La force de fuir », in *Dits et écrits, op. cit.*, t. 2, p. 401-402.

652. *Ibid.*, p. 401.

653. Michel Foucault, *Surveiller et punir, op. cit.* Gilles Deleuze dit fort justement que chez Foucault la prison joue le rôle d'un « modèle analogique » (Gilles Deleuze, « Post-scriptum sur les sociétés de contrôle », in *Pourparlers, op. cit.*, p. 240).

654. Foucault définit le « travail critique » comme « le labeur patient qui donne forme à l'impatience de la liberté » (Michel Foucault, « Qu'est-ce que les Lumières ? », art. cit., p. 578).

4. Homosexualité et déraison

655. Voir par exemple Michel Foucault, *Raymond Roussel*, Paris, Gallimard, 1963, p. 207.

656. Sur les « fulgurations », cf. Michel Foucault, *Histoire de la folie, op. cit.*, p. 530. Voir aussi, à propos de Goya, p. 549-551. Sur les « cris », voir *Maladie mentale et psychologie* : « Quand par éclairs et par cris elle [la folie] reparaît, comme chez Nerval ou Artaud, comme chez Nietzsche ou Roussel, c'est la psychologie qui se tait et

reste sans mot devant ce langage » (*op. cit.*, p. 104). Sur la « contestation », voir *Histoire de la folie, op. cit.*, p. 551.

657. Voir par exemple le dialogue qui suit son exposé intitulé « Nietzsche, Marx, Freud », en 1964 (in *Dits et écrits, op. cit.*, t. 1, p. 579). Voir aussi « Préface à la transgression » (*ibid.*, p. 233-250).

658. Voir par exemple « La folie, l'absence d'œuvre » (in *Dits et écrits, op. cit.*, t. 1, p. 172-188), ou encore l'« Introduction aux *Dialogues* de Rousseau » (in *Dits et écrits, op. cit.*, t. 1, p. 172-179). Voir aussi le livre sur Roussel (Michel Foucault, *Raymond Roussel, op. cit.*).

659. Cf. la préface de 1961, in *Dits et écrits, op. cit.*, t. 1, p. 159. Voir aussi les lignes finales du livre, dans lesquelles sont évoqués Nietzsche, Van Gogh et Artaud (cf. *Histoire de la folie, op. cit.*, p. 557). Foucault abandonnera très vite cette idée d'une « expérience originaire » de la folie qu'il serait possible de retrouver en deçà de l'histoire. Sur tous ces points, je renvoie à Didier Eribon, *Michel Foucault et ses contemporains, op. cit.*, p. 139-161.

660. Michel Foucault, « Préface », in *Dits et écrits, op. cit.*, t. 1, p. 162. (C'est moi qui souligne.)

661. *Ibid.*, p. 161. Dans *Maladie mentale et psychologie*, Foucault insiste sur la constitution de la maladie comme « déviation », comme « écart » : « La maladie prend place parmi les virtualités qui servent de marge à la réalité culturelle d'un groupe social » (Michel Foucault, *Maladie mentale et psychologie, op. cit.*, p. 73, 75). Et pour montrer que cela ne correspond pas au statut de la « maladie » dans toutes les sociétés, il prend l'exemple des Berdaches chez les Dakota d'Amérique du Nord : « Ces homosexuels avaient un statut religieux de prêtres et de magiciens » (*ibid.*, p. 74).

662. Michel Foucault, « Introduction », in Ludwig Binswanger, *Le Rêve et l'Existence*, Paris, Desclée de Brouwer, 1954 (repris in *Dits et écrits, op. cit.*, t. 1, p. 65-119).

663. Il faut rappeler que c'est en cette même année 1956 que l'éditeur Jean-Jacques Pauvert fut poursuivi en justice, à Paris, pour avoir réédité l'œuvre de Sade (le tribunal refusa cependant d'en prononcer l'interdiction). Foucault reviendra à un thème plus classique pendant l'année scolaire 1957-1958 puisqu'il parlera de « L'expérience religieuse dans la littérature française de Chateaubriand à Bernanos ».

664. Par la suite, Foucault s'est détaché de Sade au point d'en parler comme d'un « sergent du sexe » dans une interview de 1975 (cf. Michel Foucault, « Sade, sergent du sexe », in *Dits et écrits, op. cit.*, t. 2, p. 818-822). Il n'a pas conservé non plus son admiration pour Genet, et, à la fin de sa vie, il était plutôt sarcastique à l'égard de son œuvre. Lorsque Patrice Chéreau monta *Les Paravents* au théâtre des

Amandiers à Nanterre, en 1982, Michel Foucault est allé assister à une représentation, en compagnie de Daniel Defert, Mathieu Lindon, Hervé Guibert et le compagnon de ce dernier, Thierry Junot. Foucault fut exaspéré par ce spectacle et tout au long de la représentation, il manifesta le désir de partir avant la fin. Dans les jours qui suivirent, il fit à maintes reprises des commentaires fort sévères sur l'œuvre de Genet. Je me souviens de lui avoir objecté, un soir que nous dînions ensemble : « Ce que vous dites est vrai pour le théâtre, qui est devenu injouable, mais certainement pas pour les romans. » Et Foucault m'avait répondu : « On voit que vous ne les avez pas relus depuis longtemps. Relisez-les et vous verrez. »

665. Il écrit à Jean Lacroix : « C'était surtout un livre pour les étudiants que j'avais voulu écrire ; il s'agissait de présenter un bref corpus de connaissances. Or il me semble qu'elles sont maintenant bien dépassées et que c'est peut-être un peu abuser la confiance des lecteurs que de leur présenter ces vieilleries. Ne pensez-vous pas qu'on pourrait demander à un jeune psychopathologue d'écrire un livre un petit peu plus "up to date" ? Et de mon côté – si seulement vous le souhaitez, bien sûr –, j'essaierai de vous faire un autre texte sur un sujet qui m'est plus familier, par exemple sur le crime, la criminologie, la justice pénale, etc. » (Lettre de Michel Foucault à Jean Lacroix, datée du 1er août. L'année n'est pas mentionnée. Très certainement 1961.) Foucault donna à cette époque un cours à l'université de Clermont-Ferrand sur la justice pénale. Dans une lettre ultérieure, Foucault écrit au même destinataire : « Je suis embarrassé pour vous répondre au sujet du titre. J'ai l'intention de consacrer plusieurs années de séminaire à ces problèmes de la pénalité [...]. Pouvons-nous pour l'instant laisser "criminologie" ? » (Lettre de Michel Foucault à Jean Lacroix, 20 octobre. L'année ne figure pas sur la lettre : 1961 ? 1962 ? Archives Jean Lacroix.)

666. Michel Foucault, *Maladie mentale et psychologie*, Paris, PUF, 1962. Foucault s'est opposé par la suite à la réédition de cette deuxième version et ce n'est que dix ans après sa mort que le livre a été de nouveau disponible (Paris, PUF, coll. « Quadrige », 1995. Cette nouvelle édition porte bizarrement comme date de copyright : 1954, alors que la première édition de *Maladie mentale et psychologie* est de 1962 et que 1954 est la date de publication de *Maladie mentale et personnalité*.)

667. « Nous voulions faire l'histoire des rapports entre psychiatrie et justice pénale. Chemin faisant, nous avons rencontré l'affaire Rivière », écrit Foucault dans sa présentation du volume (cf. *Moi, Pierre Rivière, ayant égorgé ma mère, ma sœur, et mon frère... Un cas de*

parricide au XIXe siècle présenté par Michel Foucault, Paris, Gallimard-Julliard, coll. « Archives », 1973, p. 9).

668. Dans une lettre écrite au moment où il rédige *Surveiller et punir*, Foucault décrit ce livre somme une étude sur « les grandes *techniques d'individualisation* : la médecine clinique, la psychiatrie, la pédagogie, la criminologie » (lettre de juillet 1973, citée dans la Chronologie des *Dits et écrits, op. cit.*, t. 1, p. 44. C'est moi qui souligne). Sur la notion de « norme » comme point focal des analyses de Foucault, voir *Histoire de la folie, op. cit.*, p. 96. Voir aussi le « résumé de cours » du Collège de France pour l'année 1974-1975 : « Depuis 1970, la série de cours a porté sur la lente formation d'un savoir et d'un pouvoir de *normalisation* à partir des procédures juridiques traditionnelles du châtiment » (in *Dits et écrits, op. cit.*, t. 2, p. 828. C'est moi qui souligne).

669. Michel Foucault, « Je suis un artificier » in Roger-Pol Droit, *Michel Foucault, entretiens*, Paris, Odile Jacob, 2004, p. 94-95.

670. Michel Foucault, *Maladie mentale et psychologie, op. cit.*, p. 80.

671. Foucault le dit encore plus nettement dans une conférence prononcée en 1971, lorsqu'il parle de « raisons essentiellement économiques » du processus d'internement qui a marqué le XVIIe siècle (cf. « Folie et civilisation », conférence au Club Tahar Haddad de Tunis, 24 mars 1971. J'en ai donné quelques extraits dans *Michel Foucault et ses contemporains, op. cit.*, p. 323-324). Mais c'est déjà très net dans l'*Histoire de la folie* (*ibid.*, p. 77 *sq.*, et particulièrement p. 81-82).

672. Michel Foucault, *Histoire de la folie, op. cit.*, p. 82.

673. *Ibid.*, p. 85.

674. Michel Foucault, *Maladie mentale et psychologie, op. cit.*, p. 81.

675. *Ibid.*

676. Michel Foucault, *Histoire de la folie, op. cit.*, p. 85.

677. C'est le titre du chapitre 2. (*Ibid.*, p. 56-91.)

678. Michel Foucault, *Maladie mentale et psychologie, op. cit.*, p. 81.

679. Michel Foucault, *Histoire de la folie, op. cit.*, p. 97.

680. *Ibid.*, p. 82.

681. Michel Foucault, *Histoire de la folie, op. cit.*, p. 96.

682. *Ibid.*, p. 100.

683. *Ibid.*

684. *Ibid.*, p. 93-123.

685. *Ibid.*, p. 101-102.

686. *Ibid.*, p. 102-103.

687. *Ibid.*, p. 103. (C'est moi qui souligne.)
688. *Ibid.*, p. 104-105.
689. *Ibid.*, p. 104.
690. *Ibid.*, p. 87. Voir aussi p. 88, où l'internement est décrit en ces termes : « Dans l'ombre de la cité bourgeoise, naît cette étrange république du bien qu'on impose de force à tous ceux qu'on soupçonne d'appartenir au mal. C'est l'envers du grand rêve et de la préoccupation de la bourgeoisie à l'époque classique : les lois de l'État et les lois du cœur enfin identifiées. » Cette question ne cessera de préoccuper Foucault, puisqu'elle le renvoie, dès l'époque de l'*Histoire de la folie*, à l'idée d'une participation de la famille à l'ordre du pouvoir, dans la mesure où c'est souvent le père, le mari, la femme, etc., qui demande l'internement de tel individu « déviant » (*ibid.*, p. 105). C'est très certainement l'une des raisons principales de l'intérêt renouvelé qu'il porta aux lettres de cachet de la Bastille dans les années soixante-dix et quatre-vingt : comment les gens du peuple s'adressaient au pouvoir pour lui demander d'intervenir dans des conflits familiaux ? s'interroge-t-il. Alors que la Bastille et les lettres de cachet étaient généralement considérées comme le signe même de l'arbitraire du pouvoir, Foucault entendait montrer que cet arbitraire reposait sur un lien entre le pouvoir et ceux qui en étaient l'objet, lien qui pouvait être de complicité autant qu'il pouvait être de résistance. Ce qui pose, bien sûr, la question de la participation des dominés à leur domination. Mais il s'agissait avant tout pour Foucault de mettre en évidence l'enchevêtrement de l'« ordre privé » et de l'« ordre public » et l'investissement de l'espace familial par l'appareil administratif et politique. (Voir ses remarques in *Le Désordre des familles. Lettres de cachet de la Bastille, op. cit.*, p. 345-348.) C'est sans doute à partir de son étude des lettres de cachet (menée pour l'*Histoire de la folie*, puis reprise au début des années soixante-dix, et débouchant finalement sur la publication du *Désordre des familles* au début des années quatre-vingt) que Foucault s'orienta vers une conception qui entendait tenir compte du fait que le pouvoir vient aussi « d'en bas », c'est-à-dire du fait que ce sont les individus assujettis qui font exister le pouvoir en faisant appel à lui. On peut penser que c'est en partie dans le cours de cette investigation qu'est née l'idée, développée dans *Surveiller et punir*, d'une capillarité du pouvoir, de sa pénétration dans l'ensemble du corps social. Ces analyses en termes de « microphysique du pouvoir » seront alors directement orientées contre la théorie althussérienne. Il en va de même avec les formules de *La Volonté de*

savoir affirmant qu'il faut se débarrasser de toute conception « monarchique » du pouvoir et qui visent assurément autant Althusser que Lacan (l'« État » du premier autant que la « Loi » du second).

691. Michel Foucault, *Histoire de la folie, op. cit.*, p. 117-118.
692. *Ibid.*, p. 119. (C'est moi qui souligne.)
693. *Ibid.*, p. 103. (C'est moi qui souligne.)
694. Michel Foucault, *Maladie mentale et psychologie, op. cit.*, p. 104.
695. Michel Foucault, *Histoire de la folie, op. cit.*, p. 119.

5. Naissance des perversions

696. Les titres prévus étaient : *La Chair et le corps* ; *La Croisade des enfants* ; *La Femme, la mère et l'hystérique* ; *Les Pervers* ; *Populations et races*. Sur le projet général et ses remaniements, voir Didier Eribon, *Michel Foucault, op. cit.*, p. 435.
697. Michel Foucault, *La Volonté de savoir, op. cit.*, p. 97.
698. *Les Aveux de la chair* a donc été écrit avant *L'Usage des plaisirs* et *Le Souci de soi*. Mais Foucault voulait le remanier à la lumière des résultats de son travail exposés dans ses deux volumes sur la Grèce et sur Rome. Il venait d'entreprendre cette tâche de réécriture quand il est mort. Ce dernier volet est ainsi resté inachevé, et par conséquent, inédit. On peut regretter qu'il n'ait pas été publié depuis lors, puisque, d'une certaine manière, il offre, malgré son inachèvement, la clé de l'entreprise.
699. Hubert Dreyfus et Paul Rabinow, « Discussion with Michel Foucault, 15 avril 1983 », transcription, Archives Paul Rabinow. Le mot « actualité » est en français dans le texte. Ce passage ne figure pas dans les versions publiées des entretiens avec Dreyfus et Rabinow.
700. Herbert Marcuse, *Éros et civilisation*, Paris, Minuit, 1964 ; *L'Homme unidimensionnel*, Paris Minuit, 1968. Sur Marcuse, voir Gérard Raulet, *Marcuse. Philosophie de l'émancipation*, Paris, PUF, coll. « Philosophies », 1992. Wilhelm Reich, *La Révolution sexuelle*, Paris, Plon, 1968 ; *L'Irruption de la morale sexuelle*, Paris, Payot, 1972 ; *La Psychologie de masse du fascisme*, Paris, Payot, 1972. Sur Reich, voir Michel Plon, Élisabeth Roudinesco, *Dictionnaire de la psychanalyse*, Paris, Fayard, 1997, p. 888-893. Sur l'influence de Reich en France, voir Élisabeth Roudinesco, *La Bataille de cent ans. Histoire de la psychanalyse en France*, t. 2, *1925-1985*, Paris, Seuil, 1986, rééd. Fayard, 1994, p. 58-61, 64-69, 486-488 et aussi p. 501 (sur l'influence sur *L'Anti-Œdipe* de Gilles Deleuze et Félix Guattari).
701. Michel Foucault, *La Volonté de savoir, op. cit.*, p. 28.

702. *Ibid.*
703. *Ibid.*, p. 29.
704. *Ibid.*, p. 33.
705. *Ibid.*, chapitre 5 : « Droit de mort et pouvoir sur la vie » (p. 175-211). Voir aussi le « cours du 17 mars 1976 », in Michel Foucault, *« Il faut défendre la société ». Cours du Collège de France, 1975-1976*, Paris, Gallimard-Seuil, 1997, p. 213-235.
706. Michel Foucault, *La Volonté de savoir, op. cit.*, p. 183-184.
707. *Ibid.*, p. 183.
708. *Ibid.*
709. *Ibid.*, p. 193.
710. *Ibid.*, p. 192.
711. *Ibid.*, p. 195 (souligné dans le texte).
712. *Ibid.*, p. 192.
713. *Ibid.*, p. 53.
714. *Ibid.*, p. 87, 89.
715. *Ibid.*, p. 91.
716. *Ibid.*, p. 60.
717. *Ibid.*, p. 59.

718. Peu après *La Volonté de savoir*, Foucault éditera les souvenirs d'un hermaphrodite du XIXe siècle. Voir *Herculine Barbin dite Alexina B.*, présenté par Michel Foucault, Paris, Gallimard, 1978. J'ai analysé de manière plus développée le rapport, établi par Foucault, entre la question de l'identité sexuelle et l'histoire de l'hermaphrodisme dans *Michel Foucault et ses contemporains, op. cit.*, p. 265-287.

719. Michel Foucault, « Le gai savoir », in *La Revue h*, n° 2, p. 48-49. Il s'agit de la transcription complète d'un entretien dont seules des versions partielles avaient été publiées (aucune de ces versions ne figure dans les *Dits et écrits*).

6. LE TROISIÈME SEXE

720. Michel Foucault, *La Volonté de savoir, op. cit.*, p. 172.

721. « L'aveu de la vérité s'est inscrit au cœur des procédures d'individualisation par le pouvoir » (*ibid.*, p. 78-79). Voir aussi p. 210-211 (ce sont les dernières pages du livre, ce qui montre à quel point la critique de la psychanalyse est centrale dans l'entreprise de l'*Histoire de la sexualité*) : « Le bon génie de Freud l'avait placé [le sexe] en un des points décisifs marqués depuis le XVIIIe siècle par les stratégies de savoir et de pouvoir ; et il relançait ainsi avec une efficacité admirable, digne des plus grands spirituels et directeurs de

l'époque classique, l'injonction séculaire d'avoir à connaître le sexe et à le mettre en discours. »

722. *Ibid.*, p. 118.

723. *Ibid.*, p. 155. Il est important de noter que c'est dans ces discours sur le « normal » et le « pathologique », sur la « santé » et la « maladie », que Foucault inscrit l'origine du racisme moderne, dont le XXe siècle allait connaître l'aboutissement monstrueux. On trouvera une formulation très nette de ce rapport entre « société de normalisation », « hygiène sociale » et « racisme d'État » dans le « cours du 17 mars 1976 », in Michel Foucault, *« Il faut défendre la société »*, *op. cit.*, p. 225.

724. Michel Foucault, « Non au sexe-roi », *Le Nouvel Observateur*, 12-21 mars 1977, repris in *Dits et écrits, op. cit.*, t. 3, p. 260.

725. Michel Foucault, *La Volonté de savoir*, *op. cit.*, p. 142-146. Foucault parle de l'« épinglage du dispositif d'alliance et du dispositif de la sexualité dans la forme de la famille » (*ibid.*, p. 143). Ce qui explique que, bientôt, la « famille » en vienne à lancer « vers les médecins, les pédagogues, les psychiatres, les prêtres aussi et les pasteurs, vers tous les "experts" possibles, la longue plainte de la souffrance sexuelle » (*ibid.*, p. 146).

726. *Ibid.*, p. 67.

727. *Ibid.*, p. 74. (C'est moi qui souligne.) Voir aussi p. 72.

728. *Ibid.*, p. 92. (C'est moi qui souligne.)

729. *Ibid.*, p. 83.

730. *Ibid.*, p. 62.

731. *Ibid.*

732. Le premier chapitre de la quatrième partie a pour titre « Enjeu » (*ibid.*, p. 107-120). Foucault y développe l'idée de ce qu'il appelle l'« analytique du pouvoir ».

733. Michel Foucault, « Le gai savoir », art. cit., p. 43. (C'est moi qui souligne.)

734. Voir Vernon Rosario, *The Erotic Imagination, op. cit.*, p. 10-11, 181 et 215.

735. Lilian Faderman fait remarquer que, aux États-Unis par exemple, « le lesbianisme tel que le voyaient les sexologues était un thème peu fréquent dans la littérature » avant la parution du livre de Radclyffe Hall. C'est le modèle de « l'amitié romantique » entre femmes qui était jusque-là prédominant. Il est vrai que Lilian Faderman veut ainsi corroborer le modèle de l'invention de l'homosexualité par le discours psychiatrique. Mais les dates qu'elle indique pour cette transformation impliquent qu'il y avait des communautés lesbiennes, des modes de vie lesbiens bien antérieurement à l'influence du modèle

psychiatrique. (Voir Lilian Faderman, *Odd Girls and Twilight Lovers. A History of Lesbian Life in Twentieth Century America*, op. cit., p. 57. Et les objections que lui adresse George Chauncey, *Gay New York*, op. cit., p. 381, n. 61.) Il convient d'ajouter que le modèle de l'inversion sexuelle accepté et popularisé par Radclyffe Hall a été aussitôt rejeté, très vigoureusement, par de nombreuses lesbiennes.

736. George Chauncey, *Gay New York*, op. cit., p. 27.

737. *Ibid.*

738. *Ibid.*, p. 27. Voir aussi son exposé lors du colloque de Beaubourg, in Didier Eribon, *Les Études gays et lesbiennes*, op. cit., p. 96-109.

739. Voir Marcel Proust, *La Prisonnière*, op. cit., par exemple p. 722-723.

740. George Chauncey, *Gay New York*, op. cit., p. 26-27. Voir aussi ses deux importants articles, « From Sexual Inversion to Homosexuality : Medicine and the Changing Conceptualization of Female Deviance », *Salmagundi*, n°s 58-59, automne-hiver 1982-1983, p. 114-146, et « Christian Brotherhood or Sexual Perversion ? Homosexual Identities, and the Construction of Sexual Boundaries in the World War One Era », *Journal of Social History*, n° 19, 1985, p. 189-211 (tr. fr. in Rommel Mendes-Leité [dir.], *Sodomites, invertis, homosexuels. Perspectives historiques*, Lille, Cahiers Gai-Kitsch-Camp, 1994, p. 125-154).

741. Il suffit pour s'en convaincre de lire les échantillons de la littérature policière ou judiciaire ou médicale (bien avant Westphal) qui ont proliféré dès le début du XIXe siècle (et même au XVIIIe) à propos des « pédérastes », des « tantes », etc. On voit en effet que c'est l'existence des lieux de sociabilité, et la répression qui s'abat sur eux, qui fournit l'occasion aux policiers, magistrats, médecins, d'exprimer leurs points de vue. Et les descriptions qu'ils donnent ne font pas exister ce qu'ils décrivent mais, au contraire, en dérivent. Et l'on a rappelé que Balzac, dans *Splendeurs et misères des courtisanes*, en 1847, parlait déjà du « troisième sexe » et des « tantes ». Ce dernier mot figurait dans l'ouvrage du policier Vidocq, *Les Voleurs*, en 1837. (Sur tous ces points, voir Pierre Hahn, *Nos ancêtres les pervers. La vie des homosexuels sous le second Empire*, Paris, Olivier Orban, 1979, p. 35).

742. Sur la manière dont les « homosexuels » se tournèrent vers la littérature médicale, à la fois pour trouver des informations, des explications sur eux-mêmes et aussi une certaine « titillation », voir Vernon Rosario, *The Erotic Imagination*, op. cit., p. 10.

743. Voir Charlotte Wolff, *Magnus Hirschfeld*, op. cit., p. 102-103.

744. Voir Hubert Kennedy, *Ulrichs*, op. cit., p. 57.

745. *Ibid.*, pp. 87-88, 167. Il est important de rappeler que John Addington Symonds correspondit avec Ulrichs à partir de 1889 et lui rendit visite, en 1891, à Aquila, en Italie, où il s'était retiré en 1880, abandonnant, découragé, la lutte qu'il avait menée toute sa vie (*ibid.*, p. 216-218). Dans une lettre à Edward Carpenter, en 1893, Symonds évoque cette rencontre et présente Ulrichs comme « la véritable origine du regard scientifique sur ces questions » (cité *ibid.*, p. 218). Hirschfeld, en 1909, accomplira lui aussi le voyage en Italie, comme un véritable pèlerinage, pour voir les lieux où Ulrichs avait vécu et était mort, en 1895 (cf. Charlotte Wolff, *op, cit.*, p. 102).

746. Hubert Kennedy, *Ulrichs, op. cit.*, p. 167.

747. Il faudrait évidemment pouvoir restituer ici toute l'histoire du discours médical sur l'homosexualité au XIXe siècle, en France et en Allemagne (avec notamment Casper et Tardieu). Mais il faut savoir qu'Ulrichs ne connaissait pas ces textes quand il commença d'écrire.

748. Hubert Kennedy, *Ulrichs, op. cit.*, p. 130.

749. *Ibid.*, p. 71. Ulrichs s'est souvent plaint, avec beaucoup d'amertume, que Krafft-Ebing n'ait jamais reconnu publiquement sa dette à son égard et ne le cite jamais dans ses écrits, s'attribuant ainsi les notions qu'il lui avait empruntées (*ibid.*, p. 222-223).

750. Sur Kertbeny, voir Manfred Herzer, « Kertbeny and the Nameless Love », *Journal of Homosexuality*, vol. 12, n° 1, 1985, p. 1-26.

7. LA FABRICATION DES SUJETS

751. Michel Foucault, *La Volonté de savoir, op. cit.*, p. 173.

752. Voir aussi « Cours du 7 janvier 1976 », in *« Il faut défendre la société », op. cit.*, p. 3-20. C'est dans ce texte qu'on trouve la meilleure description, par Foucault lui-même, du contexte théorique dans lequel il écrit *La Volonté de savoir*, qui paraîtra au mois de novembre de la même année. Il y parle de cette référence « vague et assez lointaine, bien floue en tout cas, à Reich ou Marcuse », qui a inspiré les batailles menées contre « la morale ou la hiérarchie sexuelle traditionnelle » (*ibid.*, p. 7. Voir aussi p. 15-18).

753. Michel Foucault, *La Volonté de savoir, op. cit.*, p. 9.

754. *Ibid.*, p. 10. (C'est moi qui souligne.)

755. *Ibid.*, p. 12.

756. *Ibid.*, p. 11-12.

757. Michel Foucault, *L'Archéologie du savoir*, Paris, Gallimard, 1969, p. 66-67.

758. *Ibid.*, p. 156 : « L'analyse des énoncés et des formations discursives [...] cherche à établir une loi de rareté. » Sur la continuité entre l'*Histoire de la folie* et *Les Mots et les Choses*, voir la préface de ce dernier livre (*Les Mots et les Choses*, Paris, Gallimard, 1966, p. 15).

759. Michel Foucault, *L'Archéologie du savoir, op. cit.*, p. 252.

760. *Ibid.*, p. 253.

761. Michel Foucault, *L'Ordre du discours*, Paris, Gallimard, 1970, p. 10.

762. *Ibid.*, p. 10-11.

763. *Ibid.*, p. 21.

764. *Ibid.*, p. 54.

765. *Ibid.*, p. 69.

766. *Ibid.*, p. 63.

767. *Ibid.*, p. 11.

768. Michel Foucault, *La Volonté de savoir, op. cit.*, p. 21.

769. *Ibid.*, p. 81.

770. Sur l'histoire des lectures successives de l'*Histoire de la folie*, je renvoie à Didier Eribon, *Michel Foucault, op. cit.*, p. 200-223.

771. Michel Foucault, « Prisons et asiles dans les mécanismes du pouvoir », in *Dits et écrits, op. cit.*, t. 2, p. 524. Foucault, par la suite, a souvent insisté sur le fait que son travail avait contribué, avec l'ensemble des mouvements de critique politique et théorique, à élargir et transformer la définition de la politique (cf. l'interview réalisée en 1982 et publiée de manière posthume, « Pour en finir avec les mensonges », *Le Nouvel Observateur*, 25 juin 1984).

772. Michel Foucault, « Le gai savoir », art. cit., p. 42. Dans une autre interview, en 1977, Foucault déclare qu'il a eu « beaucoup de mal » à se « débarrasser » de la notion de répression : « Quand j'ai écrit l'*Histoire de la folie*, je me servais au moins implicitement de cette notion de répression. Je crois bien que je supposais alors une espèce de folie vive, volubile et anxieuse, que la mécanique du pouvoir et de la psychiatrie serait arrivée à réprimer et à réduire au silence. Or il me semble que la notion de répression est tout à fait inadéquate pour rendre compte de ce qu'il y a justement de producteur dans le pouvoir. » (Entretien avec Alessandro Fontana et Pasquale Pasquino, in *Dits et écrits, op. cit.*, t. 3, p. 148.)

773. Michel Foucault, « Cours du 7 janvier 1976 », in *« Il faut défendre la société », op. cit.*, p. 17.

774. Michel Foucault, « Cours du 21 janvier 1976 », *ibid.*, p. 38.

775. *Ibid.*, p. 38-39 : « Plutôt que de partir du sujet (ou même des sujets) et de ces éléments qui seraient préalables à la relation et qu'on pourrait localiser, il s'agirait de partir de la relation même de

pouvoir, de la relation de domination dans ce qu'elle a de factuel, d'effectif, et de voir comment c'est cette relation elle-même qui détermine les éléments sur lesquels elle porte. Ne pas donc demander aux sujets comment et pourquoi, au nom de quel droit ils peuvent accepter de se laisser assujettir, mais montrer comment ce sont les relations d'assujettissement effectives qui fabriquent des sujets. » Voir aussi le « Cours du 14 janvier 1976 », *ibid.*, p. 26-27 : « Saisir l'instance matérielle de l'assujettissement en tant que constitution des sujets […], étudier ces corps constitués, par les effets de pouvoir, comme sujets. »

776. Michel Foucault, « Cours du 14 janvier 1976 », *ibid.*, p. 27.

777. Voir *ibid.*, p. 28, où Foucault prend deux exemples de ce qu'il entend critiquer : l'idée que le fou aurait été enfermé parce qu'il était inutile dans la production industrielle (sans dire qu'il avait lui-même développé cette analyse), et l'idée (développée par Reich, dit-il) que la sexualité infantile aurait été réprimée pour orienter les énergies vers le travail. Voir aussi l'entretien avec Alessandro Fontana et Pasquale Pasquino, art. cit., p. 146-147.

778. Cf. Michel Foucault, « Cours du 7 janvier 1976 », in *« Il faut défendre la société »*, *op. cit.*, p. 7-8. Quelques années plus tard, le contexte politique ayant changé du tout au tout, Foucault fera les mêmes remarques, mais en sens inverse. Il dira encore qu'il n'y a pas de lien de nécessité (de lien « analytique », dit-il) entre, d'un côté, notre vie de tous les jours, notre vie sexuelle, et, de l'autre, les grandes structures morales, économiques et sociales. Mais cette fois, il ne s'agira plus de dire aux « révolutionnaires » qu'il n'est pas besoin de changer l'ordre social pour travailler à faire bouger l'ordre sexuel, mais de répondre plutôt aux néo-conservateurs qui s'inquiètent des dangers que feraient peser sur l'ordre politique et social les transformations dans l'ordre sexuel : il nous faut « nous débarrasser, déclarera-t-il en 1983, de l'idée qu'on ne peut rien changer dans notre vie sexuelle ou familiale sans mettre en danger notre économie ou notre démocratie » (Michel Foucault, « À propos de la généalogie de l'éthique », in *Dits et écrits, op. cit.*, t. 4, p. 617).

8. LA PHILOSOPHIE DANS LE PLACARD

779. « Respectabilité », « discrétion et dignité » étaient les devises de l'association Arcadie. Cette association eut une importance considérable en France du milieu des années cinquante à la fin des années soixante-dix. Son président, André Baudry, fustigeait en permanence ceux qui ne se pliaient pas à ces règles de la bienséance et il dénonçait

les « comportements excentriques », les « démarches ondulées », les « visages maquillés », l'« efféminement », etc. Il s'agissait donc de demander la « tolérance » en se pliant aux normes établies, sans jamais, bien sûr, les contester. Il est d'ailleurs intéressant de remarquer que les discours de l'association étaient écartelés en permanence entre une conception qui considérait l'« homophile » (pour utiliser le lexique en vigueur dans les articles de la revue) comme « différent » des autres et constituant, avec ses semblables, un « peuple », et une conception qui demandait à la « masse homophile » de vivre « confondue dans la société », de telle sorte que « rien ne pourra la faire remarquer » (sur tous ces points, voir Julian Jackson, *Arcadie. La vie homosexuelle en France, de l'après-guerre à la dépénalisation*, *op. cit.*

780. Le 27 juin 1969, les clients d'un bar gay de New York se révoltèrent contre une des habituelles descentes de police, à la menace desquelles la vie gay était constamment soumise en ces années-là. Les affrontements se transformèrent en émeutes qui durèrent trois jours. C'est la commémoration, l'année suivante, de cette journée historique qui a donné naissance aux défilés de la Lesbian and Gay Pride et qui est, assurément, le point de départ du mouvement gay et lesbien contemporain. (Cf. John D'Emilio, *Sexual Politics, Sexual Communities, op. cit.*, p. 231 *sq.* Voir aussi Martin Duberman, *Stonewall*, New York, Plume, 1994.)

781. Guy Hocquenghem, « La révolution des homosexuels », *Le Nouvel Observateur*, 10 janvier 1972 ; *Le Désir homosexuel*, Paris, Éditions universitaires, 1972 (rééd. Paris, Fayard, 2000). Gilles Deleuze, Félix Guattari, *L'Anti-Œdipe*, Paris, Minuit, 1972. Sur le FHAR, voir Julian Jackson, *Arcadie, op. cit.*, notamment p. 203-229, Voir également les textes du FHAR rassemblés dans le *Rapport contre la normalité*, Paris, Champ libre, 1971. Voir aussi Françoise d'Eaubonne, « Le FHAR, origines et illustrations », *La Revue h*, n° 2, automne 1996, p. 18-30, et le dossier « FHAR, la fin d'un mouvement », *La Revue h*, n° 3, hiver 1996-1997, p. 23-36. Sur Guy Hocquenghem, voir Bill Marshall, *Guy Hocquenghem*, Londres, Pluto Press, 1996, et la préface de Jeffrey Weeks à l'édition anglaise du *Désir homosexuel* (Jeffrey Weeks, Préface, in Guy Hocquenghem, *Homosexual Desire*, Durham, Duke University Press, 1993, p. 23-47). Voir aussi René Schérer, Postface à Guy Hocquenghem, *L'Amphithéâtre des morts* (Paris, Gallimard, 1994, p. 111-147). Il n'existe malheureusement aucune étude d'ensemble sérieuse sur l'histoire du mouvement gay en France, notamment pour la période qui s'étend de 1968 à nos

jours, que ce soit sur la vie organisationnelle ou sur les différents courants de pensée.

782. Guy Hocquenghem, « La révolution des homosexuels », art. cit. Ou encore : La lutte des classes est « aussi la lutte pour l'expression du désir, pour la communication, et non simplement la lutte économique et politique » (« Pour une conception homosexuelle du monde », in FHAR, *Rapport contre la normalité, op. cit.*, p. 76).

783. Guy Hocquenghem, *Le Désir homosexuel, op. cit.*, p. 13.

784. *Ibid.*, p. 17.

785. *Ibid.*, p. 12.

786. *Ibid.*, p. 108. C'est contre cette utopie de la « bisexualité » généralisée qu'Hocquenghem écrit, en 1971, son texte intitulé « Pour une conception homosexuelle du monde », qui ne défend nullement l'idée d'une « identité » homosexuelle, mais plutôt l'idée que la spécificité de la sexualité homosexuelle et de la place des homosexuels dans la société leur donne un point de vue décalé à partir duquel on peut interroger la politique.

787. Guy Hocquenghem, « Pour une conception homosexuelle du monde », art. cit., p. 71-77.

788. Guy Hocquenghem, *Le Désir homosexuel, op. cit.*, p. 119.

789. « Il ne s'agit plus d'une justification ou d'une apologie, ou encore d'une tentative de meilleure intégration de l'homosexualité au sein de la société. Ce dont on parle ici est seulement la façon dont les mouvements récents liés au "gauchisme" et se proclamant homosexuels ont modifié le rapport communément admis entre désir et politique » (*Le Désir homosexuel, op. cit.*, p. 101).

790. *Ibid.*, p. 114. Voir aussi « Pour une conception homosexuelle du monde » (art. cit., p. 71-77) : « Nous ne voulons pas d'une homosexualité qui serait acceptée à côté de l'hétérosexualité. Parce que dans nos sociétés, l'hétérosexualité est la règle, la norme, et qu'on ne peut faire coexister la norme et l'anormal. Il y a nécessairement lutte entre les deux. Nous voulons la fin de l'hétérosexualité au sens où l'hétérosexualité est actuellement nécessairement un rapport d'oppression » (p. 75).

791. Il va de soi que cette conception du « désir homosexuel » comme opérateur d'une subversion généralisée de l'ordre social est quelque peu fantasmatique : il ne suffit pas de transgresser les frontières de classe ou de race dans les lieux de drague, de pratiquer une sexualité non centrée sur le couple ou la famille, pour être révolutionnaire. Comme le dit si justement Leo Bersani (dans sa critique fort pertinente de la « pensée *queer* », qui n'est, bien souvent – c'est très

frappant –, qu'une redécouverte des thèmes mis en avant par Hocquenghem ou d'autres théoriciens des années soixante-dix), les mêmes qui pratiquent ainsi cette sexualité « subversive » la nuit peuvent être racistes ou fascistes pendant la journée ou, tout simplement, en tant que patron d'une entreprise ou propriétaire d'un immeuble, se comporter comme n'importe quel autre patron ou propriétaire. Il n'y a aucune continuité entre la sexualité et les positions politiques, et s'il y a un rapport entre les deux registres, il est assurément plus complexe et ne se laisse pas appréhender en termes de « subversion » politique et sociale. (Cf. Leo Bersani, « Is the Rectum a Grave », *October*, n° 43, hiver 1987, p. 197-222.) Hocquenghem en était d'ailleurs très conscient, mais la manière dont il considérait le « désir homosexuel » lui interdisait de penser la production effective des individus homosexuels comme sujets assujettis autrement qu'en dénonçant leur soumission à l'ordre établi et à la structure œdipienne dès lors qu'ils ne se conformaient pas au modèle « révolutionnaire » qu'il avait présenté dans son livre. Aussi Hocquenghem fut-il très vite conduit à dénigrer les homosexuels réels, leurs modes de vie, et le mouvement homosexuel lui-même. Il y a, dans sa rhétorique antinormative, une profonde normativité qui consiste à n'admettre que certaines formes de vie homosexuelle, en dénonçant toutes les autres comme bourgeoises. Et c'est pourquoi, après son livre de 1972, il a passé son temps à déplorer, tantôt avec aigreur, tantôt avec humour, tout ce qui se passait dans le champ de l'homosexualité, et même à regarder avec une grande sévérité ce qu'il avait lui-même écrit. Dès 1974, lorsqu'il réédite ses textes, dans *L'Après-mai des faunes*, il décrit par exemple son article « Pour une conception homosexuelle du monde » comme l'« armature corsetée de l'homosexuel assoiffé de dignité, à son summum de délire totalitaire » (cf. Guy Hocquenghem, art. cit., p. 157). Il parle dans ce même livre de « la connerie de la fierté d'en être, qui laisse échapper la chance de prendre au mot, au pied de la lettre, une phrase en forme d'érection » (*ibid.*, p. 149). On trouvera une expression condensée de toutes ses critiques à l'égard des homosexuels dans sa nouvelle intitulée « Oiseau de la nuit » (in Jean-Louis Bory, Guy Hocquenghem, *Comment nous appelez-vous, déjà ? Ces hommes que l'on dit homosexuels*, Paris, Calmann-Lévy, 1977, p. 139-200). Il faut signaler que dans la postface à ce texte (*ibid.*, p. 203-211), il cite *La Volonté de savoir* en disant, avec peut-être une certaine perfidie, que « Foucault, après d'autres », signale dans son ouvrage que les mots « homosexuel » et « homosexualité » ont été créés à la fin du XIXe siècle (*ibid.*, p. 203).

792. On remarquera pourtant que Foucault n'est jamais très loin d'Hocquenghem, car, chez ce dernier, on trouve déjà l'idée que les « catégories » sont le moyen par lequel s'exerce le pouvoir, puisque c'est par leur intermédiaire que les flux désirants sont découpés en « sexualités » et figées en identités. On trouve même dans *Le Désir homosexuel* une critique de l'« aveu » (*op. cit.*, p. 54-55), ou encore une analyse du couple « interdiction-transgression » (Hocquenghem parle de l'« intégration perverse » et du « centrage du désir sur ce qui est supposé interdit pour donner le goût de la transgression à ceux qui n'auraient rien à faire de l'interdiction », *ibid.*, p. 112).

793. Sur la manière dont Pasolini s'inscrit dans le mouvement de la « libération sexuelle », voir Jean Duflot, *Entretiens avec Pasolini* (Paris, Belfond, 1970). Pasolini abjura en 1975 sa *Trilogie de la vie*, et l'idéologie dont elle était porteuse, car il considérait que cette lutte politico-sexuelle avait été « dépassée et neutralisée par la décision du pouvoir consumériste d'accorder une tolérance aussi large que fallacieuse » (cf. Pier Paolo Pasolini, « Documents de travail », in Fabien S. Gérard, *Pasolini ou le mythe de la barbarie*, 1981, université de Bruxelles, p. 123-125). Le film *Salo ou les cent vingt journées de Sodome*, en 1975, est le manifeste de cette rupture, et la sexualité conçue jusqu'ici comme résistance au capitalisme est désormais perçue comme une obligation et un devoir organisés par la société néocapitaliste. On sait que Foucault s'intéressait énormément au cinéma de Pasolini.

794. Voir George Chauncey, *Gay New York, op. cit.*, p. 1-29, et spécialement p. 5, 8-9.

795. Guy Hocquenghem, *Le Désir homosexuel, op. cit.*, p. 55. Voir aussi la préface de Gilles Deleuze à *L'Après-mai des faunes* : « Il n'y a plus de sujet homosexuel, mais des productions homosexuelles de désir et des agencements homosexuels producteurs d'énoncés, qui essaiment partout, SM et travestis, dans des relations d'amour autant que dans des luttes politiques. Il n'y a plus de sujet-Gide emporté, divisé, ni même de sujet-Proust encore coupable… » (Gilles Deleuze, « Préface », in Guy Hocquenghem, *L'Après-mai des faunes, op. cit.*, p. 16). Hocquenghem attaque aussi *Corydon*, et la tentative pour « fonder sur la nature les formes du désir » (*Le Désir homosexuel, op. cit.*, p. 24). Mais, en se référant aux pages que Gilles Deleuze et Félix Guattari consacrent à Proust dans *L'Anti-Œdipe*, il souligne pourtant que l'on trouve dans *Sodome et Gomorrhe* le « langage des fleurs », dont c'est le « caractère biologique » qui intéresse Proust et qui ouvre sur une autre conception de l'homosexualité, comme pur

branchement de machines désirantes (Guy Hocquenghem, *ibid.* ; Gilles Deleuze, Félix Guattari, *op. cit.*, p. 80-82).

796. « Lesbiennes et pédés, arrêtons de raser les murs » (cf. FHAR, *Rapport contre la normalité, op. cit.*, p. 7).

797. Lettre d'André Baudry à l'auteur, 30 mai 1994. Voir *Michel Foucault et ses contemporains, op. cit*, p. 274-276.

798. Le texte de Foucault sur Arcadie et André Baudry a été publié dans *Libération*, 12 juillet 1982. Au dernier moment, il a renoncé à le signer et m'a demandé de le signer moi-même. Ce texte a donc paru sous mes propres initiales (D.E.). Pour le texte lui-même, et les conditions de sa publication, et, plus généralement, sur les rapports de Foucault avec Arcadie, voir *Michel Foucault et ses contemporains, op. cit.*, p. 265-287.

799. Dans une tout autre perspective que la mienne, Eve Kosofsky Sedgwick a déjà tenté de lire *La Volonté de savoir* comme « un drame du placard » (Eve Kosofsky Sedgwick, « Gender Criticism », in Stephen Greenblatt et Giles Gunn [éd.], *Redrawing the Boundaries. The Tranformations of English and American Literary Studies*, New York, MLA, 1992, p. 271-302. Voir tout particulièrement p. 278-285).

9. QUAND DEUX GARÇONS SE TIENNENT PAR LA MAIN

800. Thierry Voeltzel, *Vingt ans et après*, Paris, Grasset, 1978. Le nom de Foucault n'apparaît pas dans ce livre. Dans sa préface, Claude Mauriac, qui était l'éditeur de la série et avait commandé le livre, indique seulement : « Un très jeune homme, Thierry, parle devant un ami plus âgé » (p. 7). Sur ce livre, voir Didier Eribon, *Michel Foucault, op. cit.*, p. 50-53. Thierry Voeltzel avait participé au groupe Antinorme (issu du FHAR) et il participera, en 1979, à la fondation du journal *Gai Pied*, et c'est pour lui faire plaisir que Foucault publiera dans le premier numéro un article intitulé « Un plaisir si simple ».

801. *Ibid.*, p. 33-34.

802. *Ibid.*, p. 51. Voir aussi p. 37 : « J'avais compris, d'après tout ce que tu as dis, que, pour toi, l'homosexualité, c'était très simple. Et puis tu viens de me dire là, pendant que la bande était arrêtée, que tout de même ça s'était simplifié, mais que c'était compliqué. »

803. *Ibid.*, p. 22. Foucault lui fait remarquer que, quand Reich parle de l'homosexualité, « il dit des ignominies » (*ibid.*, p. 18).

804. *Ibid.*, p. 29. Mais Voeltzel souligne lui-même que tout ce discours sur la « bisexualité » ne correspondait guère aux pratiques sexuelles des individus.

805. *Ibid.*, p. 28.

806. *Ibid.*, p. 30. Quelques années plus tard, en 1981, Foucault reviendra sur cette question en déclarant dans une interview : « Grand mythe que celui de dire : il n'y aura plus de différence entre l'homosexualité et l'hétérosexualité. » À cette utopie de l'indifférenciation, il opposera alors l'idée de « mode de vie » gay, en insistant sur le fait que « cette recherche d'un mode de vie va à l'encontre de cette idéologie des mouvements de libération sexuelle des années soixante » (Michel Foucault, « De l'amitié comme mode de vie », in *Dits et écrits, op. cit.*, t. 4, p. 166).

807. *Ibid.*, p. 43.

808. *Ibid.*, p. 33. (C'est moi qui souligne.)

809. *Ibid.*, p. 32. Foucault semble satisfait quand Voeltzel lui déclare à la fois qu'il ne se « considère pas comme homosexuel » tout en lui disant qu'il pense que, désormais, il pratiquera exclusivement l'homosexualité (*ibid.*, p. 38-39).

810. *Ibid.*, p. 34-35.

811. *Ibid.*, p. 49.

812. *Ibid.*, p. 52.

813. *Ibid.*, p. 211.

814. Inutile de dire que, dans la logique de l'institutionnalisation recherchée par ce quotidien dans les années quatre-vingt, cet espace de liberté de parole a depuis lors disparu, pour être remplacé par des pages « Débats » comme on en trouve partout ailleurs.

815. *Ibid.*, p. 123-124.

816. *Ibid.*, p. 124-125.

817. *Ibid.*, p. 125.

818. Michel Foucault, « Le gai savoir », art. cit., p. 48.

819. Michel Foucault, « Sexual Choice, Sexual Acts », *Salmagundi*, n°s 58-59, automne-hiver 1982, repris in *Dits et écrits, op. cit.*, t. 4, p. 333. Leo Bersani prend ces remarques comme point de départ de la discussion critique qu'il mène dans *Homos*, où il reproche à Foucault de désexualiser l'homophobie tout autant que la transgressivité de l'homosexualité (*op. cit.*, p. 99 *sq.*).

820. Michel Foucault, « Non au sexe roi », *Le Nouvel Observateur*, 12 avril 1977, repris in *Dits et écrits, op. cit.*, t. 3, p. 261. Il présente comme un signe de ce « grondement anti-sexo » le livre d'Hervé Guibert, *La Mort propagande* (Paris, Régine Deforges, 1977).

821. Michel Foucault, « De l'amitié comme mode vie », *Gai Pied*, 25 avril 1981, repris in *Dits et écrits, op. cit.*, t. 4, p. 164.

822. *Ibid.*

823. *Ibid.*, p. 166.

824. *Ibid.*, p. 165.

10. Résistance et contre-discours

825. Présentation (non signée mais rédigée par Michel Foucault) de la brochure *Intolérable*, n° 1, Paris, Champ libre, 1971 (je cite plus longuement ces documents dans *Michel Foucault, op. cit.*, p. 351-371). Foucault ajoute, après avoir défini les « enquêtes » qui doivent être menées dans les domaines de la justice, de la santé, etc., et dont chacune doit être « le premier épisode d'une lutte » : « Ces enquêtes sont faites non pas de l'extérieur par un groupe de techniciens ; les enquêteurs ici sont les enquêtés eux-mêmes. À eux de prendre la parole, de faire tomber le cloisonnement, de formuler ce qui est intolérable et de ne plus le tolérer. À eux de prendre en charge la lutte qui empêchera l'oppression de s'exercer » *(ibid.)*.

826. Guy Hocquenghem, « Notre corps nous appartient », *Tout*, n° 12, avril 1971, repris in *L'Après-mai des faunes, op. cit.*, p. 143-144.

827. Voir Michel Foucault, *Intolérable*, n° 4, *Suicides de prison*, Paris, Gallimard, 1972 (voir aussi Didier Eribon, *Michel Foucault, op. cit.*, p. 359-360). Et Guy Hocquenghem, « Novembre noir », *Actuel*, n° 26, décembre 1972, repris in *L'Après-mai des faunes, op. cit.*, p. 34-35. C'est à l'occasion de cette affaire que Foucault fut sévèrement critiqué par les militants du FHAR, et notamment par Guy Hocquenghem, qui lui reprochaient de laisser au second plan la dimension homosexuelle du drame (témoignage d'Hélène Hazera, 15 septembre 1998). Ce qui me paraît assez inexact. Hocquenghem dédiera *Le Désir homosexuel* à Gérard Grandmontagne.

828. Je renvoie sur tous ces points à *Michel Foucault, op. cit.*, p. 397-400.

829. Michel Foucault, présentation de la collection « Les vies parallèles », quatrième de couverture des Mémoires de Herculine Barbin dite Alexina B., *op. cit.*

830. Michel Foucault, « Cours du 7 janvier 1976 », in « *Il faut défendre la société* », *op. cit.*, p. 16, et aussi *La Volonté de savoir, op. cit.*, p. 135.

831. Michel Foucault, *La Volonté de savoir, op. cit.*, p. 135. N'oublions pas que Foucault entend critiquer non seulement le freudo-marxisme, mais aussi la théorie althussérienne du pouvoir et des « appareils idéologiques d'État ».

832. *Ibid.*, p. 126.

833. *Ibid.*, p. 126.

834. *Ibid.*, p. 132.

835. *Ibid.*, p. 133.

836. *Ibid.*

837. *Ibid.*, p. 134-135.

838. *Ibid.*, p. 126-127 : « Les points de résistance ne sont jamais en position d'extériorité par rapport au pouvoir. »

839. *Ibid.*, p. 173.

840. *Ibid.*, p. 208.

841. Foucault introduit la notion d'hétérotopie dans un article de 1967, dont il n'a autorisé la republication qu'en 1984 (Michel Foucault, « Des espaces autres », in *Dits et écrits, op. cit.*, t. 4, p. 752-763). Les analyses de Foucault dans ce texte n'ont pas exactement le sens politique que je leur donne ici en les relisant dans le contexte de sa réflexion des années quatre-vingt, mais on voit à quel point elles privilégient une pensée de l'espace sur une pensée du temps.

842. John Boswell, *Christianity, Social Tolerance and Homosexuality. Gay People in Western Europe from the Beginning of the Christian Era to the Fourteenth Century*, Chicago et Londres, The University of Chicago Press, 1980 ; tr. fr. *Christianisme, tolérance sociale et homosexualité. Les homosexuels en Europe occidentale des débuts de l'ère chrétienne au XIVe siècle*, Paris, Gallimard, 1985.

843. Bien sûr, il y avait eu des approches « constructionnistes » avant Foucault, et notamment celle proposée par Mary McIntosh, en 1968 (cf. Mary McIntosh, « The Homosexual Role », *Social Problems*, n° 16, 1968, p. 182-193).

844. Il semble que l'éditeur français l'ait absurdement contraint à renoncer à ce vocabulaire et lui ait imposé la formulation « les homosexuels » quand il disait « *gay people* », ce qui accentue évidemment l'effet d'anachronisme. Or il s'agissait précisément pour Boswell d'évoquer dans l'histoire des « personnes conscientes de leur inclination érotique pour leur propre sexe » et non pas de se limiter aux pratiques sexuelles (*op. cit.*, p. 72). C'est la raison pour laquelle Boswell a failli refuser de laisser paraître la traduction de son livre en français. Il a fini par accepter, mais s'explique au début de l'édition française sur les questions de terminologie (*op. cit.*, p. 72 *sq.*).

845. Pour un très bon aperçu de l'opposition essentialisme/constructionnisme, voir le recueil publié par Edward Stein, *Forms of Desire. Sexual Orientation and the Social Constructionist Controversy*, New York, Routledge, 1990. Ce volume comprend notamment le texte de Boswell, « Concepts, Experience and Sexuality » (p. 133-174), ainsi que l'article de Mary McIntosh mentionnée à la note 843 (p. 25-42).

846. La raison en est sans doute assez simple : le chapitre de l'*Histoire de la folie* dans lequel on trouve les pages sur l'homosexualité que j'ai commentées plus haut ne figurait pas dans les éditions anglaise et

américaine du livre, qui reproduisaient la version abrégée publiée en 1964 dans une collection de poche. La traduction complète du livre n'a paru qu'en 2006. Et comme ces questions n'ont pas beaucoup intéressé les Français jusqu'ici – l'histoire de l'homosexualité, aussi bien masculine que féminine, est encore balbutiante en France –, ces contradictions ou ces tensions dans l'œuvre de Foucault n'ont jamais été soulignées.

847. Michel Foucault, « Sexualité et solitude », in *Dits et écrits, op. cit.*, t. 4, p. 172.

848. Les analyses de Peter Brown sur cette question sont présentées dans un ouvrage, paru après la mort de Foucault, *The Body and Society. Men, Women and Sexual Renunciation in Early Christianity*, New York, Columbia University Press, 1988 ; trad. fr. *Le Renoncement à la chair. Virginité, célibat et continence dans le christianisme primitif*, Paris, Gallimard, 1995.

849. Foucault, dans *La Volonté de savoir*, signale bien sûr que la « confession » au directeur de conscience se pratiquait déjà dans la « tradition ascétique et monastique » (*op. cit.*, p. 29), mais ce qui l'intéresse alors, c'est le fait que « le XVIIe siècle en a fait une règle pour tous » (*ibid.*).

850. K.J. Dover, *Greek Homosexuality*, Cambridge University Press, 1978.

851. K.J. Dover, *Homosexualité grecque*, Grenoble, La pensée sauvage, 1982.

852. Michel Foucault, « Des caresses d'hommes considérés comme un art », *Libération*, 1er juin 1982, repris in *Dits et écrits, op. cit.*, t. 4, p. 315-316.

853. « Entretien avec Michel Foucault », *Masques*, n° 13, printemps 1982, repris in *Dits et écrits, op. cit.*, t. 4, p. 292.

854. Michel Foucault, « Sexual Choice, Sexual Act », art. cit., repris in *Dits et écrits, op. cit.*, t. 4, p. 320.

855. *Ibid.*, p. 321.

11. Devenir gay

856. La plupart de ces textes sont rassemblés dans *Dits et écrits, op. cit.* (voir principalement : t. 3, textes 200 et 206, et t. 4, textes 293, 311, 313, 314, 317, 349, 358). Il faut également mentionner l'entretien intitulé « Le gai savoir », réalisé en 1978 et publié aux Pays-Bas dans une version contestée, et qui, pour cette raison, n'est pas repris dans les *Dits et écrits*. La transcription intégrale en a été publiée par la *Revue h*, n° 2, automne 1996.

857. Cela apparaît très nettement dans la transcription de l'interview intitulée « Le gai savoir ». Foucault entame ses réponses par des exclamations telles que : « C'est archi-compliqué. Je n'y vois que du feu » (art. cit., p. 48). Mais, évidemment, ces précautions oratoires spontanées disparaissent toujours des versions publiées, ce qui donne aux propos énoncés une sorte de valeur assertorique qu'ils n'avaient pas.

858. « Entretien avec Michel Foucault », *Dits et écrits, op. cit.*, t. 4, p. 293.

859. *Ibid.*, p. 293-294.

860. *Ibid.*, p. 294. C'est très certainement par une erreur d'impression que le texte indique ici XVIIe siècle ; il faut lire XVIIIe.

861. *Ibid.* Foucault évoquera dans plusieurs interviews cette idée que la surveillance de l'homosexualité s'est mise en place au XVIIe siècle. Par exemple, en 1982 : « Depuis quatre siècles, l'homosexualité a été beaucoup plus l'objet de répression, de surveillance et d'interventions de type policier que de type judiciaire. Il y a un certain nombre d'homosexuels qui ont été victimes de l'intervention de la justice, des lois. Mais cela reste très limité en nombre par rapport à la répression policière. Par exemple, il n'est pas vrai que l'on brûlait les homosexuels au XVIIe siècle, même si c'est arrivé quelquefois. En revanche, c'est par centaines qu'on en arrêtait au Luxembourg ou au Palais-Royal » (Michel Foucault, « Non aux compromis », *Gai Pied*, n° 43, octobre 1982, repris in *Dits et écrits, op. cit.*, t. 4, p. 336). Voir aussi, « Interview met Michel Foucault » (réalisée en 1981 et publiée en 1984), où il évoque également les XVIIe et XVIIIe siècles : « On constate que chaque année on arrête à Paris des centaines d'homosexuels au jardin du Luxembourg et aux abords du Palais-Royal. Faut-il parler de répression ? Ce système d'arrestation ne s'explique pas par la loi ou la volonté de réprimer l'homosexualité (de quelque façon que ce soit). En règle générale, ils sont arrêtés pour vingt-quatre heures. Comment expliquer ce geste ? Moi, j'ai l'hypothèse qu'on introduit une nouvelle forme relationnelle entre l'homosexualité et le pouvoir politique, administratif et policier. Donc, les pratiques qui ont vu le jour au XVIIe siècle sont d'une autre nature que la répression existant déjà depuis l'Antiquité. On constate une restructuration des technologies du moi autour de la sexualité. Dans tous les domaines de la société, la sexualité devient le dispositif général expliquant l'ensemble de la personnalité humaine » (« Interview met Michel Foucault », *Krisis. Tijdschrift voor filosofie*, 14e année, mars 1984, repris in *Dits et écrits, op. cit.*, t. 4, p. 660). Il semble donc qu'au début des

années quatre-vingt Foucault ait renoncé à l'explication de « l'invention de l'homosexuel » par la psychiatrie du XIXe siècle, puisque ce qui lie l'homosexualité à l'individu et l'inscrit comme vérité de la personnalité, c'est l'emprise nouvelle, aux XVIIe et XVIIIe siècles, de l'appareil politico-administratif sur la vie sexuelle, ce qui nous ramènerait à un découpage historique plus proche de celui de l'*Histoire de la folie*.

862. Michel Foucault, « Choix sexuel, acte sexuel », in *Dits et écrits, op. cit.*, t. 4, p. 325 et 329. Foucault évoque les critiques qui ont accueilli *La Volonté de savoir* dans la préface à l'édition allemande (Michel Foucault, « Sexualité et vérité », repris in *Dits et écrits, op. cit.*, t. 3, p. 136-137) et dans « Le gai savoir », art. cit., p. 42.

863. Par exemple, en 1978, lorsqu'il insiste sur le fait que sa démarche n'est « pas du tout une rupture avec les luttes » mais « une simple suggestion pour au contraire un élargissement des luttes et une sorte de changement de fond, de changement d'axe par rapport aux luttes » (Michel Foucault, « Le gai savoir », art. cit., p. 44).

864. Michel Foucault : « Sex, Power and the Politics of Identity », *The Advocate*, 7 août 1984 (interview réalisée à Toronto en juin 1982 et publiée quelques semaines après la mort de Foucault), repris in *Dits et écrits, op. cit.*, t. 4, p. 736.

865. *Ibid.*, p. 735. Voir aussi Michel Foucault, « De l'amitié comme mode de vie », art. cit., p. 163 : « Ce dont il faut se défier, c'est la tendance à ramener la question de l'homosexualité au problème du "Qui suis-je ? Quel est le secret de mon désir ?" Peut-être vaudrait-il mieux se demander : "Quelles relations peuvent être, à travers l'homosexualité, établies, inventées, multipliées, modulées ?" Le problème n'est pas de découvrir en soi la vérité de son sexe, mais plutôt d'user désormais de sa sexualité pour arriver à des multiplicités de relations. »

866. Michel Foucault, « Le gai savoir », art. cit., p. 44.

867. Cf. Michel Foucault, « Nietzsche, la généalogie, l'histoire », in *Hommage à Jean Hyppolite*, Paris, PUF, 1971, p. 145-172, repris in *Dits et écrits, op. cit.*, t. 2, p. 136-156. Et aussi « Est-il donc important de penser ? », art. cit., p. 182.

868. Michel Foucault, « Entretiens avec Ducio Trombadori », in *Dits et écrits, op. cit.*, t. 4, p. 74. Sur Foucault et l'École de Francfort, voir Didier Eribon, *Michel Foucault et ses contemporains, op. cit.*, p. 296-311.

869. Michel Foucault, « De l'amitié comme mode de vie », art. cit., p. 163.

870. Michel Foucault, « Entretien », *Masques*, n° 13, printemps 1982, repris in *Dits et écrits, op. cit.*, t. 4, p. 295. Voir aussi « Interview met Michel Foucault », art. cit., *Dits et écrits, op. cit.*, t. 4, p. 656.

871. Michel Foucault, « Sexe, pouvoir et politique de l'identité », art. cit., p. 736.

872. « Là, il faut être intransigeant, on ne peut faire un compromis entre la tolérance et l'intolérance, on ne peut être que du côté de la tolérance » (Michel Foucault, « Non au compromis », in *Dits et écrits, op. cit.*, t. 4, p. 337).

873. Michel Foucault, « Le triomphe social du plaisir sexuel », *Christopher Street*, vol. 6, n° 4, mai 1982, repris in *Dits et écrits, op. cit.*, t. 4, p. 308-314. Citation, p. 308.

874. Michel Foucault, « Le triomphe social du plaisir sexuel », art. cit., p. 308-309.

875. *Ibid.*, p. 310.

876. *Ibid.* Ailleurs, Foucault déclare cependant : « Je ne veux pas dire que la légalisation du mariage entre homosexuels doit constituer un objectif ; mais que nous avons là toute une série de questions concernant l'insertion et la reconnaissance, à l'intérieur du cadre légal et social, d'un certain nombre de rapports entre les individus, qui doivent trouver une réponse » (« Choix sexuel, acte sexuel », art. cit., p. 322). J'ai rapporté dans *Michel Foucault, op. cit.*, p. 264, un témoignage de Sylvia Lacan, qui se souvenait que lors d'un dîner chez elle, dans les années soixante, Foucault avait déclaré : « Il n'y aura pas de civilisation tant que le mariage entre hommes ne sera pas admis. » Il faut sans doute insister sur le fait que presque toutes les interviews qui portent sur ces questions étaient destinées à des journaux ou revues gays, ou, comme c'est le cas pour le texte intitulé « Choix sexuel, acte sexuel », à des numéros spéciaux sur l'homosexualité. Foucault s'adressait donc à un public gay, et la réflexion qu'il y propose ne fournit sans doute pas le tout de ses positions : on peut en effet imaginer qu'il aurait, dans d'autres contextes, insisté au contraire sur son soutien à des revendications que, par ailleurs, il entendait interroger (on peut soutenir des revendications tout en les critiquant ou en essayant de les élargir). Foucault n'a cessé d'y insister : il ne faut jamais « se stabiliser dans une position, il faut définir, selon les moments, l'usage qu'on en fait » (cf. *Dits et écrits, op. cit.*, t. 4, p. 294). Les prises de position doivent toujours être « stratégiques », et il n'y a donc pas de réponse fixe ou unique aux questions, par exemple celle de savoir s'il faut dire ou refuser de dire son homosexualité (c'est l'exemple qu'il donne) : il peut être politiquement

important d'affirmer que l'on est homosexuel, comme il peut être politiquement nécessaire de refuser de répondre à l'injonction de se définir.

877. *Ibid.*, p. 309.

878. Michel Foucault, « Le triomphe social du plaisir sexuel », art. cit., p. 310.

879. *Ibid.*, p. 311. En ce sens, Foucault peut dire que « la culture gay ne sera pas simplement un choix d'homosexuels pour homosexuels. Cela va créer des relations qui sont, jusqu'à un certain point, transposables aux hétérosexuels » (*ibid.*).

880. On peut donc penser que le PACS ou les « partenariats enregistrés » de certains pays européens ou de certaines villes américaines s'inscrivent plus logiquement dans l'optique développée par Foucault que la revendication du mariage homosexuel, même si l'on voit bien que Foucault soutient l'ensemble de ces revendications.

881. Michel Foucault, « Sexe, pouvoir et politique de l'identité », art. cit., p. 736.

882. *Ibid.*, p. 737. Foucault précise que cela ne signifie pas « créer notre *propre* culture », car ce serait déjà coder les formes de l'invention, mais plutôt « réaliser des créations culturelles » (ce qui passe moins, à ses yeux, par une « littérature homosexuelle » que par de nouveaux « modes de vie »).

883. Michel Foucault, « De l'amitié comme mode de vie », art. cit., p. 167.

884. Sur la « résistance » comme possibilité de « dire non », mais aussi comme possibilité de créer, voir Michel Foucault, « Sexe, pouvoir et politique de l'identité », art. cit., p. 740-741.

885. *Ibid.*, p. 746.

886. Michel Foucault, « Le triomphe social du plaisir sexuel », art. cit., p. 311 et 310.

887. Art. cit., p. 744.

888. *Ibid.*

889. *Ibid.*, p. 744-745.

890. *Ibid.*, p. 744.

12. Les hommes entre eux

891. Foucault évoquait très souvent, au début des années quatre-vingt, son désir de s'installer aux États-Unis – et notamment à San Francisco.

892. Michel Foucault, « De l'amitié comme mode de vie », art. cit., p. 165.

893. *Ibid.*

894. *Ibid.*

895. Michel Foucault, « Sexe, pouvoir et politique de l'identité », art. cit., p. 738 et 743. Foucault signale qu'il emprunte l'expression « subculture S/M » à l'anthropologue et théoricienne américaine Gayle Rubin (« notre amie Gayle Rubin », dit-il). Foucault affirme également dans cette interview que « les drogues doivent devenir un élément de notre culture » (*ibid.*, p. 738).

896. Paul Rabinow, Hubert Dreyfus, Leo Lowenthal, Charles Taylor, Robert Bellah, Martin Jay, « Discussion with Michel Foucault », 21 avril 1983, transcription intégrale, archives Paul Rabinow. Une partie de ces entretiens a été publiée, sous le titre « Politics and Ethics », dans le *Foucault Reader*, édité par Paul Rabinow (New York, Pantheon, 1984, p. 373-380, tr. fr. in *Dits et écrits, op. cit.*, t. 4, p. 584-590), mais les passages que je reproduis ici n'y figurent pas.

897. *Ibid.*

898. « Le travail des intellectuels ne peut jamais être lié à un certain type de gouvernement ou de structure politique, mais au contraire doit toujours être critique à leur égard […]. C'est un intérêt négatif, systématiquement négatif. Et je crois que c'est la seule politique que peut défendre un intellectuel en tant qu'intellectuel » (*ibid.*).

899. *Ibid.*

900. Dans une autre interview, Foucault, après avoir décrit en termes fort élogieux la « subculture S/M de San Francisco », répond à la question de savoir si elle ne court pas le risque d'être exploitée commercialement : « On ne peut jamais être sûr qu'il n'y aura pas d'exploitation. En fait, on peut être sûr qu'il y en aura une, et que tout ce qui a été créé ou acquis, tout le terrain qui a été gagné, sera à un moment ou à un autre utilisé de cette manière. Il en va ainsi de la vie, de la lutte, de l'histoire des hommes. Et je ne pense pas que ce soit une objection à tous ces mouvements ou à toutes ces situations. Mais vous avez tout à fait raison de souligner qu'il nous faut être prudents et conscients du fait que nous devons passer à autre chose, avoir aussi d'autres besoins. Le ghetto S/M de San Francisco est un bon exemple d'une communauté qui a fait l'expérience du plaisir et qui s'est constitué une identité autour de ce plaisir. Cette ghettoïsation, cette identification, cette procédure d'exclusion ont aussi produit des effets en retour. Je n'ose pas utiliser le mot "dialectique", mais on n'est pas très loin de cela » (Michel Foucault, « Sexe, pouvoir et politique de l'identité », art. cit., p. 739-740.).

901. Michel Foucault, « Le triomphe social du plaisir sexuel », art. cit., p. 312-313.

902. *Ibid.*, p. 313.

903. *Ibid.* Voir aussi « De l'amitié comme mode de vie », art. cit., p. 166.

904. Michel Foucault, « De l'amitié comme mode de vie », art. cit., p. 167.

905. Georges Dumézil, *Mythe et épopée*, Paris, Gallimard, 1967.

906. Voir l'anthologie publiée par Martin P. Taylor, *Lads. Love Poetry of the Trenches*, Londres, Duckworth, 1998. Voir également Paul Fussel, *The Great War and Modern Memory*, Oxford et New York, Oxford University Press, 1975, ch. 8, p. 270-309. Et aussi la trilogie romanesque de Pat Barker, qui met en scène (entre autres) Sassoon et Owen (*Regeneration, The Eye in the Door, The Ghost Road*, Londres, Viking, 1991, 1993, 1995).

907. Sur l'importance de la Première Guerre mondiale dans la constitution d'une culture gay, notamment en France, voir Florence Tamagne, *op. cit.*, t. 1. Pour la Seconde Guerre, voir Allan Bérubé, *Coming Out Under Fire. The History of Gay Men and Women in World War Two, op. cit.*

908. Michel Foucault, « De l'amitié comme mode de vie », art. cit., p. 166. (C'est moi qui souligne.)

909. Lilian Faderman, *Surpassing the Love of Men, op. cit.* Foucault cite ce livre dans trois interviews différentes (voir *Dits et écrits, op. cit.*, t. 4, p. 166, 289 et 742.) À la fin des *Dits et écrits*, l'index des livres cités ne mentionne que deux des trois occurrences (et en donnant au livre un titre français, *Dépasser l'amour des hommes*, alors qu'il n'est pas traduit). Quant à l'index des noms, il ne mentionne qu'une seule fois celui de Lilian Faderman. Cette désinvolture en dit long sur l'intérêt que les éditeurs de ces volumes ont porté à ces questions. On remarquera par exemple que le mot « amitié » ne figure pas dans l'index des notions, pas plus que « gay », « lesbienne », « monosexualité », « sadomasochisme », « libération sexuelle »…

910. Michel Foucault, « De l'amitié comme mode de vie », art. cit., p. 166.

911. Adrienne Rich, « Compulsory Heterosexuality and Lesbian Existence », in *Blood, Bread and Poetry, op. cit.* Pour Adrienne Rich, comme pour Lilian Faderman, toutes les relations que peuvent nouer les femmes entre elles sont un moyen de résister à la domination masculine et à la violence imposée par l'« hétérosexualité obligatoire ». Rich va jusqu'à considérer – comme le fera également Luce Irigaray – que l'homosexualité masculine n'est que l'aboutissement de l'homosocialité des hommes entre eux, et, par conséquent, que les gays sont

l'incarnation ultime de l'oppression des femmes et notamment des lesbiennes. Comme le fait si justement remarquer Eve Kosofsky Sedgwick (*Epistemology of the Closet, op. cit.*, p. 36-37), cette manière d'opposer les lesbiennes et les gays a plus souvent cours chez les gays et les lesbiennes eux-mêmes que chez leurs ennemis, qui les détestent et les combattent ensemble.

912. Voir les remarques de Sharon Marcus, « Quelques problèmes de l'histoire lesbienne », in Didier Eribon (dir.), *Les Études gays et lesbiennes, op. cit.*, p. 35-43 (notamment p. 36-37) et la bibliographie à la fin de son article (p. 43).

913. Foucault insiste souvent sur l'amitié comme relation possible entre deux personnes d'âges différents et il semble qu'il ait été très intéressé, personnellement, par cette possibilité que n'offre pas, en règle générale, l'idée normative du couple (voir ses belles remarques sur ce point dans « De l'amitié comme mode de vie », art. cit., p. 164). Si bien qu'on peut se demander si la question de l'âge et des relations qu'un homme plus âgé peut entretenir avec des hommes plus jeunes n'a pas été l'un des facteurs déterminants de toute la réflexion de Foucault sur la « culture gay ».

914. Didier Eribon, *Michel Foucault et ses contemporains, op. cit.*, p. 125 *sq.*

915. J'emploie le mot « misogynie » non pas au sens de « haine des femmes » mais au sens plus spécifique de goût quasi exclusif pour la monosexualité, c'est-à-dire du désir des homosexuels masculins de se retrouver entre eux, sans aucune présence féminine (on trouve l'équivalent, inversé, chez les lesbiennes). Ce qui n'empêchait évidemment pas Foucault de soutenir le mouvement féministe. Ce sont deux registres différents. Cette « misogynie » reste d'ailleurs l'un des traits constitutifs de la culture gay d'aujourd'hui, même s'il est évident que les jeunes gays des années quatre-vingt-dix ont moins de difficulté à penser en termes de culture « gay *et* lesbienne ».

916. Michel Foucault, « De l'amitié comme mode de vie », art. cit., p. 163-164.

13. Faire des différences

917. Michel Foucault, « Qu'est-ce que les Lumières ? », art. cit., p. 574.

918. *Ibid.* Dans sa préface à l'édition américaine des *Dits et écrits*, Paul Rabinow a souligné l'importance de cette opposition entre

l'impossible affranchissement et le possible travail de « franchissement ». (Paul Rabinow, « Introduction », in *The Essential Works of Foucault, 1954-1984*, t. 1, *Ethics*, New York, The New Press, 1997.)

919. Michel Foucault, « Qu'est-ce que les Lumières ? », art. cit.

920. *Ibid.*, p. 575.

921. Michel Foucault, « Sexe, pouvoir et politique de l'identité », art. cit., p. 740.

922. Michel Foucault, « À propos de la généalogie de l'éthique », in *Dits et écrits, op. cit.*, t. 4, p. 617.

923. *Ibid.*, p. 618.

924. Michel Foucault, « Qu'est-ce que les Lumières ? », art. cit., p. 571. Voir le texte de Baudelaire sur le « dandysme » dans « Le peintre de la vie moderne », in *Œuvres complètes*, Paris, Gallimard, coll. « Bibliothèque de la Pléiade », 1976, t. 2, p. 709-712.

925. Pierre Hadot, « Réflexions sur la notion de "culture de soi" », in *Michel Foucault philosophe, Rencontre internationale, Paris, 9, 10, 11 janvier 1989*, Paris, Seuil, 1989. Dans *L'Usage des plaisirs* et dans *Le Souci de soi*, Foucault se réfère aux travaux de Pierre Hadot et notamment à son ouvrage *Exercices spirituels et philosophie antique*, Paris, Institut d'études augustiniennes, 1981.

926. Cf. Gilles Deleuze, « La vie comme œuvre d'art », in *Pourparlers, op. cit.*, p. 136.

927. Michel Foucault, « À propos de la généalogie de l'éthique », art. cit., p. 611-612 et p. 615.

928. Voir, par exemple, Michel Foucault, *L'Usage des plaisirs, op. cit.*, p. 30.

929. *Ibid.*, p. 17.

930. Michel Foucault, « À propos de la généalogie de l'éthique », art. cit., p. 630. Il ajoute : « L'idée que l'on peut faire de sa vie une œuvre d'art est une idée qui, incontestablement, est étrangère au Moyen Âge et qui réapparaît seulement à l'époque de la Renaissance. » Dans *L'Usage des plaisirs* (*op. cit.*, p. 17), Foucault fait référence au livre de Stephen Greenblatt, *Renaissance Self-Fashioning. From More to Shakespeare*, The University of Chicago Press, 1980.

931. Michel Foucault, *L'Usage des plaisirs, op. cit.*, p. 17.

932. Michel Foucault, « De l'amitié comme mode de vie », art. cit., p. 165.

933. Gilles Deleuze, « Sur la philosophie », in *Pourparlers, op. cit.*, p. 206. Voir aussi p. 238.

934. Michel Foucault, « Ariane s'est pendue », *Le Nouvel Observateur*, 31 mars-6 avril 1969, repris in *Dits et écrits, op. cit.*, t. 1, p. 771.

Annexe : Hannah Arendt et les groupes diffamés

935. En parlant de « lecture française », je ne fais évidemment pas référence aux interprétations proposées par des universitaires ou des chercheurs, mais à l'image de l'œuvre d'Arendt telle qu'elle est vulgarisée (j'emploie ce mot au sens fort) par des essayistes médiatiques et certaines revues culturelles généralistes.

936. Hannah Arendt, « Réflexions sur Little Rock », in *Penser l'événement*, Paris, Belin, 1989, p. 233-248, voir notamment p. 240-242. Sur l'histoire de cet article et de sa réception, voir Elisabeth Young-Bruehl, *Hannah Arendt. For the Love of the World*, New Haven et Londres, Yale University Press, 1982, p. 308-318.

937. Hannah Arendt, « Réflexions... », art. cit., p. 239.

938. *Ibid.*

939. *Ibid.*, p. 234.

940. Elisabeth Young-Bruehl, *Hannah Arendt, op. cit.*, p. 315-317.

941. Hannah Arendt, « Réflexions... », art. cit., p. 242-243.

942. *Ibid.*, p. 242.

943. On trouve ce souci exprimé de manière tout aussi nette dans un texte antérieur d'une quinzaine d'années (1944) et intitulé « Nos minorités linguistiques », in *Penser l'événement, op. cit.*, p. 215-232.

944. Hannah Arendt, « Réflexions... », art. cit., p. 244.

945. Sur ce point, voir Margaret Canovan, *Hannah Arendt : A Reinterpretation of Her Political Thought*, Cambridge, Mass., Cambridge University Press, 1992 ; Seyla Benhabib, *The Reluctant Modernism of Hannah Arendt*, Thousand Oaks, California, Sage Publications, 1996 ; James Bohman, « The Moral Cost of Political Pluralism : The Dilemmas of Difference and Equality in Arendt's "Reflections on Little Rock" », in Larry May et Jerome Kohn, *Hannah Arendt, Twenty Years Later*, Cambridge, Mass., MIT Press, 1996, p. 53-80 ; Morris B. Kaplan, « Refiguring the Jewish Question. Hannah Arendt, Political Equality and Social Difference », in *Sexual Justice. Democratic Citizenship and the Politics of Desire*, New York, Routledge, 1997, p. 151-176. En français, voir les ouvrages importants de Sylvie Courtine-Denamy, *Hannah Arendt*, Paris, Belfond, 1994, et Martine Leibovici, *Hannah Arendt, une juive*, Paris, Desclée de Brouwer, 1998.

946. Je ne vise évidemment pas des travaux comme ceux de Sylvie Courtine-Denamy ou Martine Leibovici, qui ont su commenter très rigoureusement les élaborations d'Arendt tout en les replaçant dans leur contexte historique et intellectuel, mais les usages politico-idéologiques de son œuvre, réduite à quelques citations pour copie de bac

sur l'idée d'un « monde commun » qu'il faudrait opposer aux revendications « particularistes ». Ce qui est très précisément le contraire de ce que veut dire Arendt.

947. James Bohman, « The Moral Cost of Political Pluralism… », *op. cit.*, p. 53-80, notamment p. 57-58.

948. Je suis ici le commentaire donné par Margaret Canovan in *Hannah Arendt. A Reinterpretation of Her Political Thought*, *op. cit.*, p. 227.

949. Hannah Arendt, *La Condition de l'homme moderne*, Paris, Pocket, 1994, p. 97-98.

950. *Ibid.*, p. 98.

951. *Ibid.*, p. 98-99.

952. Voir Hannah Arendt, *Qu'est-ce que la politique ?*, Paris, Seuil, 1995, p. 112, et les commentaires de Martine Leibovici in *Hannah Arendt, une juive*, *op. cit.*, p. 289-290.

953. Adrienne Rich, « Conditions for Work : The Common World of Women », in *On Lies, Secrets and Silence. Selected Prose, 1966-1978*, New York, Norton, 1979, p. 205 et 212.

954. Seyla Benhabib, *The Reluctant Modernism of Hannah Arendt*, *op. cit.*, p. 4. Voir également Elisabeth Young-Bruehl, « Hannah Arendt Among Feminists », in Larry May et Jerome Kohn (éd.), *Hannah Arendt Twenty Years Later*, *op. cit.*, p. 307-322.

955. Cité par Margaret Canovan, *Hannah Arendt*, *op. cit.*, p. 213.

956. Hannah Arendt, *Les Origines du totalitarisme*, t. 1, *Sur l'antisémitisme*, Paris, Seuil, coll. « Points », 1973, p. 175-194.

957. Hannah Arendt, *Sur l'antisémitisme*, *op. cit.*, p. 177.

958. Arendt cite cette phrase de Proust dans *Sur l'antisémitisme*, *op. cit.*, p. 190.

959. *Ibid.*, p. 183.

960. *Ibid.*, p. 182-183.

961. *Ibid.*, voir notamment p. 149 *sq*.

962. *Ibid.*, p. 185-186. On peut se demander si ce texte n'est pas une des sources cachées de Foucault lorsqu'il évoque, dans *La Volonté de savoir* (*op. cit.*, p. 54), l'invention par la psychiatrie, au XIXe siècle, du personnage de l'« homosexuel », invention qui s'opère par l'incorporation comme « perversion » de ce qui était jusque-là considéré comme un crime. Ce volume d'Arendt a en effet été traduit en français en 1973 et le livre de Foucault a été publié en 1976…

963. Sur l'acosmisme, voir Hannah Arendt, « De l'humanité en de sombres temps », in *Vies politiques*, Paris, Gallimard, 1974, p. 10-41 ; et les commentaires de Martine Leibovici, *op. cit.*, p. 180-344.

964. Hannah Arendt, « La tradition cachée », in *La Tradition cachée*, Paris, Christian Bourgois, coll. « 10-18 », p. 178-220. Sur Bernard Lazare, voir p. 194-198.

965. Hannah Arendt, Lettre à Karl Jaspers, 17 décembre 1946, in Hannah Arendt et Karl Jaspers, *Correspondance, 1926-1969*, Paris, Payot, 1995, p. 121. Voir aussi p. 156-157.

966. Voir les remarques que fait sur ce point Richard J. Bernstein, *Hannah Arendt and the Jewish Question*, Cambridge, Polity Press, 1995, p. 195-197.

967. Hannah Arendt, *Sur l'antisémitisme, op. cit.*, p. 150.

968. Martine Leibovici, *op. cit.*, p. 471.

969. *Ibid.*, p. 472.

INDEX

Adam, Barry D., 112, 198, 209, n.3, n.93, n.140, n.207, n.255, n.275
Adler, Alfred, 445
Adorno, Theodor, 351, 474
Agostinelli, Alfred, 280
Ahlstedt, Eva, 172, n.515
Albufera, Louis d', 354, n.304
Allégret, Marc, 320, 338, n.533, n.551
Althusser, Louis, 91-93, 97, 373, 376, 379, 380, n.109, n.113, n.615, n.616, n.624, n.625, n.690
Altman, Dennis, n.244
Amrouche, Jean, 343, 344, n.548
Anzieu, Didier, 374
Arendt, Hannah, 169, 501-514, n.224, n.935, n.936, n.937, n.941, n.944-946, n.949, n.952, n.956-965, n.967
Aron, Jean-Paul, n.78
Artaud, Antonin, 496, n.656, n.659
Asselineau, Roger, n.457
Athman, n.496, n.533
Auden, Wystan H., 33, 107, 280, 316, n.486
Austin, J.L., 27, 28, 124, 176, n.16-18

Baldwin, James, 37, 364
Balfour, lord Arthur, 274
Balzac, Honoré de, 66, 67, 127, 223-225, 356, 361, n.67, n.169, n.380, n.395, n.741
Barbara, n.70
Barbedette, Gilles, n.553
Barbin, Herculine, 461
Barbusse, Henri, 357
Bard, Christine, n.174, n.423
Barker, Pat, n.906
Barnes, Djuna, 96, n.560
Barney, Natalie, 96, n.560
Barraqué, Jean, 371, 372, 377, 378, 446, n.599, n.600, n.618-621
Barré, Jean-Luc, n.539
Barthes, Roland, 364
Bartlett, Neil, 18, 96, 219, 254, 272, 310, 364, n.6, n.20, n.31, n.115, n.204, n.284, n.352, n.353, n.358, n.392, n.423, n.471, n.472
Baudelaire, Charles, 297, 355, 497, 498, n.924
Baudry, André, 446, 447, n.779, n.796, n.798
Bauer, Gérard, 358
Bazalgette, Léon, 323, 324
Beach, Sylvia, n.560

Benhabib, Seyla, 509, 510, n.945, n.954
Beauvoir, Simone de, 513
Bech, Henning, 33, 40, 171, 175, n.27, n.29, n.41, n.231, n.233
Beerbohm, Max, 284
Bell, Alan P., 198, n.254
Bellah, Robert, 484, n.896
Benjamin, Walter, 498, n.65
Benstock, Shari, n.249, n.560
Bentham, Jeremy, 235, 236, n.320
Bergson, Henri, 59
Bersani, Leo, 180, 183, 190, 193, n.239, n.246, n.563, n.791, n.819
Bérubé, Allan, 31, 489, n.23, n.907
Bethe, E., 233, n.315
Bibesco, Emmanuel, 354
Binswanger, Ludwig, 375, 394, n.662
Blais, Marie-Claire, 96
Blum, Léon, 329, n.523
Bohman, James, n.945, n.947
Bory, Jean-Louis, n.791
Boswell, John, 19, 246, 465, 466, 469, n.316, n.336, n.842, n.844, n.845
Bourdieu, Pierre, 14, 53, 59, 60, 84, 91, 95, 102, 117, 124, 142, 148, 158, 168, 177, 196, 374, n.4, n.68, n.69, n.85, n.98, n.112, n.122, n.144, n.148, n.179, n.189, n.211, n.253
Bourguet, Émile, 232
Bowles, Jane, 96
Boxer, Andrew, n.48, n.99, n.124
Bracchi, Cecchino, 253
Brand, Adolf, 348, 350, 351

Brassaï, 347, n.553
Bray, Alan, n.467, n.468
Brooks, Romaine, n.560
Brossard, Nicole, 96, n.116
Brown, John, 244
Brown, Peter, 467, n.848
Browning, Oscar, 262
Burckhardt, Jacob, 498
Burleigh, Michael, n.83
Butler, Judith, 17, 58, 61, 90-92, 97, 123, 463, n.2, n.5, n.66, n.71, n.107, n.147, n.214, n.234

Cambacérès, Jean-Jacques Régis de, 112, 228, 469, n.136
Canovan, Margaret, n.945, n.948, n.955
Capote, Truman, 114
Carassou, Michel, n.553
Cardon, Patrick, n.30, n.84, n.87, n.578
Carlier, François, 288, 292
Carpenter, Edward, 292, 293, 298, 301-304, 306, 325, n.433, n.456, n.457, n.461, n.745
Carpenter, Humphrey, n.486
Carson, Edward, 267
Casper, Ludwig, 292, 293, 299, n.747
Causse, Michèle, 96
Cavallieri, Tommaso, 252
Char, René, 500
Charasson, Henriette, 358
Chauncey, George, 32, 35, 36, 42, 64, 68, 145, 146, 148, 212, 422-424, 445, n.25, n.33, n.35, n.44, n.46, n.47, n.57, n.75, n.81, n.82, n.95, n.114, n.277, 278, n.467, n.560, n.735, n.736, n.740, n.794

Chéreau, Patrice, n.664
Chopin, Frédéric, 371
Cicéron, 362
Claudel, Paul, n.539
Clerc, Catherine, n.136
Cocteau, Jean, 149, 190, n.191, n.539
Cohn, Roy, 107
Colette, 96, n.560
Compagnon, Antoine, n.164, n.285, n.296, n.301, n.305, n.566
Contat, Michel, n.224
Courtine-Denamy, Sylvie, n.945, n.946
Cousin, Victor, 232
Cressole, Michel, n.134
Crevel, René, n.539
Cunard, Nancy, n.560
Curzon, George, 284

D'Emilio, John, 31, n.24, n.80, n. 114, n.242, n.276, n.780
Daly, Mary, 96
Dana International, 193, 250
Daudet, Léon, n.567
Daudet, Lucien, 354, n.567
Defert, Daniel, n.664
Delay, Jean, 221, 373, 374, n.291, n.533
Deleuze, Gilles, 188, 381, 385, 387, 389, 440, 444, 499, n.244, n.627, n.628, n.634, n.640, n.649, n.653, n.700, n.781, n.795, n.926, n.933
Dellamora, Richard, n.327, n.434
Delvaille, Bernard, n.411
Derrida, Jacques, 18, 56, n.7, n.64, n.235
Dickens, Charles, 67, n.141, n.142

Dostoïevski, Fédor, 362, 381, n.588
Douglas, Alfred, 218, 221, 240, 241, 266-268, 271, 273, 284, n.328
Dover, K.J., 148, 468, 469, n.428, n.850, n.851
Dowling, Linda, 242-244, 256, 278, n.332-335, n.362, n.363, n.378, n.379
Dreyfus, Alfred, 203
Dreyfus, Hubert, 407, n.593, n.598, n.699, n.896
Dreyfus, Robert, n.305
Drumlanrig, vicomte Francis, 273
Dubarry, Armand, 421
Duberman, Martin, n.467, n.560, n.780
Duflot, Jean, n.793
Dumézil, Georges, 4, 33, 232-235, 237, 246, 351, 377, 378, 488, 493, n.28, n.311, n.312, n.314, n.315, n.337, n.617, n.905
Dunning, Eric, 158, n.209
Dutoit, Ulysse, n.563

Eaubonne, Françoise, d', n.781
Elias, Norbert, n.209
Ellis, Havelock, 248, 292, 293, 441, 503, n.456
Ellmann, Richard, 217, 262, 264, 270, 271, n.281, n.329, n.357, n.376, n.377, n.380-386, n.391, n.397, n.401, n.406, n.409, n.422, n.423, n.439, n.441, n.448, n.473, n.481, n.594
Eribon, Didier, n.28, n.45, n.52, n.74, n.77, n.133, n.148, n.173, n.245-248, n.310, n.515, n.597, n.606, n.609, n.617, n.626,

n.650, n.696, n.738, n.770, n.800, n.827, n.868, n.912, n.914
Étienne, Pierre, 372, 373, n.604
Eulenburg, Philipp, 111, 142, 222-226, 327, 345, n.131, n.292, n.295, n.301, n.515

Fabre, Lucien, 360
Faderman, Lilian, 490, 491, n.150, n.249, n.735, n.909, n.911
Fanon, Frantz, 81, 119, n.271
Farge, Arlette, n.638
Fargue, Léon-Paul, 360
Fassin, Éric, n.145
Felman, Shoshana, n.234
Ferenczi, Sándor, 125
Fillieule, Olivier, n.77
Fischer, F.P., n.303
Flaubert, Gustave, 97, 361
Fontana, Alessandro, n.772, n.777
Forster, Edward M., 33, 220, 234, 235, 237, 279, 301, 303, 316, n.285, n.317, n.417, n.454
Foucault, Michel, 4, 17-21, 33, 45, 105, 112, 121, 122, 148, 179, 180, 188, 189, 192, 195, 229, 240, 285, 286, 290, 364, 367-398, 400-402, 404-411, 413, 414, 416-422, 425, 429-437, 439-444, 446-457, 459-500, n.8, n.9, n.28, n.126, n.137, n.139, n.140, n.220, n.238, n.247, n.424, n.441, n.593, n.597-602, n.604, n.610, n.611, n.613, n.615-621, n.623, n.626, n.628-630, n.633, n.634, n.636-638, n.641, n.642, n.647, n.649-651, n.653-656, n.658-n.672, n.674, n.676, n.678, n.679, n.681, n.690, n.691, n.694, n.695, n.697- n.699, n.701, n.705, n.706, n.718-720, n.723-725, n.732, n.733, n.751-753, n.757, n.759, n.761, n.768, n.770-774, n.776-778, n.791-793, n.798, n.800, n.803, n.806, n.809, n.818-821, n.825, n.827, n.829-831, n.841, n.843, n.846-849, n.852, n.854, n.857, n.858, n.861-873, n.874, n.876, n.878-884, n.886, n.891, n.892, n.895, n.896, n.900, n.901, n.904, n.908-910, n.913, n.915-917, n.919, n.921, n.922, n.924, n.925, n.927, n.928, n.930-932, n.934, n.962
Freud, Sigmund, 58, 110, 125, 126, 136, 137, 174, 238, 239, 331, 345, 442, 445, 451, n.65, n.132, n.151, n.326, n.721
Friedländer, Benedict, 348, 350
Furbank, P.N., n.417
Fussel, Paul, n.906

Gallerand, Régis, 73, n.88
Galles, prince Albert Edward de, 311
Genet, Jean, 26, 47, 81, 95, 115, 116, 149, 169, 193, 314, 364, 394, 439, n.11, n.52, n.143, n.193, n.194, n.664
George, Stefan, n.241
Gérard, Fabien S., n.793
Gide, André, 17, 18, 33, 63, 71, 74, 120, 133, 134, 148, 193, 198, 199, 220-223, 226, 228, 241, 242, 247, 271, 272, 282, 283, 285, 298, 301, 306, 316-321, 323-330, 333-342, 344-349,

352, 353, 355-358, 360-364, 368, 369, 371, 373, 381, 389, 421, 424, 445, n.91, n.146, n.171, n.256, n.257, n.288, n.290, n.291, n.293, n.306, n.310, n.390, n.394, n.420, n.421, n.423, n.453, n.488, n.489, n.493-500, n.502, n.504, n.510, n.515, n.516, n.523, n.524, n.526, n.528-531, n.533, n.534, n.536-540, n.542, n.543, n.545, n.546, n.548, n.551, n.552, n.557, n.571-576, n.585, n.586, n.650, n.795
Gide, Madeleine, 317
Goethe, Johann Wolfgang von, 256, 258
Goffman, Erving, 28, 39, 75, 152, 153, 160-162, 196, n.19, n.37, n.90, n.92, n.199, n.213, n.252, n.608
Gombrich, Ernst, 110, n.133, n.370
Goya y Lucientes, Francisco de, 392, 496, n.656
Grand-Carteret, John n.131, n.303
Grandmontagne, Gérard 460, 827
Graves, Robert, 489
Green, Julien, 314, 331, n.525, n.539
Greenblatt, Stephen, n.799, n.930
Grosskurth, Phyllis, n.351
Guattari, Félix, 188, 440, 444, n.244, n.700, n.781, n.795
Guibert, Hervé, n.664, n.820

Habermas, Jürgen, 154, n.206
Hadot, Pierre, 497, n.925
Hahn, Pierre, n.741
Hall, Radclyffe, 422, n.560, n.735
Hanna, Martha, n.257, n.557
Harden, Maximilien, n.292
Hardinge, William Money, 277
Hay, Harry, n.242
Hazera, Hélène, n.827
Healy, Chris, 296
Hegel, Friedrich, 256
Heidegger, Martin, 70, 71, n.85, n.86
Heine, Henri, n.251
Herbart, Pierre, n.256
Herdt, Gilbert, n.48, n.49, n.99, n.124
Herzer, Manfred, n.750
Hewitt, Andrew, n.555
Hirschfeld, Magnus, 34, 35, 69, 70, 130, 187, 201, 220, 273, 306, 345, 346, 348, 349, 351, 352, 421, 423, 425, 426, n.30, n.34, n.84, n.165, n.286, n.292, n.303, n.561, n.745
Hirschman, Albert, 208, n.274
Hocquenghem, Guy, 53, 188, 440-445, 457, 459, n.61, n.244, n.245, n.781-783, n.786-788, n.791, n.792, n.795, n.826, n.827
Hölderlin, Friedrich, 392
Hollinghurst, Alan, 310, n.20, n.470
Homère, 325
Hoover, Edgar, 107
Horkheimer, Max, 474
Hössli, Heinrich, 236, n.322
Hugo, Victor, 260, 362
Hull, Isabel, n.292, n.513
Humphreys, Laud, n.255
Huysmans, Joris-Karl, 225, 295, 297, 319, n.302

Hyde, H. Montgomery, 217, n.281, n.384, n.389

Iacub, Marcela, n.145
Irigaray, Luce, n.911
Isay, Richard A., 149, n.190
Isherwood, Christopher, 33, 106, 107, 149, 198, 279, 282, 316, 348, n.28, n.128, n.192, n.413, n.416, n.486, n.554
Ives, George, 241, 300, n.448

Jakobson, Roman, 384
Jaspers, Karl, 513, n.965
Jay, Karla, n.22
Jay, Martin, n.896
Jerome, Jerome K., 241
Johnson, Lionel, 284, n.423
Josselin, Jean-François, n.55
Jowett, Benjamin, 242
Junot, Thierry, n.664
Jünger, Ernst, 69, n.85

Kains-Jackson, Charles, 241, n.434
Kant, Emmanuel, 508
Kaplan, Morris B., n.945
Kardiner, Abram, 108, n.130
Kennedy, Hubert, n.166, n.324, n.325, n.465, n.555, n.556, n.744, n.746, n.748
Kertbeny, Karl Maria, 427
Kissen, Rita M., n.89
Kolb, Philip, n.297
Kohn, Jerome, n.945, n.954
Kosofsky Sedgwick, Eve, 39, 46, 47, 86, 87, 186, 189, 229, 230, 281, 347, n.38, n.40, n.50, n.100, n.104, n.185, n.186, n.210, n.216, n.232, n.309, n.310, n.419, n.799, n.911

Krafft-Ebing, Richard von, 288, 292, 293, 299, 419, 425, 427, 438, n.165, n.749
Kris, Ernst, 110, n.133
Krupp, Gustav, 222

Lacan, Jacques, 136, 384, n.515, n.690
Lacan, Sylvia, n.876
Lacroix, Jean, 394, n.665
Laplanche, Jean, 374
Lauris, Georges de, 354
Lauristen, John, 290, n.338, n.429, n.433, n.451
Leibovici, Martine, 514, n.946, n.952, n.963, n.968
Le Pen, Jean-Marie, n.134
Lepape, Pierre, n.308
Lévi-Strauss, Claude, 384
Lewin, Kurt, 108, n.129
Liman, Carl Leopold, 292, 299
Lindon, Mathieu, 56, n.63, n.157, n.597, n.664
Lombroso, Cesare, 53, 297, 362
Lorrain, Jean, 354, n.567
Louÿs, Pierre, 319
Lowenthal, Leo, n.896
Lucey, Michael, 66, 67, 356, n.67, n.79, n.257, n.291, n.421, n.496, n.533, n.551, n.577, n.592
Lynch, Frederick R., n.49

McCarthy, Joseph, 107
Maccaubin, Robert P., n.327, n.467, n.474
MacKinnon, Catharine, n.208
Madonia, Franca, 376, 380, n.616, n.624, n.625
Mallock, W.H., 262, 263
Mankiewicz, Joseph Leo, 227

INDEX

Mann, Thomas, 230
Marchessault, Jovette, 96,
Marcus, Sharon, n.912
Marcuse, Herbert, 407, n.700, n.752
Maritain, Jacques, 341, n.539
Marshall, Bill, n.781
Martin du Gard, Roger, 345, 357, n.551
Martin, Claude, n.287-289, n.542, n.543
Martin-Chauffier, Louis, 358, 359
Marty, Éric, n.533, n.548
Mauriac, Claude, n.800
Mauriac, François, 360
Maurois, André, 282
May, Larry, n.945, n.954
Mayer, Hans, n.251
Médecin, Jacques, n.134, n.623
Melville, Herman, 230
Mendes-Leité, Rommel, n.188, n.211
Merle, Robert, 241, n.331
Merrick, Jeffrey, n.307, n.478, n.482
Michel-Ange, 251-253, 256, 268, 269, 322, 323, 325, 331, 469
Miles, Sara, 25, n.10
Mill, John Stuart, 242, 263
Mirbeau, Octave, 69, 71, n.84, n.87
Moltke, Kuno, n.292
Monette, Paul, 150, 151, 152, 169, n.55, n.195
Monnier, Adrienne, n.560
Montesquieu, 236
Montesquiou, Robert de, 225, 319, n.302
Montfort, Eugène, 357, 360, 361
Moon, Michael, n.245
Moreau, Paul, 288, 292, 293

Mosse, George L., 138, n.175, n.562
Müller, K.O., 245, 246, 250, 256

Napoléon, 228, 326, n.136
Navratilova, Martina, n.236
Nerval, Gérard de, 392, n.656
Newton, Esther, n.177
Nietzsche, Friedrich, 166, 362, 379, 389, 392, 436, 496, n.218, n.650, n.656, n.657, n.659, n.867
Nordau, Max, 53, 295, 296, 362, n.436
Nye, Robert A., n.568

Oosterhuis, Harry, n.555, n.556, n.558, n.559
Ostertag, Bob, 25, n.10
Ovesey, Lionel, 108, n.130
Owen, Robert, 489, n.906

Painter, George D., n.493
Park, Robert, 43, 309, 310, n.46
Parnet, Claire, n.627
Pasolini, Pier Paolo, 444, n.793
Pasquino, Pasquale, n.772, n.777
Pater, Walter, 241-243, 248, 253-263, 266, 270, 275-278, 286, 291, 297, 304, 318, 321, 352, 353, 368, 369, 424, n.354, n.362, n.365, n.366, n.371, n.405, n.434, n.597
Pattison, Mark, 261
Pauvert, Jean-Jacques, n.663
Peck, Dale, n.20
Peniston, William A., 312, n.478
Peters, Robert, n.425
Peyrefitte, Roger, 445
Pindare, 228

Pinell, Patrice, n.77
Pinguet, Maurice, 446
Platen, August von, 32, n.251
Platon, 52, 130, 236-238, 242-244, 250, 251, 258, 261, 268, 269, 288, 305, 325, 331, 335, 404, n.324, n.350
Plon, Michel, n.700
Plutarque, 325
Pocock, J.G.A., n.335
Pollack, Michaël, 42, 49, 140, 165, 211, n.56, n.77, n.176, n.217, n.287
Pollard, Patrick, n.287, n.294, n.509
Porché, François, 340, 341
Pougy, Liane de, n.560
Prieur, Annick, 146-148, n.72, n.187, n.250
Proust, Marcel, 14, 16, 41, 48, 52-54, 63, 68, 75, 85, 88, 95, 100, 106, 127-134, 136, 139, 142-144, 148, 193, 201-203, 213, 220, 223, 225, 230, 238, 272, 280, 281, 283, 306, 319, 335, 340, 345-347, 353-361, 364, 371, 414, 423, 424, 445, 492, 510, 511, n.42, n.43, n.53-55, n.60, n.73, n.94, n.101, n.102, n.104, n.106, n.120, n.127, n.152, n.153, n.155-159, n.161-165, 169, n.172, n.181, n.262, n.263, n.279, n.295-301, n.304, n.305, n.323, n.395, n.418, n.480, n.528, n.563, n.564, n.566, n.570, n.572-576, n.587, n.739, n.795, n.958

Queensberry, marquis John de, 266, 267, 271, 273, 274

Rabinow, Paul, 407, n.593, n.598, n.699, n.896, n.918
Raffalovitch, Marc-André, 278
Ragan, Bryant T., n.307, n.478, n.482
Raulet, Gérard, n.700
Reade, Brian, n.327, n.328, n.434
Rebeyrolle, 389, 390
Reckless, Walter C., 68, n.82
Régnier, Henri de, 272, n.393
Reich, Wilhelm, 407, 429, 436, 451, 456, 463, 464, 473, n.700, n.752, n.777, n.803
Rey, Michel, n.476
Reynold, David S., n.447
Riccio, Luigi del, 253
Rich, Adrienne, 40, 96, 339, 490, 508, 509, n.39, n.911, n.953
Ricketts, Charles, 262
Riggs, Marlon T., 98, n.118
Rivers, J.E., 357, n.165, n.295, n.305, n.565, n.569
Rosario, Vernon, n.149, n.150, n.734, n.742
Roscoe, Will, n.242
Rosebery, lord Archibald, 273, 274
Ross, Robert, 241, 262
Rossetti, Dante Gabriel, 261
Rotello, Gabriel, n.76
Roudinesco, Elisabeth, n.700
Rousseau, Jean-Jacques, 362
Roussel, Raymond, n.655, n.656, n.658
Rowbotham, Sheila, n.456, n.461
Rubin, Gayle, n.895
Ruskin, 253, 277, n.334
Russo, Vito, 227, n.131
Rybalka, Michel, n.224

Sachs, Maurice, n.552, n.539
Sander Halvorsen, Rune, n.72
Sartre, Jean-Paul, 26, 87, 97, 98, 115, 164, 165, 167-173, 203-208, 214, 363, 364, 391, 495, 496, 508, 513, n.11, n.105, n.117, n.143, n.215, n.219, n.222-225, n.228, n.230, n.237, n.264, n.266, n.268-273, n.280, n.591
Schérer, René, n.781
Schiltz, Marie-Ange, 30, 49, 50, n.21, n.56
Schlumberger, Jean, 317, n.488
Schueller, Herbert, n.425
Scott, Joan W., 13, n.1, n.240
Scott, Walter, 48
Sergent, Bernard, 233, 246, n.311, n.337
Smithers, Leonard, n.440
Socrate, 232, 238, 262, 272, 335, 362
Solomon, Simeon, 261, n.375
Somerset, lord Arthur, 311
Sophocle, 288
Souday, Paul, 130, 354, 357, n.164
Spender, Stephan, 33
Spengler, Oswald, 70
Steakley, James, n.80, n.131, n.243, n.555
Stein, Edward, n.845
Stein, Gertrude, 96, 190, n.560
Süskind, Patrick, 60
Swinburne, Algernon Charles, 261
Symonds, John Addington, 2416243, 247-255, 261, 266, 270, 275, 286-295, 297-301, 304-307, 315-317, 325, 327, 328, 331, 332, 337, 340, 348, 349, 352, 353, 368, 424, 425, n.338, n.341, n.350, n.357, n.426, n.429, n.432-434, n.447, n.450, n.451, n.457, n.745

Tadié, Jean-Yves, n.157, n.568
Tamagne, Florence, n.28, n.33, n.278, n.313, n.487, n.533, n.907
Tamassia, Arrigo, 125, n.150
Tardieu, Ambroise, 288, 292, 314, n.482, n.747
Tarnowsky, Benjamin, 292
Taylor, Alfred, 269, 270, 311
Taylor, Charles, n.896
Taylor, Martin P., n.906
Tharaud, Jérôme et Jean, n.423
Thompson, Victoria, n.482
Timmons, Stuart, n.242
Toklas, Alice, n.560
Traubel, Horace, 299
Troubridge, Violet, 278
Trunbach, Randolph, n.467

Ulrichs, Karl Heinrich, 130-134, 136, 238, 239, 273, 306, 308, 423, 426, 427, n.165, n.324, n.745, n.747, n.749

Valette, Alfred, 223, n.297
Van Gogh, Vincent, 496, n.659
Vanita, Ruth, n.286
Verdeaux, Jacqueline, 374, 375, n.605
Verlaine, Paul, 75, 297
Veyne, Paul, 148, n.597
Vicinus, Martha, n.467, n.560
Vidal, Gore, n.453
Vinci, Leonard de, 256, n.375
Virgile, 52, n.501, n.533
Voeltzel, Thierry, 449-452, 455, n.800, n.804, n.809
Voltaire, 235, 236, 400

Weeks, Jeffrey, 308, n.456, n.464, n.471, n.484, n.514, n.781
Weinberg, Martin S., 198, n.254
Wendel, H. de, n.303
Westphal, Karl Friedrich Otto, 414, 427, n.741
Whitman, Walt, 247, 291, 294, 298-304, 306, 307, 321-325, 337, n.445, n.447, n.456-460, n.462, n.504
Wilde, Oscar, 17, 18, 20, 53, 71, 74, 179, 217, 218, 220-226, 239-242, 246, 252-254, 261-278, 282-286, 295-298, 300, 301, 305, 306, 308, 311, 314, 316, 318, 319, 321, 340, 344, 361, 363, 367-369, 371, 421, 424, 492, n.282, n.285, n.288, n.291, n.302, n.354, n.356, n.360, n.384, n.390, n.395, n.405, n.408, n.411, n.412, n.423, n.440, n.442, n.457, n.463, n.481, n.594, n.595, n.608
Winckelmann, Johann Joachim, 256-259, 276, 352, n.366
Wippermann, Wolfgang, n.83
Wittmann, Carl, n.22
Wolff, Charlotte, n.286, n.292, n.561, n.743
Woolf, Virginia, 96, 220, n.286

Young, Allen, n.22
Young-Bruehl Elisabeth, n.242, n.940, n.954

Zola, Émile, 295

TABLE

Avant-propos à la nouvelle édition (2012).................. 11

Première partie
UN MONDE D'INJURES

1. Le choc de l'injure 25
2. La fuite vers la ville 29
3. L'amitié comme mode de vie 39
4. Sexualité et professions.................................... 46
5. Famille et « mélancolie » 55
6. La ville et le discours conservateur................... 64
7. Dire et ne pas dire 72
8. L'interpellation hétérosexuelle.......................... 90
9. L'« âme » assujettie... 101
10. La caricature et l'injure collective..................... 110
11. Inversions.. 123
12. De la sodomie... 136
13. Subjectivité et vie privée................................... 149
14. L'existence précède l'essence............................. 165
15. L'identité irréalisable... 173
16. Perturbations... 190
17. L'individu et le groupe 200

Deuxième partie
SPECTRES DE WILDE

1. Comment naissent les « pédérastes arrogants » — 217
2. Un vice innommable — 232
3. Une nation d'artistes — 244
4. Philosophe et amant — 255
5. L'infection morale — 266
6. La vérité des masques — 275
7. Les Grecs contre les psychiatres — 285
8. La démocratie des camarades — 295
9. Margot-la-boulangère et la baronne-aux-épingles — 307
10. Du plaisir de l'instant à la réforme de la société — 318
11. La volonté de gêner — 333
12. La « préoccupation homosexuelle » — 345

Troisième partie
LES HÉTÉROTOPIES DE MICHEL FOUCAULT

1. Une plus grande beauté — 367
2. De la nuit au soleil — 371
3. La force de fuir — 379
4. Homosexualité et déraison — 391
5. Naissance des perversions — 406
6. Le troisième sexe — 416
7. La fabrication des sujets — 429
8. La philosophie dans le placard — 439
9. Quand deux garçons se tiennent par la main — 449
10. Résistance et contre-discours — 459
11. Devenir gay — 471
12. Les hommes entre eux — 482
13. Faire des différences — 494

Annexe : Hannah Arendt et les « groupes diffamés »..	501
Notes...	515
Index	603

Mise en page par Meta-systems
59100 Roubaix

N° d'édition : L.01EHQN000412.A005
Dépôt légal : novembre 2012
Imprimé en Espagne par Novoprint (Barcelone)